Lothar Walter

Mathematik im Studium der Wirtschaftswissensc.

Lothar Walter

Mathematik im Studium der Wirtschaftswissenschaften

Hinführung – Vorlesungen – Prüfung

2. Auflage

ISBN 978-3-11-124599-7
e-ISBN (PDF) 978-3-11-124693-2
e-ISBN (EPUB) 978-3-11-124738-0

Library of Congress Control Number: 2023933703

Bibliografische Information der Deutschen Nationalbibliothek
Die Deutsche Nationalbibliothek verzeichnet diese Publikation in der Deutschen Nationalbibliografie;
detaillierte bibliografische Daten sind im Internet über
http://dnb.dnb.de abrufbar.

© 2023 Walter de Gruyter GmbH, Berlin/Boston
Coverabbildung: erhui1979 / DigitalVision Vectors / Getty Images
Satz: VTeX UAB, Lithuania
Druck und Bindung: CPI books GmbH, Leck

www.degruyter.com

Vorwort zur ersten Auflage

Die Wissenschaft Mathematik entstand aus den praktischen Problemen des Zählens, Messens, Rechnens und geometrischen Zeichnens. Sie hat die Aufgabe, Modelle zur Beschreibung natur-, wirtschafts- und sozialwissenschaftlicher Erscheinungen bereitzustellen, so dass komplexe Zusammenhänge übersichtlich dargestellt werden können. Für das Verständnis wirtschaftlicher Zusammenhänge sind demzufolge ausreichend gute Mathematikkenntnisse unerlässlich.

Nun ist aber die Mathematik wie die Gottseligkeit zu allen Dingen nütze, aber wie diese nicht jedermanns Sache, wie es der Philosoph Christian Jakob Kraus (*1753, †1807) festgestellt hatte.[1] Auch der Physiker Albert Einstein (*1879, †1955) scheint mit der Mathematik gehadert zu haben. Er schrieb nämlich einem kleinen Mädchen, das in der Schule Probleme mit der Mathematik hatte, dass es sich keine Sorgen wegen ihrer Schwierigkeiten mit der Mathematik machen solle, denn er versichere ihr, dass seine Schwierigkeiten noch größer seien.[2] Die Furcht vor der Mathematik scheint also der Angst erheblich näher zu stehen, als der Ehrfurcht, wie es der Physiker Felix Auerbach (*1856, †1933) einmal ausdrückte.[3] Insofern ist es nicht verwunderlich, dass das Fach Mathematik auch heute bei vielen Studierenden der Wirtschaftswissenschaften und anderer Studiengänge zahlreiche Bauchschmerzen bereitet und als ein schwieriges Studienfach angesehen wird.

Mit diesem Buch sollen die Bauchschmerzen beim Umgang mit der Mathematik gemildert und ein grundlegendes mathematisches Verständnis bei den Studierenden geschaffen werden. Insbesondere sollen die Studierenden der Wirtschaftswissenschaften nach dem Durcharbeiten des Buches verstanden haben, dass die Mathematik ein hilfreiches Instrument der Darstellung und Analyse ist, welches in den wirtschaftswissenschaftlichen Disziplinen Anwendung findet. Beispielsweise soll in der Produktion eine Bestellmengenformel verstanden werden, wozu einfache Gleichungssysteme gelöst werden müssen; im Marketing muss der Umgang mit der Differentialrechnung beherrscht werden, um mittels Kurvendiskussion eine Preisbildung zu erklären; in der Mikroökonomie lässt sich die Funktion von Märkten erläutern, wenn der Schnittpunkt zweier Geraden berechnet werden kann, und in der Makroökonomie lässt sich staatliches Handeln veranschaulichen, wozu der korrekte Umgang mit Durchschnitten, Zeitreihen und Indizes notwendig ist. Mithilfe der Mathematik ist es ferner möglich, Marktanalysen zu erstellen, Wahlergebnisse mit erstaunlicher Genauigkeit vorherzusagen, das Börsengeschehen zu modellieren und Versicherungsprämien auf einer zuvor bestimmten zu erwartenden Schadenslage zu kalkulieren.

Um schließlich wirtschaftswissenschaftliche Zusammenhänge in der Sprache der Mathematik beschreiben zu können, müssen den Studierenden die Elemente der Sprache und ihre Bedeutung bekannt sein, wie etwa die Zahlen und Symbolik, die Mengen,

---

1 Vgl. http://www.quotez.net/german/mathematik.htm, Abruf 14.08.2019.
2 Vgl. https://www.einstein-website.de/z_kids/briefekids.html, Abruf 14.08.2019.
3 Vgl. https://www.aphorismen.de/zitat/219104, Abruf 14.08.2019.

die Operatoren, die Abbildungen oder auch die Funktionen. Des Weiteren müssen die Studierenden die konkreten Beziehungen zwischen den Elementen aufstellen können, um mittels Gleichungen oder Funktionen ein geeignetes Modell zur Beschreibung eines ökonomischen Problems formulieren zu können, und sie müssen die mathematischen Instrumente handhaben können, was die Kenntnisse der Arithmetik, Mengenlehre, Analysis, Linearen Algebra, Statistik usw. voraussetzt.

Alle diese genannten Inhalte sind Gegenstand von Mathematikveranstaltungen im Studium der Wirtschaftswissenschaften an Universitäten, Hochschulen sowie Berufsakademien. So werden vielerorts zur Hinführung an die Mathematik im Studium der Wirtschaftswissenschaften Vor- und Brückenkurse angeboten. Diese zu Studienbeginn stattfindenden Kurse dienen der Wiederholung und Auffrischung der Schulmathematik. Aufbauend auf den Kenntnissen der Schulmathematik erfolgt in den ersten Semestern dann die Vermittlung der für die Wirtschaftswissenschaften relevanten mathematischen Inhalte vorwiegend durch Vorlesungen und parallel stattfindenden Übungen und Tutorien. In den Übungen und Tutorien werden den Studierenden zahlreiche Aufgaben gestellt, auf deren Lösungswegen sie ihre mathematischen Fähigkeiten testen, ausbauen und festigen können. Im Anschluss an die Veranstaltungen schließen die Studierenden in der Regel das Fach Mathematik mit einer Prüfung ab, die zumeist studienbegleitend erfolgt.

Diese Vielschichtigkeit einer Mathematikveranstaltung im Studium der Wirtschaftswissenschaften ist Gegenstand des vorliegenden Buches. Es gliedert sich aus den genannten Gründen in vier Kapitel:

- Im ersten Kapitel **Hinführung zur Mathematik in den Wirtschaftswissenschaften** werden in fünf Abschnitten die Grundlagen der Schulmathematik kursorisch angesprochen. Diese Grundlagen stellen gewissermaßen das Handwerkszeug für die Mathematik im Studium der Wirtschaftswissenschaften bereit. So geht es unter anderem um die Zahlenlehre und die Arithmetik, also kurz gesagt um das Rechnen mit Zahlen. Des Weiteren werden der Umgang mit den Grundrechenarten und der elementaren Algebra sowie die hiermit verbundenen Eigenschaften von Rechenoperationen und das Rechnen mit Variablen behandelt.
Die Inhalte der fünf Abschnitte des ersten Kapitels lassen sich in einem Vor- oder Brückenkurs zu Beginn des Studiums vermitteln, wobei jeweils vier Vorlesungsstunden für jeden Abschnitt einzuplanen sind. Sofern die Studierenden keine Möglichkeit haben einen solchen Kurs zu besuchen, können sie sich auch im Selbststudium mit den angesprochenen Inhalten auseinandersetzen.
- Das zweite Kapitel **Mathematikvorlesungen im wirtschaftswissenschaftlichen Studium** beinhaltet 14 Abschnitte, deren Inhalte den Studierenden in 14 Veranstaltungen bestehend aus Vorlesungen, Übungen und Tutorien in einem (ersten) Semester vermittelt werden können.
Die mathematischen Inhalte dieser 14 Abschnitte zielen auf die Anwendung der Mathematik in den Wirtschaftswissenschaften. Sie stellen nützliche mathematische Instrumente für die Wirtschaftswissenschaften vor, thematisieren Aspekte der Fi-

nanzmathematik wie die Renten- und Tilgungsrechnung sowie Aspekte der Linearen Algebra und diskutieren unter anderem das Leontief-Modell im Kontext von Input-Output-Analysen. Des Weiteren werden mathematische Funktionen, die zur Beschreibung quantitativer und ökonomischer Wirkungszusammenhänge herangezogen werden können, thematisiert und weitere Aspekte der Analysis wie beispielsweise Differenzenquotienten zur Beschreibung von Grenzfunktionen oder Integrale zur Bestimmung von Konsumentenrenten diskutiert.

– Mit dem dritten Kapitel **Mathematikprüfung als Leistungsnachweis** wird die Abschlussprüfung im Fach Mathematik im Studium der Wirtschaftswissenschaften angesprochen.
Da die Studierenden in den Vorlesungen und Übungen immer wieder nach Musterklausuren fragen, stellt dieses Kapitel beispielhaft zwei Musterklausuren vor. In einem Abschnitt wird eine schriftliche Klausur und in einem zweiten Abschnitt eine elektronische Klausur, also eine computerbasierte Prüfungsform, vorgestellt, mit welchen die in den Mathematikvorlesungen angesprochenen Inhalte abgeprüft werden können.

– Zur Erleichterung des Verständnisses vieler Zusammenhänge in den Wirtschaftswissenschaften sind in den genannten ersten drei Kapiteln neben vielen Beispielen auch zahlreiche Übungsaufgaben zur Mathematik in den Wirtschaftswissenschaften aufgeführt. Mit diesen Aufgaben können die Studierenden die Rechentechniken aus den genannten Gebieten üben. Um Ihnen nun auch eine schnelle Überprüfung ihres Lernerfolges zu ermöglichen, sind im vierten und letzten Kapitel die **Lösungen und Lösungswege zu den Aufgaben** angegeben.

Das vorliegende Buch wendet sich an die Studierenden des Bachelorstudienganges Betriebswirtschaftslehre und Wirtschaftswissenschaft der Universität Bremen sowie an alle anderen Studierenden der Betriebswirtschaftslehre, Volkswirtschaftslehre oder der Wirtschaftswissenschaften anderer Universitäten, Hochschulen und Berufsakademien. Es soll eine wesentliche Grundlage für die Vorbereitung, Durchführung und Nachbereitung von Brückenkursen, Vorlesungen und abschließender Prüfung im Fach Mathematik im wirtschaftswissenschaftlichen Studium ermöglichen.

Möge das Buch nicht nur Ihr Interesse für die an die Belange der Wirtschaftswissenschaften ausgerichteten mathematischen Grundlagen wecken, sondern Sie auch für die zahlreichen Anwendungen der Mathematik in den Wirtschaftswissenschaften begeistern. Wenn Sie nach Durcharbeiten des Buches auch alle Übungsaufgaben selbstständig gerechnet sowie die aufgezeigten Lösungswege und mathematischen Kniffe verstanden haben, steht einem erfolgreichen Bestehen ihrer Mathematikprüfung im Studium der Wirtschaftswissenschaften ganz gewiss nichts mehr im Wege. Ich wünsche Ihnen nun viel Erfolg in ihrem Studium und viel Freude bei der Anwendung der Mathematik in den Wirtschaftswissenschaften.

Bremen, im April 2020   Lothar Walter

Vorwort zur zweiten Auflage

Seit der ersten Auflage sind knapp über drei Jahre vergangen, und ich habe sehr viel positives Feedback erhalten. Gleichwohl gab es auch Hinweise, die mich auf diverse Tippfehler, Zahlendreher oder Ungenauigkeiten in einigen Formeln und Aufgaben aufmerksam machten. Alle diese Hinweise habe ich wohlwollend und sorgfältig aufgegriffen. In der nun vorliegenden zweiten Auflage – die an dem bewährten Konzept und den Inhalten der ersten Auflage festhält – sind diese Tippfehler, Zahlendreher oder Ungenauigkeiten korrigiert. Mein Dank geht an alle aufmerksamen Leserinnen und Leser, die durch ihre kritischen Hinweise diese zweite Auflage haben verbessern helfen.

Bremen, im Mai 2023   Lothar Walter

Inhalt

Vorwort zur ersten Auflage —— V

Vorwort zur zweiten Auflage —— IX

Abkürzungen und Symbole —— XV

Abbildungsverzeichnis —— XIX

Tabellenverzeichnis —— XXI

1 Hinführung zur Mathematik in den Wirtschaftswissenschaften —— 1
1.1 Grundrechenarten, Zahlenmengen und Rechenregeln —— 2
1.2 Brüche, Prozente und Promille —— 10
1.3 Potenzen, Wurzeln und Logarithmen —— 15
1.4 Gleichungen und Ungleichungen —— 20
1.5 Textaufgaben als mathematische Problemstellungen —— 24

2 Mathematikvorlesungen im wirtschaftswissenschaftlichen Studium —— 29
2.1 Einsatz der Mathematik in den Wirtschaftswissenschaften —— 30
2.2 Nützliche mathematische Instrumente für die Wirtschaftswissenschaften —— 39
2.3 Folgen und Reihen als Fundament der Finanzmathematik —— 52
2.4 Finanzmathematik zur Bewertung positiver und negativer Zahlungsströme —— 62
2.5 Vektoren und Matrizen zur Strukturierung großer Datenmengen —— 83
2.6 Matrizen und lineare Gleichungssysteme in der Ökonomie —— 101
2.7 Lösungsverfahren für lineare Gleichungssysteme —— 114
2.8 Input-Output-Analyse und innerbetriebliche Leistungsverrechnung —— 124
2.9 Funktionen zur Beschreibung quantitativer Zusammenhänge —— 135
2.10 Ökonomische Funktionen und ihre wesentlichen Eigenschaften —— 149
2.11 Differenzenquotienten bei der Ermittlung von Grenzfunktionen —— 161
2.12 Relative Änderungen ökonomischer Größen und Elastizitätsfunktionen —— 178
2.13 Lagrange-Funktionen bei Optimierungsproblemen —— 187
2.14 Integrale als Mittler zwischen Grenz- und Ausgangsfunktionen —— 199

3 Mathematikprüfung als Leistungsnachweis —— 213
3.1 Schriftliche Mathematikklausur —— 213
3.2 Elektronische Mathematikklausur —— 215

4 Lösungen und Lösungswege zu den Aufgaben —— 223

4.1 Lösungen zu den Aufgaben aus Kapitel 1 —— 223
4.1.1 Lösungen zum Abschnitt 1.1 – Grundrechenarten, Zahlenmengen und Rechenregeln —— 223
4.1.2 Lösungen zum Abschnitt 1.2 – Brüche, Prozente und Promille —— 226
4.1.3 Lösungen zum Abschnitt 1.3 – Potenzen, Wurzeln und Logarithmen —— 228
4.1.4 Lösungen zum Abschnitt 1.4 – Gleichungen und Ungleichungen —— 232
4.1.5 Lösungen zum Abschnitt 1.5 – Textaufgaben als mathematische Problemstellungen —— 236
4.2 Lösungen zu den Aufgaben aus Kapitel 2 —— 239
4.2.1 Lösungen zum Abschnitt 2.1 – Einsatz der Mathematik in den Wirtschaftswissenschaften —— 239
4.2.2 Lösungen zum Abschnitt 2.2 – Nützliche mathematische Instrumente für die Wirtschaftswissenschaften —— 244
4.2.3 Lösungen zum Abschnitt 2.3 – Folgen und Reihen als Fundament der Finanzmathematik —— 251
4.2.4 Lösungen zum Abschnitt 2.4 – Finanzmathematik zur Bewertung positiver und negativer Zahlungsströme —— 256
4.2.5 Lösungen zum Abschnitt 2.5 – Vektoren und Matrizen zur Strukturierung großer Datenmengen —— 266
4.2.6 Lösungen zum Abschnitt 2.6 – Matrizen und lineare Gleichungssysteme in der Ökonomie —— 270
4.2.7 Lösungen zum Abschnitt 2.7 – Lösungsverfahren für lineare Gleichungssysteme —— 277
4.2.8 Lösungen zum Abschnitt 2.8 – Input-Output-Analyse und innerbetriebliche Leistungsverrechnung —— 287
4.2.9 Lösungen zum Abschnitt 2.9 – Funktionen zur Beschreibung quantitativer Zusammenhänge —— 295
4.2.10 Lösungen zum Abschnitt 2.10 – Ökonomische Funktionen und ihre wesentlichen Eigenschaften —— 302
4.2.11 Lösungen zum Abschnitt 2.11 – Differenzenquotienten bei der Ermittlung von Grenzfunktionen —— 310
4.2.12 Lösungen zum Abschnitt 2.12 – Relative Änderungen ökonomischer Größen und Elastizitätsfunktionen —— 320
4.2.13 Lösungen zum Abschnitt 2.13 – Lagrange-Funktionen bei Optimierungsproblemen —— 324
4.2.14 Lösungen zum Abschnitt 2.14 – Integrale als Mittler zwischen Grenz- und Ausgangsfunktionen —— 332

4.3	Lösungen zu den Aufgaben aus Kapitel 3 —— **340**	
4.3.1	Lösungen zum Abschnitt 3.1 – Schriftliche Mathematikklausur —— **340**	
4.3.2	Lösungen zum Abschnitt 3.2 – Elektronische Mathematikklausur —— **343**	

A   Formelsammlung —— 345

Literaturhinweise —— 351

Autor —— 355

Abkürzungen und Symbole

$f: X \to Y$	Abbildung, Funktion
[ ]	abgeschlossenes Intervall
$\forall$	Allquantor (für alle)
α	Alpha (griechischer Buchstabe)
$\leftrightarrow$	Äquivalenz
a, b, c	beliebige (reelle) Zahlen
$F_{ab} = \int_a^b f(x)dx$	bestimmtes Integral der Funktion $f(x)$ von a bis b
β	Beta (griechischer Buchstabe)
$\|\vec{a}\|$	Betrag eines Vektors
$\Longrightarrow$	daraus folgt
$\log_{10} x = \lg x$	dekadische Logarithmusfunktion (Basis 10)
δ, Δ	Delta (griechischer Buchstabe)
$\det A, \det(A), \|A\|$	Determinante der Matrix A
dx, dy, df	Differential
$\frac{d}{dx}$	Differentialoperator
$\frac{dy}{dx}$	Differentialquotient
$\Delta y, \Delta x$	Differenz zwischen y-Werten, zwischen x-Werten
$\frac{\Delta y}{\Delta x}$	Differenzenquotient
$\vee$	Disjunktion (entweder ... oder)
$\cap$	Durchschnitt (UND)
E	Einheitsmatrix
$\vec{e}$	Einheitsvektor
$\in, \notin$	Element von, kein Element von
$\hat{=}$	entspricht
ε	Epsilon (griechischer Buchstabe)
$\frac{df}{dx} = f'(x)$	erste Ableitung der Funktion $f(x)$ nach x
$\exists, \nexists$	es existiert, es existiert nicht
η	Eta (griechischer Buchstabe)
e	Eulersche Zahl ($e = 2{,}71828\ldots$)
a^x	Exponentialfunktion zur Basis a
e^x	Exponentialfunktion zur Basis e
$f, f(x)$	Funktion, Funktion mit einer Veränderlichen x
$f(x_1, \ldots, x_i, \ldots, x_n)$	Funktion mit n Veränderlichen x_i
$f(x, y)$	Funktion mit zwei Veränderlichen x und y
γ	Gamma (griechischer Buchstabe)
$\frac{\partial^2 f}{\partial x \partial y}$	gemischter partieller Differentialquotient zweiter Ordnung
$\div$	Geteiltzeichen
$=$	Gleichheitszeichen
$\nabla f(x_i)$	Gradient der Funktion $f(x_i)$
$\lim_{x \to \xi}$	Grenzwert für x gegen ξ
$H_{f(x_i)}$	Hesse-Matrix der Funktion $f(x_i)$
$i = \sqrt{-1}$	imaginäre Einheit i, mit der Eigenschaft $i^2 = -1$
$\int$	Integralzeichen
A^{-1}	Inverse der Matrix A
$>$	ist größer
$\geq$	ist größer gleich

$<$	ist kleiner
$\leq$	ist kleiner gleich
$\neq$	ist ungleich
p, q	Koeffizienten für p, q-Formel (quadratische Gleichung)
$\wedge$	Konjunktion (sowohl ... als auch)
$\cos x$	Kosinusfunktion
π	Kreiszahl Pi ($\pi = 3{,}1415926\ldots$)
$L(x_1, \ldots, x_n, \lambda_1, \ldots, \lambda_m)$	Lagrange-Funktion
λ_i	Lagrange-Multiplikator
λ	Lambda (griechischer Buchstabe)
$\emptyset$	leere Menge
lim	Limes, Grenzwert
$\log_a x$	Logarithmusfunktion zur Basis a
$\cdot$	Malzeichen
$\boldsymbol{A}, \boldsymbol{B}, \boldsymbol{C}$	Matrizen
$\begin{pmatrix} x_{11} & \cdots & x_{1n} \\ \vdots & \ddots & \vdots \\ x_{m1} & \cdots & x_{mn} \end{pmatrix}$	Matrix der Ordnung ($m \times n$)
$\boldsymbol{A}_{mn}$	($m \times n$)-Matrix
$\mathbb{Z}$	Menge der ganzen Zahlen
$\mathbb{N}$	Menge der natürlichen Zahlen
$\mathbb{Q}$	Menge der rationalen Zahlen
$\mathbb{R}$	Menge der reellen Zahlen
$\{\,\}$	Mengenklammer
$-$	Minuszeichen
μ	My (griechischer Buchstabe)
∇	Nabla-Operator
$\log_e x = \ln x$	natürliche Logarithmusfunktion (Basis e)
$\mathbb{R}^n$	n-dimensionaler reeller Zahlenraum
$n!$	n-Fakultät
$\neq$	nicht gleich, ungleich
ν	Ny (griechischer Buchstabe)
$\setminus$	ohne
$\frac{\partial}{\partial x}$	partieller Differentialoperator
π, Π	Pi (griechischer Buchstabe)
$+$	Pluszeichen
$p_n(x)$	Polynom n-ten Grades
x^n	Potenzfunktion
$\prod$	Produktzeichen
$\sqrt{\,}, \sqrt[n]{\,}$	Quadratwurzel, n-te Wurzel aus
$\text{rg}(\boldsymbol{A})$	Rang der Matrix $\boldsymbol{A}$
$\frac{\partial^2 f}{\partial x^2}$	reiner partieller Differentialquotient zweiter Ordnung
Σ, σ	Sigma (griechischer Buchstabe)
$\sin x$	Sinusfunktion
$\begin{pmatrix} a_1 \\ a_2 \\ \vdots \\ a_m \end{pmatrix} = \vec{a}$	Spaltenvektor

$F(x)$	Stammfunktion zu $f(x)$
$\sum$	Summenzeichen
$\subset$	Teilmenge von
$\boldsymbol{A}^\top$	Transponierte der Matrix $\boldsymbol{A}$
$\vec{a}^\top$	transponierter Vektor
$f^{-1}(x)$	Umkehrfunktion
$\int f(x)dx$	unbestimmtes Integral der Funktion $f(x)$
$\approx$	ungefähr gleich
∞	unendlich
x, y, z	Variablen
$\cup$	Vereinigung (ODER)
ξ	Xi (griechischer Buchstabe)
$(a_1, a_2, \ldots, a_n) = \vec{a}^\top$	Zeilenvektor
$\frac{d^2 f}{dx^2} = f''(x)$	zweite Ableitung der Funktion $f(x)$ nach x

Abbildungsverzeichnis

Abb. 1.1	Reelle Zahlengerade (Quelle: Eigene Darstellung) —— **4**	
Abb. 2.1	Vorgehensweise bei der Anwendung der Mathematik (Quelle: Eigene Darstellung) —— **36**	
Abb. 2.2	Venn-Diagramm der Zahlenmengen $\mathbb{N}$, $\mathbb{Z}$, $\mathbb{Q}$ und $\mathbb{R}$ (Quelle: Eigene Darstellung) —— **41**	
Abb. 2.3	Zeitstrahl mit diversen Ein- und Auszahlungen zu unterschiedlichen Zeitpunkten (Quelle: Eigene Darstellung) —— **64**	
Abb. 2.4	Zeitstrahl für die einfache Verzinsung (A) und für die Zinseszinsen (B) (Quelle: Eigene Darstellung) —— **68**	
Abb. 2.5	Zeitstrahl für n Ratenzahlungen r bei nachschüssiger Verzinsung mit dem Zinsfaktor q (Quelle: Eigene Darstellung) —— **72**	
Abb. 2.6	Zeitstrahl zur nachschüssigen Rente (A) und zur vorschüssigen Rente (B) (Quelle: Eigene Darstellung) —— **74**	
Abb. 2.7	Geometrische Darstellungen einer Vektoraddition in der Menge $\mathbb{R}$ (links) und in der euklidischen Ebene $\mathbb{R}^2$ (rechts) (Quelle: Eigene Darstellung) —— **95**	
Abb. 2.8	Mengenbeziehungen zwischen Rohstoffen R, Zwischenprodukten Z und Endprodukten E (Quelle: Eigene Darstellung) —— **103**	
Abb. 2.9	Verflechtungsdiagramm der Güterströme zwischen einer Schwerindustrie S, einer Leichtindustrie L und den Konsumenten K (Quelle: Eigene Darstellung) —— **126**	
Abb. 2.10	Venn-Diagramm einer eindeutigen (links) und einer eineindeutigen Abbildung (rechts) der Menge X auf die Menge Y (Quelle: Eigene Darstellung) —— **137**	
Abb. 2.11	Tabellarische, analytische und graphische Darstellung einer Funktion $y = f(x)$ (Quelle: Eigene Darstellung) —— **139**	
Abb. 2.12	Graphische Darstellung einer Funktion in Abhängigkeit zweier Veränderlicher (Quelle: Eigene Darstellung) —— **146**	
Abb. 2.13	Ganzrationale Funktion zur Beschreibung des Absatzes y als Funktion der Zeit x (Quelle: Eigene Darstellung) —— **151**	
Abb. 2.14	Funktionsverläufe von Umsatz, Kosten und Gewinn im Polypol- und im Monopolfall (Quelle: Eigene Darstellung) —— **157**	
Abb. 2.15	Graph einer Funktion $y = f(x)$ mit einer Tangente im Punkt x_0 (Quelle: Eigene Darstellung) —— **162**	
Abb. 2.16	Konsumentenrente KR und Produzentenrente PR im Marktdiagramm (Quelle: Eigene Darstellung) —— **207**	

Tabellenverzeichnis

Tab. 2.1	Umsätze u_{ij} von n Gütern in m Monaten eines produzierenden Unternehmens ——	**45**
Tab. 2.2	Anwendungen von Folgen und Reihen in der Finanzmathematik —— **79**	
Tab. 2.3	Input-Output-Tabelle zweier Sektoren —— **125**	
Tab. 2.4	Leistungsaustausch und primäre Kosten eines Beispielunternehmens mit drei Abteilungen —— **130**	
Tab. 2.5	Verflechtungsmatrix zur innerbetrieblichen Leistungsverrechnung —— **131**	
Tab. 2.6	Zu versteuerndes Einkommen (zvE) und zugehörige Einkommensteuer (ESt) —— **163**	
Tab. 2.7	Erste und zweite Ableitungen ausgewählter elementarer Funktionen —— **166**	

1 Hinführung zur Mathematik in den Wirtschaftswissenschaften

Alle Studienanfänger kennen Mathematik aus ihrer Schulzeit, und die meisten von ihnen wurden in diesem Fach bis zu 13 Jahre lang unterrichtet. Infolgedessen sollten sie über ein solides mathematisches Grundwissen verfügen, um in ihrem Studium auch den Mathematikvorlesungen, die nicht nur in den Natur- und Ingenieurwissenschaften, sondern auch in den Wirtschaftswissenschaften in den ersten Semestern angeboten werden, hinreichend folgen zu können. Diese Vorlesungen setzen das Grundwissen aus der Schulmathematik voraus und haben darauf aufbauend das Ziel, die Kenntnisse der Mathematik zu verfestigen, auszubauen und konkret im Rahmen der universitären Ausbildung auf wissenschaftliche Fragestellungen anzuwenden. Gute Mathematikkenntnisse sind für das Verständnis komplexer Zusammenhänge in allen genannten Wissenschaften unerlässlich.

Um das Studium – insbesondere das wirtschaftswissenschaftliche Studium – unbeschwert beginnen zu können, sollten deshalb alle Studierenden die Grundlagen der Schulmathematik, ausgehend vom Rechnen mit reellen Zahlen, mit Brüchen und Potenzen aber auch das Lösen von Gleichungen und Textaufgaben ausreichend beherrschen. Mit diesen Kenntnissen sind sie dann in der Lage, nicht nur den Vorlesungen aus dem Grundlagenbereich zur Betriebswirtschafts- und Volkswirtschaftslehre, sondern auch jenen aus dem Methodenbereich, die neben Projektmanagement, Statistik natürlich auch die Mathematik umfassen, folgen zu können.

Nun wird aber in den letzten Jahren an vielen Universitäten und Hochschulen festgestellt, dass bei den Studienanfängern die Kenntnisse in Schulmathematik mitunter unzureichend vorhanden oder in sehr unterschiedlicher Art und Weise ausgeprägt sind. Dies ist nicht nur für Studierende sondern auch für Lehrende höchst unbefriedigend. Es reicht nämlich in den Wirtschaftswissenschaften nicht aus, nur Zahlen in den Taschenrechner einzugeben, um eine Lösung für eine Mathematikaufgabe zu erhalten, sondern es muss die Sprache der Mathematik verstanden werden, um erfolgreich wissenschaftliche Fragestellungen mithilfe der Mathematik beantworten zu können.

Um auch jenen Studienanfängern, die – gegebenenfalls – über nur unzureichende Kenntnisse in den Grundlagen der Schulmathematik verfügen, einen guten Start in das wirtschaftswissenschaftliche Studium zu ermöglichen, werden mittlerweile an vielen Universitäten und Hochschulen sogenannte Vor- oder Brückenkurse zur Mathematik angeboten. Mit diesen Kursen sollen – meist zu Beginn des Studiums – die Studienanfänger an das Fach Mathematik in den Wirtschaftswissenschaften herangeführt werden. Damit sollen zum einen die schulmathematischen Kenntnisse aufgefrischt und zum anderen die Lücken zwischen der Schulmathematik und den mathematischen Anforderungen zum Studienbeginn geschlossen werden.

In den Vor- und Brückenkursen zur Mathematik geht es vorwiegend um die Zahlenlehre und die Arithmetik, also um die Verknüpfungen der Zahlen durch die Rechenoperationen sowie um die dabei zu beachtenden Rechenregeln. Folglich geht es um Axiome sowie um die auf der Grundlage des Potenz-, Wurzel- und Logarithmusbegriffes basierenden Rechenregeln. Die Arithmetik taucht also überall dort auf, wo gerechnet wird, also bei der Umformung von Termen oder Formeln wie beispielsweise in der Algebra beim Lösen von Gleichungen.

Mit diesem Kapitel 1 werden kursorisch solche Grundlagen der Zahlenlehre und der Arithmetik aufgegriffen, deren Inhalte sich in fünf Kursen im Umfang von jeweils vier Vorlesungsstunden vermitteln lassen. Die Studierenden, die nicht die Möglichkeit haben an solchen Vor- oder Brückenkursen teilzunehmen, sollten sich daher mit den Inhalten, die in den folgenden fünf Abschnitten thematisiert werden, unbedingt im Selbststudium auseinandersetzen.

In Abschnitt 1.1 geht es als erstes um die Grundrechenarten, Zahlenmengen und Rechenregeln. Der Abschnitt 1.2 widmet sich sodann dem Rechnen mit Brüchen, Prozenten und Promille; der Abschnitt 1.3 stellt hingegen das Rechnen mit Potenzen, Wurzeln und Logarithmen in den Vordergrund. Das Umformen von Gleichungen und Ungleichungen wird sodann in Abschnitt 1.4 thematisiert; und das Thema Textaufgaben als mathematische Problemstellungen wird abschließend in Abschnitt 1.5 behandelt.

1.1 Grundrechenarten, Zahlenmengen und Rechenregeln

Das Rechnen gehört neben dem Lesen und Schreiben zu den wichtigen Grundfertigkeiten, die wir alle ausreichend beherrschen sollten, um den Herausforderungen des Lebens gewachsen zu sein. Diese Feststellung wird auch durch das Sprichwort „Wer nicht rechnen kann, wird nicht reich; wer gut rechnen kann, wird nicht arm" untermauert.[1] Rechnen ist letztendlich vonnöten, wenn Objekte wie etwa Zahlen logisch verknüpft werden sollen, und demzufolge muss man angemessene Kenntnisse in den Grundrechenarten besitzen.

Darum geht es in diesem Abschnitt, und es werden insbesondere die Grundrechenarten Addition, Subtraktion, Multiplikation und Division sowie diverse Zahlenmengen wie auch die zu berücksichtigenden Rechenregeln thematisiert. Der Abschnitt schließt mit mehreren Übungsaufgaben zu den genannten Themen.

Addition. Bei der Addition geht es um das Zusammenzählen zweier (oder mehrerer) Zahlen, den sogenannten Summanden. Für diese Operation wird das Rechenzeichen „+" (Pluszeichen) verwendet. Somit lässt sich beispielsweise die Addition der Zahlen 3 und 4 einfach durch 3 + 4 ausdrücken. Das Ergebnis der Addition ist die Summe, also im genannten Beispiel 7.

---

[1] Vgl. https://www.aphorismen.de/zitat/129513, Abruf 18.07.19.

Subtraktion. Bei der Subtraktion geht es um das Abziehen einer Zahl, dem Subtrahenden, von einer anderen Zahl, dem Minuenden. Für diese Operation wird das Rechenzeichen „−" (Minuszeichen) verwendet. Somit lässt sich beispielsweise die Subtraktion der Zahlen 9 und 4 einfach durch 9 − 4 ausdrücken. Das Ergebnis der Subtraktion ist die Differenz, welche im genannten Beispiel 5 ist.

Multiplikation. Bei der Multiplikation geht es um das Malnehmen zweier (oder mehrerer) Zahlen, dem Multiplikand und dem Multiplikator, oder einfacher gesagt den sogenannten Faktoren, sofern es keiner Unterscheidung von Multiplikand und Multiplikator bedarf. Für diese Operation wird das Rechenzeichen „·" oder „×" (Malzeichen) verwendet. Somit lässt sich beispielsweise die Multiplikation der Zahlen 2 und 3 einfach durch 2·3 oder 2×3 ausdrücken. Das Ergebnis der Multiplikation ist das Produkt; im genannten Beispiel ist das Produkt 6.

Division. Bei der Division geht es um das Teilen einer Zahl (Dividend), durch eine andere Zahl (Divisor). Für diese Operation wird das Rechenzeichen „÷" oder „/" (Geteiltzeichen) verwendet. Somit lässt sich beispielsweise die Division der Zahlen 10 und 5 einfach durch 10 ÷ 5 oder 10/5 (oder $\frac{10}{5}$) ausdrücken. Das Ergebnis der Division heißt Quotient, und im genannten Beispiel ist der Quotient demzufolge 2.

Zahlenmengen

In der Schule wird das Rechnen anfangs mit kleinen natürlichen Zahlen 1 bis 10 geübt, bis auch das Rechnen mit großen natürlichen Zahlen, mit den ganzen Zahlen, aber auch mit Bruchzahlen (rationale Zahlen), mit irrationalen Zahlen und mit reellen Zahlen behandelt wird. Die genannten Zahlenbereiche lassen sich als Mengen darstellen, deren Elemente die entsprechenden Zahlen aus den Zahlenbereichen sind.

Natürliche Zahlen. Die natürlichen Zahlen $n = 1, 2, 3, \ldots$ sind die Elemente der Menge der natürlichen Zahlen $\mathbb{N} = \{1, 2, 3, \ldots\}$. In dieser so definierten Menge $\mathbb{N}$ ist die 0 nicht enthalten. Soll dagegen die 0 der Menge der natürlichen Zahlen zugeordnet werden, schreibt man $\mathbb{N}_0 = \{0, 1, 2, 3, \ldots\}$.

Ganze Zahlen. Die Menge $\mathbb{Z}$ der ganzen Zahlen z setzt sich aus der 0 und den natürlichen Zahlen n und ihren sogenannten Gegenzahlen $(-n)$ zusammen. Man schreibt $\mathbb{Z} = \{\ldots, -3, -2, -1, 0, 1, 2, 3, \ldots\}$.

Rationale Zahlen. Die rationalen Zahlen q ergeben sich aus einer Division dahingehend, dass sie sich aus dem Quotienten $\frac{z}{n}$ berechnen, wobei der Zähler z eine ganze Zahl und der Nenner n eine natürliche Zahl ist. Man schreibt für die Menge der rationalen Zahlen dann $\mathbb{Q} = \{\frac{z}{n} \mid z \in \mathbb{Z} \wedge n \in \mathbb{N}\}$.

Irrationale Zahlen. Die irrationalen Zahlen lassen sich nicht mehr als Quotient zweier ganzer Zahlen darstellen. Irrationale Zahlen sind beispielsweise die Zahl $\pi = 3{,}1415926535897\ldots$, die Eulersche Zahl $e = 2{,}718281828\ldots$ oder die Quadratwurzel aus 2, also $\sqrt[2]{2} = \sqrt{2} = 1{,}414213562\ldots$.

Reelle Zahlen. Die rationalen und irrationalen Zahlen bilden zusammen die Menge $\mathbb{R}$ der reellen Zahlen r. Man schreibt für die Menge der reellen Zahlen $\mathbb{R} = \{r \mid r \text{ ist eine rationale oder eine irrationale Zahl}\}$.

Die reellen Zahlen können als Punkte einer Geraden, der sogenannten Zahlengeraden, veranschaulicht werden, wie es Abbildung 1.1 zeigt. Dabei wird jede reelle Zahl auf einen Punkt der Zahlengeraden abgebildet, d. h. im Umkehrschluss, dass auch zu jedem Punkt auf der Zahlengeraden eine reelle Zahl gehört.

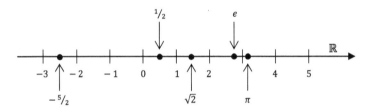

Abb. 1.1: Reelle Zahlengerade (Quelle: Eigene Darstellung).

Die reelle Zahlengerade in Abbildung 1.1 verdeutlicht, dass sich zwei reelle Zahlen r_1 und r_2 hinsichtlich ihrer Größe unterscheiden lassen, und es können folgende Beziehungen bestehen:
- r_1 ist genau so groß wie r_2, dann ist $r_1 = r_2$,
- r_1 ist ungleich r_2, dann ist $r_1 \neq r_2$,
- r_1 ist kleiner als r_2, dann ist $r_1 < r_2$,
- r_1 ist kleiner oder gleich r_2, dann ist $r_1 \leq r_2$,
- r_1 ist größer als r_2, dann ist $r_1 > r_2$, oder
- r_1 ist größer oder gleich r_2, dann ist $r_1 \geq r_2$.

Komplexe Zahlen. Auch wenn im Rahmen der Schulmathematik die komplexen Zahlen in der Regel nicht im Unterricht besprochen werden, seien diese Zahlen der Vollständigkeit halber doch erwähnt. Die komplexen Zahlen erweitern den Zahlenbereich der reellen Zahlen in der Art, dass auch eine Gleichung, wie $x^2 + 1 = 0$ gelöst werden kann. Formal besitzt diese einfache Gleichung die beiden Lösungen $x_{1,2} = \pm\sqrt{-1}$, wobei der Wurzelwert $\sqrt{-1}$ sich nicht als reelle Zahl angeben lässt. Wenn aber eine imaginäre Zahl i eingeführt wird, die *per definitionem* die Gleichung $i^2 = -1$ erfüllt, lässt sich auch die Gleichung $x^2 + 1 = 0$ lösen und mit $x_{1,2} = \pm 1 \cdot i$ angeben.

Eine komplexe Zahl z ist schließlich ein geordnetes Zahlenpaar (x, y) mit $x, y \in \mathbb{R}$, wobei x als Realteil und y als Imaginärteil der komplexen Zahl bezeichnet werden. Man schreibt für die komplexe Zahl $z = x + iy$. Folglich kann man sich die komplexen Zahlen als Elemente des $\mathbb{R}^2$, d. h. der reellen Zahlenebene, vorstellen.

Rechnen mit Variablen

Um das Addieren, Subtrahieren, Multiplizieren und Dividieren in der Schule zu üben, wird in den ersten Schuljahren zumeist „nur" mit Zahlen gerechnet. In den späteren Schuljahren rückt dann verstärkt das Rechnen mit Variablen in den Vordergrund. Als Variable, auch Platzhalter oder Veränderliche genannt, wird eine Leerstelle in einem mathematischen Ausdruck verstanden. Zur Bezeichnung einer Variablen dienten früher Wörter oder Symbole; heute werden dagegen zur mathematischen Notation, also zur Darstellung von Formeln und Gleichungen, in der Regel Buchstaben als Zeichen verwendet. So werden die Buchstaben a, b, c oder x, y und z häufig als Variablen genutzt, die eine Zahl bedeuten. So steht beispielsweise die Variable x in der Gleichung $x - 3 = 5$ als Platzhalter für die Zahl 8, die die Gleichung löst.

Das Rechnen mit Variablen ist aber nicht nur in der höheren Schulmathematik üblich, sondern der Umgang mit Variablen hat in den Naturwissenschaften wie auch in den Wirtschaftswissenschaften eine große Bedeutung, da sich mit Variablen naturwissenschaftliche oder wirtschaftswissenschaftliche Zusammenhänge einfach ausdrücken lassen. So beschreiben in der Physik die Gleichungen $R = \frac{U}{I}$ und $E = m \cdot c^2$ vereinfacht das Ohm'sche Gesetz respektive die Energie-Masse-Äquivalenz dahingehend, dass sie einen Zusammenhang zwischen der Spannung U und dem Strom I über den Widerstand R herstellen, bzw. zeigen, dass sich die Energie E als Produkt aus der Masse m und der Lichtgeschwindigkeit c zum Quadrat berechnet. In den Wirtschaftswissenschaften ist beispielsweise die Gleichung $K_n = K_0 \cdot q^n$ geläufig. Hierbei handelt es sich um die Zinseszinsgleichung, die eine Beziehung zwischen dem Endkapital K_n und dem Anfangskapital K_0 über den mit der Laufzeit n potenzierten Zinsfaktor q herstellt.

In der Mathematik werden derartige Gleichungen auch als Terme bezeichnet. Ein Term ist ein sinnvoller Ausdruck, der Zahlen, Variablen sowie Symbole für mathematische Verknüpfungen aber auch Klammern enthalten kann. Kurz gesagt sind Terme mathematische Ausdrücke, welche Zahlen und Variablen mithilfe von Rechenzeichen und Rechenregeln zusammensetzen.

Rechenregeln und Axiome

Das Rechnen in der Menge der reellen Zahlen $\mathbb{R}$ basiert auf einigen grundlegenden und unbeweisbaren Annahmen, den sogenannten Axiomen, und daraus ableitbaren und beweisbaren Rechenregeln. Nachfolgend werden die Rechenoperationen Addition und Multiplikation erklärt, die insgesamt 11 Axiomen genügen.

Axiom 1. Das erste Axiom begründet die Addition zweier Zahlen und besagt, dass für $a, b \in \mathbb{R}$ genau ein Ergebnis $s \in \mathbb{R}$ mit $s = a + b$ existiert.

Axiom 2. Bei dem zweiten Axiom geht es um das Assoziativgesetz – Verknüpfungsgesetz oder auch Verbindungsgesetz genannt – der Addition, und es besagt, dass es beim Addieren von Zahlen nicht auf deren Reihenfolge ankommt. Es gilt also $(a + b) + c = a + (b + c) = a + b + c$ für $a, b, c \in \mathbb{R}$.

Axiom 3. Das dritte Axiom begründet das Nullelement bzgl. der Addition. Es gibt genau ein Element $0 \in \mathbb{R}$, so dass $a + 0 = a$ für alle $a \in \mathbb{R}$ gilt.

Axiom 4. Beim vierten Axiom geht es um das inverse Element bzgl. der Addition. Zu jedem $a \in \mathbb{R}$ gibt es genau ein inverses Element $(-a) \in \mathbb{R}$, so dass $a + (-a) = (-a) + a = 0$ gilt.

Axiom 5. Das fünfte Axiom besagt, dass $a + b = b + a$ für $a, b \in \mathbb{R}$ gilt. Es legt damit das Kommutativgesetz – auch Vertauschungsgesetz genannt – der Addition fest.

Axiom 6. Das sechste Axiom begründet die Multiplikation und besagt, dass genau ein $p \in \mathbb{R}$ mit $p = a \cdot b$ für $a, b \in \mathbb{R}$ existiert.

Axiom 7. Das siebte Axiom begründet das Assoziativgesetz der Multiplikation, denn für $a, b, c \in \mathbb{R}$ gilt $(a \cdot b) \cdot c = a \cdot (b \cdot c) = a \cdot b \cdot c$. Damit wird ausgedrückt, dass die Reihenfolge, in der die einzelnen Multiplikationen ausgeführt werden, keinen Einfluss auf das Ergebnis hat.

Axiom 8. Es gibt genau ein Element $1 \in \mathbb{R}$, so dass $a \cdot 1 = a$ für alle $a \in \mathbb{R}$ gilt. Dieses achte Axiom definiert damit das Einselement bzgl. der Multiplikation.

Axiom 9. Zu jedem $a \in \mathbb{R}, a \neq 0$ gibt es genau ein inverses Element $\frac{1}{a} \in \mathbb{R}$, so dass $a \cdot \frac{1}{a} = \frac{1}{a} \cdot a = 1$ gilt. Damit wird mit dem neunten Axiom das inverse Element der Multiplikation definiert.

Axiom 10. Das zehnte Axiom bezeichnet das Kommutativgesetz der Multiplikation. Für $a, b \in \mathbb{R}$ gilt nämlich $a \cdot b = b \cdot a$.

Axiom 11. Das elfte Axiom begründet das Distributivgesetz bzw. Verteilungsgesetz, denn für $a, b \in \mathbb{R}$ gilt die Beziehung $a \cdot (b + c) = a \cdot b + a \cdot c$. Durch Anwendung dieses Gesetzes kann durch Ausklammern die Umwandlung einer Summe in ein Produkt erfolgen wie auch das Auflösen von Klammern durch das Ausmultiplizieren.

Alles in allem werden durch diese elf Axiome und den daraus begründeten Assoziativ-, Kommutativ- und Distributivgesetz die grundlegenden Regeln der Algebra gebildet. Als Algebra wird umgangssprachlich das Rechnen mit Unbekannten in Gleichungen bezeichnet.

Zu den Rechenoperationen Addition und Multiplikation stehen die dazugehörigen Umkehroperationen Subtraktion und Division in einem engen Zusammenhang, denn es gilt:

$$a - b = a + (-b) \quad \text{und} \quad a : b = a/b = \frac{a}{b} = a \cdot \frac{1}{b}$$

Das mehrfache Multiplizieren einer Größe a wird Potenzieren genannt. Man schreibt bei einer Multiplikation von n Faktoren dann $a^n = a \cdot a \cdot a \cdot \ldots \cdot a$, mit n aus der Menge der natürlichen Zahlen $\mathbb{N}$.

Abschließend sei noch erwähnt, dass bei der Anwendung der genannten Rechenoperationen eine Rangfolge zu beachten ist. Diese Rangfolge legt fest, in welcher Reihenfolge die Operationen durchzuführen sind. So ist der Rang von Multiplikation und Division gleich, er ist aber höher als der Rang von Addition und Subtraktion („Punkt- vor Strichrechnung").[2] Die höchste Priorität hat aber das Potenzieren, falls nicht durch Klammern etwas Anderes angezeigt wird. Rechenoperationen in Klammern sind dabei von innen nach außen abzuarbeiten.

Den Einsatz einer Klammer in Termen sollen nachfolgende Terme verdeutlichen. Steht beispielsweise vor einer Klammer ein Minuszeichen, so müssen beim Auflösen der Klammern die Vorzeichen aller Summanden in der Klammer umgekehrt werden:

$$-a = (-1) \cdot a$$
$$-(-a) = (-1) \cdot ((-1) \cdot a) = (-1) \cdot (-1) \cdot a = 1 \cdot a = a$$
$$-(a \cdot b) = (-a) \cdot b = a \cdot (-b)$$
$$a \cdot b = (-a) \cdot (-b)$$
$$(a + b) \cdot (c + d) = a \cdot c + a \cdot d + b \cdot c + b \cdot d$$

Übungsaufgaben zum Abschnitt 1.1

Aufgabe 1. Schreibe als Term.
(a) Das Vierfache der Zahl x.
(b) Die Differenz zwischen x und 16.
(c) Das Fünffache der Summe von x und 47.
(d) Das Dreifache der Differenz von 7 und x.

---

[2] Unter der Punktrechnung werden die Multiplikation und die Division verstanden, weil ihre Rechenzeichen „·" und „÷" aus Punkten bestehen. Die Rechenzeichen „+" und „−" der Addition respektive Subtraktion bestehen dagegen nur aus Strichen, und so nennt man diese Operationen Strichrechnung.

(e) Die Hälfte der Summe von x und 18.
(f) Das Dreifache der Zahl 7 minus x.

Aufgabe 2. Schreibe jeweils als Term und berechne.
(a) Addiere die Summe von 24 und 56 zur Zahl 9.
(b) Addiere zum Doppelten der Summe der Zahlen 4 und 2 die Zahl 48.
(c) Subtrahiere den Quotienten der Zahlen 184 und 8 von der Zahl 24.
(d) Multipliziere die Differenz zwischen 82 und 22 mit der Summe der Zahlen 12 und 18.

Aufgabe 3. Rechnen Sie die nachfolgenden Aufgaben im Kopf und überprüfen Ihr Ergebnis mit dem Taschenrechner.
(a) $49 + 77 + 313$
(b) $35 \cdot 11 + 15$
(c) $1{,}67 + 0{,}33 + 2{,}51$
(d) $25 \cdot 8 - 3{,}3$
(e) $197 \cdot 5 \cdot 20$
(f) $2{,}46 - 1{,}83$

Aufgabe 4. Sind die nachfolgenden Aussagen richtig oder sind sie falsch?
(a) $3 \cdot 9 + 3 = 36$
(b) $3 \cdot (9 + 3) = 36$
(c) $(3 \cdot 9) + 3 = 30$
(d) $12 \div 3 - 2 = 12$
(e) $0 \div 0 = 1$
(f) $0 \div 0 = 0$

Aufgabe 5. Berechnen Sie ohne Zuhilfenahme eines Taschenrechners die beiden folgenden Rechenaufgaben.
(a) $(8 - 2 - 7) \cdot (3 - 2 - 6) \cdot (-3 + 4)$
(b) $(((3 - 4) \cdot 5) - 3) \cdot (-2)$

Aufgabe 6. Lösen Sie die folgenden vier Aufgaben ohne Taschenrechner.
(a) $9 + 7 - 12 \div 4$
(b) $6 \div 2 \cdot 3 + 1$
(c) $(-6) \div (-3) - (-8)$
(d) $\frac{3}{4} + (3 + 4) \cdot \frac{1}{28}$

Aufgabe 7. Gegeben sei die Variable x, die als Platzhalter für den Zahlenwert 8 steht. Bestimmen Sie nun in den nachfolgenden Gleichungen die Zahlenwerte für die Variablen a bis f.

(a) $x - 3 = a$
(b) $b + x = 13$
(c) $3 \cdot c \cdot x = 12$
(d) $2 \cdot (x - d) = 10$
(e) $\frac{2x}{4} - 2 = e$
(f) $\frac{x}{2} + f = 20$

Aufgabe 8. Fassen Sie die nachfolgenden Ausdrücke so weit wie möglich zusammen.
(a) $x + 7 + 5x + x - 17$
(b) $5r + 7r + r + 3 + 21r$
(c) $17x - 11x + xy - 2xy$
(d) $10abc - 8abc + ab - 6bc$

Aufgabe 9. Schreiben Sie die nachfolgenden beiden Terme als Addition zweier Summanden.
(a) $36xy - 19xy - 8xz$
(b) $42cde - 8cde + 7de$

Aufgabe 10. Fasse die beiden folgenden Terme so weit wie möglich zusammen.
(a) $18 \cdot (r + s) - 11 \cdot (r + s) - 5 \cdot (-r - s)$
(b) $12(x - y - z) + 4(x - z - y)$

Aufgabe 11. Multiplizieren Sie den Term $a(c + b) - c(b + a) + b(c - a)$ aus, und fassen Sie ihn dann so weit wie möglich zusammen.

Aufgabe 12. Multiplizieren Sie die beiden nachfolgenden Terme aus, und fassen sie das Ergebnis so weit wie möglich zusammen.
(a) $(a + b)(a - c) - (a - b)(b + c)$
(b) $b - (a + 2 - (c + d - (3 - a)) + b)$

Aufgabe 13. Vereinfachen Sie die folgenden Terme so weit wie möglich.
(a) $8x - x + ((3x - 2y) - (5x + 3y)) - (-(-x + y))$
(b) $8a - a + ((3a - 2b) - (5a + 3b)) - (-(-a + b))$

Aufgabe 14. Berechnen Sie die beiden nachfolgenden Ausdrücke.
(a) $-4 \cdot (-2a + \frac{3}{2}b)$
(b) $(2a - 3b) \cdot (4x + 5y)$

Aufgabe 15. Berechnen Sie die folgenden Terme.
(a) $(2x + 3y) \cdot (x + 2a - 3b)$
(b) $(x + y) \cdot (2x - 4y) - (3x + y) \cdot (2x - y)$

1.2 Brüche, Prozente und Promille

In diesem Abschnitt 1.2 werden die Bruchrechnung und das Rechnen mit Prozenten und Promille kurz erläutert. Danach folgen mehrere Aufgaben, auf deren Lösungswegen der Umgang mit Brüchen, Prozenten und Promille geübt werden kann.

Bruchrechnung

Im vorangegangenen Abschnitt 1.1 wurden verschiedene Zahlenmengen vorgestellt wie beispielsweise die Menge der natürlichen Zahlen $\mathbb{N}$, die Menge der ganzen Zahlen $\mathbb{Z}$ oder auch die Menge der rationalen Zahlen $\mathbb{Q}$, die sich aus den sogenannten Bruchzahlen zusammensetzen. Die Bruchzahlen ergeben sich durch die Division einer ganzen Zahl durch eine natürliche Zahl, also einem Bruch, und so wird im weiteren Sinne die Bruchrechnung auch als das Rechnen mit rationalen Zahlen verstanden.

Ein Bruch kann als Quotient $\frac{a}{b}$, dessen Zähler und Nenner mit den Variablen a und b gekennzeichnet ist, dargestellt werden. Hat die Variable a den Wert 3 und die Variable b den Wert 4, dann lautet der Bruch $\frac{3}{4}$. Dieser Bruch ist ein sogenannter echter Bruch, da der Zähler kleiner als der Nenner ist. Im Gegensatz dazu wird ein Bruch, dessen Zähler größer als (oder gleich) dessen Nenner ist, als unechter Bruch bezeichnet. Beispielsweise ist $\frac{5}{4}$ ein unechter Bruch, der auch als gemischte Zahl – nämlich $1\frac{1}{4}$ – geschrieben werden kann, denn $\frac{5}{4} = \frac{4+1}{4} = \frac{4}{4} + \frac{1}{4} = 1 + \frac{1}{4} = 1\frac{1}{4}$. Nun ist $\frac{5}{4}$ auch 1,25 wie auch $\frac{3}{4}$ dem Wert 0,75 entspricht, d. h. Brüche lassen sich auch als Dezimalzahlen schreiben. Setzen sich nun Zähler und/oder Nenner nicht nur aus Zahlen, sondern aus Termen, die Variablen enthalten, zusammen, dann werden solche Brüche Bruchterme genannt. Beispielsweise ist der Bruch $\frac{3z-11z^2}{7z}$ mit $z \in \mathbb{R}$ ein Bruchterm.

Das Rechnen mit Brüchen und Bruchtermen setzt die Kenntnis mehrerer Regeln voraus. Diese Regeln beziehen sich auf die Grundrechenarten Addition, Subtraktion, Multiplikation und Division sowie die Bildung von Kehrwerten aber auch auf das Potenz- und Wurzelrechnen. Des Weiteren sind Regeln hinsichtlich des Kürzens und des Erweiterns von Brüchen zu beachten. Kurz gefasst sind folgende Regeln bei der Bruchrechnung zu beachten:

– Bei Brüchen darf nie im Nenner eine 0 auftreten, denn durch die Null kann niemals dividiert werden. Infolgedessen ist ein Bruch $\frac{a}{b}$ für die beliebigen reellen Zahlen a und b ($b \neq 0$) genau dann gleich 0, wenn der Zähler 0 und der Nenner ungleich 0 ist, d. h. $\frac{a}{b} = 0 \Leftrightarrow a = 0$ und $b \neq 0$.
– Für beliebige reelle Zahlen a, b, c und d ($b, d \neq 0$) sind die beiden Brüche $\frac{a}{b}$ und $\frac{c}{d}$ genau dann gleich groß, wenn $a \cdot d = c \cdot b$ gilt.
– Ein Bruch $\frac{a}{b}$, wobei a und b ($b \neq 0$) beliebige reelle Zahlen sind, wird erweitert, indem Zähler und Nenner mit dem gleichen Faktor z ($z \in \mathbb{R}$) multipliziert werden, d. h. $\frac{a}{b} = \frac{a \cdot z}{b \cdot z}$.

- Ein Bruch $\frac{a}{b}$, mit $a \in \mathbb{R}$ und $b \in \mathbb{R}\setminus 0$, wird gekürzt, indem Zähler und Nenner durch die gleich Zahl z ($z \in \mathbb{R}$) dividiert werden, d. h. $\frac{a}{b} = \frac{a/z}{b/z}$ mit $z \neq 0$.
- Sind im Zähler und Nenner eines Bruches gemeinsame Faktoren z ($z \in \mathbb{R}\setminus 0$) enthalten, so kann man den Bruch kürzen. Beispielsweise ist die Zahl 3 ein gemeinsamer Faktor im Zähler und Nenner des Bruches $\frac{3}{18}$, und so kann der besagte Faktor 3 gekürzt werden, d. h. $\frac{3}{18} = \frac{1 \cdot 3}{6 \cdot 3} = \frac{1}{6}$. Ein Kürzen durch gleiche Faktoren in Zähler und Nenner kann analog auch bei Bruchtermen erfolgen. Beispielsweise lässt sich der Faktor z ($z \in \mathbb{R}\setminus 0$) in dem Bruchterm $\frac{3z-11z^2}{7z}$ kürzen, und so folgt in diesem Fall

$$\frac{3z-11z^2}{7z} = \frac{(3-11z)\cdot z}{7 \cdot z} = \frac{3-11z}{7}.$$

- Zwei Brüche $\frac{a}{b}$ und $\frac{c}{d}$ ($a, c \in \mathbb{R}; b, d \in \mathbb{R}\setminus 0$) werden addiert, indem die Brüche zuerst auf den gemeinsamen Nenner (Hauptnenner) gebracht werden. Dafür erweitert man die Brüche jeweils mit geeigneten Faktoren, beispielsweise durch die jeweilige Erweiterung mit dem Nenner des anderen Bruches, d. h. $\frac{a}{b} + \frac{c}{d} = \frac{a \cdot d + c \cdot b}{b \cdot d}$.[3] Bei der Subtraktion der beiden Brüche $\frac{a}{b}$ und $\frac{c}{d}$ geht man analog vor, d. h. $\frac{a}{b} - \frac{c}{d} = \frac{a \cdot d - c \cdot b}{b \cdot d}$.
- Zwei Brüche $\frac{a}{b}$ und $\frac{c}{d}$ ($a, c \in \mathbb{R}; b, d \in \mathbb{R}\setminus 0$) werden multipliziert, indem jeweils die Zähler und die Nenner miteinander multipliziert werden, d. h. $\frac{a}{b} \cdot \frac{c}{d} = \frac{a \cdot c}{b \cdot d}$.
- Für beliebige reelle Zahlen a, b, c und d ($b, c, d \neq 0$) wird ein Bruch $\frac{a}{b}$ durch einen anderen Bruch $\frac{c}{d}$ dividiert, indem man den ersten Bruch mit dem Kehrwert des zweiten Bruches multipliziert, d. h.

$$\frac{a}{b} \div \frac{c}{d} = \frac{\frac{a}{b}}{\frac{c}{d}} = \frac{a}{b} \cdot \frac{d}{c} = \frac{a \cdot d}{b \cdot c}.$$

Die dargelegten Regeln zum Rechnen mit Brüchen müssen selbstverständlich auch alle beachtet werden, um korrekte Ergebnisse bei einer Bruchrechnung zu erzielen. Dass dies wichtig ist, soll an einem oft gemachten Fehler hier kurz demonstriert werden. Betrachtet man beispielsweise den Bruch $\frac{7}{10}$, so kann dieser auch als $\frac{2+5}{10}$ geschrieben werden. Der Fehler, den nun viele begehen, besteht darin, dass die Zahl 5 im Zähler und die Zahl 10 im Nenner des Bruches durch 5 gekürzt wird und als vermeintliches Ergebnis dann $\frac{2+1}{2} = \frac{3}{2}$ entsteht. Damit wäre aber $\frac{7}{10}$ genau so groß wie $\frac{3}{2}$ – dies ist natürlich völlig falsch, denn $\frac{3}{2} = 1{,}5$ und $\frac{7}{10} = 0{,}7$ sind definitiv nicht gleich groß. Brüche, wo im Zähler oder Nenner noch Additionen oder Subtraktionen durchzuführen sind, dürfen entsprechend der Regeln für die Bruchrechnung also nicht gekürzt werden. Die sicherlich jedem aus der Schule bekannte Eselsbrücke „Durch Differenzen und durch Summen

---

[3] Wenn die Nenner b und d der beiden Brüche aber gemeinsame Faktoren enthalten, dann braucht man die beiden Brüche nur mit den anderen Faktoren der Nenner erweitern. Man muss hierbei also das kleinste gemeinsame Vielfache der Nenner bestimmen, dieses ist dann der Hauptnenner.

kürzen nur die Dummen" soll deshalb darauf aufmerksam machen, einen solchen, gerade gezeigten Fehler eben nicht zu begehen. Es dürfen nämlich nur Faktoren in Zählern und Nennern eines Bruches gekürzt werden.

Rechnen mit Prozenten und Promille

Zahlenangaben in Prozent sind nicht nur in den Wirtschaftswissenschaften geläufig. Jeder Mensch hat heute im Alltag mit Prozenten – aber auch Promille – zu tun, denkt man nur an die Mehrwertsteuer, die in Prozent angegeben vom Verbraucher zu zahlen ist oder an die Einkommensteuer, die in Deutschland prozentual auf das Einkommen natürlicher Personen erhoben wird. Bieten Discounter Rabattaktionen an, dann werben sie beispielsweise mit 15 Prozent Ersparnis auf ausgewählte Artikel. Auch bei Bankgeschäften spielen Prozente eine wichtige Rolle, denn Banken geben die Werte der aktuellen Guthabenzinsen, Verzugszinsen oder Hypothekenzinsen jeweils in Prozent an. Mit Promilleangaben kann man vielleicht bei einem Arztbesuch konfrontiert werden, wenn dort darüber informiert wird, dass nach Einnahme eines neuen Medikamentes lediglich 2 Promille der Testpersonen an Kopfschmerzen litten. Auch im Versicherungswesen wird von Promille gesprochen, wenn es etwa um die Angabe einer Schadenshäufigkeit je 1000 Risiken geht.

Bei den genannten Prozent- oder Promilleangaben geht es also um Anteile an Bezugsgrößen, die es ermöglichen, Größenverhältnisse zu veranschaulichen und vergleichbar zu machen, indem die Größen zu einem einheitlichen Grundwert ins Verhältnis gesetzt werden. Bei einem Prozent ist der Grundwert 100 und bei einer Promille 1000.[4] Prozent- und Promilleangaben werden verkürzt mit den Symbolen % und ‰ gekennzeichnet. Ein Prozent (1 %) ist also ein Faktor von einem Hundertstel ($\frac{1}{100}$) und ein Promille (1 ‰) ein Faktor von einem Tausendstel ($\frac{1}{1000}$), d. h. aber auch, dass $\frac{1}{10}$ Prozent ein Promille und 10 ‰ gleich ein Prozent sind. So gesehen ist das Rechnen mit Prozenten und Promille nichts anderes als eine Bruchrechnung in Hundertstel und Tausendstel, und der Prozentsatz kann als Bruch und alternativ auch als Dezimalzahl dargestellt werden. Beispielsweise lassen sich 15 Prozent verkürzt als 15 % und 2 Promille als 2 ‰ schreiben, d. h. aber auch so viel, dass $\frac{15}{100} = 0{,}15$ respektive $\frac{2}{1000} = 0{,}002$ entspricht.

Aufgaben im Kontext der Prozentrechnung können oftmals unter Zuhilfenahme des Dreisatz-Verfahrens gelöst werden. Der Dreisatz ist ein mathematisches Verfahren, um aus drei gegebenen Werten eines Verhältnisses den unbekannten vierten Wert zu berechnen (vgl. hierzu auch Abschnitt 1.5). Dies kann durch den Zusammenhang

---

[4] Die Begriffe Prozent und Promille leiten sich aus dem Lateinischen ab. Das Wort *pro* steht für „im Verhältnis zu", und die Wörter *centum* und *milia* werden zu Hundert respektive Tausend übersetzt.

$W = p\% \cdot G = \frac{p}{100} \cdot G$ verdeutlicht werden, in dem der Prozentwert, der einen entsprechenden Anteil vom Grundwert bezeichnet, mit der Variablen W, der Grundwert mit der Variablen G und der Prozentfuß mit p (Prozentsatz $p\%$) abgekürzt werden. Somit geht es bei den Prozentrechenaufgaben entweder um die Bestimmung des Prozentwertes, des Prozentsatzes oder des Grundwertes, wobei dann die jeweils anderen Größen gegeben sind.

Übungsaufgaben zum Abschnitt 1.2

Aufgabe 1. Erweitern Sie die folgenden Bruchgleichungen auf einen gemeinsamen Nenner. Wie groß sind die jeweiligen Zähler?
(a) $\frac{4}{3} = \frac{a}{9}$
(b) $\frac{4}{7} = \frac{b}{56}$
(c) $\frac{3}{24} = \frac{c}{144}$

Aufgabe 2. Ordnen Sie die fünf Brüche $\frac{25}{8}, \frac{13}{2}, 2\frac{1}{4}, 3\frac{2}{3}$ und $3\frac{5}{6}$ der Größe nach an, und bestimmen Sie von den Brüchen noch die jeweilige Dezimalzahl.

Aufgabe 3. Berechnen Sie ohne Einsatz eines Taschenrechners nachfolgende Summen, Differenzen, Produkte und Quotienten von Brüchen.
(a) $\frac{7}{8} - \frac{3}{8} + 1\frac{5}{8} - \frac{9}{8}$
(b) $\frac{7}{3} - \frac{5}{6} - \frac{11}{12} + \frac{1}{4}$
(c) $(\frac{4}{3} - \frac{3}{4} + \frac{1}{6} - \frac{9}{8}) \cdot (\frac{1}{2} + \frac{2}{3} + \frac{1}{6})$
(d) $(\frac{1}{4} - \frac{1}{12} + \frac{5}{24} + \frac{5}{8}) \div (\frac{2}{9} - \frac{7}{18} + \frac{1}{3} + \frac{1}{6})$

Aufgabe 4. Multiplizieren Sie die Brüche ohne einen Taschenrechner zu verwenden.
(a) $\frac{12}{7} \cdot \frac{1}{2}$
(b) $\frac{27-15}{3} \cdot \frac{4}{9-7}$

Aufgabe 5. Fassen sie die Summe der beiden Brüche $\frac{x+3}{x^2-4}$ und $\frac{x-3}{x-2}$ so weit wie möglich zusammen.

Aufgabe 6. Wie groß ist die Summe aus den drei Brüchen $\frac{1}{a}, \frac{2}{b}$ und $\frac{1}{c}$?

Aufgabe 7. Wie groß sind die nachfolgenden Doppelbrüche.
(a) $\left(\frac{\frac{1}{2} - \frac{1}{3}}{\frac{1}{4} - \frac{1}{6}}\right)$
(b) $\frac{\frac{54}{60}}{\frac{3}{5}}$

Aufgabe 8. Fassen Sie die nachfolgenden Terme so weit wie möglich zusammen und achten dabei auf negative Vorzeichen, auf Summen und auf Möglichkeiten zum Ausklammern.

(a) $\frac{m \cdot n}{x} \div (-m)$

(b) $\frac{x^3}{y+z} \div x$

(c) $\frac{(r-s)^2}{3r} \div (r-s)$

(d) $\frac{2a}{b+c} \div \frac{4a}{3(b+c)}$

(e) $\frac{4(k+m)}{n \cdot p} \div \left(-\frac{2(k+m)}{n^2}\right)$

(f) $\frac{2r-s}{b} \div \frac{6rx-3sx}{x^2}$

Aufgabe 9. Fassen Sie die nachfolgenden Bruchterme so weit wie möglich zusammen.

(a) $\frac{3}{bz} + \frac{13}{bz}$

(b) $\frac{-15}{c-a} - \frac{11}{a-c}$

(c) $\frac{8}{3b} + \frac{2}{b} - \frac{2}{3b}$

(d) $\frac{6}{3x} + \frac{4}{x}$

Aufgabe 10. Vereinfachen Sie die folgenden Ausdrücke so weit wie möglich.

(a) $(a^4 - 3a) \div \frac{a^3-3}{b^2}$

(b) $\frac{(a-x) \cdot x}{2x-ax} \div \frac{a-x}{(2-a) \cdot x}$

Aufgabe 11. Ein Laptop wurde um $14\frac{2}{7}$ % im Preis gesenkt und kostet jetzt 1.200 €. Wie hoch war demzufolge die Preissenkung in Euro?

Aufgabe 12. In den Fahrtkartenpreisen der Bahn waren im Jahr 2019 genau 19 % Mehrwertsteuer enthalten. Wie viel Steuer ist in einem Fahrkartenpreis enthalten, wenn der Bahnkunde am Schalter für eine Fahrkarte 29,00 € bezahlt hat?

Aufgabe 13. An einer Mathematikklausur nahmen 135 Studierende der Wirtschaftswissenschaften teil. Davon bestanden 45 Studierende die Klausur. Wie hoch war die Durchfallquote?

Aufgabe 14. Ein Privatanleger besitzt 100 Aktien eines Technologieunternehmens, für die er 1,20 € Dividende je Aktie erhält. Da er 25 % Abgeltungssteuer und 1,375 % Solidaritätszuschlag an den Staat abführen muss, landet nicht die gesamte Ausschüttung auf seinem Konto. Wie viel Geld landet schließlich auf seinem Konto?

Aufgabe 15. Eine rechtlich relevante Grenze für den Blutalkoholgehalt beim Fahren eines Kraftfahrzeuges ist in Deutschland derzeit die 0,5 Promille-Grenze. Auch wenn eine Person ein Kraftfahrzeug ohne jeglichen Alkohol im Blut fortbewegen sollte, sei folgende Frage erlaubt: Welche Menge Alkohol darf laut Gesetz in Deutschland maximal im

Blut eines Kraftfahrzeugfahrers zirkulieren, wenn man davon ausgeht, dass beim Fahrer eine Gesamtblutmenge von 6 l vorliegt?

1.3 Potenzen, Wurzeln und Logarithmen

Im Zusammenhang mit dem Rechnen mit reellen Zahlen wurde in Abschnitt 1.1 das Potenzieren als mehrfache Multiplikation schon kurz erwähnt. In diesem Abschnitt 1.3 geht es nun um das Rechnen mit Potenzen, und es werden die dabei zu berücksichtigenden Rechenregeln aufgeführt. Des Weiteren geht es um das Wurzelziehen, also der Umkehrung des Potenzierens sowie um das Logarithmieren als zweite Möglichkeit der Umkehrung, nämlich eine Potenz nach seinem Exponenten aufzulösen. Abgeschlossen wird dieser Abschnitt wiederum mit einigen Aufgaben, zu deren Lösungsbestimmungen die genannten Rechenarten geübt werden können.

Rechnen mit Potenzen und Wurzeln

Bei der Multiplikation geht es grundsätzlich um das Malnehmen zweier (oder mehrerer) Zahlen, zum Beispiel $a \cdot b = c$, wobei a, b und c reelle Zahlen sein können. Wird nun aber ein und dieselbe positive reelle Zahl a (in Ausnahmefällen kann a auch 0 oder negativ sein) mehrfach, zum Beispiel n-mal, mit sich selbst multipliziert, dann wird das Multiplizieren Potenzieren genannt. Bei einer Potenzrechnung heißt die Zahl a, die zu multiplizieren ist, Basis, und wie oft diese Basis als Faktor auftritt wird durch den Exponenten n, der auch Hochzahl genannt wird, angegeben. Man kann also Basis^{Exponent} = Potenzwert schreiben oder kurz formuliert $a^n = c$. Zu beachten ist, dass der Exponent n nicht nur eine natürliche Zahl sein kann, er kann auch eine ganze Zahl, eine rationale Zahl oder eine reelle Zahl sein.

Ist beispielsweise die zu multiplizierende Zahl $a = 4$ und soll dreimal mit sich selbst multipliziert werden, dann schreibt man die Multiplikation $4 \cdot 4 \cdot 4$ abgekürzt als 4^3 („4 hoch 3"). Da nun $4 \cdot 4 \cdot 4$ bekanntlich 64 ist, folgt für den Wert der Potenz $4^3 = 64$. Bei einer Potenzrechnung wird also nach dem Ergebnis, dem Potenzwert, gesucht.

Für das Rechnen mit Potenzen sind einige Regeln zu beachten:
- Potenzen mit gleichen Exponenten werden multipliziert, indem die Basen multipliziert und das Produkt mit dem gemeinsamen Exponenten potenziert wird. Kurzum schreibt man $a^n \cdot b^n = (a \cdot b)^n = (ab)^n$.
- Potenzen mit gleichen Exponenten werden dividiert, indem man Basis durch Basis dividiert. Der so entstandene Quotient erhält den gemeinsamen Exponenten n, und es gilt $\frac{a^n}{b^n} = \left(\frac{a}{b}\right)^n$ mit $b \neq 0$.
- Potenzen mit gleicher Basis werden multipliziert, indem man die Basis beibehält und die Exponenten addiert. Es gilt damit $a^m \cdot a^n = a^{m+n}$.

- Potenzen gleicher Basis werden dividiert, indem man die Basis beibehält und die Exponenten subtrahiert. Man schreibt $\frac{a^m}{a^n} = a^{m-n}$ mit $a \neq 0$.
- Irgendein Zahlenwert a hoch 0 ergibt immer die Eins, also $a^0 = 1$.
- Potenzen mit negativen Exponenten können als Quotienten dargestellt werden. Man schreibt $a^{-n} = \frac{1}{a^n}$.
- Eine Potenz wird potenziert, indem man die Exponenten multipliziert. Dementsprechend gilt $(a^m)^n = a^{m \cdot n} = a^{n \cdot m} = (a^n)^m$.

Für die Wurzelrechnung – auch Wurzelziehen oder Radizieren genannt – gelten die gleichen, für die Potenzrechnung zusammengestellten Formeln, denn das Wurzelziehen ist die Umkehroperation des Potenzierens. Bei der Wurzelrechnung wird nämlich nach der Basis gefragt, d. h. es geht um die Suche nach derjenigen Zahl c, die mit n potenziert den Wert a ergibt. Man schreibt hierfür $\sqrt[n]{a} = c$ (gleichbedeutend mit $c^n = a$), wobei nun n als Wurzelexponent, a als Radikant und c als Wurzelwert bezeichnet wird. Ist der Exponent $n = 2$, dann wird die Wurzel $\sqrt[2]{a}$ Quadratwurzel genannt. Da die Quadratwurzel eine sehr häufig vorkommende Wurzel ist, lässt man meist den Wurzelexponenten 2 weg und schreibt einfach $\sqrt{a}$.

Betrachtet man beispielsweise die Potenz $a^{\frac{1}{2}}$, in welcher der Exponent eine rationale Zahl ist, dann gilt entsprechend der Potenzgesetze, dass $(a^{\frac{1}{2}})^2 = a^{\frac{1}{2} \cdot 2} = a^1 = a$. Damit ist $a^{\frac{1}{2}}$ aber auch nichts anderes als die Quadratwurzel aus a, also $\sqrt[2]{a}$. Nun besitzen nur positive Zahlen beliebige natürliche Wurzeln und so folgt, dass bei Potenzen mit rationalen Exponenten für $a \geq 0$ und $n \in \mathbb{N}$ die Beziehung $a^{\frac{1}{n}} = \sqrt[n]{a}$ hergestellt werden kann.

Aus dem gerade dargelegten Zusammenhang folgt auch, dass für eine beliebige rationale Zahl $\frac{m}{n}$ beispielsweise $a^{\frac{m}{n}} = a^{m \cdot \frac{1}{n}} = (a^m)^{\frac{1}{n}} = \sqrt[n]{a^m}$ und $a^{\frac{m}{n}} = a^{\frac{1}{n} \cdot m} = (a^{\frac{1}{n}})^m = \sqrt[n]{a^m}$ gelten. Dies zeigt, dass allen Regeln der Potenzrechnung entsprechende Regeln der Wurzelrechnung gegenüberstehen. Wenn also a und b größer null sind, dann gelten die Regeln der Wurzelrechnung wie folgt:
- Das Wurzelgesetz für die Multiplikation bei gleichem Exponenten n lautet

$$\sqrt[n]{a} \cdot \sqrt[n]{b} = \sqrt[n]{a \cdot b}.$$

- Ist der Wurzelexponent n bei zwei Wurzeln gleich, dann gilt das Wurzelgesetz für die Division, also

$$\sqrt[n]{a} / \sqrt[n]{b} = \sqrt[n]{\frac{a}{b}}.$$

- Das Wurzelgesetz zu Potenzen lautet $(\sqrt[n]{a})^m = \sqrt[n]{a^m}$. Ist demnach eine n-te Wurzel zu potenzieren, dann kann man die Potenz m auch unter die Wurzel schreiben, dort aber als Exponent.
- Eine Wurzel unter einer Wurzel wird mit der Wurzelregel

$$\sqrt[m]{\sqrt[n]{a}} = \sqrt[n]{\sqrt[m]{a}} = \sqrt[n \cdot m]{a}$$

behandelt. Demnach lässt sich eine m-te Wurzel aus der n-ten Wurzel – bzw. eine n-te Wurzel aus der m-ten Wurzel – von a durch die $(n \cdot m)$-te Wurzel von a berechnen.

Rechnen mit Logarithmen

Erfahrungsgemäß haben einige Studierende der Wirtschaftswissenschaften Probleme mit der Logarithmusrechnung. Nun werden aber zur Berechnung von Endwerten von Ratenzahlungen, Renten oder Annuitäten finanzmathematische Gleichungen herangezogen, in denen Potenzen vorkommen, deren Exponenten für die Laufzeiten der entsprechenden Kapitalvorgänge stehen. Um diese Laufzeiten solcher Kapitalvorgänge zu bestimmen, ist das Rechnen mit Logarithmen aber unvermeidlich. Der Logarithmus ermöglicht es nämlich, eine Potenz nach dem Exponenten umzustellen.

Ist also eine Potenzgleichung $b^x = a$ gegeben, wobei a und b reelle Zahlen größer als null sind, dann lässt sich diese Gleichung nach dem Exponenten x auflösen, indem man den Logarithmus von a zur Basis b bestimmt. Man schreibt dafür $x = \log_b a$. Beispielsweise ist der Logarithmus von 8 zur Basis 2 gleich 3, denn $2^3 = 8$, und so schreibt man eben auch $\log_2 8 = 3$. Der Logarithmus ist also der Wert des Exponenten, mit der die Basis b potenziert werden muss, um den Numerus a zu erhalten. Damit ist auch die Logarithmusrechnung – wie die Wurzelrechnung – eine Umkehroperation der Potenzrechnung, und infolgedessen können die Rechenregeln für die Potenzrechnung auch auf das Rechnen mit Logarithmen angewendet werden. In Analogie zur Potenzrechnung sind bei der Logarithmusrechnung auch keine negativen Werte für die Basen zulässig. Dies bedeutet, dass Logarithmen nur dann Lösungen der Gleichung $b^x = a$ liefern können, wenn $b \in \mathbb{R}^+ \setminus \{1\}$ gilt.

Seien die reellen Zahlen $u, v > 0$ sowie $n \in \mathbb{R}$ gegeben, dann lauten die Regeln für das Rechnen mit Logarithmen wie folgt:
- Der Logarithmus eines Produktes ist gleich der Summe der Logarithmen. Demzufolge gilt $\log_b(u \cdot v) = \log_b u + \log_b v$.
- Der Logarithmus eines Quotienten ist gleich der Differenz der Logarithmen, und somit gilt $\log_b(\frac{u}{v}) = \log_b u - \log_b v$.
- Der Logarithmus einer Potenz ist gleich dem Logarithmus der Basis multipliziert mit dem Exponenten, und man schreibt $\log_b u^n = n \cdot \log_b u$.

Neben diesen drei wichtigen Regeln der Logarithmusrechnung, die sich auf das Multiplizieren, Dividieren und Potenzieren beziehen, sind weitere Zusammenhänge für das Rechnen mit Logarithmen hilfreich. Beispielsweise folgt aus der Definition des Logarithmus, dass $\log_b(b^u) = u$ ist, denn $\log_b(b^u) = u \cdot \log_b b = u \cdot 1 = u$. Ist auf der anderen Seite der Numerus gleich 1, so gilt für alle Basen b, dass $\log_b 1 = 0$ ist, denn $b^0 = 1$. Ist der Numerus aber gleich der Basis b, so folgt $\log_b b = 1$, denn $b^1 = b$; und ist der Numerus gleich dem Kehrwert der Basis b, dann gilt $\log_b(\frac{1}{b}) = -1$, denn $b^{-1} = \frac{1}{b}$.

Wie dargelegt, sind Logarithmen für alle Basen $b \in \mathbb{R}^+ \setminus \{1\}$ definiert. Für die Wirtschaftswissenschaften sind zwei Logarithmen besonders wichtig, nämlich der dekadische Logarithmus und der natürliche Logarithmus. Der dekadische Logarithmus – auch Zehnerlogarithmus genannt – ist der Logarithmus zur Basis 10, also $\log_{10} u$; und der natürliche Logarithmus ist der Logarithmus zur Basis e (der Eulerschen Zahl), also $\log_e u$. Die Bedeutung der beiden Logarithmen wird auch dadurch unterstrichen, dass wissenschaftliche Taschenrechner für diese Logarithmen eine eigene Taste mit der Aufschrift lg (oder auch nur log) bzw. ln besitzen. Diese Aufschriften entsprechen den mathematischen Kurzschreibweisen für die beiden Logarithmen, denn man schreibt $\log_{10} u = \log u = \lg u$ für den dekadischen Logarithmus und $\log_e u = \ln u$ für den natürlichen Logarithmus.

Möchte man nun den Logarithmus auf der Basis einer anderen Zahl erhalten, wie beispielsweise den $\log_2 16384$, dann stellt sich die Frage, wie eine solche Berechnung mit einem Taschenrechner möglich ist, der eben nur die lg- oder ln-Taste besitzt. Hierfür ist der Zusammenhang $\log_b u = (\log_g u)/(\log_g b)$ hilfreich, wobei $u \in \mathbb{R}^+$ und $b, g \in \mathbb{R}^+ \setminus \{1\}$, der das Umrechnen von Logarithmen zu anderen Basen ermöglicht. Da die Basis $g \in \mathbb{R}^+ \setminus \{1\}$ frei gewählt werden kann, bietet sich neben der Basis 10 auch die Basis e an, um mit dem Taschenrechner die Lösung von $\log_2 16384$ zu bestimmen. Demzufolge berechnet sich $\log_2 16384$ mit dem Taschenrechner wie folgt:

$$\log_2 16384 = \frac{\log_{10} 16384}{\log_{10} 2} = \frac{\lg 16384}{\lg 2} = \frac{4{,}2144\ldots}{0{,}3010\ldots} = 14 \quad \text{bzw.}$$

$$\log_2 16384 = \frac{\log_e 16384}{\log_e 2} = \frac{\ln 16384}{\ln 2} = \frac{9{,}7040\ldots}{0{,}6931\ldots} = 14.$$

Übungsaufgaben zum Abschnitt 1.3

Aufgabe 1. Schreiben Sie die Zahlen 64, 125, 243, 512 sowie 0,01 und 0,027 und 1,44 als Potenzen mit möglichst einfacher Basis.

Aufgabe 2. Wie lassen sich die nachfolgenden Potenzen noch schreiben?
(a) $a^4 \cdot a^5$
(b) $a^7 \cdot a^0$
(c) $a^b \cdot a^b$
(d) $(c \cdot d)^4 \cdot (c \cdot d)^2$
(e) $c \cdot d^4 \cdot c \cdot d^2$
(f) $x^3 \cdot x^2 \cdot y^4$

Aufgabe 3. Fassen Sie die nachfolgenden Potenzen zusammen.
(a) $\frac{c^{21}}{c^{15}}$
(b) $\frac{d^5}{d^4}$

(c) $\frac{(cd)^6}{(cd)^4}$

(d) $\frac{a^5 \cdot b^3 \cdot c^7}{a^2 \cdot b \cdot c^4}$

Aufgabe 4. Formen Sie die folgenden Potenzen um.

(a) a^{-4}

(b) $-a^{-6}$

(c) m^{-y}

(d) x^2

Aufgabe 5. Berechnen Sie die folgenden Potenzen.

(a) $(c^3)^4$

(b) $(s \cdot t^2)^5$

(c) $(x^7)^{-4}$

(d) $(-y^{-2})^{-3}$

(e) $(-s \cdot t^2)^5$

(f) $(-y^{-2})^{-4}$

Aufgabe 6. Berechnen Sie die folgenden Potenzen.

(a) $\frac{(15x)^2}{5 \cdot x^{-3}}$

(b) $\left(\frac{x^2}{a^3}\right)^{-1} \cdot \left(\frac{3a^2}{4x^3}\right)^{-2} \cdot 5xa^{-4}$

Aufgabe 7. Formen Sie die folgenden vier Brüche mit ihren Wurzeln um.

(a) $\frac{1}{\sqrt[7]{m^4}}$

(b) $\frac{1}{\sqrt[3]{b^{15}}}$

(c) $\frac{d}{\sqrt[4]{d}}$

(d) $\frac{1}{(\sqrt[3]{8})^2}$

Aufgabe 8. Fassen Sie die folgenden Wurzelausdrücke zusammen.

(a) $\sqrt{3} \cdot \sqrt{12}$

(b) $\sqrt{\frac{5x}{6}} \div \sqrt{\frac{20}{6x}}$

(c) $\sqrt{m} \div \sqrt[5]{m}$

(d) $\sqrt[2n]{x^n} \cdot \sqrt{x^3}$

Aufgabe 9. Formen Sie die folgenden Wurzelausdrücke in Potenzen um.

(a) $x \cdot \sqrt[6]{\frac{a^3}{x}}$

(b) $6 \cdot \sqrt{\frac{3x}{36}}$

(c) $\sqrt[3]{\sqrt[6]{a^9}}$

(d) $\sqrt{\sqrt[4]{x}}$

Aufgabe 10. Fassen Sie so weit wie möglich zusammen.
(a) $5 \cdot \sqrt[3]{2} + 8 \cdot \sqrt[5]{2} + 2 \cdot \sqrt[3]{2}$
(b) $6 \cdot \sqrt{18} + 2 \cdot \sqrt{8} + \sqrt{72}$
(c) $3 \cdot \sqrt{96x} - 2 \cdot \sqrt{150x}$
(d) $\sqrt{\frac{1}{2}} \cdot \sqrt{2}$

Aufgabe 11. Man bestimme den Wert für x.
(a) $x = \log_3 27$
(b) $x = \log_{\frac{1}{3}} 27$
(c) $\log_5 x = 2$
(d) $\log_{\frac{1}{5}} x = -2$

Aufgabe 12. Bestimmen Sie die Lösungen x für folgende Logarithmen.
(a) $\log_a(\frac{1}{a}) = x$
(b) $\log_a 1 = x$
(c) $\log_{\frac{1}{a}} a^2 = x$
(d) $\log_a(a^3)^5 = x$

Aufgabe 13. Zerlegen Sie die beiden nachfolgenden Logarithmen so weit wie möglich in Summanden.
(a) $\log_a(\frac{5b^2}{c^3})$
(b) $\log_a(\frac{m^2 \cdot \sqrt[3]{m^2 \sqrt{n^3}}}{m \cdot \sqrt[6]{n}})$

Aufgabe 14. Herr Geierblick möchte Millionär werden. Er hat 100.000 € geerbt und legt dieses Erbe zu 8 % Zinsen am Kapitalmarkt an. Nach wie viel Jahren ist sein Erbe auf eine Million Euro angewachsen?

Aufgabe 15. Nach wie viel Jahren sind 100 € bei 10 % Zins auf insgesamt 100.000 € angewachsen?

1.4 Gleichungen und Ungleichungen

In den Wirtschaftswissenschaften und natürlich auch in anderen Wissenschaften wie den Naturwissenschaften lassen sich zahlreiche Gesetzmäßigkeiten oder Zusammenhänge ökonomischer oder physikalischer Größen in Formeln niederschreiben. Als Beispiel seien die Formeln zur Berechnung des Gewinns, einer Rente oder zur Bestimmung der Preiselastizität der Nachfrage in der Ökonomie oder die Formeln zur Beschreibung des idealen Gasgesetzes oder zur Berechnung des Widerstandes eines elektronischen Bauteils in der Physik genannt. Die Formeln können dabei als Gleichungen oder Ungleichungen mit mehreren Unbekannten"/Variablen angesehen werden.

In der Mathematik bestehen Gleichungen generell aus zwei Termen, die gleichgesetzt und demzufolge mit dem Gleichheitszeichen „=" verbunden werden. Sind zwei Terme dagegen ungleich, dann werden in den Ungleichungen die Terme durch die Zeichen „<", „>", „≤" oder „≥" verglichen. Zum Lösen von Gleichungen oder Ungleichungen werden diese in eine andere Form gebracht, ohne dass sich der Wahrheitswert – und damit die Lösungsmenge – ändert. Eine solche Formänderung kann mithilfe der sogenannten Äquivalenzumformungen erfolgen, die durch Anwendung der inversen Rechenoperationen auch wieder rückgängig gemacht werden können.

Äquivalenzumformungen bei Gleichungen

Für eine Äquivalenzumformung wird im Prinzip eine Rechenoperation auf beiden Seiten der Gleichung vorgenommen; und daher ändert sich nichts an der Lösungsmenge der Gleichung. Zu den Äquivalenzumformungen bei Gleichungen zählen:
- die Addition oder die Subtraktion des gleichen Terms auf beiden Seiten einer Gleichung,
- die Multiplikation beider Seiten einer Gleichung mit einem von null verschiedenen Term,
- die Division beider Seiten einer Gleichung durch einen von null verschiedenen Term,
- das Potenzieren beider Seiten einer Gleichung mit ungeradem Exponenten, und
- das n-te Wurzelziehen auf beiden Seiten einer Gleichung mit ungeradem Exponenten sowie
- die Anwendung des Logarithmus auf beiden Seiten einer Gleichung.

Äquivalenzumformungen bei Ungleichungen

Zu den Äquivalenzumformungen, die die Lösungsmenge einer Ungleichung nicht ändern, zählen:
- die Addition oder Subtraktion des gleichen Terms auf beiden Seiten einer Ungleichung,
- die Multiplikation beider Seiten einer Ungleichung mit einem positiven Term,
- die Division beider Seiten einer Ungleichung durch einen positiven Term,
- das Potenzieren beider Seiten einer Ungleichung mit ungeradem positivem Exponenten, und
- das n-te Wurzelziehen auf beiden Seiten mit ungeradem positivem Exponenten sowie
- der Übergang zum Kehrwert bei verschiedenen Vorzeichen der Seiten.

Bei Ungleichungen ist unbedingt auf die Vergleichszeichen (größer oder kleiner) zu achten, denn folgende Umformungen kehren die Ordnungsrelation um:
- die Multiplikation beider Seiten einer Ungleichung mit einem negativen Term, oder
- die Division beider Seiten einer Ungleichung durch einen negativen Term, wie auch
- der Übergang zum Kehrwert bei gleichen Vorzeichen der Seiten.

Typen von Gleichungen

In den Wirtschaftswissenschaften kommen zahlreiche Typen von Gleichungen vor, von denen an dieser Stelle
- die linearen Gleichungen, z. B. $3x - 9 = 39$,
- die Bruchgleichungen, z. B. $\frac{4-2x}{x-2} = 12$,
- die trigonometrischen Gleichungen, z. B. $\sin x = \cos x$, oder auch
- die Exponentialgleichungen, z. B. $3^{3x+1} = 9^{x-1}$,

erwähnt seien. Um solche Gleichungen zu lösen, helfen sehr oft die Äquivalenzumformungen; gleichwohl sei darauf hingewiesen, dass es auch Gleichungen gibt, die sich nicht so einfach analytisch lösen lassen. Eine quadratische Gleichung wie z. B. $x^2 - 3x + 2 = 0$, in denen als höchste Potenz die natürliche Zahl 2 vorkommt, lässt sich aber analytisch mit der sogenannten p, q-Formel – wie nachfolgend gezeigt – lösen.

Quadratische Gleichungen

Die Grundlage zur Auflösung quadratischer Gleichungen bilden die binomischen Formeln. Diese Formeln beschreiben das Ausklammern und Ausmultiplizieren dreier einfacher quadratischer Gleichungen, wie es schon im Abschnitt 1.1 im Rahmen der Grundrechenarten angesprochen wurde. Diese Formeln zum Umformen von Produkten aus Binomen sind
- $(a + b)^2 = a^2 + 2ab + b^2$,
- $(a - b)^2 = a^2 - 2ab + b^2$,
- $(a + b) \cdot (a - b) = a^2 - b^2$,

und sie werden als erste binomische, zweite binomische und dritte binomische Formel bezeichnet. Die Gleichung $a^2 + b^2$ ist dagegen im Reellen nicht zerlegbar.

Generell haben quadratische Gleichungen die Form $ax^2 + bx + c = 0$, wobei $a \neq 0$ ist. So kann diese Gleichung auch durch a dividiert werden, und man erhält die äquivalente Gleichung $x^2 + px + q = 0$, wobei nun $p = \frac{b}{a}$ und $q = \frac{c}{a}$ entspricht. Zur Lösung dieser Gleichung in p, q-Form wird eine quadratische Ergänzung mit dem Summanden $(\frac{p}{2})^2$ vorgenommen, so dass die erste binomische Formel angewendet werden kann. Es folgt demnach:

$$x^2 + px + q = 0 \implies x^2 + px + \left(\frac{p}{2}\right)^2 = \left(\frac{p}{2}\right)^2 - q$$
$$\implies \left(x + \frac{p}{2}\right)^2 = \left(\frac{p}{2}\right)^2 - q, \quad \text{und wenn} \quad \left(\frac{p}{2}\right)^2 - q \geq 0$$
$$\implies x + \frac{p}{2} = \pm\sqrt{\left(\frac{p}{2}\right)^2 - q}, \quad \text{also}$$
$$\implies x_{1,2} = -\frac{p}{2} \pm \sqrt{\left(\frac{p}{2}\right)^2 - q}.$$

Dies ist die sogenannte p,q-Formel zur Bestimmung der Lösungen von $x^2 + px + q = 0$. Es lässt sich leicht zeigen, dass durch Einsetzen von $p = \frac{b}{a}$ und $q = \frac{c}{a}$ auch eine Formel zur Lösung der quadratischen Gleichung, die in der Form $ax^2 + bx + c = 0$ vorliegt, angegeben werden kann. Sie lautet:

$$x_{1,2} = \frac{-b \pm \sqrt{b^2 - 4ac}}{2a}, \quad \text{wobei } a \neq 0 \text{ und } b^2 - 4ac \geq 0.$$

Zusammengefasst zeigt sich, dass eine quadratische Gleichung $ax^2 + bx + c = 0$ zwei unterschiedliche reelle Lösungen besitzt, sofern $a \neq 0$ und $b^2 - 4ac \geq 0$ sind, und sie besitzt keine reelle Lösung, wenn $b^2 - 4ac < 0$ ist.

Übungsaufgaben zum Abschnitt 1.4

Aufgabe 1. Lösen Sie die beiden Gleichungen jeweils nach der Variablen x auf.
(a) $\frac{1}{4}x + 2 = 6$
(b) $\sqrt{x} = 12$

Aufgabe 2. Bestimmen Sie die Variable x aus den beiden folgenden Gleichungen.
(a) $\sqrt{(3-x)} = 2$
(b) $3x - 9x^2 = 0$

Aufgabe 3. Lösen Sie die beiden Gleichungen nach der Variablen x auf und überprüfen das Ergebnis mit dem Taschenrechner.
(a) $\frac{\sqrt{4+x}-12}{9} + 1 = 0$
(b) $x + 5 = \frac{8+5\sqrt{x}}{\sqrt{x}}$

Aufgabe 4. Lösen Sie die beiden folgenden Gleichungen durch geeignete Umformungen, und überprüfen Sie das Ergebnis mit dem Taschenrechner.
(a) $\log_2(x-3) = 4$
(b) $1{,}04^{3x+5} = 3$

Aufgabe 5. Lösen Sie die nachfolgenden Exponentialgleichungen.
(a) $3^{x-1} = 3^{4x-5}$
(b) $3^{\frac{4}{x}} = 3^x$
(c) $2^{2x+1} + 4^{x-1} = 2304$
(d) $9^{x-3} - 3^{2x-3} = 3^{2x-7} - 79$

Aufgabe 6. Bestimmen Sie die Lösungen der folgenden Ungleichungen.
(a) $0{,}2 - 1{,}5x \geq -0{,}7x + 3{,}4$
(b) $\frac{4x+5}{5} - \frac{x-10}{3} \geq \frac{(-2-3x)}{2} - \frac{(-(2+5x))}{4}$

Aufgabe 7. Gegeben ist die Gleichung $3a + \frac{3}{4} = \frac{5}{2}a + \frac{11}{4}$ mit der Variablen a. Wie groß ist diese Variable a?

Aufgabe 8. Bestimmen Sie die Zahlenwerte der Variablen x in den nachfolgenden zwei Gleichungen.
(a) $\frac{4}{x} + \frac{8}{3} = \frac{46-2x}{3x} - \frac{1}{2x}$
(b) $\frac{9(x+1)}{4x-32} - 6 + \frac{6(x+1)}{2x-16} = \frac{9(x-1)}{2x-16}$

Aufgabe 9. Bestimmen Sie x aus der Gleichung $\frac{a \cdot b \cdot x}{m} + \frac{a \cdot b \cdot x}{n} = \frac{m+n}{m \cdot n}$.

Aufgabe 10. Durch die Anwendung der binomischen Formeln vereinfache man nachfolgende Gleichungen.
(a) $(a+b)^2 + (a-b)^2$
(b) $(a-b)^2 - (-a-b)^2$
(c) $a^2 - (a-b)^2 - b^2$
(d) $(a-b)^2 - a^2 - b^2$

Aufgabe 11. Welche Lösungen hat die quadratische Gleichung $33x - 3x^2 = 90$?

Aufgabe 12. Bestimmen Sie x aus der Gleichung $3\sqrt{x} + 2 = 17$.

Aufgabe 13. Lösen sie die Gleichung $\frac{3x-5}{2x-2} + \frac{2x-2}{3x-5} = \frac{5}{2}$ nach der Variablen x auf.

Aufgabe 14. Wie groß ist x in der Gleichung $\frac{1}{\sqrt{x+5}} = \frac{4}{x}$?

Aufgabe 15. Bestimmen Sie die Lösungen der folgenden beiden Gleichungen.
(a) $(\ln x)^2 - 7 \ln x = -12$
(b) $(\ln x)^2 + 27 = -\ln x^{12}$

1.5 Textaufgaben als mathematische Problemstellungen

Textaufgaben sind nicht nur Bestandteil der allermeisten Mathematikbücher, sondern sie werden auch im Schulunterricht wie auch im Studium dazu genutzt, um verschiedene mathematische Methoden komprimiert abfragen zu können. Textaufgaben werden auch gerne bei Einstellungstests eingesetzt, um zu erfahren, über welches mathematische Wissen die potenziellen Berufseinsteiger verfügen.

Textaufgaben sollen mit den Mitteln der Mathematik Wege zur Erschließung realer Problem aufzeigen. Das wesentliche Merkmal einer Textaufgabe ist dabei die Darstellungsform einer mathematischen Problemstellung in Texten. Hieraus ergibt sich dann – im Gegensatz zur einer numerischen Aufgabe, für deren Lösung ein Algorithmus benötigt wird – die besondere Herausforderung; denn um das in einer Textaufgabe formulierte mathematische Problem zu lösen, muss der Text erst erfasst und auch verstanden werden. So hat das Lösen von Textaufgaben mit Mathematik im engeren Sinne eigentlich gar nicht viel zu tun. Dies zeigt sich beispielsweise bei den sogenannten Kapitänsaufgaben, die gar nicht gelöst werden können, da bei diesen Aufgaben Angaben zur korrekten Beantwortung der gestellten Aufgabe fehlen. Als Beispiel sei die Frage nach dem Alter des Kapitäns eines Schiffes genannt, auf welchem sich 26 Schafe und 10 Ziegen befinden. Diese Frage kann nämlich nicht gelöst werden, auch wenn viele Personen, die diese Aufgabe gestellt bekommen, die angegebenen Zahlen einfach auf irgendeine Art und Weise kombinieren und womöglich 26 und 10 addieren und daraus schließen, dass der Kapitän 36 Jahre alt sei.[5]

Um Textaufgaben zu lösen, muss daher eine Übersetzung eines textlich vermittelten Problems in einen – sofern vorhandenen – mathematischen Zusammenhang stattfinden. Eine strategische Vorgehensweise zur Lösung von Textaufgaben ist dabei hilfreich, und man sollte
- als erstes die im Hinblick auf die Frage relevanten Informationen identifizieren (Was ist gefragt, was erfahre ich, und was davon ist wichtig?),
- als zweites Informationen (insbesondere Zahlen) immer auch in einem Sachzusammenhang deuten (Welche Informationen kann ich der Aufgabe entnehmen, was bedeuten die Zahlen, und was bedeuten die Aussagen?), und
- drittens sollte man sich auf die Relationen zwischen den Informationen fokussieren (Wie hängen die Informationen zusammen, und lassen sich Gleichungen mithilfe geeigneter Variablen aufstellen?).

Am Beispiel der Textaufgabe „Toms Vater ist dreimal so alt wie Tom. Zusammen sind sie 52 Jahre alt. Ihr Nachname ist Maier und sie haben einen Hund. Wie alt ist Tom, wie alt ist sein Vater?" sei die Vorgehensweise zur Lösungsbestimmung demonstriert:
- Bei dieser Textaufgabe ist das Alter von Tom und seinem Vater gesucht. Wichtig sind die Zahlenangaben; aber die Tatsache, dass die Beiden mit Nachnamen Meier heißen und auch einen Hund besitzen ist zur Beantwortung der Altersfrage irrelevant.

---

5 Vgl. http://www.spiegel.de/lebenundlernen/schule/schulmathematik-absurd-26-schafe-10-ziegen-36-jahre-a-806981.html, Abruf 02.04.2019.

- Mit den angegebenen Zahlen werden Informationen hinsichtlich der Altersverhältnisse (Toms Vater ist dreimal so alt wie Tom) und des Gesamtalters von Tom und seinem Vater (Zusammen sind sie 52 Jahre alt) angegeben.
- Aus den angegebenen Informationen lassen sich die Zusammenhänge mit Gleichungen formulieren. Mit den Variablen T und V für das Alter von Tom respektive des Vaters resultieren die Gleichungen $3T = V$ und $T + V = 52$. Nach Einsetzen der zweiten Gleichung in die erste Gleichung lässt sich die Variable T zu 13 und damit auch die Variable V zu 39 bestimmen. Tom ist also 13 Jahre alt und sein Vater 39 Jahre.

Bevor zum Abschluss dieses Abschnittes noch einige Textaufgaben zum Üben aufgeführt werden, sei noch darauf hingewiesen, dass sich viele Textaufgaben mit dem sogenannten Dreisatz-Verfahren lösen lassen.

Dreisatz-Verfahren

Wie schon in Abschnitt 1.2 kurz erwähnt, ist das Dreisatz-Verfahren ein mathematisches Verfahren, um aus drei gegebenen Werten eines Verhältnisses den unbekannten vierten Wert zu berechnen. Dementsprechend ist das Dreisatz-Verfahren ein Lösungsverfahren für Proportionalaufgaben. Wenn beispielsweise in einem Unternehmen 24 Produkte in 4 Stunden gefertigt werden, kann mit dem Dreisatz-Verfahren ausgerechnet werden, wie viel Stunden x zur Fertigung von 108 Produkten benötigt werden. Die Variable x bestimmt sich wie folgt:

$$\frac{24 \text{ Produkte}}{4 \text{ Stunden}} = \frac{108 \text{ Produkte}}{x} \implies x = \frac{108 \text{ Produkte}}{24 \text{ Produkte}} \cdot 4 \text{ Stunden} = 18 \text{ Stunden}$$

Der Name Dreisatz für das Verfahren erklärt sich wie folgt: Mit dem ersten Satz wird ausgesagt, dass 24 Produkte in 4 Stunden gefertigt werden. Der zweite Satz sagt aus, dass das Unternehmen ein Produkt in $\frac{4}{24}$ Stunden herstellt, und mit dem dritten Satz wird dann die Lösung formuliert, denn das Unternehmen benötigt zur Fertigung von 108 Produkten genau $108 \cdot \frac{4}{24} = 18$ Stunden.

Übungsaufgaben zum Abschnitt 1.5

Aufgabe 1. Sarah ist 4 Jahre älter als ihr Bruder Jan. In 10 Jahren ist sie doppelt so alt wie Jan heute.
Wie alt sind Sarah und Jan heute?

Aufgabe 2. Mutter, Vater und Sohn leben gemeinsam in Bremen und sind zusammen 64 Jahre alt. Der Vater ist 5 Jahre älter als die Mutter. Der Sohn ist 22 Jahre jünger als die Mutter.

Wie alt sind Mutter, Vater und Sohn?

Aufgabe 3. Drei Brüder haben zusammen ein Alter von 40 Jahren. Ein Bruder ist zwei Jahre älter als der jüngste Bruder und drei Jahre jünger als der älteste Bruder.

Wie alt sind die Brüder in einem Jahr?

Aufgabe 4. Christa und Julia haben sich verabredet. Sie starten beide um 15 Uhr mit ihren Fahrrädern in ihren 14 km voneinander entfernten Heimatorten. Christa schafft in jeder Stunde 12 km, Julia 16 km.

Wie weit von Christas Heimatort entfernt treffen sie sich?

Aufgabe 5. Onkel Josef möchte seine Nichte Carmen besuchen. Er kommt im 36 km von Carmens Heimatdorf entfernten Bahnhof an und ruft seine Nichte an, um von ihr abgeholt zu werden. Die setzt sich sofort in ihr Auto und fährt mit einer Durchschnittsgeschwindigkeit von 45 km/h zum Bahnhof. Da Onkel Josef nicht warten will, geht er Carmen entgegen. Er schafft 3 km pro Stunde zu Fuß.

Wie weit muss der Onkel gehen, bis er von seiner Nichte getroffen wird?

Aufgabe 6. Das Bruttonationaleinkommen, früher auch Bruttosozialprodukt genannt, sei in einem Land im Jahre 2019 gleich 10 Milliarden Euro.

Wie lässt sich das Bruttonationaleinkommen nach sechs Jahren berechnen, wenn es jedes Jahr um 5 % zunimmt, und wie hoch ist es nach sechs Jahren?

Aufgabe 7. Ein deutsches Unternehmen exportierte im letzten Jahr $\frac{3}{4}$ ihrer Produktion und verkaufte $\frac{4}{5}$ des verbleibenden Restes im Inland.

Wie viel Prozent der Produktion hat das deutsche Unternehmen im letzten Jahr nicht verkauft?

Aufgabe 8. Zwei Reinigungskräfte putzen zwei Stockwerke in zwei Stunden.

Wie lange brauchen vier Reinigungskräfte für vier Stockwerke?

Aufgabe 9. Für den Zusammenbau eines Festzeltes mit 3800 innen liegenden Sitzplätzen brauchen 15 Arbeiter neun Stunden.

Wie viele Stunden benötigen sechs Arbeiter?

Aufgabe 10. Eine 616 m^2 große Mauer wird von fünf Maurern in 154 Stunden errichtet.

Wie viel Mauerwerk könnten bei gleicher Leistung sechs Maurer in 160 Stunden herstellen.

Aufgabe 11. In einer Markthalle wird die 920 m^2 große Verkaufsfläche täglich von 20 Uhr bis 24 Uhr von fünf Personen gereinigt. Die Verkaufsfläche wird demnächst auf 1127 m^2 ausgeweitet und die Arbeitszeit für die Reinigung der Fläche soll um 30 Minuten gekürzt werden.

Wie viele Reinigungskräfte müssen infolgedessen zusätzlich eingestellt werden?

Aufgabe 12. Die drei Studierenden Mehmet, Niklas und Oxana haben ihr Studium der Wirtschaftswissenschaften an der Universität Bremen erfolgreich abgeschlossen. Kurz danach treten sie ihre erste Stelle an, die unterschiedlich bezahlt wird. Mehmet erhält $\frac{1}{5}$ mehr als Niklas und Oxana $\frac{1}{6}$ mehr als Niklas. Das Bruttogehalt von Oxana beträgt 3.500 €.

Wie viel Gehalt bekommen Mehmet und Niklas?

Aufgabe 13. In einem Medizintechnikunternehmen erhält ein freier Handelsvertreter ein monatliches Fixum von 1.700 € und zusätzlich 3,2 % der von ihm realisierten Umsätze als Provision. Er möchte im nächsten Monat ein Bruttoeinkommen von insgesamt 6.500 € erzielen.

Welchen Umsatz muss er hierfür erzielen?

Aufgabe 14. Eine Bremer Familie fährt immer mal wieder gerne mit ihrem kleinen Sohn für einen Kurzurlaub nach Dänemark. Da die offizielle Währung in Dänemark die Dänische Krone (DKK) ist, tauscht die Familie für ihren dortigen Aufenthalt ein paar Euro in DKK (Wechselkurs: 1 € = 7,45 DKK). Letztes Jahr hatte die Familie 350 € getauscht, und sie musste feststellen, dass das Geld nicht reicht. Deshalb wechselte sie dieses Jahr 425 € in DKK, und nach ihrer Rückreise nach Bremen hat sie festgestellt, dass sie noch 472,33 DKK übrig hatten und somit wieder in Euro umtauschen können.

Welchen Geldbetrag in Euro hat die Bremer Familie in diesem Jahr in Dänemark ausgegeben?

Aufgabe 15. Letztes Jahr nahmen in Bremen 36 Personen an einem Marathonlauf teil, dessen Streckenlänge bei genau 42,195 km liegt. Nachdem eine Teilnehmerin wegen Knieschmerzen den Lauf abbrach, kamen ein Drittel mehr Männer als Frauen ins Ziel.

Wie viele Frauen und wie viele Männer waren am Start?

2 Mathematikvorlesungen im wirtschaftswissenschaftlichen Studium

Das wirtschaftswissenschaftliche Studium gliedert sich in der Regel in mehrere Bereiche. Sie umfassen neben den Grundlagen der Betriebswirtschaftslehre (Rechnungswesen, Marketing, Steuerlehre, Produktion und Logistik sowie Theorie der Unternehmung), den Grundlagen der Volkswirtschaftslehre (Mikroökonomie, Makroökonomie sowie Wirtschafts- und Finanzpolitik) auch die Möglichkeit einer Schwerpunktbildung (Gründungs- und Mittelstandsmanagement, Marketing und Markenmanagement, Finanzwirtschaft, Rechnungswesen, Steuerlehre, Innovationsökonomik oder Logistik) und diverse Wahlpflichtbereiche (Einführung in die Ökonometrie oder Operations Research) sowie einen Methodenbereich, der Projektmanagement, Statistik und natürlich die Mathematik beinhaltet.

Wie an vielen Universitäten, Hochschulen und Berufsakademien ist auch an der Universität Bremen die Veranstaltung Mathematik ein wichtiger methodischer Bestandteil im wirtschaftswissenschaftlichen Studium. Mit dieser Veranstaltung sollen den Studierenden am Anfang ihres Bachelorstudiums die an die Belange der Wirtschaftswissenschaften ausgerichteten notwendigen mathematischen Grundlagen nahegebracht werden, um später auch erfolgreich Wirtschaftswissenschaften betreiben, ökonomische Probleme beschreiben und die Sprache der Mathematik zur Beantwortung ökonomischer Fragestellungen heranziehen zu können.

Mit einer solchen Mathematikveranstaltung wird – aufbauend auf den allgemeinen Kenntnissen der Schulmathematik durch die gymnasiale Ausbildung – letztlich das Ziel verfolgt, durch die universitäre Ausbildung mittels Vorlesungen, Übungen und Tutorien die Kenntnisse der Mathematik bei den Studierenden zu verfestigen und auszubauen. Damit sollen sie in die Lage versetzt werden, mathematische Instrumente sinnvoll bei wirtschaftswissenschaftlichen Fragestellungen und Problemen einzusetzen. Es ist nicht das Ziel, mathematische Beweise zu führen, sondern es soll die Mathematik als Hilfsmittel für die Wirtschaftswissenschaften verstanden werden.

Diesbezüglich werden in diesem Kapitel 2 mehrere mathematische Inhalte thematisiert, die bei den unterschiedlichsten ökonomischen Frage- und Problemstellungen hilfreich angewendet werden können. Entsprechend eines 14-wöchigen Semesters gliedert sich dieses Kapitel in 14 Abschnitte, deren Inhalte in Vorlesungen, Übungen und Tutorien im Umfang von jeweils zwei Semesterwochenstunden in einem Semester vermittelt werden können. Im Detail gliedert sich das Kapitel 2 wie folgt:
– In den ersten beiden Abschnitten wird eine allgemeine Einführung mit Grundlagen und elementaren Begriffen gegeben. So geht es in Abschnitt 2.1 um den Einsatz der Mathematik in den Wirtschaftswissenschaften sowie um die Vorgehensweise bei der Anwendung der Mathematik in den Wirtschaftswissenschaften; und in Abschnitt 2.2 werden nützliche mathematische Instrumente für die Wirtschaftswissenschaften wie das Summen- oder Produktzeichen vorgestellt.

- In den nächsten beiden Abschnitten werden die Grundlagen zur Finanzmathematik gelegt. Der Abschnitt 2.3 widmet sich den Zahlenfolgen und Reihen als Fundament der Finanzmathematik. In Abschnitt 2.4 geht es dann konkret um die Bewertung verschiedener Zahlungsströme wie beispielsweise Ratenzahlungen, Renten oder Annuitätentilgungen.
- Vier weitere Abschnitte stehen sodann unter dem Thema Lineare Algebra. Abschnitt 2.5 führt in das Thema ein und stellt Matrizen und Vektoren zur Strukturierung großer Datenmengen vor. Abschnitt 2.6 widmet sich den Anwendungen der Matrizenrechnung in der Ökonomie und zeigt beispielsweise auf, wie lineare Gleichungssysteme zur Beschreibung von Materialverflechtungen sinnvoll eingesetzt werden können. Lösungsverfahren solcher Gleichungssysteme werden daraufhin in Abschnitt 2.7 beschrieben und insbesondere der Gauß-Algorithmus und die Matrixinversion vorgestellt. Abschließend wird in Abschnitt 2.8 dargelegt, wie mithilfe der Matrizenrechnung die für die Wirtschaftswissenschaften wichtigen Input-Output-Analysen erstellt werden können.
- Das Thema Analysis ist Gegenstand der nächsten sechs Abschnitte. Mit Abschnitt 2.9 werden mathematische Funktionen, die zur Beschreibung quantitativer und ökonomischer Wirkungszusammenhänge herangezogen werden können, thematisiert. Der Abschnitt 2.10 widmet sich daraufhin den ökonomischen Funktionen und ihren Eigenschaften, und es wird beispielsweise aufgezeigt, wie die Polynomdivision zur Bestimmung von Gewinnschwellen herangezogen werden kann. Abschnitt 2.11 legt die Grundlagen der Differentialrechnung, soweit sie für das Verständnis in den Wirtschaftswissenschaften zur Bestimmung von Grenzfunktionen und Extremwerten ökonomischer Funktionen in Abhängigkeit von einer oder mehreren Veränderlichen vonnöten sind. Um die relative Änderung ökonomischer Größen geht es dann in Abschnitt 2.12, und es werden unter anderem die Preiselastizität der Nachfrage, die Absatzelastizität des Preises sowie die Kreuzpreiselastizität erläutert. Fragen der Optimierung unter der Berücksichtigung von Nebenbedingungen stehen schließlich im Mittelpunkt des Abschnittes 2.13. Hier werden insbesondere die Lagrange-Methode vorgestellt, mit deren Hilfe beispielsweise optimale Konsumgüterbündel errechnet werden können. Abschließend geht es im Abschnitt 2.14 noch um die Integralrechnung. Als Umkehroperation der Differentialrechnung erlaubt die Integralrechnung den Schluss vom Grenzverhalten einer ökonomischen Größe auf die Ausgangsfunktion selbst oder ermöglicht eine Flächenberechnung, die von ökonomischen Funktionen begrenzt werden.

2.1 Einsatz der Mathematik in den Wirtschaftswissenschaften

Die Mathematik ist ein hilfreiches Instrument der Darstellung und Analyse, welches nicht nur in den natur- und ingenieurwissenschaftlichen Disziplinen, sondern zunehmend auch in den wirtschaftswissenschaftlichen Disziplinen – in der Volkswirtschaftslehre ebenso wie in der Betriebswirtschaftslehre – Anwendung findet. Dabei dient den Naturwissenschaftlern, Ingenieuren und Wirtschaftswissenschaftlern die Mathematik als Hilfsmittel, d. h. sie wenden die Mathematik auf ihre entsprechenden Frage- und Problemstellungen an; nur die Mathematiker betreiben die Mathematik um ihrer selbst willen.

Mit der Sprache der Mathematik lassen sich wirtschaftswissenschaftliche Zusammenhänge genau dann treffend beschreiben, wenn man auch die Elemente der Sprache und ihre Bedeutung kennt, die konkreten Beziehungen zwischen den Elementen aufstellen und ein geeignetes Modell formulieren kann, und sofern man auch die mathematischen Instrumente beherrscht. Letzteres setzt die Kenntnisse der Arithmetik, Mengenlehre, Linearen Algebra, Analysis wie auch der Statistik voraus.

Die Schwierigkeiten, die mit der Mathematik im Studium der Wirtschaftswissenschaften bestehen, liegen oftmals im Umgang mit der abstrakten Symbolik und dem Zusammenspiel der einzelnen Symbole und Variablen begründet. Als Beispiel sei hierfür das Kommutativgesetz genannt, welches mithilfe der Sprache der Mathematik in abstrakter Form durch die Gleichung $a + b = b + a$ formuliert werden kann, wobei die Variablen a und b als Platzhalter für reelle Zahlen stehen. Umgangssprachlich wird das Kommutativgesetz eher kompliziert ausgedrückt, denn es besagt, dass, wenn man zwei Zahlen zusammenzählt, es auf die Reihenfolge der Zahlen nicht ankommt. Die mathematische Formulierung $a+b = b+a$ spart zwar Platz, aber es ist Abstraktionsfähigkeit für das Verständnis gefragt. Der Umgang mit Variablen, Platzhaltern und Symbolen muss demzufolge beherrscht werden, sie müssen bekannt sein und gewissermaßen zum Leben erweckt werden. Beim Anwender müssen Assoziationen durch die Symbole hervorgerufen werden, wie das Symbol 13 auf der einen Seite mit Unglück in Verbindung gebracht werden kann, falls ein Hotelzimmer damit gekennzeichnet ist, auf der anderen Seite aber auch mit Glück und Freude, wenn es die dreizehnte Auszahlung eines Monatsgehaltes in einem Jahr bedeutet.

Neben der Abstraktionsfähigkeit müssen im Umgang mit algebraischen Ausrücken aber auch die Grundrechenarten und die zugehörigen elementaren Rechenregeln beherrscht werden. Grundrechenarten werden in den Wirtschaftswissenschaften benötigt, da bei jedem Umgang mit Zahlen Rechenoperationen erforderlich sind, sei es nur eine einfache Addition, Subtraktion, Multiplikation oder Division. Für das Umformen und Lösen von Gleichungen ist die fehlerfreie Beherrschung dieser Rechenoperationen unumgänglich

Gleichungen spielen gerade in der Ökonomie eine große Rolle. So liefert beispielsweise die Gleichung $U = p \cdot x$ den Umsatz U, der sich aus dem Produkt von Preis p und Menge x berechnet, oder die Gleichung $G = U - K$ sagt aus, dass sich der Gewinn G aus der Differenz zwischen Umsatz U und Kosten K ergibt. Eine Gleichung wird daher auch als eine Aussage bezeichnet, wobei unter Aussage ein Satz zu verstehen ist, der entweder wahr oder falsch ist.

Gleichungen mit nur einer Variablen (meistens mit dem Buchstaben x abgekürzt) bezeichnet man als sogenannte lineare Gleichungen. Bei solchen Gleichungen stellt sich dann die Frage, welche Werte für x die Gleichungen denn erfüllen. Beispielsweise löst der Wert $x = -3$ die lineare Gleichung $3x + 10 = x + 4$. Der dabei beschrittene Lösungsweg basiert darauf, dass mathematische Operationen auf beiden Seiten des Gleichheitszeichens angewendet werden, also Addition (oder Subtraktion) derselben Zahl bzw. Multiplikation mit derselben oder Division durch dieselbe Zahl ungleich null. Bei komplizierten Gleichungen mit Klammern und Brüchen ist zu beachten, dass gewöhnlich (zunächst) die Klammern ausmultipliziert und sodann beide Seiten der Gleichung mit dem kleinsten gemeinsamen Nenner aller Brüche multipliziert werden.

Beispiel zu einer quadratischen Gleichung. Gegeben sei die quadratische Gleichung $x^2 + 4x = 12$. Welche Werte der Variablen x lösen diese quadratische Gleichung?

Lösung. Die gegebene Gleichung wird durch eine quadratische Ergänzung so umgeformt, dass die linke Seite als Binom geschrieben werden kann. Daraufhin kann beidseitig die Quadratwurzel gezogen und daraufhin die Gleichung nach der gesuchten Variablen x aufgelöst werden:

$$x^2 + 4x = 12$$
$$x^2 + 4x + 2^2 = 12 + 2^2$$
$$(x + 2)^2 = 16$$
$$x + 2 = \pm\sqrt{16} = \pm 4$$

Folglich hat die quadratische Gleichung die Lösungen $x_1 = 4 - 2 = 2$ und $x_2 = -4 - 2 = -6$.

Beispiel zu einer Bruchgleichung. Bestimmen Sie die Variable x aus folgender Bruchgleichung:

$$\frac{2a^2 - 1}{ax + x^2} + \frac{x - 2a}{a + x} = \frac{x^2}{ax + x^2} - \frac{x - a}{x}$$

Lösung. Der Hauptnenner lautet $x(a + x) = ax + x^2$. Damit kann die Bruchgleichung auch wie folgt geschrieben werden:

$$\frac{2a^2 - 1}{ax + x^2} + \frac{x(x - 2a)}{x(a + x)} = \frac{x^2}{ax + x^2} - \frac{(x - a)(a + x)}{x(a + x)}$$

Daraus resultiert, dass auch $(2a^2 - 1) + (x^2 - 2ax) = x^2 - (x - a)(x + a)$ gilt, und nach Umformung der Gleichung und Auflösung nach x, unter Hinzuziehung der p, q-Formel, folgt:

$$x^2 - 2ax + 2a^2 - 1 = x^2 - x^2 + a^2$$
$$x^2 - 2ax + a^2 - 1 = 0$$
$$x_{1,2} = a \pm \sqrt{a^2 - a^2 + 1}$$

Die Bruchgleichung hat somit die Lösungen $x_1 = a + 1$ und $x_2 = a - 1$.

Alles in allem müssen zum Einsatz der Mathematik in den Wirtschaftswissenschaften die Grundrechenarten und das Umformen von Gleichungen beherrscht werden. Es sollten daher zur Bewältigung von Mathematikaufgaben die elf Axiome und Rechenregeln, wie in Abschnitt 1.1 dargelegt, bekannt sein. Auch der Umgang mit Bruchgleichungen,

Potenzen, Logarithmen oder auch mit Textaufgaben wie sie in den Abschnitten 1.2 bis 1.5 erläutert wurden, sollte kein Buch mit sieben Siegeln sein. Zudem erleichtert ein starker Wille, Ausdauer und ein kontinuierliches Üben von Aufgaben das Lernen und Anwenden der Mathematik in den Wirtschaftswissenschaften und unterstützt die Fähigkeit zur mathematischen Abstraktion. Ein besonderes Talent ist nicht notwendig, aber es schadet auch nicht.

Wirtschaftswissenschaftlich relevante Teilgebiete der Mathematik

Viele Studierende der Wirtschaftswissenschaften fragen sich oft, warum sie sich jetzt – wo sie die Schule erfolgreich abgeschlossen haben – nochmal mit Mathematik beschäftigen sollen. Diese Frage mag zu Beginn ihres Studiums gestattet sein, da die Studierenden eine Beschreibung oder gar eine Erklärung eines wirtschaftswissenschaftlichen Zusammenhangs im Allgemeinen noch nicht durchgeführt und abgegeben haben. Die Ziele der Wirtschaftswissenschaften bestehen aber im Beobachten eines realen Problems, dessen Beschreibung und Erklärung wie auch einer darauf aufbauenden Gestaltung wirtschaftlicher Systeme. Bei allen genannten Funktionen zur Zielerreichung kann die Mathematik nämlich eine wertvolle Hilfe leisten. Ein paar Aspekte seien in diesem Zusammenhang genannt:

– Mit dem traditionellen Wirtschaftsrechnen werden alle elementaren Rechenverfahren zusammengefasst, die speziell für die Behandlung wirtschaftlicher Fragestellungen eine Rolle spielen. Erwähnt seien beispielsweise die Kalkulation, d. h. die Bestimmung der Kosten für Produkte oder Dienstleistungen, die Abschreibung langlebiger Wirtschaftsgüter im Rahmen der Kostenrechnung wie auch die Prozentrechnung, die es ermöglicht prozentuale Zu- oder Abschläge zu bestimmen.
– Das technisch-rechnerische und damit quantitative Instrumentarium für die Behandlung und Bewertung zukünftiger oder vergangener Zahlungsströme (Kapitalvorgänge), d. h. beispielsweise der Verzinsung und Rückzahlung von Kapital, liefert die Finanzmathematik. Dabei kommen besondere mathematische Ansätze durch den Einfluss der Zinsen und Zinseszinsen auf den zeitlichen Verlauf der Geld- und Zahlungsströme zum Einsatz.
– Die rechnerische Behandlung aller mit Versicherungen im Zusammenhang stehenden Fragen, darunter z. B. die Deckung von Schäden und Vermögenswerten, ermöglicht die sogenannte Versicherungsmathematik. Mit der Versicherungsmathematik ist eine mathematische Modellierung der versicherten Risiken (inkl. statistischer Schätzung), Tarifierung und Prämienkalkulation möglich.
– Die Matrizenrechnung liefert Rechenregeln für geordnete rechteckige Zahlenschemata (Matrizen) bestehend aus einer bestimmten Anzahl von Zeilen und Spalten. Sie bietet vielfältige Einsatzmöglichkeiten im Rechnungswesen, z. B. in der Kostenrechnung oder im Controlling. Ferner findet sie Anwendung beim Umformen und Lösen linearer Gleichungssysteme zur Beschreibung von volks- und betriebswirtschaftlichen Input/Output-Beziehungen, zur Abbildung von Mengen- und Kosten-

zusammenhängen in sogenannten Betriebsmodellen oder zur linearen Planungsrechnung mit ihren vielen Möglichkeiten der Lösung unterschiedlicher Entscheidungsprobleme.
- Geht es um Wirkungszusammenhänge zwischen ökonomischen Größen, wie beispielsweise zwischen Volkseinkommen und Konsumausgaben, oder um die Abhängigkeit der Gesamtkosten von der produzierten Menge, dann lassen sich diese Zusammenhänge durch mathematische Funktionen beschreiben.
- Die Differentialrechnung wird in den Wirtschaftswissenschaften vorwiegend zur Analyse von Funktionen eingesetzt, beispielsweise zur Berechnung von Grenzwerten und Extrema ökonomischer Funktionen sowie zur Erklärung von Grenzänderungsraten bzw. von sogenannten Elastizitäten. Bei der Differentialrechnung geht es demzufolge um die Lehre von Veränderungen.
- Last but not least sei die Integralrechnung erwähnt, die nicht nur den Schluss vom Grenzverhalten einer ökonomischen Größe auf die Ausgangsfunktion selbst erlaubt, sondern sie ermöglicht auch von einer Absatzfunktion ausgehend den Schluss auf die Konsumenten oder Produzentenrente. Des Weiteren spielt die Integralrechnung auch in der Statistik eine wichtige Rolle, denn wichtige Verteilungsfunktionen können als Integrale einer stetigen Dichtefunktion ausgedrückt werden.

Vorgehensweise bei der Anwendung der Mathematik

Die Anwendung der Mathematik auf ökonomische Fragestellungen lässt sich beispielsweise an einem einfachen Lagerhaltungsmodell verdeutlichen. Sei also ein mit Produkten bestücktes Lager gegeben, lassen sich unter Hinzuziehung von Variablen Zusammenhänge in einem Modell formulieren, welches mithilfe der Mathematik weitergehend analysiert und dann Ergebnisse zu einer Problemstellung errechnet werden können.

So kann die Menge eines Produktes, die in dem Lager liegen, mit m in Mengeneinheiten [ME] angegeben werden. Diese Menge wird über ein Jahr verteilt gleichmäßig verbraucht. Dementsprechend werden in regelmäßigen Zeitabständen x Mengeneinheiten des Produktes bestellt, wobei die Kosten jedes Bestellvorgangs mit E in Euro [€] angegeben werden können. Liege des Weiteren der Stückpreis des Produktes bei $s\,\frac{€}{\text{ME}}$ und wird der Wert des im Lager gebunden Kapitals mit $p\,\%$ im Jahr verzinst, dann kann mit diesen Angaben der Lagerbestand durch ein sogenanntes Sägezahnmodell beschrieben werden. Dieses Modell erlaubt es nun, die Gesamtkosten bestehend aus Bestell- und Lagerkosten in einer mathematischen Gleichung auszudrücken.

Werden die Bestellkosten und die Lagerkosten mit den Variablen K_B respektive K_L abgekürzt, dann können die Gesamtkosten $K(x)$ in Abhängigkeit von der Bestellmenge x aus der Summe K_B und K_L bestimmt werden. Die Annahme, dass die Produkte über ein Jahr verteilt gleichmäßig verbraucht werden besagt, dass jährlich $\frac{m}{x}$ Bestellungen nötig sind. Da der Lagerabgang in diesem Sägezahnmodell zudem kontinuierlich erfolgen soll, beträgt der Lagerbestand durchschnittlich $\frac{x}{2}$. Demzufolge bestimmen sich die Bestellkosten zu $K_B = \frac{m}{x} \cdot E$, und die Lagerkosten lassen sich durch die Gleichung $K_L = \frac{x}{2} \cdot s \cdot \frac{p}{100}$ ausdrücken. Zusammengefasst bestimmen sich die Gesamtkosten zu $K(x) = \frac{m \cdot E}{x} + \frac{p \cdot s}{200} \cdot x$.

> **Beispiel zu einem Lagerhaltungsmodell.** Sei ein Lager mit Produkten vorgegeben, dessen Lagerbestand durch ein Sägezahnmodell beschrieben werden kann und sich die Gesamtkosten aus Bestell- und Lagerhaltungskosten zusammensetzen.
> Berechnen Sie die jeweiligen Gesamtkosten $K(x)$, wenn die Produktmenge bei $m = 900$ ME, die Kosten je Bestellvorgang bei $E = 16$ €, der Stückpreis des Produktes bei $s = 20 \frac{€}{ME}$, der Zins bei $p = 10\,\%$ liegen und dann Bestellungen in Höhe von $x_1 = 90$ ME, $x_2 = 120$ ME sowie $x_3 = 300$ ME erfolgen.
>
> **Lösung.** Für das gegebene Lager bestimmen sich die Gesamtkosten $K(x)$ bestehend aus Bestell- und Lagerhaltungskosten zu $K(x) = \frac{m \cdot E}{x} + \frac{p \cdot s}{200} \cdot x$.
> Mit den angegebenen Werten für die m, E, p und s berechnen sich die jeweiligen Gesamtkosten $K(x)$ für die drei Bestellmengen x_1, x_2 und x_3 zu $K(90) = 250$ €, $K(120) = 240$ € sowie $K(300) = 348$ €.

Die prinzipielle Vorgehensweise bei der Anwendung der Mathematik zur Erklärung und Analyse ökonomischer Zusammenhänge oder zur Vorbereitung von Entscheidungen entspricht in den meisten Fällen dem Weg, der implizit bei der Bestimmung der Gesamtkosten zum Lagerhaltungsmodell beschritten wurde und wie er in Abbildung 2.1 skizziert ist:
- Zunächst wird ein Realitätsausschnitt gewählt, relevante Daten zusammengestellt und Zusammenhänge beschrieben. Durch die Erhebung und Abgrenzung des Ist-Systems im Rahmen einer Systemanalyse wird eine ökonomisch relevante Fragestellung formuliert und das reale Problem abgegrenzt.
- Der Systemanalyse folgt die Formulierung des Modells im Rahmen der Modellanalyse, und es werden konkrete Variablen definiert und Beziehungen zwischen den Variablen hergestellt. Diese Modellformulierung kann in einer Textaufgabe oder in der Aufstellung von Gleichungen oder Ungleichungen münden.
- Sodann wird mithilfe der Modellanalyse eine Lösung des als Modell formulierten Problems erarbeitet. Hierzu wird die Mathematik eingesetzt, mit deren Hilfe beispielsweise Gleichungssysteme gelöst werden können.
- Nach der erarbeiteten (berechneten) Lösung, die beispielsweise auch eine Formel sein kann, die eine gesuchte Variable als Funktion von unabhängigen Variablen abbildet, folgt abschließend im Rahmen einer Lösungsanalyse die problemgerechte Interpretation der ermittelten Ergebnisse. Dies kann dahingehend erfolgen, dass konkrete Zahlen in die Lösungsformel eingesetzt werden.

Nach Abgleich des Ergebnisses mit dem realen ökonomischen Problem kann es sein, dass der beschriebene Weg nochmal beschritten werden muss, wobei Variablen geändert oder aber das Problem auf eine andere Art und Weise abgegrenzt werden muss.

Nachfolgend werden Übungsaufgaben zum Abschnitt 2.1 aufgeführt, die sich unter anderem mit der Modellierung einfacher Zusammenhänge mithilfe mathematischer Symbolik befassen. Die beschriebenen Sachverhalte sollen dabei mit Gleichungen dar-

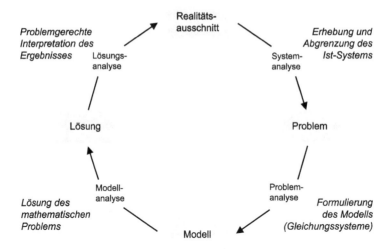

Abb. 2.1: Vorgehensweise bei der Anwendung der Mathematik (Quelle: Eigene Darstellung).

gestellt werden, wobei es darauf ankommt, die richtige(n) Variable(n) zu wählen. Es sind bei diesen Aufgaben also lediglich die funktionalen Abhängigkeiten zu beschreiben. Des Weiteren werden Aufgaben gestellt, die auf die Anwendung elementarer Rechenregeln im Zusammenhang mit Potenzen, Wurzeln, Logarithmen oder dem Umformen von Gleichungen, beispielsweise unter Einsatz der binomischen Formeln, abzielen.

Übungsaufgaben zum Abschnitt 2.1

Aufgabe 1. Gegeben sei ein rechteckiges Blatt Papier mit den Seitenlängen a und b. An den vier Ecken des Blattes sollen vier gleich große Quadrate der Länge c ausgeschnitten werden, so dass durch Auffalten des entstandenen Randes eine offene Schachtel gefaltet werden kann.

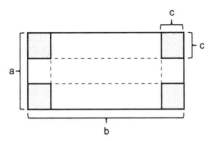

(a) Wie groß ist der Rauminhalt V der Schachtel in Abhängigkeit der Randhöhe c (Kantenlänge des ausgeschnittenen Quadrats).
(b) Welcher Rauminhalt V ergibt sich für $a = 12\,\text{cm}$, $b = 24\,\text{cm}$ und $c = 4\,\text{cm}$?

Aufgabe 2. Betrachten wir zwei in einem Ort im Wettbewerb stehende Speditionsunternehmen A und B. Für einen Transport verlangt Spedition A eine Frachtpauschale von 50 € und für jedes transportierte Stückgut 10 €. Spedition B fordert dagegen 70 € Pauschale und 8 € pro Stückgut.
(a) Ab welcher Stückzahl ist die Spedition B günstiger als die Spedition A?
(b) Stellen Sie die dargelegten Zusammenhänge graphisch dar.

Aufgabe 3. Eine Fischdose habe in der Grundfläche die Form eines Rechteckes mit zwei an den Schmalseiten angesetzten Halbkreisen. Sie lässt sich durch die Gesamtlänge l, die Breite b und die Höhe h beschreiben.

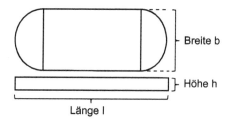

(a) Bestimmen Sie die Oberfläche A und das Volumen V der Fischdose in Abhängigkeit der gegebenen Parameter b, l und h (die Blechdicke der Dose sei zu vernachlässigen).
(b) Wie lauten die Formeln für A und V in Abhängigkeit von b, wenn die Abmessungen in dem Verhältnis $\frac{h}{b} = \frac{1}{3}$ und $\frac{b}{l} = \frac{1}{2}$ zueinander stehen sollen?

Aufgabe 4. Über eine Rohrleitung soll in einem Haus an zwei Stellen B und C die Wasserversorgung gewährleistet werden. Dabei sollen die zwei Punkte B und C von einem Anschluss an der Stelle A aus versorgt werden. Dazu wird eine Wasserleitung, deren Kapazität zur Versorgung beider Punkte ausreicht, von A aus bis zu einem Verteiler V verlegt. Diese Wasserleitung kostet $p_{AV} \frac{€}{m}$. Vom Verteiler aus werden dann die Punkte B und C durch Leitungen geringerer Kapazitäten verbunden, die $p_{VB} \frac{€}{m}$ und $p_{VC} \frac{€}{m}$ kosten. Die Lage der Punkte sei durch die Abstände a und b gekennzeichnet, wie es nachfolgende Skizze verdeutlicht.

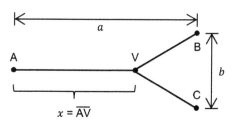

(a) Was kostet die gesamte Verbindung in Abhängigkeit der Lage des Verteilers V?
(b) Welche Kosten K ergeben sich, wenn folgende Größen vorgegeben sind: $a = 10\,\text{m}$, $b = 6\,\text{m}$, $p_{AV} = 20\,\frac{€}{m}$, $p_{VB} = 16\,\frac{€}{m}$, $p_{VC} = 14\,\frac{€}{m}$ und die Länge $\overline{AV} = 4\,\text{m}$.

Aufgabe 5. Die drei Kunden K_1, K_2 und K_3 können in einer Stadt von zwei Lieferanten L_1 und L_2 mit Heizöl beliefert werden. Der Transport einer Tonne T vom Lieferanten L_i zum Kunden K_j kostet $c_{ij}\,\frac{€}{T}$. Diese Kosten sind im Einzelnen nachfolgend zusammengestellt:

	K_1	K_2	K_3
L_1	55	80	140
L_2	70	145	85

Die Kunden bestellen 71 T (K_1), 133 T (K_2) bzw. 96 T (K_3), während die beiden Lieferanten L_1 und L_2 103 T respektive 197 T verfügbar haben. Es sei x_{ij} die Heizölmenge, die vom Lieferanten L_i zum Kunden K_j transportiert wird. Formulieren Sie die nachfolgenden Aussagen.
(a) Es soll exakt die Menge zum Kunden K_j transportiert werden, die diese bestellen.
(b) Es kann nicht mehr vom Lieferanten L_i geliefert werden, als dieser verfügbar hat.
(c) Drücken Sie die gesamten Transportkosten in Abhängigkeit der Transportmengen aus.

Aufgabe 6. Vereinfachen Sie beiden folgenden Ausdrücke so weit wie möglich.
(a) $8x - x + ((3x - 2y) - (5x + 3y)) - (-(-x + y))$
(b) $\frac{2ax + 8ab - 2ay}{2ax - 2ay}$

Aufgabe 7. Berechnen Sie beiden folgenden Brüche.
(a) $\frac{(\frac{1}{4} - \frac{1}{6}) \cdot \frac{3}{4} + \frac{2}{3}}{\frac{5}{3} - \frac{2}{6}}$
(b) $7\frac{5}{6} + 11\frac{2}{3}$

Aufgabe 8. Berechnen Sie die nachfolgenden vier Terme.
(a) $-4 \cdot (-2a + \frac{3}{2}b)$
(b) $(x + y) \cdot (2x - 4y) - (3x + y) \cdot (2x - y)$
(c) $(\sqrt{2} \cdot x + \frac{1}{2} \cdot y) \cdot (\sqrt{2} \cdot x - \frac{1}{2} \cdot y)$
(d) $(5x + 4)^2 - (3x - 5)^2 + 4 \cdot (x - 3) \cdot (x + 3)$

Aufgabe 9. Stellen Sie die folgenden drei Ausdrücke mithilfe der binomischen Formeln als Produkte dar.
(a) $16x^2 - 24x + 9$
(b) $144a^2x^2 - 81b^2y^2$
(c) $9a^2 + 12ab + 4b^2$

Aufgabe 10. Vereinfachen Sie die beiden Potenz- und die beiden Wurzelausdrücke.
(a) $\frac{(15x)^2}{5x^{-3}}$
(b) $(\frac{x^2}{a^3})^{-1} \cdot (\frac{3a^2}{4x^3})^{-2} \cdot 5xa^{-4}$
(c) $\frac{\sqrt{\frac{5x}{6}}}{\sqrt{\frac{20}{6x}}}$
(d) $\frac{1}{(\sqrt[3]{8})^2}$

Aufgabe 11. Lösen sie die folgenden zwei Gleichungen nach der Variablen x auf.
(a) $4\sqrt{x-2} = 2\sqrt{x+3}$
(b) $\frac{x+3}{x-5} + \frac{2-x}{x-6} = 0$

Aufgabe 12. Vereinfachen Sie die Potenz $(((x^{-1} \cdot \frac{1}{x^{-2}})^3)^{-1} - y^{-1} \cdot y)$ so weit wie möglich.

Aufgabe 13. Wie groß ist die Potenz $((-a)^x)^2$, wenn die Variablen $a = 3$ und $x = 4$ sind?

Aufgabe 14. Bestimmen Sie die folgenden vier Logarithmenausdrücke ohne Hinzuziehung eines Taschenrechners.
(a) $\frac{1}{\ln 2} \cdot (\ln 8 - \ln 4)$
(b) $\ln(2 \cdot e^2) + \ln 0{,}5$
(c) $\frac{\ln 3^{12}}{\ln 3^3}$
(d) $\frac{3\ln 4}{\ln 64}$

Aufgabe 15. Stellen Sie die folgenden vier Gleichungen nach der Variablen x um.
(a) $a^{2x} = b^4$
(b) $9^{2+x} = \sqrt{3}$
(c) $\ln(x^2 + 6x + 9) = 4 \cdot \ln 5$
(d) $a^{2+x} = \sqrt{3}$

2.2 Nützliche mathematische Instrumente für die Wirtschaftswissenschaften

Für die Wirtschaftswissenschaften sind die Grundlagen der Schulmathematik von essentieller Bedeutung. Es lassen sich nämlich Aufgaben im Rechnungswesen, in der Produktion oder dem Risikomanagement wie auch in der Mikro- und Makroökonomie oftmals nur lösen, indem gerechnet wird. Rechnen heißt wiederum, dass das Instrument der Arithmetik beherrscht werden muss. Daher hat sich das erste Kapitel in den Abschnitten 1.1 bis 1.5 mit den Grundrechenarten, Rechenregeln und vieles mehr auseinandergesetzt. Es gibt aber noch weitere mathematische Instrumente, die im Studium wie auch in der Praxis der Wirtschaftswissenschaften besonders nützlich sind und dem-

entsprechend auch beherrscht werden sollten. Diese für die Wirtschaftswissenschaften nützlichen mathematischen Instrumente werden daher im Folgenden kurz vorgestellt, insbesondere geht es um
- die Mengenlehre,
- um das Beweisverfahren der vollständigen Induktion,
- um das Summen- und Produktzeichen wie auch
- um die Fakultät und die Binomialkoeffizienten.

Mengenlehre

Die Mengenlehre ist ein grundlegendes Teilgebiet der Mathematik, denn zahlreiche mathematische Disziplinen wie Algebra, Analysis oder Stochastik[1] bauen auf die Mengenlehre auf. Für die Wirtschaftswissenschaften werden aber lediglich die einfachen Grundlagen der Mengenlehre benötigt, beispielsweise im Zusammenhang mit (ökonomischen) Funktionen.

Als Begründer der Mengenlehre gilt der Mathematiker Georg Ferdinand Ludwig Philipp Cantor (*1845, †1918). Er analysierte den Begriff der Unendlichkeit und hat hierzu das Begriffssystem der Mengenlehre, welches die heutige Mathematik wesentlich prägt, geschaffen. Unter einer Menge wird eine Zusammenfassung von bestimmten, wohl unterscheidbaren Objekten unserer Anschauung oder unseres Denkens zu einem Ganzen verstanden. Die zu einer Menge zusammengefassten Objekte a werden infolgedessen als Elemente der Menge M bezeichnet. Wenn a ein Element der Menge M ist, dann kann dies als $a \in M$ geschrieben werden; ist a dagegen kein Element der Menge M schreibt man $a \notin M$.

Zur Beschreibung oder Definition einer speziellen Menge M benutzt man häufig geschweifte Klammern und schreibt im Falle einer aufzählbaren Definition $M = \{a, b, c, d\}$; und im Falle einer beschreibenden Definition schreibt man $M = \{x \mid x$ hat die Eigenschaft $E\}$. Beispielsweise besteht die Menge M mit $M = \{2, 5, 7\}$ aus den (aufzählbaren) drei Zahlen 2, 5 und 7. Dagegen ist $M = \{a, e, i, o, u\} = \{\xi \mid \xi$ ist ein Vokal des lateinischen Alphabets$\}$ eine beschreibende Menge M, die sich aus den Vokalen a, e, i, o, u zusammensetzt. Die Variable wird hier ξ genannt und nicht x, denn eine Aussage über das lateinische Alphabet darf die Buchstaben des lateinischen Alphabets nicht für einen anderen Zweck beinhalten.

Graphisch lassen sich Mengen und Mengenoperationen auch durch ein Gebiet (Rechteck, Kreis, Oval etc.) in einer Ebene veranschaulichen. Derartige graphische Darstellungen werden Mengendiagramme oder auch Venn-Diagramme (nach John Venn (*1834, †1923)) genannt.

---

[1] Stochastik kann mit „Kunst des Vermutens" übersetzt werden. Sie fasst als Oberbegriff die Wahrscheinlichkeitstheorie und mathematische Statistik zusammen. Die Wahrscheinlichkeitstheorie untersucht die Gesetze zufälliger Ereignisse, wobei die mathematische Statistik große Datenmengen, die beispielsweise bei einer empirischen Erhebung entstehen, untersucht.

Eine Menge A heißt Teilmenge der Menge M, wenn für jedes $x \in A$ auch $x \in M$ gilt. Man schreibt dafür $A \subset M$.

Spezielle Mengen sind beispielsweise:
- Menge der natürlichen Zahlen $\quad \mathbb{N} = \{1, 2, 3, 4, 5, \ldots\}$
- Menge der ganzen Zahlen $\quad \mathbb{Z} = \{\ldots, -2, -1, 0, 1, 2, \ldots\}$
- Menge der rationalen Zahlen $\quad \mathbb{Q} = \{\frac{z}{n} \mid z \in \mathbb{Z} \wedge n \in \mathbb{N}\}$
- Menge der reellen Zahlen $\quad \mathbb{R} = \{r \mid r \text{ ist eine reelle Zahl}\}$

Die genannten vier speziellen Mengen lassen sich auch in einem Venn-Diagramm darstellen, wie es Abbildung 2.2 zeigt, und es ist zu erkennen, dass hier die folgenden Teilmengenbeziehung $\mathbb{N} \subset \mathbb{Z} \subset \mathbb{Q} \subset \mathbb{R}$ gelten.

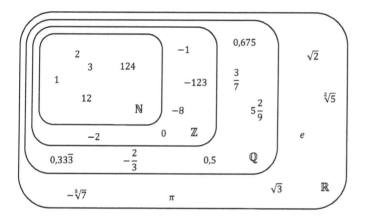

Abb. 2.2: Venn-Diagramm der Zahlenmengen $\mathbb{N}$, $\mathbb{Z}$, $\mathbb{Q}$ und $\mathbb{R}$ (Quelle: Eigene Darstellung).

Als Grenzfall betrachtet man auch eine Menge ohne Elemente. Sie wird leere Menge $\emptyset$ genannt, wobei $\emptyset \subset M$ für jede Menge M ist.

Zwei Mengen A und B heißen gleich, und man schreibt $A = B$. Die Gleichheit ist dann gegeben, wenn beide Mengen genau dieselben Elemente besitzen, unabhängig davon, wie oft die Elemente in der Menge aufgezählt werden. Ist dies nicht der Fall, so nennt man die Mengen ungleich und schreibt $A \neq B$.

Die Vereinigung oder Vereinigungsmenge zweier Mengen A und B enthält alle Elemente, die entweder in A oder in B oder in beiden Mengen enthalten sind. Für die Vereinigungsmenge schreibt man $A \cup B = \{x \mid x \in A \vee x \in B\}$.

Der Durchschnitt oder die Durchschnittsmenge zweier Mengen A und B enthält alle Elemente, die sowohl in A als auch in B enthalten sind. Man schreibt hier $A \cap B = \{x \mid x \in A \wedge x \in B\}$.

Die Differenz oder Differenzmenge zweier Mengen A und B (A vermindert um B, oder A weniger B) enthält alle Elemente von A, die nicht in B enthalten sind. Man schreibt für die Differenzmenge dann $A \setminus B = \{x \mid x \in A \wedge x \notin B\}$.

Das Komplement oder die Komplementärmenge der Menge *A* bezüglich der Universalmenge Ω enthält alle Elemente der Menge Ω, die nicht in der Menge *A* enthalten sind. Man schreibt für das Komplement $\overline{A} = \{x \mid x \in \Omega \wedge x \notin A\}$.

Das Produkt oder die Produktmenge zweier Mengen *A* und *B* besteht aus allen Paaren je eines Elementes aus der Menge *A* und aus der Menge *B*. Man sagt auch kartesisches Produkt von *A* und *B* und schreibt $A \times B = \{(x,y) \mid x \in A, y \in B\}$.

Für die Anwendung der Mengenoperationen gelten die folgenden Regeln bzw. Gesetze:

- Idempotenzgesetze

$$A \cup A = A \quad A \cap A = A$$

- Identitätsgesetze

$$A \cup \varnothing = A \quad A \cap \varnothing = A$$
$$A \cup \Omega = \Omega \quad A \cap \Omega = A$$

- Komplementgesetze

$$A \cup \overline{A} = \Omega \quad A \cap \overline{A} = \varnothing$$

- Kommutativgesetze

$$A \cup B = B \cup A \quad A \cap B = B \cap A$$

- Assoziativgesetze

$$(A \cup B) \cup C = A \cup (B \cup C)$$
$$(A \cap B) \cap C = A \cap (B \cap C)$$

- Distributivgesetze

$$A \cup (B \cap C) = (A \cup B) \cap (A \cup C)$$
$$A \cap (B \cup C) = (A \cap B) \cup (A \cap C)$$

Vollständige Induktion

Auch wenn im Rahmen von Mathematikveranstaltungen im Studium der Wirtschaftswissenschaften der mathematischen Beweisführung keine große Bedeutung beigemessen wird, soll an dieser Stelle doch eine bedeutende und etablierte Beweisführung aufgezeigt werden, nämlich das Verfahren der vollständigen Induktion.[2] Das Verfahren geht

---

[2] Unter Induktion versteht man einen Weg der Erkenntnisgewinnung, der – wie in den Naturwissenschaften üblich – auf einzelnen Beispielen oder Experimenten beruht. So haben viele Messungen die

auf den Universalgelehrten Franciscus Maurolicus (*1494, †1575) und auf den Mathematiker Blaise Pascal (*1623, †1662) zurück und hat eine grundlegende Bedeutung für die Arithmetik und Mengenlehre. Maurolicus führte nämlich erstmals einen Beweis mithilfe der vollständigen Induktion herbei, und Pascal formulierte explizit das Beweisprinzip durch einen Induktionsanfang und einen Induktionsschritt.

Die Beweisführung mithilfe der vollständigen Induktion wird zumeist eingesetzt, wenn eine Aussage für alle natürlichen Zahlen gezeigt werden soll. Die vollständige Induktion kann mit der Analogie des Dominoeffektes dahingehend beschrieben werden, dass ein Dominostein zu Anfang erst einmal angestoßen werden muss (Induktionsanfang), um im Nachgang auch die folgenden Dominosteine umzustoßen (Induktionsschritt). In der Sprache der Mathematik formuliert:

1. Induktionsanfang: Man zeigt die Aussage für die kleinste Zahl $n \in \mathbb{N}$, für die sie gelten soll (in der Regel $n = 0$ oder $n = 1$).
2. Induktionsschritt: Man geht davon aus, dass die Aussage für ein bestimmtes $n \in \mathbb{N}$ gilt (Induktionsvoraussetzung) und zeigt dann, dass sie unter dieser Voraussetzung auch für den Nachfolger $n + 1$ gilt.

Beispiel zur Beweisführung mithilfe der vollständigen Induktion. Beweisen Sie, dass das Ergebnis von $5^n + 7$ für alle natürlichen Zahlen $n \geq 0$ durch die Zahl 4 teilbar ist.

Lösung. Mit dem Induktionsanfang wird für $n = 0$ gezeigt, dass die Aussage $5^0 + 7$ richtig ist. Da das Ergebnis von $5^0 + 7 = 1 + 7 = 8$ durch 4 teilbar ist, wäre in diesem Fall die Aussage bestätigt.

Im folgenden Induktionsschritt nimmt man an, dass die Aussage $5^n + 7$ für n gilt (Induktionsvoraussetzung) und zeigt, dass sie auch für $n+1$ zutrifft. Demzufolge lautet die Aussage nun $5^{n+1} + 7 = 5 \cdot 5^n + 7 = 4 \cdot 5^n + 1 \cdot 5^n + 7 = 4 \cdot 5^n + (5^n + 7)$. Sie ist auch durch die Zahl 4 teilbar, denn der erste Summand ist ein ganzzahliges Vielfaches von 4, und der zweite Summand ist entsprechend der Induktionsvoraussetzung auch durch 4 teilbar. Damit wäre die Aussage, dass $5^n + 7$ für alle natürlichen Zahlen $n \geq 0$ durch die Zahl 4 teilbar ist, bewiesen.

Summen- und Produktzeichen

Nicht nur in den Wirtschaftswissenschaften wie beispielsweise im Rechnungswesen kommt es vor, dass viele Zahlen addiert oder multipliziert werden müssen. Um solche Summen oder Produkte einfacher aufschreiben zu können, kann das Summen- oder Produktzeichen hilfreich eingesetzt werden.

Gültigkeit beispielsweise des Gravitationsgesetzes, bestätigt. Der Schluss von Einigen auf Alle ist genau das, was man Induktion nennt. Liegt dagegen ein generelles Gesetz vor und leitet man daraus ein spezielleres Gesetz ab oder schließt von einem Gesetz, das für sehr viele Dinge gilt, auf die Gültigkeit für nur eine Teilmenge, dann spricht man von Deduktion. Somit ist der Schluss vom Allgemeinen auf das Spezielle das, was man Deduktion nennt. Dieses ist die wesentliche Erkenntnisgewinnung in der Mathematik. Vgl. http://www.math.uni-bremen.de/didaktik/ma/ralbers/Veranstaltungen/MaDenken1112/Material/SkriptWiSe_K2.pdf, Abruf 20.04.19.

Summen lassen sich nämlich mithilfe des sogenannten Summenzeichens, dem großen griechischen Buchstaben Σ (Sigma), abkürzen. Es steht als Wiederholungszeichen für die fortgesetzte Addition, und man schreibt

$$\sum_{i=k}^{m} a_i = a_k + a_{k+1} + a_{k+2} + \ldots + a_m$$

mit i = Summationsindex, k = untere Summationsgrenze, m = obere Summationsgrenze und a_i = allgemeine Glied.

Produkte können mithilfe des sogenannten Produktzeichens, dem großen griechischen Buchstaben Π (Pi), beschrieben werden. Das Produktzeichen steht als Wiederholungszeichen für die fortgesetzte Multiplikation. Man schreibt

$$\prod_{i=k}^{m} a_i = a_k \cdot a_{k+1} \cdot a_{k+2} \cdot \ldots \cdot a_m$$

mit i = Multiplikationsindex, k = untere Multiplikationsgrenze, m = obere Multiplikationsgrenze und a_i = allgemeine Glied.

Für das Rechnen mit Summen und Produkten sind folgende Regeln zu beachten:
- Bei Summen mit gleichen Summationsgrenzen gilt

$$\sum_{i=k}^{m} (a_i + b_i) = \sum_{i=k}^{m} a_i + \sum_{i=k}^{m} b_i$$

- Bei Summen mit additiven Konstanten gilt

$$\sum_{i=k}^{m} (a_i + c) = \sum_{i=k}^{m} a_i + (m - k + 1) \cdot c$$

- Sind Summen mit multiplikativen Konstanten gegeben, dann folgt

$$\sum_{i=k}^{m} c \cdot a_i = c \cdot \sum_{i=k}^{m} a_i$$

- Bei einer Summenzerlegung gilt

$$\sum_{i=k}^{m} a_i = \sum_{i=k}^{l} a_i + \sum_{i=l+1}^{m} a_i, \quad k \leq l \leq m$$

- Sind Produkte zweier indizierter Größen gegeben, dann gilt

$$\prod_{i=k}^{m} (a_i \cdot b_i) = \prod_{i=k}^{m} a_i \cdot \prod_{i=k}^{m} b_i$$

- Produkte einer Konstanten lassen sich darstellen als

$$\prod_{i=k}^{m} c = c^{m-k+1}$$

- Sind Produkte mit einer Konstanten gegeben, folgt

$$\prod_{i=k}^{m} c \cdot a_i = c^{m-k+1} \cdot \prod_{i=k}^{m} a_i$$

Eine wichtige Anwendung des Summenzeichens lässt sich an einem Beispiel der monatlichen Umsätze u eines n Güter produzierenden Unternehmen veranschaulichen. Hierzu wird nämlich das Rechnen mit Doppelsummen (Mehrfachsummen) benötigt. Solcherlei Doppelsummen entstehen durch eine zwei- oder mehrfache Indizierung und einer entsprechenden Anwendung der Summationsregeln. In Tabelle 2.1 sind als Beispiel die Umsätze u_{ij} der einzelnen Güter i ($i = 1, 2, \ldots, n$) in den Monaten j ($j = 1, 2, \ldots, m$) zusammengestellt. Die Umsätze werden also mit zwei Indizes i und j gekennzeichnet, um aufzuzeigen, welche Umsätze von welchem Gut i in welchem Monat j realisiert wurden.

Tab. 2.1: Umsätze u_{ij} von n Gütern in m Monaten eines produzierenden Unternehmens.

	Monat 1	Monat 2	...	Monat j	...	Monat m	Gesamtumsatz je Gut
Gut 1	u_{11}	u_{12}	...	u_{1j}	...	u_{1m}	$\sum_{j=1}^{m} u_{1j}$
Gut 2	u_{21}	u_{22}	...	u_{2j}	...	u_{2m}	$\sum_{j=1}^{m} u_{2j}$
⋮		...	...	...	...	...	⋮
Gut i	u_{i1}	u_{i2}	...	u_{ij}	...	u_{im}	$\sum_{j=1}^{m} u_{ij}$
⋮		...	...	...	...	...	⋮
Gut n	u_{n1}	u_{n2}	...	u_{nj}	...	u_{nm}	$\sum_{j=1}^{m} u_{nj}$
Gesamtumsatz je Monat	$\sum_{i=1}^{n} u_{i1}$	$\sum_{i=1}^{n} u_{i2}$	...	$\sum_{i=1}^{n} u_{ij}$	...	$\sum_{i=1}^{n} u_{im}$	$\sum_{j=1}^{m} \sum_{i=1}^{n} u_{ij}$

Den Gesamtumsatz aller Güter während eines betrachteten Zeitraums erhält man, indem man zunächst die Gesamtumsätze je Monat bestimmt (es wird dementsprechend über alle Güter i summiert) und diese dann für alle Monate des betrachteten Zeitraums aufsummiert (es wird demzufolge über die Monate j summiert). Es ergibt sich dann die Doppelsumme

$$\sum_{j=1}^{m} \left(\sum_{i=1}^{n} u_{ij} \right)$$

mit den Summationsindizes i und j sowie den Summationsgrenzen n und m und dem allgemeinen Glied u_{ij}.

Es ist leicht zu erkennen, dass der Gesamtumsatz auch berechnet werden kann, indem als erstes die mit einem jeweiligen Gut realisierten Umsätze in den betrachteten Monaten addiert und dann diese Umsätze über alle Güter aufsummiert werden. Der Gesamtumsatz lässt sich also auch ausdrücken als

$$\sum_{i=1}^{n}\left(\sum_{j=1}^{m} u_{ij}\right).$$

Dies zeigt, dass auch für Doppelsummen entsprechende Zerlegungsregeln zu berücksichtigen sind. Bezeichnet man a_{ij} als allgemeines Glied, lassen sich folgende Regeln für Doppelsummen aufführen (k und l sind variable untere Summationsgrenzen):

- Für das Vertauschen der Summation gilt

$$\sum_{i=k}^{m}\sum_{j=l}^{n} a_{ij} = \sum_{j=l}^{n}\sum_{i=k}^{m} a_{ij}$$

- Doppelsummen mit additiven Konstanten c lassen sich schreiben als

$$\sum_{i=k}^{m}\sum_{j=l}^{n}(a_{ij}+c) = \sum_{i=k}^{m}\sum_{j=l}^{n} a_{ij} + (m-k+1)\cdot(n-l+1)\cdot c$$

- Für Doppelsummen mit einfach indizierten additiven Summanden b_j bzw. a_i gilt

$$\sum_{i=k}^{m}\sum_{j=l}^{n}(a_{ij}+b_j) = \sum_{i=k}^{m}\sum_{j=l}^{n} a_{ij} + (m-k+1)\cdot\sum_{j=l}^{n} b_j$$

$$\sum_{i=k}^{m}\sum_{j=l}^{n}(a_i+b_{ij}) = (n-l+1)\cdot\sum_{i=k}^{m} a_i + \sum_{i=k}^{m}\sum_{j=l}^{n} b_{ij}$$

- Sind Doppelsummen mit multiplikativen Konstanten c gegeben, gilt

$$\sum_{i=k}^{m}\sum_{j=l}^{n} c\cdot a_{ij} = c\cdot\sum_{i=k}^{m}\sum_{j=l}^{n} a_{ij}$$

- Für Doppelsummen mit einfach indizierten multiplikativen Faktoren b_j gilt

$$\sum_{i=k}^{m}\sum_{j=l}^{n}(a_{ij}\cdot b_j) = \sum_{j=l}^{n}\sum_{i=k}^{m}(b_j\cdot a_{ij}) = \sum_{j=l}^{n} b_j \sum_{i=k}^{m} a_{ij}$$

- Eine Doppelsummenzerlegung für $k \leq r < m$ und $l \leq s < n$ lässt sich schreiben als

$$\sum_{i=k}^{m}\sum_{j=l}^{n}a_{ij} = \sum_{i=k}^{r}\sum_{j=l}^{s}a_{ij} + \sum_{i=k}^{r}\sum_{j=s+1}^{n}a_{ij} + \sum_{i=r+1}^{m}\sum_{j=l}^{s}a_{ij} + \sum_{i=r+1}^{m}\sum_{j=s+1}^{n}a_{ij}$$

Eine weitere Anwendung des Summen- und des Produktzeichens findet sich in der Statistik bei der Bildung von Mittelwerten; diese Mittelwerte sind gewissermaßen Kennwerte für eine zentrale Tendenz einer Verteilung. Zwei Mittelwerte – der arithmetische und der geometrische Mittelwert – seien im Folgenden kurz erläutert.

Sind n verschiedene reelle Zahlen (Messwerte) x_i (mit $i = 1, \ldots, n$) gegeben, so bestimmt sich das arithmetische Mittel $\bar{x}_{\text{arithm}}$ durch die Summe aller Einzelwerte dividiert durch die Anzahl der Werte. Umgangssprachlich wird der arithmetische Mittelwert auch Durchschnitt genannt, und es gilt

$$\bar{x}_{\text{arithm}} = \frac{x_1 + x_2 + \ldots + x_n}{n} = \frac{1}{n}\sum_{i=1}^{n}x_i.$$

Sind nun n Werte $x_1, x_2, \ldots, x_n$ (mit $x_i > 0$ und $i = 1, \ldots, n$) gegeben, dann bestimmt sich das geometrische Mittel $\bar{x}_{\text{geom}}$ durch die n-te Wurzel des Produktes der n Werte. Im Gegensatz zum arithmetischen Mittel ist das geometrische Mittel also nur für nichtnegative Werte x_i definiert. Es gilt folglich

$$\bar{x}_{\text{geom}} = \sqrt[n]{x_1 \cdot x_2 \cdot \ldots \cdot x_n} = \sqrt[n]{\prod_{i=1}^{n}x_i}.$$

Beispiel zur Summenberechnung. Berechnen Sie die Summen

$$\sum_{i=1}^{4}\frac{3i\cdot(-1)^i - 1}{3i} \quad \text{und} \quad \sum_{k=-2}^{2}\frac{(-k)^3}{2^k}.$$

Lösung.

$$\sum_{i=1}^{4}\frac{3i\cdot(-1)^i - 1}{3i} = \frac{3\cdot 1\cdot(-1) - 1}{3\cdot 1} + \frac{3\cdot 2\cdot 1 - 1}{3\cdot 2} + \frac{3\cdot 3\cdot(-1) - 1}{3\cdot 3} + \frac{3\cdot 4\cdot 1 - 1}{3\cdot 4}$$

$$= -\frac{4}{3} + \frac{5}{6} - \frac{10}{9} + \frac{11}{12} = \frac{(-4)\cdot 12 + 5\cdot 6 - 10\cdot 4 + 11\cdot 3}{36} = -\frac{25}{36}$$

$$\sum_{k=-2}^{2}\frac{(-k)^3}{2^k} = \frac{2^3}{2^{-2}} + \frac{1^3}{2^{-1}} + \frac{0^3}{2^0} + \frac{(-1)^3}{2^1} + \frac{(-2)^3}{2^2} = 8\cdot 4 + 1\cdot 2 + \frac{0}{1} - \frac{1}{2} - \frac{8}{4}$$

$$= 32 + 2 + 0 - \frac{1}{2} - 2 = 31\frac{1}{2}$$

Fakultät und Binomialkoeffizient

Fakultäten und die Binomialkoeffizienten werden als Instrumente in den Wirtschaftswissenschaften im Bereich des Risikomanagements eingesetzt. Hier sind sie unter anderem Bestandteile von risikospezifischen Wahrscheinlichkeitsfunktionen. In der Mathematik spielen sie dagegen eine wichtige Rolle in der Kombinatorik. Des Weiteren sind sie auch die Koeffizienten der allgemeinen binomischen Formel.

Bei der Fakultät in der Mathematik handelt es sich um eine Funktion, die als $n!$ geschrieben wird und die einer Zahl $n \in \mathbb{N}$ das Produkt aller natürlichen Zahlen, die kleiner gleich dieser Zahl n sind, zuordnet. Das dem Argument nachgestellte Ausrufezeichen wird Fakultätszeichen genannt. Also gilt

$$n! = \prod_{i=1}^{n} i = 1 \cdot 2 \cdot 3 \cdot 4 \cdot \ldots \cdot n$$

und man spricht „n-Fakultät". Für das leere Produkt – die 0-Fakultät – gilt definitionsgemäß $0! = 1$. Zudem gilt $1! = 1$.

Fakultäten lassen sich in der Kombinatorik anwenden, da $n!$ die Anzahl der Möglichkeiten angibt, eine beliebige Menge mit n Elementen zu ordnen. Eine solche Anordnung von Elementen (oder Objekten) in einer bestimmten Reihenfolge wird auch Permutation genannt. Stehen beispielsweise vier Kunden wartend in einer Schlange vor einem Bankschalter, dann gibt es insgesamt $4! = 4 \cdot 3 \cdot 2 \cdot 1 = 24$ Möglichkeiten, wie die vier Personen sich innerhalb der Schlange anordnen bzw. aufstellen können.

> **Beispiel zur Anwendung von Fakultäten.** Auf einer Geburtstagsparty im Winter sind 15 Personen eingeladen. Alle Personen haben die Einladung angenommen. Nachdem der erste Gast seinen Mantel mit in den Partyraum genommen hat, bittet der Gastgeber die restlichen Gäste ihre Mäntel in einer Reihe nebeneinander auf seiner Garderobe im Flur aufzuhängen.
>
> Wie viele verschiedene Anordnungen der Mäntel auf der Garderobe sind denkbar?
>
> **Lösung.** Die restlichen 14 Mäntel können in $14! = 87.178.291.200$ Möglichkeiten angeordnet werden.

Bei den Permutationen unterscheidet man noch zwischen Permutationen mit Wiederholung oder Permutationen ohne Wiederholung, je nachdem, ob manche Elemente oder Objekte mehrfach auftreten dürfen oder nicht. Die Anzahl der Permutationen ohne Wiederholung ergibt sich als Fakultät, während die Anzahl der Permutationen mit Wiederholung über sogenannte Multinomialkoeffizienten – der direkten Verallgemeinerungen der Binomialkoeffizienten – angegeben wird. Diese Koeffizienten sind Gegenstand der Stochastik und sollen daher an dieser Stelle – mit Ausnahme der Binomialkoeffizienten – nicht weiter vertieft werden.

Die Binomialkoeffizienten werden als nützliche mathematische Instrumente bei statistischen Aufgaben in den Wirtschaftswissenschaften eingesetzt. Sie werden für alle natürlichen Zahlen $n, k \in \mathbb{N}$ als $\binom{n}{k}$ – man spricht „n über k" – definiert, und unter Hinzuziehung von Fakultäten berechnen sich die Binomialkoeffizienten dann wie folgt:

$$\binom{n}{k} = \frac{n!}{k! \cdot (n-k)!} \quad \text{für alle } n, k \in \mathbb{N} \text{ und } k \leq n.$$

Hieraus folgt unmittelbar, dass $\binom{n}{0} = 1$, $\binom{n}{1} = n$, $\binom{n}{n} = 1$ und $\binom{0}{0} = 1$ ist. Da in den Fakultäten natürliche Zahlen miteinander multipliziert werden, kann der Binomialkoeffizient auch mit dem Produktzeichen ausgedrückt werden. Dementsprechend folgt:

$$\binom{n}{k} = \prod_{i=0}^{k-1} \frac{n-i}{k-i} \quad \text{für alle } n, k, i \in \mathbb{N} \text{ und } k \leq n.$$

Beispiel zur Anwendung von Binomialkoeffizienten. Beim Lottospiel werden nacheinander 6 Kugeln aus 49 unterscheidbaren Kugeln gezogen, ohne die gezogenen Kugeln wieder zurückzulegen.
Wie viele Möglichkeiten gibt es beim Lotto 6 aus 49, wenn die Reihenfolge der gezogenen Kugeln keine Rolle spielt?

Lösung. Die Anzahl der Möglichkeiten 6 Kugeln aus 49 Kugeln zu ziehen bestimmt sich durch $\binom{49}{6}$. Demzufolge gibt es also

$$\frac{49!}{6!(49-6)!} = \frac{49}{6!43!} = \frac{49 \cdot 48 \cdot 47 \cdot \ldots \cdot 3 \cdot 2 \cdot 1}{6 \cdot 5 \cdot \ldots \cdot 2 \cdot 1 \cdot 43 \cdot 42 \cdot \ldots \cdot 2 \cdot 1} = \frac{49 \cdot 48 \cdot \ldots \cdot 45 \cdot 44}{6 \cdot 5 \cdot \ldots \cdot 2 \cdot 1} = 13.983.816$$

Möglichkeiten. Um also auf einem Lottozettel sechs Richtige Zahlen angekreuzt zu haben, muss genau eine Möglichkeit von insgesamt fast 14 Millionen Möglichkeiten zutreffen, d. h. die Wahrscheinlichkeit für einen Sechser im Lotto ist $\frac{1}{13.983.816} \approx 7{,}15 \cdot 10^{-8}$.

Übungsaufgaben zum Abschnitt 2.2

Aufgabe 1. In einem Lager eines großen Kleiderherstellers befinden sich aus der letzten Winterkollektion noch 200 Damen- und Herren-Mäntel, darunter sind 60 Ledermäntel. Von den 70 in diesem Lager vorhandenen Herrenmäntel sind 20 aus Leder gefertigt.
Wie viele Damenmäntel sind in diesem Lager, die nicht aus Leder gefertigt sind? Stellen Sie die entsprechenden Mengen an Mäntel auch in einem Venn-Diagramm dar.

Aufgabe 2. In einem Bremer Unternehmen, das in verschiedenen Ländern Europas Zweigstellen unterhält, soll das Personal der Telefonzentrale aufgestockt werden. Einstellungskriterium sind Fremdsprachenkenntnisse in Englisch, Französisch und Italienisch. Es haben sich 100 Personen gemeldet, von denen 30 nur Englisch, 18 nur Französisch und 9 nur Italienisch sprechen. Weiterhin beherrschen 29 Personen genau zwei Sprachen.
Wie viele Personen beherrschen alle drei Sprachen?

Aufgabe 3. Eine Umfrage unter Studierenden der Wirtschaftswissenschaften aus dem ersten Semester hat ergeben, dass 254 Studierende gerne Kaffee und 312 gerne Tee trinken. 212 Studierende gaben an, dass sie Kaffee aber auch Tee trinken, und 18 Studierende trinken weder Kaffee noch Tee.
Wie viele Studierende haben an der Umfrage teilgenommen?

Aufgabe 4. Gegeben seien die drei Mengen A, B, C mit $A = \{1, 2, 3, 0\}$, $B = \{2, 1, 0\}$ und $C = \{3, 1, 0, 5\}$. Bestimmen Sie die Mengen $A \cup B$, $A \cap B$, $C \cap B$ und $C \setminus B$.

Aufgabe 5. Beweisen Sie Gültigkeit der Gleichung $\sum_{k=1}^{n}(2k-1) = n^2$ für
(a) $n = 10$ und
(b) für ein beliebiges $n \in \mathbb{N}$ mithilfe der vollständigen Induktion.

Aufgabe 6. Berechnen Sie die in (a) bis (d) aufgeführten Summen und Produkte. Schreiben Sie des Weiteren die in (e) bis (h) aufgeführten Summen unter Verwendung des Summenzeichens.
(a) $\sum_{k=0}^{3} \frac{k^2}{k+1} + \sum_{i=1}^{3} \frac{i(i-1)}{i^2}$
(b) $\sum_{i=-1}^{3} (-3)^i \cdot 2^{10-i}$
(c) $\prod_{j=-1}^{3} \frac{2 \cdot 3^j}{3+j}$
(d) $\prod_{l=1}^{6} (l+2)$
(e) $2 + 4 + 6 + 8 + 10 + 12$
(f) $\frac{1}{2} + \frac{2}{3} + \frac{3}{4} + \frac{4}{5} + \frac{5}{6} + \frac{6}{7} + \frac{7}{8}$
(g) $4 + 7 + 10 + 13 + 16 + 19 + 22 + 25 + 28$
(h) $(1-0) + (2-1) + (4-4) + (8-9)$

Aufgabe 7. Ein Unternehmen besitzt m Maschinen ($i = 1, 2, \ldots, m$) mit denen sie n Produkte ($j = 1, 2, \ldots, n$) herstellt. Dabei soll in einem betrachteten Produktionszeitraum von 12 Monaten ($t = 1, 2, \ldots, 12$) jedes Produkt j auf jeder Maschine i produziert werden können. Die nachstehenden Symbole haben folgende Bedeutung:

x_{ijt} gibt an, wie viele Mengeneinheiten (ME) des Produktes j auf der Maschine i im Monat t hergestellt werden, und

a_{ij} gibt an, wie viele Stunden die Fertigung einer ME des Produktes j auf der Maschine i benötigt. Diese Angabe ist für alle Monate gleich.

k_{ij} sind die Kosten der Fertigung einer ME des Produktes j auf der Maschine i. Sie sind ebenfalls zeitunabhängig.

p_j ist der in allen Monaten konstante Verkaufspreis für eine ME des Produktes j.

Drücken Sie unter Verwendung des Summenzeichens aus:
(a) Wie viele ME des Produktes j im Monat t hergestellt werden.
(b) Welchen Umsatz das Unternehmen im betrachteten Produktionszeitraum erzielt, wenn alle hergestellten Produkte im gleichen Jahr verkauft werden (der Umsatz (Erlös) ist gleich der Menge mal dem Verkaufspreis).
(c) Wie viele Stunden die Maschine i in der ersten Jahreshälfte belegt ist.
(d) Welcher Gewinn im Monat t gemacht wird, wenn außer den genannten Kosten keine weiteren Kosten anfallen (Gewinn = Umsatz − Kosten).

Aufgabe 8. Gegeben sind die Zahlen x_i und y_i mit $i = 1, 2, 3, 4, 5$ wie folgt

	$i = 1$	$i = 2$	$i = 3$	$i = 4$	$i = 5$
x_i	5	3	2	1	6
y_i	2	3	4	1	0

Berechnen Sie folgende Summen:
(a) $\sum_{i=1}^{5} x_i$
(b) $\sum_{i=3}^{4} (x_i + y_i)$
(c) $\sum_{i=1}^{5} x_i \cdot y_i$
(d) $\sum_{i=1}^{5} x_i \sum_{i=1}^{5} y_i$

Aufgabe 9. Berechnen Sie die zwei Doppelsummen und die eine Dreifachsumme:
(a) $\sum_{k=1}^{3} \sum_{l=1}^{4} (k \cdot 3^l)$
(b) $\sum_{l=0}^{2} \sum_{k=2}^{4} (\frac{k \cdot l}{k+l})^2$
(c) $\sum_{i=1}^{2} \sum_{j=1}^{2} \sum_{k=1}^{2} (i+j+k)$

Aufgabe 10. Bestimmen Sie die folgenden Ausdrücke:
(a) $\sum_{k=1}^{3} \prod_{l=1}^{3} a_{kl}$
(b) $\sum_{k=0}^{1} \prod_{l=1}^{3} (l^k + 2)$
(c) $\prod_{m=1}^{5} \sum_{y=0}^{2} (m + y + 2my)$
(d) $\prod_{k=1}^{3} \sum_{l=1}^{3} a_{kl}$

Aufgabe 11. Ist $(a+b)^2$ oder $a^2 + 2b + b^2$ oder $(a+b)^3$ oder $a^3 + a^2 b + ab^2 + b^3$ die richtige Lösung des Produktes $\prod_{i=1}^{2} (a+b)^i$?

Aufgabe 12. Gegeben sei eine Tabelle mit n Zeilen ($i = 1, 2, \ldots, n$) und n Spalten ($j = 1, 2, \ldots, n$), also mit insgesamt n^2 Zahlen a_{ij}, wie folgt:

$$\begin{array}{ccccc} a_{11} & a_{12} & \cdots & a_{1j} & \cdots & a_{1n} \\ a_{21} & a_{22} & \cdots & a_{2j} & \cdots & a_{2n} \\ \vdots & \vdots & \vdots & \vdots & & \vdots \\ a_{i1} & a_{i2} & \cdots & a_{ij} & \cdots & a_{in} \\ \vdots & \vdots & \vdots & \vdots & & \vdots \\ a_{n1} & a_{n2} & \cdots & a_{nj} & \cdots & a_{nn} \end{array}$$

Beantworten Sie nachfolgende Fragen hinsichtlich ausgewählter Summen und Produkte unter Verwendung des Summen- und/oder des Produktzeichens.
(a) Wie groß ist die Summe aller Elemente der zweiten Spalte sowie die Summe aller Elemente der zweiten bis $(n-k)$-ten Spalte?
(b) Wie groß ist die Summe aller Elemente der k-ten bis n-ten Zeile?
(c) Wie groß ist die Summe aller Elemente auf der Hauptdiagonalen, der sogenannten Spur?
(d) Wie groß ist die Summe aller Elemente auf und unterhalb der Hauptdiagonalen?
(e) Wie groß ist das Produkt aller Elemente auf der Hauptdiagonalen?

(f) Wie groß ist das Produkt aller Elemente auf und unterhalb der Nebendiagonalen?[3]
(g) Wie groß ist das Produkt aller Randelemente der Tabelle?

Aufgabe 13. Gegeben sei die Tabelle

$$\begin{vmatrix} a_{11} & a_{12} & a_{13} \\ a_{21} & a_{22} & a_{23} \\ a_{31} & a_{32} & a_{33} \end{vmatrix}$$

mit $i = 3$ Zeilen und $j = 3$ Spalten und den Werten

$$\begin{vmatrix} 0 & 1 & 4 \\ 3 & 0 & 1 \\ 1 & 2 & 1 \end{vmatrix}.$$

Berechnen Sie
(a) $\sum_{i=1}^{3} \sum_{j=1}^{2} a_{ij}$ sowie
(b) $\sum_{i=1}^{3} \prod_{j=1}^{2} a_{ij}$.

Aufgabe 14. Berechnen Sie die vier Binomialkoeffizienten $\binom{12}{7}$, $\binom{48}{6}$, $\binom{1}{0}$ und $\binom{6}{3}$.

Aufgabe 15. Zeigen Sie mithilfe der vollständigen Induktion, dass der sogenannte binomische Lehrsatz[4]

$$(a+b)^n = \sum_{k=0}^{n} \binom{n}{k} a^{n-k} b^k$$

für alle Zahlen a, b und alle natürlichen Zahlen $n \geq 1$ gilt.

2.3 Folgen und Reihen als Fundament der Finanzmathematik

Folgen und Reihen reeller Zahlen, die auch Zahlenfolgen und Zahlenreihen genannt werden, sind wichtige Instrumente in der Wirtschaftsmathematik und speziell in der Finanzmathematik. Geht es nämlich darum, Aufgaben im Umfeld der Zins-, Renten- und Investitionsrechnung zu lösen, sind immer Zahlen mit mathematischer Gesetzmäßig-

---

[3] Unter einer Nebendiagonalen sind hier die Elemente in einer Matrix gemeint, die auf einer gedachten diagonal von rechts oben nach links unten verlaufenden Linie liegen. In der Mathematik heißen diese Diagonalen auch Gegendiagonalen. Im Allgemeinen werden aber unter Nebendiagonalen die Diagonalen einer Matrix verstanden, die parallel zur Hauptdiagonalen verlaufen.

[4] Die binomischen Formel $(a+b)^2 = a^2 + 2ab + b^2$ ist allgemein bekannt. Sie ist ein Spezialfall des binomischen Lehrsatzes, mit dem sich Potenzen eines Binoms $(a+b)$, also $(a+b)^n$ mit $n \in \mathbb{N}$, als Polynom n-ten Grades in den Variablen a und b ausdrücken lassen. Infolgedessen gibt dieser Lehrsatz an, wie Ausdrücke der Form $(a+b)^n$ auszumultiplizieren sind.

keit aufzusummieren. Mathematische Gesetzmäßigkeit bedeutet hier, dass die Zahlen untereinander in einem bestimmten Verhältnis zueinander oder in einer anderen Art und Weise in einem Zusammenhang stehen. Beispielsweise zeichnen sich die Seitenzahlen dieses Buches dadurch aus, dass die Differenz zweier aufeinanderfolgenden Seitenzahlen immer die Zahl 1 ergibt. Die Seiten des Buches sind also durchnummeriert, wie es bei vielen anderen Objekten einer Menge der Fall ist; und so lassen sich z. B. auch die an einer Mathematikklausur teilgenommenen Studierenden für die Erstellung einer Notenliste durchnummerieren.

Bezeichnet man die Objekte als Elemente einer Menge und kennzeichnet sie mit dem Symbol a, so können auch diese durchnummeriert werden indem jedem Element eine Nummer, d. h. eine natürliche Zahl als Index angehängt wird. Es ergibt sich eine Zahlenfolge $a_1, a_2, a_3, \ldots, a_n$, wobei als Startindex im Allgemeinen die 1 verwendet wird. Es kann als Startindex aber auch die 0 oder jede andere natürlich Zahl n eingesetzt werden. Der funktionale Zusammenhang zwischen diesen sogenannten Folgengliedern ist dann das wesentliche Merkmal einer mathematischen Folge, von denen die arithmetischen und die geometrischen Zahlenfolgen für die Wirtschaftsmathematik und insbesondere für die Finanzmathematik eine grundlegende Bedeutung haben.

Definition und Eigenschaften einer mathematischen Folge

Eine Folge $[a_n]$ ist definiert als eine Funktion, durch die jeder Zahl $n \in \mathbb{N}$ (oder einer Teilmenge von $\mathbb{N}$) eine reelle Zahl $a_n \in \mathbb{R}$ zugeordnet wird. Folgen sind also Indexmengen, denn sie sind nur auf Teilmengen der natürlichen Zahlen $\mathbb{N}$ definiert. Die reellen Zahlen $a_1, a_2, a_3, \ldots, a_n$ heißen Glieder der Folge $[a_n]$ mit dem allgemeinen Glied a_n und dem Anfangsglied a_1.

Es gibt eine Vielzahl an Folgen, wobei diese grundsätzlich zwischen einer endlichen und einer unendlichen Folge unterschieden werden können. Als Beispiel für eine endliche Folge sei die Folge der natürlichen Zahlen zwischen 1 und 19 genannt, also $[a_n] = 1, 2, 3, \ldots, 19$. Die Folge der natürlichen Zahlen $[a_n] = 1, 2, 3, 4, \ldots$ ist dagegen eine unendliche Folge.

Bei dieser endlichen und unendlichen Folge ist sofort ein funktionaler Zusammenhang zwischen den Folgengliedern zu erkennen, denn sie vergrößern sich jeweils um den Wert 1. Auch der funktionale Zusammenhang der Zahlenfolge $0, 2, 6, 12, 20, 30, 42, \ldots$ ist relativ schnell zu erkennen. Er lässt sich nämlich durch das Bildungsgesetz (Bildungsvorschrift) $a_n = n^2 - n$ für alle $n \in \mathbb{N}$ beschreiben. Um also eine Folge zu kennzeichnen genügt es, das Bildungsgesetz mit dem allgemeinen Glied und den Definitionsbereich anzugeben. Im Allgemeinen ist es aber gar nicht so einfach aus einer vorgegebenen Zahlenfolge ein Bildungsgesetz zu bestimmen; hierfür bedarf es zumeist einer großen Übung.

Dennoch sind Fragen nach Bildungsgesetzen von Zahlenfolgen in Einstellungs- und Intelligenztests sehr beliebt, beispielsweise im Rahmen eines Assessment Centers. Bei einem Assessment Center sollen mit den verschiedenen Aufgaben die Fähigkeiten und Persönlichkeiten der Bewerber aufgedeckt werden, und die Aufgaben mit Zahlenfolgen dienen insbesondere dazu die kognitive Kapazität festzustellen. Ein Beispiel für eine solche Aufgabe ist die Frage nach dem nächsten Folgenglied der Zahlenfolge $[a_n]$ = 1, 1, 2, 3, 5, ... Auf die Antwort, dass in dieser Folge das nächste Folgenglied die Zahl 8 ist, wird jeder – hoffentlich – schnell kommen, denn es müssen zur Bestimmung des nächsten Folgengliedes immer nur die beiden vorangegangen Folgenglieder addiert werden. Somit ist das sechste Folgenglied die Summe aus dem vierten und fünften Glied, also 3 + 5 = 8, und das siebte Folgenglied berechnet sich zu 5 + 8 = 13 und so fort. Werden also für die ersten beiden Folgenglieder a_1 = 1 und a_2 = 1 vorgegeben, lässt sich die Zahlenfolge für $n > 2$ durch das rekursive Bildungsgesetz $a_n = a_{n-1} + a_{n-2}$ beschreiben.[5] Dieses rekursive Bildungsgesetz zeigt, dass zur Berechnung der Folgenglieder a_n in diesem Fall die Werte der beiden vorangegangen Folgenglieder bekannt sein müssen. So gesehen sind explizite Darstellungen von Bildungsgesetzen vorzuziehen, denn bei diesen wird das Folgenglied a_n nur in Abhängigkeit von n berechnet.

Die Zahlen in der gerade beschriebenen Zahlenfolge repräsentieren die berühmten, sogenannten Fibonacci-Zahlen,[6] die im Zentrum eines engen Beziehungsgeflechts mit anderen mathematischen Themen (Goldener Schnitt, Euklidischer Algorithmus) aber auch nichtmathematischen Angelegenheiten (Kaninchenvermehrung, Phyllotaxis (Lehre von den Blattstellungen)) stehen. Insbesondere für die Glieder der Fibonacci-Folge ist die Bestimmung des Bildungsgesetzes in expliziter Darstellung eine ganz besondere Herausforderung. Allerdings ist es mehreren Mathematikern gelungen, ein Bildungsgesetz für die Fibonacci-Folge zu finden; es lautet

$$[a_n] = \frac{1}{\sqrt{5}}\left(\left(\frac{1+\sqrt{5}}{2}\right)^n - \left(\frac{1-\sqrt{5}}{2}\right)^n\right) \quad \text{für alle } n \in \mathbb{N}.$$

Damit lässt sich nun beispielsweise schnell das Folgenglied a_{30} berechnen, ohne dass die beiden vorangegangenen Folgenglieder a_{29} und a_{28} bekannt sein müssen. Das Folgenglied a_{30} berechnet sich zu 832040.

Dass die Bestimmung von Bildungsgesetzen zu vorgegebenen Zahlenfolgen nicht nur für Bewerber in einem Assessment Center eine große Herausforderung darstellt, zeigt auch die Folge der Primzahlen $[a_n]$ = 2, 3, 5, 7, 11, ... Denn für die Primzahlenfolge konnten Mathematiker – auch wenn sie einen Algorithmus fanden, der alle Primzahlen nacheinander ausrechnet – bis heute noch kein Bildungsgesetz formulieren.

---

5 Rekursiv bedeutet, dass sich das allgemeine Folgenglied a_n aus den vorangegangenen Folgengliedern berechnet.

6 Namensgeber für die Fibonacci-Zahlenfolge ist der italienische Mathematiker und Rechenmeister Leonardo von Pisa (*1170, †1250), der als Filius des Bonacci, kurz Fibonacci, bekannt wurde. Im Jahre 1202 veröffentlichte Fibonacci das Buch *Liber Abaci*, in welchem er die Zahlenfolge 1, 1, 2, 3, 5, 8, 13, 21, 34, 55, 89, 144 usw. für die Beschreibung des Wachstums einer Kaninchenpopulation nutzte.

Beispiel zu einer mathematischen Folge. Bestimmen Sie zu der Folge $[a_n] = 1, 2, 4, 7, 11, 16, \ldots$ die Folgenglieder a_7, a_8 und a_9 sowie das zugehörige Bildungsgesetz.

Lösung. Es ist zu erkennen, dass die Differenz zwischen a_2 und a_1 gleich 1 ist, zwischen a_3 und a_2 gleich 2 und zwischen a_4 und a_3 gleich 3 usw. ist. Die Differenz $a_{n+1} - a_n$ ist also immer genau so groß wie der Laufindex n des Folgegliedes a_n. Daraus folgt, dass beispielsweise $a_7 - a_6 = 6$ ist. Anders formuliert ist a_7 also $6 + a_6$, und damit folgt $a_7 = 6 + a_6 = 6 + 16 = 22$. Entsprechend bestimmt sich das Folgenglied a_8 zu $7 + a_7 = 7 + 22 = 29$ und $a_9 = 8 + a_8 = 8 + 29 = 37$.

Da das erste Folgenglied $a_1 = 1$ ist, und die Zahlenfolge $0, 1, 2, 3, \ldots$ sich durch die Beziehung $\frac{n(n-1)}{2}$ für $n \in \mathbb{N}$ ausdrücken lässt, kann das gesuchte Bildungsgesetz als $a_n = 1 + \frac{n(n-1)}{2}$ geschrieben werden.

Neben der Unendlichkeit oder Endlichkeit können Zahlenfolgen noch weitere Eigenschaften besitzen:
- Eine Zahlenfolge ist nach oben (unten) beschränkt, wenn alle Glieder der Folge kleiner (größer) als ein bestimmter Wert sind.
- Eine Zahlenfolge ist streng monoton steigend, wenn die Glieder der Folge ständig größer werden; wenn sie immer kleiner werden, nennt man die Folge entsprechend streng monoton fallend. Wird zusätzlich erlaubt, dass das nächste Glied auch genau so groß wie das vorherige Folgenglied ist, so spricht man von monoton steigenden (fallenden) Folgen.
- Ein Punkt heißt Häufungspunkt einer unendlichen Zahlenfolge, wenn in jeder beliebig kleinen Umgebung dieses Punktes mindestens noch ein Glied der Zahlenfolge liegt.
- Eine Zahl a heißt Grenzwert (Limes) einer unendlichen Zahlenfolge $[a_n]$, wenn zu jedem beliebig kleinen $\varepsilon > 0$ eine natürliche Zahl n existiert, so dass für alle $i \geq n$ die Beziehung $|a_i - a| < \varepsilon$ gilt. Man schreibt für den Grenzwert $\lim_{i \to \infty} a_i = a$.
- Existiert für eine Zahlenfolge genau ein Grenzwert, dann handelt es sich um eine konvergente Folge.
- Wenn eine Folge nicht gegen eine reelle Zahl konvergiert, dann heißt sie divergent.
- Zahlenfolgen mit dem Grenzwert 0 heißen Nullfolgen.
- Jede beschränkte, monotone Zahlenfolge ist eine konvergente Folge.

Zur Überprüfung einer Konvergenz oder Beschränktheit von Folgen kann oftmals die vollständige Induktion als Beweismethode herangezogen werden. Diese Methode besteht – wie in Abschnitt 2.2 dargelegt – aus den zwei Schritten Induktionsanfang und Induktionsschritt. Für den Induktionsanfang wird gezeigt, dass eine Aussage wie beispielsweise, dass die Folge $[a_n]$ beschränkt sei, für die kleinste Zahl $n \in \mathbb{N}$ gelten soll (in der Regel $n = 0$ oder $n = 1$). Im folgenden Induktionsschritt geht man davon aus, dass die Aussage für ein bestimmtes $n \in \mathbb{N}$ gilt (Induktionsvoraussetzung) und zeigt dann, dass sie unter dieser Voraussetzung auch für den Nachfolger $n + 1$ gültig ist.

Unter den aufgeführten Eigenschaften von Folgen kommt dem Grenzwert eine besondere Bedeutung zu, denn dieser Wert ist eine wichtige Kennzahl bei der Kurvendiskussion im Rahmen der Differentialrechnung. Für die Bestimmung der Grenzwerte von Folgen, die einen Funktionsausdruck beinhalten, werden insbesondere die Monotonie und Beschränktheit von Funktionen betrachtet bzw. einfach nur deren Grenzwerte benutzt.

Für die Bestimmung von Grenzwerten sind die nachfolgenden Rechenregeln hilfreich, wobei die Variablen α und β die Grenzwerte $\lim_{n\to\infty} a_n$ respektive $\lim_{n\to\infty} b_n$ bedeuten:

$$\lim_{n\to\infty}(a_n + c) = \alpha + c \quad \text{für alle } c \in \mathbb{R}$$

$$\lim_{n\to\infty}(c \cdot a_n) = c \cdot \alpha$$

$$\lim_{n\to\infty}(a_n \pm b_n) = \alpha \pm \beta$$

$$\lim_{n\to\infty}(a_n \cdot b_n) = \alpha \cdot \beta$$

$$\lim_{n\to\infty}\left(\frac{a_n}{b_n}\right) = \frac{\alpha}{\beta} \quad \text{für } \beta \neq 0$$

Beispiel zur Grenzwertbestimmung einer Folge. Bestimmen Sie den Grenzwert der Folge

$$[a_n] = \frac{1+n^2}{1-n^2}.$$

Lösung. Der Grenzwert der Folge lässt sich durch

$$\lim_{n\to\infty}\left(\frac{1+n^2}{1-n^2}\right) = \lim_{n\to\infty}\left(\frac{n^2(1+n^{-2})}{n^2(1-n^{-2})}\right) = \lim_{n\to\infty}\left(\frac{1+n^{-2}}{1-n^{-2}}\right)$$

ausdrücken. Daraus folgt, dass

$$\lim_{n\to\infty}\left(\frac{1}{1-n^{-2}}\right) + \lim_{n\to\infty}\left(\frac{n^{-2}}{1-n^{-2}}\right) = \frac{1}{1-0} + \frac{0}{1-0} = 1$$

ist, d. h. der Grenzwert der Folge $[a_n] = \frac{1+n^2}{1-n^2}$ ist gleich 1.

In mathematischen Formelsammlungen können Grenzwerte von einer Vielzahl an Folgen nachgeschlagen werden, beispielsweise:

$$\lim_{n\to\infty} c = c \quad \text{für alle } c \in \mathbb{R}$$

$$\lim_{n\to\infty} \sqrt[n]{c} = 1 \quad \text{für alle } c \in \mathbb{R},\ c > 0$$

$$\lim_{n\to\infty} \sqrt[n]{n} = 1$$

$$\lim_{n\to\infty} n^k = \begin{cases} +\infty & \text{für } k > 0 \\ 1 & \text{für } k = 0 \\ 0 & \text{für } k < 0 \end{cases}$$

$$\lim_{n\to\infty} n \cdot a^n = 0 \quad \text{für } |a| < 1$$

$$\lim_{n\to\infty}\left(1 + \frac{1}{n}\right)^n = e$$

Da die arithmetische und die geometrische Folge eine wichtige Rolle in der Finanzmathematik – beispielsweise im Rahmen der arithmetisch degressiven Abschreibung oder bei der Berechnung von Zinseszinsen oder Renten – spielen, werden jetzt diese beiden Folgen näher erläutert.

Arithmetische Folge. Eine arithmetische Folge ist dadurch charakterisiert, dass aufeinanderfolgende Glieder der Folge stets den gleichen (konstanten) Abstand d haben, d. h. $a_{n+1} - a_n = d$ für alle $n \in \mathbb{N}$.

Die Folgenglieder der arithmetischen Folge sind demnach $a_1 = a_1, a_2 = a_1 + d, a_3 = a_1 + 2d$ und so fort. Durch die Angabe des Abstandes (Differenz) d und des Anfangsgliedes a_1 ist die arithmetische Folge dann durch das Bildungsgesetz $a_n = a_1 + (n-1) \cdot d$ für alle $n \in \mathbb{N}$ gegeben.

> **Beispiel zur Bestimmung des Bildungsgesetzes einer arithmetischen Folge.** Gegeben sei die Zahlenfolge $[a_n] = 1, 3, 5, 7, 9, \ldots$. Wie lautet das Bildungsgesetz dieser Folge der ungeraden natürlichen Zahlen?
>
> **Lösung.** Da die Differenzen der jeweils aufeinanderfolgenden Glieder $a_{n+1} - a_n$ immer 2 ergeben und das erste Folgenglied $a_1 = 1$ ist, kann das Bildungsgesetz als $a_n = 2n - 1$ für alle $n \in \mathbb{N}$ formuliert werden.

Geometrische Folge. Eine geometrische Folge ist eine Folge, bei der die Quotienten zweier aufeinanderfolgender Glieder immer den gleich großen Wert q haben, d. h. $a_{n+1}/a_n = q$ für alle $n \in \mathbb{N}$.

Das Bildungsgesetz führt daher auf die Folge $a_1 = a_1, a_2 = a_1 \cdot q, a_3 = a_1 \cdot q^2$ und so fort. Als Bildungsgesetz für eine geometrische Folge gilt daher $a_n = a_1 \cdot q^{n-1}$ für alle $n \in \mathbb{N}$.

> **Beispiel zur Bestimmung des Bildungsgesetzes einer geometrischen Folge.** Bestimmen Sie das Bildungsgesetz der Folge der Zweierpotenzen $[a_n] = 1, 2, 4, 8, 16, \ldots$.
>
> **Lösung.** Da das Verhältnis der aufeinanderfolgenden Glieder immer 2 ergibt, kann man auch $a_{n+1}/a_n = 2$ schreiben; beispielsweise ist $a_2/a_1 = 2$ und damit auch $a_3/a_2 = a_3/2a_1 = 2$ oder $a_3 = 2 \cdot 2a_1 = 2^2 \cdot a_1$. Mit $a_1 = 1$ lässt sich das Bildungsgesetz für die Folge der Zweierpotenzen mit $a_n = 2^{n-1}$ für alle $n \in \mathbb{N}$ angeben.

Im heutigen Leben werden viele Finanzgeschäfte über ein Girokonto abgewickelt, auf welchem regelmäßige Ein- und Auszahlungen vorgenommen werden können. So lassen sich monatliche Gehaltszahlungen einem solchen Konto gutgeschrieben, oder es können die monatlichen zu begleichenden Mietzahlungen dem Konto abgezogen werden. Die Kontostände bei regelmäßig vorgenommenen Ein- und Auszahlungen stellen demzufolge Zwischensummen dar, die in Abhängigkeit von den Zahlungszeitpunkten die Glieder einer Folge bilden. Eine solche Partialsumme der Folge bezeichnet man aufgrund des Bildungsgesetzes als eine Reihe.

Definition und Eigenschaften einer mathematischen Reihe

Für die Bildung einer Reihe wird stets von einer unendlichen Zahlenfolge $[a_n]$ mit den Gliedern $a_1, a_2, a_3, \ldots$ ausgegangen. Summiert man die jeweils ersten n Glieder der Folge auf, so ergibt sich die n-te Teilsumme (Partialsumme) $s_n = \sum_{i=1}^{n} a_i = a_1 + a_2 + a_3 + \ldots + a_n$, die Reihe genannt wird.

Wie Folgen zeichnen sich auch Reihen durch verschiedene Eigenschaften aus, von denen Folgende genannt seien:

- Konvergiert die Folge der Teilsummen $s_n = \sum_{i=1}^{n} a_i$ gegen einen endlichen Wert σ, so bezeichnet man $\sigma = \lim_{n \to \infty} \sum_{i=1}^{n} a_i = \sum_{i=1}^{\infty} a_i$ als Grenzwert der konvergenten Reihe.
- Für die Konvergenz einer Reihe mit $s_n = \sum_{i=1}^{n} a_i$ ist es für alle $n \in \mathbb{N}$ notwendig, dass die Folge $[a_n]$ eine Nullfolge ist, d. h. der Grenzwert lautet $\lim_{n \to \infty} a_n = 0$.
- Eine Reihe mit nicht-negativen Gliedern $a_n \geq 0$ konvergiert dann und nur dann, wenn die Folge der Teilsummen s_n nach oben beschränkt ist.
- Alternierende Reihen, die aus Folgen $[a_n]$ entstehen, deren Glieder betragsmäßig monoton fallen und gegen null streben, sind konvergent.
- Besitzt die Folge $[\frac{a_{n+1}}{a_n}]$ den Grenzwert $\sigma = \lim_{n \to \infty} |\frac{a_{n+1}}{a_n}|$, so ist die Reihe $s_n = \sum_{i=1}^{n} a_i$ konvergent, falls $\sigma < 1$ ist, und sie ist divergent, falls $\sigma > 1$ gilt. Ist $\sigma = 1$, dann ist keine Entscheidung möglich.

In der Finanzmathematik sind diejenigen Reihen von speziellem Interesse, die bei regelmäßigen Ein- und Auszahlungen desselben Betrages entstehen, d. h. die sich aus einer arithmetischen Folge ableiten lassen. Die entstehende Reihe wird demzufolge arithmetische Reihe genannt. Dementsprechend basiert die geometrische Reihe auf einer geometrischen Folge, wie beispielsweise die Folge der jährlich auf einem Sparkonto gutgeschriebenen Endkapitalwerte, deren Verhältnisse stets gleich groß sind und dem zugrundeliegenden Zinsfaktor entsprechen.

Arithmetische Reihe. Die aus den ersten Gliedern einer arithmetischen Folge gebildete Reihe wird (endliche) arithmetische Reihe genannt. Da für die Glieder der arithmetischen Folge die Bedingung $a_{n+1} - a_n = d$ gilt und die arithmetische Folge durch $a_n = a_1 + (n-1) \cdot d$ für alle $n \in \mathbb{N}$ beschrieben werden kann, folgt für die n-te Teilsumme (Partialsumme) der arithmetischen Folge:

$$s_n = \frac{n}{2} \cdot (a_1 + a_n) \quad \text{oder} \quad s_n = \frac{n}{2} \cdot (2a_1 + (n-1) \cdot d).$$

Beispiel zu einer arithmetischen Reihe. Am 1. Januar 2019 legen Sie einen Betrag von 200 € in eine Spardose und sodann am Anfang jedes Folgemonats einen um 50 € erhöhten Betrag. Wie viel Euro haben Sie am Ende des Jahres in Ihrer Spardose angesammelt?

Lösung. Es handelt sich bei den Einzahlungen um eine arithmetische Folge mit den Folgengliedern $a_1 = 200$, $a_2 = 200 + 50 = 250$ und so fort. Demnach ist $d = 50$, und es folgt für das zwölfte Folgenglied $a_{12} = 200 + (12-1) \cdot 50 = 750$. Somit berechnet sich die Summe der ersten 12 Folgenglieder zu $s_{12} = \frac{12}{2} \cdot (200 + 750) = 5700$. Ergo befinden sich in der Spardose nach 12 Monaten am Ende des Jahres 5.700 €.

Von dem Mathematiker Carl Friedrich Gauß (*1777, †1855) ist die Anekdote überliefert, dass er als Schüler auf die Frage seines Lehrers, welches Ergebnis die Summe der natürlichen Zahlen von 1 bis 100 ergibt, sehr schnell die Antwort 5050 gerufen haben soll. Gauß hat wohl im Gegensatz zu seinen Mitschülern nicht im Kopf die Zahlen $1 + 2 + 3 + \ldots + 99 + 100$ nach und nach zusammengezählt, sondern er erkannte sehr schnell, dass auch das Zusammenzählen der Zahlen $100 + 99 + 98 + \ldots + 2 + 1$ das gleiche Ergebnis liefern wird. Da nun jedes der 100 Zahlenpaare $100 + 1, 99 + 2, 98 + 3, \ldots, 2 + 99, 1 + 100$ stets 101 ergibt, musste er nur 50 dieser Zahlenpaare addieren, um auf das Ergebnis $50 \cdot 101 = 5050$ zu kommen.

Geometrische Reihe. Eine Reihe, deren Glieder eine geometrische Folge (endlich oder unendlich) bilden, nennt man eine geometrische Reihe. Da die Glieder einer geometrischen Reihe sich durch das Bildungsgesetz $a_n = a_1 \cdot q^{n-1}$ bestimmen lassen, folgt für die n-te Teilsumme (Partialsumme) der geometrischen Folge:

$$s_n = a_1 + a_1 \cdot q + a_1 \cdot q^2 + \ldots + a_1 \cdot q^{n-1} \quad \text{oder} \quad s_n = a_1 \cdot \frac{1-q^n}{1-q}.$$

Beispiel zu einer geometrischen Reihe. Ausgehend von der geometrischen Folge $[a_n] = 1, \frac{1}{2}, \frac{1}{4}, \frac{1}{8}, \ldots$ soll die sechste Partialsumme der geometrischen Folge bestimmt werden.

Lösung. Für die sechste Partialsumme s_6 sind die ersten sechs Glieder der genannten geometrischen Folge zu addieren. Da die Folge durch $q = \frac{1}{2}$ und $a_1 = 1$ gekennzeichnet ist, kann die gesuchte Partialsumme zu

$$s_6 = 1 \cdot \frac{1-(\frac{1}{2})^6}{1-\frac{1}{2}} = 2 \cdot \left(1 - \left(\frac{1}{2}\right)^6\right) = \frac{63}{32}$$

berechnet werden.

Im Hinblick auf die Anwendung von Folgen und Reihen in der Finanzmathematik sei an dieser Stelle noch kurz auf eine wichtige Eigenschaft unendlicher geometrischer Reihen hingewiesen. Betrachtet man die geometrische Reihe $s_n = a_1 \cdot \frac{1-q^n}{1-q}$ und berücksichtigt, dass $|q| \neq 1$ ist, dann gilt für den Grenzwert

$$\lim_{n \to \infty} s_n = \lim_{n \to \infty} a_1 \cdot \frac{1-q^n}{1-q} = a_1 \cdot \lim_{n \to \infty} \left(\frac{1}{1-q} - \frac{q^n}{1-q}\right) = \frac{a_1}{1-q} - a_1 \cdot \lim_{n \to \infty} \frac{q^n}{1-q}.$$

Dieser Grenzwert kann nun hinsichtlich der Größe $|q|$ weiter konkretisiert werden. Ist nämlich $|q| > 1$, dann folgt für den Grenzwert $\lim_{n \to \infty} |q|^n = \infty$. Ist dagegen $|q| < 1$, bestimmt sich der Grenzwert zu $\lim_{n \to \infty} |q|^n = 0$. Damit folgt für die geometrische Reihe s_n, dass diese für $|q| > 1$ divergiert. Für $|q| < 1$ konvergiert sie dagegen, und ihr Grenzwert lautet in diesem Fall genau $\lim_{n\to\infty} s_n = \frac{a_1}{1-q}$.

Finanzmathematische Anwendungen von Folgen und Reihen

Die arithmetischen und geometrischen Folgen und Reihen bilden die Grundlage finanzmathematischer Berechnungen, wie sie in Abschnitt 2.4 im Detail dargelegt werden. Konkret finden die arithmetischen Folgen und Reihen bei der einfachen Zinsrechnung, aber auch bei der linearen und der arithmetisch-degressiven Abschreibung eine Anwendung. Die geometrischen Folgen und Reihen lassen sich dagegen zur Beschreibung der Zinseszins- und Rentenrechnung, der geometrisch-degressiven Abschreibung oder der Tilgungsrechnung einsetzen.

Bei einer Auseinandersetzung mit dem Thema Finanzmathematik wird deutlich, dass die hierfür eingesetzten mathematischen Gleichungen und Formeln – beispielsweise zur Berechnung der Abschreibungen von Wirtschaftsgütern oder im Rahmen der Zinseszins- und Rentenrechnung – sich von den Formeln der arithmetischen und geometrischen Folgen und Reihen nur durch andere Variablen, welche auf die entsprechenden ökonomischen Größen wie Zinsfaktor, Rentenbarwert oder Annuität hinweisen, unterscheiden. Demzufolge sind beim Lösen von Aufgaben zur Finanzmathematik die gleichen Wege zu beschreiten, wie beim Lösen von Aufgaben zum Thema Folgen und Reihen.

Übungsaufgaben zum Abschnitt 2.3

Aufgabe 1. Für alle $n \in \mathbb{N}$ sei das Bildungsgesetz $a_n = \frac{4}{3} \cdot n$ gegeben. Wie lautet die dazugehörige Zahlenfolge?

Aufgabe 2. Geben Sie die für Zahlenfolge $[a_n] = 1, \frac{1}{6}, \frac{1}{13}, \frac{1}{22}, \frac{1}{33}, \ldots$ die nächsten drei Folgenglieder an und formulieren Sie für diese Zahlenfolge das Bildungsgesetz.

Aufgabe 3. Wie lauten die allgemeinen Glieder a_n der beiden nachfolgenden unendlichen Zahlenfolgen, und wie groß sind jeweils das achte und das neunte Folgenglied?
(a) $[a_n] = 1, 0, 3, 0, 5, 0, 7, \ldots$
(b) $[a_n] = 1, 7, 17, 31, 49, 71, 97, \ldots$

Aufgabe 4. Bestimmen Sie für die Zahlenfolge $[a_n] = 1, -\frac{1}{2}, \frac{1}{4}, -\frac{1}{8}, \ldots$ das zugehörige Bildungsgesetz. Gegen welchen Wert strebt diese Zahlenfolge $[a_n]$?

Aufgabe 5. Lösen Sie die nachfolgenden Aufgaben zu zwei arithmetischen Folgen und Reihen.
(a) Für eine arithmetische Folge sind die zwei Folgenglieder $a_{15} = 37$ und $a_{20} = 117$ gegeben. Bestimmen Sie die Werte a_1, a_{10} und d sowie die zehnte Teilsumme der arithmetischen Folge.

(b) Die ersten zehn Zahlen einer arithmetischen Folge ergeben in der Summe 255. Geben Sie alle zehn Folgenglieder an, wobei das fünfte Folgenglied 23 ist.

Aufgabe 6. Lösen Sie die nachfolgenden Aufgaben zu zwei geometrischen Folgen und Reihen.
(a) Für eine geometrische Folge sind die zwei Folgenglieder $a_3 = 6{,}4$ und $a_6 = 3{,}2768$ gegeben. Bestimmen Sie nun die Größen a_1, a_4, q sowie die vierte Teilsumme der geometrischen Folge und das Bildungsgesetz dieser geometrischen Folge.
(b) Bestimmen Sie für die geometrische Zahlenfolge $[a_n] = 5, 10, 20, 40, 80, \ldots$ die Anzahl n der Folgenglieder, welche aufsummiert den Wert 5115 ergeben.

Aufgabe 7. Nachfolgend sind Bildungsgesetze diverser Zahlenfolgen aufgeführt. Wie lauten die Grenzwerte der aufgeführten Folgen a_n bis h_n?
(a) $a_n = -2^{-n}$
(b) $b_n = \frac{1}{(n+1)\cdot(n+2)}$
(c) $c_n = \frac{n^2}{(n+1)}$
(d) $d_n = \frac{1-n}{n}$
(e) $e_n = (\frac{1}{n} - 1)^2$
(f) $f_n = \frac{n^2-1}{3n^2+2n}$
(g) $g_n = \frac{3n}{\sqrt{2n^2-1}}$
(h) $h_n = (\frac{1}{2})^{n-1}$

Aufgabe 8. Ihr Auto beschleunigt in den ersten 10 Sekunden von 0 km/h auf die Geschwindigkeit 80 km/h. Danach sei der Geschwindigkeitszuwachs in jeweils 10 Sekunden genau die Hälfte des im Zeitraum vorher erreichten Zuwachses.

Gegen welche Geschwindigkeit konvergiert der Beschleunigungsprozess, wenn Sie in ihrem Auto hinreichend lange Gas geben?

Aufgabe 9. Ein deutscher Hersteller von Dialysatoren erhält von einem ausländischen Distributor einen Auftrag über 14000 High-Flux-Dialysatoren. Der Hersteller kann in der ersten Woche aber lediglich 225 Dialysatoren fertigen. Um den Auftrag schnell abzuwickeln, soll in den folgenden Wochen die Produktion um 50 Dialysatoren je Woche erhöht werden.

Nach wie vielen Wochen kann der Distributor mit der gewünschten Menge an Dialysatoren beliefert werden, und wie viele Dialysatoren werden in der letzten Woche vom Hersteller gefertigt?

Aufgabe 10. Die Temperatur steigt bekanntlich im Erdinneren pro 100 m um 3 °C. In 25 m Tiefe beträgt die Temperatur 10 °C.
(a) Um welche Art von Folge handelt es sich bei den Temperaturanstiegen?
(b) Welche Temperatur wird in 575 m Tiefe gemessen?
(c) In welcher Tiefe beträgt die Temperatur 70 °C?

Aufgabe 11. Zur Beschreibung einer arithmetischen Folge und Reihe werden in den zugehörigen Formeln insgesamt die fünf Variablen a_1, d, n, a_n und s_n verwendet. In den nachfolgenden Aufgaben sind nun jeweils drei Variablenwerte gegeben, und demzufolge sind die beiden fehlenden Variablenwerte noch zu bestimmen.
(a) Gegeben sind $a_1 = 7$, $d = 7$ und $n = 6$. Wie groß sind a_6 und s_6?
(b) Gegeben sind $d = 3$, $n = 12$ und $s_{12} = 258$. Wie groß sind a_1 und a_{12}?
(c) Gegeben sind $a_1 = 1$, $d = 1$ und $s_n = 5050$. Wie groß sind n und das entsprechende a_n?
(d) Gegeben sind $a_1 = 2$, $n = 250$ und $s_{250} = 156125$. Wie groß sind d und a_{250}?

Aufgabe 12. In einem Fischteich werden Forellen gezüchtet. Nach Einsetzen von 5000 Forellen rechnet man damit, dass der Bestand innerhalb eines Jahres um 50 % zunimmt. 35 % des Bestandes werden am Jahresende gefangen.
(a) Ändert sich der Bestand entsprechend einer arithmetischen oder geometrischen Folge?
(b) Wie viele Forellen sind nach 2, nach 5 und nach 10 Jahren im Teich?
(c) Hat die Folge des Bestandes einen Grenzwert, und wie groß ist dieser Wert?

Aufgabe 13. Zur Beschreibung einer geometrischen Folge wird eine Formel verwendet, in denen insgesamt die vier Variablen a_1, q, n und a_n vorkommen. In den nachfolgenden Aufgaben sind jeweils drei Variablenwerte vorgegeben. Bestimmen sie den Wert der jeweils fehlenden Variablen.
(a) Gegeben sind $a_1 = 3$, $n = 4$ und $q = 2$. Wie groß ist a_n?
(b) Gegeben sind $a_n = 567$, $n = 5$ und $q = 3$. Wie groß ist a_1?
(c) Gegeben sind $a_n = 245$, $a_1 = 5$ und $q = 7$. Wie groß ist n?
(d) Gegeben sind $a_n = 3{,}125$, $a_1 = 100$ und $n = 6$. Wie groß ist q?

Aufgabe 14. Ein stolzer Vater von fünf Söhnen verstirbt plötzlich bei einem Autounfall. Entsprechend seines Testaments soll die Erbschaft so aufgeteilt werden, dass ein älterer Bruder 5.300 € mehr erhält als sein nächst jüngerer Bruder. Der jüngste Sohn ist 13 Jahre alt und soll vom Erbe 12.000 € bekommen.
  Wie groß ist die Erbschaft, die der Vater hinterlassen hat?

Aufgabe 15. Zeigen Sie, dass die Folge $[a_n] = \frac{2}{2+n}$ mit $n \in \mathbb{N}$ streng monoton fallend und nach unten durch die 0 beschränkt ist.

2.4 Finanzmathematik zur Bewertung positiver und negativer Zahlungsströme

In den Wirtschaftswissenschaften werden Produktionsmittel, also diejenigen Arbeits- und Betriebsmittel, die zur Produktion von Wirtschaftsgütern erforderlich sind, hinsichtlich ihrer ökonomischen Verwertbarkeit betrachtet. Zu den Produktionsmitteln zählen neben Maschinen, Boden, Luft, Wasser und Menschen auch die Zeit. Diese Mittel werden im Wirtschaftsleben als knappe und wertvolle Ressourcen angesehen. Dass die Zeit wertvoll ist und genutzt werden sollte, wird auch durch den geistreichen Ausspruch „Time is money" deutlich. Dieses Bonmot wird Benjamin Franklin (*1706, †1790) zugesprochen, denn er ermahnte junge Kaufleute daran zu denken, dass eben Zeit Geld ist.[7] Ebenso wird berichtet, dass ein Kunde bei Franklin nach dem Preis eines seiner Bücher angefragt habe, nachdem er mit diesem Anliegen schon vorab an einen seiner Verkäufer herangetreten war. Daraufhin nannte Franklin dem Kunden einen höheren Buchpreis als sein Verkäufer. Dies machte den potenziellen Kunden stutzig. Er reklamierte und erbat einen Rabatt. Dies lehnte Franklin mit der Begründung ab, dass er die Zahlung für das Buch ja hätte früher leisten können und somit das Buch günstig erworben hätte. Dagegen hielte er ihn jetzt von der Arbeit ab, und je länger er seine Zeit noch in Anspruch nehme würde, umso teurer würde das Buch werden.[8]

Diese Geschichte zeigt auf, dass es bei Zahlungsströmen, also geldlichen Leistungen oder Gegenleistungen, auf die Zeitpunkte der einzelnen Zahlungen durchaus ankommt. Aus bewertungstechnischer Sicht macht es nämlich einen großen Unterschied, ob Zahlungen gleich, in naher oder in ferner Zukunft erfolgen. Zudem gilt es noch zu unterscheiden, ob es sich um positive oder negative Zahlungsströme handelt. Unter positiven Zahlungsströmen werden Zahlungseingänge aus Sicht des Zahlungsempfängers verstanden; unter negativen Zahlungsströme dagegen Zahlungsausgänge aus Sicht des Zahlungspflichtigen. Somit verbessern die positiven Zahlungsströme die Liquidität, wobei die negativen Zahlungsströme sie belasten.

Mathematische Verfahren zur Behandlung von Problemen, bei denen Zahlungen zu unterschiedlichen Zeitpunkten fällig werden, sind Gegenstand der Finanzmathematik. Die Finanzmathematik setzt sich unter anderem mit Fragen zu Lebensversicherungen, Rentenversicherungen, Sparverträgen, Absetzung für Abnutzung von Wirtschaftsgütern oder zu Hypothekendarlehen auseinander. Vorausgesetzt wird bei diesen wirtschaftlichen Aspekten grundsätzlich, dass sich ein Kapital über einen bestimmten Zeitraum verzinst. Gemeinsames Merkmal sind dann regelmäßig wiederkehrende Ein- und/oder Auszahlungen einschließlich der Verzinsung des Kapitals. Demzufolge ist die Finanzmathematik ein wichtiges Anwendungsgebiet des Rechnens mit Folgen und Reihen und stellt das quantitative Instrumentarium für die Bewertung zukünftiger oder vergangener Zahlungsströme dar.

Zur Verdeutlichung von Zeitpunkten (Einzahlungs- und Auszahlungstermine, Zinstermine oder Wertstellungstermine) und Zeitperioden (Laufzeiten, Zinsperioden oder

---

[7] Vgl. hierzu https://www.philosophie.phil.uni-erlangen.de/lehrstuehle/mitarbeiter/publikationen_koetter/56Zeit.pdf, Abruf 29.01.2019.
[8] Vgl. hierzu https://de.wikipedia.org/wiki/Liste_gefl%C3%BCgelter_Worte/Z#Zeit_ist_Geld, Abruf 29.01.2019.

Tilgungszeiten) kann, wie in Abbildung 2.3 gezeigt, ein sogenannter Zeitstrahl zum Einsatz kommen, auf dem Termine als Punkte und Perioden als Intervalle abgetragen werden.

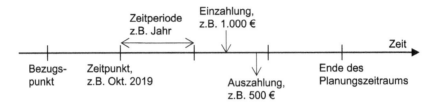

Abb. 2.3: Zeitstrahl mit diversen Ein- und Auszahlungen zu unterschiedlichen Zeitpunkten (Quelle: Eigene Darstellung).

Mithilfe solcher Zeitstrahlen lassen sich im Weiteren diverse mathematische Gleichungen, bzw. Formeln ableiten, die es ermöglichen, verschiedene Fragen im Zusammenhang mit den Zahlungsströmen und den damit einhergehenden finanzmathematischen Zusammenhängen zu beantworten. Mit den Formeln ist es dann möglich konkrete Werte auszurechnen, wie beispielsweise die Laufzeit, die bis zur vollständigen Tilgung eines Hypothekendarlehens benötigt wird.

Um diese Formeln der Finanzmathematik besser verstehen zu können, werden im Folgenden diese kurz hergeleitet und erläutert. Konkret geht es im Abschnitt 2.4 nun um Formeln im Zusammenhang
- mit den Abschreibungen von Wirtschaftsgütern,
- mit der Zins- und Zinseszinsrechnung,
- mit Ratenzahlungen und
- mit der Rentenrechnung,
- der Tilgungsrechnung sowie
- der Investitionsrechnung. Des Weiteren werden kurz
- die Anwendungen von Folgen und Reihen in der Finanzmathematik zusammenfassend formuliert.

Abschreibungen von Wirtschaftsgütern

Die mathematische Behandlung von Abschreibungen kann als Anwendung arithmetischer und geometrischer Folgen und Reihen verstanden werden und gehört – auch wenn keine regelmäßigen Zahlungsströme vorliegen – im weiteren Sinne zur Finanzmathematik. Als Abschreibung bezeichnet man im Rechnungswesen die buchmäßige Erfassung der Wertminderung eines Wirtschaftsgutes. Sie kann sich über die Zeit der wirtschaftlichen Nutzungsdauer oder über einen bestimmten anderen Zeitraum erstrecken. Der Wert des Wirtschaftsgutes wird in der entsprechenden Abschreibungsperiode um eine Abschreibungsrate korrigiert, d. h. diese Rate wird abgezogen.

Für die Wertminderung von Wirtschaftsgütern können mehrere Ursachen infrage kommen. Beispielsweise können Wertminderungen aufgrund des technischen Fortschritts und einer dadurch bedingten Nachfrageverschiebung auftreten. Auch der Ablauf von Patentrechten vor dem Ablauf der Nutzungsdauer des patentrechtlich geschützten Gutes oder aber die Abnutzung durch den Gebrauch des Gutes können ebenso zu einer Wertminderung des Wirtschaftsgutes beitragen.

Für die Ermittlung einer Abschreibung werden neben dem Anschaffungswert (Nennwert) K_0 auch die Nutzungsdauer n des Wirtschaftsgutes mit einbezogen. Da die Abschreibung r pro Jahr nicht immer gleich sein muss, werden verschiedene Abschreibungsarten angewendet. Bedingt durch diese Abschreibungsarten – wie beispielsweise die lineare, geometrisch-degressive oder die arithmetisch-degressive Abschreibung – berechnet sich der Buchwert K_k (nach k Nutzungsperioden) und der Restwert K_n eines Wirtschaftsgutes entsprechend unterschiedlich. Der Buchwert bestimmt sich grundsätzlich durch den Nennwert abzüglich der jeweiligen Abschreibung des Wirtschaftsgutes. Welche Art an Abschreibungen in der Praxis angewendet werden, ist maßgeblich davon abhängig, welche handelsrechtlichen und steuerrechtlichen Rahmenbedingungen in den einzelnen Ländern, wie z. B. in Deutschland, bestehen. Nachfolgend wird kurz auf die drei genannten Arten an Abschreibungen eingegangen und die zur Berechnung der jeweiligen Buchwerte nutzbaren Formeln angegeben und erläutert.

Lineare Abschreibung. Bei der linearen Abschreibung wird die Differenz zwischen Nennwert K_0 und Restwert K_n in n gleichen Raten r abgeschrieben, also mit $r = \frac{K_0 - K_n}{n}$. Der Buchwert K_k am Ende des k-ten Jahres beträgt dann

$$K_k = K_0 - k \cdot \frac{K_0 - K_n}{n} = K_0 \cdot \left(1 - \frac{k}{n}\right) + \frac{k}{n} \cdot K_n.$$

Als Beispiel für die Anwendung der linearen Abschreibung seien Gebäude des Betriebsvermögens genannt, aber auch bewegliche Güter wie Produktionsanlagen oder Fahrzeuge können unter Umständen linear abgeschrieben werden.

Geometrisch-degressive Abschreibung. Wenn in den ersten Jahren der Wertverlust eines Wirtschaftsgutes im Vergleich zu den Folgejahren der Nutzung relativ hoch ist – wie dies im Allgemeinen bei beweglichen Wirtschaftsgütern der Fall ist – wird zumeist die geometrisch-degressive Abschreibung angewendet. Dies geschieht dahingehend, dass die Absetzung für Abnutzung[9] in fallenden Jahresbeträgen mit einem konstanten Multiplikationsfaktor bemessen wird, d. h. anders ausgedrückt, dass die Abschreibung

---

[9] Steuerrechtlich wird die Wertminderung eines Wirtschaftsgutes (Anlagevermögens) auch als Absetzung für Abnutzungen (kurz AfA) bezeichnet.

mit einem festen Prozentsatz des Buchwertes erfolgt. Somit handelt es sich bei den Buchwerten K_k um die Glieder einer geometrischen Folge, und K_k am Ende des k-ten Jahres bestimmt sich durch

$$K_k = K_{k-1} \cdot (1-i) = K_0 \cdot (1-i)^k,$$

wobei die Variable i für den Zinssatz steht. Die Abschreibungsrate r_k im k-ten Jahr ist dabei gegeben durch

$$r_k = K_{k-1} \cdot i = K_0 \cdot (1-i)^{k-1} \cdot i.$$

Arithmetisch-degressive Abschreibung. Eine degressive Abschreibung kann nicht nur geometrisch erfolgen, sondern auch arithmetisch. Die arithmetisch-degressive Abschreibung, die manchmal auch digitale Abschreibung genannt wird, ist eine Sonderform der degressiven Abschreibung und im Wirtschaftsleben eine eher unübliche Abschreibungsart. Geht es bei der geometrisch-degressiven Abschreibung um Abschreibungsraten, die einem festen Prozentsatz des Buchwertes entsprechen, erfolgt bei einer arithmetisch-degressiven Abschreibung die Abschreibung in abnehmenden Raten vom Nennwert K_0. Verringert sich also die Abschreibungsrate r_k von Jahr zu Jahr um einen festen Betrag d, dann gilt für die Rate r_{k+1} zum Zeitpunkt $k+1$ die Beziehung $r_{k+1} = r_k - d$. Demzufolge handelt es sich bei den zu summierenden Folgenglieder der jährlichen Abschreibungsraten um eine arithmetische Folge. Der Buchwert K_k der arithmetisch-degressiven Abschreibung nach k Jahren lässt sich daraufhin mit der Formel

$$K_k = K_0 - \frac{k}{2} \cdot (2r_1 - (k-1) \cdot d)$$

berechnen, wobei die Variable r_1 für die erste Abschreibungsrate und die Variable d für den Minderungsbetrag steht.

> **Beispiel zur geometrisch-degressiven Abschreibung.** Bei einer Buchprüfung in einem Unternehmen stellen sie fest, dass das Unternehmen seine IT-Ausstattung im vierten Jahr mit 22.915 € abgeschrieben hat, wobei eine geometrisch-degressive Abschreibung vorgenommen wurde. Sie wollen nun wissen, mit welchen Zinssatz das Unternehmen die Abschreibung vorgenommen hat, erfahren aber nur, dass der Anschaffungswert der IT-Ausstattung bei 40.000 € gelegen hat.
>
> **Lösung.** Der Buchwert im vierten Jahr bestimmt sich bei einer geometrisch-degressive Abschreibung durch $K_4 = K_0 \cdot (1-i)^4$. Diese Formel lässt sich nun nach der gesuchten Variablen i für den Zinssatz umformen. So ergibt sich nach Division durch K_0 und beidseitigem Ziehen der vierten Wurzel die Gleichung $\sqrt[4]{K_4/K_0} = (1-i)$. Mit dieser Gleichung und den angegeben Werten für K_4 und K_0 berechnet sich der gesuchte Zinssatz i zu $1 - \sqrt[4]{22915/40000} \approx 0{,}130008584$. Somit hat das Unternehmen die IT-Ausstattung mit rund 13 % geometrisch-degressiv abgeschrieben.

Zins- und Zinseszinsrechnung

Neben Geld (in Form von Zahlungen) spielt in der Finanzmathematik der Faktor Zeit (als Zeitpunkt, zu dem die Zahlungen erfolgen, bzw. als Zeitraum zwischen den Zahlungen) eine entscheidende Rolle. Des Weiteren ist der Zins bzw. Zinssatz, zu dem Geld überlassen wird, von wesentlicher Bedeutung. Unter einem Zins wird der Preis für die zeitweilige Überlassung von Vermögenswerten, insbesondere für Geld, verstanden. In der Regel wird dieser Preis nicht nur einmalig, sondern periodisch gezahlt. Die vereinnahmten Zinsen (Habenzinsen) stellen demnach die Quelle für dynamisches Wachstum eigenen Kapitals dar; die entrichteten Zinsen für fremdes Kapital (Sollzinsen) machen demgegenüber einen wichtigen Kostenfaktor aus. Die Art und Weise, wie die Zinsen zu berechnen und mit dem Eigen- oder Fremdkapital zu verrechnen sind, ist Gegenstand der Finanzmathematik.

Mit der Zins- und Zinseszinsrechnung liegt nun ein mathematisches Verfahren vor, welches die Berechnung von Zinsen, die als Entgelt (Preis) auf geliehene Geldbeträge erhoben werden, ermöglicht. Der Zins wird in Prozent (Zinssatz $i = p\% = \frac{p}{100}$), in Hundertteilen (Zinsfuß p) oder als Zinsfaktor ($q = 1 + i$) angegeben, und als Einheit für die Geldbeträge wird beispielsweise der Euro (€) verwendet. Die Verzinsung eines Kapitals kann einfach oder auch zu Zinseszinsen erfolgen. Bei einer einfachen Verzinsung werden die Zinsen nicht mitverzinst; im Fall der Zinseszinsen werden die fällig gewordenen Zinsen dem Kapital hinzugerechnet und demnach mitverzinst. In Abbildung 2.4 werden diese Zusammenhänge der beiden Verzinsungsarten anhand ihrer Zeitstrahlen verdeutlicht.

Einfache Verzinsung. Bei einer einfachen Verzinsung werden die Zinsen nur auf das Anfangskapital K_0 geleistet und nicht auf die schon angefallenen Zinsen. Über n Zinsperioden summiert, ergibt sich als Endkapital K_n bei einfacher Verzinsung demnach

$$K_n = K_0 + n \cdot i \cdot K_0 = K_0 \cdot (1 + n \cdot i).$$

Als Beispiel für eine einfache Verzinsung sei eine Anlage in festverzinsliche Wertpapiere genannt. Dabei ist aber zu beachten, dass bei anfallenden Gebühren die Rendite nicht gleich dem Nominalzins, sondern gleich dem Effektivzins (Nominalzins plus Bearbeitungsgebühren und ggf. weiterer Kosten) ist.

Zinseszinsen. Bei den Zinseszinsen werden die zu Beginn oder am Ende einer Periode fälligen Zinsen dem Kapital zugeschlagen und vom Fälligkeitszeitpunkt an mitverzinst. Bei nachschüssigen Zinseszinsen entwickelt sich das Anfangskapital K_0 dahingehend, dass nach einer Zinsperiode sich das Kapital K_1 durch $K_1 = K_0 \cdot (1 + i)$ bestimmt. Nach zwei Perioden ergibt sich das Kapital K_2 dann durch $K_2 = K_1 \cdot (1 + i) = K_0 \cdot (1 + i)^2$ und so fort. Wird das Anfangskapital K_0 also über n Zeitperioden verzinst und die Zinsen

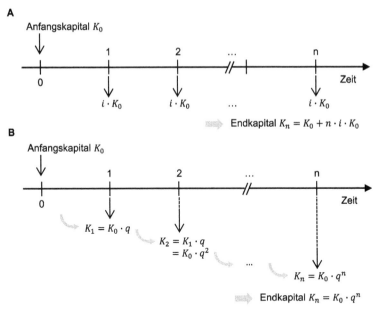

Abb. 2.4: Zeitstrahl für die einfache Verzinsung (A) und für die Zinseszinsen (B) (Quelle: Eigene Darstellung).

kapitalisiert, d. h. dem jeweiligen Kapital zugeschlagen, so ergibt sich das Endkapital K_n zu

$$K_n = K_0 \cdot (1+i)^n = K_0 \cdot q^n.$$

Der Zinsfaktor $q = (1+i)$ wird auch Aufzinsungsfaktor genannt.

> **Beispiel zur Zinseszinsrechnung.** Wie lange müssen Sie ein Kapital von 10.000 € mindestens anlegen, damit Sie bei einem angenommenen Zins von 5 % jährlich 1.000 € Zinsen erhalten?
>
> **Lösung.** Da Zinsen gleich Kapital mal Zinssatz sind folgt, dass sie ein Endkapital von 20.000 € ($\hat{=} \frac{1000}{0,05}$) benötigen, um bei einer Verzinsung von 5 % pro Jahr 1.000 € Zinsen zu erhalten. Somit stellt sich nun die Frage nach der Laufzeit, die notwendig ist, um aus dem Anfangskapital von 10.000 € ein Endkapital von 20.000 € anzusparen. Es folgt:
>
> $$10000 \cdot (1+0{,}05)^n = 20000 \implies 1{,}05^n = 2$$
> $$\implies n \cdot \ln 1{,}05 = \ln 2 \implies n = \frac{\ln 2}{\ln 1{,}05} \approx 14{,}21$$
>
> Mit $n \approx 14{,}21$ folgt, dass nach knapp über 14 Jahren Wartezeit mehr als 1.000 € Zinsen aus dem Kapital erzielt werden.[10]

---

[10] Für das Runden ist es wichtig zu wissen: Ist die Ziffer an der ersten wegfallenden Dezimalstelle eine 0 bis 4 wird abgerundet, ist sie dagegen eine 5 bis 9, dann wird aufgerundet.

Diskontierung. Legt man den Bezugspunkt an das Ende des Zinszeitraumes, so kann vom Endkapital K_n auch auf das Anfangskapital K_0 geschlossen werden. Statt des Zinszuschlages muss diesmal ein Zinsabschlag berücksichtigt werden, d. h. das Kapital wird abgezinst oder diskontiert. Hierfür wird der Faktor $v = \frac{1}{1+i} = \frac{1}{q}$ eingeführt, der Diskontierungsfaktor genannt wird. Mit diesem Faktor lässt sich der Barwert eines über n Zeitperioden abgezinsten Kapitals K_0 in Abhängigkeit von v berechnen, denn es gilt

$$K_0 = K_n \cdot \frac{1}{(1+i)^n} = K_n \cdot v^n.$$

Beispiel zur Diskontierung. Ihre Tante aus Amerika ist gerade zu Besuch in Bremen und verspricht Ihnen, bei Ihrem nächsten Besuch in zwei Jahren einen Betrag von 1.000 € zu schenken. Welchen Betrag muss sie dafür heute zurücklegen, wenn ein Zinssatz von 3 % p. a. unterstellt wird?

Lösung. Mit der Gleichung für die Diskontierung folgt $K_0 = 1000/(1 + 0{,}03)^2 \approx 942{,}60$. Die Tante muss also heute einen Betrag von 942,60 € zurücklegen.

Die dargelegte finanzmathematische Rückrechnung von der Zukunft (Endkapital zum Zeitpunkt $t = n$) in die Gegenwart (Anfangskapital zum Zeitpunkt $t = 0$) hat in der Wirtschaftswissenschaft eine große Bedeutung. Mit dieser Abzinsung oder Diskontierung ist es nämlich möglich, zukünftige Zahlungsverpflichtungen zum gegenwärtigen Zeitpunkt zu bewerten und daraufhin Zahlungsströme vergleichbar zu machen. Auch wenn andere Zeitpunkte als $t = 0$ zur Bestimmung des Wertes von Zahlungen möglich sind, wird im Allgemeinen der Bezugspunkt $t = 0$ gewählt. Zu diesem Zeitpunkt werden dann die sogenannten Barwerte der Zahlungen bestimmt. Dieses Prinzip des Vergleiches und der Bewertung von Zahlungsströmen wird Äquivalenzprinzip der Finanzmathematik genannt.

Unterjährige Verzinsung. Ein Blick auf die bisherigen Formeln zur Zinseszinsrechnung zeigen, dass ein zu erwartendes Endkapital neben dem Anfangskapital und dem Zinssatz auch durch die Laufzeit (Zinsperiode) bestimmt wird. Oftmals liegt die Zinsperiode bei einem Jahr, d. h. die Zinssätze beziehen sich im Allgemeinen auch auf ein Jahr (p. a. – *per annum*). Durch die Angabe des Zinses p. a., also des Jahreszinssatzes (auch jährlicher Zinssatz oder kurz Jahreszins genannt), lassen sich Zinskonditionen standardisiert angeben. Dadurch ist auch ein Vergleich der Zinskonditionen verschiedener Anlage- oder Kreditprodukte einfach und direkt möglich. Sofern ein Kapital aber innerhalb einer Zinsperiode von einem Jahr angelegt wird und die Zinsen ausgezahlt werden, dann erfolgt eine sogenannte unterjährige Verzinsung, d. h. die Zinsen werden monats- oder tagesgenau berechnet. Für eine solche Zinsberechnung wird in Deutschland auf die sogenannte (kaufmännische) 30/360-Methode zurückgegriffen.[11] Diese be-

---

[11] Neben der 30/360– Methode in Deutschland werden weltweit noch andere – auf den klassischen Zinsformeln basierende – Zinsberechnungsmethoden angewendet. Sie unterscheiden sich lediglich in der Berechnung der Anzahl der zu berücksichtigenden Tage. Vgl. https://zinsmethoden.de/, Abruf 05.02.2019.

sagt, dass ein Zinsjahr in 12 Monate zu je 30 Tagen eingeteilt wird, also immer 360 Tage umfasst.

Erfolgt der Zinszuschlag nun in einer dieser unterjährigen Perioden, beispielsweise einem Zinssatz von 0,3 % pro Monat oder 1,5 % je Vierteljahr, dann muss bei der Zinseszinsrechnung gemäß der Gleichung $K_n = K_0 \cdot (1+i)^n$ mittels Division durch die Zahl m der Perioden pro Jahr (unterjährige Verzinsungstermine) entweder die unterjährige Laufzeit dem Jahreszinssatz i oder der Jahreszinssatz der unterjährigen Perioden angepasst werden. Wenn also die Zinsperiode bei einem Tag liegt, dann ist der Divisor $m = 360$, bei einem Monat ist $m = 12$ und bei einem Vierteljahr (Quartal) ist $m = 4$. Demzufolge lässt sich für eine unterjährige Verzinsung das Endkapital K_m nach einem Jahr mit $K_m = K_0 \cdot (1 + \frac{i}{m})^m$ angeben, wobei i der gegebene Jahreszins und m die Zahl der unterjährigen Verzinsungstermine sind.

Allgemein lässt sich das Endkapital $K_{m \cdot n}$ nach n Jahren durch

$$K_{m \cdot n} = K_0 \cdot \left(1 + \frac{i}{m}\right)^{m \cdot n}$$

berechnen, wobei der Quotient $\frac{i}{m}$ unterjähriger oder relativer Zinssatz genannt wird. Sobald also $m > 1$ ist, ist der effektiv gezahlte Jahreszins

$$i_{\text{effektiv}} = \left(1 + \frac{i}{m}\right)^m - 1$$

höher als der pro Jahr angegeben Zins i.

Beispiel zur unterjährigen Verzinsung. Stellen Sie sich vor, Sie hätten ihr Girokonto ein ganzes Jahr lang um 2.000 € überzogen und die Bank würde für die Überziehung 12 % Zinsen p. a. berechnen. Wie hoch wäre am Ende des Jahres ihr Schuldenstand, wenn auf dem Konto keinerlei Ein- und Auszahlungen stattfanden und die Bank die Zinsen je Quartal abrechnet?

Lösung. Wenn keine unterjährige Verzinsung stattfinden würde, dann wäre der Schuldenstand am Ende des Jahres genau 2.240 €, nämlich die Summe aus den 2.000 € Schulden und den 240 € Überziehungszinsen. Da nun aber eine Quartalsabrechnung erfolgt, ergeben sich folgende Schuldenstände:

$K_1 = 2.000 \cdot \left(1 + \frac{0{,}12}{4}\right)^{1 \cdot 1} = 2.060{,}00\,€$ nach einem Vierteljahr,

$K_2 = 2.000 \cdot \left(1 + \frac{0{,}12}{4}\right)^{2 \cdot 1} = 2.121{,}80\,€$ nach einem halben Jahr

$K_3 = 2.000 \cdot \left(1 + \frac{0{,}12}{4}\right)^{3 \cdot 1} \approx 2.185{,}45\,€$ nach einem Dreivierteljahr, und

$K_4 = 2.000 \cdot \left(1 + \frac{0{,}12}{4}\right)^{4 \cdot 1} \approx 2.251{,}02\,€$ nach einem Jahr.

Demzufolge ist ihr Konto bei einer Quartalsabrechnung mit 2.251,02 € überzogen, also einen um 11,02 € höheren Betrag als im Fall einer jährlichen Verzinsung.

Stetige Verzinsung. Bei der unterjährigen Verzinsung eines Kapital hat der Faktor $(1 + \frac{i}{m})^m$ den entscheidenden Einfluss auf die Höhe des Endkapitals. Dabei werden die Zinsen an m verschiedenen Zeitpunkten des Jahres gutgeschrieben, wobei m nicht unbedingt ganzzahlig zu sein braucht. In der Praxis gibt es aber eine Grenze, wie oft die Zinsen einem Konto gutgeschrieben werden können. Dies lässt sich durch den Grenzübergang von m gegen Unendlich (bei festem i) zeigen, d. h. es werden beliebig kurze Verzinsungsperioden bzw. eine beliebig hohe Zahl an Verzinsungsperioden betrachtet. Für das Endkapital ergibt sich demnach

$$\lim_{m \to \infty} K_{m \cdot n} = \lim_{m \to \infty} K_0 \cdot \left(1 + \frac{i}{m}\right)^{m \cdot n}$$

$$= K_0 \cdot \lim_{m \to \infty} \left(1 + \frac{i}{m}\right)^{m \cdot n}$$

$$= K_0 \cdot \left(\lim_{m \to \infty} \left(1 + \frac{i}{m}\right)^m\right)^n.$$

Da nun der relative Zinssatz $\frac{i}{m}$ für $m \to \infty$ unendlich klein wird, folgt für den Ausdruck $(1 + \frac{i}{m})^m$, dass dieser gegen die Eulersche Zahl e hoch i konvergiert (vgl. Abschnitt 2.3), und man spricht von einer stetigen Verzinsung des Anfangskapitals K_0. Da also $\lim_{m \to \infty} K_{m \cdot n} = e^{i \cdot n}$ gilt, bestimmt sich das Endkapital K_n bei einer stetigen Verzinsung durch

$$K_n = K_0 \cdot e^{i \cdot n}.$$

Das Endkapital K_n gibt also an, auf welchen Betrag das Anfangskapital K_0 bei stetiger Verzinsung (Zinssatz i) nach n Jahren angewachsen ist. Dies bedeutet demnach, dass bei einer stetigen Verzinsung das Kapital jedes Jahr um den Faktor e^i wächst, denn es gilt

$$K_{n+1} = K_0 \cdot e^{i \cdot (n+1)} = K_0 \cdot e^{i \cdot n} \cdot e^i = K_n \cdot e^i.$$

Mathematisch geht es bei der stetigen Verzinsung also um eine Anwendung der Theorie der Grenzwerte. Für die wirtschaftliche Praxis hat die stetige Verzinsung aber eine geringe Bedeutung. Sie findet vielmehr in finanzmathematischen Modellen eine Anwendung, beispielsweise bei der Bewertung von Finanzderivaten mithilfe des sogenannten Black-Scholes-Modells.[12]

---

[12] Das Black-Scholes-Modell ist ein analytisch hergeleitetes Optionspreismodell, welches von den beiden Wirtschaftswissenschaftlern Fischer Sheffey Black und Myron Samuel Scholes im Jahre 1973 erstmals vorgestellt wurde. Mit diesem Modell wurde die Grundlage für die moderne Bewertung von Derivaten gelegt. Vgl. https://www.cs.princeton.edu/courses/archive/fall09/cos323/papers/black_scholes73.pdf, Abruf 06.03.2019.

Ratenzahlungen

Bei der einfachen Verzinsung und der Berechnung von Zinseszinsen wird davon ausgegangen, dass zu Anfang immer ein Kapital K_0 zur Verfügung steht. Ist dieses Anfangskapital entsprechend hoch, so wird auch das Endkapital – je nach Zinssatz und Laufzeit – einen entsprechend hohen Wert erreichen. Ist dagegen das Anfangskapital eher niedrig, so wird auch das Endkapital nur einen entsprechend niedrigen Wert erreichen. Strebt man nun aber ein hohes Endkapital ohne Einsatz eines hohen Anfangskapitals an, dann lässt sich ein solches auch durch kleinere Kapitaleinsätze erzielen, indem diese (kleineren) Beträge – beispielsweise jährlich – auf ein Konto eingezahlt und entsprechend über eine gewisse (längere) Laufzeit verzinst werden. Diese Möglichkeit ist unter Verzinsung von Ratenverträgen bekannt und wird kurz Ratensparen oder Ratenzahlung genannt.

Konkret werden also bei Ratenzahlungen über einen Zeitraum n in regelmäßigen Abständen Zahlungen in einer Höhe r vorgenommen, die jeweils zu einem festen Zinssatz (Zinsfaktor q) nachschüssig verzinst werden. Demzufolge wird bei n-maliger Ratenzahlung die erste Rate n-mal, die zweite Rate $(n-1)$-mal, die dritte Rate $(n-2)$-mal verzinst und so fort. D. h. die vorletzte Rate wird zweimal und die letzte Rate nur noch einmal verzinst, wie es anhand des Zeitstrahls in Abbildung 2.5 gezeigt ist.

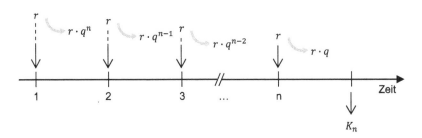

Abb. 2.5: Zeitstrahl für n Ratenzahlungen r bei nachschüssiger Verzinsung mit dem Zinsfaktor q (Quelle: Eigene Darstellung).

Die Summe der verzinsten Raten $r \cdot q, r \cdot q^2$ bis $r \cdot q^n$ stellt eine geometrische Reihe dar, und so bestimmt sich der Endwert K_n einer Ratenzahlung bei nachschüssiger Verzinsung durch

$$K_n = r \cdot q \cdot \frac{1 - q^n}{1 - q} \quad \text{mit } q = (1 + i) \neq 1.$$

Beispiel zu Ratenzahlungen. Die glücklichen Eltern beschließen, nach der Geburt ihrer kleinen Tochter ab dem kommenden 1. Januar jeweils am Jahresanfang 1.000 € auf ein Sparkonto einzuzahlen. Über welchen Betrag kann Ihre Tochter nach 18 Jahren verfügen, wenn ein Zinssatz von 5 % unterstellt wird, und welche Rate müssten die Eltern dagegen einzahlen, wenn Ihre Tochter nach 18 Jahren über einen Betrag von 36.000 € verfügen soll?

Lösung. Mit den Werten $K_0 = 1000$, $q = 1{,}05$ und $n = 18$ folgt, dass $K_{18} = 1000 \cdot 1{,}05 \cdot (1-1{,}05^{18})/(1-1{,}05) \approx 29539$ ist. Die Tochter erhält demzufolge nach 18 Jahren knapp 29.539 €.

Soll die Tochter nach 18 Jahren aber 36.000 € bekommen, dann folgt nach Umformung der Gleichung, dass die Rate $r = (K_n/q) \cdot (1-q)/(1-q^n)$ ist. Mit den entsprechenden Werten ergibt sich somit für die Rate $r = (36000/1{,}05) \cdot (1-1{,}05)/(1-1{,}05^{18}) \approx 1218{,}73$. Die Eltern müssten also in diesem Fall jeweils zum Jahresanfang 1.218,73 € auf das Sparkonto einzahlen.

Im Kontext der Zins- und Zinseszinsrechnung sowie der Ratenzahlungen sei an dieser Stelle noch erwähnt, dass in Deutschland nur Privatpersonen einfache Zinsen und keine Zinseszinsen berechnen dürfen. Es ist nach § 248 BGB nur Inhabern von Bankkonzessionen erlaubt, sich der Zinseszinsen zu bedienen. Gehen aber Kaufleute Geschäftsverbindungen ein, aus denen beiderseitige Ansprüche und Leistungen resultieren, dann ist es jenen nach § 355 HGB erlaubt, Zinseszinsen in Ansatz zu bringen.[13]

Rentenrechnung

Unter einer Rente wird umgangssprachlich die nach dem Arbeitsleben bezogene Altersversorgung verstanden. Hingegen versteht man in der Finanzmathematik unter einer Rente gleichbleibende Zahlungen (Auszahlungen), die in regelmäßigen Abständen geleistet werden. Dabei sind die Zeitperioden zwischen den einzelnen Rentenzahlungen genauso lang wie die Zeitperioden zwischen den Zinszuschlagterminen. Damit ist die Berechnung von Renten nichts anderes als eine angewandte Zinsrechnung. Je nachdem, zu welchem Zeitpunkt innerhalb der zugehörigen Zeitperiode die Rente ausgezahlt wird, unterscheidet man zwischen einer nachschüssigen Rente und einer vorschüssigen Rente. Abbildung 2.6 veranschaulicht die Zeitstruktur der zu den beiden Rentenarten zugehörigen Zahlungen in Höhe von r (nachschüssige) bzw. r' (vorschüssig).

Nachschüssige Rente. Eine Rente wird nachschüssig (oder *postnumerando* zahlbar) genannt, wenn über die Laufzeit n die Rente r jeweils am Ende einer Rentenperiode (eines Jahres) ausgezahlt wird. Um den Rentenbarwert R_0 zum Zeitpunkt $t = 0$ der nachschüssigen Rente über n Jahre zu berechnen, müssen die jeweiligen Rentenauszahlungen r diskontiert in Betracht gezogen werden. Die Summe dieser diskontierten Renten $r \cdot v + r \cdot v^2 + r \cdot v^3 + \ldots + r \cdot v^n$ stellt eine geometrische Reihe dar und ergibt den Barwert R_0. Infolgedessen berechnet sich der Rentenbarwert R_0 einer nachschüssigen Rente durch

$$R_0 = r \cdot v \cdot \frac{1-v^n}{1-v}.$$

---

[13] Informationen zu den Paragrafen aus dem Bürgerlichen Gesetzbuch (BGB) und dem Handelsgesetzbuch (HGB) sind unter https://www.gesetze-im-internet.de/bgb/__248.html respektive https://www.gesetze-im-internet.de/hgb/__355.html zu finden, Abruf 31.01.2019.

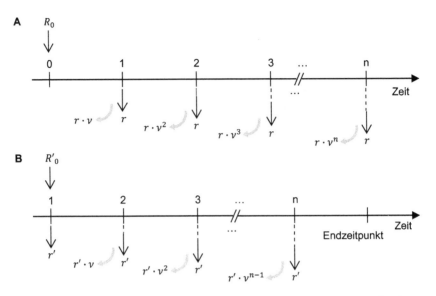

Abb. 2.6: Zeitstrahl zur nachschüssigen Rente (A) und zur vorschüssigen Rente (B) (Quelle: Eigene Darstellung).

Vorschüssige Rente. Bei einer vorschüssigen (oder *praenumerando* zahlbaren) Rente erfolgen die Rentenzahlungen r' jeweils am Anfang einer Rentenperiode (zum Jahresanfang). Aus diesem Grunde wird erst die zweite auszuzahlende Rente r' diskontiert, denn die erste Rentenzahlung in Höhe von r' erfolgt schon zum Zeitpunkt $t = 0$, an dem auch die Einzahlung des Rentenbarwertes R'_0 erfolgt. Die letztmalig auszuzahlende Rente hat daher einen heutigen Barwert von $r \cdot v^{n-1}$. Die Summe der diskontierten Rentenzahlungen entspricht wieder einer geometrischen Reihe und ergibt den Barwert R'_0 der vorschüssigen Rente. Er berechnet sich durch

$$R'_0 = r' \cdot \frac{1 - v^n}{1 - v}.$$

Beispiel zur Rentenrechnung. Herr Glücklich hat im Lotto 150.000 € gewonnen. Diese Summe möchte er komplett in eine Rentenversicherung (Kapitalverzinsung 3 %) einzahlen und überlegt, ob er sich jeweils am Ende oder jeweils am Anfang eines Jahres 15.000 € auszahlen lassen soll. Nach wie viel Jahren ist sein Lottogewinn bei einer nachschüssigen bzw. bei einer vorschüssigen Rentenzahlung völlig aufgebraucht?

Lösung. Bei einer nachschüssigen Rente $R_0 = r \cdot v \cdot (1 - v^n)/(1 - v)$ bestimmt sich die Laufzeit n durch die Gleichung

$$n = \frac{1}{\ln v} \cdot \ln\left(1 - \frac{R_0}{r \cdot v} \cdot (1 - v)\right).$$

Mit den angegebenen Zahlenwerten für v, R_0 und r folgt für $n \approx 12{,}067$, d. h. Herr Glücklich kann rund 12 Jahre lang eine nachschüssige Rente von jährlich 15.000 € beziehen.

Bei einer vorschüssigen Rente $R_0' = r' \cdot (1-v^n)/(1-v)$ bestimmt sich die Laufzeit n durch die Gleichung

$$n = \frac{1}{\ln v} \cdot \ln\left(1 - \frac{R_0'}{r'} \cdot (1-v)\right).$$

Mit den angegebenen Zahlenwerten für v, R_0' und r' ist $n \approx 11{,}65$, d. h. Herr Glücklich kann nun knapp über $11\frac{1}{2}$ Jahre eine jährlich vorschüssige Rente von 15.000 € beziehen.

Tilgungsrechnung

Benötigt ein Unternehmen (oder auch eine Privatperson) Kapital zur Finanzierung eines Wirtschaftsgutes, beispielsweise zur Finanzierung einer Produktionsanalage, einer Immobilie oder eines Autos, dann kann es als Kreditnehmer (= Schuldner) bei einem Kreditgeber (= Gläubiger) einen bestimmten Geldbetrag für eine bestimmte Zeitperiode ausleihen. Solche Geldbeträge (= Schulden) stellen Verbindlichkeiten dar, die mit Rückzahlungsverpflichtungen der Schuldner gegenüber den Gläubigern verbunden sind. Die Zahlungsverpflichtungen können nicht nur bei einer Bank, sondern auch bei anderen Gläubigern wie Telefongesellschaften oder Energieversorgungsunternehmen bestehen. Ist der Gläubiger eine Bank, wird von Bankschulden oder Krediten gesprochen, die zumeist als langfristiges Darlehen oder einer Hypothek an die Schuldner vergeben werden. Dabei fallen Kreditzinsen an, die der Schuldner an den Gläubiger – zusammen mit der Tilgung, also der planmäßigen oder außerplanmäßigen Rückzahlung des Kredits – zahlen muss. Die Tilgungsrechnung legt die Art und Weise der Rückzahlungen für einmalig ausgezahlte Kredite einschließlich der Kreditzinsen und -gebühren fest.

Im Allgemeinen wird ein Kredit in mehreren Teilbeträgen in gleichen Zeitabständen zurückgezahlt, wobei grundsätzlich zwischen einer Raten- und einer Annuitätentilgung unterschieden wird. Bei der Ratentilgung ist die Tilgung während der Laufzeit des Kredits konstant, d. h. sie verändert sich nicht. Im Gegensatz dazu bleibt bei der Annuitätentilgung während der Kreditlaufzeit die Annuität, die sich aus der Tilgung und den (Kredit-)Zinsen zusammensetzt, konstant. Beide Arten an Tilgungen führen schließlich zu einer kontinuierlichen Abnahme der Restschuld, und eine niedrige Restschuld wiederum führt zu abnehmenden Zinsverpflichtungen seitens des Schuldners.

In der Praxis ist die Annuitätentilgung weit verbreitet, beispielsweise bei Hypothekendarlehen zur Finanzierung einer Immobile, denn sie erlaubt einen (monatlich) konstanten Rückzahlungsbetrag. Dementsprechend sind auch die Anfangsannuitäten bei einer Annuitätentilgung niedriger als bei einer Ratentilgung. Gleichwohl ist die Annuitätentilgung mit einem Nachteil verbunden, da im Vergleich zur Ratentilgung über die gesamte Kreditlaufzeit eine höhere Zinsbelastung besteht.

Um für eine Annuitätentilgung eine Tilgungsrechnung durchzuführen, ist zu berücksichtigen, dass die Auszahlung eines Kredits am Beginn der Tilgungszeit (Anfangsschuld S_0) erfolgt. Des Weiteren soll die Rückzahlung dieser Anfangsschuld in regelmäßigen Raten erfolgen, von denen jeweils ein Teil für die Schuldzinsen und der Rest für die Tilgung der Schuld aufgewendet werden. Die Zinsen (auf die Restschuld S_k am Ende des k-ten Jahres) und Tilgungen werden i. d. R. zum Jahresende ermittelt, sie ergeben zusammen die Jahreszahlung oder die Annuität a. Für die Annuitätentilgung kann dann allgemein nachfolgende Gleichung formuliert werden, wobei die Variablen S_n, q und n für die Restschuld am Ende des Jahres n, für den Zinsfaktor sowie für die Laufzeit stehen:

$$S_n = S_0 \cdot q^n - a \cdot q^{n-1} - a \cdot q^{n-2} - \ldots - a = S_0 \cdot q^n - a \cdot (q^{n-1} + q^{n-2} + \ldots + 1).$$

Wenn nach n Jahren die Schuld getilgt sein soll, d. h. $S_n = 0$ ist, folgt

$$S_0 \cdot q^n = a \cdot \frac{1 - q^n}{1 - q}.$$

Hiermit lässt sich nun aus der Anfangsschuld S_0 die Annuität a berechnen, und es gilt

$$a = S_0 \cdot q^n \cdot \frac{1 - q}{1 - q^n} = S_0 \cdot \frac{1}{a_n}.$$

Für die Annuität a ist demnach die Anfangsschuld S_0 mit dem Faktor $1/a_n$ zu multiplizieren. Dieser Faktor wird Wiedergewinnungsfaktor oder Annuitätenfaktor genannt und dient der Umrechnung von Barwerten der Ein- und Auszahlungen in jährlich gleichbleibende Annuitäten. Es ist zudem zu erkennen, dass der Annuitätenfaktor genau dem Kehrwert des Rentenbarwertfaktors entspricht.

Investitionsrechnung

Ein weiteres wichtiges Thema in der Finanzmathematik ist die Wirtschaftlichkeit oder Vorteilhaftigkeit einer Investition. Unter einer Investition versteht man allgemein die langfristige Anlage von Kapital. Es kann sich dabei sowohl um Sachinvestitionen als auch um Finanzinvestitionen handeln. Zur Untersuchung der Wirtschaftlichkeit bzw. Rentabilität derartiger Investitionen dienen die sogenannten dynamischen Verfahren der Investitionsrechnung. Hierbei werden alle mit einem Investitionsobjekt verbundenen Zahlungen auf einen Bezugszeitpunkt – entsprechend des Äquivalenzprinzips der Finanzmathematik – diskontiert.

Um eine Entscheidungsregel über die Rentabilität einer Investition geben zu können, wird eine Investition kurz dadurch charakterisiert, dass auf die anfängliche Ausgabe für diese Investition A (Anschaffungskosten) zum Zeitpunkt $t = 0$ über die gesamte Nutzungsdauer T (oder Kapitalbindungsdauer) in zeitlichen Abständen Ein- aber auch

Auszahlungen erzielt werden. Erfolgen die Ein- und Auszahlungen jeweils am Ende einer Periode t ($t = 1, 2, \ldots, T$), beispielsweise eines Jahres, dann werden Erträge e_t und Aufwendungen k_t in der jeweiligen Periode t erzielt. Diese zu unterschiedlichen Zeitpunkten ablaufenden Ein- und Auszahlungen lassen sich unter Zugrundelegung eines Kalkulationszinsfußes p auf den Zeitpunkt $t = 0$ abzinsen, und es können die Barwerte der Erträge E_0 und Aufwendungen K_0 berechnet werden. Mit dem zum Kalkulationszinsfuß gehörenden Zinsfaktor $q = 1 + i = 1 + \frac{p}{100}$ ergeben sich für die Barwerte E_0 bzw. K_0 die Formeln

$$E_0 = \frac{e_1}{q} + \frac{e_2}{q^2} + \frac{e_3}{q^3} + \ldots + \frac{e_T}{q^T} = \sum_{t=1}^{T} \frac{e_t}{q^t},$$

$$K_0 = \frac{k_1}{q} + \frac{k_2}{q^2} + \frac{k_3}{q^3} + \ldots + \frac{k_T}{q^T} = \sum_{t=1}^{T} \frac{k_t}{q^t}.$$

Mit dem sogenannten Kapitalwert C_0 – einer betriebswirtschaftlichen Kennzahl der dynamischen Investitionsrechnung – lässt sich nun eine Aussage über die Vorteilhaftigkeit oder Rentabilität einer Investition treffen. Bildet man nämlich die Differenz der abgezinsten Barwerte der Erträge E_0 und der Aufwendungen K_0 und vergleicht diese Periodenüberschüsse mit den Anschaffungskosten A, dann ergibt sich der Kapitalwert C_0 zu

$$C_0 = E_0 - A - K_0 = \sum_{t=1}^{T} \frac{e_t}{q^t} - A - \sum_{t=1}^{T} \frac{k_t}{q^t} = -A + \sum_{t=1}^{T} \frac{(e_t - k_t)}{q^t}.$$

Sind also die diskontierten Periodenüberschüsse höher als die Anschaffungskosten, dann ist der Kapitalwert positiv (also $C_0 > 0$) und die Investition lohnt sich. Werden mehrere Investitionen miteinander verglichen, so ist die Investition mit dem größten Kapitalwert am vorteilhaftesten. Kann für eine Investition am Ende der Nutzungs- oder Kapitalbindungszeit noch ein Erlös erzielt werden, dann ist dieser zu den Erträgen in der letzten Nutzungsperiode dazuzurechnen bzw. abgezinst zu berücksichtigen. Man spricht hier vom Restwert einer Investition.

Sind die Periodenüberschüsse dagegen niedriger als die Anschaffungskosten, d. h. in anderen Worten, wenn eine Verzinsung des investierten Kapitals zum Kalkulationszinsfuß nicht gewährleistet ist, dann ist der Kapitalwert negativ (also $C_0 < 0$) und die Investition lohnt sich nicht. Sind die abgezinsten Periodenüberschüsse jedoch genauso hoch wie die Anschaffungskosten für die Investition, dann ist der Kapitalwert null (also $C_0 = 0$) und der Investor erhält sein eingesetztes Kapital zurück.

Beispiel zur Kapitalwertbestimmung. Für eine Sachinvestition in eine IT-Ausstattung, dessen Anschaffungskosten bei 12.000 € lagen, liegen die Barwerte zu den Zeitperioden 1 bis 5 vor, aus denen sich bei einem Zins von $p = 12\,\%$ die Vorteilhaftigkeit der Investition berechnen lässt. Lohnt sich diese Investition?

	$t=1$	$t=2$	$t=3$	$t=4$	$t=5$
e_t	5.000 €	6.000 €	7.000 €	8.000 €	7.000 €
k_t	2.000 €	3.000 €	3.000 €	3.000 €	3.000 €
$e_t - k_t$	3.000 €	3.000 €	4.000 €	5.000 €	4.000 €
$(e_t - k_t)/q^t$	2.679 €	2.392 €	2.847 €	3.178 €	2.270 €

Lösung. Als Kapitalwert C_0 ergibt sich $(-12.000\ € + 13.366\ €) = 1.366\ €$, also ein positiver Wert und damit lohnt sich die Investition in die IT-Ausstattung.

Mit der Kapitalwertmethode resultierte die Erkenntnis über die Vorteilhaftigkeit einer Investition alleine aus der Betrachtung der Höhe der Periodenüberschüsse im Vergleich zu der Höhe der Anschaffungskosten. Bei einer zum aktuellen Zeitpunkt nicht gegebenen Vorteilhaftigkeit einer Investition kann also für eine gleichartige Investition in der Zukunft gefolgert werden, dass künftig höhere Periodenüberschüsse erzielt werden müssen oder die Anschaffung der Investition zu einem niedrigerem Wert erfolgen muss, um eine Vorteilhaftigkeit einer Investition zu gewährleisten. Da bei einem Kapitalwert $C_0 = 0$ eine Investition keinen Vorteil gegenüber einer Anlage am Kapitalmarkt zum gleichen (risikoäquivalenten) Kalkulationszinsfuß hat, ist dieser Zinsfuß eine weitere Größe (oder Kennzahl), die die Vorteilhaftigkeit einer Investition determiniert.

Infolgedessen ist die sogenannte Methode des internen Zinsfußes ein anderer Ansatz der Investitions- oder Wirtschaftlichkeitsrechnung. Dabei wird der Zinsfuß gesucht, bei dem der Kapitalwert einer Investition gerade null wird, d. h. die Gleichung

$$C_0 = -A + \sum_{t=1}^{T} \frac{(e_t - k_t)}{(1 + \frac{p}{100})^t} = 0$$

wird nach dem Kalkulationszinsfuß p aufgelöst, und die Lösung ergibt den internen Zinsfuß p_0.

Ergo lässt sich eine Entscheidung über die Vorteilhaftigkeit einer Investition auch durch den Vergleich des Kalkulationszinsfußes p mit dem internen Zinsfuß p_0 treffen. Eine Investition lohnt sich dann, wenn dieser interne Zinsfuß p_0 größer ist als der Kalkulationszinsfuß p, d. h. in anderen Worten, dass die Rendite größer als die Kapitalzinsen plus ein Risikoaufschlag ist. Ein Risikoaufschlag wird in der Praxis immer hinzugerechnet, denn das Risiko einer (Sach-)Investition ist meist höher als beispielsweise das Risiko einer Anlage in Wertpapiere.

Anwendungen von Folgen und Reihen in der Finanzmathematik

Nachdem in diesem Abschnitt 2.4 zur Finanzmathematik Aspekte der Abschreibung, Zins- und Zinseszinsrechnung, Ratenzahlung, Renten- sowie Tilgungsrechnung thematisiert wurden, soll an dieser Stelle nochmal hervorgehoben werden, dass für das

Verständnis dieser finanzmathematischen Zusammenhänge die arithmetischen und die geometrischen Folgen und Reihen, wie sie in Abschnitt 2.3 beschrieben wurden, eine grundlegende Bedeutung haben. Die arithmetischen und geometrischen Folgen und Reihen können nämlich zur formelmäßigen Beschreibung und Erklärung der finanzmathematischen Zusammenhänge zweckmäßig angewendet werden. Dies verdeutlicht auch eine Gegenüberstellung der entsprechenden Gleichungen und Formeln, wie sie in Tabelle 2.2 zusammengestellt sind.

Tab. 2.2: Anwendungen von Folgen und Reihen in der Finanzmathematik.

	Anwendungsbeispiele in der Finanzmathematik
arithmetische Folge $a_n = a_1 + (n-1) \cdot d$	lineare Abschreibung $K_k = K_0 - k \cdot \frac{K_0 - K_n}{n}$ einfache Verzinsung $K_n = K_0 \cdot (1 + n \cdot i)$
arithmetische Reihe $s_n = \frac{n}{2} \cdot (2a_1 + (n-1) \cdot d)$	arithmetisch degressive Abschreibung $K_k = K_0 - \frac{k}{2} \cdot (2r_1 - (k-1) \cdot d)$
geometrische Folge $a_n = a_1 \cdot q^{n-1}$	geometrisch degressive Abschreibung $K_k = K_0 \cdot (1-i)^k$ Zinseszins $K_n = K_0 \cdot (1+i)^n = K_0 \cdot q^n$ Diskontierung $K_0 = K_n \cdot \frac{1}{(1+i)^n} = K_n \cdot v^n$ unterjährige Verzinsung $K_{m \cdot n} = K_0 \cdot (1 + \frac{i}{m})^{m \cdot n}$ stetige Verzinsung $K_n = K_0 \cdot e^{i \cdot n}$
geometrische Reihe $s_n = a_1 \cdot \frac{1-q^n}{1-q}$	nachschüssige Ratenzahlung $K_n = r \cdot q \cdot \frac{1-q^n}{1-q}$ nachschüssige Rente $R_0 = r \cdot v \cdot \frac{1-v^n}{1-v}$ vorschüssige Rente $R_0' = r' \cdot \frac{1-v^n}{1-v}$ Annuitätentilgung $S_0 \cdot q^n = a \cdot \frac{1-q^n}{1-q}$

Übungsaufgaben zum Abschnitt 2.4

Aufgabe 1. Eine IT-Ausstattung eines Unternehmens im Wert von 40.000 € kann jährlich mit 13 % vom Restwert abgeschrieben werden.

Wie groß sind die Abschreibungsrate und der Buchwert am Ende des vierten Jahres?

Aufgabe 2. Ein Bremer Unternehmen möchte seine IT-Ausstattung im Wert von 40.000 € im ersten Jahr mit 12.000 € abschreiben. Die Abschreibungsrate soll jährlich um 2.000 € sinken.

Welcher Buchwert ergibt sich nach vier Jahren?

Aufgabe 3. Wie viel Kapital musste man zum 01. Januar 2007 einzahlen, um dann am 31. Dezember 2018 bei einer einfacher Verzinsung von 5 % über ein Kapital von 10.000 € zu verfügen?

Aufgabe 4. Wie hoch ist der Zinssatz bei einfacher Verzinsung, wenn ein Anfangskapital von 4.000 € nach 4 Jahren auf 4.600 € angewachsen ist?

Aufgabe 5. Erwirbt man 6 %-ige Bundesobligationen im Wert von 10.000 €, so erhält man jährlich genau 600 € Zinsen. Bei einem Ausgabekurs von 100 % und ohne Berücksichtigung von Gebühren ist die Rendite oder auch der Effektivzins bei einfacher Verzinsung gleich dem Nominalzins, zu dem das Wertpapier ausgegeben wurde. Nun fallen aber auch Gebühren und Provisionen an!

Wie hoch ist also die Effektivverzinsung beim Erwerb des folgenden Wertpapiers: Nominalwert 10.000 €; Nominalzins 6 %; Ausgabekurs 98 %; Laufzeit 10 Jahre; Provisionen insgesamt 1,1 % vom Ausgabewert.

Aufgabe 6. Beim Kauf eines Autos im Wert von 24.000 € müssen 25 % angezahlt werden. Für die Restkaufsumme werden monatlich 0,5 % Zinsen vereinbart. Die Tilgung soll in 36 gleichen Monatsraten von 500 € geleistet werden.

Wie hoch ist in diesem Fall die Effektivverzinsung?

Aufgabe 7. Welches Endkapital ergibt ein Anfangskapital von 5.000 € nach 10 Jahren, wenn eine jährliche Verzinsung von 3 % angenommen wird und ein Zuschlag der Zinsen erfolgt?

Wie groß ist der Unterschied zur einfachen Verzinsung?

Aufgabe 8. Zu welchem Zinssatz wurde das Anfangskapital von 5.500 € verzinst, wenn nach sieben Jahren das Endkapital bei 7.325,24 € liegt?

Aufgabe 9. Nach wie viel Jahren verdoppelt sich ein mit 6 % p. a. verzinstes Anfangskapital K_0?

Aufgabe 10. Ein Kapital von 5.000 € soll 10 Jahre lang vierteljährlich mit 0,75 % verzinst werden.

Welches Endkapital ergibt sich, und welchem effektiven Jahreszins würde dies bei jährlicher Verzinsung entsprechen?

Aufgabe 11. In einen Bausparvertrag werden jeweils zum 1. Januar eines Jahres 2.000 € eingezahlt.

Welches Kapital wurde bei 2,5 %-iger Verzinsung nach 7 Jahren angespart?

Aufgabe 12. Wie lange muss man sparen, um bei Einzahlung von jährlich 2.000 € einen Bausparvertrag über 30.000 € zu 40 % angespart zu haben, wenn der Guthabenzins bei 2 % liegt?

Aufgabe 13. Was kostet eine vorschüssige Rente von $r' = 12.000$ € bei einem Zinssatz von $i = 0,05$, die über 15 Jahre ausgezahlt wird?

Aufgabe 14. Wie viel Jahre kann eine nachschüssige Rente r in Höhe von 12.000 € gezahlt werden, wenn ein Kapital von 100.000 € bei einem Zinssatz von 6 % eingezahlt wurde?

Aufgabe 15. Sie zahlten zum 01.01.2004 das Kapital K_0 ein, das mit 7 % p. a. verzinst wird. Welchen Stand weist Ihr Konto am 01.01.2016 auf? Das Kapital soll anschließend in Form einer vorschüssig zahlbaren Rente r', beginnend am 01.01.2016, ausbezahlt werden.

Welchen Betrag müssten Sie einzahlen, damit Sie bei einem Zinssatz von 7 % 10 Jahre lang eine Rente von $r' = 2.000$ € erhalten?

Aufgabe 16. Ein Arbeiter soll, nachdem er einen berufsbedingten Unfall hatte, zu Beginn eines jeden Jahres eine Rente in Höhe von 2.400 € erhalten.

Welche einmalige Abfindung hat sein Arbeitgeber jetzt zu leisten, wenn man annimmt, dass die Rente 20 mal ausgezahlt wird und der Zins 5,5 % beträgt?

Aufgabe 17. Eine Hypothek zu 6 % p. a. über 200.000 € soll über 30 Jahre getilgt werden.

Wie hoch ist in diesem Fall die Annuität?

Aufgabe 18. Eine 8.000 € teure Investition soll über vier Jahre genutzt werden. Bestimmen Sie den Kapitalwert dieser Investition bei einem unterstellten Zins von 9 %, wenn nachfolgende Erträge und Kosten zu erwarten sind.

	$t = 1$	$t = 2$	$t = 3$	$t = 4$
e_t	7.000 €	6.000 €	7.000 €	7.000 €
k_t	5.000 €	4.000 €	4.000 €	4.000 €

Aufgabe 19. Betrachtet sei eine Investition, die sechs Jahre lang jährliche Überschüsse in Höhe von 4.000 € erbringt. Der Anschaffungswert sei 23.000 € und der Restwert nach sechs Jahren liegt dann noch bei 5.000 €.

Lohnt sich die Investition bei einem Zinsfuß von 5 %?

Aufgabe 20. Nach wie viel Jahren verdreifacht sich ein Kapital in Höhe von 2.500 €, das zu einem Zinssatz von 7,5 % p. a. angelegt wurde?

Aufgabe 21. Ein Kleinunternehmen möchte seine Druck- und Kopierausstattung im Wert von 3.000 € im ersten Jahr mit 800 € abschreiben. Die Abschreibungsrate soll dann in jedem weiteren Jahr um 150 € sinken.
(a) Welche Art von Abschreibung möchte das Kleinunternehmen hier nutzen?
(b) Welcher Buchwert ergibt sich nach einem bzw. nach fünf Jahren der Nutzung?

Aufgabe 22. Eine Bank wirbt mit folgendem Angebot: Der Kunde erhält 5.000 € als Sofortkredit und zahlt dafür zwei Jahre lang jeweils 2.800 €. Die erste Rate ist nach einem Jahr nach Erhalt des Kredits zu zahlen.

Welcher effektive Jahreszins liegt diesem Angebot zu Grunde?

Aufgabe 23. Eine norddeutsche Hochschule möchte zehn Seminarräume mit neuen Möbeln und je einem leistungsstarken Beamer ausstatten. Die Ausstattungskosten sollen jährlich mit 15 % vom Restwert abgeschrieben werden. Nach drei Jahren beträgt der Restwert 42.988,75 €.

Wie hoch waren die Anschaffungskosten für die Möbel und die Beamer?

Aufgabe 24. Ein Kredit in Höhe von 100.000 € soll bei 10 % Zinsen p. a. durch folgende Tilgungsraten getilgt werden: nach drei Jahren 20.000 €, nach vier Jahren 30.000 € und nach sechs Jahren 50.000 €, also nominell insgesamt 100.000 €. An jedem Jahresende sollen die entstandenen Zinsen voll bezahlt werden.
(a) Erstellen Sie den Tilgungsplan.
(b) Berechnen Sie die Barwertsumme aller Annuitäten in $t = 0$, also im Zeitpunkt der Kreditaufnahme.

Aufgabe 25. Die DOS AG plant eine Anlageinvestition, wobei zwei Alternativen möglich sind. Bei der ersten Alternative liegt die Investitionsauszahlung bei 80.000 €, und in den nächsten fünf Jahren werden Einzahlungsüberschüsse in Höhe von 23.000 €, 30.000 €, 39.000 €, 37.000 € und 48.000 € erwartet. Mit der zweiten Alternative ist eine Investitionsauszahlung von 124.400 € verbunden, wobei in den folgenden fünf Jahren Einzahlungsüberschüsse in Höhe von 50.000 €, 52.000 €, 30.000 €, 33.000 € und 34.000 € zu erwarten sind. Beantworten Sie die nachfolgenden drei Fragen.
(a) Der Kalkulationszinssatz betrage 10 % p. a. Welche Alternative ist günstiger, wenn als Entscheidungskriterium die Höhe des Kapitalwertes herangezogen wird?
(b) Um wie viel muss bei gleichen Einzahlungsüberschüssen die Investitionsauszahlung der zweiten Alternative sinken, damit beide Alternativen den gleichen Kapitalwert haben?
(c) Wie müsste sich der Einzahlungsüberschuss im dritten Jahr in der ersten Alternative ändern, damit beide Alternativen eine identische Rentabilität aufweisen?

Aufgabe 26. Die nachschüssige Rente lässt sich in Abhängigkeit des Diskontierungsfaktors v mit der Formel $R_0 = r \cdot v \cdot \frac{1-v^n}{1-v}$ berechnen.

Wie lautet die Formel für nachschüssige Rente, wenn sie in Abhängigkeit des Zinsfaktors q angegeben werden soll?

Aufgabe 27. Wie hoch ist ihr Kontostand bei stetiger Verzinsung im Vergleich zu einer jährlichen Verzinsung, wenn Sie für acht Jahre auf ein Sparkonto einen Betrag von 5.000 € zu einem Zins von 9 % p. a. anlegen?

Aufgabe 28. Ein Anfangskapital in Höhe von 2.000 € hat sich nach sechs Jahren nachschüssiger Verzinsung auf ein Endkapital von 3.000 € erhöht.

Wie hoch war der Zinssatz?

Aufgabe 29. Sie möchten bei Ihrer Hausbank einen Kredit in Höhe von 40.000 € aufnehmen und diesen mit einer konstanten Tilgung in fünf Jahren zurückgezahlt haben.

Stellen Sie unter Berücksichtigung des von Ihrer Hausbank angebotenen Zinses von 7 % einen Tilgungsplan auf.

Aufgabe 30. Zeigen sie, dass die in der Formelsammlung angegebene Gleichung für die vorschüssige Rente $R'_0 = r' \cdot (1 - v^n)/(1 - v)$ mit der Formel $R'_0 = r' \cdot q \cdot (q^n - 1)/(q^n \cdot (q - 1))$ in Abhängigkeit von q (Aufzinsungsfaktor) übereinstimmt.

2.5 Vektoren und Matrizen zur Strukturierung großer Datenmengen

In der wirtschaftswissenschaftlichen Forschung und in der betriebs- und volkswirtschaftlichen Praxis hat man es oftmals mit mehrfachen Zusammenhängen oder Beziehungen zu tun, die sich nicht durch Funktionen,[14] wie sie in Abschnitt 2.9 beschrieben sind, darstellen lassen. Solche Zusammenhänge sind unter anderem bei einer Portfolioanalyse in der Finanzwirtschaft, bei der innerbetrieblichen Leistungsverrechnung, bei der Kostenrechnung, bei der Analyse mehrstufiger Produktionsprozesse oder bei der Behandlung von Input-Output-Beziehungen im Controlling zu finden. In eindrucksvoller Weise eignen sich tabellenähnliche Anordnungen von Zahlen (Variablen) um solche mehrfachen Zusammenhänge zu beschreiben. Beispielsweise lassen sich die von einem Unternehmen genutzten Inputs wie Arbeit, Kapital oder Rohstoffe, die zur Produktion verschiedener Waren (Outputs) genutzt werden, in einer solchen Tabelle anordnen; oder geht es um die von dem Unternehmen in unterschiedlichen Mengen auf verschiedenen Märkten zu (oftmals) unterschiedlichen Preisen verkauften, produzierten Waren, dann sind auch hier Tabellen zur Beschreibung dieser Zusammenhänge geeignet.

Beispiel zu einer Anordnung von Zahlen in Tabellen. Betrachtet sei eine Supermarktkette, die in einer Verkaufsregion drei Lager und sechs Filialen besitzt. Die Kosten für den Transport einer Tonne Ware vom ersten Lager zur ersten Filiale betrage 9 GE, vom ersten Lager zur zweiten Filiale dagegen 6 GE, von ersten Lager zur dritten Filiale 5 GE und zur vierten Filiale 4 GE, zur fünften Filiale 1 GE und zur sechsten Filiale 9 GE. Des Weiteren können die sechs Filialen bei Bedarf auch von zwei weiteren Lagern 2 bis 3 beliefert werden. Von Lager 2 entstehen für den Transport einer Tonnen Ware zu den Filialen 1 bis 6 Kosten in Höhe von 8 GE, 12 GE, 9 GE, 6 GE, 7 GE und 8 GE. Dagegen liegen die Transportkosten von Lager 3 zu den sechs Filialen bei 5, 2, 3, 2, 3 respektive eine Geldeinheit. Stellen Sie die Ergebnisse in einer Tabelle dar.

Lösung. Die Transportkosten in Geldeinheiten werden in der Tabelle Lager versus Filiale wie folgt zusammengestellt:

---

[14] Eine Funktion stellt eine Beziehung zwischen zwei Mengen X und Y her. Hierfür werden einem Element (Funktionsargument, unabhängige Variable, x-Wert) aus der Menge X genau ein Element (Funktionswert, abhängige Variable, y-Wert) der anderen Menge Y zugeordnet.

Lager	Filiale					
	1	2	3	4	5	6
1	9	6	5	4	1	9
2	8	12	9	6	7	8
3	5	2	3	2	3	1

Der Vorteil tabellenähnlicher Anordnungen von – sehr vielen – Zahlen liegt darin, dass solche Tabellen sehr übersichtlich sind und zudem computergestützt mit diversen Softwaretools, wie z. B. mit dem Tabellenverarbeitungsprogramm Excel[15] der Microsoft Corporation (Redmond, USA), aufbereitet werden können. Microsoft Excel bietet unterschiedliche Möglichkeiten des Umgangs mit den in den sogenannten Arbeitsblättern (Tabellenblättern) abgelegten Zahlenwerten. So lassen sich umfangreiche Berechnungen mit Formeln und Funktionen durchführen, wobei neben kaufmännischen, statistischen und Datumsfunktionen auch zahlreiche mathematische Funktionen eingesetzt werden können. Da ein Excel-Tabellenblatt (Softwareversion 2016) über 2^{20} = 1.048.576 Zeilen und 2^{14} = 16.384 Spalten (*A* bis *XFD*) verfügt, umfasst ein Tabellenblatt 2^{34} = 17.179.869.184 Zellen. Diese Zellen können durch den sogenannten Zellbezug, also durch die Kombination aus Buchstaben (Spaltenangabe) und Zahlen (Zeilenangabe), dann eindeutig identifiziert werden.

Aus den genannten Gründen kommt einer tabellenähnlichen Anordnung von Zahlen zur Beschreibung verschiedener (ökonomischer) Zusammenhänge eine sehr große Bedeutung zu. Mithilfe der sogenannten Matrizen- und Vektorrechnung lassen sich die Beziehungen zwischen solchen Anordnungen von Zahlen (Zahlenblöcken) sehr übersichtlich darstellen. Das Rechnen mit den Vektoren und Matrizen ist ein Teilgebiet der Linearen Algebra und geht auf den Mathematiker Arthur Cayley (*1821, †1895) zurück.[16] Die Lineare Algebra – die auch Vektoralgebra genannt wird – ist wiederum ein Teilgebiet der Mathematik, das sich mit Vektorräumen und linearen Abbildungen zwischen diesen beschäftigt. Dies schließt insbesondere auch die Betrachtung von linearen Gleichungssystemen mit ein. Demnach geht es bei der Linearen Algebra auch um das Lösen linearer Gleichungssysteme, aber auch um die rechnerische Beschreibung geometrischer Objekte, der so genannten analytischen Geometrie.

Dieser Abschnitt 2.5 legt die Grundlagen der Linearen Algebra, und es werden die Grundbegriffe zu Matrizen und Vektoren, spezielle Matrizen sowie die Determinanten von Matrizen vorgestellt. Des Weiteren geht es um das Rechnen mit Matrizen und Vektoren, also um die Matrizenalgebra. Hierbei wird insbesondere auf die Multiplikation einer Matrix mit einem Skalar und die Addition von Matrizen eingegangen sowie das

---

[15] Vgl. https://products.office.com/de-de/excel, Abruf 25.02.2019.
[16] Arthur Cayley führte erstmalig die Bezeichnung Matrizen für rechteckige (insbesondere quadratische) Zahlenschemata ein. Im Jahre 1858 hat er das Rechnen mit Matrizen im Hinblick auf algebraische Gesetzmäßigkeiten beschrieben. Vgl. https://www.spektrum.de/fm/976/1599657.pdf, Abruf 25.02.2019.

skalare Produkt von Vektoren und die Matrizenmultiplikation besprochen. Abschließend folgt in diesem Grundlagenabschnitt noch eine geometrische Interpretation von Vektoren, die eine Erläuterung der linearen Abhängigkeit und Unabhängigkeit von Vektoren miteinschließt.

Grundbegriffe zu Matrizen und Vektoren

Tabellenähnliche Anordnungen von Zahlen (Elementen) in rechteckigen Feldern werden Matrizen genannt. Sie sind ein wichtiges Hilfsmittel der Linearen Algebra, mit denen ökonomische Zusammenhänge dargestellt und zahlreiche Rechenoperationen durchgeführt werden können. Die Anordnung der Zahlen erfolgt in Feldern, die in verschiedenen Zeilen und Spalten geordnet, in einer runden Klammer eingefasst und durch ein Symbol abgekürzt werden.

Demzufolge heißt ein rechteckiges Zahlenschema Matrix

$$A = \begin{pmatrix} a_{11} & a_{12} & \cdots & a_{1j} & \cdots & a_{1n} \\ a_{21} & a_{22} & \cdots & a_{2j} & \cdots & a_{2n} \\ \vdots & \vdots & \vdots & \vdots & \vdots & \vdots \\ a_{i1} & a_{i2} & \cdots & a_{ij} & \cdots & a_{in} \\ \vdots & \vdots & \vdots & \vdots & \vdots & \vdots \\ a_{m1} & a_{m2} & \cdots & a_{mj} & \cdots & a_{mn} \end{pmatrix}$$

mit m Zeilen und n Spalten oder kurz $(m \times n)$-Matrix A. Die Elemente dieser Matrix A werden mit a_{ij} ($i = 1, 2, \ldots, m; j = 1, 2, \ldots, n$) bezeichnet. Das Matrixelement a_{ij} ist der Eintrag in der i-ten Zeile und j-ten Spalte der Matrix A. Daher heißt i auch Zeilenindex und j Spaltenindex der Matrix A. Für die Matrix A schreibt man auch $(a_{ij})_{mn}$ oder A_{mn}; manchmal ist in der Fachliteratur auch die Schreibweise $\hat{A}$ zu finden.

Liegen nun zwei $(m \times n)$-Matrizen $A = (a_{ij})$ und $B = (b_{ij})$ vor, dann heißen sie einander gleich, also $A = B$, wenn $a_{ij} = b_{ij}$ für alle $i = 1, \ldots, m$ und $j = 1, \ldots, n$ gilt. Ist bei den beiden Matrizen gleichen Typs dagegen $a_{ij} < b_{ij}$ für alle $i = 1, \ldots, m$ und $j = 1, \ldots, n$ (also für alle entsprechenden Elemente der beiden Matrizen), dann schreibt man $A < B$, d. h. die Matrix A ist kleiner als die Matrix B. Wird für einzelne Elemente auch $a_{ij} = b_{ij}$ zugelassen, so schreibt man $A \leq B$ und die Matrix A ist kleiner gleich Matrix B.

Eine Matrix A, die nur aus einer einzigen Spalte und m Zeilen besteht, wird $(m \times 1)$-Matrix oder Spaltenvektor genannt. Man schreibt

$$\vec{a} = \begin{pmatrix} a_1 \\ a_2 \\ \vdots \\ a_m \end{pmatrix},$$

d. h. ein Spaltenvektor wird durch einen kleinen lateinischen Buchstaben mit darüberstehendem Pfeil abgekürzt. Besteht eine Matrix A dagegen nur aus einer einzigen Zeile, dann heißt sie Zeilenvektor, und man schreibt

$$\vec{a}^{\mathrm{T}} = \begin{pmatrix} a_1 & a_2 & \ldots & a_3 \end{pmatrix}.$$

Um die Elemente im Zeilenvektor auch deutlich voneinander zu unterscheiden, können diese auch durch Kommata oder Semikola getrennt werden, und man schreibt dann $\vec{a}^{\mathrm{T}} = (a_1, a_2, \ldots, a_n)$ oder $\vec{a}^{\mathrm{T}} = (a_1; a_2; \ldots; a_n)$. Ein Zeilenvektor ist also nichts anderes als eine $(1 \times n)$-Matrix. Als Hinweis sei hier noch erwähnt, dass Zeilenvektoren mit n-Elementen (Komponenten) auch geordnete n-Tupel genannt werden, beispielsweise ist ein Bündel von reellen Zahlen ein Tupel.

Spezielle Matrizen

Neben den Zeilen- und Spaltenvektoren gibt es noch weitere spezielle Matrizen, die in vielerlei Hinsicht von Bedeutung sind. Zu erwähnen sind die Nullmatrix und der Nullvektor, quadratische Matrizen, Dreiecks- und Diagonalmatrizen, Einheitsmatrizen und -vektoren sowie transponierte oder inverse Matrizen. Diese speziellen Matrizen werden nachfolgend kurz beschrieben.

Nullmatrix. Eine Matrix $\mathbf{0}$, deren sämtliche Elemente $a_{ij} = 0$ sind, heißt Nullmatrix. Ein Vektor, bei dem alle Elemente null sind, heißt Nullvektor und man schreibt $\vec{0}$. Die Nullmatrix und der Nullvektor sind als neutrale Elemente bei der Addition von Matrizen von besonderer Bedeutung.

Quadratische Matrix. Gilt bei einer $(m \times n)$-Matrix $m = n$, d. h. stimmen Zeilenzahl und Spaltenzahl überein, so liegt eine quadratische Matrix n-ter Ordnung vor und man schreibt A_{nn}. Die Elemente $a_{11}, a_{22}, \ldots, a_{nn}$ dieser quadratischen Matrix A_{nn} bezeichnet man als Hauptdiagonale (Diagonale von links oben nach rechts unten).

Dreiecksmatrix. Eine quadratische Matrix A_{nn}, bei der sämtliche Elemente auf einer Seite der Hauptdiagonalen gleich null sind, heißt Dreiecksmatrix. Man unterscheidet zwischen einer oberen Dreiecksmatrix und einer unteren Dreiecksmatrix. Dies bedeutet demnach, dass für eine obere (untere) Dreiecksmatrix die Elemente $a_{ij} = 0$ für $i > j$ ($i < j$) sind. Die Dreiecksmatrizen finden bei der Lösung linearer Gleichungssysteme eine Anwendung.

Diagonalmatrix. Eine quadratische Matrix n-ter Ordnung heißt Diagonalmatrix n-ter Ordnung, wenn alle Elemente, die nicht auf der Hauptdiagonalen liegen, gleich null sind. Es gilt also für eine solche Diagonalmatrix $D = (d_{ij})_{nn}$, dass hier die Elemente $d_{ij} = 0$ für

$i \neq j$ sind. Diagonalmatrizen werden auch bei der Lösung linearer Gleichungssysteme eingesetzt.

Einheitsmatrix. Eine Diagonalmatrix n-ter Ordnung, deren Diagonalelemente alle gleich Eins sind, heißt Einheitsmatrix n-ter Ordnung und wird mit E bzw. E_{nn} bezeichnet. Ein Vektor, dessen i-tes Element die Zahl Eins ist und alle anderen Elemente des Vektors null sind, wird i-ter Einheitsvektor $\vec{e}_i$ genannt. Die Einheitsmatrizen und -vektoren werden als neutrale Elemente bei der Multiplikation von Matrizen benötigt.

Transponierte Matrix. Weitere spezielle Matrizen sind die transponierten Matrizen bzw. transponierten Vektoren. Ist eine $(m \times n)$-Matrix $A = (a_{ij})$ gegeben, dann ist die $(n \times m)$-Matrix $B = (b_{ji})$ mit $b_{ji} = a_{ij}$ für $j = 1, \ldots, n$ und $i = 1, \ldots, m$ die transponierte Matrix zur Matrix A (oder kurz Transponierte zu A). Die Transponierte wird mit A' oder A^T abgekürzt. Die Matrizen heißen zudem symmetrisch, wenn für eine quadratische Matrix $A = A^T$ gilt. Bildlich gesprochen werden beim Transponieren einer Matrix alle Elemente der Matrix an der Diagonalen gespiegelt, d. h. in anderen Worten, die Zeilen werden mit den Spalten getauscht.

Inverse Matrix. Eine quadratische Matrix A heißt regulär, wenn es zu A eine quadratische Matrix B gibt, so dass das Produkt $A \cdot B = B \cdot A = E$ ist. Die durch A eindeutig bestimmte Matrix B heißt die zu A inverse Matrix. Sie wird mit A^{-1} bezeichnet und kurz Inverse genannt. Multipliziert man also die Inverse mit ihrer Ausgangsmatrix, erhält man die Einheitsmatrix, und es gilt $A^{-1} \cdot A = A \cdot A^{-1} = E$. Auf die Berechnung von inversen Matrizen wird in Abschnitt 2.7 genauer eingegangen.

Determinanten von Matrizen

Determinanten sind Kennziffern quadratischer Matrizen. Jeder quadratischen Matrix A lässt sich nämlich auf einfache Weise eine reelle Zahl, die sogenannte Determinante von A, zuordnen. Man schreibt für die Determinante kurz det A, det(A) oder auch $|A|$.[17] Determinanten sind ein nützliches Hilfsmittel in der Linearen Algebra, denn sie geben einen Hinweis darauf, ob ein lineares Gleichungssystem eindeutig lösbar ist, sie helfen bei der Bestimmung von Inversen oder sie können zur Überprüfung der linearen Abhängigkeit von Vektoren eingesetzt werden.

---

[17] Die senkrechten Striche bei der Schreibweise $|A|$ für eine Determinante der Matrix A sind nicht mit den Absolutstrichen zu verwechseln. Die Determinante hat nämlich nichts mit dem Betrag einer Matrix zu tun. Ist dagegen $|-5|$ zu berechnen, dann geht es um den Betrag der Zahl -5, welcher bekanntlich 5 ist.

Zur Berechnung der Determinanten existieren diverse Regeln, die für (1×1)-, (2×2)- oder (3×3)-Matrizen noch relativ leicht anzuwenden sind. Die Bestimmung von Determinanten einer $(n \times n)$-Matrix mit $n \geq 4$ ist dagegen etwas anspruchsvoller, denn hierfür muss der Laplace'sche Entwicklungssatz angewendet werden. Er ist nach dem französischen Mathematiker und Physiker Pierre-Simon Laplace (*1749, †1827) benannt. Aber auch die Determinanten von Matrizen mit einer Ordnung kleiner als der Wert der natürlichen Zahl 4 können mithilfe des laplaceschen Entwicklungssatzes berechnet werden. Die Determinanten von Matrizen werden nun wie folgt berechnet:

- Hat eine Matrix A nur ein Element a_{11}, so handelt es sich um eine (1×1)-Matrix. Der Wert der Determinanten von A ist genau a_{11}.
- Ist eine (2×2)-Matrix A gegeben, dann berechnet sich $\det A$ durch die Vorschrift

$$|A| = \begin{vmatrix} a_{11} & a_{12} \\ a_{21} & a_{22} \end{vmatrix} = a_{11}a_{22} - a_{21}a_{12}.$$

Die Determinante ergibt sich demzufolge aus dem Produkt der Elemente der Hauptdiagonalen minus dem Produkt der Elemente der Nebendiagonalen, wobei die Nebendiagonale von links unten nach rechts oben verläuft.

- Hat eine Matrix B die Ordnung 3, also drei Zeilen und drei Spalten, dann berechnet sich die Determinante dieser (3×3)-Matrix nach folgender Regel:

$$\det B = |B| = \begin{vmatrix} b_{11} & b_{12} & b_{13} \\ b_{21} & b_{22} & b_{23} \\ b_{31} & b_{32} & b_{33} \end{vmatrix}$$
$$= b_{11}b_{22}b_{33} - b_{11}b_{23}b_{32} + b_{12}b_{23}b_{31}$$
$$- b_{12}b_{21}b_{33} + b_{13}b_{21}b_{32} - b_{13}b_{22}b_{31}.$$

Diese Regel zur Berechnung von Determinanten einer (3×3)-Matrix wird die Regel von Sarrus genannt.[18]

- Zur Berechnung der Determinanten von beliebig dimensionalen quadratischen Matrizen A der Ordnung n kann der Laplace'sche Entwicklungssatz herangezogen werden. Er erfordert ein rekursives Vorgehen durch das n-malige Aufsummieren eines Produktes aus jeweils drei Faktoren, wobei ein Faktor wiederum aus einer Determinanten $\det D_{ij}$ niedrigerer Ordnung besteht, die nach gleichem Muster zu bestimmen ist. Die Matrix D_{ij} ist die Untermatrix von A, die entsteht, wenn die Zeile i und die Spalte j gestrichen werden. Die Berechnung kann dann auf zwei Wegen erfol-

---

[18] Die Regel von Sarrus – auch Jägerzaun-Regel genannt – geht auf den französischen Mathematiker Pierre Frédéric Sarrus (*1798, †1861) zurück und ist eine Merkhilfe zur Bestimmung der Determinanten einer (3×3)-Matrix. Hierbei wird die Ausgangsmatrix um die beiden ersten Spalten der Matrix erweitert und die Produkte der entstandenen drei Haupt- und drei Nebendiagonalen dahingehend verrechnet, dass die Summe der Nebendiagonalprodukte von der Summe der Produkte der Hauptdiagonalen subtrahiert wird. Vgl. hierzu http://www.mathematik.net/determinanten/22k1s6.htm, Abruf 18.02.2019.

gen, indem die Matrix nach der i-ten Zeile oder nach der j-ten Spalte entwickelt wird, d. h.

$$\det A = \sum_{j=1}^{n}(-1)^{i+j}\cdot a_{ij}\cdot \det D_{ij} \quad \text{bzw.} \quad \det A = \sum_{i=1}^{n}(-1)^{i+j}\cdot a_{ij}\cdot \det D_{ij}.$$

Welcher Weg zur Berechnung der Determinanten gewählt wird, spielt keine Rolle. Falls in einer Matrix A_{nn} aber in einer Zeile bzw. Spalte mehrere Elemente gleich null sind, dann sollten diese Zeilen bzw. Spalten mit den meisten Nullwerten für die Laplace-Entwicklung gewählt werden.

Beispiel zur Bestimmung einer Determinante. Bestimmen Sie die Determinante der (2×2)-Matrix

$$A = \begin{pmatrix} 3 & 4 \\ -2 & 5 \end{pmatrix}.$$

Lösung.

$$\det A = \begin{vmatrix} 3 & 4 \\ -2 & 5 \end{vmatrix} = 3\cdot 5 - (-2)\cdot 4 = 15 + 8 = 23.$$

Um mit Determinanten rechnen zu können, wie es beispielsweise im Zusammenhang mit der Lösbarkeit linearer Gleichungssysteme (wie in Abschnitt 2.7 gezeigt) vonnöten ist, sind ein paar wichtige Eigenschaften von Determinanten zu beachten. Für eine quadratische Matrix A der Ordnung n gelten nämlich folgende Eigenschaften:
- Die Determinante $\det A = |A| = 0$, wenn alle Elemente in einer Zeile (oder Spalte) gleich null sind.
- Die Determinante der Matrix A entspricht immer der Determinanten der transponierten Matrix A^{T}, also $\det A = |A| = |A^{\mathrm{T}}| = \det A^{\mathrm{T}}$.
- Multipliziert man eine Zeile (oder Spalte) der Matrix A mit einer Zahl λ, so erhält man den λ-fachen Wert der ursprünglichen Determinanten.
- Vertauscht man zwei Zeilen (oder Spalten) von A, so wechselt die Determinante das Vorzeichen, der absolute Wert der Determinanten ändert sich nicht.
- Sind zwei Zeilen (oder Spalten) von A proportional ($\rightarrow$ lineare Abhängigkeit), dann ist die Determinante von A gleich null.
- Addiert man ein Vielfaches einer Zeile (oder einer Spalte) zu einer anderen Zeile (oder Spalte) von A, so bleibt der Wert der Determinanten von A unverändert.
- Wird die Matrix A mit einem Skalar c ($c \in \mathbb{R}$) multipliziert, dann folgt für deren Determinante, dass $|c\cdot A| = c^{n}\cdot |A|$ ist.
- Für das Produkt zweier quadratischer Matrizen gleicher Ordnung A und B gilt für das Produkt der Determinanten $\det A \cdot \det B = \det A \cdot B$.
- Man beachte aber, dass (gewöhnlich) die Determinante einer Summe von Matrizen nicht die Summe der Determinanten ist: Im Allgemeinen ist nämlich $|A + B| \neq |A| + |B|$.

Beispiel zur Laplace-Entwicklung. Bestimmen Sie die Determinante der (3×3)-Matrix

$$A = \begin{pmatrix} 2 & -1 & 0 \\ 4 & 2 & -1 \\ -2 & 3 & 1 \end{pmatrix}$$

unter Hinzuziehung des laplaceschen Entwicklungssatzes.

Lösung. Da das erste Element in der dritten Spalte 0 ist, wird die Matrix A nach der dritten Spalte wie folgt entwickelt:

Aus $\det A = \sum_{i=1}^{n}(-1)^{i+j} \cdot a_{ij} \cdot \det D_{ij}$, mit $i = 1, 2, 3$ und $j = 3$, ergibt sich

$$\det A = (-1)^4 \cdot 0 \cdot \det \begin{pmatrix} 4 & 2 \\ -2 & 3 \end{pmatrix} + (-1)^5 \cdot (-1) \cdot \det \begin{pmatrix} 2 & -1 \\ -2 & 3 \end{pmatrix} + (-1)^6 \cdot 1 \cdot \det \begin{pmatrix} 2 & -1 \\ 4 & 2 \end{pmatrix}.$$

Wegen der Einfachheit werden die Determinanten von D_{13}, D_{23} und D_{33} durch die Differenz des Produktes der Elemente aus der Hauptdiagonalen und dem Produkt der Elemente aus der Nebendiagonalen bestimmt. Die Berechnung von $\det D_{13}$ erübrigt sich aber, da das Ergebnis hiervon ohnehin mit null multipliziert wird. Also ergibt sich mit $\det \begin{pmatrix} 2 & -1 \\ -2 & 3 \end{pmatrix} = 6 - 2 = 4$ und $\det \begin{pmatrix} 2 & -1 \\ 4 & 2 \end{pmatrix} = 4 + 4 = 8$ als Ergebnis für $\det A = 0 + (-1) \cdot (-1) \cdot 4 + 1 \cdot 1 \cdot 8 = 12$.

Matrizenalgebra

Bei der Matrizenalgebra geht es um verschiedene Rechenoperationen, die mit Matrizen und Vektoren durchgeführt werden können, sei es die Multiplikation einer Matrix (bzw. eines Vektors) mit einem Skalar, die Addition von Matrizen und Vektoren, das skalare Produkt von Vektoren oder die Matrizenmultiplikation.

Die Multiplikation einer Matrix mit einem Skalar und die Addition von Matrizen sind völlig analog zu der von Vektoren definiert, da Vektoren $(m \times 1)$-Matrizen oder $(1 \times n)$-Matrizen entsprechen.

- Eine Matrix $A = (a_{ij})$ wird mit einer reellen Zahl λ (einem Skalar) multipliziert, indem man jedes Element der Matrix mit dieser Zahl multipliziert, d. h. $\lambda \cdot (a_{ij}) = (\lambda \cdot a_{ij})$.
- Zwei Matrizen gleicher Ordnung $A = (a_{ij})$ und $B = (b_{ij})$ werden addiert bzw. subtrahiert, indem man die in den Matrizen an gleicher Stelle stehenden Elemente addiert bzw. subtrahiert, d. h. $(a_{ij}) + (b_{ij}) = (a_{ij} + b_{ij})$ bzw. $(a_{ij}) - (b_{ij}) = (a_{ij} - b_{ij})$.
- Zwei m-dimensionale Vektoren $\vec{a}$ und $\vec{b}$ werden addiert (bzw. subtrahiert), indem die entsprechenden Komponenten (Elemente) addiert (bzw. subtrahiert) werden. Man schreibt $\vec{c} = \vec{a} \pm \vec{b}$, d. h. $c_i = a_i \pm b_i$ für alle $i = 1, 2, \ldots, m$. Der Vektor $\vec{c}$ heißt Summen- bzw. Differenzvektor von $\vec{a}$ und $\vec{b}$.

Für die skalare Multiplikation gelten entsprechend der Rechengesetze für reelle Zahlen das Kommutativ-, Assoziativ- und Distributivgesetz. Sind beispielsweise zwei Matrizen gleicher Ordnung A und B und die Skalare λ und ν gegeben, dann gilt $\lambda \cdot A = A \cdot \lambda$ (Kommutativgesetz), $(\lambda \cdot \nu) \cdot A = \lambda \cdot (\nu \cdot A)$ (Assoziativgesetz) sowie $\lambda \cdot (A + B) = \lambda \cdot A + \lambda \cdot B$ und $(\lambda + \nu) \cdot A = \lambda \cdot A + \nu \cdot A$ (Distributivgesetz).

Darüber hinaus gelten für die skalare Multiplikation auch die Monotoniegesetze. Sind nämlich zwei gegebene Matrizen A und B gleich groß, folgt mit einem $\lambda \in \mathbb{R}$ nämlich, dass $\lambda \cdot A = \lambda \cdot B$ ist. Wenn nun aber $A \leq B$ ist, dann gilt $\lambda \cdot A \leq \lambda \cdot B$ falls $\lambda > 0$; und wenn $A \leq B$ und $\lambda < 0$ ist, dann folgt $\lambda \cdot A \geq \lambda \cdot B$.

> **Beispiel zur Multiplikation einer Matrix mit einem Skalar.** In vier Unternehmen werden die gleichen drei Produkte gefertigt, und die Produktionsmatrix
>
> $$X_M = \begin{pmatrix} 8 & 10 & 28 & 15 \\ 10 & 12 & 20 & 25 \\ 8 & 8 & 10 & 9 \end{pmatrix}$$
>
> beschreibt die monatliche Produktion dieser Unternehmen. Wie groß ist bei unverändertem monatlichen Output die Jahresproduktionsmatrix X_J?
>
> **Lösung.** Die Jahresproduktionsmatrix X_J bestimmt sich zu
>
> $$12 \cdot X_M = \begin{pmatrix} 96 & 120 & 336 & 180 \\ 120 & 144 & 240 & 300 \\ 96 & 96 & 120 & 108 \end{pmatrix}.$$
>
> Demzufolge werden beispielsweise im dritten Unternehmen jährlich 336 Einheiten des ersten Produktes gefertigt.

Auch für die Addition von Matrizen gelten entsprechende Regeln. Seien drei Matrizen gleicher Ordnung A, B, C gegeben, dann gelten das Kommutativgesetz $A + B = B + A$ und das Assoziativgesetz $(A + B) + C = A + (B + C)$. Des Weiteren gelten die Monotoniegesetze bzgl. der Addition, d. h. aus $A = B$ folgt $A + C = B + C$ und aus $A \leq B$ folgt $A + C \leq B + C$.

Last but not least: Existieren die neutralen Elemente 1 und $\mathbf{0}$ sowie ein inverses Element $(-A)$, dann ist $1 \cdot A = A = A \cdot 1$, $\mathbf{0} + A = A = A + \mathbf{0}$ sowie $A + (-A) = \mathbf{0} = (-A) + A$. Des Weiteren gilt für die Transposition $(A + B)^T = A^T + B^T$ und $(A^T)^T = A$.

> **Beispiel zur Addition von Vektoren.** Gegeben seien die Produktionsmengen dreier Produkte im ersten bzw. zweiten Halbjahr eines Produktionsjahres. Sie lassen sich durch die beiden Produktionsvektoren
>
> $$\vec{x}_1 = \begin{pmatrix} 20.000 \\ 15.000 \\ 10.000 \end{pmatrix} \quad \text{und} \quad \vec{x}_2 = \begin{pmatrix} 17.000 \\ 25.000 \\ 15.000 \end{pmatrix}$$
>
> darstellen. Wie lautet der Jahresproduktionsvektor $\vec{x}_J$?
>
> **Lösung.** Der Jahresproduktionsvektor bestimmt sich durch die Summe der beiden Produktionsvektoren im ersten und zweiten Halbjahr. Demzufolge ist
>
> $$\vec{x}_J = \vec{x}_1 + \vec{x}_2 = \begin{pmatrix} 37.000 \\ 40.000 \\ 25.000 \end{pmatrix}.$$

Die skalare Multiplikation zweier Vektoren wird Skalarprodukt oder inneres Produkt genannt. Mit dieser Bezeichnung wird also direkt darauf hingewiesen, dass das Produkt zweier Vektoren eine reelle Zahl (Skalar) ergibt. Das Produkt bestimmt sich nun dahingehend, dass die einzelnen Komponenten (Elemente) der Vektoren paarweise miteinander multipliziert und dann addiert werden. Das Skalarprodukt ist somit ein Spezialfall der Matrizenmultiplikation.

– Seien ein Zeilenvektor $\vec{a}^T = (a_1, a_2, \ldots, a_n)$ und ein Spaltenvektor

$$\vec{b} = \begin{pmatrix} b_1 \\ \vdots \\ b_n \end{pmatrix}$$

der gleichen Ordnung n gegeben, dann bestimmt sich das skalare oder innere Produkt der beiden Vektoren durch

$$\vec{a}^T \cdot \vec{b} = (a_1, a_2, \ldots, a_n) \cdot \begin{pmatrix} b_1 \\ \vdots \\ b_n \end{pmatrix} = a_1 \cdot b_1 + a_2 \cdot b_2 + \ldots + a_n \cdot b_n = \sum_{i=1}^{n} a_i \cdot b_i.$$

Für das Skalarprodukt gelten das Kommutativ- und das Distributivgesetz sowie die Gesetze der Monotonie. Sind beispielsweise die drei Vektoren $\vec{a}, \vec{b}, \vec{c}$ gleicher Ordnung gegeben, dann folgt nämlich $\vec{a}^T \cdot \vec{b} = \vec{b}^T \cdot \vec{a}$ und $(\vec{a}^T + \vec{b}^T) \cdot \vec{c} = \vec{a}^T \cdot \vec{c} + \vec{b}^T \cdot \vec{c}$. Wenn nun $\vec{a}^T = \vec{b}^T$ ist, dann folgt $\vec{a}^T \cdot \vec{c} = \vec{b}^T \cdot \vec{c}$, wobei $\vec{c}$ beliebig sein kann, und aus $\vec{a}^T \leq \vec{b}^T$ folgt $\vec{a}^T \cdot \vec{c} \leq \vec{b}^T \cdot \vec{c}$ falls $\vec{c} > \vec{0}$, und aus $\vec{a}^T \leq \vec{b}^T \cdot \vec{c}$ folgt $\vec{a}^T \geq \vec{b}^T \cdot \vec{c}$ falls $\vec{c} < \vec{0}$.

Beispiel zum Skalarprodukt. Ein Unternehmen stelle vier verschiedene Artikel her. Die wöchentliche Produktionsmenge x_1, x_2, x_3 (in ME) werde durch den Produktionsvektor

$$\vec{x} = \begin{pmatrix} 10 \\ 15 \\ 7 \end{pmatrix}$$

und die erzielten Verkaufspreise p_1 bis p_3 (in €/ME) durch den Preisvektor

$$\vec{p} = \begin{pmatrix} 5{,}50 \\ 8{,}00 \\ 10{,}00 \end{pmatrix}$$

beschrieben. Wie hoch ist der wöchentliche Umsatz U?

Lösung. Der Umsatz U berechnet sich aus dem Skalarprodukt

$$\vec{x}^T \cdot \vec{p} = (x_1, x_2, x_3) \cdot \begin{pmatrix} p_1 \\ p_2 \\ p_3 \end{pmatrix}.$$

Mit den entsprechenden Vektoren folgt $x_1 \cdot p_1 + x_2 \cdot p_2 + x_3 \cdot p_3 = 10 \cdot 5{,}50 + 15 \cdot 8{,}00 + 7 \cdot 10{,}00 = 245$. Der gesuchte Umsatz U liegt demnach bei 245 €/Woche.

Die Multiplikation zweier Matrizen A und B muss den Spezialfall des Skalarproduktes beinhalten, da Vektoren auch $(m \times 1)$-Matrizen oder $(1 \times n)$-Matrizen sind. Als Ergebnis der Matrizenmultiplikation entsteht aber kein Skalar, sondern ein Matrizenprodukt $A \cdot B$. Dieses Produkt heißt auch Matrixprodukt oder Produktmatrix. Da bei dem Skalarprodukt die einzelnen Elemente der Vektoren paarweise miteinander multipliziert und dann addiert werden, müssen für eine Matrizenmultiplikation ebensolche Rechenoperationen vollzogen werden. Daher bestimmen sich die Elemente des Matrizenproduktes durch komponentenweise Multiplikation und Summation der Einträge der entsprechenden Zeile der ersten Matrix A mit der entsprechenden Spalte der zweiten Matrix B. Um diese Operationen auch durchführen zu können, muss die Spaltenzahl der Matrix A mit der Zeilenzahl der Matrix B übereinstimmen.

- Das Matrizenprodukt aus der $(m \times n)$-Matrix $A = (a_{ij})$ und der $(n \times r)$-Matrix $B = (b_{jk})$ ist definiert als

$$A \cdot B = \left(\sum_{j=1}^{n} a_{ij} \cdot b_{jk} \right) = C.$$

Das Produkt $A \cdot B$ ist dann die $(m \times r)$-Matrix C. Das Element c_{ik} des Produktes C erhält man als skalares Produkt der i-ten Zeile von A und der k-ten Spalte von B.
- Die Matrizenmultiplikation ist nur definiert für den Fall, dass die Spaltenzahl des ersten Faktors (Matrix A) mit der Zeilenzahl des zweiten Faktors (Matrix B) übereinstimmt. Das Ergebnis ist eine Matrix, die so viel Zeilen hat wie der erste Faktor und so viel Spalten wie der zweite Faktor. Es gilt also $A_{mn} \cdot B_{nr} = C_{mr}$.
- Für die Multiplikation einer Matrix A mit der Einheitsmatrix E geeigneter Ordnung gilt das Kommutativgesetz $A \cdot E = E \cdot A$.
- Ist in einem Matrizenprodukt einer der beiden Faktoren eine Nullmatrix 0, so ist das Produkt ebenfalls eine Nullmatrix, also $A \cdot 0 = 0$ bzw. $0 \cdot A = 0$.
- Das Produkt eines Zeilenvektors mit einer Matrix ergibt einen Zeilenvektor. Das Produkt einer Matrix mit einem Spaltenvektor ergibt einen Spaltenvektor. Das Produkt eines Spaltenvektors mit einem Zeilenvektor ergibt eine Matrix.

Beispiel zur Matrizenmultiplikation. Gegeben sind die Matrizen

$$A = \begin{pmatrix} 1 & 0 & 3 \\ 2 & 1 & 5 \end{pmatrix} \quad \text{und} \quad B = \begin{pmatrix} 1 & 3 \\ 2 & 5 \\ 6 & 2 \end{pmatrix}.$$

Bestimmen Sie die beiden Matrizenprodukte $A \cdot B$ und $B \cdot A$.

Lösung. Das Produkt $A \cdot B$ ist

$$\begin{pmatrix} 1 & 0 & 3 \\ 2 & 1 & 5 \end{pmatrix} \cdot \begin{pmatrix} 1 & 3 \\ 2 & 5 \\ 6 & 2 \end{pmatrix} = \begin{pmatrix} 19 & 9 \\ 34 & 21 \end{pmatrix},$$

und das Produkt $B \cdot A$ berechnet sich zu

$$\begin{pmatrix} 1 & 3 \\ 2 & 5 \\ 6 & 2 \end{pmatrix} \cdot \begin{pmatrix} 1 & 0 & 3 \\ 2 & 1 & 5 \end{pmatrix} = \begin{pmatrix} 7 & 3 & 18 \\ 12 & 5 & 31 \\ 10 & 2 & 28 \end{pmatrix}.$$

Auch bei der Matrizenmultiplikation gelten Gesetze, die sich aber von den üblichen Multiplikationsregeln reeller Zahlen unterscheiden. Der wichtigste Unterschied ist, dass das Kommutativgesetz für die Matrizenmultiplikation im Allgemeinen nicht gilt, d. h. $A \cdot B \neq B \cdot A$. Demzufolge kommt es bei der Multiplikation von Matrizen auf die Reihenfolge der Faktoren an, und so ist bei einer Multiplikation zweier Matrizen A und B unbedingt darauf zu achten, welche Matrix als Faktor im Produkt links und welche rechts steht.

Gesetze wie das Assoziativ- und Distributivgesetz und die Monotoniegesetze haben bei der Matrizenmultiplikation aber ihre Gültigkeit. Seien die Matrizen A, B, C und D geeigneter Ordnung gegeben, dann lautet das Assoziativgesetz $A \cdot (B \cdot C) = (A \cdot B) \cdot C = A \cdot B \cdot C$ und das Distributivgesetz $A \cdot (B + C) = A \cdot B + A \cdot C$ bzw. $(A + B) \cdot C = A \cdot C + B \cdot C$. Die Monotoniegesetze lauten dann, dass aus $A = B$ auch $A \cdot C = B \cdot C$ und $D \cdot A = D \cdot B$ gelten. Des Weiteren folgt aus $A \leq B$, das die Beziehungen $A \cdot C \leq B \cdot C$ für $C \geq 0$ und $D \cdot A \leq D \cdot B$ für $D \geq 0$ gelten; und aus $A \leq B$ folgt $A \cdot C \geq B \cdot C$ für $C \leq 0$ sowie $D \cdot A \geq D \cdot B$, sofern $D \leq 0$ ist.

Des Weiteren ist zu beachten, dass aus $A \cdot B = 0$ nicht zwingend $A = 0$ oder $B = 0$ folgt. Es kann nämlich sehr wohl Matrizen A und B geben, deren Elemente eben nicht (alle) null sind, und die miteinander multipliziert die Nullmatrix 0 ergeben.

Die Transponierte eines Produktes zweier Matrizen A und B ist gleich dem Produkt der Transponierten der beiden Matrizen in umgekehrter Reihenfolge $(A \cdot B)^T = B^T \cdot A^T$.

Im Zusammenhang mit der Matrizenmultiplikation sei noch das Ergebnis einer wiederholten Matrixmultiplikation angesprochen, also die Matrixpotenz. Unter der n-ten Potenz einer quadratischen Matrix A versteht man das n-fache Produkt der Matrix A mit sich selbst, also $A^n = A \cdot A \cdot \ldots \cdot A$. Für die Matrixpotenzen folgt $A^n \cdot A^m = A^{n+m}$ und $(A^n)^m = A^{n \cdot m}$.

Geometrische Interpretation von Vektoren

Zu Beginn dieses Abschnittes 2.5 wird erwähnt, dass die Vektor- und Matrizenrechnung ein Teilgebiet der Linearen Algebra ist und sich mit den Vektorräumen und den linearen Abbildungen zwischen diesen Räumen auseinandersetzt. Da es bei der Linearen Algebra auch um die rechnerische Beschreibung geometrischer Objekte und um die Lösung geometrischer Probleme geht, wird in diesem Zusammenhang auch von der analytischen Geometrie, linearen Geometrie oder Vektorgeometrie gesprochen.

Die Geometrie als Teilgebiet der Mathematik beschäftigt sich mit den Eigenschaften von Objekten in der Ebene und im Raum. Insbesondere spielen hier Symmetrien und Lagebeziehungen der Objekte zueinander eine Rolle. Bei den Objekten kann es sich um Punkte, Geraden, Dreiecke, Vierecke, Kreise, Ellipsen, Kugeln, Würfel, Kegel, Ebenen, Abständen, Winkel und vieles mehr handeln. Alle diese Objekte lassen sich in einem n-dimensionalen euklidischen Raum $\mathbb{R}^n$ beschreiben. Die notwendigen mathematischen Operationen wiederum lassen sich in der eindimensionalen Menge der reellen Zahlen $\mathbb{R}$, in der (zweidimensionalen) euklidischen Ebene $\mathbb{R}^2$ oder im (dreidimensionalen) euklidischen Raum (Anschauungsraum) $\mathbb{R}^3$ leicht verdeutlichen. Bei höheren Dimensionen ($n > 3$) werden selbstverständlich dieselben mathematischen Operationen und Begriffe definiert, mit dem Unterschied, dass der Mensch keine räumliche Vorstellung eines n-dimensionalen euklidischen Raums $\mathbb{R}^n$ besitzt und eine geometrische Interpretation von Vektoren in $\mathbb{R}^n$ demzufolge schwierig ist.

Im eindimensionalen Raum $\mathbb{R}$ lassen sich Vektoren einfach als Zahlen, bzw. Skalare, interpretieren, deren Rechenoperationen auf einer Zahlengeraden abgebildet werden können. Auch in einem zwei- oder dreidimensionalen Raum sind Vektoren leicht geometrisch zu interpretieren, insbesondere wenn man ein kartesisches Koordinatensystem zu Hilfe nimmt.[19] Abbildung 2.7 zeigt beispielhaft die geometrische Darstellung einer Addition der Zahlen $a = 1$ und $b = 3$ im eindimensionalen euklidischen Raum $\mathbb{R}$ und einer Addition der Vektoren $\vec{a} = \begin{pmatrix} 3 \\ 1 \end{pmatrix}$ und $\vec{b} = \begin{pmatrix} 1 \\ 2 \end{pmatrix}$ im zweidimensionalen Raum $\mathbb{R}^2$.

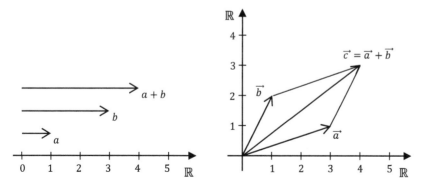

Abb. 2.7: Geometrische Darstellungen einer Vektoraddition in der Menge $\mathbb{R}$ (links) und in der euklidischen Ebene $\mathbb{R}^2$ (rechts) (Quelle: Eigene Darstellung).

Die geometrische Interpretation der Vektoren als Pfeile in $\mathbb{R}$ und in $\mathbb{R}^2$ zeigt, dass die Vektoren eine Länge besitzen. Die Länge eines Vektors entspricht dem Abstand der Pfeilspitze vom Koordinatenursprung und kann mithilfe des Skalarproduktes bzw. des

---

19 In einem kartesischen Koordinatensystem stehen im $\mathbb{R}^2$ wie auch im $\mathbb{R}^3$ zwei respektive drei Richtungsachsen senkrecht (also in einem Winkel von jeweils 90°) aufeinander. Im zweidimensionalen Koordinatensystem wird die horizontale Achse als Abszissenachse (häufig auch kurz x-Achse) und die vertikale Achse als Ordinatenachse (kurz y-Achse) bezeichnet. Im dreidimensionalen Raum kommt noch eine dritte Achse, die räumliche Achse (kurz z-Achse) oder Applikate genannt wird, hinzu.

Satzes von Pythagoras berechnet werden.[20] Damit kann eine sogenannte euklidische Norm oder euklidischer Abstand definiert werden, der auch als Betrag des Vektors bezeichnet wird.

- Für einen Vektor $\vec{a}$ berechnet sich die euklidische Norm, bzw. dessen Länge durch

$$|\vec{a}| = \sqrt{\vec{a}^T \cdot \vec{a}} = \sqrt{\sum_{i=1}^{m} a_i^2}$$

- Für den Betrag eines Vektors gelten die Eigenschaften, dass das $|\vec{a}| = 0$ folgt $\vec{a} = \vec{0}$ und dass für jedes $\lambda \in \mathbb{R}$ gilt $|\lambda \cdot \vec{a}| = |\lambda| \cdot |\vec{a}|$.
- Für die Summe gilt zudem die Dreiecksungleichung $|\vec{a} + \vec{b}| \leq |\vec{a}| + |\vec{b}|$.

Im zweidimensionalen Raum $\mathbb{R}^2$ lässt sich die Dreiecksungleichung auch geometrisch interpretieren, denn es ist offensichtlich, dass die Länge einer Seite in einem Dreieck höchstens gleich der Summe der Längen der anderen beiden Seiten sein kann.

Spezielle Vektoren sind die Einheitsvektoren $\vec{e}_i$, die an der i-ten Stelle das Element Eins besitzen, z. B. der Vektor $\vec{e}_1 = \begin{pmatrix} 1 \\ 0 \end{pmatrix}$ in $\mathbb{R}^2$. Diese Einheitsvektoren besitzen immer die Länge 1. Auch jeder andere Vektor $\vec{a}$, wenn er nicht Nullvektor ist, kann auf eine Länge 1 normiert werden, indem man ihn durch seinen Betrag dividiert. Dieser normierte Vektor $\vec{a}_0$ ist dann der Einheitsvektor, der in dieselbe Richtung wie der Vektor $\vec{a}$ zeigt.

- Ein Vektor $\vec{a}_0$ heißt normiert, falls $|\vec{a}_0| = 1$ ist. Man erhält diesen normierten Vektor $\vec{a}_0$, indem man den Vektor $\vec{a}$ mit dem Kehrwert des Betrages von $\vec{a}$ multipliziert. Ist $\vec{a} \neq \vec{0}$ folgt $\vec{a}_0 = \frac{1}{|\vec{a}|} \cdot \vec{a}$. Mit der Homogenitätseigenschaft der Norm folgt

$$\left| \frac{1}{|\vec{a}|} \cdot \vec{a} \right| = \frac{1}{|\vec{a}|} \cdot |\vec{a}| = 1.$$

Beispiel zur Längenberechnung von Vektoren. Gegeben seien die beiden Vektoren

$$\vec{a} = \begin{pmatrix} 1 \\ 2 \\ 3 \end{pmatrix} \quad \text{und} \quad \vec{b} = \begin{pmatrix} -1 \\ 2 \\ -3 \end{pmatrix}.$$

Bestimmen Sie die Längen der Vektoren $\vec{a}$ und $\vec{b}$ sowie die normierten Vektoren $\vec{a}_0$ und $\vec{b}_0$.

Lösung. Die Länge des Vektors $\vec{a}$ ist $|\vec{a}| = \sqrt{1^2 + 2^2 + 3^2} = \sqrt{1 + 4 + 9} = \sqrt{14}$, und die Länge des Vektors $\vec{b}$ ist $|\vec{b}| = \sqrt{(-1)^2 + 2^2 + (-3)^2} = \sqrt{1 + 4 + 9} = \sqrt{14}$. Infolgedessen ergeben sich die beiden normierten Vektoren zu

---

[20] Der Satz von Pythagoras ist ein wichtiger Lehrsatz in der euklidischen Geometrie und besagt, dass in allen ebenen rechtwinkligen Dreiecken die Summe der Flächeninhalte der Kathetenquadrate gleich dem Flächeninhalt des Hypotenusenquadrates ist. Mit den Längen a und b der Katheten und der Länge c der Hypotenuse kann der Satz von Pythagoras auch kurz mit $a^2 + b^2 = c^2$ formuliert werden.

$$\vec{a}_0 = \begin{pmatrix} \frac{1}{\sqrt{14}} \\ \frac{2}{\sqrt{14}} \\ \frac{3}{\sqrt{14}} \end{pmatrix} \quad \text{und} \quad \vec{b}_0 = \begin{pmatrix} \frac{-1}{\sqrt{14}} \\ \frac{2}{\sqrt{14}} \\ \frac{-3}{\sqrt{14}} \end{pmatrix}.$$

Die Abbildung 2.7 zeigt nicht nur die geometrische Interpretation der Vektoren als Pfeile, sondern macht zudem deutlich, dass der Summenvektor geometrisch als Diagonale in einem Parallelogramm – dessen Seiten durch die beiden zu addierenden Vektoren und den dazu parallel verlaufenden Pfeilen gebildet wird – aufgefasst werden kann. Für die rechnerische Addition von Vektoren, die nicht unbedingt im Koordinatenursprung beginnen, müssen die Vektoren in derselben Basis dargestellt sein. Im zweidimensionalen Raum sind als Basis die Einheitsvektoren naheliegend, denn sie spannen das kartesische Koordinatensystem auf. Mit einer Linearkombination dieser Basisvektoren ist es nun unter Verwendung der Vektoraddition und skalaren Multiplikation möglich, alle anderen Vektoren in dem Koordinatensystem darzustellen. Die Basisvektoren müssen demzufolge immer linear unabhängig sein, um durch eine solche Linearkombination alle anderen Vektoren des Vektorraums auch darstellen zu können.

- Ein Vektor $\vec{a}$ heißt Linearkombination von m Vektoren $\vec{a}_1, \vec{a}_2, \ldots, \vec{a}_m$, und man schreibt

$$\vec{a} = \sum_{i=1}^{m} \lambda_i \cdot \vec{a}_i \quad \text{mit } \lambda_i \in \mathbb{R}.$$

- Die Linearkombination heißt konvex, wenn $\lambda_i \geq 0$ und $\sum_{i=1}^{m} \lambda_i = 1$ gilt.
- Die Vektoren $\vec{a}_1, \vec{a}_2, \ldots, \vec{a}_m$ sind linear unabhängig, wenn aus $\sum_{i=1}^{m} \lambda_i \cdot \vec{a}_i = \vec{0}$ folgt, dass $\lambda_1 = \lambda_2 = \ldots = \lambda_m = 0$ sind.
- Die Vektoren $\vec{a}_1, \vec{a}_2, \ldots, \vec{a}_m$ sind linear abhängig, wenn in der Gleichung $\sum_{i=1}^{m} \lambda_i \cdot \vec{a}_i = \vec{0}$ nicht alle λ_i verschwinden.

Beispiel zur Linearkombination von Vektoren. Bestimmen Sie die Linearkombinationen der drei Vektoren

$$\vec{a}_1 = \begin{pmatrix} 2 \\ 3 \\ 0 \end{pmatrix}, \quad \vec{a}_2 = \begin{pmatrix} 4 \\ 7 \\ -3 \end{pmatrix} \quad \text{und} \quad \vec{a}_3 = \begin{pmatrix} -3 \\ -2 \\ 1 \end{pmatrix},$$

wenn $\lambda_1 = 3, \lambda_2 = -1$ und $\lambda_3 = 2$ gegeben sind.

Lösung. Die Linearkombination ergibt den Vektor

$$\vec{a} = 3 \cdot \begin{pmatrix} 2 \\ 3 \\ 0 \end{pmatrix} - 1 \cdot \begin{pmatrix} 4 \\ 7 \\ -3 \end{pmatrix} + 2 \cdot \begin{pmatrix} -3 \\ -2 \\ 1 \end{pmatrix} = \begin{pmatrix} -4 \\ -2 \\ 5 \end{pmatrix}.$$

Einheitsvektoren $\vec{e}_i$ sind also immer linear unabhängig, denn eine Linearkombination dieser Vektoren ergibt nur den Nullvektor, wenn die Vektoren jeweils mit $\lambda_i = 0$ multipliziert werden. Wird das Skalarprodukt von Einheitsvektoren gebildet, so ergibt sich

immer der Skalar Null. Aber auch das Skalarprodukt anderer Vektoren, wie beispielsweise das von $\vec{a} = \binom{3}{2}$ und $\vec{b} = \binom{-4}{6}$, ergibt die Null, wie das Ergebnis $\vec{a}^T \cdot \vec{b} = (3,2) \cdot \binom{-4}{6} =$ $-12 + 12 = 0$ zeigt. Nun spannen Einheitsvektoren ein kartesisches Koordinatensystem auf und stehen bildlich gesprochen senkrecht – also rechtwinklig (orthogonal) – aufeinander. Demzufolge können auch Vektoren, deren Skalarprodukt null ergibt, geometrisch als senkrecht aufeinander stehend interpretiert werden. Kurz gefasst heißt dies:
- Ist das skalare Produkt zweier Vektoren $\vec{a}, \vec{b} \in \mathbb{R}^m$ gleich null, dann werden diese Vektoren als zueinander orthogonal bezeichnet.

Abschließend sei noch erwähnt, dass das Skalarprodukt normierter Vektoren dem Kosinus des zwischen den Vektoren $\vec{a}$ und $\vec{b}$ liegenden Winkels γ entspricht. Es gilt also

$$\cos \gamma = \frac{\vec{a}^T \cdot \vec{b}}{|\vec{a}| \cdot |\vec{b}|}.$$

Demnach ist für aufeinander senkrecht stehende Vektoren $\cos \gamma = \cos 90° = 0$.

Übungsaufgaben zum Abschnitt 2.5

Aufgabe 1. Gegeben sei die quadratische Matrix

$$A = \begin{pmatrix} 3 & 4 & -1 & 9 & -6 \\ -2 & 5 & 2 & -8 & 5 \\ -1 & -3 & -3 & 7 & -8 \\ 2 & 5 & 2 & 8 & -5 \\ 3 & -4 & 1 & -9 & 6 \end{pmatrix}.$$

Beantworten Sie bitte nachfolgende Fragen.
(a) Wie lauten die Elemente $a_{15}, a_{34}, a_{43}, a_{52}$ und a_{41} der Matrix A?
(b) Wie groß sind die Summen $\sum_{i=1}^{5} a_{i2}$ und $\sum_{j=1}^{5} a_{2j}$?

Aufgabe 2. Bestimmen Sie die Transponierten A^T, B^T und C^T, wenn A, B und C wie folgt gegeben sind:

$$A = \begin{pmatrix} -3 & 2 & 8 \\ 4 & 1 & -7 \end{pmatrix}, \quad B = \begin{pmatrix} 5 & 17 & -2 & 29 \\ 6 & 12 & 3 & 18 \\ 2 & -9 & 14 & -32 \end{pmatrix}, \quad C = \begin{pmatrix} 12 & 8 & 16 \\ -7 & 9 & -7 \\ 34 & 2 & -3 \end{pmatrix}.$$

Aufgabe 3. Vervollständigen Sie die beiden Matrizen

$$A = \begin{pmatrix} 1 & 5 & -1 & 4 & 9 \\ . & 2 & 2 & 0 & 8 \\ . & . & 6 & 1 & 7 \\ . & . & . & 0 & 7 \\ . & . & . & . & 3 \end{pmatrix} \quad \text{und} \quad B = \begin{pmatrix} 5 & 1 & 3 & 2 \\ 1 & 2 & 0 & . \\ 3 & 0 & . & . \\ 2 & . & . & . \end{pmatrix}$$

zu symmetrischen Matrizen, indem Sie die fehlenden Matrixelemente in A und B eintragen.

Aufgabe 4. Gegeben sei die (3×3)-Matrix

$$A = \begin{pmatrix} 0 & 3 & 6 \\ 1 & 4 & 7 \\ 2 & 5 & a \end{pmatrix}.$$

Für welchen Wert des Parameters $a \in \mathbb{R}$ ist die Determinante dieser Matrix gleich null?

Aufgabe 5. Für welchen Wert $a \in \mathbb{R}$ ist $\det A = 0$, sofern die Matrix

$$A = \begin{pmatrix} a-2 & 2 & 7 \\ 0 & a-1 & 0 \\ 0 & 5 & 1 \end{pmatrix}$$

gegeben ist?

Aufgabe 6. Gegeben seien die drei Matrizen

$$A = \begin{pmatrix} 3 & 4 & 5 & 6 \\ 7 & 2 & 0 & 1 \\ 4 & 9 & 3 & 8 \end{pmatrix}, \quad B = \begin{pmatrix} 1 & 3 & 5 & 4 \\ 7 & 2 & 2 & 8 \\ 6 & 1 & 9 & 3 \end{pmatrix} \quad \text{und} \quad C = \begin{pmatrix} 4 & 7 & 6 \\ 3 & 0 & 1 \\ 2 & 1 & 9 \end{pmatrix}.$$

Berechnen sie die Summe $A + B$, die Differenzen $A - B$ und $B - A$ sowie die Summe $A + C$.

Aufgabe 7. Wie lautet die Matrix C, wenn die Gleichung $A + B - C = 0$ erfüllt werden soll und die Matrizen

$$A = \begin{pmatrix} 1 & 2 \\ 3 & 4 \\ 5 & 6 \end{pmatrix} \quad \text{und} \quad B = \begin{pmatrix} -3 & -2 \\ 1 & -5 \\ 4 & 3 \end{pmatrix}$$

gegeben sind (Info: Die Matrix 0 ist die Nullmatrix).

Aufgabe 8. Ein Unternehmen besitzt drei Teilelager, in denen jeweils drei Artikel lagern. Die in zwei aufeinanderfolgenden Monaten verbrauchten Mengen sind in den nachfolgenden Tabellen wiedergegeben.

Artikel	Teilelager			Artikel	Teilelager		
	1	2	3		1	2	3
1	3	5	4	1	2	1	0
2	2	6	1	2	3	2	2
3	0	3	5	3	2	1	4

Schreiben Sie die verbrauchten Mengen als Matrizen, und bestimmen Sie den Gesamtverbrauch in den beiden Monaten je Artikel und je Teilelager.

Aufgabe 9. Gegeben seien die drei (2×2)-Matrizen

$$A = \begin{pmatrix} 4 & 2 \\ 1 & 0 \end{pmatrix}, \quad B = \begin{pmatrix} 1 & 1 \\ 1 & 1 \end{pmatrix} \quad \text{und} \quad C = \begin{pmatrix} -2 & -1 \\ -3 & -2 \end{pmatrix}.$$

Wie groß sind $5A$, $3A - 2B + C$, $-2B$, sowie $A - 10B - 3C$?

Aufgabe 10. Gegeben seien die drei Vektoren

$$\vec{a} = \begin{pmatrix} 5 \\ 4 \\ -3 \end{pmatrix}, \quad \vec{b} = \begin{pmatrix} 1 \\ 1 \\ 0 \end{pmatrix} \quad \text{und} \quad \vec{c} = \begin{pmatrix} 1 \\ 0 \\ -3 \end{pmatrix}.$$

Für welche Werte λ und ν wird die Gleichung $\vec{a} + \lambda \cdot \vec{b} + \nu \cdot \vec{c} = \vec{0}$ erfüllt?

Aufgabe 11. Gegeben sind die drei Vektoren

$$\vec{a} = \begin{pmatrix} 1 \\ 0 \\ 2 \end{pmatrix}, \quad \vec{b} = \begin{pmatrix} 1 \\ 0 \\ 3 \end{pmatrix} \quad \text{und} \quad \vec{c} = \begin{pmatrix} 0 \\ 1 \\ 0 \end{pmatrix}.$$

(a) Bestimmen Sie die Beträge der Vektoren $\vec{a}, \vec{b}$ und $\vec{c}$.
(b) Sind die drei Vektoren $\vec{a}, \vec{b}$ und $\vec{c}$ linear unabhängig oder linear abhängig?
(c) Berechnen Sie alle möglichen Skalarprodukte, die sich aus den drei Vektoren $\vec{a}, \vec{b}$ und $\vec{c}$ bilden lassen.
(d) Berechnen sie das Produkt $(\vec{a}^T \cdot \vec{b}) \cdot \vec{c}$.
(e) Wie lauten die normierten Vektoren $\vec{a}_0, \vec{b}_0$ und $\vec{c}_0$?
(f) Wie groß ist der Winkel γ zwischen den Vektoren $\vec{a}$ und $\vec{b}$?

Aufgabe 12. In einem Sommermonat verkauft ein Bremer Unternehmen von vier Artikeln die Mengen x_1, x_2, x_3 und x_4 zu den Sonderpreisen p_1, p_2, p_3 respektive p_4. Bekanntlich können diese Mengen und Preise zu einem Mengenvektor $\vec{x}$ und einem Preisvektor $\vec{p}$ zusammengefasst werden.
(a) Formulieren Sie die Bedingung, dass der Erlös E mindestens den Wert E^* überschreiten soll, als skalares Produkt von Preis- und Mengenvektor.

(b) Schreiben Sie die Bedingung, dass die Gesamtmenge aller Produkte mindestens 1.000 Stück betragen soll, unter Verwendung von Vektoren.

Aufgabe 13. Bestimmen Sie zu der Matrix

$$A = \begin{pmatrix} 1 & -1 & 3 \\ 4 & 0 & 2 \\ 1 & -2 & 5 \end{pmatrix}$$

die transponierte Matrix A^T, und berechnen Sie sodann die Summe $A^T + A$ sowie das Produkt $A^T \cdot A$.

Aufgabe 14. Für welche $x \in \mathbb{R}$ gilt die Kommutativität der Matrizenmultiplikation, wenn die beiden Matrizen

$$A = \begin{pmatrix} 2 & x+1 \\ 1 & 1 \end{pmatrix} \quad \text{und} \quad B = \begin{pmatrix} 2x & 5x-1 \\ 3 & 2x-3 \end{pmatrix}$$

gegeben sind.

Aufgabe 15. Gegeben seien die beiden Matrizen

$$A = \begin{pmatrix} 1 & 2 & 3 \\ 1 & 0 & 3 \\ 0 & 3 & 2 \end{pmatrix} \quad \text{und} \quad B = \begin{pmatrix} 2 & 1 & 0 \\ 0 & 2 & 2 \\ 1 & 4 & 4 \end{pmatrix}$$

und der Skalar $c = 5$. Berechnen Sie das Produkt $c \cdot \det(A \cdot B) \cdot \det A$.

2.6 Matrizen und lineare Gleichungssysteme in der Ökonomie

In den Wirtschaftswissenschaften haben sich tabellenähnliche Anordnungen von Zahlen und die Anwendung der Matrizen- und Vektorrechnung zur übersichtlichen Darstellung der Beziehungen zwischen solchen Anordnungen von Zahlen bzw. Zahlenblöcken als besonders hilfreiches Instrument herausgestellt. Als Beispiel sei eine (2 × 3)-Matrix A aufgeführt, die eine Auskunft darüber gibt, wie viele Teile eines Rohstoffes R_1 und R_2 für die Herstellung von drei Zwischenprodukten Z_1, Z_2 und Z_3 benötigt werden. Ist Matrix $A = \begin{pmatrix} 10 & 15 & 3 \\ 5 & 8 & 2 \end{pmatrix}$, dann werden zur Herstellung von jeweils einem Zwischenprodukt Z_1, Z_2 und Z_3 vom Rohstoff R_1 genau $10 \cdot Z_1 + 15 \cdot Z_2 + 3 \cdot Z_3$ Mengen und von R_2 genau $5 \cdot Z_1 + 8 \cdot Z_2 + 2 \cdot Z_3$ Mengen benötigt. Demnach hängen die Rohstoffmengen R_1 und R_2 von drei Variablen, nämlich Z_1, Z_2 und Z_3, ab, und die Abhängigkeit erfolgt linear.

Linearität einer Gleichung bedeutet, dass alle Variablen lediglich in der ersten Potenz in einer Gleichung vorkommen. Daher sind zwischen den Variablen ausschließlich Linearkombinationen, also eine Addition, Subtraktion, Multiplikation mit einem Skalar oder eine Division durch einen Skalar zulässig. Allgemein lassen sich lineare Gleichungen durch

$$y = a_1 \cdot x_1 + a_2 \cdot x_2 + \ldots + a_n \cdot x_n = \sum_{i=1}^{n} a_i \cdot x_i$$

darstellen, wobei a_i die Koeffizienten und y sowie x_i die Variablen der Gleichung sind ($i = 1, \ldots, n$). Kommen in einer Gleichung dagegen Potenzen wie x^3 oder $x^{\frac{1}{2}} = \sqrt{x}$ oder Produkte wie $x_1 \cdot x_2$ vor, dann ist eine Gleichung nichtlinear.

Darum geht es in diesem Abschnitt 2.6, und es wird dargelegt, wie die Matrizenalgebra in der Ökonomie eingesetzt werden kann und wie Matrizen als Funktionen interpretiert werden können. Des Weiteren geht es um lineare Gleichungen, lineare Gleichungssysteme sowie um Lösbarkeitskriterien linearer Gleichungssysteme.

Anwendung der Matrizenalgebra in der Ökonomie

In der betrieblichen Praxis spielt die Matrizenalgebra eine wichtige Rolle. Bei der Anwendung der Matrizenalgebra in der Ökonomie sollte man sich den Sinn der einzelnen Rechenschritte unbedingt vor Augen führen, indem einzelne Zwischen- und Endergebnisse problembezogen interpretiert werden. Eine nur schematische Anwendung der mathematischen Rechenregeln führt – gerade bei der Matrizenalgebra – leicht zu grotesken Fehlern, beispielsweise bei Missachtung der Nicht-Kommutativität der Matrizenmultiplikation.

Dass es im Besonderen auf die Reihenfolge der Faktoren bei einer Matrizenmultiplikation ankommt, sei nachfolgend am Beispiel einer Materialverflechtung in einem Produktionsprozess verdeutlicht. Ausgehend von einem Unternehmen, dass in einem zweistufigen Prozess zwei Endprodukte E_1 und E_2 fertigt, die aus drei Zwischenprodukten Z_1, Z_2 und Z_3 zusammengesetzt werden, die wiederum aus zwei Rohstoffen R_1 und R_2 hergestellt werden, stellt sich die Frage, wie viel Teile an Rohstoffen zur Endproduktfertigung überhaupt benötigt werden. Abbildung 2.8 zeigt in einem Gozintographen[21] die Mengenbeziehungen zwischen den Rohstoffen R_1 und R_2, den Zwischenprodukten Z_1, Z_2 und Z_3 und den Endprodukten E_1 und E_2.

Entsprechend der in der Abbildung 2.8 angegebenen Mengenbeziehungen lassen sich für dieses Beispiel zwei Produktionsmatrizen **A** und **B** formulieren, die – miteinander multipliziert – einen Zusammenhang zwischen den benötigten Rohstoffen zur Fertigung der Endprodukte herstellen. So gibt die Matrix

---

[21] Ein gerichteter Graph, der beschreibt, aus welchen Teilen sich ein oder mehrere Produkte zusammensetzen wird als Gozintograph bezeichnet. Der Produktionsprozess kann dabei mehrstufig sein, wobei der Input aus Rohstoffen, Halb- und Fertigteilen besteht. Im Gozintographen ist aufgeführt, wie diese Teile gegebenenfalls mengenmäßig verflochten sind. Dabei bezeichnen die Knoten die Teile und die gerichteten Kanten geben an, wie viele Einheiten eines Teiles in eine Einheit eines nachgelagerten Teiles einfließen. Der Name dieses Graphen wurde von dem ungarischen Mathematiker Andrew Vazsonyi (*1916, †2003) kreiert und soll auf die Vorgehensweise „the part, that goes into" und den Inhalt eines solchen Graphen hinweisen.

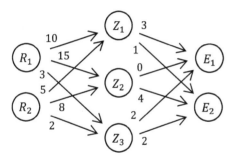

Abb. 2.8: Mengenbeziehungen zwischen Rohstoffen R, Zwischenprodukten Z und Endprodukten E (Quelle: Eigene Darstellung).

$$A = \begin{pmatrix} 10 & 15 & 3 \\ 5 & 8 & 2 \end{pmatrix}$$

an, wie viel Anteile an Rohstoffen R_1 und R_2 zur Herstellung der Zwischenprodukte Z_1, Z_2 und Z_3 notwendig sind. Die Matrix

$$B = \begin{pmatrix} 3 & 1 \\ 0 & 4 \\ 2 & 2 \end{pmatrix}$$

offenbart dagegen, wie viel Teile an Zwischenprodukten Z_1, Z_2 und Z_3 zur Fertigung der Endprodukte E_1 und E_2 benötigt werden. Mit den so gewählten Matrizen A und B ergibt sich für das Produkt $A \cdot B$ genau

$$\begin{pmatrix} 10 & 15 & 3 \\ 5 & 8 & 2 \end{pmatrix} \cdot \begin{pmatrix} 3 & 1 \\ 0 & 4 \\ 2 & 2 \end{pmatrix} = \begin{pmatrix} 36 & 76 \\ 19 & 41 \end{pmatrix}.$$

Demnach werden 36 Anteile R_1 und 19 Anteile R_2 zur Fertigung einer Einheit E_1 sowie 76 Anteile R_1 und 41 Anteile R_2 zur Fertigung einer Einheit E_2 benötigt.

Die beiden Matrizen A und B sowie deren Produkt $A \cdot B$ zeigen, dass eine korrekte Zuordnung der Mengenbeziehungen gegeben ist und das Ergebnis sinnvoll interpretiert werden kann. Eine Multiplikation der Matrix B mit der Matrix A, also $B \cdot A$, wäre zwar mathematisch möglich, ergibt aber keinen Sinn, denn das Ergebnis ist eine (3×3)-Matrix und stellt keinen Zusammenhang zwischen den zwei Rohstoffen und den zwei Endprodukten her. Auch ein Produkt aus einer Matrix

$$A = \begin{pmatrix} 10 & 5 \\ 15 & 8 \\ 3 & 2 \end{pmatrix},$$

die als eine (3 × 2)-Matrix die Mengenbeziehungen zwischen den Rohstoffen und Zwischenprodukten herstellen soll, und der angegebenen Matrix B kann nicht gebildet werden, denn die Spaltenzahl dieser (3 × 2)-Matrix A stimmt nicht mit der Zeilenzahl der Matrix B überein.

Alles in allem liefert Produkt

$$A \cdot B = \begin{pmatrix} 10 & 15 & 3 \\ 5 & 8 & 2 \end{pmatrix} \cdot \begin{pmatrix} 3 & 1 \\ 0 & 4 \\ 2 & 2 \end{pmatrix} = \begin{pmatrix} 36 & 76 \\ 19 & 41 \end{pmatrix}$$

das korrekte Ergebnis für die ökonomische Problemstellung, denn es stellt einen Zusammenhang zwischen den benötigten zwei Rohstoffen zur Fertigung der zwei Endprodukte her. Die Produktmatrix kann demzufolge auch durch die beiden Gleichungen $36 \cdot E_1 + 76 \cdot E_2 = R_1$ und $19 \cdot E_1 + 41 \cdot E_2 = R_2$ interpretiert werden. Sie geben dann eine Antwort auf die Frage, wie viel Rohstoffe am Ende zur Fertigung einer bestimmten Menge an Endprodukten E_1 und E_2 benötigt werden. Sollen beispielsweise 5 Endprodukte E_1 und 8 Endprodukte E_2 gefertigt werden, hat das Unternehmen einen Rohstoffbedarf von 788 Teilen R_1 und 423 Teilen R_2.

Matrizen als spezielle Funktionen

Die Anwendung der Matrizenalgebra in der Ökonomie – beispielsweise zur Beschreibung der Materialverflechtung in einem Produktionsprozess – wie auch in anderen Disziplinen zeigt, dass bei den Problemlösungen spezielle lineare Funktionen der Form $y = \sum_{i=1}^{n} a_i x_i$ mit $i = 1, \ldots, n$ vorkommen. Dabei sind $a_i \in \mathbb{R}$ die Koeffizienten, die als Faktor vor den Variablen x_i stehen. Die Variable y ist also eine Funktion, die von mehreren unabhängigen Variablen x_1, x_2 bis x_n abhängig ist.

Werden m weitere solche Variablen y_i betrachtet, die von den n unabhängigen Variablen $x_1, x_2, \ldots, x_n$ abhängen, dann können diese durch eine $(m \times n)$-Koeffizientenmatrix $A = (a_{ij})$ verknüpft werden. Demzufolge können die Matrizen als lineare Abbildungen $\vec{y} = A \cdot \vec{x}$ aus einer Menge x_j von n-Tupeln in eine Menge y_i von m-Tupeln aufgefasst werden. Eine lineare Abbildung setzt sich somit aus m linearen Funktionen $y_i = \sum_{j=1}^{n} a_{ij} \cdot x_j, i = 1, \ldots, m$ zusammen, und es gilt

$$\vec{y} = A \cdot \vec{x} \quad \text{bzw.} \quad \begin{pmatrix} y_1 \\ \vdots \\ y_m \end{pmatrix} = (a_{ij}) \cdot \begin{pmatrix} x_1 \\ \vdots \\ x_n \end{pmatrix} = \begin{pmatrix} \sum_{j=1}^{n} a_{1j} x_j \\ \sum_{j=1}^{n} a_{2j} x_j \\ \vdots \\ \sum_{j=1}^{n} a_{mj} x_j \end{pmatrix}.$$

Lineare Gleichungen und Gleichungssysteme

Mathematische Modelle zur Beschreibung ökonomischer Zusammenhänge basieren vielfach auf einem System mit mehreren Gleichungen. Sind diese Gleichungen linear, d. h. die Variablen treten nur in der ersten Potenz auf und es kommen auch keine Produkte der Variablen vor, so spricht man von linearen Gleichungen oder linearen Gleichungssystemen. Die einfachste lineare Gleichung ist eine Gleichung, die nur von einer Variablen x abhängig ist, wie beispielsweise $ax + b = c$. Deren Lösung ist einfach durch Umformung der Gleichung zu bestimmen, und sie lautet $x = \frac{c-b}{a}$.

In der Ökonomie wie auch in anderen Disziplinen sind auch Abhängigkeiten von mehreren Variablen von Interesse. Die Variablen werden dann in den linearen Gleichungen und Gleichungssystemen mit $x_1, x_2, \ldots, x_n$ abgekürzt. Solche linearen Gleichungssysteme finden vor allem bei einer Input-Output- oder Break-Even-Analyse, bei der linearen Optimierung aber auch bei der innerbetrieblichen Leistungsverrechnung eine Anwendung.

> **Beispiel zur Bestimmung linearer Gleichungssysteme.** Ein Mathematikstudent kauft morgens in einer Bäckerei 2 kg Brot und 3 l Milch und zahlt 7,40 €. Der Kilopreis des Brotes betrage 2,80 €, und der Literpreis der Milch betrage 0,60 €. Er stellt sich zu Hause die Frage, welche Menge an Brot und Milch er bekommen hätte, wenn er 20 € bezahlen würde und das Warenbündel aus fester und flüssiger Nahrung ein Verhältnis von 1 zu 2 betragen würde. Helfen Sie diesem Studenten, und stellen Sie das dazugehörige lineare Gleichungssystem auf.
>
> **Lösung.** Das Gleichungssystem besteht aus zwei Gleichungen, wobei die Variablen x_1 die Menge an Brot und x_2 die Menge an Milch bezeichnen. Die Gleichungen lauten:
>
> $$2{,}80 \cdot x_1 + 0{,}60 \cdot x_2 = 20 \quad [1]$$
> $$2 \cdot x_1 - \phantom{0{,}60 \cdot } x_2 = 0 \quad [2]$$
>
> Auflösen der zweiten Gleichung nach x_2 und Einsetzen der Beziehung $x_2 = 2x_1$ in die erste Gleichung ergibt für $x_1 = 5$. Demnach ist $x_2 = 10$. Also könnte er für 20 € genau 5 kg Brot und 10 l Milch kaufen.

Allgemein wird eine lineare Gleichung in den n Variablen $x_1, \ldots, x_n$ und den konstanten Koeffizienten a_j ($j = 1, 2, \ldots, n$) und mit b als dem sogenannten absoluten Glied geschrieben als

$$a_1 \cdot x_1 + a_2 \cdot x_2 + \ldots + a_n \cdot x_n = \sum_{j=1}^{n} a_j \cdot x_j = b.$$

Wenn nur eine einzige lineare Gleichung in n Variablen gegeben ist, so ist sie nicht eindeutig lösbar. Es sind noch weitere Informationen notwendig, die dann die anderen $(n-1)$ Variablen näher bestimmen.

Ein lineares Gleichungssystem besteht nun aus m linearen Gleichungen mit den n Variablen $x_1, \ldots, x_n$, und man schreibt

$$a_{11} \cdot x_1 + a_{12} \cdot x_2 + \ldots + a_{1n} \cdot x_n = \sum_{j=1}^{n} a_{1j} \cdot x_j = b_1$$
$$\wedge\, a_{21} \cdot x_1 + a_{22} \cdot x_2 + \ldots + a_{2n} \cdot x_n = \sum_{j=1}^{n} a_{2j} \cdot x_j = b_2$$
$$\vdots \qquad \vdots \qquad \vdots \quad = \quad \vdots$$
$$\wedge\, a_{m1} \cdot x_1 + a_{m2} \cdot x_2 + \ldots + a_{mn} \cdot x_n = \sum_{j=1}^{n} a_{mj} \cdot x_j = b_m.$$

Unter Verwendung des Summenzeichens lässt sich dieses lineare Gleichungssystem auch verkürzt schreiben als

$$\sum_{j=1}^{n} a_{ij} x_j = b_i \quad \text{mit } i = 1, 2, \ldots, m.$$

Matrizen und Vektoren eröffnen nun eine weitere Möglichkeit, lineare Gleichungssysteme einfach darzustellen. Werden die Koeffizienten in einer $(m \times n)$-Matrix und die n Variablen $x_1, \ldots, x_n$ in einem n-Vektor und die absoluten Glieder b_j in einem m-Vektor (auch Vektor der rechten Seite genannt) abgebildet, dann kann das lineare Gleichungssystem als $A \cdot \vec{x} = \vec{b}$ geschrieben werden. Diese Darstellung in einer Matrizengleichung heißt auch Normalform eines linearen Gleichungssystems. Es gilt demnach:

$$A \cdot \vec{x} = \vec{b} \iff \begin{pmatrix} a_{11} & a_{12} & \cdots & a_{1n} \\ a_{21} & a_{22} & \cdots & a_{2n} \\ \vdots & \vdots & \vdots & \vdots \\ a_{m1} & a_{m2} & \cdots & a_{mn} \end{pmatrix} \cdot \begin{pmatrix} x_1 \\ x_2 \\ \vdots \\ x_n \end{pmatrix} = \begin{pmatrix} b_1 \\ b_2 \\ \vdots \\ b_m \end{pmatrix}.$$

Grundsätzlich können lineare Gleichungssysteme zwischen homogen und inhomogen unterschieden werden. Ein Gleichungssystem heißt homogen, wenn $A \cdot \vec{x} = \vec{0}$ gilt; es ist dagegen inhomogen, wenn auf der rechten Seite wenigstens ein Koeffizient des Vektors von 0 verschieden ist, also $A \cdot \vec{x} = \vec{b}$ ist inhomogen mit $\vec{b} \neq \vec{0}$. Es ist leicht zu erkennen, dass ein homogenes lineares Gleichungssystem $A \cdot \vec{x} = \vec{0}$ immer mindestens die triviale Lösung $\vec{x} = \vec{0}$ besitzt.

Beispiel zur Bestimmung einer Matrizengleichung. Schreiben Sie das lineare Gleichungssystem

$$\begin{vmatrix} x_1 + 3x_2 + x_3 = 5 \\ x_1 - x_2 + x_3 = 4 \\ 2x_1 + 6x_2 - 4x_3 = 1 \end{vmatrix}$$

als Matrizengleichung.

Lösung. Die Matrizengleichung lautet

$$\begin{pmatrix} 1 & 3 & 1 \\ 1 & -1 & 1 \\ 2 & 6 & -4 \end{pmatrix} \cdot \begin{pmatrix} x_1 \\ x_2 \\ x_3 \end{pmatrix} = \begin{pmatrix} 5 \\ 4 \\ 1 \end{pmatrix}$$

Lösbarkeitskriterien linearer Gleichungssysteme

Die Bestimmung der Lösung eines linearen Gleichungssystems ist ein zentrales Thema der Linearen Algebra. Sie erfolgt im Allgemeinen durch sogenannte elementare Umformungen des linearen Gleichungssystems. Unter einer elementaren Umformung versteht man die Ersetzung eines linearen Gleichungssystems durch ein anderes, welches aus dem gegebenen System hervorgeht, indem man
- die Reihenfolge der Gleichungen des Systems vertauscht,
- eine Gleichung mit einem Skalar $\lambda \neq 0$ ($\lambda \in \mathbb{R}$) multipliziert, oder
- zu einer Gleichung eine andere Gleichung des Systems addiert.

Jede elementare Umformung eines linearen Gleichungssystems ist eine Äquivalenzumformung des Systems. Alle diese äquivalenten Umformungen verändern die Lösungsmenge eines linearen Gleichungssystems mit mehreren Variablen nicht. Zu beachten ist jedoch, dass nicht jede Äquivalenzumformung eines linearen Gleichungssystems eine eindeutige Lösung ergibt. Es zeigt sich nämlich, dass bei linearen Gleichungssystemen unterschiedliche Lösungsmöglichkeiten gegeben sind.

Ein lineares Gleichungssystem hat eine Lösung und ist eindeutig lösbar. Am Beispiel des Mathematikstudenten, der in einer Bäckerei Brot und Milch kauft (vgl. Beispiel zur Bestimmung linearer Gleichungssysteme), werden entsprechende Äquivalenzumformungen angewendet, und das System

$$\left| \begin{array}{l} 2{,}80 \cdot x_1 + 0{,}60 \cdot x_2 = 20 \\ 2 \cdot x_1 - \phantom{0{,}60 \cdot} x_2 = 0 \end{array} \right|$$

hat mit $x_1 = 5$ und $x_2 = 10$ eine eindeutige Lösung. Die Lösung kann auch durch Einsetzen der Variablenwerte in die beiden Gleichungen nochmal überprüft werden. Diese eindeutige Lösung, die durch das Zahlenpaar $(x_1, x_2) = (5, 10)$ gegeben ist, lässt sich auch graphisch interpretieren. Stellt man sich nämlich vor, dass die beiden Gleichungen in der Form $x_2 = f(x_1)$ in ein zweidimensionales Koordinatensystem abgebildet werden, dann weist das Zahlenpaar genau auf den Schnittpunkt der beiden Geraden hin.

Ein lineares Gleichungssystem hat mehrere Lösungen und ist mehrdeutig lösbar. Betrachtet man beispielsweise das Gleichungssystem, welches nur durch die einfache lineare Gleichung $2 \cdot x_1 + 3 \cdot x_2 = 5$ gegeben ist, dann zeigt sich, dass dieses System nicht nur die Lösung $x_1 = 1$ und $x_2 = 1$ hat, sondern es besitzt gleich mehrere Lösungen, die alle die Beziehung $x_2 = \frac{5-2x_1}{3}$ erfüllen. Die Gleichung ist also lösbar, aber nicht eindeutig, sondern mehrdeutig.

Ein lineares Gleichungssystem hat keine Lösung und ist nicht lösbar. Sei beispielsweise das lineare Gleichungssystem

$$\begin{vmatrix} 2 \cdot x_1 + 3 \cdot x_2 = 5 \\ 2 \cdot x_1 + 3 \cdot x_2 = 4 \end{vmatrix}$$

gegeben, so widersprechen sich die beiden Gleichungen. Infolgedessen ist dieses Gleichungssystem nicht lösbar, es hat also keine Lösung.

Die aufgeführten Beispiele zeigen, dass durch Auflösen der Gleichungen und gegenseitiges Einsetzen die Variablen schrittweise eliminiert und somit die Lösungsmenge bestimmt werden kann. Die Lösungsbestimmung durch Äquivalenzumformungen ist auch einfach durchzuführen, da es sich bei den aufgeführten linearen Gleichungssystemen nur um jeweils zwei Gleichungen mit zwei Variablen x_1 und x_2 handelt. Da im Allgemeinen aber Gleichungssysteme aus m Gleichungen und n Variablen bestehen, mit m und n (viel) größer als 2, sind die zur Lösungsbestimmung anzuwendenden Umformungen entsprechend umfangreich. Es stellt sich daher die Frage, ob die Lösbarkeit eines linearen Gleichungssystems schon vor Anwendung der Umformungen erkennbar ist.

Formuliert man die drei Gleichungssysteme in einer Normalform $\boldsymbol{A} \cdot \vec{x} = \vec{b}$, also in einer Matrizengleichung, dann ist zu erkennen, dass die Lösbarkeit (und die Zahl der Lösungen) eines Gleichungssystems offenbar mit der linearen Abhängigkeit der Spaltenvektoren (der Matrizen) und des Vektors der rechten Seite in Verbindung steht.

So lässt sich das erste aufgeführte Gleichungssystem auch als Matrizengleichung $\boldsymbol{A} \cdot \vec{x} = \vec{b}$ schreiben, und es folgt

$$\begin{pmatrix} 2{,}8 & 0{,}6 \\ 2 & -1 \end{pmatrix} \cdot \begin{pmatrix} x_1 \\ x_2 \end{pmatrix} = \begin{pmatrix} 20 \\ 0 \end{pmatrix}.$$

Man erkennt, dass dieses System nur lösbar ist, wenn der Vektor $\vec{b}$ als Linearkombination der Spaltenvektoren $\vec{a}_j$ der Matrix $\boldsymbol{A}$ darstellbar ist, wie es bei den Vektoren $\vec{a}_1 = \begin{pmatrix} 2{,}8 \\ 2 \end{pmatrix}$, $\vec{a}_2 = \begin{pmatrix} 0{,}6 \\ -1 \end{pmatrix}$ und $\vec{b} = \begin{pmatrix} 20 \\ 0 \end{pmatrix}$ der Fall ist. Die Gleichungen – respektive Vektoren – sind also linear unabhängig, und das Gleichungssystem ist mit $m = n = 2$ zudem bestimmt.

Das zweite Beispiel lässt sich mit der Matrizengleichung

$$\begin{pmatrix} 2 & 3 \\ 0 & 0 \end{pmatrix} \cdot \begin{pmatrix} x_1 \\ x_2 \end{pmatrix} = \begin{pmatrix} 5 \\ 0 \end{pmatrix}$$

formulieren. Hier ist zu erkennen, dass das System mit $m = 1$ und $n = 2$ unterbestimmt ist und eine linear abhängige Gleichung eliminiert werden kann. Das System ist demzufolge mehrdeutig lösbar.

Mit dem dritten Beispiel geht die Matrizengleichung

$$\begin{pmatrix} 2 & 3 \\ 2 & 3 \end{pmatrix} \cdot \begin{pmatrix} x_1 \\ x_2 \end{pmatrix} = \begin{pmatrix} 5 \\ 4 \end{pmatrix}$$

einher. In diesem Fall sind die beiden Vektoren $\vec{a}_1 = \begin{pmatrix} 2 \\ 3 \end{pmatrix}$ und $\vec{a}_2 = \begin{pmatrix} 2 \\ 3 \end{pmatrix}$ linear abhängig, und es zeigt sich, dass das System nicht lösbar ist.

Bei der Beurteilung der Lösbarkeit von linearen Gleichungssystemen, die in Normalform $\boldsymbol{A} \cdot \vec{x} = \vec{b}$ darstellbar sind, geht es demzufolge um die Anzahl linear unabhängiger Vektoren der Matrix $\boldsymbol{A}$. Diese Anzahl wird Rang der Matrix $\boldsymbol{A}$ genannt.

- Unter dem Rang einer Matrix $\boldsymbol{A}$ wird die Maximalzahl linear unabhängiger Zeilen bzw. Spalten der Matrix verstanden, und man schreibt rg($\boldsymbol{A}$). Es lässt sich zeigen, dass bei jeder Matrix $\boldsymbol{A}$ der Spaltenrang gleich dem Zeilenrang ist.
- Für eine $(m \times n)$-Matrix $\boldsymbol{A}$ ist der rg($\boldsymbol{A}$) höchstens gleich dem Minimum von Zeilenzahl m und Spaltenzahl n, also rg($\boldsymbol{A}$) $\leq \min(m, n)$.
- Der Rang einer $(m \times n)$-Matrix $\boldsymbol{A}$ ist gleich dem Rang der Transponierten $\boldsymbol{A}^{\mathrm{T}}$, also rg($\boldsymbol{A}$) = rg($\boldsymbol{A}^{\mathrm{T}}$).
- Zur Bestimmung des Rangs einer Matrix $\boldsymbol{A}$ erzeugt man in den Spalten der Matrix (in beliebiger Reihenfolge) Einheitsvektoren $\vec{e}_i$, wobei für je zwei Einheitsvektoren $\vec{e}_i$ und $\vec{e}_j$ die Bedingung $i \neq j$ gelten muss. Der Rang einer Matrix stimmt nun mit der maximalen Anzahl von Einheitsvektoren, die erzeugt werden können, überein.

Mit dem Rang einer $(m \times n)$-Matrix $\boldsymbol{A}$ und dem Rang der sogenannten erweiterten Matrix $(\boldsymbol{A}|\vec{b})$ lassen sich Aussagen über die Anzahl der Lösungen eines linearen Gleichungssystems $\boldsymbol{A} \cdot \vec{x} = \vec{b}$ treffen. Der rg($\boldsymbol{A}$) gibt nämlich an, wie viele Unbekannte bei der Lösung des Gleichungssystems $\boldsymbol{A} \cdot \vec{x} = \vec{b}$ eindeutig festgelegt sind.

- Die Matrix $(\boldsymbol{A}|\vec{b})$ wird erweiterte Matrix genannt. Sie entsteht durch Hinzufügen des Spaltenvektors $\vec{b}$ (Vektor der rechten Seite) zur Matrix $\boldsymbol{A}$, und man schreibt

$$(\boldsymbol{A} \mid \vec{b}) = \begin{pmatrix} a_{11} & a_{12} & \cdots & a_{1n} & b_1 \\ a_{21} & a_{22} & \cdots & a_{2n} & b_2 \\ \vdots & \vdots & \vdots & \vdots & \vdots \\ a_{m1} & a_{m2} & \cdots & a_{mn} & b_m \end{pmatrix}.$$

Diese erweiterte Koeffizientenmatrix ist nunmehr eine $(m \times (n+1))$-Matrix.

Ist ein lineares Gleichungssystem lösbar, dann muss der Vektor $\vec{b}$ wegen der Bedingung $\sum_{j=1}^{n} x_j \cdot \vec{a}_j = \vec{b}$ als Linearkombination der Spaltenvektoren $\vec{a}_1, \vec{a}_2, \ldots, \vec{a}_n$ darstellbar sein. Bei der Erweiterung von $\boldsymbol{A}$ auf $(\boldsymbol{A}|\vec{b})$ kommt dann kein von den Spaltenvektoren $\vec{a}_j$ linear unabhängiger Vektor hinzu. Beide Matrizen müssen daher den gleichen Rang besitzen.

Die Einführung des Ranges von Matrizen erlaubt infolgedessen die Formulierung von Kriterien für die Lösbarkeit eines linearen Gleichungssystems.

Für die Lösbarkeit des linearen Gleichungssystems $A \cdot \vec{x} = \vec{b}$ mit m Gleichungen und n Variablen gilt:

$$\operatorname{rg}(A) < \operatorname{rg}(A, \vec{b}) \implies A \cdot \vec{x} = \vec{b} \quad \text{nicht lösbar}$$
$$\operatorname{rg}(A) = \operatorname{rg}(A, \vec{b}) < n \implies A \cdot \vec{x} = \vec{b} \quad \text{ist mehrdeutig lösbar}$$
$$\operatorname{rg}(A) = \operatorname{rg}(A, \vec{b}) = n \implies A \cdot \vec{x} = \vec{b} \quad \text{ist eindeutig lösbar.}$$

Für den Spezialfall, dass für eine quadratische $(n \times n)$-Matrix der $\operatorname{rg}(A) = n$ ist, dann hat das lineare Gleichungssystem $A \cdot \vec{x} = \vec{b}$ für jeden Vektor der rechten Seite $\vec{b}$ aus eine $\mathbb{R}^n$ eine eindeutige Lösung. Demzufolge gilt in diesem Fall $\det A \neq 0$.

Übungsaufgaben zum Abschnitt 2.6

Aufgabe 1. Gegeben sei ein Unternehmen, dass aus den fünf Einzelteilen $T_1, T_2, \ldots, T_5$ die vier Baugruppen B_1 bis B_4 montiert und aus diesen montierten Baugruppen daraufhin die drei Endprodukte E_1, E_2 und E_3 fertigt. Hinsichtlich der Materialverflechtung ist in den beiden nachfolgenden Tabellen angegeben, wie viel Einzelteile für die Montage einer Baugruppe und wie viel Baugruppen für die Fertigung eines Endproduktes benötigt werden.

	B_1	B_2	B_3	B_4
T_1	2	1	3	4
T_2	2	0	5	3
T_3	6	3	4	2
T_4	3	4	0	1
T_5	1	1	1	9

	B_1	B_2	B_3	B_4
E_1	3	4	0	8
E_2	6	1	4	0
E_3	2	6	5	0

(a) Der Betrieb soll 400 Stück vom ersten Endprodukt E_1, 500 Stück von E_2 und 300 Stück von E_3 liefern. Fassen Sie diese Mengen im Produktionsvektor $\vec{p}$ zusammen. Wie lässt sich mithilfe der Matrizenrechnung der Vektor $\vec{b}$ bestimmen, der angibt, wie hoch der Gesamtbedarf der einzelnen Baugruppen im vorliegenden Fall ist?

(b) Für die durch den Produktionsvektor $\vec{p}$ angegebenen Mengen an Endprodukten ist der Bedarfsvektor $\vec{x}$, der den Gesamtbedarf an Einzelteilen angibt, gesucht. Man bestimme daher den Bedarfsvektor zum einen mithilfe des zuvor ermittelten Baugruppenvektors und zum anderen direkt mithilfe einer noch zu ermittelnden Matrix C, deren Elemente c_{ik} angeben, wie viele Einzelteile der Art T_i mit $i = 1, 2, \ldots, 5$ in eine Einheit des Enderzeugnisses E_k ($k = 1, 2, 3$) eingehen.

Aufgabe 2. Welche der nachfolgenden fünf Gleichungen, die von den Variablen x_1, x_2, x_3 und x_4 abhängig sind, sind lineare und welche sind nichtlineare Gleichungen?

(a) $5 \cdot x_1 - 2 \cdot x_2 - x_3 + x_4 = 75$
(b) $7 \cdot (x_1 - x_3) = 9 \cdot (x_1 - x_2 + x_4)$
(c) $a \cdot x_1 - b \cdot x_3 = c \cdot x_2 - x_4$, mit $a, b, c \in \mathbb{N}$
(d) $2 \cdot x_1 + \sin 0{,}9 \cdot x_2 - x_3 = \sqrt[3]{27}$
(e) $2 \cdot x_1 + 7 \cdot \sqrt{x_3} - x_1 \cdot x_2 = x_4^3$

Aufgabe 3. Gegeben sei die Matrix

$$A = \begin{pmatrix} 1 & -2 & 2 \\ -1 & 0 & 1 \end{pmatrix}$$

sowie die Vektoren

$$\vec{x} = \begin{pmatrix} x_1 \\ x_2 \\ x_3 \end{pmatrix} \quad \text{und} \quad \vec{b} = \begin{pmatrix} 12 \\ 4 \end{pmatrix}.$$

Formulieren Sie die zu der Matrizengleichung $A \cdot \vec{x} = \vec{b}$ gehörenden linearen Gleichungen.

Aufgabe 4. Überführen Sie das lineare Gleichungssystem

$$\begin{vmatrix} x_1 = -2x_3 + x_2 + 5 \\ 40 - x_2 = x_3 - x_1 \\ 2x_3 + 6x_2 - 4x_1 = 1 \end{vmatrix}$$

in eine Matrizengleichung.

Aufgabe 5. Für ein Unternehmen sei ein zweistufiger Produktionsprozess gegeben, der aus fünf Einzelteilen $T_1, \ldots, T_5$, drei Baugruppen B_1, B_2, B_3 und zwei Endprodukten E_1 und E_2 besteht. Nachfolgender Gozintograph zeigt die zu diesem Produktionsprozess gehörenden Materialverflechtungen.

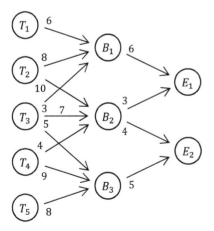

Wie viel Baugruppen und wie viel Einzelteile werden benötigt, wenn das Unternehmen 50 Endprodukte E_1 und 60 Endprodukte E_2 herstellen möchte? Geben Sie das Ergebnis als Baugruppenvektor $\vec{b}$ und Teilevektor $\vec{t}$ an.

Aufgabe 6. Zu einem Musikfestival kamen 3.200 Besucher. Der Veranstalter nahm durch die Eintritte insgesamt 24.100 € ein, wobei der Preis für die Eintrittskarten für Schüler, Auszubildende und Studierende bei Vorlage eines gültigen Ausweises bei 6 € lag, Erwachsene zahlten 8 €.

Stellen Sie eine lineare Gleichung auf, und beantworten Sie die Frage, wie viel Erwachsene das Festival besuchten.

Aufgabe 7. Handelt es sich bei der Gleichung $6x_2 - (3x_1 - 3)^2 = -5 - 9x_1^2$ und der Gleichung $2x_1 - (1 - x_2)(1 + x_2) = x_2(1 + x_2)$ um lineare Gleichungen, und wenn ja, wie lautet dann das lineare Gleichungssystem in Normalform?

Aufgabe 8. Ein Unternehmen produziert und verkauft k Produkte ($k = 1, 2, \ldots, K$) in den Mengen $x = x_k$. Für jede Mengeneinheit (ME) eines Produktes k werden a_{ik} ME des Rohstoffes i mit $i = 1, 2, \ldots, I$ verbraucht. Die Elemente a_{ij} seien in der Matrix $\boldsymbol{A}$ zusammengefasst, und der Verbrauch der Rohstoffe sei durch den Vektor $\vec{r}$ repräsentiert.
(a) Formulieren Sie den Gesamtverbrauch in Abhängigkeit der Mengen in einer Matrizengleichung.
(b) Es gibt j ($j = 1, 2, \ldots, J$) Maschinen, die in d_{jk} Zeiteinheiten je ME der zu fertigenden Produkte k eingesetzt werden. Die Zeiteinheiten d_{jk} sind in der Matrix $\boldsymbol{D}$ zusammengefasst. Wie lässt sich die Nutzungsdauer der Maschinen $n = n_j$ in einer Matrizengleichung formulieren.
(c) Die Betriebsstoffe h ($h = 1, 2, \ldots, H$) werden je Zeiteinheit der Nutzung der j-ten Maschine in der Menge p_{hj} benötigt. Diese Mengen sind in der Matrix $\boldsymbol{P}$ zusammengefasst. Wie lautet der Verbrauch $v = v_h$ dieser Stoffe in Abhängigkeit von den Mengen?
(d) Die Rohstoffe kosten $\vec{u}^T$ und die Betriebsstoffe $\vec{t}^T$ (jeweils in € je ME). Die Erlöse für die Endprodukte sind gleich $\vec{q}^T$ (€ je ME). Wie groß sind die Deckungsbeiträge $\vec{e}^T$ pro ME der Endprodukte, und wie groß ist der Gewinn G in Abhängigkeit der Menge, wenn von den Deckungsbeiträgen die Fixkosten K_f (in €) abgehen?
(e) Berechnen Sie mit folgenden Daten die zahlenmäßigen Werte zu den Fragen in (a) bis (d):

$$\vec{x} = \begin{pmatrix} 600 \\ 200 \\ 500 \end{pmatrix}, \qquad \boldsymbol{A} = \begin{pmatrix} 4 & 5 & 1 \\ 2 & 2 & 0 \\ 3 & 0 & 0 \\ 6 & 1 & 7 \end{pmatrix},$$

$$\boldsymbol{D} = \begin{pmatrix} 0{,}7 & 0{,}5 & 0{,}3 \\ 0{,}4 & 0{,}6 & 0{,}8 \end{pmatrix}, \qquad \boldsymbol{P} = \begin{pmatrix} 1.000 & 2.000 \\ 0{,}6 & 0{,}3 \\ 50 & 60 \end{pmatrix}$$

und $\vec{u}^T = (2\ 1\ 3\ 1)$, $\vec{t}^T = (0{,}002\ 4\ 0{,}05)$, $\vec{q}^T = (20\ 40\ 50)$ sowie $K_f = 8.000$

Aufgabe 9. Ein junger Student bekam von seiner Großmutter 360 € geschenkt. Da er dieses Geld langfristig anlegen möchte, kauft er hierfür Aktienfonds-, Rentenfonds- und Geldmarktfondsanteile zu je 20 €, 100 € respektive 3 €. Dabei hat er zehnmal so viel Geldmarktfonds wie Rentenfonds gekauft. Als sein Vater von der Anlageentscheidung seines Sohnes erfährt, unterstützt er ihn weiter und investiert in das Depot des Sohnes 680 € und kauft ihm hierfür Aktien-, Renten- und Geldmarktfonds, wobei die aktuellen Preise der Fonds nun bei 40 €, 40 € und 20 € gelegen haben.

Formulieren Sie für diese Transaktionen ein lineares Gleichungssystem.

Aufgabe 10. Nutzen Sie die äquivalenten Umformungen zur Lösung folgender drei Gleichungssysteme.

(a) $\begin{vmatrix} x_1 - 4 \cdot x_2 = 1 \\ 3 \cdot x_1 - x_2 = 14 \end{vmatrix}$

(b) $\begin{vmatrix} 4 \cdot x_1 - x_2 = 10 \\ 6 \cdot x_1 + x_2 = 10 \end{vmatrix}$

(c) $\begin{vmatrix} 2 \cdot x_1 + 2 \cdot x_2 = 6 \\ 8 \cdot x_1 - 6 \cdot x_2 = -4 \end{vmatrix}$

Aufgabe 11. Eine Getreidemühle beliefert die Bäckereien B_1, B_2, B_3 und B_4 mit Mehl der Sorten A, B und C. Folgende Bestellung ist zu realisieren:
- Bäckerei B_1: 5 Säcke der Sorte A, 3 Säcke der Sorte B, 10 Säcke der Sorte C,
- Bäckerei B_2: 10 Säcke der Sorte A, 5 Säcke der Sorte B,
- Bäckerei B_3: 15 Säcke der Sorte A, 10 Säcke der Sorte C,
- Bäckerei B_4: 10 Säcke der Sorte A, 4 Säcke der Sorte B, 6 Säcke der Sorte C.

Die Preise in Euro pro Sack für die Sorte A, B bzw. C sind in dem Preisvektor

$$\vec{p} = \begin{pmatrix} 30 \\ 25 \\ 35 \end{pmatrix}$$

zusammengefasst. Notieren Sie die Auslieferung an die Bäckereien als Matrix und berechnen Sie die Euro-Beträge, die die vier Bäckereien zu zahlen haben.

Aufgabe 12. Welchen Rang hat die Matrix

$$A = \begin{pmatrix} 4 & 2 & -4 & 4 \\ 1 & -1 & 2 & 4 \\ -1 & -2 & 4 & 2 \end{pmatrix}?$$

Aufgabe 13. Gegeben sei die Diagonalmatrix

$$A = \begin{pmatrix} 2 & 0 & 0 \\ 0 & 2 & 0 \\ 0 & 0 & 2 \end{pmatrix}.$$

Welchen Rang hat diese Diagonalmatrix?

Aufgabe 14. Bestimmen Sie den Rang der Matrix

$$A = \begin{pmatrix} -1 & 0 & 5 \\ 2 & 1 & -3 \\ 3 & 2 & -1 \end{pmatrix}.$$

Aufgabe 15. Ein Medizintechnikhersteller produziert Dialysatoren, Blutschlauchsysteme und Kochsalzlösungen. Die Preise betragen für eine Mengeneinheit Dialysatoren p_1, für eine Mengeneinheit Blutschlauchsysteme p_2 und für eine Mengeneinheit Kochsalzlösungen p_3. Im Januar eines Jahres wurden zwei Mengeneinheiten von Dialysatoren, eine Mengeneinheit von Blutschlauchsystemen und drei Mengeneinheiten von Kochsalzlösungen verkauft. Damit wurde ein Umsatz von 23 Geldeinheiten erzielt. Im Februar wurden dagegen eine, drei und zwei Mengeneinheiten, und im März dann zwei, vier und eine Mengeneinheit an Dialysatoren, Blutschlauchsysteme respektive Kochsalzlösungen verkauft. Die Umsätze lagen im Februar und im März jeweils bei 19 Geldeinheiten.

Stellen Sie als erstes ein lineares Gleichungssystem für die realisierten Umsätze durch den Verkauf dieser drei Medizinprodukte auf. Formulieren Sie sodann die ermittelten Zusammenhänge als Matrizengleichung.

2.7 Lösungsverfahren für lineare Gleichungssysteme

Lineare Gleichungssysteme spielen in den Wirtschaftswissenschaften eine wichtige Rolle, denn sie lassen sich beispielsweise zur Beschreibung von Materialverflechtungen sinnvoll einsetzen. Zur Lösung der linearen Gleichungssysteme können elementare Umformungen eingesetzt werden, wie es in Abschnitt 2.6 gezeigt ist. Jedoch wurden die gezeigten Lösungswege eher unsystematisch beschritten.

In diesem Abschnitt 2.7 wird nun dargelegt, wie unter Verwendung von Matrizen Lösungen linearer Gleichungssysteme systematisch bestimmt werden können:
– Zum einen können eindeutig lösbare lineare Gleichungssysteme mit dem sogenannten Gauß-Algorithmus auf eine strukturierte Art und Weise gelöst werden.
– Zum anderen bieten die Inversen von quadratischen Matrizen eine Möglichkeit, Lösungen linearer Gleichungssysteme, deren Zahl an Gleichungen mit der Zahl an Variablen übereinstimmt, zu ermitteln.
– Stimmt die Zahl an Gleichungen mit der Zahl an Variablen in einem eindeutig lösbaren Gleichungssystem überein, dann können die Systeme auch mit einer speziellen – bei einer großen Zahl an Gleichungen aber nicht unbedingt praktikablen – Methode, der sogenannten Determinantenmethode, gelöst werden.

Gauß-Algorithmus

Der Gauß-Algorithmus dient der Berechnung von Lösungen linearer Gleichungssysteme. Er eignet sich sowohl dazu, nur eine spezielle Lösung zu bestimmen, als auch zur Angabe der gesamten Lösungsmenge. Der Gauß-Algorithmus ist ein Eliminationsverfahren, welches durch schrittweise Umformungen ein Gleichungssystem vereinfacht. Aufgrund der wohldefinierten Einzelschritte kann der Algorithmus zur Ausführung auch gut in einem Computer implementiert werden.

Die Grundidee des Gauß-Algorithmus besteht darin, aus einem System von m linearen Gleichungen mit n Variablen $(m-1)$ dieser Gleichungen mithilfe der elementaren Umformungen (Äquivalenzumformungen) so umzuformen, dass eine Variable, etwa x_1, in diesen $(m-1)$ Gleichungen nicht mehr vorkommt. Aufgrund einer solchen Elimination wird der Gauß-Algorithmus auch als Gaußsche Eliminationsverfahren bezeichnet. Aus $(m-2)$ von diesen $(m-1)$ neuen Gleichungen lässt sich mithilfe derselben Umformungen dann beispielsweise x_2 entfernen. Indem man so fortführt, entsteht letztendlich ein einfacheres, leicht lösbares System, in dem x_1 nur in der ersten Gleichung, x_2 nur in der ersten und zweiten Gleichung usw. vorkommen. Am Ende entsteht daher ein Gleichungssystem in Dreiecksform, welches dann eine sukzessive Lösungsbestimmung erlaubt, wie es nachfolgendes System bestehend aus drei Gleichungen mit den Koeffizienten a_{ij} (mit $i,j = 1,2,3$) und den drei Variablen x_1, x_2, x_3 offenbart:

$$a_{11}x_1 + a_{12}x_2 + a_{13}x_3 = b_1$$
$$a_{22}x_2 + a_{23}x_3 = b_2$$
$$a_{33}x_3 = b_3.$$

Falls die Koeffizienten a_{11}, a_{22} und a_{33} ungleich null sind, lassen sich die Lösungen aus diesem Gleichungssystem einfach ermitteln, denn die Variable x_3 bestimmt sich durch einfache Bruchrechnung zu $x_3 = \frac{b_3}{a_{33}}$, und die beiden anderen Variablen x_2 und x_1 berechnen sich nach Einsetzen des Wertes von x_3 und des daraufhin berechneten Wertes von x_2 zu $x_2 = \frac{1}{a_{22}}(b_2 - a_{23}x_3)$ und $x_1 = \frac{1}{a_{11}}(b_1 - a_{12}x_2 - a_{13}x_3)$.

Wird dagegen ein inhomogenes lineares Gleichungssystem mit m Gleichungen und n Variablen (und $m \geq n$) in der Normalform $\boldsymbol{A} \cdot \vec{x} = \vec{b}$ betrachtet, so kann die Lösung dadurch bestimmt werden, dass man durch äquivalente Zeilenumformungen der erweiterten Koeffizientenmatrix $(\boldsymbol{A}|\vec{b})$ den oberen quadratischen Teil von $\boldsymbol{A}$ in eine obere Dreiecksform umwandelt. Durch Rückwärtseinsetzen ergeben sich dann ebenso die Lösungen des Gleichungssystems.

Beispiel zur Anwendung des Gaußschen Eliminationsverfahrens. Gegeben sei das Gleichungssystem

$$\begin{vmatrix} x_1 + 2x_2 - 3x_3 = 6 \\ 2x_1 + x_2 + x_3 = 1 \\ 3x_1 - 2x_2 - 2x_3 = 12 \end{vmatrix}$$

mit den Variablen x_1, x_2 und x_3. Bestimmen Sie die Lösung des Gleichungssystems durch elementare Umformungen wie Vertauschen zweier Zeilen, Multiplikation einer Zeile mit einem Faktor und/oder Ersetzen einer Zeile durch die Summe aus dieser und dem mehrfachen einer anderen Zeile.

Lösung. Durch Anwendung elementarer Umformungen lässt sich das Gleichungssystem so umformen, dass in der Normalform eine Dreiecksmatrix entsteht (die römischen Ziffern kennzeichnen die entsprechenden (umgeformten) Zeilen bzw. Gleichungen):

I	1	2	−3	6
II	2	1	1	1
III	3	−2	−2	12
$I = I'$	1	2	−3	6
$2I - II = II'$	0	3	−7	11
$3I - III = III'$	0	8	−7	6
$I' = I''$	1	2	−3	6
$II' = II''$	0	3	−7	11
$35^{-1} \cdot (8II' - 3III') = III''$	0	0	−1	2

Aus Gleichung III'' folgt $x_3 = -2$. Mit diesem Wert und aus Gleichung II'' folgt $x_2 = -1$ und entsprechend aus Gleichung I'' dann $x_1 = 2$.

Matrixinversion

Neben dem Gauß-Algorithmus gibt es eine weitere Matrizenoperation, die eine wichtige Rolle beim Lösen quadratischer linearer Gleichungssysteme spielt, nämlich die Matrixinversion. Die Matrixinversion wird nachfolgend erläutert, und es wird gezeigt, was unter der Inversen einer Matrix zu verstehen ist und wie sich der Zusammenhang zwischen der Lösung eines Gleichungssystems und der Inversen einer Matrix herstellen lässt.

Für Matrizen ist die Division nicht definiert, sondern nur die Multiplikation mit einer Inversen. Eine Matrizengleichung $A \cdot \vec{x} = \vec{b}$, welche in dieser Normalform ein lineares Gleichungssystems beschreibt, lässt sich nämlich nicht einfach durch die Matrix A dividieren, um eine Lösung für $\vec{x}$ zu erhalten. Im Gegensatz dazu ist eine Gleichung $a \cdot x = b$ mit den reellen Zahlen $a, b \in \mathbb{R} \setminus \{0\}$ sehr wohl durch a teilbar, und man erhält die Lösung $x = \frac{b}{a}$.

Nun kann beim Rechnen mit reellen Zahlen die Division dahingehend umgangen werden, indem man eine Gleichung mit der Inversen multipliziert. So ergibt die Multiplikation der Gleichung $a \cdot x = b$ mit dem inversen Element a^{-1} (auch reziprokes Element genannt) mit $a \neq 0$ auf der linken Seite $a^{-1} \cdot a \cdot x = 1 \cdot x = x$ und auf der rechten Seite $a^{-1} \cdot b = \frac{b}{a}$, also ebenfalls die Lösung $x = \frac{b}{a}$ der Ausgangsgleichung.

Analog verfährt man mit Matrizen und führt mit A^{-1} die Inverse einer Matrix A ein.
- Sei A eine quadratische Matrix und gibt es eine (ebenfalls) quadratische Matrix B, für die $A \cdot B = B \cdot A = E$ gilt, so wird B die inverse Matrix zu A genannt. Man schreibt A^{-1}.

- Eine quadratische Matrix besitzt genau dann eine Inverse, wenn sie regulär ist, also rg(A) = n gilt. Demzufolge müssen alle Zeilen (und Spalten) der Matrix A linear unabhängig sein. Besitzt A dagegen keine Inverse wird die Matrix als singulär bezeichnet.
- Für eine reguläre Matrix A gilt demnach $A \cdot A^{-1} = A^{-1} \cdot A = E$.
- Für nichtquadratische Matrizen ist keine Inverse definiert.

Nachfolgend sind einige Eigenschaften inverser Matrizen zusammengefasst. Seien A und B zwei reguläre – und damit quadratische und invertierbare – Matrizen, dann gelten folgenden Zusammenhänge:
- Die Inverse A^{-1} ist invertierbar und ihre Inverse lautet $(A^{-1})^{-1} = A$.
- Ist das Produkt $A \cdot B$ invertierbar, dann gilt für die Inverse $(A \cdot B)^{-1} = B^{-1} \cdot A^{-1}$.
- Die Transponierte A^T ist invertierbar und besitzt die Inverse $(A^T)^{-1} = (A^{-1})^T$.
- Die Matrix $c \cdot A$ ist invertierbar und es gilt $(c \cdot A)^{-1} = \frac{1}{c} \cdot A^{-1}$.

Mit der Existenz von Inversen lassen sich nun lineare Gleichungssysteme lösen. Wird ein lineares Gleichungssystem als Matrizengleichung $A \cdot \vec{x} = \vec{b}$ geschrieben, so ist dieses System genau dann exakt bestimmt, wenn die Koeffizientenmatrix A quadratisch ist, d. h. die Gleichungen linear unabhängig sind. Sei nun die Inverse A^{-1} der Matrix A gegeben, so folgt durch linksseitige Multiplikation der Matrizengleichung mit der Inversen, dass $A^{-1} \cdot (A \cdot \vec{x}) = (A^{-1} \cdot A) \cdot \vec{x} = E \cdot \vec{x} = \vec{x}$ gilt. Entsprechend ergibt sich auf der rechten Seite der Gleichung $A^{-1} \cdot \vec{b}$. Die Lösung $\vec{x}$ des Gleichungssystems bestimmt sich also durch die linksseitige Multiplikation der inversen Matrix A^{-1} mit dem Vektor der rechten Seite $\vec{b}$, und die Lösung lautet $\vec{x} = A^{-1} \cdot \vec{b}$.

Um lineare Gleichungssysteme, die in Form einer Matrizengleichung $A \cdot \vec{x} = \vec{b}$ vorliegen, mithilfe der Matrixinversion lösen zu können, müssen demzufolge die Inversen der Matrizen A berechnet werden. Für eine (2×2)-Matrix

$$A = \begin{pmatrix} a_{11} & a_{12} \\ a_{21} & a_{22} \end{pmatrix}$$

gelingt die Bestimmung der Inversen relativ einfach, denn sie ist unter der Bedingung, dass $a_{11}a_{22} - a_{21}a_{12}$ ungleich null ist (also $\det A \neq 0$) durch

$$A^{-1} = \frac{1}{a_{11}a_{22} - a_{21}a_{12}} \cdot \begin{pmatrix} a_{22} & -a_{12} \\ -a_{21} & a_{11} \end{pmatrix}$$

gegeben. Für Gleichungssysteme mit mehr als zwei Gleichungen und zwei Variablen, und damit für $(n \times n)$-Matrizen mit $n > 2$, stellt sich die Berechnung der Inversen etwas komplexer dar. Gleichwohl sind für die Berechnung der Inversen auch in diesen Fällen nur elementare Zeilenumformungen auf eine sogenannte erweiterte Matrix $(A|E)$ anzuwenden. Drei Schritte sind dafür abzuarbeiten:

1. Bildung einer erweiterten $(n \times 2n)$-Matrix $(A|E)$ aus den n Spalten von A, gefolgt von n Spalten der Einheitsmatrix E.
2. Anwendung der elementaren Zeilenoperationen auf diese erweiterte Matrix $(A|E)$, um sie in eine $(n \times 2n)$-Matrix $(E|B)$ zu transformieren, deren erste n Spalten nun die der Einheitsmatrix E sind.
3. Gelingt die Umformung von A in die Einheitsmatrix E, so ist die Matrix B die Inverse A^{-1}. Ist eine solche Umformung nicht möglich, so existiert keine Inverse zur Matrix A.

Beispiel zur Anwendung der Matrixinversion. Gegeben sei das lineare Gleichungssystem

$$\begin{vmatrix} x_1 + 2x_2 + 3x_3 = 2 \\ 2x_1 + 3x_2 + 2x_3 = -4 \\ x_1 + 2x_2 + 2x_3 = 1 \end{vmatrix},$$

deren Lösung über die Bestimmung der inversen Koeffizientenmatrix erfolgen soll.

Lösung. In der Schreibweise $A \cdot \vec{x} = \vec{b}$ lautet das Gleichungssystem

$$\begin{pmatrix} 1 & 2 & 3 \\ 2 & 3 & 2 \\ 1 & 2 & 2 \end{pmatrix} \cdot \begin{pmatrix} x_1 \\ x_2 \\ x_3 \end{pmatrix} = \begin{pmatrix} 2 \\ -4 \\ 1 \end{pmatrix}.$$

Mit der erweiterten Matrix $(A|E)$ bestimmt sich die Inverse A^{-1} wie folgt:

I	1	2	3	1	0	0
II	2	3	2	0	1	0
III	1	2	2	0	0	1
$I = I'$	1	2	3	1	0	0
$II - 2I = II'$	0	-1	-4	-2	1	0
$III - I = III'$	0	0	-1	-1	0	1
$I' + 3III' = I''$	1	2	0	-2	0	-3
$II' - 4III' = II''$	0	-1	0	2	1	-4
$-III' = III''$	0	0	1	1	0	-1
$I'' + 2II'' = I'''$	1	0	0	2	2	-5
$-II'' = II'''$	0	1	0	-2	-1	4
$III'' = III'''$	0	0	1	1	0	-1

Die Inverse lautet

$$A^{-1} = \begin{pmatrix} 2 & 2 & -5 \\ -2 & -1 & 4 \\ 1 & 0 & -1 \end{pmatrix},$$

und infolgedessen besitzt das Gleichungssystem die Lösung

$$\vec{x} = A^{-1} \cdot \vec{b} = \begin{pmatrix} 2 & 2 & -5 \\ -2 & -1 & 4 \\ 1 & 0 & -1 \end{pmatrix} \cdot \begin{pmatrix} 2 \\ -4 \\ 1 \end{pmatrix} = \begin{pmatrix} -9 \\ 4 \\ 1 \end{pmatrix}.$$

Determinantenmethode

Auch wenn die Determinantenmethode in der Praxis zur Lösung linearer Gleichungssysteme kaum angewendet wird, soll sie an dieser Stelle Erwähnung finden, denn sie stellt einen seltenen und aufschlussreichen Anwendungsfall für Determinanten dar.

Wird beispielsweise das einfache lineare Gleichungssystem

$$\left| \begin{matrix} a_{11}x_1 + a_{12}x_2 = b_1 \\ a_{11}x_1 + a_{12}x_2 = b_1 \end{matrix} \right|$$

in Abhängigkeit von den zwei Variablen x_1 und x_2 betrachtet, dann können die Koeffizienten a_{ij} mit i und $j = 1, 2$ in der Matrix

$$A = \begin{pmatrix} a_{11} & a_{12} \\ a_{21} & a_{22} \end{pmatrix}$$

abgebildet werden. Die Lösung des Gleichungssystems lässt sich unter Hinzuziehung elementarer Umformungen finden; sie ist durch

$$x_1 = \frac{b_1 a_{22} - b_2 a_{12}}{a_{11} a_{22} - a_{21} a_{12}} \quad \text{und} \quad x_2 = \frac{b_2 a_{11} - b_1 a_{21}}{a_{11} a_{22} - a_{21} a_{12}}$$

gegeben. Damit das Gleichungssystem eine eindeutige Lösung hat, müssen die Nenner in den Lösungen für x_1 und x_2 ungleich null sein. Da die Nenner $a_{11}a_{22} - a_{21}a_{12}$ in den Lösungen aber genau der Determinanten der Matrix A entsprechen folgt, dass für eine eindeutige Lösung des Gleichungssystems die Determinante von A ungleich null sein muss, also $\det A \neq 0$.

Determinanten sind – wie auch in Abschnitt 2.5 erläutert – Kenngrößen quadratischer Matrizen und dienen der Überprüfung auf lineare Abhängigkeit. Infolgedessen lassen sich Determinanten zur Lösung inhomogener linearer Gleichungssysteme der Art $A \cdot \vec{x} = \vec{b}$ anwenden. Schreibt man die Koeffizienten a_{ij} dieses linearen Gleichungssystems mit n Gleichungen und n Variablen als Elemente einer Determinante $\det A$, in der durch das Gleichungssystem gegebenen Anordnung und bezeichnet mit $\det A_i$ die Determinante, die aus $\det A$ dadurch hervorgeht, dass die i-te Spalte gestrichen und dafür die Elemente des Vektors der rechten Seite des Gleichungssystems gesetzt werden, so lassen sich mit den Werten für $\det A$ und $\det A_i$ Schlüsse auf die Lösungen des Gleichungssystems ziehen. Diese Methode zur Lösungsbestimmung wird Determinantenmethode oder Cramersche Regel genannt und geht auf den Mathematiker Gabriel Cramer (*1704, †1752) zurück.[22]

---

[22] Im Jahre 1750 veröffentlichte Gabriel Cramer das Buch „*Introduction à l'analyse des lignes courbes algébriques*", in welchem eine Formel zur Lösung linearer Gleichungssysteme aufgeführt wird, die später dann als Cramersche Regel bekannt wird.

- Ist die Determinante der Koeffizientenmatrix eines inhomogenen linearen Gleichungssystems mit n Gleichungen und n Variablen ungleich null, dann ist $x_i = \det A_i / \det A$ für $i = 1, 2, \ldots, n$ die einzige Lösung des Gleichungssystems.

Da für ein homogenes lineares Gleichungssystem sämtliche Determinanten von A_i notwendigerweise null werden, kann ein solches System nur nicht-triviale Lösungen haben, wenn auch $\det A$ null wäre. Es gilt sogar:
- Ein homogenes lineares Gleichungssystem mit ebenso viel Gleichungen wie Variablen hat genau dann eine nicht-triviale Lösung, wenn die Determinante der Koeffizientenmatrix verschwindet, also gleich 0 ist.

So elegant die Determinantenmethode zur Lösungsbestimmung eindeutig lösbarer Gleichungssysteme der genannten Art eingesetzt werden kann, so ist eine Anwendung der Methode nur für Gleichungssysteme mit zwei oder drei Variablen zu empfehlen. Eine Bestimmung von Determinanten höherer Ordnung gestaltet sich nämlich recht aufwendig.

Beispiel zur Anwendung der Determinantenmethode. Bestimmen Sie die Lösung des Gleichungssystems

$$\begin{vmatrix} x_1 + 2x_2 = 5 \\ 3x_1 + 4x_2 = 6 \end{vmatrix}$$

mithilfe der Determinantenmethode.

Lösung. Das Gleichungssystem kann auch als Matrizengleichung $A \cdot \vec{x} = \vec{b}$ formuliert werden, und es lautet

$$\begin{pmatrix} 1 & 2 \\ 3 & 4 \end{pmatrix} \cdot \begin{pmatrix} x_1 \\ x_2 \end{pmatrix} = \begin{pmatrix} 5 \\ 6 \end{pmatrix}.$$

Die Determinante von A bestimmt sich zu $\det A = 1 \cdot 4 - 3 \cdot 2 = -2$; und die Determinanten der Matrizen

$$A_1 = \begin{pmatrix} 5 & 2 \\ 6 & 4 \end{pmatrix} \quad \text{und} \quad A_2 = \begin{pmatrix} 1 & 5 \\ 3 & 6 \end{pmatrix}$$

berechnen sich zu $\det A_1 = 8$ sowie $\det A_2 = -9$. Mit diesen Ergebnissen kann die Lösung des Gleichungssystems bestimmt werden. Es sind

$$x_1 = \frac{\det A_1}{\det A} = \frac{8}{-2} = -4 \quad \text{und} \quad x_2 = \frac{\det A_2}{\det A} = \frac{-9}{-2} = 4{,}5.$$

Übungsaufgaben zum Abschnitt 2.7

Aufgabe 1. Löse mit dem Gauß-Algorithmus die erweiterte Matrix

$$(A|\vec{b}) = \begin{pmatrix} 20 & 100 & 3 & | & 3.600 \\ 0 & 10 & -1 & | & 0 \\ 20 & 20 & 1 & | & 1.600 \end{pmatrix}.$$

Aufgabe 2. Bestimmen Sie mithilfe des Gauß-Algorithmus die Lösung x_1, x_2 und x_3 des linearen Gleichungssystems

$$\begin{vmatrix} 7x_1 + 3x_2 - 5x_3 = -12 \\ -x_1 - 2x_2 + 4x_3 = 5 \\ -4x_1 + x_2 - 3x_3 = 1 \end{vmatrix}.$$

Aufgabe 3. Wie groß sind x_1, x_2, x_3 und x_4 des inhomogenen Gleichungssystems

$$\begin{vmatrix} x_1 + 3x_2 - 2x_3 + x_4 = -7 \\ -2x_1 + x_2 - 4x_3 - 5x_4 = -6 \\ x_1 - 3x_2 + x_3 = 6 \\ -3x_1 + 4x_2 - 6x_3 + 2x_4 = -21 \end{vmatrix}?$$

Aufgabe 4. Ein Unternehmen stellt drei Erzeugnisse E_1, E_2 und E_3 her, die auf den drei Maschinen M_1, M_2 und M_3 bearbeitet werden. Um eine Einheit E_i ($i = 1, 2, 3$) auf den Maschinen M_i ($i = 1, 2, 3$) zu bearbeiten, werden unterschiedliche Maschinenlaufzeiten benötigt. Aus der nachfolgenden Tabelle ist ersichtlich, wie viel Stunden hierfür jeweils benötigt werden.

	M_1	M_2	M_3
je E_1	3	2	1
je E_2	2	0	2
je E_3	3	5	4

Wie viel Einheiten eines jeden Erzeugnisses werden in dem Unternehmen produziert, wenn jede Maschine genau 120 Stunden arbeitet?

Aufgabe 5. Berechnen Sie die Inverse der Matrix

$$A = \begin{pmatrix} 0 & -1 \\ 1 & 0 \end{pmatrix}$$

und die der Matrix

$$B = \begin{pmatrix} 1 & 2 & 3 \\ 1 & 2 & 1 \\ 1 & 3 & 4 \end{pmatrix}.$$

Aufgabe 6. Bestimmen Sie für das Gleichungssystem

$$\begin{vmatrix} x_1 + 3x_2 + 3x_3 = 12 \\ x_1 + 3x_2 + 4x_3 = 13 \\ x_1 + 4x_2 + 3x_3 = 14 \end{vmatrix}$$

den Lösungsvektor $\vec{x}$ mithilfe der inversen Koeffizientenmatrix.

Aufgabe 7. Gegeben sei das lineare Gleichungssystem

$$\begin{vmatrix} 2 \cdot p_1 + 1 \cdot p_2 + 3 \cdot p_3 = 23 \\ 1 \cdot p_1 + 3 \cdot p_2 + 2 \cdot p_3 = 19 \\ 2 \cdot p_1 + 4 \cdot p_2 + 1 \cdot p_3 = 19 \end{vmatrix},$$

zu dem der Vektor $\vec{p}$ gesucht ist. Wie groß ist dieser Vektor?

Aufgabe 8. Gegeben ist das lineare Gleichungssystem

$$\begin{vmatrix} x + y - 2z = 1 \\ 5x + 9y - 13z = 1 \\ -5x - 6y + az = b \end{vmatrix}$$

mit den reellen Parametern a und b. Ermitteln Sie mithilfe des Gauß-Algorithmus, für welche $a, b \in \mathbb{R}$ das Gleichungssystem genau eine Lösung, keine Lösung bzw. unendlich viele Lösungen besitzt.

Aufgabe 9. Lösen Sie das zur Matrizengleichung

$$\begin{pmatrix} 1 & 3 & 3 \\ 1 & 3 & 4 \\ 1 & 4 & 3 \end{pmatrix} \cdot \begin{pmatrix} x_1 \\ x_2 \\ x_3 \end{pmatrix} = \begin{pmatrix} 12 \\ 13 \\ 14 \end{pmatrix}$$

gehörende lineare Gleichungssystem mithilfe der Cramerschen Regel, also der Determinantenmethode.

Aufgabe 10. In einem landwirtschaftlichen Betrieb soll aus drei Futtermitteln ein Mischfutter hergestellt werden. Die drei Futtermittel F_1, F_2 und F_3 enthalten entsprechend nachfolgender Tabelle Anteile (in Mengeneinheiten (ME) pro Kilogramm (kg)) an Kohlenhydraten, Eiweißen und Fetten.

	Kohlenhydrat	Eiweiß	Fett
Futtermittel F_1	4	3	1
Futtermittel F_2	6	4	1
Futtermittel F_3	5	2	1

(a) Wie viel Kilogramm von F_1, F_2 und F_3 sind für die Mischung zu verwenden, wenn das Mischfutter 290 ME Kohlenhydrate, 180 ME Eiweiß und 62 ME Fett enthalten soll?

(b) Prüfen Sie, ob mit den vorhandenen Futtermitteln F_1, F_2 und F_3 ein Mischfutter mit 250 ME Kohlenhydrat, 150 ME Eiweiß und 40 ME Fett hergestellt werden kann!

Aufgabe 11. Im Betriebsteil A eines Unternehmens sollen die Erzeugnisse E_1 und E_2, im Betriebsteil B die Erzeugnisse E_3 und E_4 aus einem Rohstoff R produziert werden. Insgesamt stehen 6000 Mengeneinheiten (ME) des Rohstoffes zur Verfügung, wobei man für die Herstellung eines Stückes von E_1, E_2, E_3 und E_4 jeweils 5, 10, 8 respektive 4 ME Rohstoff benötigt. Der Betriebsteil A kann für die Produktion 1400 Stunden Maschinenkapazität aufwenden und braucht für ein Stück der Sorte E_1 bzw. E_2 jeweils 5 Stunden; Betriebsteil B hat eine Kapazität von 900 Stunden Maschinenzeit und benötigt für die Herstellung eines Stückes E_3 genau 2 Stunden und für ein Stück E_4 genau 3 Stunden.

Bestimmen Sie die möglichen Produktionszahlen je Erzeugnis in Abhängigkeit von der Produktionszahl des Erzeugnisses E_4.

Aufgabe 12. Gegeben sei die Matrix

$$A = \begin{pmatrix} 1 & 1 & 1 \\ 1 & 1+m & 1 \\ 1+m & 1 & 1 \end{pmatrix}.$$

(a) Bestimmen Sie die Inverse A^{-1} der Matrix A in Abhängigkeit des Parameters m.
(b) Für welche $m \in \mathbb{R}$ ist die Matrix A invertierbar?
(c) Wie lautet die Lösung des Gleichungssystems $A \cdot \vec{x} = \vec{b}$, wenn der Vektor

$$\vec{b} = \begin{pmatrix} m^2 \\ m \\ 0 \end{pmatrix}$$

gegeben ist?

Aufgabe 13. Mit

$$\begin{pmatrix} 3 & -3 & 1 \\ 0 & 4 & -1 \\ 2 & -2 & 1 \end{pmatrix} \cdot \begin{pmatrix} x_1 \\ x_2 \\ x_3 \end{pmatrix} = \begin{pmatrix} 0 \\ 5 \\ 1 \end{pmatrix}$$

ist ein lineares Gleichungssystem als Matrizengleichung gegeben. Bestimmen Sie mithilfe der Determinantenmethode die Lösungen für x_1, x_2 und x_3.

Aufgabe 14. Bestimmen Sie für das lineare Gleichungssystem

$$\begin{vmatrix} 2x_1 - 2x_2 - 3x_3 = -4 \\ -3x_1 + 2x_2 + 2x_3 = -2 \\ x_2 - x_3 = 1 \end{vmatrix}$$

mithilfe des Gauß-Algorithmus die Lösungen x_1, x_2 und x_3.

Aufgabe 15. Wie lautet die Inverse A^{-1} der Matrix

$$A = \begin{pmatrix} 1 & 0 & 1 & 0 \\ 0 & 1 & 0 & 1 \\ 1 & 0 & 1 & -1 \\ 0 & 1 & -1 & 0 \end{pmatrix}?$$

2.8 Input-Output-Analyse und innerbetriebliche Leistungsverrechnung

Die Matrizen- und Vektorrechnung und damit einhergehend lineare Gleichungssysteme haben sich in den Wirtschaftswissenschaften als besonders hilfreiche Werkzeuge erwiesen. So werden sie nicht nur zur Beschreibung von Materialverflechtungen herangezogen, sondern sie lassen sich auch in der volkswirtschaftlichen Gesamtrechnung zur Untersuchung der Input-Output-Beziehungen verschiedener Industrien bzw. Sektoren und damit zur Erforschung des Strukturwandels heranziehen. Des Weiteren unterstützen diese Werkzeuge auch die betriebswirtschaftliche Analyse, denn mit ihnen können unmittelbare und mittelbare Beziehungen zwischen Faktoreinsatz und Faktorertrag analysiert und systematisiert werden.

Darum geht es in diesem Abschnitt 2.8. Es wird zum einen gezeigt, wie Input-Output-Analysen für die Volkswirtschaftslehre mit dem Leontief-Modell erstellt werden können. Zum anderen wird die innerbetriebliche Leistungsverrechnung thematisiert und dargelegt, wie in der Betriebswirtschaftslehre die Verrechnung von Kosten innerhalb eines Unternehmens im Rahmen der Sekundärkostenrechnung systematisch erfasst und aufbereitet werden können.

Input-Output-Analyse

Die Input-Output-Analyse ist eine Form der volkswirtschaftlichen Gesamtrechnung, die von dem Wirtschaftswissenschaftler Wassily Leontief (*1905, †1999) entwickelt wurde.[23] Im Mittelpunkt steht dabei die Frage, mit welchem Einsatz von Faktoren – dem Input – die einzelnen Industrien oder Sektoren einer Volkswirtschaft, wie etwa die Fischzucht, die Landwirtschaft oder der Schiffbau, ihre Produkte – den Output – erstellen. Wassily Leontief gelang es die Güter- und Dienstleistungsströme, die zwischen den Industrien einer Volkswirtschaft in einem bestimmten Zeitraum fließen, in einer Tabelle bzw. Matrix zusammenzufassen, indem er alle Inputgrößen, also die Güter und Dienstleistungen, die

---

[23] Wassily Leontief war ein russisch-amerikanischer Wirtschaftswissenschaftler. Er hat Philosophie, Soziologie und Ökonomie an der Universität Leningrad studiert und war seit 1946 Professor an der Harvard University. Seine Forschungen auf dem Gebiet der Input-Output-Analyse und deren Ausarbeitung und Anwendung bei wichtigen wirtschaftlichen Problemen wurden 1973 mit dem Alfred-Nobel-Gedächtnispreis für Wirtschaftswissenschaften ausgezeichnet.

eine Industrie oder ein Sektor bekommt, in den Zeilen der Matrix und alle Outputs, die sie an andere Industrien verkauft, in den Spalten der Matrix auflistet. Mit dieser Input-Output-Analyse gelang es Leontief, die Struktur der amerikanischen Wirtschaft von 1919 bis 1929 detailliert zu beleuchten. Mittlerweile hat seine Input-Output-Analyse Einzug in viele Bereiche der Wirtschaftswissenschaften gehalten, und sie hilft beispielsweise, die Verflechtungen im Welthandel oder zwischen einzelnen Regionen mathematisch zu erfassen, aufzubereiten und zu veranschaulichen. Leontief zu Ehren wird im Zusammenhang mit der Input-Output-Analyse auch vom Leontief-Modell gesprochen.

Im Folgenden wird das Leontief-Modell an einem Beispiel dahingehend verdeutlicht, indem eine Volkswirtschaft vereinfacht nur aus zwei Sektoren $i = 1, 2$ (beispielsweise der Schwerindustrie und der Leichtindustrie), die jeweils nur ein Gut produzieren, und den Konsumenten besteht. Produziert die Schwerindustrie nun für die Leichtindustrie 15 ME, für den Konsumenten (Verbraucher bzw. Markt) 5 ME und für die eigenen Zwecke noch 20 ME des Gutes $i = 1$, und im Gegenzug die Leichtindustrie für die Schwerindustrie 8 ME, für den Konsumenten 40 ME und für eigene Zwecke 12 ME des Gutes $i = 2$, dann lassen sich diese Ausbringungsmengen x_i (mit $i = 1, 2$) der zwei Güter auf die Sektoren und die Konsumenten in einer Zeitperiode in eine gesamtwirtschaftliche Input-Output-Tabelle übertragen. Werden in der Tabelle in die Zeilen die Verwendung der Outputs und in die Spalten der Inputursprung aus den Output produzierenden Sektoren eingetragen, ergibt sich eine Zusammenstellung, wie in Tabelle 2.3 gezeigt.

Tab. 2.3: Input-Output-Tabelle zweier Sektoren.

	Sektor Schwerindustrie erhält	Sektor Leichtindustrie erhält	Konsumenten erhalten
Sektor Schwerindustrie liefert	20	15	5
Sektor Leichtindustrie liefert	8	12	40

Das Element y_{ij} mit $i, j = 1, 2$ bezeichnet dann die Mengeneinheiten des Gutes i, die zur Produktion des Gutes j benötigt werden, und b_i mit $i = 1, 2$ kennzeichnen den jeweiligen Konsum (Endverbrauch oder Endnachfrage) der beiden Güter. Die Güterströme dieser beispielhaften Volkswirtschaft lassen sich auch durch ein Verflechtungsdiagramm, also einem Gozintographen, darstellen, wie es Abbildung 2.9 zeigt.

Mittels linearer Gleichungssysteme und der Matrizenrechnung lassen sich die Informationen aus der Input-Output-Tabelle bzw. dem Gozintographen weitergehend analysieren. Geht es beispielsweise um die Beantwortung der Frage, wie viel Güter jeder Sektor insgesamt produziert hat, müssen alle Verwendungsmengen eines Gutes aufsummiert werden. Demzufolge gilt für die Gesamtproduktion eines Gutes x_i ($i = 1, 2$):

$$x_i = \sum_{j=1}^{2} y_{ij} + b_i.$$

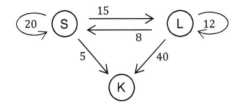

Abb. 2.9: Verflechtungsdiagramm der Güterströme zwischen einer Schwerindustrie S, einer Leichtindustrie L und den Konsumenten K (Quelle: Eigene Darstellung).

Für das Beispiel ergibt sich somit für $x_1 = 40$ ME und $x_2 = 60$ ME, denn

$$x_1 = \sum_{j=1}^{2} y_{1j} + b_1 = y_{11} + y_{12} + b_1 = 20 + 15 + 5 = 40 \quad \text{und}$$

$$x_2 = \sum_{j=1}^{2} y_{2j} + b_2 = y_{21} + y_{22} + b_2 = 8 + 12 + 40 = 60.$$

Die Gesamtproduktion lässt sich durch die hier vorliegenden beiden Gleichungen auch durch das linearen Gleichungssystem

$$\begin{vmatrix} x_1 = y_{11} + y_{12} + b_1 \\ x_2 = y_{21} + y_{22} + b_2 \end{vmatrix}$$

abbilden. Führt man dieses lineare Gleichungssystem in eine Gleichung mit Vektoren über, dann folgt

$$\begin{pmatrix} x_1 \\ x_2 \end{pmatrix} = \begin{pmatrix} y_{11} + y_{12} \\ y_{21} + y_{22} \end{pmatrix} + \begin{pmatrix} b_1 \\ b_2 \end{pmatrix}.$$

Diese Gleichung kann auch durch die Matrizengleichung

$$\begin{pmatrix} x_1 \\ x_2 \end{pmatrix} = \begin{pmatrix} y_{11} & y_{12} \\ y_{21} & y_{22} \end{pmatrix} \cdot \begin{pmatrix} 1 \\ 1 \end{pmatrix} + \begin{pmatrix} b_1 \\ b_2 \end{pmatrix}$$

ausgedrückt werden kann. Um die linearen Verflechtungen in einer Matrizengleichung nur in Abhängigkeit des Produktionsvektors $\vec{x}$ und des Endverbrauchsvektors $\vec{b}$ darzustellen, empfiehlt es sich, die Matrix des internen Bedarfs

$$\begin{pmatrix} y_{11} & y_{12} \\ y_{21} & y_{22} \end{pmatrix}$$

in eine sogenannte Inputmatrix A, die auch Technologiematrix genannt wird, umzuwandeln. Die Elemente a_{ij} sind dann die Input- oder Produktionskoeffizienten dieser Inputmatrix A und zeigen die Inputmengen pro Outputeinheit an. Im Leontief-Modell werden diese Koeffizienten als konstant angenommen, d. h. die technologischen Produktionsbedingungen bleiben im Zeitverlauf konstant (kein technologischer Fortschritt). Da nun die Produktion von 40 ME des Gutes $i = 1$ die Inputmenge $y_{11} = 20$ ME des Gutes $i = 1$ sowie die Inputmenge $y_{21} = 8$ ME des Gutes $i = 2$ erfordert, ergeben sich für die Produktionskoeffizienten $a_{11} = \frac{20}{40} = \frac{1}{2}$ respektive $a_{21} = \frac{8}{40} = \frac{1}{5}$. Aus der Produktion von 60 ME des Gutes $i = 2$ bestimmen sich dann die beiden anderen Produktionskoeffizienten a_{12} und a_{22} zu $a_{12} = \frac{15}{60} = \frac{1}{4}$ respektive $a_{22} = \frac{12}{60} = \frac{1}{5}$. Die Inputmatrix lautet demzufolge

$$A = \begin{pmatrix} 1/2 & 1/4 \\ 1/5 & 1/5 \end{pmatrix},$$

und so ergibt sich für das Beispiel die Matrizengleichung

$$\vec{x} = A \cdot \vec{x} + \vec{b} = \begin{pmatrix} 1/2 & 1/4 \\ 1/5 & 1/5 \end{pmatrix} \cdot \vec{x} + \begin{pmatrix} 5 \\ 40 \end{pmatrix}.$$

Mit dieser Matrizengleichung ist folglich ein Zusammenhang zwischen dem Produktionsvektor $\vec{x}$ und dem Konsumvektor $\vec{b}$ hergestellt, sodass bei vorgegebener Produktion auf den Endverbrauch geschlossen werden kann. Werden beispielsweise in einer Zeitperiode insgesamt 100 ME vom Sektor 1 (Schwerindustrie) und 120 ME vom Sektor 2 (Leichtindustrie) produziert, dann kann der Markt mit 20 ME des Produktes von Sektor 1 und 76 ME des Produktes von Sektor 2 beliefert werden, denn mithilfe der Einheitsmatrix E folgt

$$\vec{b} = \vec{x} - A \cdot \vec{x} = E \cdot \vec{x} - A \cdot \vec{x} = (E - A) \cdot \vec{x} = \begin{pmatrix} 1 - 1/2 & -1/4 \\ -1/5 & 1 - 1/5 \end{pmatrix} \cdot \begin{pmatrix} 100 \\ 120 \end{pmatrix} = \begin{pmatrix} 20 \\ 76 \end{pmatrix}.$$

Dieses Ergebnis zeigt aber auch, dass man – unter bestimmten Bedingungen – bei vorgegebenen Konsummengen $\vec{b}$ den für diesen Konsum notwendigen Produktionsvektor $\vec{x}$ berechnen kann. Hierfür ist die Matrizengleichung nach dem Produktionsvektor umzustellen, und es folgt

$$\vec{x} = (E - A)^{-1} \cdot \vec{b}.$$

Demnach kann ein Produktionsvektor $\vec{x}$ nur bestimmt werden, wenn die Matrix $(E - A)$ invertierbar ist und alle Elemente der Inversen $(E - A)^{-1}$ größer als null sind. Diese Inverse wird – Wassily Leontief zu Ehren – Leontief-Inverse genannt.

Geht es beispielsweise um die Beantwortung der Frage, welche Gütermengen die Sektoren Schwerindustrie und Leichtindustrie produzieren müssen, um eine Endnachfrage von $\vec{b} = (140 \quad 84)^T$ befriedigen zu können, dann gilt es zuerst die Matrix

$$(E - A) = \begin{pmatrix} 1 - 1/2 & -1/4 \\ -1/5 & 1 - 1/5 \end{pmatrix} = \begin{pmatrix} 1/2 & -1/4 \\ -1/5 & 4/5 \end{pmatrix}$$

zu invertieren. Die zugehörige Leontief-Inverse $(E - A)^{-1}$ lautet $\begin{pmatrix} 16/7 & 5/7 \\ 4/7 & 10/7 \end{pmatrix}$, denn sie bestimmt sich wie folgt:

I	1/2	−1/4	1	0
II	−1/5	4/5	0	1
$I = I'$	1/2	−1/4	1	0
$(1/5)I + (1/2)II = II'$	0	7/20	1/5	1/2
$(7/20)I' + (1/4)II' = I''$	7/40	0	8/20	1/8
$II' = II''$	0	7/20	1/5	1/2
$(40/7)I''$	1	0	16/7	5/7
$(20/7)II''$	0	1	4/7	10/7

Multipliziert man diese Leontief-Inverse mit dem Vektor $\vec{b} = \binom{140}{84}$, dann ergibt sich für den Produktionsvektor $\vec{x} = \binom{380}{200}$. Dies bedeutet, dass bei der Erhöhung des Konsums der Güter 1 und 2 beider Sektoren von 5 auf 140 bzw. von 40 auf 84 Mengeneinheiten die Produktion (unter den gegebenen Bedingungen) der Schwerindustrie von $x_1 = 40$ auf $x_1 = 380$ bzw. der Leichtindustrie von $x_2 = 60$ auf $x_2 = 200$ Mengeneinheiten erhöht werden muss.

Kurzum lässt sich eine Input-Output-Analyse mittels des Leontief-Modells dadurch formulieren, dass nach Erstellung der Inputmatrix (Technologiematrix) A, deren als konstant angenommen Produktionskoeffizienten durch $a_{ij} = y_{ij}/x_i$ gegeben sind, sich die Gesamtproduktion einer Industrie als Funktion der gesamten Produktion aller Industrien und des Konsums durch das lineare Gleichungssystem $x_i = \sum_{j=1}^{n} y_{ij} + b_i$. beschreiben lässt. Dieses lineare Gleichungssystem lässt sich anschließend unter Hinzuziehung des Produktionsvektors $\vec{x}$ und des Endverbrauchsvektors $\vec{b}$ dann als Matrizengleichung $\vec{x} = A \cdot \vec{x} + \vec{b}$ formulieren.

Je nachdem, ob bei gegebenem Endverbrauchsvektor bzw. Konsumvektor $\vec{b}$ oder bei gegebenem Produktionsvektor $\vec{x}$ der jeweils andere Vektor berechnet werden soll, können demzufolge auch die Gleichungen

$$\vec{b} = (E - A) \cdot \vec{x} \quad \text{bzw.} \quad \vec{x} = (E - A)^{-1} \cdot \vec{b}$$

herangezogen werden.

Folglich wird eine Volkswirtschaft jeder externen Nachfrage des Marktes gerecht, wenn die Matrix $(E - A)$ invertierbar ist und die resultierende Leontief-Inverse $(E - A)^{-1}$ auch keine negativen Koeffizienten enthält.

Innerbetriebliche Leistungsverrechnung

Eine weitere ökonomische Anwendung der Matrizenrechnung, insbesondere in der Betriebswirtschaftslehre, stellt die innerbetriebliche Leistungsverrechnung dar. Für die innerbetriebliche Leistungsverrechnung werden nämlich lineare Gleichungssysteme zur optimalen Darstellung komplexer Produktionsprozesse und zur Ermittlung von Verrechnungspreisen für die untereinander ausgetauschten Leistungen genutzt.

Unter innerbetrieblicher Leistungsverrechnung – auch Sekundärkostenrechnung genannt – versteht man die Verrechnung von Kosten innerhalb eines Unternehmens. Beispielsweise erbringt eine IT-Abteilung Leistungen in Form von Programmiertätigkeiten für die Marketingabteilung. Die innerbetriebliche Leistungsverrechnung fordert nun, dass die Kostenstelle der Marketingabteilung die Kostenstelle der IT für die erbrachten Leistungen bezahlt. Die zu verrechnenden Kosten aus Leistungsmenge und Kostensatz werden somit der empfangenden Kostenstelle (Marketingabteilung) belastet und auf der leistenden Kostenstelle (IT-Abteilung) entlastet.

Kostenarten lassen sich nach unterschiedlichen Kriterien einteilen. Beispielsweise können Kosten in Abhängigkeit der Beschäftigung beschrieben werden, die wiederum in unveränderliche, fixe Kosten (leistungsmengenunabhängig) und in variable Kosten (leistungsmengenabhängig) unterschieden werden. Insofern sind die Kosten in Abhängigkeit einer Leistung mathematisch als Funktionen, wie es in Abschnitt 2.9 gezeigt ist, zu betrachten. Bei der innerbetrieblichen Leistungsverrechnung ist eine Unterscheidung der Kosten dagegen hinsichtlich der Herkunft zweckmäßig, und es wird zwischen primären Kosten und sekundären Kosten differenziert. Primäre Kosten entstehen dem Unternehmen und seinen Abteilungen (Kostenstellen) aufgrund seiner Beziehungen zur Umwelt, während sekundäre Kosten das geldmäßige Äquivalent des Verbrauches an innerbetrieblichen Leistungen darstellen. Die Gesamtkosten K_i einer Kostenstelle i ergeben sich somit als Summe ihrer primären K_i^{prim} und der sekundären Kosten K_i^{sek}, d. h. $K_i = K_i^{\text{prim}} + K_i^{\text{sek}}$ für alle Kostenstellen.

Bei der innerbetrieblichen Leistungsverrechnung geht es insbesondere um die internen Leistungen in einem Unternehmen, für die keine Rechnung nach Außen gestellt werden können. Hieraus resultiert die Problematik, dass eine Kostenstelle im Unternehmen zum einen Leistungen erstellt – von denen ein Teil von einer anderen Kostenstelle im Unternehmen benötigt werden – und zum anderen dieselbe Kostenstelle auch von anderen Kostenstellen Leistungen empfängt.

Um die innerbetriebliche Leistungsverrechnung mit der Sprache der Mathematik zu beschreiben, sei als Beispiel ein Unternehmen mit drei Abteilungen (Kostenstellen), die untereinander in gegenseitigem Leistungsaustausch stehen, betrachtet. Jede Abteilung verursacht primäre Kosten wie Lohn-, Material-, Energie- oder Kapitaldienstkosten sowie sekundäre Kosten, also die anteiligen Kosten für die von anderen Abteilungen bezogenen Leistungen. In Tabelle 2.4 sind für das Beispielunternehmen die Primärkosten (in GE), die erstellten Leistungen (in LE) und die an die jeweils anderen Abteilungen erbrachten Liefermengen (in LE) aufgeführt.

Demnach erbringt beispielsweise die Abteilung 2 in der betrachteten Periode 500 Einheiten seiner Leistung, wovon 80 LE an Abteilung 1 und 100 LE an Abteilung 3 abgegeben werden. Für die Erstellung ihrer 500 LE fallen in der Abteilung 2 Primärkosten in Höhe von 400 GE an sowie die Sekundärkosten durch die Leistungslieferungen an Abteilung 1 und 3.

Tab. 2.4: Leistungsaustausch und primäre Kosten eines Beispielunternehmens mit drei Abteilungen.

von Abteilung	an Abteilung 1	2	3	erstellte Leistung	primäre Kosten
1	0	100	50	200	340
2	80	0	100	500	400
3	20	60	0	200	650

Um für dieses Beispielunternehmen die Verrechnungspreise p_1, p_2 und p_3 für die untereinander ausgetauschten Leistungen der Abteilungen 1, 2 und 3 zu ermitteln, wird ein lineares Gleichungssystem aufgestellt. Werden die jeweiligen Gesamtkosten bzw. Leistungen je Abteilung betrachtet, die zur Deckung der primären und sekundären Kosten herangezogen werden können, ergibt sich das Gleichungssystem wie folgt:

$$200p_1 = 340 \quad\quad\quad + 80p_2 + 20p_3$$
$$500p_2 = 400 + 100p_1 \quad\quad\quad + 60p_3.$$
$$200p_3 = 650 + 50p_1 + 100p_2$$

Dieses lineare Gleichungssystem lässt sich mit dem Gauß-Algorithmus lösen. Hierfür wird das System entsprechend der drei unbekannten Verrechnungspreise p_1, p_2 und p_3 angeordnet und dann die Matrizengleichung

$$\begin{pmatrix} 200 & -80 & -20 \\ -100 & 500 & -60 \\ -50 & -100 & 200 \end{pmatrix} \cdot \begin{pmatrix} p_1 \\ p_2 \\ p_3 \end{pmatrix} = \begin{pmatrix} 340 \\ 400 \\ 650 \end{pmatrix}$$

wie folgt gelöst:

I	200	−80	−20	340
II	−100	500	−60	400
III	−50	−100	200	650
$0{,}05 I = I'$	10	−4	−1	17
$0{,}05(I + 2II) = II'$	0	46	−7	57
$0{,}05(I + 4III) = III'$	0	−24	39	147
$I' = I''$	10	−4	−1	17
$II' = II''$	0	46	−7	57
$24 II' + 46 III' = III''$	0	0	1626	8130

Aus den Gleichungen III'', II' und I' berechnen sich die Lösungen zu $p_3 = 5 \frac{\text{GE}}{\text{LE}}$, $p_2 = 2 \frac{\text{GE}}{\text{LE}}$ und $p_1 = 3 \frac{\text{GE}}{\text{LE}}$. Mit diesen Preisen müssen daher die von den Abteilungen 1, 2 und 3 an den Hauptbetrieb erbrachten Leistungen verrechnet werden, so dass die Kosten der jeweiligen Abteilungen auch gedeckt sind.

Demzufolge liefern die einzelnen Abteilungen an den Hauptbetrieb sekundäre Leistungen, deren Kosten sich bei Abteilung 1 auf (200 LE − 100 LE − 50 LE) · 3 $\frac{\text{GE}}{\text{LE}}$ = 150 GE, bei Abteilung 2 auf (500 LE − 100 LE − 80 LE) · 2 $\frac{\text{GE}}{\text{LE}}$ = 640 GE und bei Abteilung 3 auf (200 LE − 60 LE − 20 LE) · 5 $\frac{\text{GE}}{\text{LE}}$ = 600 GE belaufen. Insgesamt hat die Hauptabteilung somit 150 GE + 640 GE + 600 GE = 1.390 GE zu zahlen. Da die primären Kosten der Abteilungen bei 340 GE + 400 GE + 650 GE = 1.390 GE liegen, werden diese Kosten auch genau durch die Summe der Leistungslieferungen an Abteilung 1, 2 und 3 gedeckt. Beispielsweise fließen der Abteilung 1 zunächst 150 GE zu, und es erhält dann für seine Leistungen an Abteilung 2 und 3 noch (100 LE + 50 LE) · 3 $\frac{\text{GE}}{\text{LE}}$ = 450 GE. Davon gehen für die Inanspruchnahme der von den Abteilungen 2 und 3 erstellten Leistungen wieder 80 LE · 2 $\frac{\text{GE}}{\text{LE}}$ + 20 LE · 5 $\frac{\text{GE}}{\text{LE}}$ = 260 GE ab. Es bleiben also insgesamt 150 GE + 450 GE − 260 GE = 340 GE über, mit denen gerade die primären Kosten gedeckt sind. Entsprechendes gilt auch für Abteilung 2 und 3 für dieses Beispielunternehmen.

Für die innerbetriebliche Leistungsverrechnung ist es also zweckmäßig, eine Verflechtungsmatrix zu erstellen. Tabelle 2.5 zeigt eine solche Verflechtungsmatrix, in welcher neben den zwischen den Kostenstellen ausgetauschten Leistungseinheiten auch die von den Kostenstellen insgesamt erbrachten Leistungen sowie die primären Kosten und die Verrechnungspreise aufgeführt sind.

Tab. 2.5: Verflechtungsmatrix zur innerbetrieblichen Leistungsverrechnung.

von Kostenstelle	an Kostenstelle 1	2	...	j	...	n	erstellte Leistung (LE)	primäre Kosten (GE)	Verrechnungspreise (GE/LE)
1	a_{11}	a_{12}	...	a_{1j}	...	a_{1m}	m_1	k_1	p_1
2	a_{21}	a_{22}	...	a_{2j}	...	a_{2n}	m_2	k_2	p_2
⋮	⋮	⋮	⋮	⋮	⋮	⋮	⋮	⋮	⋮
i	a_{i1}	a_{i2}	...	a_{ij}	...	a_{in}	m_i	k_i	p_i
⋮	⋮	⋮	⋮	⋮	⋮	⋮	⋮	⋮	⋮
n	a_{n1}	a_{n2}	...	a_{nj}	...	a_{nn}	m_n	k_n	p_n

Die Variablen a_{ij} stehen für die von der Kostenstelle i an die Kostenstelle j gelieferten Leistungen. Demnach enthält die j-te Spalte der Verflechtungsmatrix die von der Kostenstelle j insgesamt bezogenen Leistungen, deren Wert den sekundären Kosten der Kostenstelle j entsprechen. Allgemein lassen sich die sekundären Kosten durch folgende Gleichung ausdrücken:

$$K_i^{\text{sek}} = a_{1j} \cdot p_1 + a_{2j} \cdot p_2 + \ldots + a_{ij} \cdot p_j + \ldots + a_{nj} \cdot p_n.$$

Unter Berücksichtigung der n Kostenstellen ergeben sich dann n Gleichungen, die in einem linearen Gleichungssystem, dessen Lösung die gesuchten Verrechnungspreise $\vec{p}^T = (p_1, p_2, \ldots, p_n)$ ergeben, wie folgt zusammengefasst werden können:

$$\begin{vmatrix} k_1 + a_{11} \cdot p_1 + a_{21} \cdot p_2 + \ldots + a_{n1} \cdot p_n = m_1 \cdot p_1 \\ k_2 + a_{12} \cdot p_1 + a_{22} \cdot p_2 + \ldots + a_{n2} \cdot p_n = m_2 \cdot p_2 \\ \vdots \qquad \vdots \quad \vdots \qquad \vdots \\ k_j + a_{1j} \cdot p_1 + a_{2j} \cdot p_2 + \ldots + a_{nj} \cdot p_n = m_j \cdot p_j \\ \vdots \qquad \vdots \quad \vdots \qquad \vdots \\ k_n + a_{1n} \cdot p_1 + a_{2n} \cdot p_2 + \ldots + a_{nn} \cdot p_n = m_n \cdot p_n \end{vmatrix}.$$

Übungsaufgaben zum Abschnitt 2.8

Aufgabe 1. Ein Medizintechnikunternehmen stellt neben diversen Dialysebedarfsartikeln auch zwei Typen an Blutschlauchsystemen her, nämlich Double-Needle- und Single-Needle-Systeme. Sie sind aus vier verschiedenen Bauteilen B_1, B_2, B_3 und B_4 zusammengesetzt. Für das Double-Needle-System werden je ein Teil B_1 und B_2 sowie drei Teile B_3 und zwei Teile B_4 benötigt. Die Bedarfe liegen für ein Single-Needle-System bei 1, 2, 1 und 5 Bauteilen B_1, B_2, B_3 respektive B_4.

Eine Dialyseabteilung eines Krankenhauses benötigt dringend 50 Double-Needle- und 30 Single-Needle-Systeme. Wie viele Bauteile muss das Medizintechnikunternehmen zusammensetzen, um die Dialyseabteilung mit den gewünschten Systemen beliefern zu können?

Aufgabe 2. Gegeben sei ein zweistufiger Produktionsprozess, der durch die beiden Produktionsmatrizen

$$P_1 = \begin{pmatrix} 3 & 1 & 2 \\ 2 & 3 & 4 \end{pmatrix} \quad \text{und} \quad P_2 = \begin{pmatrix} 3 & 1 \\ 0 & 3 \\ 1 & 2 \end{pmatrix}$$

beschrieben werden kann. Die eingesetzten Rohstoffe seien mit den Variablen r_1 und r_2, die nach der ersten Produktionsstufe erzeugten Zwischenprodukte mit z_1, z_2 und z_3 sowie die nach der zweiten Produktionsstufe erzeugten Endprodukte mit e_1 und e_2 bezeichnet. Die Rohstoffpreise betragen $q_1 = 2$ und $q_2 = 4$ Geldeinheiten, und die Endproduktpreise liegen bei $p_1 = 70$ und $p_2 = 95$ Geldeinheiten.
(a) Bestimmen Sie die Matrix der Gesamtverarbeitung.
(b) Welche Rohstoffkosten entstehen je Einheit des Endprodukts?
(c) Welche Rohstoffmengen werden für 10 Einheiten des ersten und 5 Einheiten des zweiten Endprodukts benötigt?
(d) Welcher Erlös wird für die unter (c) angegebenen Endproduktmengen erzielt?

Aufgabe 3. In einem Produktionsprozess werden aus drei Rohstoffen R_1, R_2 und R_3 zwei Zwischenprodukte Z_1 und Z_2 entsprechend untenstehender Zusammenstellung hergestellt (linke Tabelle). Anschließend werden aus den beiden Zwischenprodukten Z_1 und Z_2 in entsprechender Menge (rechte Tabelle, unterer Teil) die zwei Endprodukte E_1 und E_2 gefertigt, wobei zur Fertigung auch noch die Rohstoffe R_1 und R_2 (rechte Tabelle, oberer Teil) in der angegebenen Menge benötigt werden.

	Z_1	Z_2
R_1	2	1
R_2	1	3
R_3	2	1

	E_1	E_2
R_1	1	3
R_2	2	1
Z_1	4	1
Z_2	3	5

Ermitteln Sie, wie viel Rohstoffeinheiten zur Herstellung von je einer Einheit des Endproduktes E_1 und des Endproduktes E_2 benötigt werden!

Aufgabe 4. Ein Unternehmen fertigt in drei Produktionsstätten A, B und C unterschiedliche Teile und Waren. Jede Produktionsstätte benötigt für die Fertigung Teile aus der Fertigung der anderen Produktionsstätten. Alle Produktionsstätten beliefern auch den außerbetrieblichen Markt. Die Verknüpfung im derzeitigen Produktionszeitraum ist in der folgenden Tabelle zusammengestellt:

Hersteller der Erzeugnisse (Input)	Abnehmer der Erzeugnisse (Output)			Markt
	A	B	C	
A	20	3	2	15
B	8	9	6	7
C	4	3	0	3

(a) Bestimmen Sie die Inputmatrix A.
(b) Berechnen Sie zum Marktvektor

$$\vec{y} = \begin{pmatrix} 20 \\ 5 \\ 2 \end{pmatrix}$$

den erforderlichen Produktionsvektor $\vec{p}$.

Aufgabe 5. In einer Volkswirtschaft seien für zwei Industrien die Verflechtungsmatrix

$$A = \begin{pmatrix} 0{,}2 & 0{,}6 \\ 0{,}8 & 0{,}1 \end{pmatrix}$$

und der Konsumvektor $\vec{b}^T = (20 \quad 10)$ gegeben.

Wie groß ist der gesamte Output der Industrien?

Aufgabe 6. Ein großes Medizintechnikunternehmen verfügt in Deutschland über drei Produktionsstätten W_1, W_2 und W_3, die jeweils Güter für den Markt aber auch für die jeweils zwei anderen Produktionsstätten sowie den eigenen Bedarf herstellen. Die Güterströme für das Jahr 2019 zeigt die Input-Output-Tabelle:

	an W_1	an W_2	an W_3	an den Markt
von W_1	4	10	10	16
von W_2	12	20	5	63
von W_3	16	10	15	9

Welche Gesamtproduktion

$$\vec{x} = \begin{pmatrix} x_1 \\ x_2 \\ x_3 \end{pmatrix}$$

muss das Unternehmen einplanen, wenn die Marktanfrage im Jahr 2020 voraussichtlich bei

$$\vec{b} = \begin{pmatrix} 8 \\ 20 \\ 20 \end{pmatrix}$$

liegt?

Aufgabe 7. Betrachtet sei ein Bremer Unternehmen mit insgesamt 12 Hilfskostenstellen und drei Hauptkostenstellen.

Welche Ordnung besitzt die Koeffizientenmatrix A in der Matrizengleichung $A \cdot \vec{p} = \vec{b}$, welche zur Bestimmung der im Vektor $\vec{p}$ abgebildeten Verrechnungspreise der innerbetrieblichen Leistungen der 12 Hilfskostenstellen herangezogen werden kann?

Aufgabe 8. Drei Kostenstellen K_1, K_2 und K_3 eines Medizintechnikunternehmens erbringen Leistungen (in LE) für ihre Kunden außerhalb des Unternehmens, aber auch Leistungen innerhalb des Unternehmens für die jeweilig andere Kostenstelle, wie es folgende Tabelle zeigt:

	an K_1	an K_2	an K_3	an Kunden
von K_1	0	10	20	70
von K_2	15	0	35	50
von K_3	30	45	0	25

Bestimmen Sie das lineare Gleichungssystem zur Berechnung der innerbetrieblichen Verrechnungspreise p_1, p_2 und p_3 (in GE) und berücksichtigen dabei, dass bei den drei Kostenstellen K_1, K_2 und K_3 jeweils Primärkosten in Höhe von 35 GE, von 100 GE respektive von 255 GE anfallen.

Aufgabe 9. Gegeben seien drei Hilfsbetriebe A, B und C, in denen in einer Zeitperiode primäre Kosten von 950 GE, von 150 GE bzw. von 550 GE entstehen. Sie erstellen in der gleichen Zeit Leistungen von 80 LE, von 50 LE bzw. von 50 LE, die sie, soweit sie nicht an andere Hilfsbetriebe liefern, an die Hauptbetriebe abgibt. So liefert der Hilfsbetrieb A von den erzeugten 80 LE die Mengen von 10 LE an B und 5 LE an C. Die Verflechtungsmatrix für diese innerbetriebliche Leistungsverrechnung lautet:

von Hilfsbetrieb	an Hilfsbetrieb			erstellte Leistung	primäre Kosten
	A	B	C		
A	0	10	5	80	950
B	20	0	10	50	150
C	30	10	0	50	550

Welche Verrechnungspreise und welche primäre Gesamtkosten liegen in diesem Fall vor?

Aufgabe 10. Betrachtet sei ein Unternehmen mit vier Hilfsbetrieben, die die drei Hauptkostenstellen sowie sich selbst untereinander wechselseitig beliefern. Die entsprechenden Leistungseinheiten und primäre Kosten zeigt die folgende Verflechtungsmatrix:

von Hilfsbetrieb	an Hilfsbetrieb (LE)				an Hauptkostenstelle (LE)			Primäre Kosten (GE)
	A	B	C	D	H_1	H_2	H_3	
A	10	30	40	50	80	90	100	2020
B	40	10	50	100	100	150	150	3700
C	100	80	0	40	180	70	30	1960
D	80	20	20	30	250	200	200	7700

Bestimmen Sie die Verrechnungspreise (in GE/LE) für die Leistungen der vier Hilfsbetriebe und die Kostenumlage der Primärkosten auf die drei Hauptkostenstellen.

2.9 Funktionen zur Beschreibung quantitativer Zusammenhänge

Die Lineare Algebra hat sich zur Beschreibung mehrfacher Zusammenhänge in den Wirtschaftswissenschaften als sehr nützlich erwiesen. Beispielsweise lassen sich Materialverflechtungen in einem Produktionsprozess oder die Verrechnung von Kosten innerhalb eines Unternehmens mit Vektoren und Matrizen beschreiben. Des Weiteren können auch Input-Output-Beziehungen verschiedener Industrien mit der Vektor- und Matrizenrechnung untersucht werden, dergestalt, dass die Güter- und Dienstleistungsströme, die zwischen den Industrien einer Volkswirtschaft in einem bestimmten Zeitraum fließen, betrachtet werden. Wird aber in einem Unternehmen die Umwandlung von Inputs in Outputs, also die Produktion von Produkten (Güter) und Dienstleistungen, betrachtet, stellt sich die Frage, wie die Inputs in die Outputs transformiert werden. Die Antwort sind Produktionsfunktionen, denn mit ihrer Hilfe lassen sich solche Transformationen beschreiben. Eine Produktionsfunktion gibt vereinfacht an, wie ein Unternehmen ein Produkt oder eine Dienstleistung (Output) unter Hinzuziehung von Produktionsfaktoren wie Arbeit oder Kapital (Input) herstellt. Mit der Lehre der Funktionen – also mit der Analysis[24] – ist es daher möglich, solche und weitere ökonomische Zusammenhänge mathematisch zu beschreiben.

In der Analysis dient eine Funktion der Beschreibung von Zusammenhängen zwischen mehreren verschiedenen Variablen. In diesem Sinne wird der Begriff der Funktion sowohl in der Mathematik als auch in der Ökonomie verwendet, denn viele ökonomische Prozesse unterliegen funktionalen Beziehungen, die häufig komplexen Gesetzmäßigkeiten folgen. Als Beispiel seien die Kostenfunktionen genannt, die einen quantitativen Zusammenhang zwischen den Produktionsmengen und den Gesamtkosten herstellen. Des Weiteren seien die Preis-Absatz-Funktionen, die einen ökonomischen Zusammenhang zwischen Stückpreis und Absatz herstellen, die Umsatz- bzw. Erlösfunktionen, die einen Zusammenhang zwischen den erzielten Erlösen und den Absatzmengen formulieren, oder aber Funktionen, die die Abhängigkeit des Endkapitals vom Anfangskapital oder den Zusammenhang zwischen einem Volkseinkommen und den Konsumausgaben beschreiben, genannt.

Darum geht es in diesem Abschnitt 2.9. Es werden die mathematischen Grundlagen der Analysis zur Beschreibung quantitativer Zusammenhänge und insbesondere ökonomischer Zusammenhänge gelegt. Demzufolge stellt dieser Abschnitt 2.9 auch die Basis für das Verständnis der weiteren Abschnitte 2.10 bis 2.14 dar, in welchen unter anderem die Anwendung der Differential- und Integralrechnung in den Wirtschaftswissenschaften dargelegt, aber auch relative Änderungen ökonomischer Größen thematisiert werden. Im Detail geht es in diesem Abschnitt 2.9 aber erst einmal

---

[24] Analysis steht als Oberbegriff für eine Vielzahl an mathematischen Gebieten, wie die Differential- und Integralrechnung, die Theorie gewöhnlicher und partieller Differentialgleichungen oder auch die Vektoranalysis. Demzufolge ist die Analysis neben der Geometrie und Algebra ein wichtiges Teilgebiet der Mathematik. Sie baut auf den Begriff des Grenzwertes auf und setzt sich im Wesentlichen mit Folgen und Reihen und mit Funktionen einer und mehrerer Veränderlicher auseinander. Dabei geht es um die Eigenschaften reeller und komplexer Funktionen, ihrer Stetigkeit, Differenzierbarkeit sowie Integrierbarkeit, deren Grundlagen um 1670 von Isaac Newton (*1643, †1727) und Gottfried Wilhelm Leibniz (*1646, †1716) geschaffen wurden. Vgl. http://www.whoswho.de/bio/isaac-newton.html und https://www.deutsche-biographie.de/sfz49946.html, Abruf 16.05.2019.

- um den Begriff der Funktion,
- um verschiedene Eigenschaften von Funktionen,
- um grundlegende Funktionen – nicht nur in den Wirtschaftswissenschaften – sowie
- um Funktionen mehrerer Veränderlicher.

Begriff der Funktion

In der Mathematik wird unter einer Funktion oder Abbildung eine Beziehung zwischen zwei Mengen verstanden, die jedem Element x aus einer Definitionsmenge X (Input, Eingangsgröße, Funktionsargument, unabhängige Variable, x-Wert) genau ein Element (Output, Funktionswert, abhängige Variable, y-Wert) aus einer Zielmenge Y (Wertebereich, Wertemenge) zuordnet. Man unterscheidet zwischen einer eindeutigen und einer eineindeutigen Abbildung. Wenn genau ein Element x aus der Definitionsmenge X genau einem Element y aus der Wertemenge Y zugeordnet ist, dann heißt die Abbildung eindeutig. Wenn dagegen jedem Element $x \in X$ genau ein $y \in Y$ zugeordnet ist und umgekehrt, dann heißt die Abbildung eineindeutig. Abbildung 2.10 zeigt beispielhaft eine solche eindeutige und eineindeutige Abbildung einer Menge X auf die Menge Y.

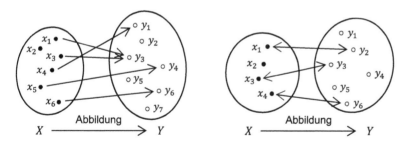

Abb. 2.10: Venn-Diagramm einer eindeutigen (links) und einer eineindeutigen Abbildung (rechts) der Menge X auf die Menge Y (Quelle: Eigene Darstellung).

Die gegenseitigen Abhängigkeiten verschiedener Größen lassen sich demnach mit Abbildungen respektive Funktionen beschreiben. Eine Größe, die durch eine Funktion definiert wird und unterschiedliche Werte annehmen kann, bezeichnet man als abhängige Variable oder abhängige Veränderliche. Sie wird in der Mathematik üblicherweise mit den Buchstaben x, y oder z gekennzeichnet. Nehmen die Variablen nur feste Werte an, dann handelt es sich um Konstanten, die gewöhnlich mit den Buchstaben a, b oder c gekennzeichnet werden. Im Gegensatz zu diesen abhängigen Variablen sind die unabhängigen Variablen oder Veränderlichen jene Größen, von der der Funktionswert abhängt.

Auch zwischen ökonomischen Größen sind Beziehungen zumeist so gestaltet, dass man jedem Wert einer Größe x den Wert einer anderen Größe y zuordnen kann. Demnach ist die Größe x die unabhängige und y die abhängige Variable oder Veränderliche. Betrachtet man beispielsweise ein Unternehmen, das nur ein Produkt herstellt, so kann der Produktionsmenge x in einer bestimmten Periode ein Wert y für die Kosten in dieser Periode zugeordnet werden. In vielen Fällen ist die abhängige Variable aber eine Funktion von mehreren Veränderlichen. Beispielsweise ist eine Kostenfunktion dann von mehreren Variablen x_i mit $i = 1, 2, \ldots, n$ abhängig, wenn die Produktion sich aus mehreren Produktarten x_i zusammensetzt.

Die Zuordnung von Werten einer Größe der einen Menge X (z. B. Produktionsmenge) zu denen einer anderen Menge Y (z. B. Gesamtkosten) wird auch Relation genannt. Nur eine Relation mit einer eindeutigen Zuordnung ist eine Funktion, es wird also jedem $x \in X$ genau ein $y \in Y$ zugeordnet und nicht mehrere. Eine eineindeutige Funktion liegt dann vor, wenn jedem x der Menge X genau ein Element y der Menge Y eindeutig zugeordnet werden kann und umgekehrt. Zu jedem x gehört genau ein y, und zu jedem y gehört genau ein x.

Eine Funktion ist somit eine Beziehung zwischen zwei Mengen, die jedem Element x der einen Menge X eindeutig ein Element y einer anderen Menge Y zuordnet, und man schreibt $y = f(x)$ (gesprochen: y ist eine Funktion f von x). Dabei wird y als die abhängige Variable (Funktionswert) und x als die unabhängige Variable (Argument der Funktion) bezeichnet. Kurz gesagt: y hängt von x ab. Der Definitionsbereich ist der Gesamtbereich der Werte, die die unabhängigen Variablen annehmen. Der Wertebereich ist die Menge der Funktionswerte, die die abhängigen Variablen annehmen.

– Eine Funktion f ordnet jedem Element x aus X ($x \in X$) genau ein Element y einer Wertemenge Y ($y \in Y$) zu. Man schreibt hierfür $f: X \to Y, x \to y$, oder auch

$$f: \begin{cases} X \to Y \\ x \to y. \end{cases}$$

Im Allgemeinen schreibt man für das Element $x \in X$ zugeordnete Element y der Wertemenge $f(x)$, also $y = f(x)$.

Funktionen lassen sich auf unterschiedliche Weise darstellen. Neben einer analytischen Darstellung durch eine Funktionsgleichung $y = f(x)$ können Funktionen auch durch eine Wertetabelle (tabellarische Darstellung) oder durch einen Funktionsgraphen (graphische Darstellung) in einem Koordinatensystem (x, y-Diagramm) dargestellt werden. Abbildung 2.11 zeigt die drei Darstellungsmöglichkeiten am Beispiel der Funktion $y = f(x) = x^2$.[25]

---

[25] Für das Plotten der in diesem Buch gezeigten Funktionsgraphen wurde MatheGrafix, ein geometrisches Zeichenprogramm, welches sich zum Darstellen von Vektoren, Fraktalen und anderen mathematischen Funktionen eignet, verwendet. Es kann als Freeware auf jedem Rechner installiert werden und läuft unter dem Betriebssystem Windows. Vgl. https://mathegrafix.de/, Abruf 14.11.2019.

x	$f(x)$
-4	16
-2	4
0	0
2	4
4	16

$f(x) = x^2$

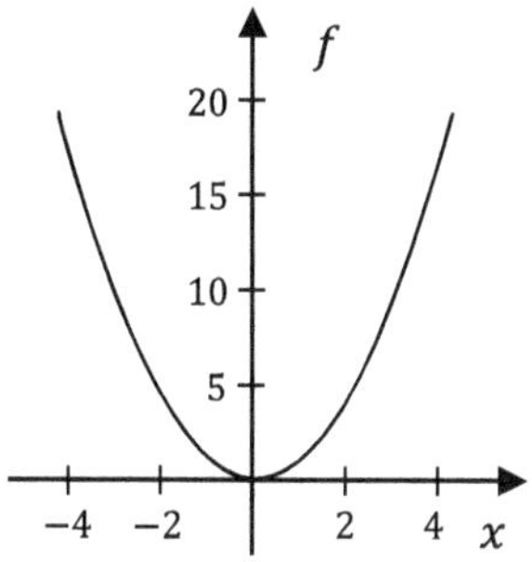

Abb. 2.11: Tabellarische, analytische und graphische Darstellung einer Funktion $y = f(x)$ (Quelle: Eigene Darstellung).

Zu beachten ist, dass es bei der Untersuchung konkreter (ökonomischer) Fragestellungen nicht immer möglich ist, zwischen allen drei Darstellungsformen zu wählen, da sie verschiedenen Zwecken dienen und da die Darstellungsformen mit unterschiedlichen Vor- und Nachteilen verbunden sind. So lassen sich eine Wertetabelle oder eine graphische Darstellung problemlos herleiten, wenn eine Funktionsgleichung gegeben ist. Der umgekehrte Weg ist dagegen meist nicht eindeutig möglich.

Eigenschaften von Funktionen

Ist der funktionale Zusammenhang der ökonomischen Größen bekannt, so kann man aufgrund bestimmter Eigenschaften der Funktion Rückschlüsse auf den zu diskutierenden Sachverhalt ziehen. Solche charakteristischen Eigenschaften sind unter anderem die Umkehrbarkeit, Monotonie, Beschränktheit, Grenzwert, Symmetrie, Steigung, Stetigkeit, Nullstelle und die Extrema einer Funktion.

Umkehrbarkeit. Die Umkehrbarkeit von Funktionen ist dann von Bedeutung, wenn eine Funktionsgleichung nach der unabhängigen Variablen aufgelöst werden soll. Hängt beispielsweise die Nachfrage nach einem Produkt in eindeutiger Weise vom Preis ab, dann kann die Frage nach der Nachfrage bei einem bestimmten Preis beantwortet werden. Möchte man aber wissen, wie hoch der Preis ist, der zu einer bestimmten Nachfrage passt, dann gibt die entsprechende Umkehrfunktion, nämlich die Preis-Absatz-Funktion darauf eine Antwort.

Sei also $y = f(x)$ eine eineindeutige Funktion, dann erhält man durch Umkehrung der Zuordnungsvorschrift die Funktion $x = g(y)$. Sie heißt Umkehrfunktion, inverse Funktion oder auch nur Inverse und wird mit $x = f^{-1}(y)$ bezeichnet.

Monotonie. Funktionale Zusammenhänge in der Ökonomie sind in vielen Fällen monoton. So verringert sich in der Regel die Nachfrage nach einem Produkt oder einer

Dienstleitung, wenn dessen Preise steigen. Auch bei Finanzderivaten finden sich monotone Zusammenhänge, wenn nämlich bei Erhöhung des Marktzinses der Preis für eine sogenannte Call-Option steigt.[26]

Die Eigenschaft der Monotonie von Funktionen wird analog zum Monotoniebegriff für Folgen definiert. Wenn über den ganzen Definitionsbereich eine Funktion $f(x)$ mit $x \in \mathbb{R}$ und $f(x) \in \mathbb{R}$ gilt, dass für $x_1 < x_2$ mit $x_1, x_2 \in D(f)$ auch $f(x_1) < f(x_2)$ sind, dann ist die Funktion streng monoton steigend. Sie ist streng monoton fallend, wenn für $x_1 < x_2$ die Funktionswerte $f(x_1) > f(x_2)$ sind. Gilt $x_1 < x_2$ und folgt daraus, dass $f(x_1) \leq f(x_2)$ bzw. $f(x_1) \geq f(x_2)$, so heißt die Funktion $f(x)$ monoton steigend bzw. fallend.

Beschränktheit. Oftmals ist es für verschiedene Fragestellungen von Interesse, ob Funktionswerte über alle Grenzen wachsen oder nicht. Dies führt auf den Begriff der Beschränktheit einer reellen Funktion $f(x)$, der analog zum Beschränktheitsbegriff für Folgen definiert wird.

Sei folglich eine Funktion $y = f(x)$ und ein $c \in \mathbb{R}$ (c = const.) gegeben, dann heißt die Funktion $f(x)$ beschränkt, wenn für alle Funktionswerte $f(x)$ die Beziehung $|f(x)| \leq c$ gilt. Sie heißt nach oben beschränkt, wenn für alle $f(x) \leq c$ gilt; und f heißt nach unten beschränkt, wenn $f(x) \geq c$ gilt. Die Konstante c wird untere bzw. obere Schranke von $f(x)$ genannt.

Grenzwert. Um das Verhalten einer Funktion $f(x)$ für Argumente $x \to \infty$ oder $x \to -\infty$ zu beschreiben, kann der Grenzwert, wie er auch bei Folgen diskutiert wird, herangezogen werden. Eine Funktion $f(x)$ hat dann den Grenzwert a, wenn x gegen Unendlich strebt; sie hat den Grenzwert b, wenn x gegen minus Unendlich strebt. Man schreibt $\lim_{x \to \infty} f(x) = a$ bzw. $\lim_{x \to -\infty} f(x) = b$.

Seien $f(x)$ und $g(x)$ zwei Funktionen, dann gelten für die Grenzwerte die Sätze

$$\lim_{x \to \infty} (f(x) \pm g(x)) = \lim_{x \to \infty} f(x) \pm \lim_{x \to \infty} g(x)$$

$$\lim_{x \to \infty} (f(x) \cdot g(x)) = \lim_{x \to \infty} f(x) \cdot \lim_{x \to \infty} g(x)$$

$$\lim_{x \to \infty} \left(\frac{f(x)}{g(x)} \right) = \frac{\lim_{x \to \infty} f(x)}{\lim_{x \to \infty} g(x)}.$$

Symmetrie. Das Skizzieren bzw. Zeichnen von Funktionsgraphen wird bei Vorhandensein einer Achsen- oder Punktsymmetrie der Funktion vereinfacht, da die Funktions-

---

[26] Call Optionen sind Kauf-Optionen. Mit dem Erwerb einer Call-Option hat ein Käufer das Recht, aber nicht die Pflicht, zu einem späteren Zeitpunkt einen vertraglich bestimmten Basiswert, beispielsweise eine Aktie, zu einem genau definierten Preis, dem Ausübungspreis, in einer im Voraus vereinbarten Menge zu kaufen. Für dieses Recht zahlt der Käufer der Call-Option eine Prämie (Optionsprämie) an den Verkäufer. Vgl. https://www.lynxbroker.de/wissen/erfolgreich-handeln-mit-optionen/grundlagen-von-optionen/, Abruf 17.05.2019.

werte bei negativen Argumenten mit den Funktionswerten bei positiven Argumenten in einem bestimmten Zusammenhang stehen.

Eine Funktion $y = f(x)$ heißt spiegel- oder achsensymmetrisch um a (gerade Funktion), wenn für die Funktionswerte $f(a+x) = f(a-x)$ gilt. Eine ungerade Funktion $y = f(x)$ mit Funktionswerten $f(-x) = -f(x)$ heißt dagegen punktsymmetrisch zum Nullpunkt.

Beispiel zur Symmetrie von Funktionen. Welche der Funktionen $f_1(x) = \log(x^4 + 2x^2)$, $f_2(x) = \frac{1}{5}x^5 - x^3 + x$ und $f_3(x) = \sin(\frac{1}{x})$ sind gerade oder ungerade Funktionen?

Lösung. $f_1(x)$ ist gerade, denn

$$f_1(-x) = \log\left((-x)^4 + 2(-x)^2\right) = \log\left(x^4 + 2x^2\right) = f_1(x).$$

$f_2(x)$ ist ungerade, denn

$$f_2(-x) = \frac{1}{5}(-x)^5 - (-x)^3 + (-x) = -\frac{1}{5}x^5 + x^3 - x = -f_2(x).$$

$f_3(x)$ ist ungerade, denn

$$f_3(-x) = \sin\left(\frac{1}{(-x)}\right) = \sin\left(-\frac{1}{x}\right) = -\sin\left(\frac{1}{x}\right) = -f_3(x).$$

Steigung. Im Allgemeinen wird die Steigung m einer Funktion als das Verhältnis der Änderung des y-Wertes zur Änderung des x-Wertes definiert, also $m = \frac{\Delta y}{\Delta x}$. Demzufolge ist die Steigung ein Maß dafür, wie steil der Graph einer Funktion $y = f(x)$ ansteigt oder abfällt. Aus der Steigung kann mithilfe des Tangens der Steigungswinkel α bestimmt werden, denn es gilt $m = \tan \alpha$. Um die Steigung von gekrümmten Funktionen zu berechnen, ist die Differentialrechnung heranzuziehen. Sie ist Thema des Abschnittes 2.11.

Stetigkeit. Stetige Funktionen spielen in der Analysis eine wichtige Rolle. Sie sind dadurch gekennzeichnet, dass deren Graphen keine Lücken oder Sprünge aufweisen.

Demzufolge ist eine Funktion $y = f(x)$ stetig an der Stelle $x_0 \in D(f)$, wenn sich zu jedem beliebigen kleinen $\varepsilon \in \mathbb{R}^+$ ein $\delta \in \mathbb{R}^+$ finden lässt, so dass für alle x-Werte, die weniger als δ von x_0 entfernt liegen, die zugehörigen y-Werte weniger als ε von $y_0 = f(x_0)$ entfernt liegen; wenn also aus $|x - x_0| < \delta$ stets $|f(x) - f(x_0)| < \varepsilon$ folgt.

Nullstelle. Häufig interessiert man sich für die Werte der unabhängigen Variablen x einer Funktion $f(x)$, für die die zugehörigen Funktionswerte genau 0 sind, d. h. die Funktion schneidet bzw. berührt an der sogenannten Nullstelle die x-Achse. In den Wirtschaftswissenschaften ist dies beispielsweise bei der Betrachtung von Gewinnfunktionen von Interesse, denn die Nullstelle einer Gewinnfunktion entspricht dem Punkt, an welchem der Erlös und die Kosten eines Produktes gleich hoch sind. Somit wird an diesem Punkt, der Gewinnschwelle oder dem Break-Even-Point, weder Verlust noch Gewinn erwirtschaftet, der Gewinn ist also null.

Kurz gesagt: Sei eine Funktion $y = f(x)$ gegeben und gilt für einen Wert x_0 der unabhängigen Variablen x die Beziehung $f(x_0) = 0$, dann heißt x_0 Nullstelle der Funktion $f(x)$.

Beispiel zur Nullstellenbestimmung. Bestimmen Sie die Nullstelle der Funktion $3y = 17x + 51$.

Lösung. Die Gleichung $3y = 17x + 51$ kann durch 3 dividiert und dann gleich null gesetzt werden. Es ergibt sich sodann die Nullstelle $x = -3$, denn

$$y = \frac{1}{3}(17x + 51) = 0 \implies 17x + 51 = 0 \implies 17x = -51 \implies x = -\frac{51}{17} = -3$$

Extrema. Die Extrema einer Funktion sind die größten und kleinsten Werte, also die Maxima und Minima einer Funktion. Dabei wird zwischen lokalen und globalen Extrema unterschieden, je nachdem, ob die Extrema nur in einem bestimmten Intervall oder aber über den gesamten Definitionsbereich der unabhängigen Variablen vorliegen.

Eine Funktion $y = f(x)$ besitzt in einem Punkt x_e ein lokales Maximum (bzw. ein lokales Minimum), wenn für alle Punkte x eines gewissen Umgebungsintervalls $I_{(x_e)}$ (das den Punkt x_e enthält) $f(x) \leq f(x_e)$ für alle $x \in I_{(x_e)}$ (bzw. $f(x) \geq f(x_e)$ für alle $x \in I_{(x_e)}$) gilt.

Eine Funktion besitzt an dem Punkt x_e ein globales oder absolutes Maximum (bzw. ein globales Minimum), wenn für alle Werte $x \in D(f)$ (dem Definitionsbereich) $f(x) \leq f(x_e)$ für alle $x \in D(f)$ (bzw. $f(x) \geq f(x_e)$ für alle $x \in D(f)$) gilt.

Grundlegende Funktionen

In der Analysis werden viele (reelle) Funktionen $y = f(x)$ diskutiert, die auch in der ökonomischen Anwendung eine Rolle spielen. Grundsätzlich kann zwischen algebraischen und transzendenten Funktionen unterschieden werden. Zu den algebraischen Funktionen zählen die Funktionen, deren Funktionswerte sich an allen Stellen des Definitionsbereiches durch endlich viele arithmetische Operationen (Addition, Subtraktion, Multiplikation und Division) sowie durch Potenzieren und Radizieren aus dem Argument berechnen lassen. Alle jene Funktionen, die nicht algebraisch sind, werden als transzendente Funktionen bezeichnet. Dazu gehören die trigonometrischen, exponentiellen, die logarithmischen und viele andere Funktionen.

Im Folgenden werden ausgewählte algebraische und transzendente Funktionen, die nicht nur in den Wirtschaftswissenschaften gebräuchlich sind, kurz erläutert.

Lineare Funktion. Unter den linearen Funktionen versteht man Funktionen der Form $y = f(x) = mx+b$, mit den Konstanten m und b. Die graphische Darstellung einer linearen Funktion zeigt, dass es sich dabei um eine Gerade mit der Steigung m handelt, die die y-Achse bei b schneidet.

Ist $m = 1$ und $b = 0$, dann wird diese lineare Funktion als identische Funktion $f(x) = x$ bezeichnet; und ist $m = 0$, dann handelt es sich um eine konstante Funktion $f(x) = b$. Im Spezialfall $b = 0$ erhalten wir die Nullfunktion $f(x) = 0$ für alle $x \in \mathbb{R}$.

Betragsfunktion. Die Betragsfunktion kann zu den (abschnittsweisen) linearen Funktionen gezählt werden. Die Betragsfunktion lautet

$$y = f(x) = |x| = \begin{cases} x & \text{für } x \geq 0 \\ -x & \text{für } x < 0 \end{cases}$$

für x aus den reellen Zahlen $\mathbb{R}$.

Dementsprechend ist der Betrag einer Zahl immer eine positive Zahl oder 0. Man schreibt den Betrag einer Zahl x als $|x|$.

Potenzfunktion. Potenzfunktionen werden durch die Funktionsgleichung $y = f(x) = x^k$ mit $x \in \mathbb{R}$ beschrieben. Je nachdem, welchen Wert die Konstante k annimmt, lassen sich die Potenzfunktionen wie folgt unterscheiden:
- Ist der Exponent $k = 0$, dann wird die Potenzfunktion $y = x^k$ zu einer konstanten Funktion $y = x^0 = 1$.
- Im Falle $k \in \mathbb{N}$ sind für alle reellen Werte von x die Funktionswerte y definiert. Die Graphen der Funktionen haben alle bei $x = 1$ den Funktionswert $y = 1$, und die Funktionen verlaufen alle durch den Ursprung, denn $y = 0^k = 0$. Im Falle von geraden Exponenten $k = 2, 4, 6, \ldots$ erhält man Parabeln, die symmetrisch bzgl. der y-Achse sind, und wenn $k = 1, 3, 5, \ldots$ sind, dann sind die Graphen der Potenzfunktionen symmetrisch bzgl. des Koordinatenursprungs. Die Potenzfunktionen mit geraden Exponenten sind für $x < 0$ streng monoton fallend und für $x > 0$ streng monoton steigend. Die Potenzfunktionen mit ungeraden Exponenten sind dagegen für alle $x \in \mathbb{R}$ immer streng monoton steigend.
- Sind die Exponenten k ganzzahlig negativ, dann ist die Definitionsmenge der Potenzfunktionen $\mathbb{R} \setminus \{0\}$. Die Graphen dieser Potenzfunktionen sind Hyperbeln n-ter Ordnung, z. B. $y = x^{-1}$, die sich asymptotisch gegen die x- bzw. y-Achse annähern. Im Falle gerader negativer Exponenten sind die Graphen der Potenzfunktionen achsensymmetrisch bzgl. der y-Achse und für $x < 0$ streng monoton steigend und für $x > 0$ streng monoton fallend. Im Falle ungerader negativer Exponenten sind sie punktsymmetrisch zum Koordinatenursprung und für alle $x \in \mathbb{R}$ immer streng monoton fallend.
- Sind dagegen die Exponenten k rational, dann heißen die Potenzfunktionen Wurzelfunktionen, denn $y = x^{\frac{m}{n}} = \sqrt[n]{x^m}$, mit $m \in \mathbb{N}$ und $n \in \mathbb{N} \setminus \{0\}$.

Exponentialfunktion. Die Exponentialfunktion zur Basis a besitzt die Funktionsgleichung $y = f(x) = a^x$. Die Basis a ($a > 0$) ist eine reelle Zahl. Alle Exponentialfunktionen haben den Definitionsbereich von $-\infty$ bis ∞ und einen Wertebereich zwischen 0 und ∞; und sie schneiden die y-Achse bei 1, denn $y = a^0 = 1$.

Speziell für $a = e = 2{,}71828\ldots$ (Eulersche Zahl) spricht man von der natürlichen Exponentialfunktion $f(x) = e^x$.

Logarithmische Funktion. Logarithmische Funktionen besitzen die Funktionsgleichung $y = f(x) = \log_a x$ mit $\log_a a^x = x$ und der konstanten Basis $a > 1$. Sie sind die inversen Funktionen der Exponentialfunktionen.

Speziell für $a = 10$ spricht man von der dekadischen Logarithmusfunktion $f(x) = \log_{10} x$ und für die Eulersche Basis e von der natürlichen Logarithmusfunktion $y = \log_e x = \ln x$ mit x aus $\mathbb{R}^+$. Gilt also $y = \ln x$ und damit $e^y = x$ folgt auch $x = e^{\ln x}$. Des Weiteren gelten für die Logarithmusfunktionen die Gesetzmäßigkeiten $\log_a(x \cdot u) = \log_a x + \log_a u$ mit $x, u > 0$ und $\log_a(\frac{x}{u}) = \log_a x - \log_a u$ mit $x, u > 0$ sowie $\log_a x^u = u \cdot \log_a x$ mit $x > 0$ und $u \in \mathbb{R}$.

Sinus- und Kosinusfunktion. Die Sinus- und Kosinusfunktion zählt zu den trigonometrischen Funktionen und ist für x zwischen 0 und 2π über die Längen der Ordinaten bzw. Abszissen (bei einem Kreisumlauf des Punktes P) definiert. Dabei gilt $\sin(x + 2\pi) = \sin x$ und $\cos(x + 2\pi) = \cos x$. Für x aus $\mathbb{R}$ heißen die Funktionsgleichungen $y = f(x) = \sin x$ (Sinusfunktion) und $y = f(x) = \cos x$ (Kosinusfunktion). Es gelten hier folgende Gesetzmäßigkeiten, nämlich $\sin(x \pm y) = \sin x \cdot \cos y \pm \cos x \cdot \sin y$ und $\cos(x \pm y) = \cos x \cdot \cos y \mp \sin x \cdot \sin y$ sowie $\sin^2 x + \cos^2 x = 1$.

Trigonometrische Funktionen werden vorwiegend in den Natur- und Ingenieurwissenschaften zur Beschreibung dynamischer Prozesse verwendet, in den Wirtschaftswissenschaften kommen sie dagegen nur gelegentlich vor.

Ganzrationale Funktion. Eine Funktion der Form $p_n(x) = a_0 + a_1 x + \ldots + a_{n-1} x^{n-1} + a_n x^n = \sum_{i=0}^{n} a_i x^i$ mit $a_n \neq 0$ und $a_i \in \mathbb{R}$ heißt ganzrationale Funktion n-ten Grades oder Polynom n-ten Grades. Dabei sind a_i die Koeffizienten des Polynoms und n, welches den Grad des Polynoms kennzeichnet, ist eine nichtnegative ganze Zahl. Der Definitionsbereich aller Polynome ist für x zwischen $-\infty$ und $+\infty$ gegeben.

Ein Polynom des Grades null ist demzufolge die konstante Funktion $p_0(x) = a_0$, lineare Funktionen sind Polynome ersten Grades ($p_1(x) = a_0 + a_1 x$), quadratische Funktionen Polynome zweiten Grades ($p_2(x) = a_0 + a_1 x + a_2 x^2$), und kubische Funktionen sind Polynome dritten Grades ($p_3(x) = a_0 + a_1 x + a_2 x^2 + a_3 x^3$).

Rationale Funktion. Rationale Funktionen $r(x)$ sind Funktionen, die als Quotienten

$$r(x) = \frac{p_n(x)}{q_m(x)} = \frac{\sum_{i=0}^{n} a_i x^i}{\sum_{j=0}^{m} b_j x^j}$$

zweier Polynome $p_n(x)$ und $q_m(x)$ mit $q_m(x) \neq 0$ und $a_i, b_j \in \mathbb{R}$ ausgedrückt werden können.

Rationale Funktionen heißen echt gebrochen rational, wenn der Grad m des Nennerpolynoms größer als der Grad n des Zählerpolynoms ist. Als Beispiel für eine gebrochen rationale Funktion sei die Reziprokfunktion $r(x) = \frac{1}{x} = x^{-1}$, die für alle $x \in \mathbb{R} \setminus \{0\}$ definiert ist, genannt. Ihr Funktionsgraph besteht aus den zwei Ästen der Normalhyperbel.

Die Nullstellen einer gebrochen rationalen Funktion $r(x) = p_n(x)/q_m(x)$ sind die Punkte $x = x_0$, in denen das Zählerpolynom $p_n(x_0)$, jedoch nicht zugleich das Nennerpolynom $q_m(x_0)$ den Wert null annimmt, d. h. $r(x_0) = p_n(x_0)/q_m(x_0) = 0$ wenn $p_n(x_0) = 0$ und $q_m(x_0) \neq 0$. Dagegen liegen die Polstellen einer gebrochen rationalen Funktion $r(x) = p_n(x)/q_m(x)$ an den Punkten $x = x_p$, an denen das Nennerpolynom $q_m(x_p)$ seine Nullstellen besitzt, ohne dass das Zählerpolynom $p_n(x_p)$ gleichzeitig verschwindet. D. h. wenn $q_m(x_p) = 0$ und $p_n(x_p) \neq 0$ sind, existiert kein Funktionswert $r(x_p)$. Die Polstellen werden daher auch Unendlichkeitsstellen genannt.

Funktionen mehrerer Veränderlicher

Im Allgemeinen sind Funktionen nicht nur von einer unabhängigen Variablen abhängig. Viele – auch ökonomische – Zusammenhänge sind oftmals multifaktoriell, d. h. ihr Wert bestimmt sich durch mehrere Variablen. So wird beispielsweise die Nachfrage nach einem Produkt durch das Einkommen des potenziellen Käufers, das Wetter und den Preis des Produktes beeinflusst, der Barwert eines Kapitals hängt vom Zins und der Laufzeit ab oder die Oberfläche und das Volumen einer zylinderförmigen Dose werden durch deren Höhe und deren Durchmesser determiniert.

Um einen ökonomischen Prozess, der durch Abhängigkeiten zwischen mehreren Größen gekennzeichnet ist, mathematisch beschreiben zu können, sind Funktionen mit mehreren Veränderlichen heranzuziehen. Eine allgemeine Darstellung einer Funktion mit mehreren Veränderlichen ist $y = f(x_1, x_2, \ldots, x_n)$, wobei y die abhängige Variable und $x_1, x_2, \ldots, x_n$ die unabhängigen Variablen sind.

Der Umgang mit Funktionsgleichungen von Funktionen mehrerer Veränderlicher ist eigentlich problemlos. Er vollzieht sich im Grunde nach den gleichen Regeln, die auch für Funktionen mit nur einer unabhängigen Variable oder Veränderlichen gelten. Die Darstellung dieser Funktionen kann unter Angabe ihres Definitionsbereiches in einer expliziten oder auch impliziten Form als Gleichung angegeben werden. Explizite Funktionen sind Funktionen, die nach der abhängigen Variablen aufgelöst sind; von impliziten Funktionen wird gesprochen, wenn sie nicht nach einer Variablen aufgelöst sind. Demzufolge haben die expliziten Funktionen die Form $y = f(x_1, x_2, \ldots, x_n)$ für $(x_1, x_2, \ldots, x_n) \in D(f)$, und implizite Funktionen haben die Form $g(x_1, x_2, \ldots, x_n, y) = 0$ für $(x_1, x_2, \ldots, x_n, y) \in D(g)$. Zu beachten ist, dass sich nicht alle impliziten Funktionen in explizite Funktionen umwandeln lassen.

Wird eine Funktionsabhängigkeit von nur zwei Variablen betrachtet, schreibt man oftmals den Buchstaben z für den Funktionswert von f an der Stelle x und y, so dass

$z = f(x,y)$ ist. Hier sind jetzt x und y die unabhängigen Variablen oder die Argumente von f, während z die abhängige Variable bezeichnet – sie hängt von x und y ab.

Beispiel zu einer Funktion mehrerer Veränderlicher. Gegeben sei die Gleichung $x^2 + y^2 = r^2$, die bekanntlich einen Kreis um den Ursprung des Koordinatensystems mit dem Radius r beschreibt. Wie lautet die Gleichung $y(x)$?

Lösung. Diese Gleichung $x^2 + y^2 = r^2$ zeigt, dass zu jedem x-Wert zwei Werte von y existieren. Betrachtet man y als abhängige Variable, so ist damit eine Zuordnung bzw. Abbildung gegeben, die nicht eindeutig ist. Die Gleichung ist demzufolge keine Funktionsgleichung. Die explizite Form $y = +\sqrt{r^2 - x^2}$ stellt dagegen eine Funktion dar; ihr Funktionsgraph besteht allerdings nur aus dem oberen Halbkreis für $-r \leq x \leq r$. Die zum unteren Halbkreis gehörende Funktionsgleichung ist $y = -\sqrt{r^2 - x^2}$ mit $-r \leq x \leq r$. Man kann also zusammengefasst auch $y = \pm\sqrt{r^2 - x^2}$ schreiben. Es wäre aber verfehlt, diese zusammengefasste Schreibweise als Gleichung einer Funktion aufzufassen, die mehrdeutig ist, denn Funktionen sind eindeutige Abbildungen oder Zuordnungen. Dies zeigt, dass in impliziter Form gegebene Gleichungen sich nicht immer in eine explizite Form umwandeln lassen.

Funktionen in Abhängigkeit einer Variablen lassen sich in einem x,y-Koordinatensystem graphisch als Kurven darstellen; Funktionen in Abhängigkeit von zwei Veränderlichen werden dagegen als Flächen in einem dreidimensionalen Raum $\mathbb{R}^3$ graphisch dargestellt. Abbildung 2.12 zeigt eine solche Flächendarstellung der Funktion $z = f(x,y) = \sqrt{5 - y^2 - x^2}$ in dem durch die Koordinaten x, y und z gegebenen Raum.

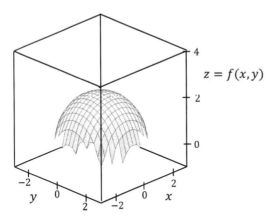

Abb. 2.12: Graphische Darstellung einer Funktion in Abhängigkeit zweier Veränderlicher (Quelle: Eigene Darstellung).

Solche Flächen (Funktionsgebirge) in $\mathbb{R}^3$ lassen sich nun weiter beschreiben, wenn Ebenen parallel zur x,y-Koordinatenebene betrachtet werden, beispielsweise im konstanten Abstand von c. Diese Schnittebenen $z = c$ schneiden die Flächen der Funktionen $f(x,y)$ an den Funktionswerten $f(x,y) = c$. Die senkrechten Projektionen dieser Schnittflächen auf die x,y-Koordinatenebene werden Höhenlinien oder Niveaulinien von $f(x,y)$ zur Höhe c genannt. Die durch die Punkte mit gleichen Funktionswerten erhaltenen Kurven nennt man auch Isoquanten.[27]

Übungsaufgaben zum Abschnitt 2.9

Aufgabe 1. Bestimmen Sie die Nullstellen der vier Funktionen y_1 bis y_4.
(a) $y_1 = 4x - 8$
(b) $y_2 = x^2 - 4x - 5$
(c) $y_3 = 3 \cdot 2^x - 24$
(d) $y_4 = 10^x + 3$

Aufgabe 2. Welche Symmetrieeigenschaften besitzen die nachfolgenden drei Funktionen.
(a) $f(x) = 6x + \sin x$
(b) $g(x) = 2x\sqrt{x^2 - 5}$
(c) $h(x) = x^2 - x$

Aufgabe 3. Untersuchen Sie die nachfolgenden Funktionen auf Monotonie, Beschränktheit, Achsen- und Punktsymmetrie.
(a) $f(x) = \sin(2^x)$
(b) $f(x) = 2x^4 - 2x^2 + 2x$
(c) $f(x) = \frac{2e^x}{1+e^x} - 1$
(d) $f(x) = \ln(2x^2)$

Aufgabe 4. Wo liegen die Nullstellen der Funktionen $f(x) = \ln\sqrt{x^2+1}$ und $g(x) = \ln(\frac{x}{2})$, und wie lauten die entsprechenden Umkehrfunktionen $x(f)$ respektive $x(g)$?

Aufgabe 5. Ermitteln und skizzieren Sie – ohne Wertetabelle – aufgrund des Verhaltens an Nullstellen bzw. Polstellen und mithilfe der Asymptoten in groben Zügen den Verlauf der gebrochen rationalen Funktionen

$$f(x) = \frac{(x-1) \cdot (x+2)^2}{x^2 \cdot (x^2 - 16)} \quad \text{und} \quad g(x) = \frac{(x-4) \cdot (x-2)^2 \cdot (x+1)^3}{(x-3)^2 \cdot (x-1)}.$$

---

[27] Als Isoquante wird in der Ökonomie eine geometrische Konstruktion bezeichnet, die in einer Linie alle Kombinationen von zwei Produktionsfaktoren (Input) darstellt, die eine gleiche Ausbringungsmenge (Output) ermöglichen. Die Isoquante lässt sich aus einer gegebenen Produktionsfunktion ermitteln. Sie gibt Aufschluss über die effiziente Ressourcenverwendung, denn der Output auf der Isoquante ist stets gleich, auch wenn der Input in unterschiedlichem Umfang zum Einsatz kommt. Beispielsweise kann ein Unternehmen aus wirtschaftlichen Gründen einen teuren Produktionsfaktor (Arbeit) durch einen preiswerteren (Maschinen) ersetzen, ohne dass der Output (Produktionsmenge) durch diese Substitution beeinflusst wird. Vgl. https://bwl-wissen.net/definition/isoquante, Abruf 12.06.2019.

Aufgabe 6. Bestimmen Sie die Umkehrfunktion zu:
(a) $f(x) = 3x - 2$ mit $D = \mathbb{R}$
(b) $f(x) = \frac{3x-1}{x+2}$ mit $D = \mathbb{R} \setminus \{-2\}$
(c) $f(x) = -\frac{1}{3}(x+5)^2 + 7$ mit $D = [2, +\infty[$
(d) $f(x) = 3 \cdot 2^x$ mit $D = \mathbb{R}$

Aufgabe 7. Bestimmen Sie die konkrete Gleichung der Kostenfunktion $K(x) = ax^2 + bx + c$, die den drei Beobachtungswerten $K(0) = 2$ und $K(6) = 26$ sowie $K(2) = 6$ genügt.

Aufgabe 8. Eine Wachstumsfunktion sei als Exponentialfunktion $W(x) = a + b \cdot c^x$ darstellbar.

Berechnen Sie die Koeffizienten a, b, c aus $\mathbb{R}$ aufgrund der empirisch ermittelten Wertepaare $(x; W(x)) = (1; 1)$, $(2; 13)$ und $(3; 49)$.

Aufgabe 9. Welchen Grenzwert hat die Funktion $f(x) = (x^2 - 3x + 5)/(4x^2 - 7x)$, wenn das Argument x gegen plus Unendlich geht?

Aufgabe 10. Bestimmen Sie die Grenzwerte für $x \to +\infty$ und $x \to -\infty$ der Funktion $f(x) = (2^x)/(2^{x+2} + 2)$.

Aufgabe 11. Berechnen Sie die reellen Nullstellen der nachfolgenden Funktionen.
(a) $f_1(x) = 2x^2 + 2x - 40$
(b) $f_2(x) = 5^x + 1$
(c) $f_3(x) = \ln(5^x - 1)$
(d) $f_4(x) = -1{,}5x^2 - 3x - 4{,}5$

Aufgabe 12. Welche der drei Zahlen $-2, 2$ und 10 sind Nullstellen der Polynome $p_3(x) = x^3 - 2x^2 - 2x + 4$, $q_3(x) = 4x^3 + 2x^2 + 5x - 4250$ bzw. $p_4(x) = x^4 - 6x^3 + 2x^2 - 3x - 78$?

Aufgabe 13. Gegeben seien die Funktionen $f(x, y) = 2x^2 - xy + y^2$ und $g(x, y) = e^{x^2 y} - x$. Wie lauten die jeweiligen Funktionswerte an der Stelle $x = 1$ und $y = 2$?

Aufgabe 14. Wie lauten die zugehörigen impliziten Funktionen der nachfolgenden beiden expliziten Funktionen?
(a) $y(x) = \frac{x-1}{3}, x \in \mathbb{R}$
(b) $y(x) = \frac{\log x - \log 7}{\log 5 - \log 7}, x \geq 0$

Aufgabe 15. Bestimmen Sie aus den folgenden impliziten Funktionen jeweils die zugehörigen expliziten Funktionsgleichungen.
(a) $4x + 5y - 6 = 0$
(b) $2\sqrt{p} - x^2 + 36 = 0$

2.10 Ökonomische Funktionen und ihre wesentlichen Eigenschaften

Die mathematische Begriffsbildung für Funktionen als eine gegenseitige Abhängigkeit mehrerer Größen macht deutlich, dass auch ökonomische Zusammenhänge von Kosten, Erlös, Gewinn, Preis oder Einkommen durch Funktionen beschrieben werden können. Eine mathematisch-analytische Funktionsgleichung ist aber in den Wirtschaftswissenschaften oft unbekannt, oder sie kann in einem bestimmten (Definitions-)Bereich nur in einer groben Annäherung angegeben werden. So ist es etwa nicht möglich, die zeitliche Entwicklung des Bruttoeinkommens in einem Land exakt durch eine Funktionsgleichung zu erklären, häufig können aber einzelne Wertepaare angegeben werden, die gemessen oder empirisch erhoben werden. Solche Wertepaare lassen sich in ein Koordinatensystem eintragen, und es stellt sich dann die Aufgabe, eine Funktionsgleichung zu finden, die diese Wertepaare annähernd widerspiegelt. Solche Annäherungen gelingen in vielen Fällen mit ganzrationalen Funktionen.

In diesem Abschnitt 2.10 geht es daher um ganzrationale Funktionen in der ökonomischen Anwendung, und es werden für die Wirtschaftswissenschaften wichtige Funktionen beschrieben und gezeigt, wie einzelne Eigenschaften dieser Funktionen zur Beantwortung ökonomischer Problemstellungen herangezogen werden können. Abgeschlossen wird dieser Abschnitt 2.10 mit der Vorstellung der Cobb-Douglas-Funktionen, die zur Formulierung von Nutzen- und Produktionsfunktionen in Abhängigkeit mehrerer Veränderlicher in den Wirtschaftswissenschaften genutzt werden.

Ganzrationale Funktionen in der ökonomischen Anwendung

Ökonomische Zusammenhänge können durch Funktionen beschrieben werden, wie es das Beispiel $U(x) = p \cdot x$ zeigt. Mit dieser linearen Funktion $U(x)$ wird deutlich gemacht, dass sich der Umsatz U durch das Produkt aus der Anzahl x der verkauften Produkte und dem Verkaufspreis p der Produkte berechnet. Auch wenn es noch einige weitere ökonomische Funktionen gibt, tritt in der betriebs- und volkswirtschaftlichen Praxis gewöhnlich das Problem auf, dass solche – die ökonomischen Zusammenhänge beschreibenden – Funktionen im Allgemeinen nicht bekannt sind. Auch lassen sich diese Funktionen nur sehr schwer abschätzen. Beispielsweise weiß ein Unternehmen, dass die Nachfrage nach ihren Produkten steigt, wenn der Preis gesenkt wird, doch der genaue Verlauf der Nachfragefunktion ist dem Unternehmen nicht bekannt. Der Verlauf kann auch nicht exakt ermittelt werden, da dazu Experimente mit verschiedenen Preisen notwendig wären, die in der Realität meist nicht durchzuführen sind. Häufig kennt man aber einige Eigenschaften der Funktion, aus denen sich Folgerungen für wirtschaftliche Entscheidungen ableiten lassen.

Es ist des Weiteren zu beachten, dass Zusammenhänge zwischen ökonomischen Größen in der Regel sehr komplex sind und von vielen Faktoren beeinflusst werden.

Beispielsweise ist die Nachfrage nach einem Produkt nicht nur von dessen Preis abhängig, sondern auch von den Preisen der konkurrierenden Produkte und aller anderen Produkte, die ein Abnehmer konsumiert. Außerdem spielen das Einkommen und viele weitere Faktoren eine Rolle. Zur Beschreibung derartiger Zusammenhänge sind dann Funktionen mit mehreren Veränderlichen heranzuziehen.

Sind nun (ökonomische) Funktionen in Abhängigkeit von einer oder von mehreren Veränderlichen bekannt, lassen sich die Zusammenhänge der Veränderlichen mithilfe der Mathematik weiter beschreiben. Eine Lösung ökonomischer Probleme mit mathematischen Methoden, die die Realität in ihrer vollen Komplexität berücksichtigt, ist aber nicht möglich. Aus diesem Grund wird ein Modell als ein vereinfachtes Abbild der Wirklichkeit erstellt, welches die realen Zusammenhänge auf das Wesentliche reduziert (siehe hierzu auch Abschnitt 2.1). Als Beispiel sei die Bestimmung einer Nachfragefunktion aufgeführt, bei der man häufig unterstellt, dass alle Faktoren bis auf den Preis des Produktes konstant bleiben, so dass nur noch eine unabhängige Variable in die Berechnung eingeht. Die Berücksichtigung nur einer abhängigen Variablen als Einflussgröße auf eine unabhängige Variable unter Gleichbleiben aller anderen Faktoren wird *Ceteris-Paribus*-Bedingung genannt.[28] Eine weitere Vereinfachung liegt darin, dass häufig lineare Funktionen verwendet werden, auch wenn die Beziehungen zwischen zwei ökonomischen Größen nur annähernd linear verlaufen oder nur in einem bestimmten Intervall eine konstante Steigung haben.

Lineare Beziehungen kommen zwar häufig vor, aber es sind auch Zusammenhänge möglich, die bei Zu- oder Abnahme einer unabhängigen Variablen zu einer proportional stärkeren Änderung der abhängigen Variablen führt. Dies zeigt sich im Funktionsverlauf durch ein gekrümmtes Verhalten. Solche Krümmungsverläufe lassen sich vorteilhafter mit nichtlinearen Funktionen modellieren, z. B. mit quadratischen oder kubischen Funktionen. Als Beispiel sei die Funktion $y(x) = 12x^2 - 4x^3$ genannt, deren gekrümmter Funktionsverlauf zwischen $x = 0$ und $x = 3$ in Abbildung 2.13 gezeigt ist. Mit einem solchen Verlauf könnte beispielsweise die Abhängigkeit des Absatzes y an Fertiggerichten eines Unternehmens von der Zeit x in den ersten drei Jahren dargestellt sein. Der Funktionsverlauf verdeutlicht, dass nach Einführung der Fertiggerichte in den Markt der Absatz im Verlauf der Zeit erst langsam zunimmt, dann schneller und im weiteren Verlauf wieder langsamer zunimmt, bis ein maximaler Absatz erzielt wird. Im weiteren Zeitverlauf sinkt schließlich der Absatz bis am Ende der drei Jahre gar keine Fertiggerichte mehr am Markt abgesetzt werden, weil etwa der Geschmack der Käufer gewechselt hat.

---

28 Der Begriff *Ceteris-Paribus* stammt aus dem Lateinischen und bedeutet wörtlich „alles andere gleich" oder sinngemäß „unter sonst gleichen Bedingungen". Bei vielen betriebs- und volkswirtschaftlichen Analysen wird die *Ceteris-Paribus*-Bedingung vorausgesetzt, d. h. es wird nur eine interessierende Variable als veränderlich betrachtet bei gleichzeitiger Konstanz aller anderen ökonomischen Variablen. Vgl. http://www.wirtschaftslexikon.co/d/ceteris-paribus-klausel/ceteris-paribus-klausel.htm, Abruf 19.05.2019.

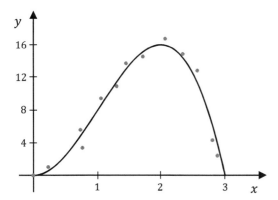

Abb. 2.13: Ganzrationale Funktion zur Beschreibung des Absatzes *y* als Funktion der Zeit *x* (Quelle: Eigene Darstellung).

Eine nichtlineare Funktion wie $y(x) = 12x^2 - 4x^3$ ist bekanntlich eine ganzrationale Funktion. Mit ganzrationalen Funktionen lassen sich viele ökonomische Problemstellungen mathematisch-analytisch beschreiben, und die Diskussion der zugehörigen Funktionsverläufe hinsichtlich diverser Eigenschaften eröffnet die Möglichkeit zur Lösung ökonomischer Probleme wie etwa die Bestimmung von Gewinnschwellen oder Gewinnmaxima.

Eine ganzrationale Funktion ist eine Polynomfunktion oder kurz ein Polynom n-ten Grades. Sie wird im Allgemeinen als $p_n(x)$ bezeichnet. Das Polynom $p_n(x)$ lässt sich durch die Gleichung

$$p_n(x) = a_0 + a_1 x + \ldots + a_{n-1} x^{n-1} + a_n x^n$$

darstellen, wobei $a_n \neq 0$, $a_i \in \mathbb{R}$ und n eine nichtnegative ganze Zahl ist. Eine wichtige Eigenschaft, die unter anderem bei der Beantwortung ökonomischer Fragen eine Rolle spielt, ist die Nullstelle des Polynoms. Entsprechend des Fundamentalsatzes der Algebra hat ein Polynom n-ten Grades $p_n(x)$ genau n Nullstellen, die jedoch nicht reell zu sein brauchen und von denen einzelne Nullstellen auch mehrfach vorkommen können.

Zur Bestimmung der Nullstellen von Polynomen wird ein mathematisches Verfahren, die Polynomdivision, die auch Partialdivision genannt wird, herangezogen. Das Verfahren verläuft analog zur üblichen und in der Schule gelehrten Division von Zahlen mit Rest, nur, dass hier statt zweier Zahlen zwei Polynome dividiert werden.

Ist für ein Polynom n-ten Grades $p_n(x) = a_n x^n + a_{n-1} x^{n-1} + \ldots + a_1 x + a_0 = \sum_{i=0}^{n} a_i x^i$ eine Nullstelle $x = x_0$ bekannt, so ist $p_n(x)$ darstellbar als

$$p_n(x) = (x - x_0) \cdot (\bar{a}_{n-1} \cdot x^{n-1} + \ldots + \bar{a}_1 \cdot x + \bar{a}_0) = (x - x_0) \cdot \bar{p}_{n-1}(x),$$

wobei $\bar{p}_{n-1}(x)$, das Restpolynom, wieder eine ganzrationale Funktion $(n-1)$-ten Grades und $\bar{a}_i$ andere Koeffizienten als a_i mit $i = 0, 1, \ldots, n$ sind. Die Nullstellen dieses Restpolynoms $\bar{p}_{n-1}(x)$ sind zugleich Nullstellen der ursprünglichen Funktion $p_n(x)$.

Infolgedessen kann ein Polynom $p_n(x) = \sum_{i=0}^{n} a_i x^i$ mit den Nullstellen $x_{01}, x_{02}, \ldots, x_{0n}$ auch als Produkt $p_n(x) = a_n \cdot (x - x_{01}) \cdot (x - x_{02}) \cdot (x - x_{03}) \cdot \ldots \cdot (x - x_{0n})$ geschrieben werden.

Als Beispiel sei das Polynom $p_4(x) = x^4 - 2x^3 - 13x^2 + 14x + 24$ genannt, welches entsprechend ihres vierten Grades genau vier Nullstellen ($x_{01} = -1, x_{02} = 2, x_{03} = -3, x_{04} = 4$) besitzt und somit – in Faktoren zerlegt – auch als $p_4(x) = (x+1) \cdot (x-2) \cdot (x+3) \cdot (x-4)$ ausgedrückt werden kann.

Beispiel zur Polynomdivision. Betrachtet sei das Polynom dritten Grades $p_3(x) = x^3 - 3x^2 - x + 3$ mit einer bekannten Nullstelle von $x_{01} = 1$. Bestimmen Sie mithilfe der Polynomdivision die anderen beiden Nullstellen x_{02} und x_{03}.

Lösung. Das Polynom $p_3(x)$ wird durch den Faktor $(x - 1)$ geteilt, und man erhält ein Polynom zweiten Grades:

$$\begin{array}{r}
(x^3 - 3x^2 - x + 3) \div (x - 1) = x^2 - 2x - 3 \\
\underline{-(x^3 - x^2)} \\
-2x^2 - x \\
\underline{-(-2x^2 + 2x)} \\
-3x + 3 \\
\underline{-(-3x + 3)} \\
0
\end{array}$$

Mit der p, q-Formel lassen sich jetzt die Nullstellen dieses Restpolynoms (quadratische Gleichung) zu $x_{02} = 3$ und $x_{03} = -1$ bestimmen. Diese Nullstellen sind auch die Nullstellen des Polynoms $p_3(x)$, welches jetzt durch das Produkt $(x - 1) \cdot (x - 3) \cdot (x + 1)$ ausgedrückt werden kann.

Wichtige Funktionen in den Wirtschaftswissenschaften

Für die Wirtschaftswissenschaften sind die sogenannten ökonomischen Funktionen von besonderem Interesse. Mit ihnen lässt sich nämlich das Handeln von Teilnehmern in einem volkswirtschaftlichen System beschreiben, oder sie dienen der Unterstützung von Entscheidungen in der Betriebswirtschaftslehre. Um beispielsweise zu verstehen, wie sich auf einem Markt die Preise bilden, wenn Nachfrager (Käufer) den Anbietern (Verkäufer) gegenüberstehen, können funktionale Zusammenhänge zwischen ökonomischen Größen wie nachgefragte oder angebotene Menge und dem Preis zur Beantwortung der Frage herangezogen werden. Dabei ist es hilfreich von einem vollkommenen Markt auszugehen und den Markt hinsichtlich der handelnden Teilnehmer abzugrenzen.²⁹ Je nach Anzahl der Nachfrager und Anbieter wird zwischen den Marktformen Monopol, Oligopol und Polypol unterschieden.

Im Folgenden werden wichtige ökonomische Funktionen wie die Nachfrage- und Angebotsfunktion, die Preis-Absatz-Funktion, die Umsatz- oder Erlösfunktion, die Kostenfunktion, die Durchschnittskostenfunktion, die Gewinnfunktion sowie die Deckungsbeitragsfunktion kurz erläutert.

Nachfrage- und Angebotsfunktion. Die Nachfragefunktion $x_N(p)$ gibt für einen gegebenen Preis p eines Gutes die Menge x_N an, welche zu diesem Preis nachgefragt wird. Sie ist eine streng monoton fallende Funktion, denn je höher der Preis eines Gutes ist, desto niedriger ist die Nachfrage. Im Vergleich dazu stellt die Angebotsfunktion $x_A(p)$ einen Zusammenhang zwischen dem Preis p eines Gutes und der angebotenen Gütermenge x_A her. Die Angebotsfunktion ist eine streng monoton steigende Funktion, denn je höher der Preis eines Gutes ist, desto größer ist das Angebot. Auf einem vollkommenen Markt streben nun die Anbieter wie auch die Nachfrager nach eigenen Zielen und so stellt sich aufgrund des Wettbewerbs ein Gleichgewicht ein, d. h. der Markt reguliert zu hohe und zu niedrige Preise und die Anbieter und Nachfrager finden mit der Zeit einen Preis, bei dem Angebots- und Nachfragemenge im Gleichgewicht sind. Das Marktgleichgewicht ist demnach durch den Schnittpunkt von Angebots- und Nachfragefunktion gegeben.

Um ökonomische Funktionen in Abhängigkeit der abgesetzten Menge x gemeinsam in ein Koordinatensystem graphisch abbilden zu können, wird nicht der Preis p – wie gerade bei der Nachfrage- oder Angebotsfunktion – als unabhängige Variable angesehen, sondern die Menge x. Demzufolge kann aus der Nachfragefunktion durch Umkehrung die Preis-Absatz-Funktion $p(x)$ gebildet werden, die nun einen funktionalen Zusammenhang zwischen Preis p und abgesetzter Menge x herstellt. Es sei an dieser Stelle noch angemerkt, dass sich ökonomische Funktionen nur für x größer als null sinnvoll interpretieren lassen.

Preis-Absatz-Funktion. Für die Beschreibung der Zusammenhänge zwischen dem Preis p eines Gutes und der Menge x der Güter auf verschiedenen Märkten können (vereinfacht) lineare Preis-Absatz-Funktionen $p(x)$ herangezogen werden.³⁰ Beispielsweise

---

29 Ein vollkommener Markt ist ein theoretisches Modell in den Wirtschaftswissenschaften und stellt eine Idealform eines Marktes dar, auf dem eine hundertprozentige Transparenz herrscht und alle Marktteilnehmer rational handeln. Ein solcher Markt setzt voraus, dass die Güter homogen sind, d. h. sich nicht in sachlichen, räumlichen oder persönlichen Aspekten unterscheiden. Zudem werden die Güter auf dem gesamten Markt zu einem einheitlichen Preis angeboten, und für die Teilnehmer existieren keine Beschränkungen für den Markteintritt oder -austritt. Außer den Produktionskosten und dem Verkaufspreis entstehen für die Marktteilnehmer beim Kauf und Verkauf keine weiteren Ausgaben. Vgl. https://www.rechnungswesen-verstehen.de/bwl-vwl/vwl/vollkommener-markt.php, Abruf 27.06.2019.
30 In der Praxis ist eine lineare Preis-Absatz-Funktion eher unrealistisch, denn eigentlich erwartet man bei sehr niedrigen Preisen eine überproportionale Steigerung der Nachfrage. Gleichwohl stellen lineare

kann im Monopolfall ein alleiniger Anbieter den Preis eines Gutes festlegen, und die Nachfrage des Monopolisten stimmt mit der Marktnachfrage überein. Allgemein lässt sich die Preis-Absatz-Funktion dann als $p(x) = mx + b$ darstellen, wobei die Steigung m negativ ist und der Ordinatenabschnitt b den maximalen Preis für das Gut angibt, bei dem die Nachfrage null wird. Stehen in einem Markt stattdessen viele Anbieter vielen Nachfragern gegenüber, so handelt es sich um einen Polypolfall und es bildet sich ein Marktgleichgewicht aus. Infolgedessen ist der Preis konstant (Gleichgewichts- oder Marktpreis p_M = const.), und die Preis-Absatz-Funktion ist durch $p(x) = p_M$ gegeben.

> **Beispiel zur Preis-Absatz-Funktion.** Gegeben sei die streng monoton fallende Nachfragefunktion $x_N(p) = -0{,}5p + 30$ ($0 < p < 60$) eines Monopolisten. Wie lautet die zugehörige Preis-Absatz-Funktion des Anbieters?
>
> **Lösung.** Da es nur einen Anbieter auf dem Markt gibt, kann die Preis-Absatz-Funktion aus der Umkehrung der Nachfragefunktion bestimmt werden. Mit $x(p) = -0{,}5p + 30$ folgt, dass auch $0{,}5p = -x + 30$ und damit $p = -2x + 60$ gilt.
> Die Preis-Absatz-Funktion lautet demzufolge $p(x) = -2x + 60$ mit $0 < x < 30$.

Umsatz- oder Erlösfunktion. Der Umsatz U oder Erlös E ist der Gegenwert, den ein Unternehmen für den Verkauf von Gütern erhält. Er berechnet sich als Produkt von Preis p eines Gutes und der verkauften Menge x, also $U = p \cdot x$. Da der Preis p wiederum eine Funktion der Menge x ist (siehe Preis-Absatz-Funktion), lässt sich die Umsatzfunktion auch als $U(x) = p(x) \cdot x$ schreiben.

Da im Monopolfall eine lineare Preis-Absatz-Funktion $p(x) = mx + b$ vorliegt, lautet die entsprechende Umsatzfunktion $U(x) = mx^2 + bx$. Da der Wert von m negativ ist, hat der Graph der Umsatzfunktion im Monopolfall einen nach unten geöffneten parabelförmigen Verlauf. Im polypolistischen Fall verkauft ein Unternehmen zum konstanten Marktpreis p_M, und so lautet die Umsatzfunktion $U(x) = p_M \cdot x$. Im Polypolfall ist die Umsatzfunktion daher eine lineare Funktion, deren Steigung genau dem Marktpreis entspricht.

Kostenfunktion. Die Kostenfunktion $K(x)$ eines Unternehmens zeigt den Zusammenhang zwischen den gesamten Kosten in einer Periode und der in dieser Zeit produzierten Menge x eines Gutes auf. Es wird zwischen fixen und variablen Kosten unterschieden. Unter den fixen Kosten K_f werden Kosten subsumiert, die unabhängig von der produzierten Menge x im Unternehmen entstehen wie beispielsweise die Miete für die Produktionsstätte. Variable Kosten $K_v(x)$ wie etwa die Materialkosten sind dagegen von

---

Funktionen in vielen Fällen ein mögliches Modell dar, um die Abhängigkeit zwischen Preis und Nachfrage – oder Angebot – näherungsweise zu beschreiben. Es können zur Beschreibung aber auch etwas kompliziertere Funktionen herangezogen werden wie etwa hyperbolische oder konvexe Preis-Absatz-Funktionen.

der Menge x abhängig. Demzufolge setzt sich die (Gesamt-)Kostenfunktion aus der Summe von fixen und variablen Kosten zusammen, und es gilt $K(x) = K_f + K_v(x)$.

Es ist naheliegend, dass die Kosten in einem Unternehmen mit zunehmender Produktion ansteigen. Wie ein solcher Anstieg im Detail aussieht, hängt von den Produktionsverfahren ab. Im einfachsten Fall ist ein linearer Kostenverlauf vorstellbar, d. h. dass die Zusatzkosten für jede zusätzlich produzierte Einheit immer gleich hoch sind. Es sind aber auch kompliziertere Kostenverläufe vorstellbar. So können bei ansteigender Produktion die Kosten langsam zunehmen (degressiver Verlauf) oder stark zunehmen (progressiver Verlauf). Zeigt eine Kostenfunktion zunächst einen degressiven Verlauf der mit weiter ansteigender Produktionsmenge in einen progressiven Verlauf übergeht, dann nennt man den Kostenverlauf ertragsgesetzlich oder S-förmig.

Es sind aber auch abnehmende (regressive) Kostenverläufe denkbar, wenn beispielsweise mit zunehmender Studierendenzahl bei einer Mathematikvorlesung die Heizkosten im Hörsaal sinken. Gleichwohl kommen regressive Kostenverläufe in der Praxis eher selten vor.

Es sei an dieser Stelle noch erwähnt, dass auch unstetige Kostenverläufe denkbar sind. Wenn beispielsweise bei steigender Produktionsmenge in einem Unternehmen ein Ausbau der Produktionsanlage oder gar eine neue weitere Produktionsanlage vonnöten ist, dann steigt nämlich der Fixkostenanteil der Kostenfunktion sprunghaft an.

Durchschnittskostenfunktion. Die (totale) Durchschnittskostenfunktion $DK(x)$ wird durch das Verhältnis von Kosten $K(x)$ zur Menge x gebildet, also

$$DK(x) = \frac{K(x)}{x} = \frac{K_f + K_v(x)}{x} = \frac{K_f}{x} + \frac{K_v(x)}{x}.$$

Somit setzen sich die Durchschnittskosten aus der Summe der durchschnittlichen fixen Kosten und der durchschnittlichen variablen Kosten zusammen.

Da mit einer Erhöhung der produzierten Menge gewöhnlich eine Änderung der variablen Kosten einhergeht, ändern sich auch die Durchschnittskosten. Je mehr Mengen aber produziert werden, desto niedriger sind die Durchschnittskosten. Ursache hierfür ist die sogenannte Fixkostendegression. Steigt nämlich die produzierte Menge an, sinken – aufgrund der konstanten Fixkosten – die durchschnittlichen Fixkosten.

Gewinnfunktion. Die Differenz zwischen Umsatz U und den Kosten K stellt den Gewinn G eines Unternehmens dar. Sind die Umsatzfunktion $U(x)$ und die Kostenfunktion $K(x)$ eines Unternehmens in Abhängigkeit der Menge x bekannt, bestimmt sich die Gewinnfunktion durch $G(x) = U(x) - K(x)$.

Diese Gleichung für die Gewinnfunktion $G(x)$ zeigt, dass der Gewinn negativ werden kann (man spricht von Verlust), nämlich genau dann, wenn die Kosten über dem Umsatz liegen. Liegen die Kosten unter dem Umsatz, dann ist der Gewinn positiv. Sind die Kosten genauso hoch wie der Umsatz, dann ist in diesem Fall der Gewinn null.

Der Bereich, indem der Gewinn positiv ist, wird Gewinnzone genannt. Für die Bestimmung der Gewinnzone sind die Nullstellen der Gewinnfunktion zu bestimmen. Seien die Mengen x_1 und x_2 ($x_1, x_2 \geq 0$ und $x_1 < x_2$) die Nullstellen von $G(x)$ und ist im Intervall zwischen x_1 und x_2 immer $U(x) > K(x)$, dann wird x_1 als untere Gewinnschwelle oder auch als Break-Even-Point bezeichnet, und x_2 wird obere Gewinngrenze genannt.

Setzt man konkret die Umsatzfunktion $U(x) = p(x) \cdot x$ und die Kostenfunktion $K(x) = K_f + K_v(x)$ in die Gewinnfunktion $G(x) = U(x) - K(x)$ ein, dann ergibt sich die Gewinnfunktion zu $G(x) = p(x) \cdot x - (K_f + K_v(x)) = -K_f + p(x) \cdot x - K_v(x)$. Diese Gleichung zeigt, dass ein Unternehmen einen Verlust in Höhe der fixen Kosten zu verzeichnen hat, wenn das Unternehmen keine Güter absetzt, also $x = 0$ ist.

Deckungsbeitragsfunktion. Eine weitere oft genutzte Gewinnfunktion zielt auf den Deckungsbeitrag. Der Deckungsbeitrag DB ist als Differenz zwischen Umsatz U und den variablen Kosten K_v definiert. Für die Funktion des Deckungsbeitrags gilt demnach $DB(x) = U(x) - K_v(x)$.

Die Funktionsgleichung $DB(x)$ zeigt, dass der Deckungsbeitrag auch zur Berechnung der Gewinnschwelle herangezogen werden kann. Da der Deckungsbeitrag angibt, welcher Betrag zur Deckung der Fixkosten zur Verfügung steht, macht ein Unternehmen genau dann weder Gewinn noch Verlust, wenn die Fixkosten genauso hoch sind wie der Deckungsbeitrag.

Die letzten genannten ökonomischen Funktionen wurden alle in Abhängigkeit der Menge x erläutert. Dies ermöglicht eine graphische Darstellung der Funktionen in ein einziges Koordinatensystem, in welchem auf der Abszisse die Menge x und auf der Ordinate der Wert der jeweiligen ökonomischen Größen wie Preis, Umsatz, Kosten oder Gewinn abgetragen werden. Dadurch lassen sich die ökonomischen Zusammenhänge gewissermaßen auf einem Blick verdeutlichen. Abbildung 2.14 zeigt beispielhaft eine solche Vergleichsmöglichkeit von Umsatz, Kosten und Gewinn in einem polypolistischen und in einem monopolistischen Anbietermodell.

Neben den genannten ökonomischen Funktionen spielen in den Wirtschaftswissenschaften noch viele weitere Funktionen eine Rolle. Last but not least seien noch vier ökonomische Funktionen erwähnt und kurz erläutert, nämlich die Wachstums-, Konsum-, Produktions- und Nutzenfunktion.

Wachstumsfunktion. Wirtschaftliches Wachstum kann im Allgemeinen als Zunahme der wirtschaftlichen Leistungsfähigkeit einer Volkswirtschaft bezeichnet werden. Die Leistungsfähigkeit wird dabei durch verschiedene Größen ausgedrückt, beispielsweise durch das Bruttoinlandsprodukt.

Mathematisch kann das Wachstum im Zeitverlauf häufig durch Exponentialfunktionen der Form $f(t) = ka^t (a \in \mathbb{R}^+)$ oder unter der Annahme einer Sättigungsgrenze durch sogenannte logistische Funktionen der Form

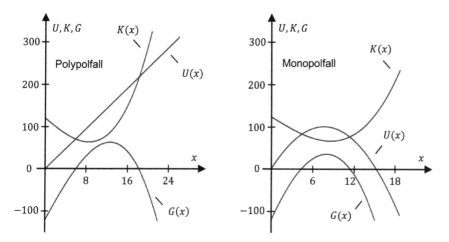

Abb. 2.14: Funktionsverläufe von Umsatz, Kosten und Gewinn im Polypol- und im Monopolfall (Quelle: Eigene Darstellung).

$$f(t) = \frac{a}{1 + be^{ct}} \quad (a, b, c \in \mathbb{R} \text{ und } c < 0)$$

beschrieben werden. Die logistischen Funktionen sind streng monoton steigende Funktionen, und deren Graphen verlaufen zwischen den Asymptoten $f(t) = 0$ und $f(t) = a$ (Sättigungsgrenzen).

Konsumfunktion. Geht es um den Zusammenhang zwischen einem Volkseinkommen Y und den gesamtwirtschaftlichen Konsumausgaben C, werden Konsumfunktionen $C(Y)$ zur Beschreibung herangezogen. Oftmals wird für den Konsum einer Volkswirtschaft vereinfachend ein linearer Zusammenhang unterstellt, aber in der Praxis zeigen die Konsumfunktionen zumeist einen nichtlinearen Verlauf.

Produktionsfunktion. Zur Beschreibung zwischen Input r und Output X in einem Produktionsprozess können Produktionsfunktionen $X(r)$ genutzt werden. Mit einer mikroökonomischen Produktionsfunktion wird ein Zusammenhang zwischen Produktionsfaktoren (Input) und realisierbarer Produktionsmenge (Output) bei einer gegebenen Technologie hergestellt. Makroökonomische Produktionsfunktionen werden dagegen für einzelne Industrien, Branchen bzw. für die gesamte Volkswirtschaft aufgestellt. So kann der Input durch mehrere Faktoren wie Arbeit, Kapital oder technischer Fortschritt gegeben sein, die den Output wie Investitions-, Konsumgüter oder Produkte einzelner Industrien bestimmen.

Nutzenfunktion. Mit den Nutzenfunktionen wird der Zusammenhang zwischen einem Haushaltseinkommen und seinem Nutzen hergestellt. Eine Nutzenfunktion kann dabei in Abhängigkeit der Menge x eines konsumierten Gutes, beispielsweise eines

Apfelkuchens, quantifiziert werden. In der Praxis hängen Nutzenfunktionen von mehreren Veränderlichen, also beispielsweise von Gütern wie Apfelkuchen, Kirschtorte oder Käsekuchen ab. Demzufolge kann ein bestimmtes Nutzenniveau auch durch unterschiedliche Mengenkombinationen an Gütern erreicht werden.

Cobb-Douglas-Funktionen zur Formulierung von Nutzenfunktionen

Als Beispiel ökonomischer Funktionen in Abhängigkeit von mehreren Veränderlichen seien die sogenannten Cobb-Douglas-Funktionen genannt. Sie wurden nach den beiden amerikanischen Wirtschaftswissenschaftlern Charles W. Cobb (*1875, †1949) und Paul H. Douglas (*1892, †1976) benannt, die diese Funktionen zur Beschreibung empirischer Produktionszusammenhänge eingeführt haben. Diese Cobb-Douglas-Funktionen haben sich dann auch zur Formulierung von Nutzenfunktionen als geeignet erwiesen.

Cobb-Douglas-Funktionen in Abhängigkeit von zwei Veränderlichen werden in der Form

$$f(x,y) = C \cdot x^a \cdot y^b$$

dargestellt. Dabei sind die Konstanten C, a und b geeignet zu wählen. Da es sich in der Ökonomie bei den Veränderlichen um ökonomische Größen wie Arbeit oder Kapital handelt, sind die Cobb-Douglas-Funktionen in der Regel nur für $x, y > 0$ definiert. Zudem wird für die Summe der Exponenten (also für $a + b$) häufig der Wert 1 gewählt, und so kann in diesem Fall die Cobb-Douglas-Funktion als $f(x,y) = C \cdot x^a \cdot y^{1-a}$ geschrieben werden.

Beispiel zur Cobb-Douglas-Funktion. Gegeben sei eine Nachfragefunktion $f(x,y) = C \cdot x^a \cdot y^b$ mit den Werten $C = 5$, $a = -1{,}5$ und $b = 2$. Wie groß ist die Nachfrage $f(x,y)$ eines Produktes bei einem Preis $x = 4$ und einem Einkommen $y = 8$; und was passiert mit der Nachfrage f, wenn der Preis x steigt und was, wenn das Einkommen y wächst?

Lösung. Die Nachfragefunktion lautet konkret

$$f(x,y) = 5 \cdot x^{-1{,}5} \cdot y^2 = \frac{5y^2}{\sqrt{x^3}},$$

und demzufolge ist am Punkt (4; 8) die Nachfrage

$$f(4,8) = \frac{5 \cdot 8^2}{\sqrt{4^3}} = \frac{5 \cdot 64}{\sqrt{64}} = 5 \cdot 8 = 40.$$

Wenn also der Preis x steigt, dann nimmt die Nachfrage $f(x,y)$ ab. Dagegen wächst die Nachfrage $f(x,y)$, wenn das Einkommen y steigt.

Bei der Beschreibung ökonomischer Zusammenhänge mit Cobb-Douglas-Funktionen in Abhängigkeit von mehr als zwei Veränderlichen werden die sogenannten allgemeinen

Cobb-Douglas-Funktionen herangezogen. Sie lauten bei n-Veränderlichen x_i, mit $i = 1,\ldots,n$ und $x_i > 0$ dann

$$f(x_i) = C \cdot \prod_{i=1}^{n} x_i^{a_i},$$

mit den Konstanten C und a_i, wobei $C, a_i > 0$ sind.

Bildet man den (natürlichen) Logarithmus auf beiden Seiten einer allgemeinen Cobb-Douglas-Funktion, ergibt sich $\ln f = \ln C + a_1 \ln x_1 + a_2 \ln x_2 + \ldots + a_n \ln x_n$, mit $i = 1,\ldots,n$. Dies zeigt, dass eine Cobb-Douglas-Funktion ln-linear bzw. log-linear ist, denn $\ln f$ ist linear abhängig von $\ln x_1, \ln x_2, \ldots, \ln x_n$.

Übungsaufgaben zum Abschnitt 2.10

Aufgabe 1. Bestimmen Sie durch Ausprobieren eine Nullstelle des Polynoms $p_3(x) = x^3 - 3x - 2$, und berechnen Sie sodann durch Polynomdivision alle weiteren Nullstellen.

Aufgabe 2. Von dem Polynom vierten Grades $p_4(x) = x^4 - x^3 - 7x^2 + x + 6$ sind die Nullstellen $x_{01} = -2$ und $x_{02} = 1$ bekannt.
Bestimmen Sie die restlichen Nullstellen des Polynoms. $p_4(x)$.

Aufgabe 3. Raten Sie zunächst eine Nullstelle des Polynoms $p_4(x) = x^4 - 3x^3 - 4x^2 + 12x$ und bestimmen dann alle weiteren Nullstellen mittels Polynomdivision und Anwendung der p, q-Formel.

Aufgabe 4. Von einem Polynom fünften Grades $p_5(x)$ sind die Nullstellen 1, −2, 3, −4 und 5 bekannt.
Wie lautet nun das Polynom $p_5(x)$?

Aufgabe 5. Auf einem Markt stehen viele Anbieter vielen Nachfragern gegenüber. Das Verhalten der Nachfrager sei durch die Funktion $x_N(p) = 20 - 2p$ beschrieben, und die Reaktion der Anbieter folgt der Funktion $x_A(p) = 5 + \frac{1}{2}p$.
(a) Berechnen Sie den Angebotsüberschuss für $p_1 = 8$.
(b) Wie groß ist der Nachfrageüberschuss für $p_2 = 2$?
(c) Berechnen Sie den Schnittpunkt der Nachfrage- und Angebotsfunktion, und interpretieren Sie dessen ökonomische Bedeutung.
(d) Skizzieren Sie in einem Koordinatensystem die Nachfrage- und die Angebotsfunktion zwischen $p = 0$ und $p = 10$. Markieren Sie zudem die Ergebnisse der Teilaufgaben (a) bis (c).

Aufgabe 6. Welche der folgenden Funktionen stellt eine Umsatzfunktion dar? Geben Sie zu den Umsatzfunktionen die jeweils zugrundeliegende Marktform an.
(a) $U(x) = -0{,}2x^2 + 6x$
(b) $U(x) = 6x$

(c) $U(x) = -0{,}2x^2 + 5x + 10$
(d) $U(x) = (x + 2)^2 - 4$

Aufgabe 7. Bei welcher der nachfolgenden Funktionen handelt es sich um eine Kostenfunktion?
(a) $K(x) = 500 + 0{,}02x$
(b) $K(x) = 0{,}2x^2 + x + 2$
(c) $K(x) = 2 \cdot (x - 10) + 10$
(d) $K(x) = ax + b$, mit $a, b \in \mathbb{R}$

Aufgabe 8. Ein freier Handelsvertreter der Firma A und ein angestellter Reisender der Firma B erzielen im selben Verkaufsgebiet die gleichen Umsätze. Für den Handelsvertreter entstehen der Firma A Fixkosten in Höhe von 100 € pro Monat, und der Vertreter bekommt eine Umsatzprovision von 4 %. Die Firma B zahlt ihrem angestellten Reisenden Fixkosten in Höhe von 2.000 € pro Monat, zudem erhält er noch eine Umsatzprovision von 2 %. Der Verkaufspreis der Produkte liegt bei 10 €.
(a) Welche Firma hat die kostengünstigste Absatzmittlerentscheidung getroffen, unter der Annahme, dass im ersten Fall 10.000 Stück und im zweiten Fall 1.000 Stück verkauft werden?
(b) Wie groß ist der kritische Umsatz, bei dem beide Firmen die gleichen Kosten für ihren Absatzmittler haben?
(c) Skizzieren Sie graphisch die Kosten des Handelsvertreters und des Reisenden als Funktion des Umsatzes.

Aufgabe 9. Bestimmen Sie für die nachfolgenden Erlösfunktionen $E(x)$ und Kostenfunktionen $K(x)$ die zugehörigen Gewinnfunktionen $G(x)$ sowie die Nullstellen dieser Gewinnfunktionen. Wo liegen die jeweiligen Gewinnschwellen?
(a) $E(x) = 4x$ und $K(x) = 2x^2 - 8x + 10$
(b) $E(x) = 100x$ und $K(x) = x^2 - 2x + 920$
(c) $E(x) = 4x$ und $K(x) = 2x^2 + 2$

Aufgabe 10. Bestimmen Sie für die nachfolgenden Preis-Absatz-Funktionen $p(x)$ und Kostenfunktionen $K(x)$ jeweils die Erlösfunktionen $E(x)$ und die Gewinnfunktionen $G(x)$ sowie die Nullstellen der jeweiligen Gewinnfunktionen und die Gewinnschwellen.
(a) $p(x) = 13 - x$ und $K(x) = x^2 + 2x + 5$
(b) $p(x) = 100 - 5x$ und $K(x) = x^2 + 224$
(c) $p(x) = 100 - 2x$ und $K(x) = x^2 + 300$

Aufgabe 11. Eine Ein-Produkt-Unternehmung eines Monopolisten sehe sich der Nachfragefunktion $x(p) = 125 - 1{,}25p$ ($x, p > 0$) gegenüber. Die Kostenfunktion $K(x)$ des Monopolisten sei durch $K(x) = 0{,}2x^2 + 4x + 704$ ($x \geq 0$) gegeben.

Man ermittle das Mengenintervall, innerhalb dessen die Unternehmung mit Gewinn produziert.

Aufgabe 12. Für die Herstellung seines Produktes hat ein Unternehmen eine Kostenfunktion mit progressiver Steigung ermittelt; sie lautet $K(x) = 0{,}25x^2 + 20x + 3.255$. Die Preis-Absatz-Funktion ist durch die Gleichung $p(x) = 590 - 14{,}75x$ gegeben.
(a) Bestimmen Sie die Umsatz- und Gewinnfunktion, und zeichnen Sie die beiden Funktionen gemeinsam mit der Kostenfunktion in ein Koordinatensystem.
(b) Bei welcher Stückzahl wird die Gewinnschwelle erreicht, und welcher Preis muss dafür verlangt werden?
(c) Geben sie anhand des Funktionsverlaufs der Gewinnfunktion an, bei welcher Absatzmenge ein maximaler Gewinn erzielt wird. Wie hoch ist der maximale Gewinn?

Aufgabe 13. Für ein Produkt gelte die Preis-Absatz-Funktion $p(x) = -0{,}1x + 1.600$, die natürlich nur für x und p größer gleich null sinnvoll interpretierbar werden kann. Des Weiteren ist die Kostenfunktion $K(x) = 800.000 + 600x$ mit K in GE (Geldeinheiten), x in ME (Mengeneinheiten) und p in GE/ME, gegeben.

Beschreiben Sie die Umsatzfunktion $U(x)$ sowie die Gewinnfunktion $G(x)$ jeweils als Funktion von x, und stellen Sie $K(x)$, $U(x)$ und $G(x)$ graphisch dar.

Aufgabe 14. Ein Unternehmen stellt medizintechnische Verbrauchsmaterialien her, wobei die Produktion einem linearen Kostenverlauf unterliegt. So entstehen bei der Produktion von 5 Einheiten der Verbrauchsmaterialien Kosten in Höhe von 6 €, während 25 Einheiten in der Produktion 25 € kosten.

Wie lautet die Kostenfunktion?

Aufgabe 15. Gegeben sei die Produktionsfunktion $P(r_1, r_2) = 2 \cdot \sqrt{r_1 \cdot r_2}$. Handelt es sich bei dieser Produktionsfunktion um eine Funktion vom Cobb-Douglas-Typ? Begründen Sie Ihre Antwort.

2.11 Differenzenquotienten bei der Ermittlung von Grenzfunktionen

Ab Mitte des 17ten Jahrhunderts wurde die Mathematik um ein Gebiet erweitert, dessen Gegenstand die Untersuchung der Grenzwerteigenschaften des Differenzenquotienten einer Funktion ist und damit die Beschreibung einer Funktion auf beliebig kleinen, infinitesimalen Abschnitten ermöglicht. Die Grundlagen dieser Differentialrechnung legten etwa gleichzeitig und unabhängig voneinander Isaac Newton (*1643, †1727) und Gottfried Wilhelm Leibniz (*1646, †1716). Die Differentialrechnung und die Integralrechnung, welche in Abschnitt 2.14 im Mittelpunkt steht, werden zusammengefasst auch Infinitesimalrechnung genannt. Anfangs etablierte sich die Differentialrechnung in der Physik zur Lösung einfacher Bewegungsprobleme und später auch in den

Wirtschaftswissenschaften zur Analyse ökonomischer Funktionen und zur Erklärung von Grenzänderungsraten. Des Weiteren ermöglicht die Differentialrechnung die Bestimmung von Extremwerten von Funktionen, also in den Wirtschaftswissenschaften beispielsweise die Bestimmung eines Gewinnmaximums oder eines Kostenminimums. Demzufolge kann die Differentialrechnung auch als mathematische Umsetzung des ökonomischen Prinzips, welches die angestrebte Nutzenmaximierung eines zweckrational handelnden Menschen in der Wirtschaft beschreibt, angesehen werden.

Die Differentialrechnung enthält Rechenregeln, mit denen eine formelmäßige Bestimmung der Steigung einer Funktion möglich ist. Das Änderungsverhalten der Steigung erlaubt sodann Rückschlüsse auf ein Maximum, Minimum oder einen Wendepunkt der Funktion. Die Steigung einer Funktion wird im Rahmen der Differentialrechnung als Ableitung oder Differentialquotient bezeichnet. Handelt es sich um ökonomische Funktionen, dann heißen deren Ableitungen Grenzfunktionen.

Die Steigung einer Funktion $y = f(x)$ in einem Punkt x_0 ist als Steigung einer Tangente im Punkt x_0 an die Kurve der betreffenden Funktion $f(x)$ definiert. Abbildung 2.15 zeigt eine solche Tangente und macht deutlich, dass die Tangentensteigung als Grenzübergang der Steigung der Sekanten, also des Differenzenquotienten $\frac{\Delta y}{\Delta x}$ mit Δx gegen 0, angesehen werden kann.

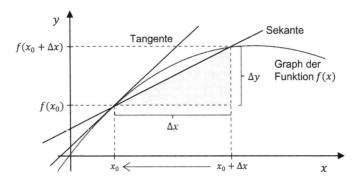

Abb. 2.15: Graph einer Funktion $y = f(x)$ mit einer Tangente im Punkt x_0 (Quelle: Eigene Darstellung).

Die Grundlagen der Differentialrechnung werden nun in diesem Abschnitt 2.11 gelegt, soweit sie für das Verständnis in den Wirtschaftswissenschaften zur Bestimmung von Grenzfunktionen und von Extremwerten ökonomischer Funktionen in Abhängigkeit von einer oder mehrerer Veränderlicher vonnöten sind. Konkret geht es um
– die Interpretation von Differenzenquotienten,
– um den Zusammenhang zwischen Differenzenquotient und Differentialquotient,
– um die Differentiationsregeln,
– um Grenzfunktionen in der Ökonomie sowie
– um die Differentiation von Funktionen mit mehreren Veränderlichen.

Interpretation von Differenzenquotienten

Um zu verdeutlichen, welche Möglichkeiten die Differentialrechnung zur Beantwortung ökonomischer Fragestellungen bietet, sei eine zu begleichende Einkommensteuer in Abhängigkeit des zu versteuernden Einkommens betrachtet. Tabelle 2.6 zeigt ausgewählte zu versteuernde Einkommenswerte (zvE) und die in Deutschland entsprechend fällige Einkommensteuer (ESt) im Falle einer Einzelveranlagung im Jahre 2019. Diese Werte können in der Einkommensteuer-Grundtabelle für ein zu versteuerndes Einkommen von 9.165 € bis 270.044 € nachgelesen werden.[31]

Tab. 2.6: Zu versteuerndes Einkommen (zvE) und zugehörige Einkommensteuer (ESt).

zu versteuerndes Einkommen (zvE)	Einkommensteuer (ESt)	Differenz Einkommen (ΔzvE)	Differenz Einkommensteuer (ΔESt)
9.176 €	1 €		
9.276 €	15 €	100 €	14 €
10.000 €	123 €		
10.100 €	138 €	100 €	15 €
20.000 €	2.414 €		
20.100 €	2.440 €	100 €	26 €
30.000 €	5.275 €		
30.100 €	5.306 €	100 €	31 €
40.000 €	8.569 €		
40.100 €	8.604 €	100 €	35 €
50.000 €	12.295 €		
50.100 €	12.335 €	100 €	40 €
60.000 €	16.419 €		
60.100 €	16.461 €	100 €	42 €
70.000 €	20.619 €		
70.100 €	20.661 €	100 €	42 €

Die Werte in der Tabelle 2.6 machen deutlich, dass mit zunehmendem Einkommen auch höhere Einkommensteuern fällig werden. Sind bei einem zu versteuernden Jahreseinkommen von 20.000 € insgesamt 2.414 € Einkommensteuer zu zahlen, sind es bei dem doppelten zu versteuernden Einkommen von 40.000 € schon 8.569 €. Auch ein um

---

[31] In der Einkommensteuer-Grundtabelle ist die für das zu versteuernde Einkommen (zvE) fällige Einkommensteuer (ESt) eingetragen, die in Deutschland nach den Berechnungsvorschriften des Bundesministeriums der Finanzen ermittelt werden. Die angegebenen zvE- und ESt-Werte in der Tabelle gelten für Ledige sowie Ehegatten bzw. eingetragene Lebenspartner, die eine Einzelveranlagung nach § 26a EStG im Jahre 2019 wählen. Vgl. https://einkommensteuertabellen.finanz-tools.de/downloads/grundtabelle-2019.pdf, Abruf 08.07.19.

100 € erhöhtes Einkommen wird je nach Einkommenshöhe unterschiedlich hoch besteuert. So wird ein Steuerpflichtiger für 100 € Mehreinnahmen bei einem Einkommen von 20.000 € mit 26 €, bei 40.000 € mit 35 € und bei einem zu versteuernden Einkommen von 60.000 € schon mit 42 € belastet.

Die Steueränderungsrate (ΔESt/ΔzvE) ist demzufolge eine Funktion des zu versteuernden Einkommens (zvE), wie auch die Einkommenssteuer (ESt) eine Funktion des zu versteuernden Einkommens (zvE) – also derselben unabhängigen Veränderlichen – ist. Die Änderungsrate (ΔESt/ΔzvE) nimmt im unteren Einkommensbereich langsam zu um im mittleren Einkommensbereich dann überproportional stark anzusteigen (konvexe Krümmung). Sie wächst dann weiter, jedoch unterproportional (konkave Krümmung) bis zu einem Wert von 42 %. Insgesamt zeigt die Steueränderungsfunktion also einen s-förmigen Verlauf, wie er häufig bei ökonomischen Zusammenhängen auftritt. Mathematisch ausgedrückt bedeutet dies, dass der Kurvenverlauf der Steueränderungsfunktion den sogenannten Differenzenquotienten (ΔESt/ΔzvE) – also die Durchschnittssteuer – darstellt, der als gute Näherung des Differentialquotienten angesehen werden kann. Letzterer ergibt sich, wenn man den Grenzübergang zu unendlich kleinen Differenzen ΔzvE vollzieht. Der Differentialquotient hat in diesem Fall die Bedeutung der Grenzsteuerfunktion. Damit ist die Durchschnittssteuer auch immer kleiner als die Grenzsteuer.

Zusammenhang zwischen Differenzenquotient und Differentialquotient

Als Differenzenquotient einer Funktion $y = f(x)$ wird das Verhältnis von Δy zu Δx bezeichnet. Demgemäß lautet der Differenzenquotient

$$\frac{\Delta y}{\Delta x} = \frac{f(x + \Delta x) - f(x)}{\Delta x},$$

wobei y die abhängige Variable und x die unabhängige Variable der Funktion $y = f(x)$ ist. Der Differenzenquotient bedeutet also die Änderung des Funktionswertes relativ zur Änderung der unabhängigen Veränderlichen über einem endlichen Intervall.

Der Grenzwert des Differenzenquotienten für Δx gegen 0 heißt Differentialquotient der Funktion $y = f(x)$ an der Stelle x. Er lässt sich demzufolge ausdrücken als

$$\frac{dy}{dx} = \lim_{\Delta x \to 0} \frac{f(x + \Delta x) - f(x)}{\Delta x}.$$

Andere Schreibweisen für den Differentialquotienten sind

$$\frac{dy}{dx} = y' \quad \text{bzw.} \quad f'(x) = \frac{df}{dx} = \frac{d}{dx}f(x).$$

Existiert der Differenzenquotient einer Funktion $y = f(x)$, so heißt die Funktion $f(x)$ differenzierbar. Jedem x-Wert kann dann der Differentialquotient $f'(x) = \frac{df}{dx}$ zugeordnet werden, d. h. $f'(x)$ ist eine Funktion von x. Diese Funktion $f'(x)$ wird auch (erste) Ableitung von f nach x genannt, und man spricht „f Strich", „f Strich von x" oder „df nach dx".

Geometrisch bedeutet die Differenzierbarkeit von $f(x)$ in einem Punkt x, dass der Graph von $f(x)$ in diesem Punkt eine Tangente besitzt. Die Funktion $f(x)$ wird in der Nähe dieses Punktes durch eine lineare Funktion – also die Funktion, deren Graph die Tangente ist – approximiert. Die Ableitung $f'(x)$, der Differentialquotient, entspricht demzufolge der Steigung der Tangente in diesem Punkt. Da die Ableitung ein Maß für die Steigung einer Funktion ist folgt, dass eine Funktion an der zu differenzierenden Stelle stetig sein muss. Eine stetige Funktion ohne Ecken und Spitzen oder ähnliches ist somit differenzierbar.

Beispiel zum Differenzen- und Differentialquotienten. Betrachtet sei die Parabel $f(x) = x^2$, die in jedem Punkt $x \in \mathbb{R}$ differenzierbar ist. Bestimmen Sie den Differentialquotienten durch den Grenzwert des Differenzenquotienten.

Lösung. Der Differentialquotient $f'(x)$ ist durch den Grenzwert $\lim_{\Delta x \to 0} \frac{f(x+\Delta x)-f(x)}{\Delta x}$ gegeben. Mit der Funktion $f(x) = x^2$ bestimmt sich der Differentialquotient demnach zu

$$f'(x) = \lim_{\Delta x \to 0} \frac{(x+\Delta x)^2 - x^2}{\Delta x} = \lim_{\Delta x \to 0} \frac{x^2 + 2x\Delta x + (\Delta x)^2 - x^2}{\Delta x} = \lim_{\Delta x \to 0} (2x + \Delta x) = 2x.$$

Existiert von einer Funktion $y = f(x)$ eine erste Ableitung $f'(x)$, so ist diese auch eine Funktion, die – sofern stetig, wie es für elementare Funktionen fast immer zutrifft – differenziert werden kann. Die Ableitung von $f'(x)$ wird mit $f''(x)$ bezeichnet. Also ergibt sich $f''(x)$ durch die Ableitung der ersten Ableitung, also $(f'(x))'$, und man nennt diese Funktion die zweite Ableitung von $f(x)$. Man schreibt $f''(x) = \frac{d^2 f(x)}{dx^2}$, wobei das Symbol $\frac{d^2}{dx^2}$ bedeutet, dass die Ableitungsoperation zweimal nach der Variablen x ausgeführt wird. Wird von einer zweiten Ableitung einer Funktion $f(x)$ gesprochen, sagt man auch „f zwei Strich von x" oder „d zwei f nach dx Quadrat".

Entsprechend der zweiten Ableitung kann es auch eine dritte, vierte, n-te oder einen Differentialquotienten n-ter Ordnung geben. Führt man also das Differenzieren der Funktion $f(x)$ fort, folgt allgemein für die n-te Ableitung

$$f^{(n)}(x) = \frac{d^n}{dx^n} f(x) = \frac{d}{dx} f^{(n-1)}(x)$$

für $n = 1, 2, \ldots$. Dabei ist $f^{(0)}(x)$ die 0-te Ableitung oder Ableitung 0-ter Ordnung der Funktion $f(x)$ und bezeichnet die Funktion $f(x)$ selbst. Zu beachten ist weiterhin, dass man im Allgemeinen Ableitungen höherer als dritter Ordnung nicht durch Striche, sondern durch hochgestellte Ordnungszahlen in runden Klammern bezeichnet.

Differentiationsregeln

Für die Bestimmung von Differentialquotienten und damit einer Ableitung einer Funktion $f(x)$ muss nicht jedes Mal der Grenzwert des Differenzenquotienten von $f(x)$ für Δx gegen 0 berechnet werden, denn es existieren zahlreiche Nachschlagewerke und Formelsammlungen in denen – schon berechnete – Ableitungen verschiedener Funktionen aufgeführt sind und demzufolge nachgeschlagen werden können. In Tabelle 2.7 sind einige erste und zweite Ableitungen ausgewählter elementarer Funktionen zusammengestellt, die für eine Berechnung von Ableitungen spezieller Funktionen herangezogen werden können. Unter Hinzuziehung der angegebenen Ableitungen in Tabelle 2.7 lässt sich beispielsweise die spezielle Potenzfunktion $f(x) = x^7$ oder die spezielle Exponentialfunktion $f(x) = 5^x$ einfach ableiten, da die entsprechenden Ableitungen der allgemeinen Potenzfunktion $f(x) = x^n$ und der allgemeinen Exponentialfunktion $f(x) = a^x$ schon bekannt sind und jetzt nur noch die entsprechenden Parameter n und a durch 7 respektive 5 ersetzt werden müssen. Infolgedessen lauten die ersten und zweiten Ableitungen der speziellen Potenzfunktion $f(x) = x^7$ daher $f'(x) = 7x^6$ und $f''(x) = 42x^5$, und für die spezielle Exponentialfunktion $f(x) = 5^x$ lauten sie $f'(x) = 5^x \cdot \ln 5$ und $f''(x) = 5^x \cdot (\ln 5)^2$.

Tab. 2.7: Erste und zweite Ableitungen ausgewählter elementarer Funktionen.

	Funktionsgleichung	Erste Ableitung	Zweite Ableitung
Konstante Funktion	$f(x) = c$	$f'(x) = 0$	–
Lineare Funktion	$f(x) = mx + b$	$f'(x) = m$	$f''(x) = 0$
Potenzfunktion	$f(x) = x^n$	$f'(x) = nx^{n-1}$	$f''(x) = n(n-1)x^{n-2}$
	$f(x) = \frac{1}{x}$	$f'(x) = -\frac{1}{x^2}$	$f''(x) = \frac{2}{x^3}$
	$f(x) = \sqrt{x}$	$f'(x) = \frac{1}{2\sqrt{x}}$	$f''(x) = -\frac{1}{4\sqrt{x^3}}$
	$f(x) = \sqrt[n]{x}$	$f'(x) = \frac{1}{n\sqrt[n]{x^{n-1}}}$	$f''(x) = -\frac{n-1}{n^2\sqrt[n]{x^{2n-1}}}$
Exponentialfunktion	$f(x) = a^x$	$f'(x) = a^x \cdot \ln a$	$f''(x) = a^x \cdot (\ln a)^2$
	$f(x) = e^x$	$f'(x) = e^x$	$f''(x) = e^x$
Logarithmusfunktion	$f(x) = \log_a x$	$f'(x) = \frac{1}{x \cdot \ln a}$	$f''(x) = -\frac{1}{x^2 \cdot \ln a}$
	$f(x) = \ln x$	$f'(x) = \frac{1}{x}$	$f''(x) = -\frac{1}{x^2}$
Sinusfunktion	$f(x) = \sin x$	$f'(x) = \cos x$	$f''(x) = -\sin x$
Kosinusfunktion	$f(x) = \cos x$	$f'(x) = -\sin x$	$f''(x) = -\cos x$

Sind nun aber spezielle Funktionen abzuleiten, die durch die Verknüpfung elementarer Funktionen (Addition, Subtraktion, Multiplikation, Division, Radizieren, Exponieren) gebildet sind, oder die in Form zusammengesetzter Funktionen vorkommen, sind neben den in den Formelsammlungen angegebenen Ableitungen elementarer Funktionen noch diverse Differentiationsregeln zu berücksichtigen. Die Differentiationsregeln geben vor, wie sich derartig verknüpfte oder zusammengesetzte Funktionen differenzieren lassen. Bei den Regeln handelt es sich um die Konstante Faktor Regel, die Summen-, Produkt-, Quotienten- sowie die Kettenregel.

Konstante Faktor Regel. Ein konstanter Faktor c kann beim Differenzieren einer Funktion $y(x) = c \cdot f(x)$ stets vor die Ableitung $f'(x)$ gezogen werden. Für die Ableitung der Funktion $y(x)$ gilt demzufolge

$$y'(x) = \frac{d}{dx}(c \cdot f(x)) = c \cdot \frac{df}{dx} = c \cdot f'(x).$$

Summenregel. Sind $f(x)$ und $g(x)$ zwei differenzierbare Funktionen und $y(x) = f(x) \pm g(x)$ die Summe (Differenz), so gilt für die Ableitung

$$y'(x) = \frac{d}{dx}(f(x) \pm g(x)) = \frac{df(x)}{dx} \pm \frac{dg(x)}{dx} = f'(x) \pm g'(x).$$

Produktregel. Ein Produkt von zwei Funktionen $y(x) = f(x) \cdot g(x)$ wird nach der sogenannten Produktregel differenziert. Für dessen Ableitung gilt

$$y'(x) = \frac{d}{dx}(f(x) \cdot g(x)) = \frac{df(x)}{dx} \cdot g(x) + \frac{dg(x)}{dx} \cdot f(x) = f'(x) \cdot g(x) + g'(x) \cdot f(x).$$

Quotientenregel. Ist eine Funktion $y(x)$ als Quotient zweier differenzierbarer Funktionen $f(x)$ und $g(x)$ darstellbar, d. h. $y(x) = \frac{f(x)}{g(x)}$ mit $g(x) \neq 0$, dann lautet ihre Ableitung

$$y'(x) = \frac{d}{dx}\left(\frac{f(x)}{g(x)}\right) = \frac{\frac{df(x)}{dx} \cdot g(x) - \frac{dg(x)}{dx} \cdot f(x)}{(g(x))^2} = \frac{f'(x) \cdot g(x) - g'(x) \cdot f(x)}{(g(x))^2}.$$

Kettenregel. Für die zusammengesetzte Funktion $y(x) = f(g(x))$ mit $z = g(x)$ als innere und $y = f(z)$ als äußere Funktion lautet die Ableitung

$$y'(x) = \frac{d}{dx}(f(g(x))) = \frac{df(z)}{dz} \cdot \frac{dg(x)}{dx} = f'(z) \cdot g'(x).$$

Man bezeichnet $\frac{df(z)}{dz}$ auch als äußere Ableitung der Funktion f nach z und $\frac{dg(x)}{dx}$ als die innere Ableitung der Funktion g nach x. Kurz gesagt, die Ableitung einer zusammengesetzten Funktion $f(g(x))$ bestimmt sich aus dem Produkt der äußeren Ableitung und der inneren Ableitung.

> **Beispiel zur Bestimmung einer ersten Ableitung.** Bestimmen Sie die erste Ableitung der Funktion
>
> $$f(x) = \frac{2x^2 - 20x + 50}{x - 3}.$$
>
> **Lösung.** Da es sich bei der Funktion $f(x)$ um eine gebrochen rationale Funktion handelt, wird zur Bestimmung der ersten Ableitung die Quotientenregel wie folgt angewendet:
>
> $$f'(x) = \frac{(4x - 20) \cdot (x - 3) - 1 \cdot (2x^2 - 20x + 50)}{(x - 3)^2} = \frac{2x^2 - 12x + 10}{(x - 3)^2}.$$

Grenzfunktionen in der Ökonomie

In vielen praktischen Anwendungen wird nach der Veränderungsrate einer Größe gefragt, beispielsweise wie schnell die Wirtschaft wächst oder um wie viel sich die nachgefragte Menge eines Gutes ändert, wenn sein Preis um einen geringen Betrag geändert wird. Zur Beantwortung dieser und anderer Fragen in den Wirtschaftswissenschaften ist das Verständnis der ersten Ableitung als Grenzwert ökonomisch relevanter Funktionen notwendig. Die ersten Ableitungen ökonomisch relevanter Funktionen werden deshalb nicht ohne Grund als Grenzfunktionen bezeichnet. Geht es beispielsweise in einem Unternehmen um den Verlauf der Kosten in Abhängigkeit der Produktionsmenge, dann bezeichnet der Differentialquotient in einem bestimmten Punkt den Kostenanstieg bei einer Veränderung der Produktionsmenge in der Nähe des Punktes. Dieser Differentialquotient wird dann Grenzkosten genannt. Es könnte auch sein, dass eine Funktion den Gewinn oder aber den Umsatz eines Unternehmens in Abhängigkeit der verkauften Menge ausdrückt, dann geben die jeweils ersten Ableitungen den Grenzgewinn respektive den Grenzumsatz an.

Mithilfe der Differentialrechnung sind schließlich Aussagen über den Kurvenverlauf einer Funktion – insbesondere über deren Steigung – möglich, ohne eine umfangreiche Wertetabelle der Funktion aufstellen zu müssen. In der Praxis wäre eine Wertetabelle ohnehin unzweckmäßig, weil mit ihr die für die Kurve charakteristischen Punkte wie Maxima und Minima, Wendepunkte oder Nullstellen im Allgemeinen nicht erfasst werden. Unter Hinzuziehung der Differentialrechnung ist es nun möglich, den Kurvenverlauf, beispielsweise hinsichtlich dieser charakteristischen Punkte, im Detail zu beschreiben. Man spricht dann von einer Kurvendiskussion und setzt voraus, dass eine (ökonomische) Funktion in ihrem Definitionsbereich hinreichend oft differenzierbar ist.

Wird die erste Ableitung $f'(x)$ einer Funktion $f(x)$ null gesetzt, dann erhält man die Stelle $x = a$, an der sich ein Maximum oder ein Minimum von $f(x)$ befindet. Dies kann man sich auch plastisch vorstellen. Läuft man einen Berg bis auf seinen Gipfel hinauf, danach weiter und dann den Berg wieder hinunter, bedeutet dies, dass beim Aufstieg die Steigung positiv und beim Abstieg negativ war, und folglich muss auf dem Gipfel die Steigung genau null gewesen sein. Beim Durchlaufen eines Tals ist es gerade umgekehrt, erst steigt man hinab (negative Steigung) und dann wieder hinauf (positive Steigung), und somit ist in der Talsohle die Steigung auch null. Da sich die Steigung einer Funktion $f(x)$ durch die erste Ableitung und die Änderung der Steigung durch die zweite Ableitung berechnen lässt, können mit den Ableitungen demnach auch die Maxima und Minima der Funktion bestimmt werden.

- Die Kurve einer Funktion $f(x)$ steigt, wenn $f'(x) > 0$ ist.
- Die Kurve einer Funktion $f(x)$ fällt, wenn $f'(x) < 0$ ist.
- Eine Funktion $f(x)$ hat an der Stelle $x = a$ ein Maximum, wenn $f'(a) = 0 \wedge f''(a) < 0$ sind.

- Eine Funktion $f(x)$ hat an der Stelle $x = a$ ein Minimum, wenn $f'(a) = 0 \land f''(a) > 0$ sind.

Bei einem Wendepunkt einer Funktion $f(x)$ findet eine Änderung der Krümmung des Kurvenverlaufs statt. Sie kann entweder von einer Linkskrümmung in eine Rechtskrümmung übergehen oder umgekehrt. Infolgedessen ist die Steigung der ersten Ableitung am Wendepunkt $x = a$ genau 0, also $f''(a) = 0$, und wegen der Krümmungsänderung muss noch $f'''(a) \neq 0$ sein.
- Eine Funktion $f(x)$ hat an der Stelle $x = a$ einen Wendepunkt, wenn $f''(a) = 0 \land f'''(a) \neq 0$ sind.

> **Beispiel zur Extremwertbestimmung.** Gegeben sei die Funktion $f(x) = 5x^2 - 2x + 5$. Bestimmen Sie das Maximum oder Minimum der Funktion $f(x)$ sowie den Funktionswert an der Extremwertstelle.
>
> **Lösung.** Aus der ersten Ableitung $f'(x) = 10x - 2$ folgt, dass an der Stelle $x = \frac{1}{5} = 0{,}2$ die erste Ableitung $f'(x) = 0$ ist. Demzufolge liegt bei $x = 0{,}2$ ein Extremwert von $f(x)$ vor. Da die zweite Ableitung $f''(0{,}2) = 10 > 0$ ist, hat die Funktion $f(x)$ an der Stelle $x = 0{,}2$ ein Minimum. Der minimalste Funktionswert ist $f(x = 0{,}2) = 4{,}8$.

Sind ökonomische Funktionen hinsichtlich ihrer charakteristischen Eigenschaften wie die Steigung oder die Extrema zu diskutieren, so sind auch die Differentialquotienten dieser Funktionen zu bestimmen. Die dann erhaltenen Grenzfunktionen sind daraufhin hinsichtlich ihrer Nullstellen oder Steigungen näher zu analysieren. Im Folgenden geht es nun um die Kurvendiskussion ökonomischer Funktionen, und es werden beispielhaft die Grenzkosten-, die Grenzumsatz- und Grenzgewinnfunktion vorgestellt.

Grenzkostenfunktion. Die erste Ableitung der Gesamtkostenfunktion $K(x) = K_f + K_v(x)$ heißt Grenzkostenfunktion. Die Grenzkostenfunktion $K'(x)$ gibt an, wie sich die Gesamtkosten ändern, wenn die Menge x um eine Einheit verändert wird. Unter Hinzuziehung der Summenregel ergibt sich die Grenzkostenfunktion zu $K'(x) = K_f' + K_v'(x)$. Da die fixen Kosten $K_f = K(0)$ konstant sind, wird die erste Ableitung der fixen Kosten gleich null, also folgt $K_f' = 0$. Infolgedessen werden die Grenzkosten nur durch die Änderung der variablen Kosten $K_v(x)$ bestimmt und sind somit unabhängig von den fixen Kosten, und es gilt $K'(x) = K_v'(x)$.

In der Regel steigen die Kosten in einem Unternehmen mit zunehmender Produktion an. Bei den Anstiegen kann zwischen einem linearen, degressiven, progressiven oder einem ertragsgesetzlichen Kostenverlauf unterschieden werden, wie es in Abschnitt 2.10 gezeigt ist. Diese typischen Kostenverläufe lassen sich nun auch mittels der ersten und zweiten Ableitung genauer charakterisieren. Wenn Kosten ansteigen bedeutet dies nämlich, dass die Grenzkosten immer positiv sind, d. h. $K'(x) > 0$. Aus der Größe der zweiten Ableitung der Kostenfunktion, also der Änderung der Grenzkosten, kann auf ein lineares, degressives, progressives oder ertragsgesetzliches Verhalten der Kosten geschlossen werden. Sind die Änderungen der Grenzkosten null, also $d^2K(x)/dx^2 = 0$, dann liegt ein linearer Kostenverlauf vor. Bei einem degressiven Kostenverlauf ist dagegen $d^2K(x)/dx^2 < 0$, und bei einem progressiven Verlauf ist $d^2K(x)/dx^2 > 0$. Nehmen die Kosten dagegen erst degressiv zu, um dann an einem Punkt x_s in eine progressive Zunahme überzugehen, dann wechselt die zweite Ableitung an diesem Punkt x_s sein Vorzeichen von Minus zu Plus, und es liegt ein ertragsgesetzlicher Kostenverlauf vor.

Grenzumsatzfunktion. Die Grenzumsatz- oder Grenzerlösfunktion ist die erste Ableitung der Umsatz- bzw. Erlösfunktion. Sie wird entsprechend mit $U'(x)$ bzw. $E'(x)$ abgekürzt. Sie gibt näherungsweise an, um welchen Betrag sich der Umsatz ändert, wenn die Absatzmenge sich um eine Einheit ändert. Da der Umsatz U sich aus dem Produkt von Preis p und Menge x ergibt, kann zwischen der Umsatzfunktion $U(x)$ und $U(p)$ unterschieden werden, je nachdem ob die Menge x oder der Preis p die unabhängige Variable ist.

- Ist die unabhängige Variable die Menge x, dann bestimmt sich die Umsatzfunktion $U(x)$ aus dem Produkt der Preis-Absatz-Funktionen $p(x)$ und der Menge x. Für die Grenzumsatzfunktion $U'(x)$ ist demnach die Funktion $p(x) \cdot x$ nach der Variablen x zu differenzieren.
- Sind die Nachfragefunktion $x_N(p)$ oder die Angebotsfunktion $x_A(p)$ von Interesse, dann wird die Nachfrage bzw. das Angebot durch den Preis p bestimmt und die unabhängige Variable ist jetzt p. Demzufolge wird auch der Umsatz in Abhängigkeit des Preises diskutiert, und es gilt $U(p) = p \cdot x(p)$. Für den Grenzumsatz ist dann die Funktion $p \cdot x(p)$ nach der Variablen p abzuleiten.

Sofern ökonomische Zusammenhänge nur in Abhängigkeit der Menge x diskutiert werden sollen, dann bildet man aus der Nachfragefunktion $x(p)$ durch Umkehrung die Preis-Absatz-Funktion $p(x)$ und ermittelt dann die Grenzumsatzfunktion $U'(x)$, die dann auch von der Menge x abhängig ist.

Grenzgewinnfunktion. Wird die Gewinnfunktion $G(x)$ nach x differenziert, erhält man die Grenzgewinnfunktion $G'(x)$ oder kurz gesagt, den Grenzgewinn bzgl. der abgesetzten Menge. Der Grenzgewinn gibt dann an, um welchen Betrag sich der Gewinn ändert, wenn die produzierte oder abgesetzte Menge sich um eine Einheit ändert. Mit dem Zusammenhang $G(x) = U(x) - K(x)$ bestimmt sich die Grenzgewinnfunktion zu $G'(x) = U'(x) - K'(x)$, d. h. der Grenzgewinn $G'(x)$ lässt sich aus der Differenz zwischen Grenzumsatz $U'(x)$ und Grenzkosten $K'(x)$ berechnen.

Für die Bestimmung des Gewinnmaximums ist die Grenzgewinnfunktion als eine notwenige Bedingung gleich null zu setzen, also $G'(x) = 0$. Dies bedeutet, dass an der Stelle x des Gewinnmaximums der Grenzumsatz genau den Grenzkosten entspricht, also $U'(x) = K'(x)$. Ob an dieser berechneten Stelle x wirklich ein Maximum vorliegt, wird mit der hinreichenden Bedingung überprüft, d. h. es muss bei einem Maximum die zweite Ableitung der Gewinnfunktion negativ sein, also $G''(x) < 0$.

Nun muss an der berechneten Extremwertstelle x nicht notwendigerweise ein positiver Gewinn erzielt werden. Der maximal erreichbare Gewinn kann nämlich auch ein Verlust sein und das Gewinnmaximum wäre dann ein Verlustminimum. Infolgedessen sollte auch überprüft werden, welchen Wert der Gewinn an der Stelle des Gewinnmaximums annimmt.

Im Zusammenhang mit der Gewinn- und Grenzgewinnfunktion sei hier noch der nach dem Wirtschaftswissenschaftler Antoine Augustin Cournot (*1801, †1877) benannte Cournotsche Punkt $C(p_C, x_C)$ erwähnt. Er gibt die gewinnmaximale Preismengenkombination an, also bei welcher Menge x_C eines Produktes der maximale Gewinn erzielt wird und welcher Preis p_C auf dem Markt erzielt werden muss, damit die produzierte Menge auch abgesetzt werden kann.

Beispiel zur Bestimmung optimaler Bestellmengen. Das Sägezahnmodell bietet eine einfache Möglichkeit den Bestandverlauf in Lagersystemen zu beschreiben und zu bestimmen. Betrachtet wird hierbei die Menge m in Mengeneinheiten [ME] eines Produktes, die in einem Unternehmen pro Jahr gleichmäßig verbraucht wird. In regelmäßigen Abständen werden daher x Mengeneinheiten bestellt, wobei die Bestellkosten für eine Bestellung E in Euro [€] angegeben werden. Mit dem Stückpreis $s\ \frac{€}{ME}$ des Produktes und der Tatsache, dass das im Lager gebunden Kapitals mit $p\,\%$ im Jahr verzinst wird, bestimmen sich die Gesamtkosten durch

$$K(x) = \frac{m \cdot E}{x} + \frac{p}{100} \cdot s \cdot \frac{x}{2}.$$

Wie groß ist die optimale (kostenminimale) Bestellmenge x_{opt}, wenn das Unternehmen jährlich $m = 900$ ME Produkte benötigt, die zu einem Stückpreis von $s = 20{,}00\ \frac{€}{ME}$ verkauft werden? Die Bestellkosten pro Bestellung liegen bei $E = 16\,€$, und das gebundene Kapital wird mit $p = 10\,\%$ verzinst.

Lösung. Die optimale Bestellmenge x_{opt} lässt sich durch Differenzieren der Gesamtkostenfunktion nach x und Bestimmung der Nullstelle der ersten Ableitung berechnen. Da die erste Ableitung $K'(x)$ durch

$$K'(x) = -\frac{m \cdot E}{x^2} + \frac{p \cdot s}{200}$$

gegeben ist folgt, dass die Summe

$$-\frac{m \cdot E}{x^2} + \frac{p \cdot s}{200} = 0$$

sein muss. Infolgedessen ist

$$\frac{p \cdot s}{200} = \frac{m \cdot E}{x_{opt}^2}$$

und damit

$$x_{opt} = \sqrt{\frac{200 \cdot m \cdot E}{p \cdot s}}.$$

Auf die Untersuchung der hinreichenden Bedingung mithilfe der zweiten Ableitung soll hier verzichtet werden. Nach Einsetzen der angegebenen Werte für die Bedarfsmenge m des Produktes pro Jahr, der Bestellkosten E für eine Bestellung und dem Stückpreis s berechnet sich die kostenminimale Bestellmenge zu

$$x_{opt} = \sqrt{\frac{200 \cdot 900\,\text{ME} \cdot 16\,\text{€}}{10 \cdot 20\,\text{€/ME}}} = \sqrt{14400 \cdot \text{ME}^2} = 120\,\text{ME}.$$

Die optimale Bestellmenge beträgt also 120 ME. Es müssen demnach $\frac{900}{120} = 7{,}5$ Bestellungen pro Jahr aufgegeben werden, um die minimalsten Kosten zu verursachen.

Differentiation von Funktionen mit mehreren Veränderlichen

Am Beispiel der Kosten- oder Gewinnfunktion wurde gezeigt, wie mithilfe der Differentialrechnung nicht nur die Grenzkosten- und Grenzgewinnfunktionen bestimmt, sondern auch Kostenminima oder Gewinnmaxima ermittelt werden können. Hierbei wurde die Differentialrechnung auf Funktionen in Abhängigkeit einer Veränderlichen angewendet. Nun können aber (ökonomische) Funktionen auch von mehreren Veränderlichen abhängen, wie beispielsweise die Produktionsfunktion, die einen Zusammenhang zwischen der Produktionsmenge eines Gutes und den Einsatzmengen der Produktionsfaktoren (z. B. Arbeitskräfte, Maschinen, Rohstoffe oder Kapital) herstellt. Allgemein werden solche Funktionen in Abhängigkeit von mehreren Veränderlichen durch $y = f(x_1, x_2, \ldots, x_n)$, mit der abhängigen Variablen y und den unabhängigen Variablen x_i ($i = 1, 2, \ldots, n$), dargestellt.

Bei einer Funktion $f(x)$, die nur von einer Variablen abhängig ist, konnte die Ableitung $f'(x)$ anschaulich als Steigung der Kurve an einer bestimmten Stelle angesehen werden. Bei Funktionen $f(x_1, x_2, \ldots, x_n)$ mit mehreren Veränderlichen kann eine erste Ableitung aber nicht ohne weiteres als Steigung aufgefasst werden. Da solche Funktionen als Flächen in einem mehrdimensionalen Raum $\mathbb{R}^n$ interpretiert werden können, lässt sich die Steigung nicht eindeutig festlegen. Sie nimmt nämlich in Abhängigkeit von der Richtung, in die die Steigung gemessen werden soll, unterschiedliche Werte an. Demzufolge sind richtungsabhängige Steigungen der Funktionsflächen zu bestimmen, also Ableitungen in Richtung der Koordinatenachsen. Diese Steigungen bzw. Ableitungen erhält man durch Differenzieren nach der entsprechenden Veränderlichen, und man bezeichnet das Differenzieren von Funktionen mehrerer Veränderlicher als partielles Differenzieren.

Partielle Ableitungen. Die Berechnung einer richtungsabhängigen Steigung läuft auf die Bestimmung der sogenannten partiellen Ableitung erster Ordnung einer Funktion mit mehreren Veränderlichen hinaus. Um zum Ausdruck zu bringen, dass eine Funktion $y = f(x_1, x_2, \ldots, x_n)$ mit n unabhängigen Veränderlichen nur partiell, d. h. nur nach einer Veränderlichen, differenziert werden soll, ersetzt man den lateinischen Buchstaben d als Differentialbezeichnung durch das stilisierte ∂.

Betrachtet sei beispielsweise eine Funktion $z = f(x, y)$, die von den zwei Variablen x und y abhängig ist. Dann lautet die erste partielle Ableitung der Funktion $z = f(x, y)$ nach x

$$\frac{\partial z}{\partial x} = \frac{\partial f(x,y)}{\partial x} = \lim_{\Delta x \to 0} \frac{f(x+\Delta x, y) - f(x,y)}{\Delta x}.$$

Hat eine Funktion $y = f(x_1, x_2, \ldots, x_n)$ also n unabhängige Variablen x_i, so wird nach der i-ten Variable partiell differenziert, indem nach x_i unter Konstanthaltung aller anderen Variablen (*Ceteris-Paribus*-Bedingung) abgeleitet wird. Man schreibt

$$\frac{\partial y}{\partial x_i} = f'(x_i) = \lim_{\Delta x_i \to 0} \frac{f(x_1, \ldots, x_i + \Delta x_i, \ldots, x_n) - f(x_1, \ldots, x_i, \ldots, x_n)}{\Delta x_i}.$$

Man beachte, dass bei n unabhängigen Variablen insgesamt n partielle Ableitungen erster Ordnung existieren. Die partielle Ableitung einer Funktion mit mehreren Veränderlichen ist demnach genauso definiert wie die bislang vertraute Differentiation. Tatsächlich gibt es auch keine Besonderheiten in der Technik des Differenzierens, außer die Einschränkung, dass alle Variablen, nach denen nicht differenziert wird, als konstant anzusehen sind. Auch die Summen-, Produkt- und Quotienten- und Kettenregel gelten für das partielle Differenzieren analog.

Ähnlich wie bei Funktionen mit einer Veränderlichen lassen sich auch bei Funktionen mit mehreren Veränderlichen höhere Ableitungen bilden. Ist die Funktion $z = f(x,y)$ sowohl nach x als auch nach y zweimal differenzierbar, so heißen

$$\frac{\partial^2 z}{\partial x^2} = z''_{xx} \quad \text{bzw.} \quad \frac{\partial^2 z}{\partial y^2} = z''_{yy}$$

die partiellen Ableitung zweiter Ordnung nach x bzw. nach y.

Ist eine Funktion $z = f(x,y)$ zweimal partiell differenzierbar, so heißen die Ableitungen

$$\frac{\partial^2 z}{\partial x \partial y} = z''_{xy} \quad \text{bzw.} \quad \frac{\partial^2 z}{\partial y \partial x} = z''_{yx}$$

die gemischten partiellen Ableitungen zweiter Ordnung. Zu beachten ist, dass bei den gemischten Ableitungen die Reihenfolge der Differentiation keine Rolle spielt. Es gilt also

$$\frac{\partial^2 z}{\partial x \partial y} = \frac{\partial^2 z}{\partial y \partial x}.$$

Beispiel zur gemischten partiellen Ableitung zweiter Ordnung. Bestimmen sie die gemischten Ableitungen $\partial^2 z/\partial x \partial y$ und $\partial^2 z/\partial y \partial x$ der Funktion $z(x,y) = x^3 y^2$.

Lösung. Die erste partielle Ableitung der Funktion $z(x,y)$ nach x bzw. y lautet $\partial z/\partial x = 3x^2 y^2$ respektive $\partial z/\partial y = 2x^3 y$. Damit ergeben sich die beiden gemischten partiellen Ableitungen zweiter Ordnung zu $\partial^2 z/\partial x \partial y = 6x^2 y$ und $\partial^2 z/\partial y \partial x = 6x^2 y$, und somit ist $\partial^2 z/\partial x \partial y = \partial^2 z/\partial y \partial x$.

Totales Differential. Der Grenzwert des Differenzenquotienten $\Delta y/\Delta x = (f(x + \Delta x) - f(x))/\Delta x$ für Δx gegen 0 wird bekanntlich Differentialquotient dy/dx der Funktion $y = f(x)$ an der Stelle x genannt. Demnach ist der Differenzenquotient $\Delta y/\Delta x$ tatsächlich ein Quotient, aber der Grenzwert dy/dx ist als Quotient kein definierter Ausdruck, da mit Δx gegen 0 auch Δy gegen 0 geht. Der Grenzwert dy/dx hat den numerischen Wert der Ableitung $f'(x)$, jedoch sind dx und dy für sich selbst betrachtet lediglich als Symbole aufzufassen. Daraus folgt, dass es sich bei dy/dx um einen Operator d/dx handelt, der auf die Funktion $y(x)$ angewendet wird, um die Ableitung $f'(x)$ zu erhalten.

Gleichwohl wird im Allgemeinen von dx und dy ersatzweise für Δx respektive Δy als infinitesimal kleinen Einheiten oder Differentialen gesprochen, und man formuliert dann für das Differential den Zusammenhang $dy = f'(x) \cdot dx$. Dieser Zusammenhang besagt, dass für sehr kleine Differenzen Δx die Proportionalität $\Delta y \approx f'(x) \cdot \Delta x$ annähernd gilt und zwar umso genauer, je kleiner die Differenz Δx ist.

Werden Funktionen $y = f(x_1, \ldots, x_i, \ldots, x_n)$ in Abhängigkeit von mehreren Veränderlichen betrachtet, dann geht es zumeist um die partiellen Differentialquotienten $\partial f/\partial x_i$. Mit diesen partiellen Ableitungen kann dann der Anstieg einer Funktion $y = f(x_1, \ldots, x_i, \ldots, x_n)$ in Richtung der einzelnen Koordinatenachsen x_i diskutiert werden. Um aber eine allgemeine Aussage über den Anstieg einer Funktion $y = f(x_1, \ldots, x_i, \ldots, x_n)$ zu erhalten, wird das sogenannte totale Differential dy herangezogen. Dieses Differential gibt die Änderung einer Funktion für infinitesimal kleine Änderungen aller Funktionsargumente x_i an.

Für die Bestimmung eines totalen Differentials werden für die Funktion $y = f(x_1, \ldots, x_i, \ldots, x_n)$ die partiellen Differentiale $dy_{x_i} = \frac{\partial f}{\partial x_i} \cdot dx_i$ nach der Variablen x_i einfach aufsummiert. Man geht also implizit davon aus, dass die Funktionen mehrerer Veränderlicher stetig und partiell differenzierbar sind, und so bestimmt sich das totale Differential dann durch

$$dy = \frac{\partial f}{\partial x_1} \cdot dx_1 + \frac{\partial f}{\partial x_2} \cdot dx_2 + \ldots + \frac{\partial f}{\partial x_n} \cdot dx_n = \sum_{i=1}^{n} \frac{\partial f}{\partial x_i} \cdot dx_i.$$

Es sei hier angemerkt, dass bei der Anwendung der Differentialrechnung in den Wirtschaftswissenschaften das totale Differential eine nicht so große Rolle spielt wie die partiellen Ableitungen erster oder zweiter Ordnung, denn mit ihnen können die Extremwerte von Funktionen mehrerer Veränderlicher bestimmt werden, wie es in Abschnitt 2.13 gezeigt ist.

Beispiel zur Bestimmung des totalen Differentials. Gegeben sei die Funktion $z(x,y) = x^n y^m$ vom Cobb-Douglas-Typ. Bestimmen Sie die ersten partiellen Ableitungen nach x und nach y und sodann das totale Differential dz.

Lösung. Die ersten partiellen Ableitungen lauten $\partial z/\partial x = z'_x = nx^{n-1}y^m$ und $\partial z/\partial y = z'_y = x^n my^{m-1}$, und so bestimmt sich das totale Differential zu $dz = (nx^{n-1}y^m) \cdot dx + (x^n my^{m-1}) \cdot dy$.

Übungsaufgaben zum Abschnitt 2.11

Aufgabe 1. Bestimmen Sie die ersten und zweiten Ableitungen der folgenden vier Funktionen.
(a) $f(x) = x^3 + 2x^2 + 4x + 5$
(b) $g(x) = e^{4x}$
(c) $h(x) = \ln x$
(d) $k(x) = 3^x$

Aufgabe 2. Bestimmen Sie bei den nachfolgenden Funktionen die Maxima und/oder Minima.
(a) $f(x) = -2x^2 + 16x + 12$
(b) $f(x) = 2x^3 - 12x^2 + 18x + 1$
(c) $f(x) = (\ln x) - x$
(d) $f(x) = x \cdot e^{-x}$

Aufgabe 3. Bestimmen Sie zu den nachfolgenden Funktionen $f(x)$, $g(x)$ und $h(x)$ die Differentialquotienten $\frac{df}{dx}$, $\frac{dg}{dx}$ und $\frac{dh}{dx}$ sowie die Steigungen in den angegebenen Punkten x_1, x_2 und x_3.
(a) $f(x) = \sqrt{x^2 + 5x}$ in $x_1 = 4$
(b) $g(x) = \frac{x-3}{\sqrt[3]{x+3}}$ in $x_2 = 5$
(c) $h(x) = \frac{2x+3}{\sqrt{4x^2+9}}$ in $x_3 = 2$

Aufgabe 4. Bilden Sie die ersten Ableitungen der folgenden vier Funktionen:

$$f(x) = \log_{10}(3x+1) \quad g(x) = 7 \cdot 3^x + 5 \cdot (\ln x)^3$$
$$h(x) = \ln x^{2x} \quad k(x) = 2 \cdot e^{x+x^2} - \log_2 \frac{1}{x^6}$$

Aufgabe 5. Bilden Sie die ersten Ableitungen nachfolgender fünf Funktionen:

$$f(x) = \sqrt[3]{x^2}$$
$$g(x) = \sin x \cdot \cos x$$
$$h(x) = \sqrt{x} \cdot \left(\frac{1}{3}x^3 + x^{-1}\right)$$
$$k(x) = \frac{1}{e^{-\ln x}}$$
$$l(x) = 2x^2 \cdot \ln(x^2) + e^{x^2} \cdot \sin x$$

Aufgabe 6. Ein Kaffeeproduzent habe pro Tag Kosten $K(x)$ in Höhe von $\frac{1}{12}x^3 - \frac{7}{8}x^2 + \frac{3}{2}x + 10$, wenn er eine Menge x an Kaffee pro Tag herstellt.

Wie groß ist der maximal erzielbare Tagesgewinn, wenn vollständige Konkurrenz herrscht und der Marktpreis bei 6 GE pro Mengeneinheit liegt.

Aufgabe 7. Ein monopolistischer Hersteller von DVD-Playern produziert x Geräte je Woche mit Gesamtkosten in Höhe von $\frac{2}{5}x^2 + 26x + 1.000$ (in Euro). Die Nachfrage seines Marktes ist durch $x(p) = 75 - \frac{3}{10}p$ gegeben, wobei p der Preis je Gerät in Euro ist.

Zeigen Sie, dass der maximale Gewinn erzielt wird, wenn 30 DVD-Player je Woche hergestellt werden. Wie hoch ist dann der Preis des DVD-Players?

Aufgabe 8. Ein Unternehmen ist alleiniger Produzent eines in Deutschland besonders nachgefragten Produktes. Bei der Herstellung des Produktes unterliegt das Unternehmen der Kostenfunktion $K(x) = 0{,}1x^2 + 8.000$ und der Preis-Absatz-Funktion $p(x) = -0{,}1x + 100$.

Wie viel Einheiten x des Produktes soll das Unternehmen herstellen, um seinen Gewinn zu maximieren, und wie hoch ist dieser Gewinn?

Aufgabe 9. Ein Freizeitpark hat bei einem Eintrittspreis von 24 € durchschnittlich 600 Besucher pro Tag. Bei einer Senkung des Eintrittspreises würden pro Euro Senkung 50 Besucher mehr kommen (Besuchersensibilität von 50). Bei einer Preiserhöhung entsprechend pro Euro 50 Besucher weniger.
(a) Untersuchen Sie, bei welchem Eintrittspreis die Tageseinnahmen maximal sind. Wie groß ist dann die Besucherzahl, wie groß sind die maximalen Einnahmen, und wie lauten die Nachfrage-, die Preis-, die Absatz- und die Umsatzfunktion?
(b) Wie ändern sich die Ergebnisse, wenn die Besucher toleranter auf Preiserhöhungen reagieren und sich pro Euro Preisdifferenz die Besucherzahl nur um 30 ändert? Führen Sie die Überlegungen auch für eine auf Preiserhöhungen intolerant reagierende Kundschaft mit einer Besuchersensibilität von 100 aus.
(c) Bei welcher Besuchersensibilität wäre der Eintrittspreis von 24 € optimal?

Aufgabe 10. Bestimmen Sie die Gleichung der Tangente an den Graphen von $f(x) = -\frac{1}{2}x^2 + 2$ im Punkt $P(3; f(3))$.

Aufgabe 11. Welcher Punkt auf dem Graphen von $g(x) = -1{,}5x + 4$ hat vom Ursprung $(0;0)$ den minimalsten Abstand?

Aufgabe 12. Bestimmen Sie die zweiten Ableitungen nachfolgender Funktionen.
(a) $f(x) = e^{x^2+1}$
(b) $g(x) = x^3 + \frac{1}{x}$
(c) $h(x) = \ln(x^3)$
(d) $k(x) = \frac{x^2}{1+x}$

Aufgabe 13. Von einem rechteckigen Stück Blech mit den Seitenlängen a und b werden an den Ecken Quadrate herausgeschnitten. Biegt man die Randstücke hoch, so erhält man eine offene Blechschachtel.

Wie groß muss man die Quadratseite wählen, damit
(a) für $a = b$ und
(b) für $a = 8\,\text{cm}$ und $b = 5\,\text{cm}$ die jeweiligen Volumen einen Extremwert annehmen?

Aufgabe 14. Bestimmen Sie die partiellen Ableitungen erster Ordnung zu den nachfolgenden Funktionen.
(a) $f(x,y) = 3x^2 \cdot y + \frac{x}{y}$
(b) $g(x,y) = \sin x \cdot \cos y + \sin y \cdot \cos x$
(c) $h(x,y) = \sqrt[y]{3x} + e^{x \cdot y}$
(d) $k(x,y) = x \cdot y \cdot e^{x+y^2}$
(e) $l(x,y) = \frac{\sqrt{x^2-y^2}}{y\sqrt{x}}$

Aufgabe 15. Eine Ackerfläche wird mit x_1 Mengeneinheiten eines Naturdüngers vor Aussaat des Weizens behandelt. Nach zwei Monaten wird erneut gedüngt, aber mit x_2 Mengeneinheiten eines Kunstdüngers. Aus langjähriger Erfahrung kennt der Landwirt den Zusammenhang zwischen Weizenertrag y und der Düngung unter normalen Wetterbedingungen. Dieser Zusammenhang ist durch $y = f(x_1, x_2) = 840 + 4x_1 - x_1^2 + 10x_2 - 3x_2^2 + 3x_1 x_2$ gegeben.
(a) Wie ändert sich das Produktionsergebnis, wenn der Düngereinsatz vom Niveau (10,20) aus so geändert wird, dass 20 % mehr Naturdünger, aber 5 % weniger Kunstdünger ausgestreut werden? (approximative Näherung mit dem totalen Differential erwünscht!)
(b) Bei welcher Düngermenge erzielt der Landwirt einen maximalen Weizenertrag, und wie hoch ist dieser Ertrag?

Aufgabe 16. Bestimmen Sie die partiellen Ableitungen erster Ordnung der Funktionen $f(x,y) = 3 \cdot x \cdot y^{2a} + x^y + y^x$ und $g(x,y) = (e^1 \cdot x^2 - y) \cdot \sqrt{x \cdot y} + b \cdot x \cdot y$, wobei $a, b \in \mathbb{R}$ sind, und e steht für die Eulersche Zahl.

Aufgabe 17. Bestimmen Sie zu den beiden Funktionen $f(x,y) = 15 e^{xy^2}$ und $g(x,y,z) = x^2 yz + \frac{x+z}{y} + \ln(xyz)$ alle partiellen Ableitungen erster und zweiter Ordnung.

Aufgabe 18. Bestimmen Sie die ersten partiellen Ableitungen der nachfolgenden Funktionen.
(a) $f(x,y) = x^2 + y^3$
(b) $f(x,y) = x \cdot y$
(c) $f(x,y) = \frac{x}{y} + x \cdot y$
(d) $f(x,y) = 4x^3 + 2y^4$
(e) $f(x,y) = 2x^2 + 6y$
(f) $f(x,y) = 3x^{-1} y^2$
(g) $f(x,y) = e^{x^2 y}$
(h) $f(x,y) = e^{\ln x} \cdot e^{\ln y}$
(i) $f(x,y) = x^y$

Aufgabe 19. Bilden Sie die ersten und zweiten partiellen Ableitungen der Funktion $f(x_1, x_2) = x_1^2 \cdot x_2^3$.

Aufgabe 20. Wie lautet das totale Differential der Funktion $z(x, y) = 5x^3 y^7 - 3x + 3y - 17$?

2.12 Relative Änderungen ökonomischer Größen und Elastizitätsfunktionen

Grenzwerte von Differenzenquotienten lassen sich zur Analyse des Änderungsverhaltens ökonomischer Funktionen heranziehen. So gibt der Differenzenquotient $\Delta y/\Delta x$ exakt – bzw. der Differentialquotient dy/dx und damit die erste Ableitung der Funktion $y(x)$ näherungsweise – an, um wie viele Einheiten sich die abhängige Variable y ändert, wenn die unabhängige Variable x um eine Einheit geändert wird. Die Differentialrechnung umfasst den Umgang mit diesen Differenzenquotienten, und es lassen sich damit Kurvenverläufe von Funktionen diskutieren oder Steigungen an bestimmten Punkten berechnen. Das Änderungsverhalten der Grenzwerte von Differenzenquotienten, also der Ableitungen, erlaubt zudem Rückschlüsse auf Extremwerte, d. h. es können die Stellen eines Maximums oder eines Minimums einer Funktion bestimmt werden. In den Wirtschaftswissenschaften sind die Ableitungen wichtig, da mit ihnen Grenzfunktionen einhergehen und mit diesen beispielsweise Grenzkosten- oder Grenzgewinnfunktionen diskutiert oder Kostenminima oder Gewinnmaxima berechnet werden können.

Kurz gefasst werden bei dem Differenzenquotienten die absoluten Änderungen Δy und Δx – bzw. die Differentialquotienten dy und dx – ins Verhältnis gesetzt, um das Änderungsverhalten von Funktionen zu beschreiben. Damit sind diese Quotienten und folglich die Differentialrechnung wichtige Hilfsmittel zur Bildung mathematischer Modelle und deren Analyse. Gleichwohl liefert die absolute Änderung, repräsentiert durch die erste Ableitung, aber nur eine unvollständige Information über das tatsächliche Änderungsverhalten der beteiligten (ökonomischen) Größen. Geht es nämlich um die Frage, welche Folgen eine 1 %-ige Preisänderung auf die Nachfrage eines Produktes hat, kann die mithilfe der Differentialrechnung ermittelte Ableitung alleine keine befriedigende Antwort liefern. Hierzu bedarf es der Betrachtung relativer Änderungen, also dem Verhältnis der prozentualen Änderung der abhängigen Variable y, z. B. der Nachfrage, in Bezug auf die prozentuale Änderung der unabhängigen Variablen x, z. B. des Preises.

Um solche relativen Änderungen abhängiger und unabhängiger Variablen geht es in diesem Abschnitt 2.12. Zu Beginn wird dargelegt, was das Verhältnis der relativen Änderung der abhängigen Variablen $\Delta y/y$ zu der relativen Änderung der unabhängigen Variablen $\Delta x/x$ von Funktionen $y(x)$ im Vergleich zu den Verhältnissen der entsprechenden absoluten Änderungen Δy und Δx bedeutet. In den Wirtschaftswissenschaften hat sich für das Verhältnis der relativen Änderungen einer abhängigen Variablen zur relativen Änderung einer ihrer unabhängigen Variablen der Begriff Elastizität etabliert.

Demzufolge wird in diesem Abschnitt 2.12 dieser Begriff erläutert sowie die Berechnung der Elastizität von Funktionen dargelegt, um daraufhin beispielhaft die Nachfrageelastizität des Preises, die Preiselastizität der Nachfrage sowie die Kreuzpreiselastizität zu erörtern. Abgeschlossen wird dieser Abschnitt 2.12 mit der Diskussion der Elastizitäten von Funktionen mehrerer Veränderlicher, also den sogenannten partiellen Elastizitäten.

Relative versus absolute Änderungen abhängiger und unabhängiger Variablen

Um den Unterschied zwischen absoluten und relativen Änderungen zu verdeutlichen, sei die lineare Nachfragefunktion $x(p) = -2p + 30$ betrachtet. Diese Funktion ist nur für $0 < p < 15$ sinnvoll interpretierbar und zeigt, dass mit zunehmendem Preis p die nachgefragte Menge x eines Gutes zurück geht. So resultiert bei $p = 2$ eine Nachfragemenge von $x = 26$ oder bei $p = 12$ eine Nachfrage von $x = 6$.

Analyse der absoluten Änderungen. Wird nun im ersten Fall an der Stelle $p = 2$ der Preis um eine Einheit auf $p = 3$ erhöht, dann verringert sich die Nachfragemenge auf $x(3) = 24$. Folglich führt ein $\Delta p = +1$ zu einem $\Delta x = 24 - 26 = -2$. Wird im zweiten Fall der Preis von $p = 12$ um eine Einheit auf $p = 13$ erhöht, verringert sich die Nachfrage von $x = 6$ auf $x = 4$. Dies zeigt, dass ein $\Delta p = +1$ auch in diesem Fall zu einem $\Delta x = -2$ führt.

Die Ursache (Preis steigt um eine Einheit) und die Wirkung (Nachfrage sinkt um zwei Einheiten) sind demnach identisch, denn in beiden Fällen gilt $\Delta x/\Delta p = -2/+1 = -2$. Anders ausgedrückt bedeutet dies, dass die erste Ableitung $x'(p) = -2$ konstant ist.

Analyse der relativen Änderungen. Im ersten Fall entspricht die Ursache einer Preiserhöhung von $p = 2$ auf $p = 3$ einer relativen Erhöhung um 50 %, denn $\Delta p/p = 1/2 = 0{,}5$. Diese prozentuale Preiserhöhung bewirkt eine Verringerung der Nachfrage um 7,7 %, denn $\Delta x/x = -2/26 \approx -0{,}077$. Im zweiten Fall wird der Preis von $p = 12$ – auch um eine Einheit – auf $p = 13$ erhöht. Dies entspricht nun einer relativen Änderung von $\Delta p/p = 1/12 \approx 0{,}083$, also einer 8,3 %-igen Preiserhöhung. Somit bewirkt auch diese Ursache eine Verringerung der Nachfrage, aber diesmal um −33,3 %, denn $\Delta x/x = -2/6 \approx -0{,}333$.

Die Analyse der relativen Änderung zeigt an diesen zwei Beispielen, dass Ursache und Wirkung höchst unterschiedlich sein können, obwohl die absoluten Preiserhöhungen identisch sind. So führt im ersten Fall eine doch beträchtliche Preiserhöhung von 50 % nur zu einer 7,7 %-igen Verringerung der Nachfrage. Im zweiten Fall hat eine vermeintlich niedrige Preiserhöhung von 8,3 % dagegen eine 33,3 %-ige Verringerung der Nachfrage zur Folge.

Diese Unterschiede in den relativen Änderungen lassen sich durch das Verhältnis von Wirkung und Ursache verdeutlichen, denn im ersten Fall ist das Verhältnis Wirkung/Ursache = −7,7 %/50 % = −0,154 und im zweiten Fall Wirkung/Ursache = −33,3 %/8,3 % = −4. Diese beiden dimensionslosen Zahlenwerte stellen nun ein Maß für die Nachfrageänderung aufgrund einer Preiserhöhung dar. Dieses Maß wird Elastizität genannt und gibt an, um wie viel Prozent sich die Nachfrage (durchschnittlich) verändert, wenn der Preis um 1 % geändert wird.

Begriff und Berechnung der Elastizität von Funktionen

Im Zusammenhang mit Flexibilitätsbetrachtungen liefert die Elastizität in den Wirtschaftswissenschaften Informationen zur Anpassungsfähigkeit ökonomischer Systeme an veränderte Rahmenbedingungen. So wird die Elastizität in der Preis- und Kostentheorie als Maß verstanden, das durch das Verhältnis der relativen Größen funktional verknüpfter ökonomischer Variablen definiert wird. Die Elastizität ist damit ein wichtiges formales Hilfsmittel der ökonomischen Analyse.

Die Elastizität wird im Allgemeinen mit dem Buchstaben ε gekennzeichnet und ist durch den Quotienten aus der relativen (prozentualen) Änderung einer abhängigen Variable y und der relativen (prozentualen) Änderung der sie bestimmenden unabhängigen Variablen x bestimmt. Man unterscheidet zwischen der Durchschnittselastizität, die sich auf ein Intervall bezieht und der Punktelastizität, die sich auf einen Punkt bezieht. Die Punktelastizität wird in der Regel bei theoretischen Untersuchungen genutzt, wohingegen in der Empirie meist die Durchschnittselastizität herangezogen wird.

Die Durchschnittselastizität – auch Bogenelastizität genannt – bezieht sich auf ein Intervall und wird mit $\overline{\varepsilon_{y(x)}}$ gekennzeichnet. Sie bestimmt sich durch

$$\frac{\frac{\Delta y}{y}}{\frac{\Delta x}{x}} = \frac{\text{relative Änderung der abhängigen Variable } y}{\text{relative Änderung der unabhängigen Variable } x}.$$

Die Punktelastizität bezieht sich auf einen Punkt und wird durch $\varepsilon_{y(x)}$ abgekürzt. Sie berechnet sich durch den Grenzwert

$$\lim_{\Delta x \to 0} \frac{\frac{\Delta y}{y}}{\frac{\Delta x}{x}} = \lim_{\Delta x \to 0} \frac{\frac{\Delta y}{\Delta x}}{\frac{y}{x}} = \frac{\frac{dy}{dx}}{\frac{y}{x}} = \frac{dy}{dx} \cdot \frac{x}{y} = y' \cdot \frac{x}{y}.$$

In den Wirtschaftswissenschaften gibt es eine Vielzahl an Möglichkeiten zur Ermittlung von Elastizitäten ökonomischer Beziehungen. Bei der Berechnung der Elastizitäten ist dabei allen gemeinsam, dass unbedingt zwischen abhängiger und unabhängiger Variable unterschieden werden muss. Gegebenenfalls muss eine vorliegende Beziehung, beispielsweise eine Absatz-Preis-Funktion oder eine Preis-Absatz-Funktion, so umgeformt werden, dass die abhängige Variable, als y gekennzeichnet, eine Funktion der unabhängigen Variablen, als x gekennzeichnet, ist. Dann kann die Funktion $y(x)$ differenziert und in die Gleichung $\varepsilon_{y(x)} = \frac{dy}{dx} \cdot \frac{x}{y}$ für die Elastizität eingesetzt werden. Als Ergebnis erhält man eine Elastizitätsfunktion $\varepsilon_{y(x)}$ der abhängigen Variable y in Bezug auf deren unabhängige Variable x, und es lassen sich konkrete Elastizitätswerte berechnen.

Ein wesentlicher Vorteil der Elastizität liegt darin, dass Elastizitäten durch ihren dimensionslosen Charakter universell vergleichbar sind. Der Wertebereich der Elastizität ist die Menge der reellen Zahlen, und man unterscheidet mehrere Elastizitätsbereiche:

$\varepsilon_{y(x)} = 0$ Die Funktion $y(x)$ ist vollkommen unelastisch an der Stelle x. Dies bedeutet, dass bei einer Veränderung der unabhängigen Variablen x sich die abhängige Variable y überhaupt nicht ändert.

$0 < |\varepsilon_{y(x)}| < 1$ Die Funktion $y(x)$ heißt unelastisch oder auch unterproportional elastisch an der Stelle x. Dies bedeutet, dass die relative Änderung der abhängigen Variablen y kleiner als die relative Änderung der unabhängigen Variablen x ist.

$|\varepsilon_{y(x)}| = 1$ Die Funktion $y(x)$ ist proportional elastisch an der Stelle x, d. h. die relative Änderung von y ist gleich der von x. Die Stelle $|\varepsilon_{y(x)}| = 1$ stellt demzufolge die Grenze zwischen unelastischem und elastischem Verhalten dar.

$|\varepsilon_{y(x)}| > 1$ Die Funktion $y(x)$ ist elastisch oder auch überproportional elastisch an der Stelle x, d. h. die relative Veränderung der abhängigen Variablen y ist größer als die relative Änderung der unabhängigen Variablen x.

$|\varepsilon_{y(x)}| \to \infty$ Die Funktion $y(x)$ ist vollkommen elastisch an der Stelle x, d. h. die relative Änderung von y ist unendlich hoch, wenn sich x – auch nur ein wenig – ändert.

Kurz gefasst heißt dies, dass bei einem positiven (negativen) Wert der Elastizitätsfunktion $\varepsilon_{y(x)}$ die betrachtete Funktion $y(x)$ eine positive (negative) Steigung hat. Die Bezeichnungen elastisch bzw. unelastisch für die Elastizitäten lassen sich auch leicht plausibel machen. Die Elastizität gibt nämlich an, um wie viel Prozent sich der Funktionswert $y(x)$ ändert, wenn man die unabhängige Variable x um 1 % ändert. Wird nämlich die unabhängige Variable x um 1 % geändert (Impuls), ändert sich die abhängige Variable y näherungsweise um $\varepsilon_{y(x)}$ % (Reaktion). Wenn also die prozentuale Reaktion stärker ist als der prozentuale Impuls, liegt elastisches Verhalten vor, und wenn die prozentuale Reaktion schwächer ist als der prozentuale Impuls, liegt unelastisches Verhalten vor.

Nachfrage-, Preis- und Kreuzpreiselastizität

Gerade in den Wirtschaftswissenschaften muss zur Berechnung von Elastizitäten darauf geachtet werden, welche ökonomische Größe die abhängige und welche die unabhängige Variable in einem ökonomischen Zusammenhang darstellt. Geht es beispielsweise um die Abhängigkeit des Preises vom Absatz, also um eine Preis-Absatz-Funktion $p(x)$, dann ist der Preis p von der Menge x abhängig, und es lässt sich die Nachfrageelastizität des Preises diskutieren. Wird dagegen eine Nachfrage $x(p)$ als Funktion des Preises p beschrieben, dann kann zur Diskussion der relativen Änderungen der beiden ökonomischen Größen x und p die Preiselastizität der Nachfrage herangezogen werden.

Neben diesen sogenannten direkten Preiselastizitäten hat noch eine spezielle Preiselastizität in der Ökonomie eine große Bedeutung, nämlich die Kreuzpreiselastizität, welche die Nachfrage eines Gutes aufgrund einer Preisänderung eines anderen Gutes erklärt. Im Folgenden geht es um diese drei Arten an Elastizitäten.

Nachfrageelastizität des Preises. Mit der Nachfrageelastizität des Preises – auch x-Elastizität von p genannt – lässt sich die Frage beantworten, um wie viel Prozent der Preis (abhängige Variable p) geändert werden muss, um eine Absatzänderung (unabhängige Variable x) um 1 % zu erzielen. Demzufolge lässt sich die Nachfrageelastizität definieren als

$$\text{Nachfrageelastizität} = \frac{\text{relative Preisänderung}}{\text{relative Nachfrageänderung}},$$

und mit $\varepsilon_{p(x)}$ als Abkürzung für die Nachfrageelastizität lässt sie sich mit der Preis-Absatz-Funktion $p(x)$ und deren Ableitung $p'(x)$ auch formulieren als

$$\varepsilon_{p(x)} = \lim_{\Delta x \to 0} \frac{\frac{\Delta p}{p}}{\frac{\Delta x}{x}} = \frac{dp}{dx} \cdot \frac{x}{p} = p'(x) \cdot \frac{x}{p(x)}.$$

Damit ist die Nachfrageelastizität des Preises eine Funktion von x, und man kann kurz $\varepsilon(x)$ schreiben. Um also eine 1 %-ige Änderung des Absatzes zu erzielen, muss eine $\varepsilon(x)$ %-ige Preisänderung erfolgen. Ist beispielsweise die Nachfrageelastizität größer als 1, dann liegt ein elastisches Verhalten vor und der Preis muss überproportional stark geändert werden, um eine 1 %-ige Absatzänderung zu erzielen.

Preiselastizität der Nachfrage. Die Preiselastizität der Nachfrage – auch p-Elastizität von x genannt – gibt an, wie sensibel die Nachfrager (abhängige Variable x) auf eine Preisänderung (unabhängige Variable p) reagieren. Sie ist demnach definiert als

$$\text{Preiselastizität} = \frac{\text{relative Nachfrageänderung}}{\text{relative Preisänderung}}.$$

Mit $\varepsilon_{x(p)}$ (oder kurz $\varepsilon(p)$) als Abkürzung für die Preiselastizität kann unter Hinzuziehung der Nachfragefunktion $x(p)$ und dessen Ableitung $x'(p)$ die Preiselastizität geschrieben werden als

$$\varepsilon_{x(p)} = \lim_{\Delta p \to 0} \frac{\frac{\Delta x}{x}}{\frac{\Delta p}{p}} = \frac{dx}{dp} \cdot \frac{p}{x} = x'(p) \cdot \frac{p}{x(p)}.$$

Liegt beispielsweise der Betrag der Preiselastizität $\varepsilon(p)$ zwischen 0 und 1, dann liegt ein unelastisches Verhalten vor, und damit ändert sich die nachgefragte Menge x nur geringfügig (unterproportional), wenn der Preis p um 1 % geändert wird.

Wenn eine eineindeutige Preis-Absatz-Funktion vorliegt, kann die Nachfragefunktion aus der Umkehrfunktion der Preis-Absatz-Funktion gebildet werden. Infolgedessen stehen auch die Nachfrage- und die Preiselastizität in einem umgekehrten Verhältnis zueinander, und es gilt

$$\text{Preiselastizität der Nachfrage} = \frac{1}{\text{Nachfrageelastizität des Preises}}.$$

Beispiel zur Preiselastizität der Nachfrage. Es sei die Nachfragefunktion $x(p) = -2p + 30$ mit der Nachfrage x als abhängige und dem Preis p (wobei $0 < p < 15$ ist) als unabhängige Variable gegeben. Bestimmen Sie die Elastizitätsfunktion $\varepsilon(p)$, also die Preiselastizität der Nachfrage, sowie die entsprechenden Punktelastizitäten bei $p = 2$ und $p = 12$.

Lösung. Nach Bildung der ersten Ableitung $x'(p)$ kann diese in die Gleichung zur Bestimmung der Elastizitätsfunktion $\varepsilon(p) = x'(p) \cdot \frac{p}{x(p)}$ eingesetzt werden. Mit den angegebenen Werten für p lassen sich dann die konkreten Punktelastizitäten berechnen. Es folgt:

$$x'(p) = -2 \quad \text{und damit} \quad \varepsilon(p) = -2 \cdot \frac{p}{(-2p + 30)} = \frac{-p}{15 - p}$$

$$\varepsilon(2) = \frac{-2}{15 - 2} = \frac{-2}{13} \approx -0{,}154 \quad \text{und} \quad \varepsilon(12) = \frac{-12}{15 - 12} = \frac{-12}{3} = -4.$$

Damit ergibt sich eine von p abhängige Elastizitätsfunktion $\varepsilon(p)$, die einem hyperbolischen Verlauf folgt. An der Stelle $p = 2$ ist mit $\varepsilon = -0{,}154$ die Nachfragefunktion unelastisch, an der Stelle $p = 12$ mit $\varepsilon = -4$ dagegen elastisch.

Kreuzpreiselastizität. Die Kreuzpreiselastizität ist ein Maß für den Einfluss der Preisänderung eines Gutes auf die Nachfrage eines anderen Gutes. Sie kann als Elastizität einer speziellen Nachfragefunktion des Haushaltes aufgefasst werden. Bezeichnet man das nachgefragte Gut mit A und das im Preis geänderte Gut mit B, dann entspricht die Kreuzpreiselastizität der prozentualen Änderung der Nachfrage nach Gut A, wenn sich der Preis für Gut B um 1 % verändert, unter der Annahme, dass alle anderen Variablen sich nicht verändern. Sie ist demzufolge definiert als

$$\text{Kreuzpreiselastizität} = \frac{\text{relative Nachfrageänderung des Gutes } A}{\text{relative Preisänderung des Gutes } B}.$$

Mit der relativen Nachfrageänderung $\Delta x_A / x_A$ des Gutes A und der relativen Preisänderung $\Delta p_B / p_B$ des Gutes B lässt sich die Kreuzpreiselastizität der Nachfrage ε_{x_A, p_B} dann formulieren als

$$\varepsilon_{x_A, p_B} = \lim_{\Delta p_B \to 0} \frac{\frac{\Delta x_A}{x_A}}{\frac{\Delta p_B}{p_B}} = \frac{dx_A}{dp_B} \cdot \frac{p_B}{x_A} = x_A'(p_B) \cdot \frac{p_B}{x_A(p_B)}.$$

Stillen zwei Güter A und B dieselben oder ähnlichen Bedürfnisse, dann handelt es sich um zwei ersetzende Güter, die auch Substitutionsgüter genannt werden. Beispielsweise sind Butter und Margarine, Rindfleisch und Kalbfleisch oder auch Himbeeren und

Brombeeren jeweils zwei Substitutionsgüter. Denn steigt der Preis eines Gutes an, beispielsweise der Butterpreis, dann wird die Nachfrage des ersetzenden Gutes, also Margarine, ansteigen und die Nachfrage nach Butter sinken. Bei Substitutionsgütern ist demzufolge die Kreuzpreiselastizität positiv.

Im Gegensatz zu den Substitutionsgütern sind Komplementärgüter Güter, die gemeinsam nachgefragt werden, da sie sich in ihrem Nutzen ergänzen. Als Beispiele können Hardware und Software, Messer und Gabel oder Drucker und Tintenpatronen genannt werden. Steigt also der Preis des einen Gutes, dann wird auch die Nachfrage des anderen Gutes sinken. Demzufolge ist die Kreuzpreiselastizität zweier komplementären Gütern A und B negativ.

Ist die Kreuzpreiselastizität zweier Güter aber (nahezu) null, dann handelt es sich um sogenannte indifferente Güter, d. h. die Nachfrage des einen Gutes wird nicht (oder kaum nachweisbar) durch die Nachfrage eines anderen Gutes beeinflusst. Beispielsweise besteht zwischen der Nachfrage nach Himbeeren und der Nachfrage nach Tintenpatronen keinerlei Beziehung, und die Kreuzpreiselastizität ist null.

Beispiel zur Kreuzpreiselastizität. Gegeben sei $x_A = 50 + 0{,}5 p_A + 2 p_B$, die Nachfrage des Gutes A, die von den Preisen p_A und p_B der Güter A und B abhängig ist. Wie groß ist die Kreuzpreiselastizität nach Gut A, wenn die Preise der Güter bei $p_A = 100$ und $p_B = 50$ Geldeinheiten liegen?

Lösung. Mit der Ableitung $dx_A/dp_B = 2$, dem Preis $p_B = 50$ und der Nachfrage $x_A = 50 + 0{,}5 \cdot 100 + 2 \cdot 50 = 200$ bestimmt sich die Kreuzpreiselastizität mit $\varepsilon_{x_A, p_B} = (dx_A/dp_B) \cdot (p_B/x_A)$ zu $\varepsilon_{200,50} = 2 \cdot 50/200 = 0{,}5$. Dies bedeutet, dass sich die Nachfrage nach Gut A um 0,5 % ändert, wenn sich der Preis des Gutes B um 1 % ändert.

Partielle Elastizitäten

Wird eine Funktion $y = f(x_i)$, die von mehreren Variablen x_i (mit $i = 1, 2, \ldots, n$ und $n \in \mathbb{N}$) – wie beispielsweise den Einflussgrößen Kapital, Arbeit u. a. in der Ökonomie – abhängig ist, dann gibt die Elastizität $\varepsilon_{f(x_i)}$ an, um welchen relativen Betrag $\Delta y / y$ sich *Ceteris-Paribus* der Funktionswert y ändert, wenn eine Variable x_i um den relativen Betrag $\Delta x_i / x_i$ geändert wird. Damit bestimmt sich die Bogenelastizität $\overline{\varepsilon_{f(x_i)}}$ zu $\frac{\Delta y / y}{\Delta x_i / x_i}$. Die Punktelastizität ist dann gegeben durch

$$\varepsilon_{f(x_i)} = \lim_{\Delta x_i \to 0} \frac{\frac{\Delta y}{y}}{\frac{\Delta x_i}{x_i}} = \frac{\frac{\partial y}{y}}{\frac{\partial x_i}{x_i}} = \frac{\partial y}{\partial x_i} \cdot \frac{x_i}{y}$$

mit den partiellen Ableitungen $\frac{\partial y}{\partial x_i}$, und man spricht bei $\varepsilon_{f(x_i)}$ von der partiellen Elastizität der Funktion $y = f(x_i)$ nach x_i.

Der Zahlenwert von $\varepsilon_{f(x_i)}$ gibt demnach an, um wie viel Prozent sich der Wert der Funktion $y = f(x_i)$ näherungsweise ändert, wenn sich die unabhängige Variable x_i um 1 % ändert und die anderen unabhängigen Variablen konstant bleiben.

Beispiel zur Bestimmung partieller Elastizitäten. Gegeben sei die Produktionsfunktion

$$y = f(x_A, x_K) = 4 \cdot x_A^{0,4} \cdot x_K^{0,8}$$

in Abhängigkeit der beiden Produktionsfaktoren Arbeitskräfte x_A und Kapital x_K. Bestimmen Sie die partiellen Elastizitäten, und interpretieren Sie das Ergebnis.

Lösung. Die Produktionsfunktion $y = f(x_A, x_K)$ kann partiell nach x_A und x_K abgeleitet werden. Es ergeben sich zum einen

$$\frac{\partial y}{\partial x_A} = 1,6 \cdot x_A^{-0,6} \cdot x_K^{0,8}$$

und zum anderen

$$\frac{\partial y}{\partial x_K} = 3,2 \cdot x_A^{0,4} \cdot x_K^{-0,2}.$$

Mit diesen beiden partiellen Ableitungen, den jeweiligen Produktionsfaktoren und der Produktionsfunktion lassen sich die zwei partiellen Ableitungen $\varepsilon_{f(x_A)}$ und $\varepsilon_{f(x_K)}$ berechnen.

Die partielle Elastizität der Produktionsfunktion nach dem Produktionsfaktor Arbeit ergibt sich zu

$$\varepsilon_{f(x_A)} = 1,6 \cdot x_A^{-0,6} \cdot x_K^{0,8} \cdot \frac{x_A}{4 \cdot x_A^{0,4} \cdot x_K^{0,8}} = 0,4.$$

Das Ergebnis zeigt, dass bei einer Erhöhung der Arbeitskräfte um 1 % sich die Produktion um 0,4 % erhöht.

Die partielle Elastizität der Produktionsfunktion nach dem Produktionsfaktor Kapital ergibt sich zu

$$\varepsilon_{f(x_K)} = 3,2 \cdot x_A^{0,4} \cdot x_K^{-0,2} \cdot \frac{x_K}{4 \cdot x_A^{0,4} \cdot x_K^{0,8}} = 0,8.$$

Damit erhöht sich die Produktion um 0,8 %, wenn der Kapitaleinsatz um 1 % erhöht wird.

Übungsaufgaben zum Abschnitt 2.12

Aufgabe 1. Bestimmen Sie die Elastizitäten ε der Funktionen $f(x) = e^{-(x^3 - 3x + 5)}$ und $g(x) = \frac{x^2}{x^2 - 9}$.

Aufgabe 2. Bestimmen Sie die Elastizität der Absatz-Preis-Funktion $x(p) = 2p^2 - 100p + 1200$ an der Stelle $p_0 = 10$, und interpretieren Sie das Ergebnis.

Aufgabe 3. Berechnen Sie für die Kostenfunktion $K(x) = 0,02x^3 - 2,5x^2 + 50x + 250$ die zugehörige Grenzkostenfunktion $K'(x)$ sowie Elastizitätsfunktion $\varepsilon_{K(x)}$.

Wie groß sind die Grenzkosten für die Produktion von $x = 10$ Mengeneinheiten bzw. fünf Mengeneinheiten sowie einer Mengeneinheit? Bestimmen Sie auch die Punktelastizität an der Stelle $x = 10$ und interpretieren Sie das Ergebnis.

Aufgabe 4. Bestimmen Sie die Elastizität der Funktion $f(x) = e^{2(x-2)^2}$, und interpretieren Sie die Punktelastizität an der Stelle $x = 3$.

Aufgabe 5. Gegeben seien zwei differenzierbare Funktionen $f(x)$ und $g(x)$ sowie eine Konstante C. Zeigen Sie, dass die nachfolgenden Regeln für Elastizitäten gelten.
(a) Wenn $y(x) = C$, dann ist $\varepsilon_{y(x)} = 0$.
(b) Wenn $y(x) = f(x) \cdot g(x)$, dann ist $\varepsilon_{y(x)} = \varepsilon_{f(x)} + \varepsilon_{g(x)}$.
(c) Wenn $y(x) = \frac{f(x)}{g(x)}$, dann ist $\varepsilon_{y(x)} = \varepsilon_{f(x)} - \varepsilon_{g(x)}$.
(d) Wenn $y(x) = f(x) + g(x)$, dann ist

$$\varepsilon_{y(x)} = \frac{f(x) \cdot \varepsilon_{f(x)} + g(x) \cdot \varepsilon_{g(x)}}{f(x) + g(x)}.$$

(e) Wenn $y(x) = f(x) - g(x)$, dann ist

$$\varepsilon_{y(x)} = \frac{f(x) \cdot \varepsilon_{f(x)} - g(x) \cdot \varepsilon_{g(x)}}{f(x) - g(x)}.$$

Aufgabe 6. Gegeben sei die Kostenfunktion $K(x) = 2{,}5x^2 + 50x + 250$.
(a) Berechnen Sie die Elastizität in den Produktionsmengen $x = 5$ und $x = 100$, und interpretieren Sie das Ergebnis.
(b) Bei welcher Stückzahl x ergibt sich eine Elastizität von 1, und wie ist diese Elastizität bei dieser Stückzahl zu interpretieren?

Aufgabe 7. Bestimmen Sie die Nachfrageelastizität des Preises, wenn die Nachfrage-Preis-Funktion durch $x(p) = \frac{3}{2}(p-20)^2 - 54$ gegeben ist ($p \in (0;14)$).

Aufgabe 8. Wie groß ist bei einer linearen Nachfragefunktion $x(p)$ die Preiselastizität der Nachfrage?

Aufgabe 9. Ein Unternehmen hat den Preis eines Produktes von 20 € auf 25 € erhöht und festgestellt, dass daraufhin die Nachfrage von 10.000 Stück auf 6.000 Stück zurückgegangen ist.
   Wie groß ist die Preiselastizität der Nachfrage?

Aufgabe 10. Im Bereich zwischen $0 < p < 25$ sei die Nachfragefunktion durch $x(p) = 5 - \sqrt{p}$ gegeben.
   Bestimmen Sie die Preiselastizität der Nachfrage und interpretieren Sie das Ergebnis.

Aufgabe 11. Ihrem Unternehmen ist aus der Marktforschung bekannt, dass für eines ihrer wichtigen Nischenprodukte eine Preiselastizität von –0,6 gilt. Sie planen nun den Preis dieses Nischenproduktes von 20 € auf 18 € zu senken.
   Wie wird sich daraufhin ihr bisheriger Absatz von 4.000 Stück verändern?

Aufgabe 12. Gegeben sei die Nachfragefunktion $x_A = 0{,}4 \cdot p_A^{-2} \cdot e^{-2p_B}$, die von den Preisen p_A und p_B der Güter A respektive B abhängig ist.
   Bestimmen Sie die Kreuzpreiselastizität nach Gut A.

Aufgabe 13. Wie verhält sich die Nachfrage nach Gut A, wenn der Preis des Gutes B erhöht wird und die Nachfragefunktion durch $x_A = 0{,}4 \cdot p_A^{-2} \cdot e^{2p_B}$ in Abhängigkeit der Güterpreise p_A und p_B gegeben ist?

Aufgabe 14. Bestimmen Sie die partiellen Elastizitäten $\varepsilon_{f(x_i)}, \varepsilon_{g(x_i)}$ und $\varepsilon_{h(x_i)}$ nachfolgender Funktionen.
(a) $f(x_1, x_2) = \frac{x_1 \cdot x_2}{x_1 + x_2}$
(b) $g(x_1, x_2, x_3) = \frac{x_1^2 \cdot x_2^2}{x_3^2}$
(c) $h(x_1, x_2, x_3) = x_1 \cdot x_2 \cdot x_3 \cdot e^{x_1 + x_2 + x_3}$

Aufgabe 15. Gegeben sei die Produktionsfunktion $f(x, y) = C \cdot x^a \cdot y^b$, wobei $f(x, y)$ den Produktionsoutput darstellt, und die Variablen x und y stehen für die Produktionsfaktoren Arbeit und Kapital. Die Buchstaben a und b sind Konstanten.

Berechnen Sie die partiellen Produktionselastizitäten der beiden Produktionsfaktoren Arbeit und Kapital.

2.13 Lagrange-Funktionen bei Optimierungsproblemen

Mit der Differentialrechnung ist es unter anderem möglich, Extremwertstellen von stetig differenzierbaren Funktionen in Abhängigkeit von einer oder mehrerer Veränderlicher zu bestimmen. Dabei wird stillschweigend von einer unbeschränkten Optimierung ausgegangen, denn die unabhängigen Variablen können jeden beliebigen Wert annehmen. Demzufolge werden bei der Bestimmung der Extremwertstellen wie Maxima oder Minima einer Funktion keine sogenannten Nebenbedingungen berücksichtigt, und die zu maximierende oder minimierende Funktion kann in einer einzigen Zielfunktion dargestellt werden.

Bei der Maximierung oder Minimierung einer Zielfunktion sind aber – nicht nur in den Wirtschaftswissenschaften – zumeist Nebenbedingungen bzw. Restriktionen einzuhalten. Soll beispielsweise die Kostenfunktion eines Unternehmens minimiert werden, dann besteht eine triviale Lösung darin, das Unternehmen einfach zu schließen. Insofern fallen keine Produktionskosten an, aber es werden auch keine Produkte hergestellt, die verkauft werden können. Auch wenn diese triviale Lösung die Kosten minimiert, ist in der Praxis eine solche Lösung nicht sinnvoll, denn es sollen ja Produkte hergestellt und verkauft werden. Aus diesem Grunde ist bei dieser Aufgabe der Kostenminimierung eine Nebenbedingung einzuhalten, die dadurch gekennzeichnet ist, dass eine bestimmte Menge an Produkten im Unternehmen hergestellt wird. Auch bei anderen Optimierungsproblemen sind im Allgemeinen Nebenbedingungen einzuhalten, denn beispielsweise sind bei der Bestimmung eines Gewinnmaximums die Beschränktheit der Produktionskapazität oder die Knappheit der finanziellen Mittel zu berücksichtigen.

Gegenstand dieses Abschnitts 2.13 sind daher Optimierungsprobleme und deren Lösungsbestimmung. Hierfür werden die Operatoren Gradient und Hesse-Matrix, die hilfreiche Werkzeuge in der mehrdimensionalen reellen Analysis sind, benötigt und demzufolge vorgestellt. Des Weiteren geht es um die Extremwertbestimmung ohne und mit Nebenbedingungen bei Funktionen mehrerer Veränderlicher. Für den Fall, dass die zu optimierende Zielfunktion und die Nebenbedingungen linear sind, kann eine Lösung mithilfe der linearen Planungsrechnung, einem Teilgebiet der Linearen Algebra, ermittelt werden. Sind dagegen die Zielfunktion und/oder mindestens eine Nebenbedingung nichtlinear, dann sind solche Aufgaben der nichtlinearen Optimierung zuzuordnen, und einfache Problemstellungen dieser Art lassen sich mit der Lagrange-Methode lösen. Die Lagrange-Methode ist heute ein hilfreiches Instrument in der Mikroökonomie; aber auch in anderen Disziplinen wie der Physik und der Mathematik findet die Methode zahlreiche Anwendungen. Eine weitere Methode ist die Substitutionsmethode, die sich auch zur Bestimmung von Extremwertstellen mehrdimensionaler Funktionen unter Nebenbedingungen eignet, insbesondere dann, wenn die Nebenbedingungen eindeutig nach einer Variablen umgestellt und sukzessive in die Zielfunktion eingesetzt werden können. Kurzum, der Abschnitt 2.13 gliedert sich in

- Gradient und Hesse-Matrix einer Funktion mehrerer Veränderlicher,
- Extremwertbestimmung ohne Nebenbedingungen,
- Extremwertbestimmung mit Nebenbedingungen,
- Substitutionsmethode und
- Lagrange-Methode.

Gradient und Hesse-Matrix einer Funktion mehrerer Veränderlicher

Die Differenzierbarkeit einer Funktion mehrerer Veränderlicher $y = f(x_1, x_2, \ldots, x_n)$, mit der abhängigen Variablen y und den unabhängigen Variablen x_i ($i = 1, 2, \ldots, n$) bildet die Grundlage für die Extremwertbestimmung, wie dies auch bei einer Funktion in Abhängigkeit einer Veränderlichen der Fall ist. Mithilfe der differenzierten Funktionen, also den Ableitungen, lassen sich dann beispielsweise Gewinnmaxima bestimmen oder eine Kurvendiskussion durchführen.

Besitzt eine Funktion $y = f(x_1, x_2, \ldots, x_n)$ stetige partielle Ableitungen nach den Variablen x_1, x_2 bis x_n, so wird der aus den partiellen Ableitungen gebildete Spaltenvektor Gradient f genannt. Man schreibt

$$\nabla f(x_1, x_2, \ldots, x_n) = \begin{pmatrix} \frac{\partial f}{\partial x_1} \\ \frac{\partial f}{\partial x_2} \\ \vdots \\ \frac{\partial f}{\partial x_n} \end{pmatrix}$$

$$= \left(\vec{e}_1 \frac{\partial}{\partial x_1} + \vec{e}_2 \frac{\partial}{\partial x_2} + \ldots + \vec{e}_n \frac{\partial}{\partial x_n} \right) \cdot f(x_1, x_2, \ldots, x_n),$$

wobei das sogenannte Nabla-Symbol[32] ∇ das Formelzeichen des Operators ist. Der Gradient von $f(x_1, x_2, \ldots, x_n)$ oder kurz Nabla f ist als eine Verallgemeinerung der Ableitung in der mehrdimensionalen Analysis anzusehen. Er spielt im Zusammenhang mit notwendigen Optimierungsbedingungen eine wichtige Rolle.

> **Beispiel zur Gradientenberechnung.** Bestimmen Sie den Gradienten $\nabla f(x_1, x_2)$ der Funktion $f(x_1, x_2) = \frac{1}{8}x_1^2 + \frac{1}{3}x_2^2 + \frac{1}{8}$ sowie den Gradienten an der Stelle $(x_1, x_2) = (\frac{1}{2}, \frac{3}{2})$.
>
> **Lösung.** Die ersten partiellen Ableitungen lauten $\frac{\partial f}{\partial x_1} = \frac{1}{4}x_1$ und $\frac{\partial f}{\partial x_2} = \frac{2}{3}x_2$. Mit diesen Ableitungen kann der Gradient der Funktion $f(x_1, x_2)$ geschrieben werden als
>
> $$\nabla f(x_1, x_2) = \begin{pmatrix} \frac{1}{4}x_1 \\ \frac{2}{3}x_2 \end{pmatrix}.$$
>
> Demzufolge lautet der Gradient an der angegebenen Stelle
>
> $$\nabla f\left(\frac{1}{2}, \frac{3}{2}\right) = \begin{pmatrix} \frac{1}{8} \\ 1 \end{pmatrix}.$$

Kurzum, ein Gradient ist nichts anderes als der Vektor der partiellen Ableitungen erster Ordnung. Er lässt sich auch geometrisch interpretieren, denn mithilfe des Gradienten lässt sich die Richtung des steilsten Anstiegs bzw. des steilsten Abstiegs in einem Punkt beschreiben.

Unter der Voraussetzung, dass für die Funktion $y = f(x_1, x_2, \ldots, x_n)$ entsprechende Grenzwerte für die partiellen Ableitungen erster Ordnung $\partial f/\partial x_i$ mit $i = 1, 2, \ldots, n$ existieren, können diese partiellen Ableitungen erneut partiell nach x_i abgeleitet werden. Es ergeben sich dann die partiellen Ableitungen zweiter Ordnung

$$\frac{\partial}{\partial x_j}\left(\frac{\partial f}{\partial x_i}\right) = \frac{\partial^2 f}{\partial x_j \partial x_i}$$

der Funktion $y = f(x_1, x_2, \ldots, x_n)$, wobei i und j jeden Wert aus $1, 2, \ldots, n$ annehmen können. Demzufolge gibt es insgesamt n^2 partielle Ableitungen zweiter Ordnung.

Zu beachten ist an dieser Stelle, dass die Reihenfolge der Variablen im Nenner der partiellen Ableitungen zweiter Ordnung die Reihenfolge der nacheinander durchzuführenden Differentiationen angibt. Bei den sogenannten gemischten partiellen Ableitungen, wenn also i und j verschiedene Werte annehmen, zeigt sich, dass für das Ergebnis der gemischten partiellen Ableitungen die Reihenfolge der Differentiation aber keine Bedeutung hat, denn

---

[32] Nabla ist kein Buchstabe, sondern ein Symbol, welches einem auf den Kopf gestelltem Delta Δ entspricht. Der Name Nabla leitet sich aus der hebräischen Sprache ab und bezeichnet eine Jungfernharfe oder eine Lyra. Diese Musikinstrumente haben in etwa die Form des Symbols ∇. Vgl. https://www.wikiwand.com/en/Nabla_symbol, Abruf 02.10.2019.

$$\frac{\partial^2 f}{\partial x_j \partial x_i} = \frac{\partial^2 f}{\partial x_i \partial x_j}.$$

Die partiellen Ableitungen zweiter Ordnung lassen sich in einer Matrix anordnen, die in der mehrdimensionalen Analysis ein Analogon zur zweiten Ableitung einer Funktion darstellt. Diese Matrix wird nach dem deutschen Mathematiker Ludwig Otto Hesse (*1811, †1874) als Hesse-Matrix bezeichnet. Die Hesse-Matrix wird mit $\boldsymbol{H}_{f(x_i)}$ abgekürzt und ist definiert als

$$\boldsymbol{H}_{f(x_i)} = \begin{pmatrix} \frac{\partial^2 f}{\partial x_1 \partial x_1} & \frac{\partial^2 f}{\partial x_1 \partial x_2} & \cdots & \frac{\partial^2 f}{\partial x_1 \partial x_n} \\ \frac{\partial^2 f}{\partial x_2 \partial x_1} & \frac{\partial^2 f}{\partial x_2 \partial x_2} & \cdots & \frac{\partial^2 f}{\partial x_2 \partial x_n} \\ \vdots & \vdots & \ddots & \vdots \\ \frac{\partial^2 f}{\partial x_n \partial x_1} & \frac{\partial^2 f}{\partial x_n \partial x_2} & \cdots & \frac{\partial^2 f}{\partial x_n \partial x_n} \end{pmatrix}$$

der Funktion $f(x_i)$ im Punkt $x_1, x_2, \ldots, x_n$ mit $i = 1, 2, \ldots, n$. Die Matrix $\boldsymbol{H}_{f(x_i)}$ ist demnach eine quadratische $(n \times n)$-Matrix, und sie ist symmetrisch und hängt im Allgemeinen von x_i ab.

Beispiel zur Bestimmung einer Hesse-Matrix. Bestimmen Sie zu der Funktion $f(x_1, x_2) = x_1^2 + 2x_1 x_2 + x_1 \sin x_2$ die Hesse-Matrix $\boldsymbol{H}_{f(x_1, x_2)}$.

Lösung. Da die ersten partiellen Ableitungen $\partial f / \partial x_1 = 2x_1 + 2x_2 + \sin x_2$ und $\partial f / \partial x_2 = 2x_1 + x_1 \cos x_2$ lauten, ergeben sich die partiellen Ableitungen zweiter Ordnung zu

$$\frac{\partial^2 f}{\partial x_1 \partial x_1} = 2, \quad \frac{\partial^2 f}{\partial x_2 \partial x_2} = -x_1 \sin x_2 \quad \text{sowie} \quad \frac{\partial^2 f}{\partial x_1 \partial x_2} = \frac{\partial^2 f}{\partial x_2 \partial x_1} = 2 + \cos x_2.$$

Damit ist die Hesse-Matrix eine (2×2)-Matrix, und sie lautet

$$\boldsymbol{H}_{f(x_1, x_2)} = \begin{pmatrix} 2 & 2 + \cos x_2 \\ 2 + \cos x_2 & -x_1 \sin x_2 \end{pmatrix}.$$

Extremwertbestimmung ohne Nebenbedingungen

Auch für Funktionen mit mehreren Veränderlichen (unabhängigen Variablen) können Extremwerte wie Maxima oder Minima bestimmt werden. Analog zur Extremwertbestimmung bei Funktionen in Abhängigkeit einer Veränderlichen kann auch hier zwischen relativen (lokalen) und absoluten (globalen) Extremwerten unterschieden werden. Bei der Extremwertbestimmung von Funktionen mit mehreren Veränderlichen werden die Gradienten und die Hesse-Matrix der Funktionen herangezogen. Damit werden die partiellen Ableitungen erster und zweiter Ordnung der Funktionen mehrerer Veränderlicher berücksichtigt. Dies ist der Dimension des Arguments (Anzahl der unabhängigen Variablen) der Funktionen mehrerer Veränderlicher geschuldet.

Die Extremwertbestimmung ohne Nebenbedingungen wird im Folgenden – der einfacheren Darstellung wegen – an einer Funktion in Abhängigkeit von zwei unabhängigen Variablen erläutert. Dessen ungeachtet können die nachfolgenden Erläuterungen auch auf Funktionen in Abhängigkeit von mehr als zwei Variablen übertragen werden.

Notwendige Extremwertbedingung. Besitzt eine Funktion $z = f(x, y)$ an der Stelle (x_0, y_0) einen lokalen (oder globalen) Extremwert und existieren in diesem Punkt alle partiellen Ableitungen erster Ordnung, so sind diese Ableitungen an der Stelle (x_0, y_0) alle gleich null, d. h. der Gradient der Funktion ist an der besagten Stelle 0. Dementsprechend folgt aus $\nabla f(x_0, y_0) = \vec{0}$, dass die Stelle (x_0, y_0) ein kritischer Punkt für einen Extremwert ist.

Aus der notwendigen Bedingung $\nabla f(x_0, y_0) = \vec{0}$ lassen sich also kritische Punkte als Kandidaten für Extremwerte einer Funktion mit mehreren Veränderlichen ermitteln, aber eine Aussage, ob es sich bei den Extremwerten um Maxima oder Minima handelt, lässt sich noch nicht treffen.

Beispiel zur Bestimmung eines kritischen Punktes. Gegeben sei die von x und y abhängige Funktion $f(x, y) = -4x^2 - 2xy - 2y^2 + 36x - 158$. Welcher kritische Punkt ist ein Kandidat für einen Extremwert dieser Funktion $f(x,y)$?

Lösung. Mit den beiden partiellen Ableitungen $\partial f / \partial x = -8x - 2y + 36$ und $\partial f / \partial y = -2x - 4y$ der Funktion $f(x, y)$ ergibt sich der Gradient

$$\nabla f(x, y) = \begin{pmatrix} -8x - 2y + 36 \\ -2x - 4y \end{pmatrix}.$$

Für den kritischen Punkt (x_0, y_0) muss die notwendige Bedingung $\nabla f(x_0, y_0) = \begin{pmatrix} 0 \\ 0 \end{pmatrix}$ erfüllt sein, und damit sind die beiden Gleichungen $-8x_0 - 2y_0 + 36 = 0$ und $-2x_0 - 4y_0 = 0$ nach x_0 und y_0 aufzulösen. Die einzige Lösung, die diese beiden Gleichungen erfüllt, ist $(x_0, y_0) = (36/7, -18/7)$. Demzufolge ist die Stelle $(36/7, -18/7)$ ein Kandidat für einen Extremwert der Funktion $f(x, y)$.

Bei Funktionen in Abhängigkeit von einer Variablen wird bekanntlich anhand der Größe der zweiten Ableitung an den kritischen Punkten eine Aussage hinsichtlich des Extremwerttyps getroffen. Eine solche hinreichende Bedingung kann nun auch für Funktionen in Abhängigkeit mehrerer Veränderlicher formuliert werden, dahingehend, dass die zweiten partiellen Ableitungen der Funktionen berücksichtigt werden.

Hinreichende Extremwertbestimmung. Ist eine Funktion $z = f(x, y)$ zweimal stetig differenzierbar, und ist (x_0, y_0) ein kritischer Punkt, so hat die Funktion an dieser Stelle einen Extremwert, falls

$$\det H_{f(x_0,y_0)} = \frac{\partial^2 f(x_0, y_0)}{\partial x^2} \cdot \frac{\partial^2 f(x_0, y_0)}{\partial y^2} - \left(\frac{\partial^2 f(x_0, y_0)}{\partial x \partial y} \right)^2 > 0$$

gilt. Wird diese Bedingung nicht erfüllt, dann liegt bei (x_0, y_0) kein Extremwert vor bzw. es ist keine eindeutige Aussage möglich. Wird diese Bedingung aber erfüllt, dann liegt ein Maximum vor, wenn die zweiten partiellen Ableitungen $\partial^2 f(x_0,y_0)/\partial x^2$ und $\partial^2 f(x_0,y_0)/\partial y^2$ kleiner als null sind. Sind die zweiten partiellen Ableitungen $\partial^2 f(x_0,y_0)/\partial x^2$ und $\partial^2 f(x_0,y_0)/\partial y^2$ dagegen größer null, dann liegt an der Stelle (x_0,y_0) ein Minimum vor.

Die Extremwerte von Funktionen mit mehr als zwei unabhängigen Variablen sind im Prinzip auf die gleiche Weise zu berechnen, wie es bei Funktionen in Abhängigkeit einer Veränderlichen erfolgt. Auch hier gilt die notwendige Bedingung, dass die (ersten partiellen) Ableitungen 0 sein müssen. Für die Überprüfung der hinreichenden Bedingung sind dann aber die Determinante der Hesse-Matrix und die partiellen Ableitungen hinsichtlich ihrer Größe zu untersuchen. Oft reicht es für ökonomische Anwendungen aber schon aus, die Funktionswerte in der Nähe der kritischen Punkte zu testen, um eine Aussage über ein Maximum oder Minimum treffen zu können.

Beispiel zur Extremwertbestimmung einer Funktion mehrerer Veränderlicher. Die von x und y abhängige Funktion $f(x,y) = -4x^2 - 2xy - 2y^2 + 36x - 158$ besitzt an der Stelle $(x_0, y_0) = (36/7, -18/7)$ einen kritischen Punkt. Liegt an dieser Stelle ein Extremwert vor, und wenn ja, handelt es sich dabei um ein Maximum oder um ein Minimum?

Lösung. Mit den zweiten partiellen Ableitungen $\partial^2 f(x,y)/\partial x^2 = -8$, $\partial^2 f(x,y)/\partial y^2 = -4$ und $\partial^2 f(x,y)/\partial x \partial y = -2$ der Funktion $f(x,y)$ zeigt sich zum einen, dass die Determinante der Hesse-Matrix – auch an der Stelle $(36/7, -18/7)$ – mit 28 größer als null ist. Demzufolge liegt an der kritischen Stelle ein Extremwert vor. Zum anderen zeigt sich, dass $\partial^2 f(x,y)/\partial x^2$ und $\partial^2 f(x,y)/\partial y^2$ an der Stelle $(36/7, -18/7)$ jeweils kleiner null sind, und daher liegt bei $(36/7, -18/7)$ ein Maximum der Funktion $f(x,y)$ vor.

Vorgehen bei der Extremwertbestimmung. Zur Extremwertbestimmung bei Funktionen von mehreren Veränderlichen sind folglich verschiedene Rechenschritte und Überprüfungen durchzuführen, die praktischerweise wie folgt abzuarbeiten sind:
- Berechnung der ersten und zweiten partiellen Ableitungen der zu untersuchenden Funktion $f(x,y)$ und Bildung des Gradienten $\nabla f(x,y)$ sowie der entsprechenden Hesse-Matrix $\boldsymbol{H}_{f(x,y)}$ der Funktion $f(x,y)$.
- Bestimmung der kritischen Punkte (x_0, y_0) von $f(x,y)$ als Lösungen des Gleichungssystems $\nabla f(x,y) = \vec{0}$. Falls das Gleichungssystem keine Lösung hat, dann hat die Funktion $f(x,y)$ auch keinen Extremwert. Liegt dagegen eine Lösung vor, dann ist der kritische Punkt (x_0, y_0) ein Kandidat für einen Extremwert (Maximum oder Minimum).
- Mit den nachfolgenden hinreichenden Bedingungen kann überprüft werden, ob es sich bei dem kritischen Punkt um ein Maximum oder ein Minimum handelt. Wenn nämlich

$$\frac{\partial^2 f(x_0,y_0)}{\partial x^2} \cdot \frac{\partial^2 f(x_0,y_0)}{\partial y^2} - \left(\frac{\partial^2 f(x_0,y_0)}{\partial x \partial y}\right)^2 > 0$$

– also die Determinante der Hesse-Matrix $\det \boldsymbol{H}_{f(x_0,y_0)} > 0$ ist – und sind

$$\frac{\partial^2 f(x_0, y_0)}{\partial x^2} < 0 \quad \text{wie auch} \quad \frac{\partial^2 f(x_0, y_0)}{\partial y^2} < 0,$$

dann liegt an der Stelle (x_0, y_0) ein Maximum vor. Ist die Determinante det $\boldsymbol{H}_{f(x_0, y_0)} > 0$ und sind die zweiten partiellen Ableitungen

$$\frac{\partial^2 f(x_0, y_0)}{\partial x^2} > 0 \quad \text{und} \quad \frac{\partial^2 f(x_0, y_0)}{\partial y^2} > 0,$$

dann liegt an der Stelle (x_0, y_0) dagegen ein Minimum vor.
- Oftmals erlaubt die Berechnung einzelner Funktionswerte $f(x, y)$ in der Umgebung des kritischen Punktes (x_0, y_0) auch schon eine Aussage über das Vorliegen eines Maximums oder eines Minimums.

Extremwertbestimmung mit Nebenbedingungen

Bei der bisherigen Bestimmung von Extremwerten von Funktionen mehrerer Veränderlicher wurde davon ausgegangen, dass die unabhängigen Variablen jeden beliebigen Wert annehmen können. In der ökonomischen Praxis werden derartige Extremwertbestimmungen aber erst durch Nebenbedingungen (Restriktionen) sinnvoll. Beispielsweise verbirgt sich hinter dem sogenannten ökonomischen Prinzip[33] die Aufgabe einer Extremwertbestimmung unter Nebenbedingungen, denn beim Maximalprinzip ist die Erzielung eines maximalen Ergebnisses ($\cong$ Zielgröße) bei vorgegebenem Ressourceneinsatz ($\cong$ Nebenbedingung) gefordert und beim Minimalprinzip besteht die Herausforderung darin, ein vorgegebenes Ziel ($\cong$ Nebenbedingung) unter minimalem Ressourceneinsatz ($\cong$ Zielgröße) zu erreichen.

Mathematisch gehen solche Optimierungsprobleme deshalb mit der Extremwertbestimmung von Funktionen mit Nebenbedingungen einher. Es wird also für eine Funktion $y = f(x_1, x_2, \ldots, x_n)$, die von n Variablen x_i mit $n \in \mathbb{N}$ abhängig ist, ein Extremwert gesucht, wobei eine Nebenbedingung einzuhalten ist, die die unabhängigen Variablen x_i beschränkt und in impliziter Form als $g(x_1, x_2, \ldots, x_n) = 0$ geschrieben werden kann.

In den Wirtschaftswissenschaften geht es bei Optimierungsaufgaben oftmals um die Minimierung oder die Maximierung einer (ökonomischen) Funktion, beispielsweise um das Auffinden eines Kostenminimums bei vorgegebener Produktionsmenge oder eines Gewinnmaximums bei vorgegebenem Budget. Die zu optimierende (ökonomische) Funktion wird Zielfunktion genannt, und die n unabhängigen Variablen x_i

---

[33] In den Wirtschaftswissenschaften wird mit dem ökonomischen Prinzip die Annahme zweckrationalen Handelns der Menschen bezeichnet, indem sie eingesetzte Mittel und Ertrag in ein Verhältnis setzen und versuchen, ihren Nutzen oder ihren Gewinn zu maximieren. Vgl. https://bwl-wissen.net/definition/oekonomisches-prinzip, Abruf 02.10.2019.

sind die Entscheidungsvariablen. In der Regel nehmen diese Entscheidungsvariablen bei den ökonomischen Minimierungs- oder Maximierungsaufgaben nur nichtnegative Werte ($x_i > 0$) an, denn nur dann können die Lösungen der Aufgaben auch sinnvoll interpretiert werden. Letztlich lassen sich Optimierungsaufgaben wie folgt formulieren:

- Eine Zielfunktion $f(x_1, x_2, \ldots, x_n)$ in Abhängigkeit von n Variablen ist unter den m Nebenbedingungen $g_1(x_1, x_2, \ldots, x_n) = 0$ bis $g_m(x_1, x_2, \ldots, x_n) = 0$ zu maximieren ($f(x_1, x_2, \ldots, x_n) \to$ max! (Maximierungsproblem)) oder zu minimieren ($f(x_1, x_2, \ldots, x_n) \to$ min! (Minimierungsproblem)). Die Lösung dieser Optimierungsaufgabe ist dann ein Vektor, der alle m Nebenbedingungen erfüllt.

Nachdem die Formulierung einer Optimierungsaufgabe herausgearbeitet wurde, geht es im Folgenden um die Lösung derartiger Aufgaben. Es werden zwei Methoden vorgestellt, die es ermöglichen, Extremwertstellen mehrdimensionaler Funktionen unter Nebenbedingungen zu finden. Die eine Methode ist die Substitutionsmethode. Sie eignet sich dann zur Lösungsbestimmung, wenn sich die Nebenbedingungen eindeutig nach einer Variablen umstellen lassen und daraufhin ein sukzessives Einsetzen in die Zielfunktion möglich ist. Ist eine eindeutige Umstellung der Nebenbedingungen nicht möglich, dann hilft die Lagrange-Methode die Extremwertstellen mehrdimensionaler Funktionen unter Nebenbedingungen zu ermitteln und die Optimierungsaufgabe zu lösen.

Substitutionsmethode. Eine Extremwertbestimmung mit Nebenbedingungen bei Funktionen mehrerer Veränderlicher lässt sich durch die Methode der Variablensubstitution dann lösen, wenn die Nebenbedingungen explizit nach den einzelnen Entscheidungsvariablen aufgelöst werden können. Man führt die Optimierungsaufgabe gewissermaßen auf eine Extremwertbestimmung einer Funktion, die nur von einer Variablen abhängig ist, zurück.

Die Anwendung der Substitutionsmethode sei am Beispiel der optimalen Getränkedose demonstriert. Getränkedosen haben im Allgemeinen die Form eines Zylinders mit runder Grundfläche, und es stellt sich beispielsweise die Frage, welche minimale Fläche eine Dose haben kann, wenn sie eine vorgegebene Menge, z. B. 0,5 l Limonade, umfassen soll.

Die Oberfläche der Getränkedose bestimmt sich durch die Summe der zwei Deckelflächen und der Mantelfläche. Mit dem Radius r des Dosendeckels und der Höhe h der Dose ergibt sich die Oberfläche $A(r, h)$ daher zu $2\pi r^2 + 2\pi rh$. Das Volumen $V(r, h)$ der Dose ist durch das Produkt aus Deckelfläche und Höhe der Dose gegeben. Da das Volumen genau 0,5 l sein soll gilt demzufolge $V(r, h) = \pi r^2 h = 500 \text{ cm}^3$ (1 l $\cong$ 1.000 cm^3).

Die unter der Nebenbedingung eines vorgegebenen Volumens zu optimierende Zielfunktion ist somit die Oberfläche $A(r, h)$. Die Nebenbedingung $V(r, h) = \pi r^2 h = 500 \text{ cm}^3$ lässt sich auch in der Form $g(r, h) = \pi r^2 h - 500 = 0$ schreiben, und daraus folgt, dass $h = 500/\pi r^2$ sein muss. Setzt man dieses h in die Zielfunktion $A(r, h)$ ein, ergibt sich eine Zielfunktion, die nur noch von einer Variablen abhängig ist, nämlich $A(r) = 2\pi r^2 + 2\pi r \cdot$

$500/\pi r^2 = 2\pi r^2 + 1000/r$. Durch das übliche Differenzieren lässt sich dann der Extremwert – in diesem Fall das gesuchte Minimum – bestimmen.

Aus dem Nullsetzen der ersten Ableitung $A'(r) = 4\pi r - 1000/r^2$ kann ein Kandidat für den Extremwert bestimmt werden, und es ergibt sich $r = \sqrt[3]{250/\pi} \approx 4{,}3$. Da die zweite Ableitung $A''(r) = 4\pi + 2000/r^3$ an der Stelle $r = \sqrt[3]{250/\pi} \approx 4{,}3$ größer als null ist, liegt an dieser Stelle ein Minimum der Oberfläche vor.

Damit ist die Optimierungsaufgabe mithilfe der Substitutionsmethode gelöst. Die optimale Getränkedose, die ein Volumen von 0,5 l und eine minimale Oberfläche besitzt, hat einen Radius von $r \approx 4{,}3$ cm und eine Höhe von $h \approx 8{,}6$ cm.

Der Vorteil der Substitutionsmethode besteht also in der Reduktion der Anzahl an Variablen. Die Methode ist aber auch mit einem Nachteil verbunden, denn es lässt sich oftmals nicht jede Gleichung nach den vorkommenden Variablen auflösen, so dass ein anderer Weg zur Lösung derartiger Optimierungsaufgaben zu gehen ist.

Lagrange-Methode. Die Lagrange-Methode kann zur Lösung komplexer Extremwertaufgaben mit Nebenbedingungen eingesetzt werden. Sie geht auf den italienischen Mathematiker und Astronom Joseph-Louis de Lagrange (*1736, †1813) zurück. Seine Idee war es, zur Lösung derartiger Aufgaben weitere Veränderliche (Variablen) λ einzuführen und dann eine sogenannte erweiterte Zielfunktion L zu bilden. Dabei stellt λ einen beliebigen Parameter dar, der auch Lagrange-Multiplikator oder kurz Multiplikator genannt wird, und die erweiterte Zielfunktion L – die Lagrange-Funktion – bestimmt sich durch die Zusammenfassung der eigentlichen Zielfunktion und sämtlicher Nebenbedingungen, die jeweils mit einem λ multipliziert werden. Bei n Entscheidungsvariablen und m Nebenbedingungen ergibt sich dann eine Lagrange-Funktion, die nach $n + m$ Variablen partiell differenziert werden kann, nämlich nach x_1 bis x_n und nach λ_1 bis λ_m. Durch das Nullsetzen aller partiellen Ableitungen der Lagrange-Funktion – als notwendige Bedingung – ist es möglich, die Extremwerte unter den gegebenen Nebenbedingungen zu berechnen. Die eingeführten Lagrange-Multiplikatoren lassen sich bei ökonomischen Optimierungsaufgaben auch entsprechend interpretieren. Sie geben nämlich an, wie stark sich der Wert der Zielfunktion ändert, wenn sich der Wert der entsprechenden Nebenbedingung infinitesimal ändert. Je nach Problemstellung können die Lagrange-Multiplikatoren daher als Grenzwerte unterschiedlicher Art interpretiert werden, beispielsweise als Grenzkosten, Grenzgewinn oder Grenznutzen.

Sei nun eine unter Nebenbedingungen zu optimierende Funktion $f(x_1, x_2, \ldots, x_n)$ in Abhängigkeit von n Variablen gegeben, dann sind unter Anwendung der Lagrange-Methode mehrere Schritte durchzuführen.

– Die zu maximierende oder minimierende Zielfunktion $f(x_1, x_2, \ldots, x_n)$ ist in expliziter Form aufzustellen, und alle m Nebenbedingungen sind ggf. so umzuformen, dass sie in der impliziten Form $g_1(x_1, x_2, \ldots, x_n) = 0$ bis $g_m(x_1, x_2, \ldots, x_n) = 0$ vorliegen.
– Jede Nebenbedingung wird mit einem λ multipliziert und sodann die Lagrange-Funktion

$$L(x_1,\ldots,x_n,\lambda_1,\ldots,\lambda_m) = f(x_1,\ldots,x_n) + \sum_{i=1}^{m} \lambda_i \cdot g_i(x_1,\ldots,x_n)$$

mit $m < n$ und $\lambda_i \neq 0$ aufgestellt.
- Die partiellen Ableitungen erster Ordnung der Lagrange-Funktion sind zu bestimmen und der Gradient der Lagrange-Funktion ist dann gleich null zu setzen, also $\nabla L(x_1,\ldots,x_n,\lambda_1,\ldots,\lambda_m) = \vec{0}$. Damit ergibt sich ein Gleichungssystem aus $n + m$ Gleichungen und $n + m$ Unbekannten.
- Das aus $n + m$ Gleichungen bestehende Gleichungssystem ist zu lösen, und die Gleichungen sind nach den gesuchten Variablen x_1 bis x_n aufzulösen.

Am Beispiel der Getränkedose, die die vorgegebene Menge von 0,5 l ($\cong$ 500 cm^3) Limonade beinhalten und eine minimale Oberfläche besitzen soll, sei im Folgenden die Lösungsbestimmung mithilfe der Lagrange-Methode demonstriert.
- Die zu minimierende Zielfunktion ist die Oberfläche $A(r,h) = 2\pi r^2 + 2\pi rh$, die von den zwei Variablen r und h abhängig ist. Es gibt eine Nebenbedingung (Volumen gleich 500 cm^3), die in der Form $g(r,h) = V(r,h) - 500 = \pi r^2 h - 500 = 0$ geschrieben werden kann.
- Demzufolge ergibt sich die Lagrange-Funktion $L(r,h,\lambda) = A(r,h) + \lambda \cdot g(r,h)$ in Abhängigkeit von den drei Variablen r, h und λ. Mit der Zielfunktion und der Nebenbedingung lautet sie konkret $L(r,h,\lambda) = 2\pi r^2 + 2\pi rh + \lambda \cdot (\pi r^2 h - 500)$.
- Die Lagrange-Funktion kann nach den drei Variablen r, h und λ partiell differenziert werden, und so lautet der Gradient

$$\nabla L(r,h,\lambda) = \begin{pmatrix} \frac{\partial L}{\partial r} \\ \frac{\partial L}{\partial h} \\ \frac{\partial L}{\partial \lambda} \end{pmatrix} = \begin{pmatrix} 4\pi r + 2\pi h + \lambda \cdot 2\pi rh \\ 2\pi r + \lambda \cdot \pi r^2 \\ \pi r^2 h - 500 \end{pmatrix}.$$

Das Nullsetzen des Gradienten ($\nabla L(r,h,\lambda) = \vec{0}$) führt zu der Aufgabe, drei Gleichungen (drei partielle Ableitungen gleich null) mit drei Unbekannten (r, h, λ) zu lösen.
- Die Lösung der drei Gleichungen liefert den Extremwert der Lagrange-Funktion $L(r,h,\lambda)$. Dabei garantiert die Gleichung $\partial L/\partial \lambda = \pi r^2 h - 500 = 0$, dass in der Lösung die Nebenbedingung „automatisch" berücksichtigt wird. Aus dieser Gleichung $\partial L/\partial \lambda = 0$ folgt nämlich, dass $h = 500/\pi r^2$ ist, und aus $\partial L/\partial h = 0$ folgt $\lambda = -2/r$. Nach Einsetzen der Werte für h und λ in die Gleichung $\partial L/\partial r = 0$ kann r bestimmt werden. Es ergibt sich also aus der Gleichung $4\pi r + 2\pi \cdot 500/\pi r^2 + (-2/r) \cdot 2\pi r \cdot 500/\pi r^2 = 0$ der Wert für die Variable r zu $\sqrt[3]{250/\pi} \approx 4{,}3$. Mit diesem Wert folgt dann für $h \approx 8{,}6$ und $\lambda \approx 0{,}465$.

Das Ergebnis zeigt, dass die Anwendung der Lagrange-Methode systematisch die Aufgabe zur optimalen Getränkedose löst. Auch hier wird – wie mit der Substitutionsmethode – ein Dosenradius von ca. 4,3 cm und eine Höhe der Dose von ca. 8,6 cm ermittelt, damit die Dose bei minimaler Oberfläche ein Volumen von 0,5 l fasst. Des Weiteren zeigt der Lagrange-Multiplikator $\lambda \approx 0{,}465$, dass für eine infinitesimal kleine Vergrößerung des Volumens die Oberfläche um den Faktor 0,465 zunimmt.

Abschließend sei noch darauf hingewiesen, dass die Lagrange-Methode nur die notwendige Bedingung für einen Extremwert liefert. Für den Nachweis, ob es sich bei dem Extremwert um ein Maximum oder ein Minimum handelt, müsste noch die hinreichende Bedingung, die das Verhalten der partiellen Ableitungen zweiter Ordnung untersucht, geprüft werden. Dies führt im Allgemeinen aber oft zu einer umfangreichen Berechnung der Determinante der Hesse-Matrix, auf die deshalb meist verzichtet wird. Bei vielen ökonomischen Fragestellungen reicht es nämlich aus, durch Einsetzen einiger Umgebungspunkte in die Zielfunktion eine Aussage über den Typ des Extremums treffen zu können.

Übungsaufgaben zum Abschnitt 2.13

Aufgabe 1. Bestimmen Sie zur Funktion $f(x, y) = \frac{x \cdot y}{\ln x^2}$ den Gradienten $\nabla f(x, y)$.

Aufgabe 2. Bestimmen Sie zur Funktion $f(x_1, x_2, x_3) = 5x_1^2 + x_1 x_2^3 - x_2^2 x_3^2 + x_3^2$ die entsprechende Hesse-Matrix $H_{f(x_i)}$ mit $i = 1, 2, 3$.

Aufgabe 3. Bestimmen Sie den Gradienten $\nabla P(r_1, r_2)$ der Produktionsfunktion $P(r_1, r_2) = 2 \cdot \sqrt{r_1 \cdot r_2}$ sowie die zu dieser Funktion gehörige Hesse-Matrix $H_{P(r_i)}$ mit $i = 1, 2$.

Aufgabe 4. Bestimmen Sie die Hesse-Matrix $H_{f(x_1, x_2)}$ zur Funktion $f(x_1, x_2) = (x_2 - 1) \cdot \ln(x_1 + 1)$.

Aufgabe 5. Bestimmen Sie für die Funktion $f(x, y) = x^3 - 6x^2 - 6y^2 + 5xy + 10y$ den Gradienten $\nabla f(x, y)$ und die Hesse-Matrix $H_{f(x, y)}$.

Aufgabe 6. Ein Unternehmen fertigt für zwei verschiedene Märkte ein Produkt. Die Preis-Absatz-Funktionen, die den Stückpreis p_i mit $i = 1, 2$ in Abhängigkeit von der angebotenen Stückzahl x_i auf dem Markt M_i angeben, sind $p_1(x_1) = 100 - 2x_1$ und $p_2(x_2) = 60 - x_2$. Die Fertigungskosten $K(z) = z^2$ hängen von der insgesamt produzierten Stückzahl $z(x_1, x_2) = x_1 + x_2$ ab.

Wie viel soll für jeden Teilmarkt produziert werden, wenn der Gewinn maximal werden soll, und wie hoch ist dieser Gewinn?

Aufgabe 7. Ein nicht gerade gesund lebender Student ernährt sich während der Vorbereitungsphase auf seine Mathematikklausur ausschließlich von Cola und Pommes. Diese Nahrungsmittel kauft er in einem nahegelegenen Imbiss zu 1,00 € pro Flasche Cola und 1,50 € pro Tüte Pommes. Ihm steht ein Tagesbudget, welches er auch voll ausnutzt, von 18,00 € zur Verfügung. Sein individueller Nutzenindex lasse sich durch die Nutzenfunktion $N(x_1, x_2) = x_1 \cdot x_2$ beschreiben, wobei x_1 die konsumierte Menge an Flaschen Cola und x_2 die konsumierte Menge an Tüten Pommes sind.

Bestimmen Sie die Mengen x_1 und x_2, die seinen Nutzen maximieren, unter der Bedingung, dass der Student auch sein Budget einhält.

Aufgabe 8. Ein Ein-Produkt-Unternehmen möchte 30 Einheiten seines Produkts so billig wie möglich produzieren. Unter Verwendung von k Einheiten Kapital und l Einheiten Arbeit kann es $\sqrt{k} + l$ Einheiten des Produktes herstellen. Die Preise für Kapital und Arbeit sind eine respektive 20 Geldeinheiten.

Bestimmen Sie unter der genannten Nebenbedingung die optimalen Werte für das Kapital k und die Arbeit l.

Aufgabe 9. Gegeben sei die von drei Variablen abhängige Funktion $f(x_1, x_2, x_3) = x_1^2 + x_2^2 + x_3^2$, die unter den beiden Nebenbedingungen $x_1 - x_3 = 2$ und $x_1 + x_2 + x_3 = 1$ optimiert werden soll. An welchem Punkt (x_1, x_2, x_3) hat die Funktion $f(x_1, x_2, x_3)$ einen Extremwert?

Aufgabe 10. Gegeben sei die Funktion $f(x_1, x_2) = x_1^3 - x_2^3 + 3ax_1x_2$. Untersuchen Sie in Abhängigkeit des Parameters $a \in \mathbb{R}$ diese Funktion $f(x_1, x_2)$ auf Extremwertstellen.

Aufgabe 11. Eine Bremerhavener Fischfabrik produziert Fischstäbchen und Seelachsfilets. Die täglichen Kosten zur Produktion von x Einheiten Fischstäbchen und von y Einheiten Seelachsfilets sind durch die Funktion $K(x, y) = 0{,}04x^2 + 0{,}01xy + 0{,}01y^2 + 4x + 2y + 500$ gegeben. Nehmen Sie an, dass die Fabrik die gesamte Produktionsmenge verkauft. Dabei erzielt sie für eine Einheit Fischstäbchen 15 € und für eine Einheit Seelachsfilets 9 €.

Bestimmen Sie die beiden Produktionseinheiten, die den Gewinn der Fischfabrik pro Tag maximieren!

Aufgabe 12. Bestimmen Sie das Maximum der Produktionsfunktion $X(r_1, r_2) = 2r_1 r_2$ unter der Bedingung, dass die Kosten der Produktion genau 400 € betragen. Die Preise der Produkte r_1 und r_2 liegen bei $p_1 = 10$ € und bei $p_2 = 20$ €.

Aufgabe 13. Einem monopolistischen Medizintechnikhersteller entstehen bei der täglichen Produktion von x_1 Einheiten Blutschlauchsystemen und x_2 Einheiten Dialysatoren Gesamtkosten in Höhe von $K(x_1, x_2) = \frac{1}{4}x_1^2 + \frac{1}{3}x_1 x_2 + 9x_2 + 35$ Geldeinheiten.

Wie viele Einheiten der beiden Produkte soll er fertigen und zu welchen Preisen soll er sie am Markt anbieten, wenn er seinen Gewinn maximieren möchte und von den Nachfragefunktionen $x_1 = f_1(p_1) = 40 - 4p_1$ und $x_2 = f_2(p_2) = 30 - 2p_2$ ausgehen muss? Wie hoch ist der maximal erzielbare Gewinn des Monopolisten?

Aufgabe 14. Ein Medizintechnikhersteller fertigt zwei Varianten (x und y) von Oxygenatoren. Die Preis-Absatz-Funktionen lauten zum einen $p_1(x) = 1800 - 12{,}5x$ und zum anderen $p_2(y) = 2000 - 10y$. Die Kostenfunktion ist durch $K(x, y) = 15xy + 950x + 1050y + 2500$ gegeben.

Bestimmen Sie die Mengen x und y so, dass der Gewinn des Medizintechnikherstellers maximiert wird.

Aufgabe 15. Die Funktion $f(x,y) = -2x^2 - 2xy - 2y^2 + 36x + 42y$ besitzt an der Stelle $(x,y) = (5,8)$ einen kritischen Punkt für einen Extremwert. Handelt es sich hier um ein Maximum oder ein Minimum, und wie groß ist der Extremwert?

2.14 Integrale als Mittler zwischen Grenz- und Ausgangsfunktionen

Die Bedeutung der Integralrechnung in den Wirtschaftswissenschaften ergibt sich aus mehreren Gründen. Zum einen erlaubt sie den Schluss vom Grenzverhalten einer ökonomischen Größe auf die Ausgangsfunktion selbst, beispielsweise von einer Grenzkosten- auf die Gesamtkostenfunktion oder von einer Grenzerlös- auf die Erlösfunktion. Zum anderen können mit ihrer Hilfe Flächen berechnet werden, die von ökonomischen Funktionen begrenzt werden. Damit ist es beispielsweise möglich, von einem zeitabhängigen Änderungsverhalten des Umsatzes eines Produktes auf den Umsatz in einem bestimmten Zeitraum zu schließen, oder es lassen sich Schlüsse aus der Nachfrage- und Absatzfunktion auf die Konsumenten- oder Produzentenrente ziehen. Neben den beiden genannten Gründen spielt die Integralrechnung aber auch in der Statistik eine wichtige Rolle, denn wichtige Verteilungsfunktionen können als Integrale einer stetigen Dichtefunktion ausgedrückt werden. Des Weiteren sei noch darauf hingewiesen, dass die Integralrechnung in der höheren Mathematik zur Lösung von Differentialgleichungen, also Gleichungen, in denen die Unbekannten Funktionen sind und in denen auch die Ableitungen dieser Funktionen auftreten, eingesetzt werden kann. Als Beispiel sei die Wachstumsrate einer wirtschaftlichen Größe genannt, die die Änderung der Größe in einem bestimmten Zeitraum – also die Ableitung – zu ihrem Anfangswert ins Verhältnis setzt. Hieraus ergibt sich dann eine Differentialgleichung, die die dynamische Analyse eines solchen Wachstumsprozesses ermöglicht und mithilfe der Integralrechnung gelöst werden kann.

Alle gerade genannten Aspekte sind Gegenstand des Abschnittes 2.14. Neben den begrifflichen Grundlagen werden unbestimmte Integrale wie auch die Technik des Integrierens und die bestimmten Integrale vorgestellt. Darauf aufbauend geht es um die Anwendung der Integralrechnung als Mittler zwischen Grenz- und Ausgangsfunktionen in der Ökonomie, und abschließend wird noch dargelegt, wie Integrale zur Beschreibung und Bestimmung von Konsumenten- und Produzentenrenten sowie des exponentiellen Wachstums eingesetzt werden können.

Begriffliche Grundlagen

Die mathematisch-technische Grundlage der Differentialrechnung wird durch den Begriff der Ableitung sowie durch die Ermittlung der Ableitung $f'(x) = df(x)/dx$ einer vorgegebenen Funktion $f(x)$ gebildet. Von Bedeutung ist aber auch die umgekehrte Fragestellung, ob eine Operation existiert, die die Wirkung des Differentialoperators d/dx

wieder aufhebt, d. h. ob aus der ersten Ableitung $f'(x)$ die ursprüngliche differenzierte Funktion $f(x)$ bestimmt werden kann. Die Integration ermöglicht eine solche Bestimmung; sie ist die Umkehroperation zur Differentiation und kehrt die Wirkung des Differentialoperators um. Mittels der Integralrechnung sind somit Informationen über die Ableitung von Funktionen zu erhalten.

Ein ökonomisches Beispiel soll die Problemstellung der Umkehrung der Differentiation im Folgenden näher verdeutlichen. Betrachtet sei ein Unternehmen, das nur ein Produkt x herstellt und sich der Grenzkostenfunktion $K'(x) = 0{,}3x^2 - 6x + 31$ gegenüber sieht. Wie kann das Unternehmen aus dieser Kenntnis die Gleichung der Gesamtkostenfunktion $K(x)$ ermitteln? Gesucht ist also eine Funktion $K(x)$ derart, dass ihre Ableitung $K'(x)$ genau die genannte Grenzkostenfunktion ergibt.

Mit den Erkenntnissen der Differentialrechnung kann man eine Lösung schrittweise gewinnen. Bekanntlich ist die Ableitung der Potenzfunktion x^3 genau $3x^2$, und daher ist der erste Summand der Grenzkostenfunktion $0{,}3x^2$ die Ableitung von $0{,}1x^3$. Analog folgt, dass $(-6x)$, der zweite Summand von $K'(x)$, die Ableitung von $(-3x^2)$ und der dritte Summand 31 die Ableitung von $31x$ ist. Damit erhält man als (vorläufiges) Ergebnis die Kostenfunktion $K(x) = 0{,}1x^3 - 3x^2 + 31x$. Zu dieser Kostenfunktion $K(x)$ kann offenbar noch eine Konstante addiert werden, ohne dass sich die Grenzkosten ändern, nämlich ein beliebiger Fixkostenwert $K_f = \text{const.}$, denn die Ableitung der addierten Konstanten K_f ergibt stets 0. Man erhält demnach als Lösung die Kostenfunktion $K(x) = 0{,}1x^3 - 3x^2 + 31x + K_f$, die demzufolge erst durch Vorgabe der Fixkosten eindeutig bestimmt ist.

Das Integrieren kehrt also das Differenzieren um, wie auch die Subtraktion die Addition umkehrt, die Division die Multiplikation, das Potenzieren das Radizieren (Wurzelziehen) oder das Exponieren das Logarithmieren *vice versa*.

Bei der Integration wird als Operator ein sogenanntes Integralzeichen eingeführt, und man schreibt $\int \ldots dx$. Es wird also analog zur Differentiation $d/dx\ldots$ ein Grenzübergang auf infinitesimale Größen dx vollzogen. Die „…" stehen jeweils für die zu integrierende respektive differenzierende Funktion. Ist nun eine Funktion $f(x)$ – die sich aus der Ableitung $F'(x)$ ergibt – zu integrieren, schreibt man

$$\int f(x)\,dx = F(x) + c \quad \Longleftrightarrow \quad F'(x) = f(x).$$

Diese Definition des Integrals verdeutlicht, dass sich Integration und Differentiation gegenseitig aufheben, d. h. dass die eine Operation die andere Operation umkehrt.

Unbestimmte Integrale

Die Funktion $F(x) + c$ heißt das unbestimmte Integral der stetigen Funktion $f(x)$, falls für die Ableitung $F'(x) = f(x)$ gilt und wird geschrieben als

$$\int f(x)dx = F(x) + c.$$

Die Funktion $f(x)$ heißt Integrand, und die Funktion $F(x)$ wird als Stammfunktion des Integranden bezeichnet. Man sagt für $\int f(x)dx$ „Integral von $f(x)$ über x".

Das unbestimmte Integral setzt sich demnach aus der Stammfunktion $F(x)$ plus der Integrationskonstanten c zusammen. Die Stammfunktion $F(x)$ muss definitionsgemäß eine differenzierbare Funktion sein. Da $F(x) + c$ nicht als eine Funktion zu betrachten ist, sondern als eine ganze Klasse von Funktionen, die eben alle dieselbe Ableitung $f(x)$ haben, wird sie unbestimmtes Integral genannt.

Technik des Integrierens

Integrieren erfordert viel Übung und Erfahrung. Grundsätzlich lassen sich (unbestimmte) Integrale direkt oder nach geeigneter Umformung von Grundintegralen und durch die Anwendung von Integrationsregeln berechnen. Daher sollte man sich einige Grundintegrale einprägen, die Integrationsregeln beherrschen und auch mathematische Nachschlagewerke nutzen, die neben den Lösungen von Grundintegralen auch Lösungen zahlreicher weiterer spezieller Integrale aufführen. Des Weiteren ist ein geübter Umgang mit der Differentialrechnung für das Verständnis der Integralrechnung hilfreich, denn alle Grundintegrale basieren auf der Umkehrung der Ableitung der entsprechenden Funktionen.

Wichtige Grundintegrale sind neben Integralen von Potenz- und Exponentialfunktionen auch Integrale trigonometrischer Funktionen. Nachfolgend sind die Lösungen ausgewählter Grundintegrale aufgeführt:

$$\int x^n dx = \frac{1}{n+1} \cdot x^{n+1} + c, \quad \text{mit } n \neq -1$$
$$\int \frac{1}{x} dx = \ln|x| + c$$
$$\int e^x dx = e^x + c$$
$$\int a^x dx = \frac{a^x}{\ln a} + c \quad \text{mit } a > 0, a \neq 1$$
$$\int \sin x dx = -\cos x + c$$
$$\int \cos x dx = \sin x + c$$

Um mit diesen Grundintegralen weitere Integrale, deren Integranden mit Faktoren multipliziert, sich aus Summen, Differenzen oder Produkten von Funktionen ergeben oder aber aus zusammengesetzten Funktionen bestehen, berechnen zu können, sind die Faktor- und Summenregel sowie die Regel der partiellen Integration oder die Substitutionsregel anzuwenden. Diese Integrationsregeln lassen sich durch Differentiation sofort überprüfen.

Faktorregel. Mithilfe der Faktorregel kann ein konstanter Faktor vor das Integralzeichen gezogen und auf diese Weise die Berechnung der Stammfunktion vereinfacht werden. Anders ausgedrückt heißt dies, dass konstante Faktoren beim Integrieren erhalten bleiben. Somit gilt

$$\int a \cdot f(x)dx = a \cdot \int f(x)dx \quad \text{mit } a = \text{const.}$$

Summenregel. Falls sich die Integranden aus Summen oder Differenzen zweier (und mehrerer) Funktionen zusammensetzen, dann wird beim Integrieren die Summenregel angewendet. Sie besagt, dass die einzelnen Terme des Integranden gliedweise integriert werden können. Auf diese Weise wird die Berechnung der Stammfunktion vereinfacht. Kurz geschrieben lautet die Summenregel

$$\int (f(x) \pm g(x))dx = \int f(x)dx \pm \int g(x)dx.$$

Partielle Integrationsregel. Die partielle Integrationsregel leitet sich aus der Umkehrung der Produktregel der Differentialrechnung ab. Es geht nämlich um die Integration von Funktionen, die sich aus dem Produkt zweier Funktionen ergeben, beispielsweise $f(x)$ und $g'(x)$. Ein Integral mit einem solchen Integranden lässt sich wie folgt lösen:

$$\int (f(x) \cdot g'(x))dx = f(x) \cdot g(x) - \int (f'(x) \cdot g(x))dx.$$

Die Anwendung der partiellen Integrationsregel ist erkennbarer Weise etwas komplizierter. Man muss zum einen einen Faktor integrieren und seine Stammfunktion finden (also $g'(x)$ integrieren, um $g(x)$ zu erhalten). Zum anderen muss ein zweiter Faktor differenziert und seine Ableitung bestimmt werden (also $f(x)$ ableiten, um $f'(x)$ zu erhalten). Ziel dieser partiellen (teilweisen) Integration ist es, dass das auf der rechten Seite stehende Integral durch die Ableitung $f'(x)$ vereinfacht wird. Die partielle Integrationsregel zeigt zudem, dass es nicht von vornherein festgelegt ist, welcher Faktor des Integranden als $f(x)$ und welcher als $g(x)$ steht, denn es gilt auch

$$\int (f'(x) \cdot g(x))dx = f(x) \cdot g(x) - \int (f(x) \cdot g'(x))dx.$$

Beispiel zur partiellen Integration. Gegeben sei das unbestimmte Integral $\int x \cdot e^x dx$. Bestimmen Sie die Lösung mittels partieller Integration.

Lösung. Wählt man für $g(x) = x$ und für $f'(x) = e^x$ so wird beachtet, dass sich $g(x)$ nach der Differentiation möglichst vereinfacht und von $f'(x)$ die Stammfunktion bekannt ist. Da $g'(x) = 1$ und die Stammfunktion von $f(x) = e^x$ auch e^x ist, erhält man für das Ausgangsintegral als Lösung:

$$\int x \cdot e^x dx = x \cdot e^x - \int 1 \cdot e^x dx = x \cdot e^x - e^x = (x-1) \cdot e^x + c.$$

Substitutionsregel. Die Substitutionsregel lässt sich aus der Kettenregel der Differentialrechnung herleiten, denn es geht um die Integration zusammengesetzter Funktionen, also Funktionen, deren Argumente wiederum aus Funktionen bestehen. Die Regel besagt, dass durch die Substitution $z = g(x)$ sich ein Integral mit dem Integranden $f(g(x)) \cdot g'(x)$ auf ein ggf. einfach zu lösendes Integral mit einem Integranden $f(z)$ zurückführen lässt. Somit gilt die Beziehung

$$\int f(g(x)) \cdot g'(x) dx = \int f(z) dz \quad \text{mit } z = g(x).$$

Beispiel zur Anwendung der Substitutionsregel. Gegeben sei das unbestimmte Integral $\int x \cdot e^{(x^2)} dx$. Bestimmen Sie die Lösung mithilfe der Substitutionsregel.

Lösung. Ersetzt man das Argument x^2 durch z, also $z(x) = x^2$, dann folgt für das Differential $dz = 2x dx$. Damit lässt sich das gesuchte Integral umformen und wie folgt lösen:

$$\int x \cdot e^{(x^2)} dx = \int x \cdot e^z \frac{1}{2x} dz = \frac{1}{2} \int e^z dz = \frac{1}{2} e^{(x^2)} + c.$$

Bestimmte Integrale

Eine neben der Umkehroperation der Differentiation weitere wichtige Aufgabe der Integralrechnung besteht in der – anschaulich formuliert – Bestimmung von Flächeninhalten. Betrachtet man eine stetige und positive Funktion $f(x)$ in einem Intervall $[a, b]$, so kann mit dem bestimmten Integral

$$\int_a^b f(x) dx$$

der Flächeninhalt F_{ab} bestimmt werden, welcher vom Funktionsgraphen, der Abszisse sowie den beiden Senkrechten $x = a$ und $x = b$ begrenzt wird.

Um näherungsweise eine solche Fläche zu bestimmen, wird das Intervall $[a, b]$ in Teilintervalle aufgeteilt und die Fläche über dem i-ten Intervall $[x_{i-1}, x_i]$ durch ein Rechteck der Höhe $f(\xi_i)$ approximiert. Dabei kann ξ_i ein willkürlicher Wert im Intervall $[x_{i-1}, x_i]$ sein. Mit $\Delta x_i = x_i - x_{i-1}$ gilt dann

$$F_{ab} \cong \sum_{i=1}^n f(x_i) \cdot \Delta x_i.$$

Durch sukzessive Verkleinerung der Rechtecke, d. h. durch kleinere Teilintervalle und damit durch eine Erhöhung der Anzahl der Rechtecke, erreicht man eine immer genauere Näherung in der Bestimmung des Flächeninhaltes. Strebt die Anzahl n der Rechtecke gegen unendlich, so wird der Grenzwert der Rechtecksumme gleich der Fläche F_{ab}. Demzufolge bestimmt sie sich durch

$$F_{ab} = \lim_{\substack{n \to \infty \\ \Delta x_i \to 0}} \sum_{i=1}^{n} f(x_i) \cdot \Delta x_i = \int_{a}^{b} f(x)dx.$$

Es lässt sich zeigen, dass der Wert des bestimmten Integrals gleich dem Wert der Stammfunktion des Integranden an der oberen Grenze abzüglich des Wertes der Stammfunktion an der unteren Integrationsgrenze ist. Unter der Voraussetzung, dass $F(x)$ eine Stammfunktion der stetigen Funktion $f(x)$ ist, also $F'(x) = f(x)$ gilt, kann ein Zusammenhang zwischen dem bestimmten Integral und dem unbestimmten Integral hergestellt werden. Er lässt sich ausdrücken als

$$F_{ab} = \int_{a}^{b} f(x)dx = F(x)|_{a}^{b} = F(b) - F(a).$$

In der Mathematik wird in diesem Zusammenhang vom Hauptsatz der Differential- und Integralrechnung gesprochen. Dieser Hauptsatz, der auch als Fundamentalsatz der Analysis bezeichnet wird, führt die Berechnung bestimmter Integrale auf die Berechnung unbestimmter Integrale (also auf die Ermittlung von Stammfunktionen) zurück und bringt damit die Integration mit der Differentiation miteinander in Verbindung.

Aus der Definition des bestimmten Integrals ergeben sich mehrere Eigenschaften. Diese Eigenschaften lassen sich zum Teil durch die Interpretation des bestimmten Integrals als Flächeninhalt, der durch den Funktionsgraphen und die Abszisse zwischen zwei bestimmten Punkten a und b eingeschlossen wird, verdeutlichen. So gelten für alle im Intervall $[a,b]$ integrierbaren Funktionen $f(x)$ und $g(x)$ mehrere Zusammenhänge.

– Vertauscht man die Integrationsgrenzen, so ändert sich das Vorzeichen des Integrals. Damit gilt

$$\int_{a}^{b} f(x)dx = -\int_{b}^{a} f(x)dx.$$

– Für jede Lage der Punkte a, b, c gilt

$$\int_{a}^{b} f(x)dx + \int_{b}^{c} f(x)dx = \int_{a}^{c} f(x)dx.$$

– Für jede reelle Zahl α ist die Funktion $\alpha \cdot f(x)$ über $[a,b]$ integrierbar, und es ist

$$\int_{a}^{b} \alpha \cdot f(x)dx = \alpha \cdot \int_{a}^{b} f(x)dx.$$

- Die Funktion $f(x) + g(x)$ ist über das Intervall $[a, b]$ integrierbar, und es ist

$$\int_a^b (f(x) + g(x))dx = \int_a^b f(x)dx + \int_a^b g(x)dx.$$

- Für beliebige reelle Zahlen α und β ist die Funktion $\alpha \cdot f(x) + \beta \cdot g(x)$ über $[a, b]$ integrierbar, und es ist

$$\int_a^b (\alpha \cdot f(x) + \beta \cdot g(x))dx = \int_a^b \alpha \cdot f(x)dx + \int_a^b \beta \cdot g(x)dx.$$

- Die Funktion $|f(x)|$ ist über $[a, b]$ integrierbar, und es ist

$$\left| \int_a^b f(x)dx \right| \leq \int_a^b |f(x)|dx.$$

- Die Funktion $f(x) \cdot g(x)$ ist über $[a, b]$ integrierbar.
- Die Funktion $f(x)/g(x)$ ist über $[a, b]$ integrierbar, falls es eine Konstante $\lambda > 0$ gibt, so dass stets $|g(x)| \geq \lambda$ für $x \in [a, b]$.

Beispiel zur Berechnung eines bestimmten Integrals. Berechnen Sie den Wert des bestimmten Integrals $\int_2^5 e^{2x} dx$.

Lösung. Da das unbestimmte Integral $\int e^{2x} dx = \frac{1}{2} e^{2x} + c$ ist, erhält man für das bestimmte Integral

$$\int_2^5 e^{2x} dx = \frac{1}{2} e^{2x} \Big|_2^5 = \frac{1}{2} e^{10} - \frac{1}{2} e^4 = \frac{1}{2} e^4 (e^6 - 1).$$

Anwendung der Integralrechnung in der Ökonomie

Ein wesentlicher Nutzen der Integralrechnung in der Ökonomie liegt in der Bestimmung der Stammfunktion zu einer gegebenen Grenzfunktion. Anzumerken ist, dass die Bestimmung der Stammfunktion oder Gesamtfunktion aus einer Grenzfunktion nicht als unbestimmtes Integral, sondern als Berechnung eines bestimmten Integrals mit variabler oberer Grenze aufzufassen ist. Am Beispiel der Grenzkosten-, Grenzerlös- und der Grenzgewinnfunktion sei dies nachfolgend kurz spezifiziert.

Gesamtkostenfunktion. Die Gesamtkostenfunktion $K(x) = K_v(x) + K_f$ bestimmt sich aus der Stammfunktion der Grenzkostenfunktion, also $\int_0^x K'(t)dt = K(x) - K(0)$.[34] Da

---

[34] Um die obere Integrationsgrenze x von der Integrationsvariablen unterscheiden zu können, wird diese Integrationsvariable mit t bezeichnet.

$K(0)$ für die Kosten steht die entstehen, wenn die produzierte Menge $x = 0$ ist, entspricht $K(0)$ genau den fixen Kosten K_f. Damit sind die variablen Kosten $K_v(x)$ genau die Gesamtkosten abzüglich der fixen Kosten $K(x) - K_f = K_v(x) = \int_0^x K'(t)dt$. Zusammengefasst gilt somit

$$K(x) = \int_0^x K'(t)dt + K_f.$$

Gesamterlösfunktion. Die Gesamterlösfunktion lässt sich durch die Integration der Grenzerlösfunktion ermitteln. Da grundsätzlich kein Erlös bei $x = 0$ erzielt wird gilt

$$E(x) = \int_0^x E'(t)dt = E(x) - E(0) = E(x) \quad \text{da } E(0) = 0.$$

Gewinnfunktion. Der Gewinn berechnet sich aus dem Erlös minus den Kosten. Die Erlöse und die Kosten lassen sich durch Integration der Grenzerlös- und Grenzkostenfunktion bestimmen, und so folgt für den Gewinn

$$G(x) = \int_0^x (E'(t) - K'(t))dt - K_f.$$

Daraus ergibt sich der Deckungsbeitrag $G_D(x)$ – also der Bruttogewinn – als Differenz zwischen Erlös und den variablen Kosten zu $G_D(x) = \int_0^x (E'(t) - K'(t))dt$. Er entspricht demnach dem Betrag, der zur Deckung der fixen Kosten zur Verfügung steht.

> **Beispiel zur Anwendung der Integralrechnung in der Ökonomie.** Es sei die Grenzerlösfunktion $E'(x)$ beim Absatz eines Produktes mit $E'(x) = 5 - \frac{3}{2}x$ bekannt. Ermitteln Sie die Preis-Absatz-Funktion $p(x)$.
>
> **Lösung.** Die gesuchte Preis-Absatz-Funktion $p(x)$ ergibt sich als Quotient der Erlösfunktion $E(x)$ dividiert durch die Absatzmenge x. Die Erlösfunktion wird durch Integration der angegebenen Grenzerlösfunktion $E'(x)$ bestimmt, so dass sich die Lösung wie folgt ergibt:
>
> $$E(x) = \int \left(5 - \frac{3}{2}x\right)dx = 5x - \frac{3}{4}x^2 = \left(5 - \frac{3}{4}x\right) \cdot x = p(x) \cdot x \implies p(x) = -\frac{3}{4}x + 5.$$

Konsumenten- und Produzentenrente

Eine weitere wichtige Anwendung der Integralrechnung in den Wirtschaftswissenschaften liegt bei der Berechnung der sogenannten Konsumenten- und Produzentenrente. Unter der Konsumentenrente wird die Differenz zwischen dem Preis, den der Konsument für ein Wirtschaftsgut zu zahlen bereit ist und dem Gleichgewichtspreis, den der

Konsument aufgrund der Marktverhältnisse tatsächlich zahlen muss, verstanden. Dieser Rente steht die Produzentenrente gegenüber. Sie ist eine ökonomische Rente, und sie bestimmt sich aus der Differenz zwischen dem Gleichgewichtspreis, den der Produzent aufgrund der Marktverhältnisse tatsächlich erhält und dem Preis, den der Produzent mindestens benötigt, um rentabel zu bleiben. Wie die Integralrechnung nun für die Bestimmung der beiden genannten Renten eingesetzt werden kann, wird nachfolgend verdeutlicht.

Durch Angebot und Nachfrage eines Wirtschaftsgutes ergibt sich auf einem Markt ein Gleichgewichtspreis, der sogenannte Marktpreis. Auf dem Markt finden sich nun sicherlich einige Konsumenten, die bereit wären, einen höheren Preis als den Marktpreis für das Wirtschaftsgut zu zahlen. Da sie aber das Wirtschaftsgut für einen niedrigeren Preis erwerben können, sparen sie einen gewissen Betrag, der Konsumentenrente genannt wird. Auf der anderen Seite gibt es sicherlich auch Produzenten, die das Wirtschaftsgut zu einem niedrigeren Preis verkaufen würden, und so haben sie in Bezug auf den Gleichgewichtspreis Mehreinnahmen, die Produzentenrente genannt wird.

Sei beispielsweise die Nachfrage eines Wirtschaftsgutes durch die Nachfragefunktion $p_N(x) = 100 - \frac{1}{4}x$ und das Angebot durch die Angebotsfunktion $p_A(x) = \frac{3}{8}x + 25$ bestimmt, dann stellt sich bei der Menge $x_G = 120$ ein Gleichgewicht zwischen Angebot und Nachfrage ein, und es wird ein Marktpreis von $p_G = 70$ GE erzielt. Demzufolge ergibt sich im Gleichgewicht ein erzielbarer Umsatz von $x_G \cdot p_G = 120 \cdot 70$ GE $= 8400$ GE. Der Schnittpunkt der Nachfrage- und Angebotsfunktion liegt genau bei $(x_G, p_G) = (120, 70)$, wie es auch Abbildung 2.16 in einem Marktdiagramm zeigt.[35]

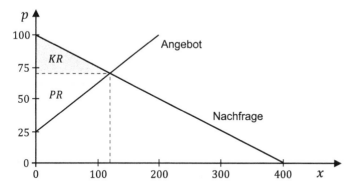

Abb. 2.16: Konsumentenrente *KR* und Produzentenrente *PR* im Marktdiagramm (Quelle: Eigene Darstellung).

---

35 In einem Marktdiagramm werden die erklärende und die erklärte Achse vertauscht, der Preis bestimmt somit die Menge und nicht etwa umgekehrt (die Menge *x* ist eine Funktion des Preises *p*, d. h. *x(p)*).

Abbildung 2.16 verdeutlicht zudem, dass Konsumenten auch breit wären, einen Maximalpreis von bis zu 100 GE für das Wirtschaftsgut zu zahlen. Damit entspricht die Fläche *KR* genau der Konsumentenrente, also dem Betrag, den die Konsumenten sparen, da sie nur den Marktpreis zahlen. Auf der anderen Seite – der Marktseite – stellt die Fläche *PR* die Produzentenrente dar, also den Betrag, den die Produzenten mehr einnehmen, da sie das Wirtschaftsgut zu einem höheren Preis verkaufen. Sie hätten das Wirtschaftsgut nämlich auch für einen niedrigeren Preis anbieten können, denn es finden sich bis zu einem Minimalpreis von 25 GE angebotene Güter. Die Flächen *KR* und *PR* lassen sich nun mittels Integralrechnung wie folgt ermitteln:

$$KR = \int_0^{120} \left(100 - \frac{1}{4}x\right)dx - 8400$$

$$= \left(100x - \frac{1}{8}x^2\right)\Big|_0^{120} - 8400 = 12000 - 1800 - 8400 = 1800$$

$$PR = 8400 - \int_0^{120} \left(\frac{3}{8}x + 25\right)dx$$

$$= 8400 - \left(\frac{3}{16}x^2 + 25x\right)\Big|_0^{120} = 8400 - (2700 + 3000) = 2700$$

Damit lässt sich die Konsumentenrente *KR* als Maß für die Vorteilhaftigkeit eines Kaufs sowie die Produzentenrente *PR* als Maß für die Vorteilhaftigkeit eines Verkaufes (erst) im Gleichgewichtspunkt (x_G, p_G) aus der Nachfrage- und Absatzfunktion wie folgt bestimmen:

$$KR(x_G) = \int_0^{x_G} p_N(x)dx - x_G \cdot p_G \quad \text{und} \quad PR(x_G) = x_G \cdot p_G - \int_0^{x_G} p_A(x)dx.$$

Exponentielles Wachstum

Wie eingangs in diesem Abschnitt 2.14 erwähnt, hilft die Integralrechnung auch beim Lösen von Differentialgleichungen. Dies soll nachfolgend noch am Beispiel des sogenannten exponentiellen Wachstums gezeigt werden. Solche Wachstumsprozesse spielen in den Natur- und in den Wirtschaftswissenschaften – auch wenn das exponentielle Wachstum im wirtschaftlichen Bereich an seine Grenzen stößt – eine wichtige Rolle, sei es zur Beschreibung des radioaktiven Zerfalls, des Bakterienwachstums oder der Zinseszinsrechnung. In allen genannten Beispielen ist die Zeit *t* die unabhängige Variable in den zugehörigen Differentialgleichungen. Wird mit $X(t)$ der Bestand einer bestimmten Größe (Anzahl radioaktiver Isotope, Bakterienzahl, Zinsen) zum Zeitpunkt *t* bezeichnet, dann ändert sich dieser Bestand mit konstanter Wachstumsrate *r*, d. h. die relative Änderungsrate $X'(t)/X(t)$ ist konstant. Somit gilt die Differentialgleichung $X'(t) = r \cdot X(t)$ für alle t.

Da $X'(t) = dX/dt$ ist, kann die Differentialgleichung auch als $(1/X(t))dX = rdt$ geschrieben werden. Nun taucht die Variable X einschließlich ihres Differentials dX nur noch auf der linken Seite auf und die Variable t nur noch als Differential dt auf der rechten Seite, und so können beide Seiten der Differentialgleichung integriert werden. Es folgt

$$\int \frac{1}{X(t)} dx = \int r dt \quad \Longrightarrow \quad \ln|X(t)| = r \cdot t + c \quad \text{mit } c = \text{const.}$$

Wendet man die natürliche Exponentialfunktion auf beiden Seiten an, dann ergibt sich für $X(t) > 0$ als allgemeine Lösung für die Differentialgleichung:

$$X(t) = e^{r \cdot t + c} = e^{r \cdot t} \cdot e^c = C \cdot e^{r \cdot t}$$

mit der neuen Konstanten $C = e^c$.

Damit ist gezeigt, dass ein Wachstumsprozess durch eine Differentialgleichung erster Ordnung (in der nur die erste Ableitung einer Funktion vorkommt) beschrieben und durch eine Exponentialfunktion gelöst wird. Dadurch erklärt sich auch das Vorkommen des Adjektivs „exponentiell" bei der Namensgebung dieser wichtigen Wachstumsprozesse.

Übungsaufgaben zum Abschnitt 2.14

Aufgabe 1. Bei einem Ein-Produkt-Unternehmen seien bei der Herstellung eines Produktes die Grenzkosten der Herstellung von x Einheiten gleich $K'(x) = 7x + 5$.

Bestimmen Sie die Gesamtkostenfunktion $K(x)$ unter der Annahme, dass die Fixkosten bei 45 Geldeinheiten liegen.

Aufgabe 2. Bestimmen Sie mit der partiellen Integrationsmethode die folgenden drei unbestimmten Integrale.
(a) $\int 4x^3 \cdot \ln x \, dx$
(b) $\int x^2 \cdot e^x \, dx$
(c) $\int \sin x \cdot \cos x \, dx$

Aufgabe 3. Lösen Sie die nachfolgenden drei unbestimmten Integrale mithilfe der Substitutionsregel.
(a) $\int x \cdot e^{-x^2} \, dx$
(b) $\int \frac{1}{2x+3} \, dx$
(c) $\int \frac{\sin x \cdot \cos x}{1 + \sin^2 x} \, dx$

Aufgabe 4. Berechnen Sie unter Anwendung der Integrationsregeln folgende drei unbestimmten Integrale.
(a) $\int (x+4)^3 dx$
(b) $\int x(x^2+3)^3 dx$
(c) $\int \frac{x^3}{4x^4+1} dx$

Aufgabe 5. Berechnen Sie die nachfolgenden drei bestimmten Integrale.
(a) $\int_2^\infty x \cdot e^x dx$
(b) $\int_{-\infty}^1 x \cdot e^{x^2+1} dx$
(c) $\int_3^7 \frac{1}{\sqrt{x-3}} dx$

Aufgabe 6. Gegeben sei die Grenzkostenfunktion $K'(x) = 3x^2 - 7x + 11$. Bestimmen Sie die Funktion der variablen Kosten $K_v(x)$ sowie die Gesamtkostenfunktion $K(x)$.

Aufgabe 7. Gegeben seien die Grenzkostenfunktion $K'(x) = 3x^2 - 8x + 8$, die fixen Kosten $K_f = 4$ sowie die Grenzerlösfunktion $E'(x) = 12 - 4x$.

Bestimmen Sie die Gesamtkostenfunktion $K(x)$, die Gesamterlösfunktion $E(x)$, die Preis-Absatz-Funktion $p(x)$ und die Gewinnfunktion $G(x)$.

Aufgabe 8. Gegeben sei die Funktionenschar $f_k(x) = -\frac{2}{k}x^3 + 2x^2$, mit $k > 0$.
(a) Berechnen Sie die Koordinaten der Minima und Maxima von $f_k(x)$.
(b) Erstellen Sie eine grobe Skizze der Funktionen $f_1(x), f_2(x)$ und $f_3(x)$.
(c) Wie muss der Parameter k gewählt werden, damit die von der x-Achse und $f_k(x)$ eingeschlossene Fläche 5 Flächeneinheiten misst?
(d) Wie muss der Parameter k gewählt werden, damit die durch die nachfolgenden Bedingungen eingegrenzte Fläche 5 Flächeneinheiten misst? So soll die Fläche von der x-Achse und $f_k(x)$ eingeschlossen und durch den Ursprung und die Senkrechte an der Stelle des Maximums von $f_k(x)$ begrenzt sein.

Aufgabe 9. Berechnen Sie die zwei nachfolgenden bestimmten Integrale.
(a) $\int_{-\infty}^2 x^2 \cdot e^{x^3+1} dx$
(b) $\int_3^5 \frac{5 \cdot (x-3)^2}{\sqrt{x-3}} dx$

Aufgabe 10. Der Graph der ganzrationalen Funktion $f(x) = x^3 - 6x^2 + 9x - 2$ mit $x \in \mathbb{R}$ hat unter anderem ein relatives Maximum und einen Wendepunkt.

Welchen Inhalt hat das Flächenstück, das der Funktionsgraph mit der Geraden, die durch das Maximum und Wendepunkt verläuft, einschließt?

Aufgabe 11. Lösen Sie die nachfolgenden vier bestimmten Integrale.
(a) $\int_0^{\frac{\pi}{2}} x \cdot \cos x \, dx$

(b) $\int_0^\pi \sin^2 x\, dx$

(c) $\int_1^2 \frac{1}{3+5x} dx$

(d) $\int_2^6 \frac{x}{\sqrt{2x-3}} dx$

Aufgabe 12. Für ein monopolistisches Unternehmen gelte eine lineare Nachfragefunktion. Des Weiteren zeigen auch die Grenzerlös- und Grenzkostenfunktion einen linearen Zusammenhang, und sie lassen sich durch die Gleichungen $E'(x) = 10 - 0{,}2x$ respektive $K'(x) = 2 + 0{,}05x$ beschreiben. Das Unternehmen hat zudem keine Fixkosten zu tragen.

Berechnen Sie die gewinnmaximale Preis-Mengen-Kombination des Monopolisten. Wie hoch sind im Gewinnmaximum der Gewinn und die Kosten?

Aufgabe 13. Bestimmen Sie die Preis-Absatz-Funktion $p(x)$, wenn beim Absatz eines Produktes einmal die Grenzerlösfunktion $E'(x) = 8 - 2{,}5x$ lautet und ein anderes Mal $E'(x) = 400/(2x + 6)^2$.

Aufgabe 14. Bestimmen Sie jeweils die Konsumentenrente im Marktgleichgewicht
(a) für ein Produkt, dessen Marktpreis bei $p = 8$ GE liegt und eine Nachfragefunktion durch die Gleichung $x(p) = \sqrt{2000 - 200p}$ gegeben ist, sowie
(b) für ein Produkt, dessen Marktpreis bei $p = 6$ GE liegt, wobei die Nachfragefunktion in diesem Fall durch $x(p) = \sqrt{160 - 10p}$ gegeben ist.

Aufgabe 15. Bestimmen Sie das Bruttonationaleinkommen $y(t)$ als Funktion der Zeit t und zum Zeitpunkt $t = 15$ unter den Vorgaben, dass die zeitliche Änderung $y'(t)$ des Bruttonationaleinkommens proportional zu $y(t)$ und der Proportionalitätsfaktor $k = -0{,}01$ ist. Des Weiteren ist bekannt, dass im Zeitpunkt $t = 0$ das Bruttonationaleinkommen 500 GE betrug.

3 Mathematikprüfung als Leistungsnachweis

Eine Überprüfung des Kenntnisstandes durch Klausuren wird auch in dem Fach Mathematik in den Wirtschaftswissenschaften an allen Universitäten, Hochschulen wie auch an Berufsakademien durchgeführt. Die Prüfungen im wirtschaftswissenschaftlichen Studium erfolgen zumeist studienbegleitend. Zu den Prüfungsformen zählen zunächst die klassischen schriftlichen Prüfungen (Klausuren), die je nach Fach in ihrer Dauer variieren. Schriftliche Klausuren werden vorzugsweise in den ersten Semestern angeboten, da die Anzahl der Prüfungsteilnehmer groß ist und eine mündliche Prüfung für alle Studierenden in einem vernünftigen zeitlichen Rahmen nicht durchführbar wäre. Im fortgeschrittenen (Master-)Studium werden dann oftmals mündliche Prüfungen, wie auch Referate, Hausarbeiten oder Projektarbeiten zur Leistungsüberprüfung angeboten. Eine weitere Prüfungsform stellen elektronische Klausuren am Computer dar. Die elektronischen Klausuren werden unter klassischen Prüfungsbedingungen durchgeführt und bieten eine effektive und effiziente Überprüfung von Grundlagenwissen. Sie werden zudem elektronisch ausgewertet, was eine hohe Zeitersparnis bei der Korrektur von Klausuren mit großer Teilnehmerzahl mit sich bringt.

Es sei an dieser Stelle noch erwähnt, dass bei Mathematikprüfungen häufig ein eigener Taschenrechner verwendet werden darf. Zur Wahrung der Chancengleichheit werden seitens der Universitäten, Hochschulen und Berufsakademien oftmals nur bestimmte Taschenrechnermodelle zu den Prüfungen zugelassen. Daher sollten sich die Studierenden, bevor sie sich einer Mathematikklausur stellen, über die entsprechenden Regularien informieren.

Im Folgenden werden beispielhaft zwei Musterklausuren für das Fach Mathematik im Studium der Wirtschaftswissenschaften vorgestellt. Mit diesen Musterklausuren können Studierende selbst überprüfen, inwieweit sie in begrenzter Zeit Mathematikaufgaben lösen können. So geht es in Abschnitt 3.1 um eine schriftliche Klausur, die von den Studierenden in 90 Minuten vollständig bearbeitet werden sollte. Eine elektronische Klausur wird in Abschnitt 3.2 vorgestellt, die zeigt, dass eine solche Klausur weitgehend einer normalen schriftlichen Klausur entspricht, aber auch Aufgaben in Form einer Mehrfachauswahl (mehrere vorformulierte Antworten stehen zur Auswahl) beinhalten kann. Auch diese Musterklausur sollten die Studierenden in 90 Minuten vollständig bearbeiten können.

3.1 Schriftliche Mathematikklausur

Eine schriftliche Mathematikklausur beinhaltet mehrere Aufgaben, die die Inhalte der Mathematik im wirtschaftswissenschaftlichen Studium abdecken. Die Aufgaben sollten sich für weitere Klausuren beliebig austauschen lassen, wobei der Austausch einer Aufgabe durch Aufgaben mit ähnlichem Schwierigkeitsgrad erfolgen sollte. Die bei den Aufgaben angegebenen, zu erzielenden Punkte geben hier eine Orientierung, da die Punktzahl ungefähr der zur Bearbeitung der Aufgaben benötigten Zeit in Minuten entspricht. Beispielsweise kann in einem etwa gleichen Zeitraum ein lineares Gleichungssystem mittels des Gauß-Algorithmus oder über die Bestimmung der Inversen der zugehörigen Koeffizienten-Matrix gelöst werden. Somit entsprechen beide Lösungsvarianten einem vergleichbaren Schwierigkeitsgrad, und eine Aufgabe zum Gauß-Algorithmus kann einfach durch eine Aufgabe zur Berechnung einer Inversen ausgetauscht werden.

Die folgende Musterklausur stellt 10 verschiedene Aufgaben zusammen, die von den Studierenden in 90 Minuten gelöst werden sollten. Bei den einzelnen Klausuraufgaben sind zwischen 4 und 12 Punkten zu erzielen, wobei auch bei einem falschen Endergebnis korrekte Zwischenergebnisse mit Teilpunkten gewertet werden. Die volle Punktzahl von 90 Punkten wird erreicht, wenn alle Klausuraufgaben korrekt gelöst werden.

Musterklausur – Mathematik in den Wirtschaftswissenschaften (90 min)

Bitte schreiben Sie ihre Lösungen und Antworten zu den Fragen auf die Ihnen zur Verfügung gestellten Klausurbögen. Für Notizen stehen die Rückseiten zur Verfügung. Bitte beschreiben Sie nicht den rechten Rand. Es sind keine fachlichen Hilfsmittel (Bücher, Skripten, eigene Aufzeichnungen etc.) zugelassen. Sie dürfen lediglich einen der zugelassenen Standardtaschenrechner und die ausgehändigte Formelsammlung benutzen.

Viel Erfolg!

Aufgabe 1 (4 Punkte). Lösen Sie die folgenden Gleichungen nach der Variablen *x* auf.
(a) $\frac{x+3}{x-5} + \frac{2-x}{x-6} = 0$
(b) $3^{-(-x-1)} \cdot 5^{x+1} = 225$

Aufgabe 2 (8 Punkte). Wie groß ist die Summe

$$\sum_{k=4}^{8} \left(k \cdot \ln e^2 + 2^{k-3} \right)?$$

Aufgabe 3 (10 Punkte). In einem kleinen Theater hat die erste Sitzreihe 10 Plätze, die zweite 12, die dritte 14 usw., d. h. jede nachfolgende Reihe hat zwei Plätze mehr als die vor ihr liegende Reihe.
(a) Wie viele Sitzplätze hat das Theater, falls 15 Sitzreihen aufgebaut sind?
(b) Wie viele Sitzreihen muss das Theater haben, wenn mindestens 250 Besucher im Theater Platz finden sollen?

Aufgabe 4 (10 Punkte). Wie hoch muss der Rentenbarwert sein, damit jährlich eine vorschüssige Rente von $r' = 12.000$ € bei einer Kapitalverzinsung von 5 % insgesamt 15 Jahre lang ausgezahlt werden kann?

Aufgabe 5 (8 Punkte). Gegeben sei das Polynom dritten Grades $p(x) = x^3 - 2x^2 - 5x + 6$, von dem die eine Nullstelle $x_0 = 1$ bekannt ist.
(a) Wie lauten die weiteren Nullstellen des Polynoms?
(b) Wie groß ist das Produkt aller Nullstellen?

Aufgabe 6 (10 Punkte). Ein Unternehmen verkauft seine Produkte x für je 15 €. Die Kosten unterliegen der Funktion $K(x) = x^3 - 9x^2 + 24x + 18$.
(a) Bei welcher Menge x wird ein maximaler Gewinn erzielt?
(b) Wie hoch sind die fixen Kosten?

Aufgabe 7 (10 Punkte). Gegeben sei die Nachfragefunktion $x(p) = 10 - 2p^{\frac{1}{3}}$.
(a) Bestimmen Sie die Nachfrageelastizität des Preises.
(b) Wie groß ist die Nachfrageelastizität an der Stelle $x = 2$? Bitte interpretieren sie das Ergebnis.

Aufgabe 8 (8 Punkte). Wie groß ist das bestimmte Integral

$$\int_2^4 \left(\frac{1}{x^2} + \frac{4}{x^3} + x^{-1} \right) dx.$$

Aufgabe 9 (10 Punkte). Gegeben seien die drei Vektoren

$$\vec{a} = \begin{pmatrix} 5 \\ 4 \\ -3 \end{pmatrix}, \quad \vec{b} = \begin{pmatrix} 1 \\ 1 \\ 0 \end{pmatrix} \quad \text{und} \quad \vec{c} = \begin{pmatrix} 1 \\ 0 \\ -3 \end{pmatrix}.$$

(a) Bestimmen Sie die Werte für λ und ν so, dass $\vec{a} + \lambda \vec{b} + \nu \vec{c} = \vec{0}$ gilt.
(b) Wie groß ist das Skalarprodukt der Vektoren $\vec{a}$ und $\vec{b}$?
(c) Wie groß ist der Betrag des Vektors $\vec{a}$?

Aufgabe 10 (12 Punkte). Bestimmen Sie zu dem Gleichungssystem

$$\begin{vmatrix} 7x_1 + 3x_2 - 5x_3 = -12 \\ -x_1 - 2x_2 + 4x_3 = 5 \\ -4x_1 + x_2 - 3x_3 = 1 \end{vmatrix}$$

die Lösungen x_1, x_2 und x_3 mithilfe des Gauß-Algorithmus.

3.2 Elektronische Mathematikklausur

Elektronische (computergestützte) Prüfungen haben sich in den letzten Jahren an vielen Universitäten und Hochschulen wie beispielsweise an der Universität Bremen erfolgreich etabliert.[1] Mit den elektronischen Klausuren – kurz E-Klausuren genannt – lassen sich Fachprüfungen in Studiengängen, in denen die Anzahl der Studierenden besonders hoch ist, effizient durchführen. Im wirtschaftswissenschaftlichen Studium werden E-Klausuren beispielsweise in den Fächern Marketing, Projektmanagement wie auch im Fach Mathematik angeboten. Diese Prüfungen entsprechen weitgehend dem Prozedere einer klassischen schriftlichen Klausur (Aufsicht, nur erlaubte Hilfsmittel am Platz); der Unterschied liegt lediglich darin, dass die Prüfungsteilnehmer ihre Fragen am Computer statt auf Papier beantworten.

Für die Durchführung von E-Klausuren existieren verschiedene Software-Systeme, die je nach System eine Vielzahl von Typen an Fragen bzw. Aufgaben, die frei gestaltet sowie mit ergänzenden Elementen und Medien angereichert werden können, erlaubt. Nachfolgend werden beispielhaft vier Fragen- bzw. Aufgabentypen erläutert, die auch in Mathematikprüfungen zum Einsatz kommen können, nämlich die Typen Zahleneingabe, Drag & Drop, Mehrfachwahl (Multiple-Choice) sowie Einfachwahl (Single-Choice).

Zahleneingabe. Sollen konkrete Werte oder Wertebereiche abgefragt werden, beispielsweise die Größe eines Rentenbarwertes bei nachschüssiger Verzinsung, dann kann der Fragen- und Aufgabentyp Zahleneingabe eingesetzt werden. Mit dem Fragentyp Zahleneingabe lässt sich die Zahl der Stellen, die vor und hinter dem Komma eingegeben werden müssen, in gewissen Grenzen festlegen. Eine Bewertung der Lösung erfolgt dann dahingehend, dass für jedes Eingabefeld mehrere Lösungen hinterlegt und individuell bewertet werden. Bei mehreren Eingabefeldern kann z. B. eine Teilbewertung aktiviert (jede korrekte Eingabe ergibt Teilpunkte) oder deaktiviert (alle Felder müssen korrekt ausgefüllt werden) werden. Die in der Ökonomie übliche Eingabe von Punkten als Tausendertrennzeichen, z. B. dass der Rentenbarwert bei 123.456,78 € liegt, ist bei E-Klausuren aber nicht erlaubt, da ein Punkt durch das Software-System als Komma interpretiert wird. Die korrekte Zahleneingabe für den Rentenbarwert wäre 123456,78. Auch auf die Eingabe der Einheit Euro kann verzichtet werden, da sie üblicherweise neben dem Feld für die Zahleneingabe schon aufgeführt wird.

Drag & Drop. Bei dem Fragentyp Drag & Drop haben die Prüfungsteilnehmer in den E-Klausuren die Möglichkeit, Textbausteine oder Grafiken aus einer Liste an vordefinierte Stellen eines (Hintergrund-)Bildes zu ziehen oder an auszuwählenden Stellen zu

---

[1] An der Universität Bremen bietet das Zentrum für Multimedia in der Lehre (ZMML) allen Lehrenden der Universität die Möglichkeit, computergestützte Prüfungen wie E-Klausuren in ihrem Testcenter mit 120 Prüfungsplätzen durchzuführen. Der Leistungsumfang des ZMML umfasst neben der Beratung und Schulung zur Organisation, zur Prüfungsdidaktik und zur technischen Umsetzung der E-Klausuren auch die Unterstützung der Lehrenden in Teilfunktionen des Prüfungsmanagements (Zeitpläne, Datenaustausch, Ablaufkontrolle) sowie die Administration des Prüfungssystems und die Vorbereitung des Testcenters. Vgl. https://www.uni-bremen.de/zmml/kompetenzbereiche/e-assessment/, Abruf 18.10.2019.

positionieren. So lassen sich beispielsweise mathematische Gleichungen zusammensetzen, indem mehrere Grafiken, die einzelne Terme abbilden, zur Auswahl stehen und an einer bestimmten Stelle der gesuchten Formel platziert werden müssen. Dabei ergibt jede korrekte Zuordnung Teilpunkte; ein Punktabzug für falsche Zuordnungen erfolgt aber nicht.

Mehrfachwahl (Multiple-Choice). Bei Multiple-Choice-Fragen können die Prüfungsteilnehmer aus einer beliebig großen Zahl von Antwortalternativen die korrekten Antworten auswählen. Die Reihenfolge der vorliegenden Antworten kann nach dem Zufallsprinzip getauscht werden, so dass das Spicken beim Kommilitonen am Prüfungsplatz nebenan erschwert wird. Die Bewertung der Multiple-Choice-Aufgaben kann individuell bepunktet werden, und es besteht die Möglichkeit Teilbewertungen vorzunehmen.

Einfachwahl (Single-Choice). Bei Single-Choice-Fragen kann nur eine der vorgegebenen Antwortalternativen ausgewählt werden. Die Reihenfolge der Antworten kann – wie bei den Multiple-Choice-Fragen – auch hier nach dem Zufallsprinzip getauscht werden. Eine korrekte Antwort gibt die für die Gesamtaufgabe definierten Punkte, jede andere Antwort dagegen null Punkte.

Die nachfolgende Musterklausur stellt nun 12 Aufgaben zusammen, die von den Studierenden in 90 Minuten gelöst werden sollten. Entsprechend der Prüfungsdauer können in der Klausur in Summe maximal 90 Punkte erzielt werden. Eine korrekte Antwort gibt die für die Gesamtaufgabe definierten Punkte, die in der Musterklausur zwischen 2 und 14 Punkten liegen. Für Punktabzüge erlaubt das Prüfungssystem verschiedene Bewertungsmodi, die von Prüfung zu Prüfung und Frage zu Frage variieren können. Wenn beispielsweise bei Multiple-Choice-Fragen mehrere richtige Antworten ausgewählt werden können, dann lassen sich auch Teilpunkte vergeben oder bei einer falschen Antwort kann ein Punktabzug erfolgen. Damit dann aber nicht für das blinde Auswählen aller Antworten die volle Punktzahl vergeben wird, werden innerhalb der Aufgabe für falsche Auswahlen die hinterlegten Teilpunkte abgezogen. Es können aber nicht weniger als 0 Punkte pro Aufgabe erreicht werden, und Minuspunkte werden auch nicht auf andere Aufgaben übertragen.

Musterklausur – Mathematik in den Wirtschaftswissenschaften (90 min)

Herzlich Willkommen zur E-Klausur Mathematik im Studium der Wirtschaftswissenschaften. Für Ihre Notizen können Sie beiliegendes Konzeptpapier, welches Sie mit Ihrem Namen und Ihrer Matrikelnummer versehen, benutzen. Nach dem Ende der Klausur wird das Konzeptpapier vom Aufsichtspersonal eingesammelt. Des Weiteren dürfen Sie einen der zugelassenen Standardtaschenrechner und die ausgehändigte Formelsammlung benutzen. Zum Einloggen in das Computersystem benötigen Sie ihre Matrikelnummer. Um

Ihre Prüfung nun zu starten, klicken Sie bitte auf den grünen Button „Mit der Prüfung beginnen".

Viel Erfolg!

Aufgabe 1 (2 Punkte). Nachfolgende Aussagen sind entweder richtig oder falsch. Kreuzen Sie die richtigen Aussagen an.

A ☐ Die Zahl 2^1 ist eine rationale Zahl.
B ☐ Die Zahl $2^{-\frac{1}{2}}$ ist eine rationale Zahl.
C ☐ Die Zahl $2^{-\frac{1}{3}}$ ist eine rationale Zahl.
D ☐ Die Zahl $4^{-\frac{1}{2}}$ ist eine rationale Zahl.

Aufgabe 2 (3 Punkte). In einem Käfig befinden sich insgesamt 35 Hühner und Kaninchen. Zusammen haben sie 94 Beine. Wie viele Kaninchen und wie viele Hühner sind im Käfig?

Im Käfig sind ☐ Hühner und ☐ Kaninchen!

Aufgabe 3 (4 Punkte). Lösen Sie Gleichung $\frac{2x}{3} - \frac{x}{6} = \frac{4}{5} - \frac{2}{10}$ nach der Unbekannten x auf und geben die Lösung als Bruch an.

$$x = \frac{\Box}{\Box}$$

Aufgabe 4 (6 Punkte). Wie kann nachfolgendes Produkt auch geschrieben werden?

$$\sqrt{3 \cdot x^3 \cdot y^2} \cdot \sqrt[3]{3 \cdot x^4 \cdot y^{-5}} \cdot \sqrt{y^2 \cdot \sqrt[6]{3 \cdot x \cdot y^4}}$$

(Kreuzen Sie die korrekte Antwort an)

A ☐ $\sqrt{3 \cdot x^2 \cdot y}$
B ☐ $y \cdot \sqrt{x^3}$
C ☐ $-3 \cdot x^2$
D ☐ $3 \cdot x^3 \cdot \sqrt{y}$
E ☐ $3 \cdot y \cdot x^3$
F ☐ $3 \cdot \sqrt[3]{x \cdot y}$

Aufgabe 5 (10 Punkte). Herr Sorgsam beschloss bei der Geburt seiner Enkeltochter, die am Neujahrstag des Jahres 2020 das Licht der Welt erblickte, für diese ein Sparkonto einzurichten und fortan jeweils am Jahresanfang 1.000 € einzuzahlen.

(Geben Sie nachfolgend Ihre Ergebnisse auf zwei Stellen hinter dem Komma genau an. Für das Runden ist wichtig zu wissen: Eine 0 bis 4 wird abgerundet, eine 5 bis 9 aufgerundet)

(a) Über welchen Betrag kann sich die Enkelin an ihrem 18ten Geburtstag freuen, wenn ein konstanter Zinssatz von 5 % unterstellt wird?
Sie kann sich über einen Betrag von ☐ € freuen.
(b) Wie viel Euro müsste der Großvater jährlich einzahlen, damit die Enkeltochter zu diesem Zeitpunkt über einen Betrag von 36.000 € verfügen kann?
Er müsste jährlich einen Betrag von ☐ € einzahlen.

Aufgabe 6 (6 Punkte). Die Kostenfunktion $K(x)$ beschreibt die Abhängigkeit der Kosten K von der Produktionsmenge x und sei gegeben als $K(x) = 2x - \frac{3}{2} + \frac{8}{x}$ mit $x > 0$.
(a) Bestimmen Sie die Elastizität $\varepsilon_{(x_{\min})}$ am Punkt der minimalsten Kosten $x_{\min}$.
Punktelastizität $\varepsilon_{(x_{\min})} = $ ☐
(b) Ist die Funktion $K_{(x)}$ bei Produktionsmengen oberhalb des $x_{\min}$-Wertes elastisch oder unelastisch?
(Kreuzen Sie die richtige Antwort an)
☐ Elastisch   ☐ Unelastisch

Aufgabe 7 (8 Punkte). Für welches a gilt

$$\int_{20}^{a} \left(\frac{1}{4}x - 4\right)^3 dx = 15?$$

$a = $ ☐

Aufgabe 8 (8 Punkte). Gesucht ist eine gebrochen rationale Funktion $y = f(x)$, dessen Verlauf untenstehend abgebildet ist.

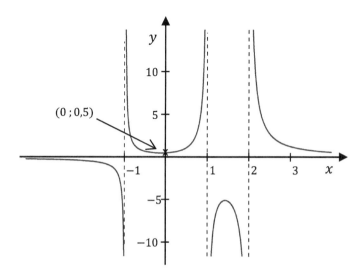

Stellen Sie aus den nachfolgenden Termen die abgebildete Funktion $f(x)$ zusammen.

(Beachten Sie bitte, dass Sie die Terme von links nach rechts so einfügen, dass die höchsten Potenzen immer links stehen)

Zähler $\boxed{x^2}$ $\boxed{x^3}$ $\boxed{x^4}$ $\boxed{x^1}$ $\boxed{x^0}$

Nenner $\boxed{2x^2}$ $\boxed{3x^1}$ $\boxed{1x^3}$ $\boxed{4x^2}$ $\boxed{2^1}$ $\boxed{2x^3}$ $\boxed{x^1}$ $\boxed{x^4}$

Die Funktion lautet

$$f_{(x)} = \frac{\Box + \Box}{\Box - \Box - \Box + \Box}$$

Aufgabe 9 (8 Punkte). Gegeben sei

$$f(x,y) = \ln\left(\frac{x^2+1}{y^2}\right) - \cos(x-y),$$

eine von den zwei Variablen x und y abhängige Funktion.
Welche der nachfolgenden partiellen Ableitungen sind korrekt? (bitte ankreuzen)

A $\Box$ $\frac{\partial f(x,y)}{\partial x} = \frac{2xy^2}{x^2+1} - \sin(x-y)$

B $\Box$ $\frac{\partial f(x,y)}{\partial x} = \frac{2xy}{x^2+1} + \sin(x-y)$

C $\Box$ $\frac{\partial f(x,y)}{\partial x} = \frac{2x}{x^2+1} + \sin(x-y)$

D $\Box$ $\frac{\partial f(x,y)}{\partial y} = -\left(\frac{2}{y} + \sin(x-y)\right)$

E $\Box$ $\frac{\partial f(x,y)}{\partial y} = -\frac{2}{y} + \sin(x-y)$

F $\Box$ $\frac{\partial^2 f(x,y)}{\partial x \partial y} = 2 - \cos(x-y)$

G $\Box$ $\frac{\partial^2 f(x,y)}{\partial y \partial x} = -\cos(x-y)$

H $\Box$ $\frac{\partial^2 f(x,y)}{\partial y \partial x} = -\cos(x+y)$

Aufgabe 10 (14 Punkte). Bestimmen Sie zu der Matrix

$$A = \begin{pmatrix} 1 & 4 & -9 \\ 2 & 9 & -16 \\ 1 & 3 & -12 \end{pmatrix}$$

die zugehörige inverse Matrix A^{-1} sowie das Produkt aus A^{-1} und A.

Die Matrix A^{-1} lautet

$$\begin{pmatrix} \Box & \Box & \Box \\ \Box & \Box & \Box \end{pmatrix}.$$

Das Produkt der Matrizen A^{-1} und A lautet

$$\begin{pmatrix} \Box & \Box & \Box \\ \Box & \Box & \Box \end{pmatrix}.$$

Aufgabe 11 (9 Punkte). Gegeben sind die beiden Matrizen A und B sowie der Vektor $\vec{c}$ wie folgt:

$$A = \begin{pmatrix} 3 & 1 & 2 \\ 2 & 3 & 4 \end{pmatrix} \quad B = \begin{pmatrix} 3 & 1 \\ 0 & 3 \\ 1 & 2 \end{pmatrix} \quad \vec{c}^T = \begin{pmatrix} 3 & 2 & 5 \end{pmatrix}$$

Welche der folgenden Aussagen sind richtig und welche der Aussagen sind falsch? (bitte ankreuzen)

(a) $(A \cdot B) = B^{-1} \cdot A^{-1}$ ☐ wahr ☐ falsch
(b) $\det A = 2$ und $\det B = 3$ ☐ wahr ☐ falsch
(c) Vektor $A \cdot \vec{c}$ und $(\vec{c}^T \cdot B)^T$ sind linear unabhängig ☐ wahr ☐ falsch
(d) $\vec{c} \cdot B$ ist eine (2×3)-Matrix ☐ wahr ☐ falsch
(e) $A \cdot \vec{c} = \begin{pmatrix} 21 \\ 31 \end{pmatrix}$ ☐ wahr ☐ falsch
(f) Betrag des Vektors $\vec{c}$ ist $\sqrt{38}$ ☐ wahr ☐ falsch

Aufgabe 12 (12 Punkte). Aus Rohstoffmengen werden entsprechend der Bedarfsmatrix A Endprodukte hergestellt. Die Rohstoffe und Endprodukte sind als $\vec{r}$ und $\vec{e}$ gegeben, und die zugehörigen Preise der Endprodukte und die der Rohstoffe werden durch die Vektoren $\vec{p}_e$ respektive $\vec{p}_r$ repräsentiert. Gegeben seien folgende Matrizen und Vektoren:

$$A = \begin{pmatrix} 1 & 2 \\ 3 & 4 \\ 5 & 6 \end{pmatrix} \quad A^T = \begin{pmatrix} 1 & 3 & 5 \\ 2 & 4 & 6 \end{pmatrix} \quad \vec{e} = \begin{pmatrix} 10 \\ 20 \end{pmatrix} \quad \vec{e}^T = \begin{pmatrix} 10 & 20 \end{pmatrix}$$

$$\vec{p}_e = \begin{pmatrix} 40 \\ 50 \end{pmatrix} \quad \vec{p}_e^T = \begin{pmatrix} 40 & 50 \end{pmatrix} \quad \vec{p}_r = \begin{pmatrix} 2 \\ 3 \\ 4 \end{pmatrix} \quad \vec{p}_r^T = \begin{pmatrix} 2 & 3 & 4 \end{pmatrix}$$

Welche Faktoren (A , A^T , $\vec{e}$, $\vec{e}^T$, $\vec{p}_e$, $\vec{p}_e^T$, $\vec{p}_r$, $\vec{p}_r^T$) müssen sie miteinander multiplizieren, um die Kosten K, die dem produzierenden Unternehmen bei der Herstellung der Endprodukte e entstehen, zu berechnen, und wie hoch sind die Kosten?

(Ziehen Sie mit der Maus die entsprechenden Faktoren an die jeweils korrekte Position des Produktes)

Die Kosten berechnen sich durch $K(x) = \square \cdot \square \cdot \square$.

Die Kosten liegen bei $\square$ Geldeinheiten.

4 Lösungen und Lösungswege zu den Aufgaben

In den vorangegangenen Kapiteln wurden am Ende der jeweiligen Abschnitte zahlreiche Übungsaufgaben gestellt. Deren Lösungen und Lösungswege werden nun im Folgenden angegeben, wobei die Lösungen und Lösungswege entsprechend ihrer Aufgabennummer abschnittsweise den Kapiteln zugeordnet sind.

Zuvor sei an dieser Stelle an die Studierenden nachdrücklich der Hinweis erlaubt, dass sie die gestellten Aufgaben erst einmal selbst versuchen sollen zu lösen und nicht gleich bei den ersten Schwierigkeiten auf ihren Lösungswegen aufgeben sollen. Einen nachhaltigen Lernerfolg erzielen die Studierenden nämlich nicht, wenn sie immer gleich bei den Lösungen spicken, sondern sie sollen aus ihren Fehlern lernen. Denn wie sagte schon der Dichter Heinrich Christian Wilhelm Busch (*1832, †1908), durch Fehler wird man klug, und drum ist einer nicht genug.[1]

4.1 Lösungen zu den Aufgaben aus Kapitel 1

4.1.1 Lösungen zum Abschnitt 1.1 – Grundrechenarten, Zahlenmengen und Rechenregeln

Lösung zur Aufgabe 1.
(a) $4 \cdot x$
(b) $x - 16$
(c) $5 \cdot (x + 47)$
(d) $3 \cdot (7 - x)$
(e) $\frac{(x+18)}{2}$
(f) $3 \cdot 7 - x$

Lösung zur Aufgabe 2.
(a) $9 + (24 + 56) = 89$
(b) $2 \cdot (4 + 2) + 48 = 60$
(c) $24 - \frac{184}{8} = 24 - 23 = 1$
(d) $(82 - 22) \cdot (12 + 18) = 60 \cdot 30 = 1800$

Lösung zur Aufgabe 3.
(a) 439
(b) 400
(c) 4,51
(d) 196,7

---

[1] Vgl. https://www.loquenz.de/tag/wilhelm-busch-zitat/, Abruf 12.09.2019.

(e) 19700
(f) 0,63

Lösung zur Aufgabe 4.
(a) falsch
(b) richtig
(c) richtig
(d) falsch
(e) falsch
(f) falsch

Lösung zur Aufgabe 5.
(a)
$$(8-2-7)\cdot(3-2-6)\cdot(-3+4) = (-1)\cdot(-5)\cdot 1$$
$$= (-1)\cdot(-1)\cdot 5\cdot 1 = 1\cdot 5\cdot 1 = 5$$

(b)
$$(((3-4)\cdot 5)-3)\cdot(-2) = (((-1)\cdot 5)-3)\cdot(-2)$$
$$= ((-5)-3)\cdot(-2) = (-5-3)\cdot(-2)$$
$$= (-8)\cdot(-2) = (-1)\cdot 8\cdot(-1)\cdot 2$$
$$= (-1)\cdot(-1)\cdot 8\cdot 2 = 1\cdot 16 = 16$$

Lösung zur Aufgabe 6.
(a) $9 + 7 - 12 \div 4 = 9 + 7 - 3 = 13$
(b) $6 \div 2 \cdot 3 + 1 - 3 \cdot 3 + 1 = 9 + 1 = 10$
(c) $(-6) \div (-3) - (-8) = 2 - (-8) = 2 + 8 = 10$
(d) $\frac{3}{4} + (3+4)\cdot\frac{1}{28} = \frac{3}{4} + \frac{7}{28} = \frac{3}{4} + \frac{1}{4} = 1$

Lösung zur Aufgabe 7. Wenn die Variable x dem Wert 8 entspricht, ergeben sich die Variablen a bis f in den sechs angegebenen Gleichungen wie folgt:
(a) $8 - 3 = a \Longrightarrow a = 5$
(b) $b + 8 = 13 \Longrightarrow b = 13 - 8 = 5$
(c) $3 \cdot c \cdot 8 = 12 \Longrightarrow c = \frac{12}{3\cdot 8} = \frac{12}{24} = \frac{1}{2}$
(d) $2\cdot(8-d) = 10 \Longrightarrow 16 - 2d = 10 \Longrightarrow 2d = 6 \Longrightarrow d = 3$
(e) $\frac{2\cdot 8}{4} - 2 = e \Longrightarrow \frac{16}{4} - 2 = e \Longrightarrow e = 2$
(f) $\frac{8}{2} + f = 20 \Longrightarrow 4 + f = 20 \Longrightarrow f = 16$

Lösung zur Aufgabe 8.
(a) $x + 7 + 5x + x - 17 = (1 + 5 + 1)\cdot x - 10 = 7x - 10$
(b) $5r + 7r + r + 3 + 21r = (5 + 7 + 1 + 21)\cdot r + 3 = 34r + 3$

(c) $17x - 11x + xy - 2xy = (17 - 11) \cdot x + (1 - 2) \cdot xy = 6x - xy = (6 - y) \cdot x$
(d) $10abc - 8abc + ab - 6bc = 2abc + ab - 6bc = (2ac + a - 6c) \cdot b$

Lösung zur Aufgabe 9.
(a) $(36 - 19)xy - 8xz = 17xy + (-8xz)$
(b) $(42 - 8)cde + 7de = 34cde + 7de$

Lösung zur Aufgabe 10.
(a) $(18 - 11) \cdot (r + s) - 5 \cdot (-1) \cdot (r + s) = (18 - 11 + 5) \cdot (r + s) = 12 \cdot (r + s)$
(b) $12x - 12y - 12z + 4x - 4z - 4y = (12 + 4)x - (12 + 4)y - (12 + 4)z = 16(x - y - z)$

Lösung zur Aufgabe 11.

$$\begin{aligned} a(c + b) - c(b + a) + b(c - a) &= ac + ab - cb - ca + bc - ba \\ &= ac + ab - bc - ac + bc - ab \\ &= ab - ab + ac - ac + bc - bc = 0 \end{aligned}$$

Lösung zur Aufgabe 12.
(a)

$$\begin{aligned} (a + b)(a - c) - (a - b)(b + c) &= aa - ac + ab - bc - ab - ac + bb + bc \\ &= a^2 - ac + ab - bc - ab - ac + b^2 + bc \\ &= a^2 - 2ac + b^2 \end{aligned}$$

(b)

$$\begin{aligned} b - (a + 2 - (c + d - (3 - a)) + b) &= b - (a + 2 - (c + d - 3 + a) + b) \\ &= b - (a + 2 - c - d + 3 - a + b) \\ &= b - a - 2 + c + d - 3 + a - b \\ &= -5 + c + d = c + d - 5 \end{aligned}$$

Lösung zur Aufgabe 13.
(a)

$$\begin{aligned} 8x - x + ((3x - 2y) - (5x + 3y)) - (-(-x + y)) &= 7x + (3x - 2y - 5x - 3y) - (x - y) \\ &= 7x + (-2x - 5y) - x + y \\ &= 7x - 2x - 5y - x + y \\ &= 4x - 4y \\ &= 4(x - y) \end{aligned}$$

(b) Das Ergebnis lautet $4(a - b)$, denn der zu vereinfachende Term ist mit dem vorangegangenen Term in Teilaufgabe (a) identisch, sofern die Variablen x durch a und y durch b getauscht werden.

Lösung zur Aufgabe 14.
(a) $-4 \cdot (-2a + \frac{3}{2}b) = (-4) \cdot (-2) \cdot a + (-4) \cdot (\frac{3}{2}b) = 8a - 6b$
(b) $(2a - 3b) \cdot (4x + 5y) = 8ax + 10ay - 12bx - 15by$

Lösung zur Aufgabe 15.
(a) $(2x + 3y) \cdot (x + 2a - 3b) = 2x^2 + 4ax - 6bx + 3xy + 6ay - 9by$
(b)
$$(x + y) \cdot (2x - 4y) - (3x + y) \cdot (2x - y)$$
$$= (2x^2 - 4xy + 2xy - 4y^2) - (6x^2 - 3xy + 2xy - y^2)$$
$$= 2x^2 - 2xy - 4y^2 - 6x^2 + xy + y^2$$
$$= -4x^2 - xy - 3y^2$$

4.1.2 Lösungen zum Abschnitt 1.2 – Brüche, Prozente und Promille

Lösung zur Aufgabe 1.
(a) Der linke Bruch $\frac{4}{3}$ wird mit der Zahl 3 zum gemeinsamen Nenner 9 erweitert, und so folgt für den Zähler des rechten Bruches, dass $a = 4 \cdot 3 = 12$ ist.
(b) Erweiterung des linken Bruches $\frac{4}{7}$ mit der Zahl 8 zeigt, dass der gemeinsame Nenner 56 ist. Für den gesuchten Zähler folgt dann $b = 4 \cdot 8 = 32$.
(c) Der gemeinsame Nenner ist 144, sofern der linke Bruch $\frac{3}{24}$ mit der Zahl 6 erweitert wird. Somit folgt für den Wert des gesuchten Zählers $c = 3 \cdot 6 = 18$.

Lösung zur Aufgabe 2. Die Brüche lassen sich umformen zu

$$\frac{25}{8} = 3\frac{1}{8} = 3\frac{3}{24}, \quad \frac{13}{2} = 6\frac{1}{2}, \quad 2\frac{1}{4}, \quad 3\frac{2}{3} = 3\frac{16}{24}, \quad 3\frac{5}{6} = 3\frac{20}{24}.$$

Daraus folgt für die Anordnung nach der Größe, dass

$$2\frac{1}{4} < \frac{25}{8} < 3\frac{2}{3} < 3\frac{5}{6} < \frac{13}{2}$$

ist. Des Weiteren lassen sich die Brüche kürzen, und so ergeben sich deren Dezimalzahlen wie folgt:

$$\frac{25}{8} = 3{,}125; \quad \frac{13}{2} = 6{,}5; \quad 2\frac{1}{4} = 2{,}25; \quad 3\frac{2}{3} = 3{,}66\overline{6} \quad \text{und} \quad 3\frac{5}{6} = 3{,}8\overline{33}.$$

Lösung zur Aufgabe 3.
(a) $\frac{7}{8} - \frac{3}{8} + 1\frac{5}{8} - \frac{9}{8} = \frac{7}{8} - \frac{3}{8} + \frac{13}{8} - \frac{9}{8} = \frac{7-3+13-9}{8} = \frac{8}{8} = 1$
(b) $\frac{7}{3} - \frac{5}{6} - \frac{11}{12} + \frac{1}{4} = \frac{7 \cdot 4}{3 \cdot 4} - \frac{5 \cdot 2}{6 \cdot 2} - \frac{11}{12} + \frac{1 \cdot 3}{4 \cdot 3} = \frac{28}{12} - \frac{10}{12} - \frac{11}{12} + \frac{3}{12} = \frac{10}{12} = \frac{5}{6}$

(c) $(\frac{4}{3} - \frac{3}{4} + \frac{1}{6} - \frac{9}{8}) \cdot (\frac{1}{2} + \frac{2}{3} + \frac{1}{6}) = (\frac{32-18+4-27}{24}) \cdot (\frac{3+4+1}{6}) = \frac{-9}{24} \cdot \frac{8}{6} = -\frac{1}{2}$

(d) $(\frac{1}{4} - \frac{1}{12} + \frac{5}{24} + \frac{5}{8}) \div (\frac{2}{9} - \frac{7}{18} + \frac{1}{3} + \frac{1}{6}) = (\frac{6-2+5+15}{24}) \div (\frac{4-7+6+3}{18}) = \frac{24}{24} \div \frac{6}{18} = 3$

Lösung zur Aufgabe 4.

(a) $\frac{12}{7} \cdot \frac{1}{2} = \frac{6}{7} \cdot 1 = \frac{6}{7}$

(b) $\frac{27-15}{3} \cdot \frac{4}{9-7} = \frac{12}{3} \cdot \frac{4}{2} = 4 \cdot 2 = 8$

Lösung zur Aufgabe 5. Hauptnenner der beiden Brüche ist $(x-2)(x+2) = x^2 - 4$, und so kann die Summe der Brüche wie folgt umgeformt werden:

$$\frac{x+3}{x^2-4} + \frac{x-3}{x-2} = \frac{x+3}{(x-2)(x+2)} + \frac{(x-3)(x+2)}{(x-2)(x+2)} = \frac{x+3+x^2-x-6}{(x-2)(x+2)}$$
$$= \frac{x^2-3}{(x-2)(x+2)} = \frac{x^2-3}{x^2-4}$$

Lösung zur Aufgabe 6.

$$\frac{1}{a} + \frac{2}{b} + \frac{1}{c} = \frac{bc}{abc} + \frac{2ac}{abc} + \frac{ab}{abc} = \frac{bc+2ac+ab}{abc}$$

Lösung zur Aufgabe 7.

(a) $\left(\frac{\frac{1}{2}-\frac{1}{3}}{\frac{1}{4}-\frac{1}{6}}\right) = \frac{\frac{3}{6}-\frac{2}{6}}{\frac{3}{12}-\frac{2}{12}} = \frac{\frac{1}{6}}{\frac{1}{12}} = \frac{1}{6} \cdot \frac{12}{1} = \frac{12}{6} = 2$

(b) $\frac{\frac{54}{60}}{\frac{3}{5}} = \frac{54}{60} \cdot \frac{5}{3} = \frac{18}{12} \cdot \frac{1}{1} = \frac{3}{2}$

Lösung zur Aufgabe 8.

(a) $\frac{m \cdot n}{x} \div (-m) = -\frac{m \cdot n}{x \cdot m} = -\frac{n}{x}$

(b) $\frac{x^3}{y+z} \div x = \frac{x^3}{(y+z) \cdot x} = \frac{x^2}{y+z}$

(c) $\frac{(r-s)^2}{3r} \div (r-s) = \frac{(r-s)^2}{3r \cdot (r-s)} = \frac{r-s}{3r}$

(d) $\frac{2a}{b+c} \div \frac{4a}{3(b+c)} = \frac{2a}{(b+c)} \cdot \frac{3(b+c)}{4a} = \frac{6}{4} = \frac{3}{2}$

(e) $\frac{4(k+m)}{n \cdot p} \div \left(-\frac{2(k+m)}{n^2}\right) = -\frac{4(k+m)}{n \cdot p} \cdot \frac{n^2}{2(k+m)} = -\frac{4n}{2p} = -\frac{2n}{p}$

(f) $\frac{2r-s}{b} \div \frac{6rx-3sx}{x^2} = \frac{2r-s}{b} \cdot \frac{x^2}{6rx-3sx} = \frac{(2r-s)}{b} \cdot \frac{x^2}{3x(2r-s)} = \frac{x}{3b}$

Lösung zur Aufgabe 9.

(a) $\frac{3}{bz} + \frac{13}{bz} = \frac{3+13}{bz} = \frac{16}{bz}$

(b) $\frac{-15}{c-a} - \frac{11}{a-c} = \frac{15}{a-c} - \frac{11}{a-c} = \frac{15-11}{a-c} = \frac{4}{a-c}$

(c) $\frac{8}{3b} + \frac{2}{b} - \frac{2}{3b} = \frac{8}{3b} + \frac{2 \cdot 3}{3b} - \frac{2}{3b} = \frac{8+6-2}{3b} = \frac{12}{3b} = \frac{4}{b}$

(d) $\frac{6}{3x} + \frac{4}{x} = \frac{6}{3x} + \frac{4 \cdot 3}{3x} = \frac{6+12}{3x} = \frac{18}{3x} = \frac{6}{x}$

Lösung zur Aufgabe 10.
(a) $(a^4 - 3a) \div \frac{a^3-3}{b^2} = a \cdot (a^3 - 3) \cdot \frac{b^2}{(a^3-3)} = a \cdot b^2$
(b) $\frac{(a-x) \cdot x}{2x-ax} \div \frac{a-x}{(2-a) \cdot x} = \frac{(a-x) \cdot x}{x \cdot (2-a)} \cdot \frac{(2-a) \cdot x}{(a-x)} = x$

Lösung zur Aufgabe 11. Die Preissenkung um $14\frac{2}{7}\%$ kann auch als eine $\frac{100}{7}\%$-ige Preissenkung formuliert werden. Da der Laptop nach der Preissenkung 1.200 € kostet, entspricht dieser Verkaufspreis genau $85\frac{5}{7}\%$ des Preises vor der Preissenkung, denn $100 - \frac{100}{7} = \frac{600}{7} = 85\frac{5}{7}$.

Demzufolge beträgt die Preissenkung

$$1.200 \cdot \frac{14\frac{2}{7}\%}{85\frac{5}{7}\%} \,€ = 1.200 \cdot \frac{100}{600} \,€ = 200\,€.$$

Lösung zur Aufgabe 12. Der Fahrkartenpreis von 29,00 € entspricht also 119 % des Nettopreises. Daraus folgt, dass im Fahrkartenpreis 4,63 € Mehrwertsteuer enthalten sind, denn es gilt:

$$\frac{29{,}00\,€}{1{,}19} \approx 24{,}37\,€ \quad \Longrightarrow \quad 29{,}00\,€ - 24{,}37\,€ = 4{,}63\,€$$

Lösung zur Aufgabe 13. Wenn von 135 Studierenden 45 die Mathematikklausur bestanden haben, dann sind (leider) 90 Studierende in dieser Klausur durchgefallen. Dementsprechend liegt die Durchfallquote bei knapp 67 % ($\hat{=} \frac{90}{135} = \frac{2}{3} \approx 0{,}67$).

Lösung zur Aufgabe 14. Da 25 % Abgeltungssteuer und 1,375 % Solidaritätszuschlag an den Staat abgeführt werden müssen, liegt die gesamte Steuerbelastung bei 25 % + 1,375 % = 26,375 %. Von dem gesamten ausgeschütteten Dividendenbetrag in Höhe von $100 \cdot 1{,}20\,€ = 120\,€$ zahlt der Aktionär also $120\,€ \cdot 26{,}375\,\% = 120\,€ \cdot \frac{26{,}375}{100} = 31{,}65\,€$ an den Staat, so dass auf seinem Konto nur noch 120 € – 31,65 € = 88,35 € gutgeschrieben werden.

Lösung zur Aufgabe 15. Bei einer 0,5 Promille-Grenze (0,5 ‰) dürfen im Blut des Kraftfahrers maximal 3 ml Alkohol zirkulieren. Dies ergibt sich aus der Beziehung $\frac{0{,}5}{1000} \cdot 6\,l = 0{,}003\,l$.

4.1.3 Lösungen zum Abschnitt 1.3 – Potenzen, Wurzeln und Logarithmen

Lösung zur Aufgabe 1. Die aufgeführten Zahlen lassen sich auch als $64 = 2^6$, $125 = 5^3$, $243 = 3^5$, $512 = 2^9$, $0{,}01 = 0{,}1^2$, $0{,}027 = 0{,}3^3$ und $1{,}44 = 1{,}2^2$ schreiben.

Lösung zur Aufgabe 2.
(a) $a^4 \cdot a^5 = a^{4+5} = a^9$
(b) $a^7 \cdot a^0 = a^7 \cdot 1 = a^7$

(c) $a^b \cdot a^b = a^{b+b} = a^{2b}$
(d) $(c \cdot d)^4 \cdot (c \cdot d)^2 = (c \cdot d)^{4+2} = (c \cdot d)^6$
(e) $c \cdot d^4 \cdot c \cdot d^2 = c^{1+1} \cdot d^{4+2} = c^2 \cdot d^6$
(f) $x^3 \cdot x^2 \cdot y^4 = x^{3+2} \cdot y^4 = x^5 \cdot y^4$

Lösung zur Aufgabe 3.
(a) $\frac{c^{21}}{c^{15}} = c^{21-15} = c^6$
(b) $\frac{d^5}{d^4} = d^{5-4} = d^1 = d$
(c) $\frac{(cd)^6}{(cd)^4} = (cd)^{6-4} = (cd)^2$
(d) $\frac{a^5 \cdot b^3 \cdot c^7}{a^2 \cdot b \cdot c^4} = a^{5-2} \cdot b^{3-1} \cdot c^{7-4} = a^3 \cdot b^2 \cdot c^3$

Lösung zur Aufgabe 4.
(a) $a^{-4} = \frac{1}{a^4}$
(b) $-a^{-6} = -\frac{1}{a^6}$
(c) $m^{-y} = \frac{1}{m^y}$
(d) $x^2 = \frac{1}{\frac{1}{x^2}} = \frac{1}{x^{-2}}$

Lösung zur Aufgabe 5.
(a) $(c^3)^4 = c^{3 \cdot 4} = c^{12}$
(b) $(s \cdot t^2)^5 = s^{1 \cdot 5} \cdot t^{2 \cdot 5} = s^5 \cdot t^{10}$
(c) $(x^7)^{-4} = x^{7 \cdot (-4)} = x^{-28} = \frac{1}{x^{28}}$
(d) $(-y^{-2})^{-3} = ((-1) \cdot y^{-2})^{-3} = (-1)^{-3} \cdot y^{(-2) \cdot (-3)} = (-1) \cdot y^6 = -y^6$
(e) $(-s \cdot t^2)^5 = ((-1) \cdot s \cdot t^2)^5 = (-1)^{1 \cdot 5} \cdot s^{1 \cdot 5} \cdot t^{2 \cdot 5} = (-1) \cdot s^5 \cdot t^{10} = -s^5 \cdot t^{10}$
(f) $(-y^{-2})^{-4} = ((-1) \cdot y^{-2})^{-4} = (-1)^{-4} \cdot y^{(-2) \cdot (-4)} = (+1) \cdot y^8 = y^8$

Lösung zur Aufgabe 6.
(a) $\frac{(15x)^2}{5 \cdot x^{-3}} = \frac{15^2 \cdot x^2}{5 \cdot x^{-3}} = \frac{225}{5} \cdot x^{2-(-3)} = 45 \cdot x^5$
(b)
$$\left(\frac{x^2}{a^3}\right)^{-1} \cdot \left(\frac{3a^2}{4x^3}\right)^{-2} \cdot 5xa^{-4} = \left(\frac{a^3}{x^2}\right)^1 \cdot \left(\frac{4x^3}{3a^2}\right)^2 \cdot \frac{5x}{a^4}$$
$$= \frac{a^3 \cdot 4^2 \cdot x^6 \cdot 5 \cdot x}{x^2 \cdot 3^2 \cdot a^4 \cdot a^4} = \frac{80}{9} \cdot \frac{x^5}{a^5} = \frac{80}{9} \cdot \left(\frac{x}{a}\right)^5$$

Lösung zur Aufgabe 7.
(a) $\frac{1}{\sqrt[7]{m^4}} = \frac{1}{m^{\frac{4}{7}}} = m^{-\frac{4}{7}}$
(b) $\frac{1}{\sqrt[3]{b^{15}}} = \frac{1}{b^{\frac{15}{3}}} = \frac{1}{b^5} = b^{-5}$
(c) $\frac{d}{\sqrt[4]{d}} = \frac{d^1}{d^{\frac{1}{4}}} = d^{1-\frac{1}{4}} = d^{\frac{3}{4}}$
(d) $\frac{1}{(\sqrt[3]{8})^2} = \frac{1}{(\sqrt[3]{2^3})^2} = \frac{1}{(2^{\frac{3}{3}})^2} = \frac{1}{2^2} = 2^{-2}$

Lösung zur Aufgabe 8.

(a) $\sqrt{3} \cdot \sqrt{12} = \sqrt{3} \cdot \sqrt{3 \cdot 4} = \sqrt{3} \cdot \sqrt{3} \cdot \sqrt{4} = 3 \cdot \sqrt{4} = 3 \cdot 2 = 6$

(b) $\sqrt{\frac{5x}{6}} \div \sqrt{\frac{20}{6x}} = \sqrt{\frac{5x}{6} \div \frac{20}{6x}} = \sqrt{\frac{5x}{6} \cdot \frac{6x}{20}} = \sqrt{\frac{x^2}{4}} = \frac{\sqrt{x^2}}{\sqrt{4}} = \frac{x}{2} = \frac{1}{2}x$

(c) $\sqrt{m} \div \sqrt[5]{m} = \frac{\sqrt{m}}{\sqrt[5]{m}} = \frac{m^{\frac{1}{2}}}{m^{\frac{1}{5}}} = m^{\frac{1}{2} - \frac{1}{5}} = m^{\frac{5}{10} - \frac{2}{10}} = m^{\frac{3}{10}} = \sqrt[10]{m^3}$

(d) $\sqrt[2n]{x^n} \cdot \sqrt{x^3} = x^{\frac{n}{2n}} \cdot x^{\frac{3}{2}} = x^{\frac{1}{2} + \frac{3}{2}} = x^2$

Lösung zur Aufgabe 9.

(a) $x \cdot \sqrt[6]{\frac{a^3}{x}} = x \cdot (\frac{a^3}{x})^{\frac{1}{6}} = x^{1-\frac{1}{6}} \cdot a^{\frac{3}{6}} = x^{\frac{5}{6}} \cdot a^{\frac{1}{2}}$

(b) $6 \cdot \sqrt{\frac{3x}{36}} = 6 \cdot \frac{\sqrt{3x}}{\sqrt{36}} = 6 \cdot \frac{\sqrt{3x}}{6} = \sqrt{3x} = (3x)^{\frac{1}{2}}$

(c) $\sqrt[3]{\sqrt[6]{a^9}} = \sqrt[3]{a^{\frac{9}{6}}} = \sqrt[3]{a^{\frac{3}{2}}} = a^{\frac{3}{2} \cdot \frac{1}{3}} = a^{\frac{1}{2}}$

(d) $\sqrt{\sqrt[4]{x}} = \sqrt{x^{\frac{1}{4}}} = x^{\frac{1}{4} \cdot \frac{1}{2}} = x^{\frac{1}{8}}$

Lösung zur Aufgabe 10.

(a) $5 \cdot \sqrt[3]{2} + 8 \cdot \sqrt[5]{2} + 2 \cdot \sqrt[3]{2} = (5+2) \cdot \sqrt[3]{2} + 8 \cdot \sqrt[5]{2} = 7 \cdot \sqrt[3]{2} + 8 \cdot \sqrt[5]{2}$

(b)
$$6 \cdot \sqrt{18} + 2 \cdot \sqrt{8} + \sqrt{72} = 6 \cdot \sqrt{9 \cdot 2} + 2 \cdot \sqrt{4 \cdot 2} + \sqrt{36 \cdot 2}$$
$$= 6 \cdot 3 \cdot \sqrt{2} + 2 \cdot 2 \cdot \sqrt{2} + 6 \cdot \sqrt{2} = 28 \cdot \sqrt{2}$$

(c)
$$3 \cdot \sqrt{96x} - 2 \cdot \sqrt{150x} = 3 \cdot \sqrt{16 \cdot 6x} - 2 \cdot \sqrt{25 \cdot 6x}$$
$$= 3 \cdot 4 \cdot \sqrt{6x} - 2 \cdot 5 \cdot \sqrt{6x} = 2 \cdot \sqrt{6x}$$

(d) $\sqrt{\frac{1}{2}} \cdot \sqrt{2} = \sqrt{\frac{1}{2} \cdot 2} = \sqrt{1} = 1$

Lösung zur Aufgabe 11.

(a) $x = \log_3 27 \implies 3^x = 27 \implies x = 3$

(b) $x = \log_{\frac{1}{3}} 27 \implies (\frac{1}{3})^x = 27 \implies x = -3$

(c) $\log_5 x = 2 \implies 5^2 = x \implies x = 25$

(d) $\log_{\frac{1}{5}} x = -2 \implies (\frac{1}{5})^{-2} = x \implies 5^2 = x \implies x = 25$

Lösung zur Aufgabe 12.

(a) $\log_a(\frac{1}{a}) = x \implies a^x = \frac{1}{a} \implies (\frac{1}{a})^{-x} = \frac{1}{a} \implies x = -1$

(b) $\log_a 1 = x \implies a^x = 1 \implies x = 0$

(c) $\log_{\frac{1}{a}} a^2 = x \implies (\frac{1}{a})^x = a^2 \implies a^{-x} = a^2 \implies x = -2$

(d) $\log_a(a^3)^5 = x \implies a^x = (a^3)^5 \implies a^x = a^{15} \implies x = 15$

Lösung zur Aufgabe 13.
(a)
$$\log_a\left(\frac{5b^2}{c^3}\right) = \log_a(5b^2) - \log_a c^3$$
$$= \log_a 5 + \log_a b^2 - \log_a c^3$$
$$= \log_a 5 + 2 \cdot \log_a b - 3 \cdot \log_a c$$

(b)
$$\log_a\left(\frac{m^2 \cdot \sqrt[3]{m^2 \sqrt{n^3}}}{m \cdot \sqrt[6]{n}}\right) = \log_a\left(\frac{m^2 \cdot \sqrt[3]{m^2 \cdot n^{\frac{3}{2}}}}{m \cdot n^{\frac{1}{6}}}\right) = \log_a\left(\frac{m^2 \cdot m^{\frac{2}{3}} \cdot n^{\frac{1}{2}}}{m \cdot n^{\frac{1}{6}}}\right)$$
$$= \log_a(m^{2+\frac{2}{3}-1} \cdot n^{\frac{1}{2}-\frac{1}{6}}) = \log_a(m^{\frac{5}{3}} \cdot n^{\frac{1}{3}})$$
$$= \log_a m^{\frac{5}{3}} + \log_a n^{\frac{1}{3}} = \frac{5}{3} \cdot \log_a m + \frac{1}{3} \cdot \log_a n$$

Lösung zur Aufgabe 14. Unter Hinzuziehung der Zinseszinsformel $K_n = K_0 \cdot q^n$ mit den Variablen K_n für das Endkapital, K_0 für das Anfangskapital, dem Zinsfaktor q und der Laufzeit n und den angegebenen Werten $K_n = 1.000.000 = 10^6$, $K_0 = 100.000 = 10^5$ und $q = 1{,}08$ berechnet sich die Laufzeit n wie folgt:

$$K_n = K_0 \cdot q^n \implies \frac{K_n}{K_0} = q^n \implies \log\left(\frac{K_n}{K_0}\right) = \log q^n = n \cdot \log q$$
$$\implies n = \frac{\log(\frac{K_n}{K_0})}{\log q}$$
$$\implies n = \frac{\log_{10}(\frac{10^6}{10^5})}{\log_{10} 1{,}08} = \frac{\log_{10} 10}{\log_{10} 1{,}08} = \frac{1}{\log_{10} 1{,}08} \approx 29{,}92$$

Sein Erbe ist somit nach rund 30 Jahren auf eine Million Euro angewachsen.

Lösung zur Aufgabe 15. Mit den Werten $K_n = 100.000 = 10^5$, $K_0 = 100 = 10^2$ und $q = 1{,}10$ berechnet sich n wie folgt:

$$n = \frac{\log(\frac{K_n}{K_0})}{\log q} = \frac{\log_{10} K_n - \log_{10} K_0}{\log_{10} q} = \frac{\log_{10} 10^5 - \log_{10} 10^2}{\log_{10} 1{,}1}$$
$$= \frac{5 - 2}{\log_{10} 1{,}1} = \frac{3}{\log_{10} 1{,}1} \approx 72{,}48$$

Das Kapital ist also nach knapp 72 Jahren und 6 Monaten auf 100.000 € angewachsen.

4.1.4 Lösungen zum Abschnitt 1.4 – Gleichungen und Ungleichungen

Lösung zur Aufgabe 1.
(a) $\frac{1}{4}x + 2 = 6 \implies \frac{1}{4}x = 4 \implies x = 16$
(b) $\sqrt{x} = 12 \implies (\sqrt{x})^2 = 12^2 \implies x = 144$

Lösung zur Aufgabe 2.
(a) $\sqrt{(3-x)} = 2 \implies 3 - x = 2^2 = 4 \implies x = 3 - 4 = -1$
(b) $3x - 9x^2 = 0 \implies x(3 - 9x) = 0 \implies x = 0 \lor x = \frac{1}{3}$

Lösung zur Aufgabe 3.
(a)
$$\frac{\sqrt{4+x} - 12}{9} + 1 = 0 \implies \sqrt{4+x} - 12 + 9 = 0$$
$$\implies \sqrt{4+x} = 3$$
$$\implies 4 + x = 3^2 = 9$$
$$\implies x = 9 - 4 \implies x = 5$$

(b)
$$x + 5 = \frac{8 + 5\sqrt{x}}{\sqrt{x}} \implies x\sqrt{x} + 5\sqrt{x} = 8 + 5\sqrt{x} \implies x\sqrt{x} = 8$$
$$\implies (\sqrt{x})^3 = 8 \implies x^{\frac{3}{2}} = 8$$
$$\implies x = 8^{\frac{2}{3}} = \sqrt[3]{8^2} = \sqrt[3]{64} = \sqrt[3]{4^3} \implies x = 4$$

Lösung zur Aufgabe 4.
(a)
$$\log_2(x - 3) = 4 \implies (x - 3) = 2^4 \implies x - 3 = 16 \implies x = 19$$

(b)
$$1{,}04^{3x+5} = 3 \implies (3x + 5) \cdot \ln 1{,}04 = \ln 3 \implies 3x + 5 = \frac{\ln 3}{\ln 1{,}04}$$
$$\implies 3x = \frac{\ln 3}{\ln 1{,}04} - 5 \implies x = \frac{1}{3} \cdot \left(\frac{\ln 3}{\ln 1{,}04} - 5 \right) \approx 7{,}67$$

Lösung zur Aufgabe 5.
(a) $3^{x-1} = 3^{4x-5} \implies x - 1 = 4x - 5 \implies -3x = -4 \implies x = \frac{4}{3}$
(b) $3^{\frac{4}{x}} = 3^x \implies \frac{4}{x} = x \implies x^2 = 4 \implies x = \pm\sqrt{4} \implies x = \pm 2$

(c)
$$2^{2x+1} + 4^{x-1} = 2304 \implies 2^{2x+1} + 2^{2(x-1)} = 2304$$
$$\implies 2^{2x+1} + 2^{2x-2} = 2304$$
$$\implies 2^{2x} \cdot 2^1 + 2^{2x} \cdot 2^{-2} = 2304$$
$$\implies 2^{2x} \cdot \left(2 + \frac{1}{4}\right) = 2304$$
$$\implies 2^{2x} = 2304 \cdot \frac{4}{9} = 1024$$
$$\implies 2x = \frac{\ln 1024}{\ln 2} \implies x = 5$$

(d)
$$9^{x-3} - 3^{2x-3} = 3^{2x-7} - 79 \implies 3^{2x-6} - 3^{2x-3} - 3^{2x-7} = -79$$
$$\implies 3^{2x} \cdot (3^{-6} - 3^{-3} - 3^{-7}) = -79$$
$$\implies 3^{2x} \cdot (3^{-3} \cdot (3^{-3} - 1 - 3^{-4})) = -79$$
$$\implies 3^{2x} \cdot \left(\frac{1}{27} - 1 - \frac{1}{81}\right) = -79 \cdot 27 = -2133$$
$$\implies 3^{2x} \cdot \left(\frac{3 - 81 - 1}{81}\right) = 3^{2x} \cdot \left(-\frac{79}{81}\right) = -2133$$
$$\implies 3^{2x} = 2187$$
$$\implies x = \frac{1}{2} \cdot \frac{\ln 2187}{\ln 3} = \frac{7}{2} = 3{,}5$$

Lösung zur Aufgabe 6.

(a)
$$0{,}2 - 1{,}5x \geq -0{,}7x + 3{,}4 \implies -1{,}5x + 0{,}7x \geq 3{,}4 - 0{,}2$$
$$\implies -0{,}8x \geq 3{,}2$$
$$\implies x \leq -\frac{3{,}2}{0{,}8} = -4$$

(b)
$$\frac{4x+5}{5} - \frac{x-10}{3} \geq \frac{(-2-3x)}{2} - \frac{(-(2+5x))}{4} \quad \text{(Hauptnenner ist 60)}$$
$$\implies (4x+5) \cdot 12 - (x-10) \cdot 20 \geq (-2-3x) \cdot 30 + (2+5x) \cdot 15$$
$$\implies 48x + 60 - 20x + 200 \geq -60 - 90x + 30 + 75x$$
$$\implies 28x + 260 \geq -30 - 15x$$
$$\implies 43x \geq -290 \implies x \geq -\frac{290}{43}$$

Lösung zur Aufgabe 7.

$$3a + \frac{3}{4} = \frac{5}{2}a + \frac{11}{4} \implies 3a - \frac{5}{2}a = \frac{11}{4} - \frac{3}{4} \implies \frac{6}{2}a - \frac{5}{2}a = \frac{8}{4} = 2$$
$$\implies \frac{1}{2}a = 2 \implies a = 4$$

Lösung zur Aufgabe 8.

(a)

$$\frac{4}{x} + \frac{8}{3} = \frac{46 - 2x}{3x} - \frac{1}{2x} \quad \text{(Hauptnenner ist } 6x\text{)}$$
$$\implies \frac{4 \cdot 6}{6x} + \frac{8 \cdot 2x}{6x} = \frac{(46 - 2x) \cdot 2}{6x} - \frac{1 \cdot 3}{6x} \implies \frac{24}{6x} + \frac{16x}{6x} = \frac{92 - 4x}{6x} - \frac{3}{6x}$$
$$\implies 24 + 16x = 92 - 4x - 3 \implies 20x = 89 - 24$$
$$\implies 20x = 65 \implies x = \frac{65}{20} = \frac{13}{4}$$

(b)

$$\frac{9(x + 1)}{4x - 32} - 6 + \frac{6(x + 1)}{2x - 16} = \frac{9(x - 1)}{2x - 16} \quad \text{(Hauptnenner ist } (4x - 32)\text{)}$$
$$\implies \frac{9(x + 1)}{4x - 32} - \frac{6(4x - 32)}{4x - 32} + \frac{12(x + 1)}{4x - 32} = \frac{18(x - 1)}{4x - 32}$$
$$\implies 9(x + 1) - 6(4x - 32) + 12(x + 1) = 18(x - 1)$$
$$\implies 9x + 9 - 24x + 192 + 12x + 12 = 18x - 18$$
$$\implies 9x - 24x + 12x - 18x = -18 - 9 - 192 - 12$$
$$\implies -21x = -231$$
$$\implies 21x = 231 \implies x = 11$$

Lösung zur Aufgabe 9.

$$\frac{a \cdot b \cdot x}{m} + \frac{a \cdot b \cdot x}{n} = \frac{m + n}{m \cdot n} \implies \frac{a \cdot b \cdot x \cdot n}{m \cdot n} + \frac{a \cdot b \cdot x \cdot m}{n \cdot m} = \frac{m + n}{m \cdot n}$$
$$\implies a \cdot b \cdot x \cdot (n + m) = m + n \implies a \cdot b \cdot x = 1$$
$$\implies x = \frac{1}{a \cdot b}$$

Lösung zur Aufgabe 10.

(a)

$$(a + b)^2 + (a - b)^2 = a^2 + 2ab + b^2 + a^2 - 2ab + b^2 = 2a^2 + 2b^2$$
$$= 2(a^2 + b^2)$$

(b)
$$(a-b)^2 - (-a-b)^2 = a^2 - 2ab + b^2 - (-1)^2(a+b)^2$$
$$= a^2 - 2ab + b^2 - a^2 - 2ab - b^2 = -4ab$$

(c)
$$a^2 - (a-b)^2 - b^2 = a^2 - b^2 - (a-b)^2 = (a+b)(a-b) - (a-b)^2$$
$$= (a+b)(a-b) - (a-b)(a-b) = (a-b)(a+b-a+b)$$
$$= 2b(a-b)$$

(d)
$$(a-b)^2 - a^2 - b^2 = a^2 - 2ab + b^2 - a^2 - b^2 = -2ab$$

Lösung zur Aufgabe 11.

$$33x - 3x^2 = 90 \implies -3x^2 + 33x - 90 = 0 \implies x^2 - 11x + 30 = 0$$
$$\implies x_{1,2} = \frac{11}{2} \pm \sqrt{\left(\frac{11}{2}\right)^2 - 30} = \frac{11}{2} \pm \sqrt{\frac{121}{4} - \frac{120}{4}}$$
$$\implies \frac{11}{2} \pm \sqrt{\frac{1}{4}} = \frac{11}{2} \pm \frac{1}{2} \implies x_1 = 6 \wedge x_2 = 5$$

Lösung zur Aufgabe 12.

$$3\sqrt{x} + 2 = 17 \implies 3\sqrt{x} = 15 \implies \sqrt{x} = 5 \implies x = 25$$

Lösung zur Aufgabe 13. Der Hauptnenner zu der angegebenen Bruchgleichung lautet $2(x-1)(3x-5) = (2x-2)(3x-5)$, und so kann die Gleichung zur Bestimmung von x wie folgt umgeformt werden:

$$\frac{3x-5}{2x-2} + \frac{2x-2}{3x-5} = \frac{5}{2} \implies \frac{(3x-5)(3x-5) + (2x-2)(2x-2)}{2(x-1)(3x-5)} = \frac{5(x-1)(3x-5)}{2(x-1)(3x-5)}$$
$$\implies (3x-5)^2 + (2x-2)^2 = 5(x-1)(3x-5)$$
$$\implies 9x^2 - 30x + 25 + 4x^2 - 8x + 4 = 15x^2 - 40x + 25$$
$$\implies 13x^2 - 38x + 29 = 15x^2 - 40x + 25$$
$$\implies 2x^2 - 2x - 4 = 0 \implies x^2 - x - 2 = 0$$
$$\implies x_{1,2} = +\frac{1}{2} \pm \sqrt{\frac{1}{4} + 2} = \frac{1}{2} \pm \sqrt{\frac{9}{4}} = \frac{1}{2} \pm \frac{3}{2}$$

Für die Variable x existieren somit zwei Lösungen, nämlich $x_1 = 2$ und $x_2 = -1$.

Lösung zur Aufgabe 14. Der Hauptnenner zu der Bruchgleichung ist $x\sqrt{x+5}$, und so lässt sich die Variable x wie folgt bestimmen:

$$\frac{1}{\sqrt{x+5}} = \frac{4}{x} \implies \frac{x}{x\sqrt{x+5}} = \frac{4\sqrt{x+5}}{x\sqrt{x+5}} \implies x = 4\sqrt{x+5}$$

$$\implies x^2 = 16(x+5) \implies x^2 - 16x - 80 = 0$$

$$\implies x_{1,2} = 8 \pm \sqrt{8^2 + 80} = 8 \pm \sqrt{144} = 8 \pm 12$$

Die Gleichung hat also zwei Lösungen, nämlich $x_1 = 20$ und $x_2 = -4$.

Lösung zur Aufgabe 15.

(a)

$$(\ln x)^2 - 7\ln x = -12$$

$$\implies (\ln x)^2 - 7\ln x + 12 = 0, \quad \text{und mit } y = \ln x$$

$$\implies y^2 - 7y + 12 = 0, \quad \text{und mit der } p,q - \text{Formel}$$

$$\implies y_{1,2} = +\frac{7}{2} \pm \sqrt{\frac{49}{4} - \frac{48}{4}} = \frac{7}{2} \pm \frac{1}{2}, \quad \text{also } y_1 = 3 \text{ und } y_2 = 4$$

$$\implies y_1 = 3 = \ln x_1 \quad \text{und} \quad y_2 = 4 = \ln x_2, \quad \text{also}$$

$$\implies x_1 = e^3 \quad \text{und} \quad x_2 = e^4$$

(b)

$$(\ln x)^2 + 27 = -\ln x^{12}$$

$$\implies (\ln x)^2 + \ln x^{12} + 27 = 0$$

$$\implies (\ln x)^2 + 12\ln x + 27 = 0, \quad \text{und mit } y = \ln x$$

$$\implies y^2 + 12y + 27 = 0, \quad \text{und mit der } p,q - \text{Formel}$$

$$\implies y_{1,2} = -\frac{12}{2} \pm \sqrt{\frac{144}{4} - \frac{108}{4}}, \quad \text{also } y_1 = -3 \text{ und } y_2 = -9$$

$$\implies y_1 = -3 = \ln x_1 \quad \text{und} \quad y_2 = -9 = \ln x_2, \quad \text{also}$$

$$\implies x_1 = e^{-3} \quad \text{und} \quad x_2 = e^{-9}$$

4.1.5 Lösungen zum Abschnitt 1.5 – Textaufgaben als mathematische Problemstellungen

Lösung zur Aufgabe 1. Wählt man für das Alter von Sarah die Variable S und für das Alter von Jan die Variable J, dann lassen sich die beiden gegebenen Informationen hinsichtlich der Alterszusammenhänge der Geschwister mit der Gleichung $S = J + 4$ (Sarah ist 4 Jahre älter als ihr Bruder Jan) und der Gleichung $S + 10 = 2J$ (In 10 Jahren ist sie doppelt so alt wie Jan heute) ausdrücken. Löst man die zweite Gleichung nach S auf und setzt diese dann in die erste Gleichung ein folgt $2J - 10 = J + 4$. Daraus folgt für $J = 14$ und entsprechend der ersten Gleichung $S = 18$.

Demzufolge ist Sarah heute 18 Jahre alt, und Jan ist 14 Jahre alt.

Lösung zur Aufgabe 2. Die Information, dass die Mutter M, der Vater V und der Sohn S in Bremen leben, ist zur Beantwortung der Frage nach dem Alter der Personen unwichtig. Wichtig sind dagegen die drei Information zu den Altersverhältnissen, die sich auch in den Gleichungen $M + V + S = 64$, $V = 5 + M$ und $S = M - 22$ widerspiegeln. Die Gleichungen S und V in die erste Gleichung eingesetzt ergibt $M + 5 + M + M - 22 = 64$. Daraus folgt, dass $M = 27$ ist, und somit sind $V = 32$ und $S = 5$.

Der Sohn ist demgemäß 5 Jahre, der Vater 32 Jahre und die Mutter 27 Jahre alt.

Lösung zur Aufgabe 3. Mit der Variablen x für das Alter des mittleren Bruders kann das Alter des jüngsten Bruders durch $x - 2$ und des ältesten Bruder durch $x + 3$ bestimmt werden. Da die drei Brüder in einem Jahr zusammen drei Jahre älter sind, folgt $x - 2 + x + x + 3 = 40 + 3$ und daraus dann $x = 14$.

Der jüngste Bruder ist demzufolge in einem Jahr 12 Jahre, der mittlere 14 Jahre und der älteste Bruder dann 17 Jahre alt.

Lösung zur Aufgabe 4. Wenn die beiden Freundinnen sich treffen, dann waren sie mit ihren Fahrädern gleich lang unterwegs. Da bekanntlich die Geschwindigkeit durch das Verhältnis von Weg und Zeit gegeben ist, folgt für die Zeit, dass diese sich durch das Verhältnis von Weg zu Geschwindigkeit bestimmt. Da Christa und Julia mit unterschiedlichen Geschwindigkeiten fahren, legen sie auch unterschiedliche Wegstrecken in gleichen Zeitabschnitten zurück. Wenn Christa einen Weg von der Länge x gefahren ist, hat Julia einen Weg von $14 - x$ zurückgelegt, da ihre Heimatorte genau 14 km voneinander entfernt liegen. Infolgedessen gilt für die Zeit, dass $\frac{x}{12} = \frac{(14-x)}{16}$ ist, und daraus folgt die Lösung $x = 6$.

Die beiden Freundinnen treffen sich 6 km von Christa's Heimatort entfernt, und sie sind dann jeweils eine halbe Stunde Fahrrad gefahren.

Lösung zur Aufgabe 5. Die beiden treffen sich, nachdem sie gleich lang unterwegs gewesen sind. In dieser Zeit hat der Onkel einen Weg von x km zurück gelegt, wobei die Nichte in dieser Zeit einen Weg von $(36 - x)$ km gefahren ist. Mit den unterschiedlichen Geschwindigkeiten der beiden folgt $\frac{x}{3} = \frac{36-x}{45}$ und damit ist $x = 2{,}25$.

Ergo ist der Onkel 2,25 km gelaufen, bis seine Nichte auf ihn trifft. Sie waren dann beide eine dreiviertel Stunde unterwegs.

Lösung zur Aufgabe 6. Das Bruttonationaleinkommen nimmt jährlich um den Faktor 1,05 zu, also in sechs Jahren um den Faktor $1{,}05^6$. Somit gilt $10 \cdot 1{,}05^6 \approx 13{,}4$. Demnach liegt das Bruttonationaleinkommen nach sechs Jahren bei ungefähr 13,4 Milliarden Euro.

Lösung zur Aufgabe 7. Das Unternehmen hat 75 % seiner Produktion im Ausland abgesetzt und 20 % der Produktion wurden im Inland verkauft ($\cong \frac{4}{5} \cdot (100 - 75)$). Demzufolge konnten 5 % der produzierten Güter nicht verkauft werden.

Lösung zur Aufgabe 8. Wenn zwei Reinigungskräfte zwei Stockwerke in gleicher Zeit putzen, dann putzt in dieser Zeit eine Reinigungskraft genau ein Stockwerk. Demzufolge putzen vier Kräfte auch vier Stockwerke in der gleichen Zeit. Die vier Reinigungskräfte brauchen also zwei Stunden für die Reinigung der vier Stockwerke.

Lösung zur Aufgabe 9. Die Grundaussage in der Aufgabe lautet, dass 15 Arbeiter zum Aufbau des Festzeltes neun Stunden benötigen. Die Tatsache, dass das Festzelt über 3800 Sitzplätze verfügt ist zur Beantwortung der Frage nicht von Belang; es wird nämlich nach der Aufbauzeit gefragt, wenn nur sechs Arbeiter zur Verfügung stehen. Als erstes muss man wissen, wie viel Gesamtarbeitszeit für den Zeltaufbau benötigt werden, und es ergeben sich bei 15 Arbeitern insgesamt $15 \cdot 9\,\text{h} = 135\,\text{h}$. Diese Gesamtarbeitszeit wird nun durch die zur Verfügung stehende Anzahl an sechs Arbeitern dividiert, und man erhält als Ergebnis $135\,\text{h}/6 = 22{,}5\,\text{h}$.

Also brauchen sechs Arbeiter 22,5 h für den Aufbau des Zeltes.

Lösung zur Aufgabe 10. Wenn fünf Maurer in 154 Stunden eine 616 m² große Mauer errichten, hat ein Maurer $\frac{1}{5}$ der Mauer hergestellt. Sechs Maurer schaffen demnach sechsmal so viel, also $\frac{6}{5}$ der Mauer. Je mehr Stunden die Maurer arbeiten, umso mehr Quadratmeter Mauer können sie errichten. Da ein Maurer in einer Stunde den 154. Teil an Stunden an der Mauer arbeitet folgt, dass er in 160 Stunden 160 mal so viel an Arbeitszeit investiert.

Damit folgt, dass sechs Maurer in 160 Stunden $616\,\text{m}^2 \cdot \frac{6}{5} \cdot \frac{160\,\text{h}}{154\,\text{h}} = 768\,\text{m}^2$ Mauerwerk errichten können.

Lösung zur Aufgabe 11. Da 920 m² von fünf Personen in vier Stunden gereinigt werden, reinigt eine Person in einer Stunde 46 m² ($\cong \frac{920\,\text{m}^2}{5 \cdot 4}$). In der gekürzten Arbeitszeit von nunmehr 3,5 Stunden reinigt eine Person also $3{,}5 \cdot 46\,\text{m}^2 = 161\,\text{m}^2$ und daher werden 1127 m² von 7 Personen ($\cong \frac{1127\,\text{m}^2}{161\,\text{m}^2}$) in 3,5 Stunden gereinigt.

Es müssen somit zwei weitere Reinigungskräfte eingestellt werden.

Lösung zur Aufgabe 12. Mit den Variablen M, N und O seien die Gehälter der ehemaligen Studierenden Mehmet, Niklas und Oxana bezeichnet. Die Gehaltsangaben lassen sich dann mit den Gleichungen $M = (1 + \frac{1}{5})N = \frac{6}{5}N$, $O = (1 + \frac{1}{6})N = \frac{7}{6}N$ und $O = 3500$ ausdrücken. Damit folgt, dass $N = \frac{6}{7}O = \frac{6}{7} \cdot 3500 = 3000$ und $M = \frac{6}{5} \cdot 3000 = 3600$ ist.

Mehmet's Bruttogehalt liegt demnach bei 3.600 € und das Gehalt von Niklas bei 3.000 €.

Lösung zur Aufgabe 13. Das avisierte Einkommen des Handelsvertreters bestimmt sich aus dem Umsatz U durch die Gleichung $6500 = 1700 + 0{,}032 \cdot U$, d. h. $U = \frac{6500 - 1700}{0{,}032} = 150000$.

Der Handelsvertreter muss also im nächsten Monat einen Umsatz von 150.000 € realisieren.

Lösung zur Aufgabe 14. Die Angaben über die Ausgaben im letzten Jahr sind zur Beantwortung der Frage, wie viel Euro die Familie in diesem Jahr in Dänemark ausgegeben haben, nicht von Interesse. In diesem Jahr haben sie 425 € umgetauscht und erhielten hierfür $7{,}45 \cdot 425$ DKK = 3.166,25 DKK. Da sie nach ihrem Urlaub noch 472,33 DKK übrig hatten folgt, dass sie (3.166,25 − 472,33) DKK = 2.693,92 DKK ausgegeben haben.

Umgerechnet in Euro heißt dies, dass die Familie für ihren Urlaub in diesem Jahr 361,60 € ausgegeben hat.

Lösung zur Aufgabe 15. Da nach der Anzahl der gestarteten Frauen und Männer gefragt ist, ist die Längenangabe der Marathonstrecke nicht relevant. Dass der Marathon in Bremen stattfand, ist für die Lösung der Aufgabe ebenso irrelevant. Mit den Variablen M und F für die Anzahl an Männern respektive Frauen gilt $M + F = 35$, da insgesamt $(36 - 1) = 35$ Personen am Ziel angekommen sind. Des Weiteren kamen ein Drittel mehr Männer als Frauen ins Ziel, also ist $M = \frac{4}{3}F$. Mit der Gleichung für die Gesamtzahl der angekommen Personen folgt $\frac{4}{3}F + F = \frac{7}{3}F = 35$ und so errechnet sich F zu 15.

Demzufolge waren $15 + 1 = 16$ Frauen und $\frac{4}{3} \cdot 15 = 20$ Männer am Start.

4.2 Lösungen zu den Aufgaben aus Kapitel 2

4.2.1 Lösungen zum Abschnitt 2.1 – Einsatz der Mathematik in den Wirtschaftswissenschaften

Lösung zur Aufgabe 1.
(a) Der Rauminhalt V ergibt sich aus dem Produkt Grundfläche mal Höhe. Die Grundfläche bestimmt sich zu $(a - 2c) \cdot (b - 2c)$, und da die Höhe der Schachtel genau c ist folgt für den Rauminhalt $V = (a - 2c) \cdot (b - 2c) \cdot c$.
(b) Mit den angegebenen Werten für die Längen a, b und c ergibt sich ein Volumen von $V = (12 - 2 \cdot 4) \cdot (24 - 2 \cdot 4) \cdot 4 \, \text{cm}^3 = 4 \cdot 16 \cdot 4 \, \text{cm}^3 = 256 \, \text{cm}^3$

Lösung zur Aufgabe 2.
(a) Mit den angegebenen Frachtpauschalen, Stückkosten und der Stückzahl x lassen sich für die Speditionen zwei Geradengleichungen aufstellen, nämlich $50 + 10x$ für Spedition A und $70 + 8x$ für Spedition B. Wenn nun Spedition B günstiger als Spedition A sein soll folgt $70 + 8x < 50 + 10x$. D. h. $20 < 2x$ und infolgedessen muss die Stückzahl $x > 10$ sein, damit Spedition B günstiger als Spedition A ist.
(b) Die Kostenfunktionen für die Speditionen A und B sind durch die beiden Geradengleichungen gegeben. Sie lassen sich in dem Diagramm Kosten versus Stückzahl wie folgt darstellen:

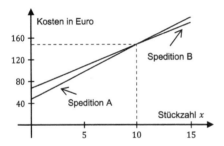

Lösung zur Aufgabe 3.

(a) Sei A_D die Oberfläche des Deckels und A_M die Oberfläche des Mantels, dann gelten folgende Zusammenhänge:

$$A_D = (l-b) \cdot b + \pi \cdot \left(\frac{b}{2}\right)^2$$

$$A_M = \left(2 \cdot (l-b) + 2\pi \cdot \frac{b}{2}\right) \cdot h$$

Die Gesamtfläche A_G der Dose setzt sich dann aus der Mantel- und der Deckelfläche wie folgt zusammen:

$$A_G = 2 \cdot A_D + A_M$$
$$A_G = 2 \cdot (l-b) \cdot (b+h) + \pi \cdot b \cdot \left(\frac{b}{2} + h\right)$$

Das Gesamtvolumen V_G der Dose kann durch $V_G = A_D \cdot h$ berechnet werden:

$$V_G = (l-b) \cdot b \cdot h + \pi \cdot \left(\frac{b}{2}\right)^2 \cdot h$$

(b) Mit den angegebenen Verhältnissen für die Abmessungen lassen sich die Variablen h und l in Abhängigkeit von b ausdrücken, und es gilt $h = \frac{b}{3}$ sowie $l = 2b$. Infolgedessen lassen sich die Gesamtoberfläche A_G und das Gesamtvolumen V_G als Funktionen in Abhängigkeit von b wie folgt ausdrücken:

$$A_G(b) = 2 \cdot (2b-b) \cdot \left(b + \frac{b}{3}\right) + \pi \cdot b \cdot \left(\frac{b}{2} + \frac{b}{3}\right)$$
$$= 2b \cdot \frac{4}{3}b + \pi b \cdot \frac{5}{6}b$$
$$= \left(\frac{8}{3} + \frac{5}{6}\pi\right) \cdot b^2$$

$$V_G(b) = (2b-b) \cdot b \cdot \frac{b}{3} + \pi \cdot \left(\frac{b}{2}\right)^2 \cdot \frac{b}{3}$$
$$= \left(\frac{1}{3} + \frac{1}{12}\pi\right) \cdot b^3$$

Lösung zur Aufgabe 4.

(a) Mit dem Satz von Pythagoras lassen sich die Rohrlängen $\overline{VB}$ und $\overline{VC}$ jeweils ausdrücken als $\sqrt{(b/2)^2 + (a-x)^2}$. Damit bestimmen sich die Gesamtkosten durch

$$K = p_{AV} \cdot \overline{AV} + p_{VB} \cdot \overline{VB} + p_{VC} \cdot \overline{VC}$$
$$= p_{AV} \cdot x + (p_{VB} + p_{VC}) \cdot \sqrt{\left(\frac{b}{2}\right)^2 + (a-x)^2}$$

(b) Mit den konkreten Werten berechnen sich die Gesamtkosten zu

$$K = 20\,\frac{€}{m} \cdot 4\,m + \left(16\,\frac{€}{m} + 14\,\frac{€}{m}\right) \cdot \sqrt{\left(\frac{6}{2}\right)^2 m^2 + (10-4)^2\,m^2}$$
$$= 80\,€ + 30\,\frac{€}{m} \cdot \sqrt{9\,m^2 + 36\,m^2}$$
$$\approx 80\,€ + 201{,}25\,€ = 281{,}25\,€$$

Lösung zur Aufgabe 5. Die Kunden benötigen zusammen 300 T Heizöl, denn 71 T + 133 T + 96 T = 300 T. Da die Lieferanten über insgesamt 103 T + 197 T = 300 T Heizöl verfügen, können auch alle drei Kunden von den beiden Lieferanten komplett bedient werden.

(a)

$$K_1: \quad 71\,T = x_{11} + x_{21}$$
$$K_2: \quad 133\,T = x_{12} + x_{22}$$
$$K_3: \quad 96\,T = x_{13} + x_{23}$$

(b)

$$L_1: \quad x_{11} + x_{12} + x_{13} \leq 103\,T$$
$$L_2: \quad x_{21} + x_{22} + x_{23} \leq 197\,T$$

(c) Die Transportkosten zu den einzelnen Kunden berechnen sich aus dem jeweiligen Preis mal der jeweils gelieferten Menge. Also folgt für die gesamten Transportkosten K_G folgender Zusammenhang:

$$K_G = 55 \cdot x_{11} + 80 \cdot x_{12} + 140 \cdot x_{13} + 70 \cdot x_{21} + 145 \cdot x_{22} + 85 \cdot x_{23}$$

Lösung zur Aufgabe 6.

(a)

$$8x - x + ((3x - 2y) - (5x + 3y)) - (-(-x + y)) = 7x + (3x - 2y - 5x - 3y) - (x - y)$$
$$= 7x + (-2x - 5y) - (x - y)$$
$$= 7x - 2x - 5y - x + y = 4x - 4y$$
$$= 4(x - y)$$

(b)
$$\frac{2ax + 8ab - 2ay}{2ax - 2ay} = \frac{2a(x + 4b - y)}{2a(x - y)} = \frac{x + 4b - y}{x - y}$$

Lösung zur Aufgabe 7.

(a)
$$\frac{(\frac{1}{4} - \frac{1}{6}) \cdot \frac{3}{4} + \frac{2}{3}}{\frac{5}{3} - \frac{2}{6}} = \frac{(\frac{3-2}{12}) \cdot \frac{3}{4} + \frac{2}{3}}{\frac{10-2}{6}} = \left(\frac{1}{16} + \frac{2}{3}\right) \cdot \frac{6}{8} = \left(\frac{3 + 32}{48}\right) \cdot \frac{3}{4} = \frac{35}{16} \cdot \frac{1}{4} = \frac{35}{64}$$

(b)
$$7\frac{5}{6} + 11\frac{2}{3} = \frac{42 + 5}{6} + \frac{33 + 2}{3} = \frac{47}{6} + \frac{35}{3} = \frac{47}{6} + \frac{70}{6} = \frac{117}{6} = 19\frac{3}{6} = 19\frac{1}{2}$$

Lösung zur Aufgabe 8.

(a) $-4 \cdot (-2a + \frac{3}{2}b) = 8a - \frac{12}{2}b = 8a - 6b$

(b)
$$(x + y) \cdot (2x - 4y) - (3x + y) \cdot (2x - y)$$
$$= (2x^2 - 4xy + 2xy - 4y^2) - (6x^2 - 3xy + 2xy - y^2)$$
$$= 2x^2 - 2xy - 4y^2 - 6x^2 + xy + y^2 = -4x^2 - xy - 3y^2$$

(c) $(\sqrt{2} \cdot x + \frac{1}{2} \cdot y) \cdot (\sqrt{2} \cdot x - \frac{1}{2} \cdot y) = 2x^2 - \frac{1}{\sqrt{2}}xy + \frac{1}{\sqrt{2}}xy - \frac{1}{4}y^2 - = 2x^2 - \frac{1}{4}y^2$

(d)
$$(5x + 4)^2 - (3x - 5)^2 + 4 \cdot (x - 3) \cdot (x + 3)$$
$$= 25x^2 + 40x + 16 - 9x^2 + 30x - 25 + 4x^2 - 36$$
$$= 20x^2 + 70x - 45$$

Lösung zur Aufgabe 9.

(a) $16x^2 - 24x + 9 = (4x - 3) \cdot (4x - 3) = (4x - 3)^3$
(b) $144a^2x^2 - 81b^2y^2 = (12ax - 9by) \cdot (12ax + 9by)$
(c) $9a^2 + 12ab + 4b^2 = (3a + 2b) \cdot (3a + 2b) = (3a + 2b)^2$

Lösung zur Aufgabe 10.

(a) $\frac{(15x)^2}{5x^{-3}} = \frac{225}{5} \cdot \frac{x^2}{x^{-3}} = 45 \cdot x^2 \cdot x^3 = 45 \cdot x^5$

(b)
$$\left(\frac{x^2}{a^3}\right)^{-1} \cdot \left(\frac{3a^2}{4x^3}\right)^{-2} \cdot 5 \cdot x \cdot a^{-4} = \frac{x^{-2}}{a^{-3}} \cdot \frac{3^{-2} \cdot a^{-4}}{4^{-2} \cdot x^{-6}} \cdot 5 \cdot x \cdot a^{-4}$$
$$= \frac{a^3 \cdot 4^2 \cdot x^6 \cdot 5 \cdot x}{x^2 \cdot 3^2 \cdot a^4 \cdot a^4} = \frac{16 \cdot 5}{9} \cdot \frac{x^5}{a^5} = \frac{80}{9} \cdot \left(\frac{x}{a}\right)^5$$

(c) $\dfrac{\sqrt{\frac{5x}{6}}}{\sqrt{\frac{20}{6x}}} = \sqrt{\dfrac{5x \cdot 6x}{6 \cdot 20}} = \sqrt{\dfrac{30x^2}{120}} = \sqrt{\dfrac{x^2}{4}} = \dfrac{x}{2} = \dfrac{1}{2}x$

(d) $\dfrac{1}{(\sqrt[3]{8})^2} = \dfrac{1}{8^{\frac{2}{3}}} = \dfrac{1}{(2^3)^{\frac{2}{3}}} = \dfrac{1}{2^2} = \dfrac{1}{4}$

Lösung zur Aufgabe 11.

(a)
$$4\sqrt{x-2} = 2\sqrt{x+3} \implies 2\sqrt{x-2} = \sqrt{x+3}$$
$$\implies 4(x-2) = (x+3)$$
$$\implies 4x - 8 = x + 3$$
$$\implies 3x = 11 \quad \text{also} \quad x = \dfrac{11}{3}$$

(b)
$$\dfrac{x+3}{x-5} + \dfrac{2-x}{x-6} = 0 \implies \dfrac{x+3}{x-5} = \dfrac{x-2}{x-6}$$
$$\implies (x+3)(x-6) = (x-2)(x-5)$$
$$\implies x^2 - 3x - 18 = x^2 - 7x + 10$$
$$\implies 4x = 28 \quad \text{also} \quad x = 7$$

Lösung zur Aufgabe 12. Die Potenz kann verkürzt auch als $\dfrac{1-x^3}{x^3}$ geschrieben werden, denn es gilt:

$$\left(\left(x^{-1} \cdot \dfrac{1}{x^{-2}}\right)^3\right)^{-1} - y^{-1} \cdot y = \left(\left(\dfrac{x^{-1}}{x^{-2}}\right)^3\right)^{-1} - y^{-1+1}$$
$$\left((x^{-1-(-2)})^3\right)^{-1} - y^0 = \left((x^1)^3\right)^{-1} - 1$$
$$x^{1 \cdot 3 \cdot (-1)} - 1 = x^{-3} - 1$$
$$\dfrac{1}{x^3} - 1 = \dfrac{1}{x^3} - \dfrac{x^3}{x^3} = \dfrac{1-x^3}{x^3}$$

Lösung zur Aufgabe 13. Die Potenz $((-a)^x)^2$ kann auch als $(-a)^{2x} = (-1)^{2x} \cdot a^{2x}$ geschrieben werden. Mit den angegebenen Werten für die beiden Variablen a und x ergibt sich die Lösung der Potenz zu $(-1)^{2 \cdot 4} \cdot 3^{2 \cdot 4} = 1 \cdot 3^8 = 6561$.

Lösung zur Aufgabe 14.

(a) $\dfrac{1}{\ln 2} \cdot (\ln 8 - \ln 4) = \dfrac{1}{\ln 2} \cdot \ln \dfrac{8}{4} = \dfrac{1}{\ln 2} \cdot \ln 2 = 1$

(b) $\ln(2 \cdot e^2) + \ln 0{,}5 = \ln 2 + 2 \cdot \ln e + \ln 1 - \ln 2 = 2 \cdot 1 + 0 = 2$

(c) $\dfrac{\ln 3^{12}}{\ln 3^3} = \dfrac{12 \ln 3}{3 \ln 3} = \dfrac{12}{3} = 4$

(d) $\dfrac{3 \ln 4}{\ln 64} = \dfrac{\ln 4^3}{\ln 64} = \dfrac{\ln 64}{\ln 64} = 1$

Lösung zur Aufgabe 15.

(a)
$$a^{2x} = b^4 \implies 2x \ln a = 4 \ln b \implies 2x = \frac{4 \ln b}{\ln a} \implies x = 2\frac{\ln b}{\ln a}$$

(b)
$$9^{2+x} = \sqrt{3} \implies 2 + x = \frac{\ln \sqrt{3}}{\ln 9} \implies 2 + x = \frac{\ln 3^{\frac{1}{2}}}{\ln 3^2}$$
$$\implies 2 + x = \frac{\frac{1}{2}\ln 3}{2 \ln 3} \implies 2 + x = \frac{1}{4} \quad x = -\frac{7}{4}$$

(c)
$$\ln(x^2 + 6x + 9) = 4 \cdot \ln 5 \implies \ln(x+3)^2 = \ln 5^4$$
$$\implies (x+3)^2 = 5^4 = 625$$
$$\implies x = 22 \text{ und } x = -28$$

(d)
$$a^{2+x} = \sqrt{3} \implies 2 + x = \frac{\ln \sqrt{3}}{\ln a} \implies 2 + x = \frac{\ln 3^{\frac{1}{2}}}{\ln a}$$
$$\implies 2 + x = \frac{\frac{1}{2}\ln 3}{\ln a} \implies x = \frac{\ln 3}{2 \ln a} - 2$$

4.2.2 Lösungen zum Abschnitt 2.2 – Nützliche mathematische Instrumente für die Wirtschaftswissenschaften

Lösung zur Aufgabe 1. Von den 70 Herrenmänteln sind 20 aus Leder, also sind 50 nicht aus Leder und die restlichen 40 Ledermäntel von insgesamt 60 Mäntel sind Damenmäntel. Das sind zusammen 20 + 50 + 40 = 110 Mäntel, somit gibt es im Lager 200 – 110 = 90 Damenmäntel, die nicht aus Leder gefertigt sind.

Die Mengen an Mäntel lassen sich in einem Venn-Diagramm wie folgt skizzieren:

```
┌─────────────────────────────────────┐
│ Herren-                    Damen-   │
│ mäntel                     mäntel   │
│        ┌──────────────────┐         │
│        │   Ledermäntel    │         │
│        │                  │         │
│        │  20        40    │         │
│   50   └──────────────────┘  x = 90 │
└─────────────────────────────────────┘
```

Lösung zur Aufgabe 2. Es beherrschen genau 14 Personen drei Sprachen, denn es ist $100-30-18-9-29 = 14$. Dieses Ergebnis kann auch aus nachfolgendem Kuchendiagramm abgelesen werden kann:

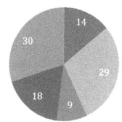

Lösung zur Aufgabe 3. Da 212 Studierende gerne Kaffee und Tee trinken bedeutet dies, dass 42 Studierende ($\widehat{=}$ 254 – 212) ausschließlich Kaffee und 100 Studierende ($\widehat{=}$ 312 – 212) nur Tee trinken. Da noch 18 Studierende angaben, keinen Kaffee und keinen Tee zu mögen, bedeutet dies, dass an der Umfrage insgesamt 372 Studierende (212+42+100+18) teilgenommen haben.

Lösung zur Aufgabe 4.

$$A \cup B = \{1, 2, 3, 0\} \cup \{2, 1, 0\} = \{0, 1, 2, 3\}$$
$$A \cap B = \{1, 2, 3, 0\} \cap \{2, 1, 0\} = \{0, 1, 2\}$$
$$C \cap B = \{3, 1, 0, 5\} \cap \{2, 1, 0\} = \{0, 1\}$$
$$C \setminus B = \{3, 1, 0, 5\} \setminus \{2, 1, 0\} = \{3, 5\}$$

Lösung zur Aufgabe 5.
(a) Um zu zeigen, dass die Gleichung für $n = 10$ gültig ist, muss dieser Wert nur in die Gleichung eingesetzt werden. So ist mit $n = 10$ die Summe $\sum_{k=1}^{10}(2k-1) = (2 \cdot 1 - 1) + (2 \cdot 2 - 1) + \cdots + (2 \cdot 10 - 1) = 1 + 3 + 5 + \ldots + 19 = 100$. Da nun 10^2 auch den Wert 100 hat, ist die Gültigkeit der Gleichung $\sum_{k=1}^{n}(2k-1) = n^2$ für $n = 10$ bewiesen.
(b) Für ein beliebiges $n \in \mathbb{N}$ wird die Gültigkeit der Gleichung $\sum_{k=1}^{n}(2k-1) = n^2$ mithilfe der vollständigen Induktion wie folgt bewiesen:
- Da die Gültigkeit der Aussage lediglich für $n = 10$ gezeigt wurde, muss für den Induktionsanfang auch die Aussage für $n = 1$ nachgewiesen werden. Für $n = 1$ gilt die Aussage, denn $\sum_{k=1}^{1}(2k-1) = (2 \cdot 1 - 1) = 1 = 1^2$.
- Ausgehend von der Gültigkeit der Aussage $\sum_{k=1}^{n}(2k-1) = n^2$ für ein bestimmtes $n \in \mathbb{N}$ wird mit dem folgenden Induktionsschritt gezeigt, dass die Aussage unter dieser Voraussetzung auch für den Nachfolger $n + 1$ gilt:

$$\sum_{k=1}^{n+1}(2k-1) = \sum_{k=1}^{n+1}(2k-1) + (2(n+1)-1) = n^2 + (2(n+1)-1)$$
$$= n^2 + 2n + 1 = (n+1)^2$$

Damit ist der Induktionsschritt korrekt und die Gültigkeit der Aussage $\sum_{k=1}^{n}(2k-1) = n^2$ für alle $n \in \mathbb{N}$ bewiesen.

Lösung zur Aufgabe 6.

(a)

$$\sum_{k=0}^{3} \frac{k^2}{k+1} + \sum_{i=1}^{3} \frac{i(i-1)}{i^2}$$
$$= \left(\frac{0^2}{0+1} + \frac{1^2}{1+1} + \frac{2^2}{2+1} + \frac{3^2}{3+1}\right) + \left(\frac{1(1-1)}{1^2} + \frac{2(2-1)}{2^2} + \frac{3(3-1)}{3^2}\right)$$
$$= \left(\frac{0}{1} + \frac{1}{2} + \frac{4}{3} + \frac{9}{4}\right) + \left(\frac{0}{1} + \frac{2}{4} + \frac{6}{9}\right) = \left(\frac{0+6+16+27}{12}\right) + \left(\frac{0+6+8}{12}\right)$$
$$= \frac{49}{12} + \frac{14}{12} = \frac{63}{12} = 5\frac{3}{12} = 5\frac{1}{4}$$

(b)

$$\sum_{i=-1}^{3} (-3)^i \cdot 2^{10-i} = (-3)^{-1} \cdot 2^{10+1} + (-3)^0 \cdot 2^{10} + (-3)^1 \cdot 2^{10-1} + (-3)^2 \cdot 2^{10-2} + (-3)^3 \cdot 2^{10-3}$$
$$= (-3)^{-1} \cdot 2^{11} + (-3)^0 \cdot 2^{10} + (-3)^1 \cdot 2^9 + (-3)^2 \cdot 2^8 + (-3)^3 \cdot 2^7$$
$$= 2^7 \cdot \left(-\frac{1}{3} \cdot 2^4 + 1 \cdot 2^3 - 3 \cdot 2^2 + 9 \cdot 2^1 - 27 \cdot 2^0\right)$$
$$= 128 \cdot \left(-\frac{16}{3} + 8 - 12 + 18 - 27\right)$$
$$= 128 \cdot \left(\frac{-48 + 72 - 108 + 162 - 243}{9}\right) = 128 \cdot \left(\frac{-165}{9}\right) = -\frac{21120}{9}$$

(c)

$$\prod_{j=-1}^{3} \frac{2 \cdot 3^j}{3+j} = \left(\frac{2 \cdot 3^{-1}}{3-1}\right) \cdot \left(\frac{2 \cdot 3^0}{3+0}\right) \cdot \left(\frac{2 \cdot 3^1}{3+1}\right) \cdot \left(\frac{2 \cdot 3^2}{3+2}\right) \cdot \left(\frac{2 \cdot 3^3}{3+3}\right)$$
$$= \left(\frac{2}{6}\right) \cdot \left(\frac{2}{3}\right) \cdot \left(\frac{6}{4}\right) \cdot \left(\frac{18}{5}\right) \cdot \left(\frac{54}{6}\right) = \frac{1}{3} \cdot \frac{2}{3} \cdot \frac{3}{2} \cdot \frac{18}{5} \cdot \frac{9}{1} = \frac{54}{5} = 10\frac{4}{5}$$

(d)

$$\prod_{l=1}^{6} (l+2) = (1+2) \cdot (2+2) \cdot (3+2) \cdot (4+2) \cdot (5+2) \cdot (6+2)$$
$$= 3 \cdot 4 \cdot 5 \cdot 6 \cdot 7 \cdot 8 = 20160$$

(e) $2 + 4 + 6 + 8 + 10 + 12 = \sum_{i=1}^{6} 2i$
(f) $\frac{1}{2} + \frac{2}{3} + \frac{3}{4} + \frac{4}{5} + \frac{5}{6} + \frac{6}{7} + \frac{7}{8} = \sum_{i=1}^{7} \frac{i}{i+1}$
(g) $4 + 7 + 10 + 13 + 16 + 19 + 22 + 25 + 28 = \sum_{i=1}^{9} (3i + 1)$
(h) $(1 - 0) + (2 - 1) + (4 - 4) + (8 - 9) = \sum_{i=0}^{3} (2^i - i^2)$

Lösung zur Aufgabe 7.

(a) Die Mengeneinheit m_j im Monat t bestimmt sich durch die Beziehung

$$m_j = \sum_{i=1}^{m} x_{ijt}.$$

(b) Der Umsatz (Erlös) e in 12 Monaten ist gegeben durch

$$e = \sum_{i=1}^{m} \sum_{j=1}^{n} \sum_{t=1}^{12} p_j \cdot x_{ijt}.$$

(c) Die belegten Maschinenstunden s_i im ersten Halbjahr berechnen sich mit

$$s_i = \sum_{j=1}^{n} \sum_{t=1}^{6} a_{ij} \cdot x_{ijt}.$$

(d) Der Gewinn g im Monat t wird berechnet durch

$$g_t = \sum_{i=1}^{m} \sum_{j=1}^{n} (p_j - k_{ij}) \cdot x_{ijt}.$$

Lösung zur Aufgabe 8.

(a) $\sum_{i=1}^{5} x_i = 5 + 3 + 2 + 1 + 6 = 17$
(b) $\sum_{i=3}^{4} (x_i + y_i) = (2 + 4) + (1 + 1) = 6 + 2 = 8$
(c) $\sum_{i=1}^{5} x_i \cdot y_i = (5 \cdot 2) + (3 \cdot 3) + (2 \cdot 4) + (1 \cdot 1) + (6 \cdot 0) = 10 + 9 + 8 + 1 + 0 = 28$
(d) $\sum_{i=1}^{5} x_i \sum_{i=1}^{5} y_i = (5 + 3 + 2 + 1 + 6) \cdot (2 + 3 + 4 + 1 + 0) = 17 \cdot 10 = 170$

Lösung zur Aufgabe 9.

(a)

$$\sum_{k=1}^{3} \sum_{l=1}^{4} (k \cdot 3^l) = \sum_{k=1}^{3} (k \cdot 3^1 + k \cdot 3^2 + k \cdot 3^3 + k \cdot 3^4)$$
$$= \sum_{k=1}^{3} k \cdot 120 = 1 \cdot 120 + 2 \cdot 120 + 3 \cdot 120 = 6 \cdot 120 = 720$$

(b)
$$\sum_{l=0}^{2}\sum_{k=2}^{4}\left(\frac{k \cdot l}{k+l}\right)^2 = \sum_{k=2}^{4}\left(\left(\frac{k \cdot 0}{k+0}\right)^2 + \left(\frac{k \cdot 1}{k+1}\right)^2 + \left(\frac{k \cdot 2}{k+2}\right)^2\right)$$
$$= \sum_{k=2}^{4}\left(\left(\frac{k \cdot 1}{k+1}\right)^2 + \left(\frac{k \cdot 2}{k+2}\right)^2\right)$$
$$= \left(\left(\frac{2 \cdot 1}{2+1}\right)^2 + \left(\frac{2 \cdot 2}{2+2}\right)^2\right) + \left(\left(\frac{3 \cdot 1}{3+1}\right)^2 + \left(\frac{3 \cdot 2}{3+2}\right)^2\right)$$
$$+ \left(\left(\frac{4 \cdot 1}{4+1}\right)^2 + \left(\frac{4 \cdot 2}{4+2}\right)^2\right)$$
$$= \left(\frac{2}{3}\right)^2 + \left(\frac{4}{4}\right)^2 + \left(\frac{3}{4}\right)^2 + \left(\frac{6}{5}\right)^2 + \left(\frac{4}{5}\right)^2 + \left(\frac{8}{6}\right)^2$$
$$= \frac{4}{9} + \frac{16}{16} + \frac{9}{16} + \frac{36}{25} + \frac{16}{25} + \frac{64}{36} = \frac{4}{9} + \frac{25}{16} + \frac{52}{25} + \frac{16}{9}$$
$$= \frac{20}{9} + \frac{25}{16} + \frac{52}{25}$$
$$= \frac{8000 + 5625 + 7488}{3600} = \frac{21113}{3600} = 5\frac{3113}{3600}$$

(c)
$$\sum_{i=1}^{2}\sum_{j=1}^{2}\sum_{k=1}^{2}(i+j+k) = \sum_{i=1}^{2}\sum_{j=1}^{2}((i+j+1)+(i+j+2)) = \sum_{i=1}^{2}\sum_{j=1}^{2}(2i+2j+3)$$
$$= \sum_{i=1}^{2}((2i+2+3)+(2i+4+3))$$
$$= \sum_{i=1}^{2}(4i+12) = (4+12)+(8+12) = 36$$

Lösung zur Aufgabe 10.

(a)
$$\sum_{k=1}^{3}\prod_{l=1}^{3}a_{kl} = \sum_{k=1}^{3}(a_{k1} \cdot a_{k2} \cdot a_{k3})$$
$$= (a_{11} \cdot a_{12} \cdot a_{13}) + (a_{21} \cdot a_{22} \cdot a_{23}) + (a_{31} \cdot a_{32} \cdot a_{33})$$

(b)
$$\sum_{k=0}^{1}\prod_{l=1}^{3}(l^k+2) = \sum_{k=0}^{1}((1^k+2) \cdot (2^k+2) \cdot (3^k+2))$$
$$= (1^0+2) \cdot (2^0+2) \cdot (3^0+2) + (1^1+2) \cdot (2^1+2) \cdot (3^1+2)$$
$$= 3 \cdot 3 \cdot 3 + 3 \cdot 4 \cdot 5 = 27 + 60 = 87$$

(c)
$$\prod_{m=1}^{5}\sum_{y=0}^{2}(m+y+2my) = \prod_{m=1}^{5}((m+0+2m\cdot 0)+(m+1+2m\cdot 1)+(m+2+2m\cdot 2))$$
$$= \prod_{m=1}^{5}(9m+3) = (9+3)\cdot(18+3)\cdot(27+3)\cdot(36+3)$$
$$\cdot(45+3)$$
$$= 12\cdot 21\cdot 30\cdot 39\cdot 48 = 14152320$$

(d)
$$\prod_{k=1}^{3}\sum_{l=1}^{3}a_{kl} = \prod_{k=1}^{3}(a_{k1}+a_{k2}+a_{k3})$$
$$= (a_{11}+a_{12}+a_{13})\cdot(a_{21}+a_{22}+a_{23})\cdot(a_{31}+a_{32}+a_{33})$$

Lösung zur Aufgabe 11. Die richtige Lösung ist $(a+b)^3$, denn für das Produkt gilt

$$\prod_{i=1}^{2}(a+b)^i = (a+b)^1\cdot(a+b)^2 = (a+b)^3.$$

Lösung zur Aufgabe 12.
(a) $\sum_{i=1}^{n}a_{i2}$ und $\sum_{j=2}^{n-k}\sum_{i=1}^{n}a_{ij}$
(b) $\sum_{j=1}^{n}\sum_{i=k}^{n}a_{ij}$
(c) $\sum_{i=1}^{n}a_{ii}$
(d) $\sum_{i=1}^{n}\sum_{j=1}^{i}a_{ij}$
(e) $\prod_{i=1}^{n}a_{ii}$
(f) $\prod_{i=1}^{n}\prod_{j=n-i+1}^{n}a_{ij}$
(g) $\prod_{i=1}^{n-1}(a_{i1}\cdot a_{ni}\cdot a_{1,i+1}\cdot a_{i+1,n}) = \prod_{i=1}^{n}(a_{i1}\cdot a_{in})\cdot\prod_{j=2}^{n-1}(a_{1j}\cdot a_{nj})$

Lösung zur Aufgabe 13.
(a) $\sum_{i=1}^{3}\sum_{j=1}^{2}a_{ij} = \sum_{i=1}^{3}(a_{i1}+a_{i2}) = (a_{11}+a_{12})+(a_{21}+a_{22})+(a_{31}+a_{32})$. Somit ist die Doppelsumme mit den angegebenen Werten $(0+1)+(3+0)+(1+2) = 7$.
(b) $\sum_{i=1}^{3}\prod_{j=1}^{2}a_{ij} = \sum_{i=1}^{3}(a_{i1}\cdot a_{i2}) = (a_{11}\cdot a_{12})+(a_{21}\cdot a_{22})+(a_{31}\cdot a_{32})$. Als Lösung ergibt sich also die Summe der Produkte $(0\cdot 1)+(3\cdot 0)+(1\cdot 2) = 2$.

Lösung zur Aufgabe 14.

$$\binom{12}{7} = \frac{12!}{7!\cdot 5!}$$
$$= \frac{12\cdot 11\cdot 10\cdot 9\cdot\ldots\cdot 3\cdot 2\cdot 1}{7\cdot 6\cdot\ldots\cdot 2\cdot 1\cdot 5\cdot 4\cdot\ldots\cdot 2\cdot 1} = \frac{12\cdot 11\cdot 10\cdot 9\cdot 8}{5\cdot 4\cdot\ldots\cdot 2\cdot 1} = \frac{95040}{120} = 792$$

$$\binom{48}{6} = \frac{48!}{6! \cdot 42!} = \frac{48 \cdot 47 \cdot 46 \cdot \ldots \cdot 3 \cdot 2 \cdot 1}{6 \cdot 5 \cdot \ldots \cdot 2 \cdot 1 \cdot 42 \cdot \ldots \cdot 2 \cdot 1} = \frac{48 \cdot \ldots \cdot 45 \cdot 44 \cdot 43}{6 \cdot 5 \cdot \ldots \cdot 2 \cdot 1} = 12271512$$

$$\binom{1}{0} = \frac{1!}{0! \cdot 1!} = \frac{1}{1 \cdot 1} = 1$$

$$\binom{6}{3} = \frac{6!}{3! \cdot 3!} = \frac{6 \cdot 5 \cdot 4 \cdot 3 \cdot 2 \cdot 1}{3 \cdot 2 \cdot 1 \cdot 3 \cdot 2 \cdot 1} = \frac{6 \cdot 5 \cdot 4}{3 \cdot 2 \cdot 1} = \frac{120}{6} = 20$$

Lösung zur Aufgabe 15. Im ersten Induktionsschritt kann gezeigt werden, dass der Lehrsatz für $n = 1$ gültig ist. Setzt man nämlich $n = 1$ in die Beziehung ein folgt, dass

$$(a+b)^1 = \sum_{k=0}^{1} \binom{1}{k} a^{1-k} b^k = 1 \cdot a^1 \cdot b^0 + 1 \cdot a^0 \cdot b^1 = a + b.$$

Im nächsten Induktionsschritt wird gezeigt, dass die Beziehung auch für $n + 1$ gültig ist. Wegen der Potenzgleichung $(a+b)^{n+1} = (a+b)(a+b)^n$ muss dann auch folgende Beziehung gelten:

$$(a+b)(a+b)^n = (a+b) \cdot \sum_{k=0}^{n} \binom{n}{k} a^{n-k} b^k$$

$$= a \cdot \sum_{k=0}^{n} \binom{n}{k} a^{n-k} b^k + b \cdot \sum_{k=0}^{n} \binom{n}{k} a^{n-k} b^k$$

$$= \sum_{k=0}^{n} \binom{n}{k} a^{n-k+1} b^k + \sum_{k=0}^{n} \binom{n}{k} a^{n-k} b^{k+1}$$

$$= a^{n+1} + \sum_{k=1}^{n} \binom{n}{k} a^{n-k+1} b^k + \sum_{k=0}^{n-1} \binom{n}{k} a^{n-k} b^{k+1} + y^{n+1}$$

$$= a^{n+1} + \sum_{k=1}^{n} \binom{n}{k} a^{n-k+1} b^k + \sum_{k=1}^{n} \binom{n}{k-1} a^{n-k+1} b^k + y^{n+1}$$

$$= a^{n+1} + \sum_{k=1}^{n} \left(\binom{n}{k} + \binom{n}{k-1} \right) a^{n-k+1} b^k + y^{n+1}$$

Für die Summe der beiden in der Klammer stehenden Binome gilt:

$$\binom{n}{k} + \binom{n}{k-1} = \frac{n!}{k!(n-k)!} + \frac{n!}{(k-1)!(n-k+1)!}$$

$$= \frac{n!}{(k-1)!(n-k)!} \cdot \left(\frac{1}{k} + \frac{1}{n-k+1} \right)$$

$$= \frac{n!}{(k-1)!(n-k)!} \cdot \frac{n-k+1+k}{k \cdot (n-k+1)}$$

$$= \frac{(n+1)!}{k!(n-k+1)!} = \frac{(n+1)!}{k!(n+1-k)!} = \binom{n+1}{k}$$

Somit ist der binomische Lehrsatz bewiesen, denn es gilt:

$$(a+b)(a+b)^n = a^{n+1} + \sum_{k=1}^{n}\binom{n+1}{k}a^{n-k+1}b^k + b^{n+1}$$
$$= \sum_{k=0}^{n+1}\binom{n+1}{k}a^{n+1-k}b^k = (a+b)^{n+1}.$$

4.2.3 Lösungen zum Abschnitt 2.3 – Folgen und Reihen als Fundament der Finanzmathematik

Lösung zur Aufgabe 1. Mit den natürlichen Zahlen $n = 1, 2, 3, \ldots$ ergibt sich durch Einsetzen in das Bildungsgesetz die Zahlenfolge $[a_n] = \frac{4}{3}, \frac{8}{3}, \frac{12}{3}, \frac{16}{3}, \frac{20}{3}, \frac{24}{3}, \ldots$.

Lösung zur Aufgabe 2. Bei den Folgengliedern handelt es sich um Brüche mit dem ersten Folgenglied $a_1 = \frac{1}{1}$, dem zweiten Folgenglied $a_2 = \frac{1}{6}$, dem dritten Folgenglied $a_3 = \frac{1}{13}$ und so fort. Da in den Zählern immer die 1 steht, kann man sich zur Herleitung des Bildungsgesetzes auf den Nenner konzentrieren, d. h. es geht jetzt um die Zahlenfolge $1, 6, 13, 22, 33, \ldots$. Man erkennt (ggf. durch Ausprobieren), dass sich die Folgenglieder dieser Zahlenfolge durch $n^2 + 2n - 2$ bestimmen lassen. Das gesuchte Bildungsgesetz lautet daher $a_n = \frac{1}{n^2+2n-2}$, und so berechnen sich die Folgenglieder a_6, a_7 und a_8 zu $\frac{1}{46}$, $\frac{1}{61}$ respektive $\frac{1}{78}$.

Lösung zur Aufgabe 3.
(a) Für die erste Folge lauten die allgemeinen Glieder $a_n = \frac{1}{2} \cdot (n - (-1)^n \cdot n)$ mit $n \in \mathbb{N}$, und die beiden gesuchten Folgenglieder sind $a_8 = 0$ und $a_9 = 9$.
(b) Die allgemeinen Glieder der zweiten Folge lauten $a_n = 2n^2 - 1$ mit $n \in \mathbb{N}$, und damit berechnen sich die beiden gesuchten Folgenglieder zu $a_8 = 127$ und $a_9 = 161$.

Lösung zur Aufgabe 4. Bei der Folge $[a_n]$ handelt es sich um eine alternierende Folge. Der Wechsel im Vorzeichen der Folgenglieder wird durch den Faktor $(-1)^n$ erreicht, wobei der Laufindex durch $n = 0, 1, 2, 3, \ldots$ gegeben ist. Ein Blick auf den Nenner der Folgenglieder zeigt, dass deren Werte sich durch die Zweierpotenzen $2^0, 2^1, 2^2, 2^3, \ldots$ ergeben. Infolgedessen lautet das Bildungsgesetz $a_n = (-1)^n \cdot \frac{1}{2^n}$ mit $n = 0, 1, 2, 3, \ldots$.

Da die Nenner der Folgenglieder mit zunehmenden n immer größer werden, werden die Folgenglieder betragsmäßig immer kleiner. Daher konvergiert die Zahlenfolge alternierend gegen 0.

Lösung zur Aufgabe 5. Bei einer arithmetischen Folge ist die Differenz d zwischen zwei Folgengliedern konstant, d. h. es gilt $a_{n+1} - a_n = d$. Mit dem daraus resultierenden Bildungsgesetz $a_n = a_1 + (n-1) \cdot d$ und der Gleichung für die arithmetische Reihe $s_n = \frac{n}{2} \cdot (a_1 + a_n)$ lässt sich die Aufgabe wie folgt lösen:

(a)
$$a_{15} = a_1 + 14 \cdot d \quad \text{und} \quad a_{20} = a_1 + 19 \cdot d$$
$$\Rightarrow \quad a_{15} - 14 \cdot d = a_{20} - 19 \cdot d$$
$$\Rightarrow \quad d \cdot (19 - 14) = a_{20} - a_{15}$$
$$\Rightarrow \quad d = \frac{1}{5} \cdot (117 - 37) = 16$$

Weiter gilt

$$a_1 = a_{15} - 14 \cdot d = 37 - 14 \cdot 16 = -187 \quad \text{und}$$
$$a_{10} = a_1 + 9 \cdot d = -187 + 9 \cdot 16 = -43$$

und für die Reihe folgt dann

$$s_{10} = \frac{10}{2} \cdot (a_1 + a_{10}) = 5 \cdot (-187 - 43) = -1150$$

Also zusammengefasst:

$$a_1 = -187, a_{10} = -43, d = 16 \quad \text{und} \quad s_{10} = -1150$$

(b)
$$a_5 = a_1 + 4 \cdot d \quad \text{und} \quad a_{10} = a_1 + 9 \cdot d$$
$$\Longrightarrow \quad a_{10} = a_5 - 4 \cdot d + 9 \cdot d = a_5 + 5 \cdot d \quad \text{und}$$
$$s_{10} = \frac{10}{2} \cdot (a_1 + a_{10})$$
$$= 5 \cdot (a_1 + a_5 + 5 \cdot d) = 5 \cdot (a_5 - 4 \cdot d + a_5 + 5 \cdot d) = 5 \cdot (2a_5 + d)$$

Daraus folgt

$$d = \frac{s_{10}}{5} - 2 \cdot a_5 = \frac{255}{5} - 2 \cdot 23 = 5 \quad \text{und} \quad a_1 = a_5 - 4 \cdot d = 23 - 4 \cdot 5 = 3$$

Also lauten die ersten zehn Folgenglieder 3, 8, 13, 18, 23, 28, 33, 38, 43, 48.

Lösung zur Aufgabe 6.

(a) Bei einer geometrischen Folge ist der Quotient zweier aufeinanderfolgender Glieder konstant q, d. h. $\frac{a_{n+1}}{a_n} = q$. Mit dem daraus resultierenden Bildungsgesetz $a_n = a_1 \cdot q^{n-1}$ für die geometrische Folge und der Gleichung $s_n = a_1 \cdot \frac{1-q^n}{1-q}$ für die geometrische Reihe lässt sich die Aufgabe mit den angegebenen Werten wie folgt lösen:

Da
$$a_3 = a_1 \cdot q^2 \quad \text{und} \quad a_6 = a_1 \cdot q^5$$
$$\implies \frac{a_3}{q^2} = \frac{a_6}{q^5} \implies \frac{q^5}{q^2} = \frac{a_6}{a_3} \implies q = \sqrt[3]{\frac{3{,}278}{6{,}4}} = 0{,}8.$$

Mit $a_3 = a_1 \cdot q^2$ ergibt sich a_1 zu $a_1 = \frac{a_3}{q^2} = \frac{6{,}4}{0{,}8^2} = 10$, und damit ist $a_4 = 10 \cdot 0{,}8^3 = 5{,}12$. Damit bestimmt sich die gesuchte Reihe zu

$$s_4 = a_1 \cdot \frac{1-q^4}{1-q} = 10 \cdot \frac{1-0{,}8^4}{1-0{,}8} = 29{,}52,$$

und das Bildungsgesetz der Folge lautet $a_n = 10 \cdot 0{,}8^{n-1}$.

(b) Bei der gegebenen Folge sind die Quotienten $q = a_{n+1}/a_n$ immer gleich 2. Mit den weiteren Werten $a_1 = 5$ und $s_n = 5115$ folgt, dass für die Reihe die Gleichung $5115 = 5 \cdot (1-2^n)/(1-2)$ gilt. So berechnet sich n zu 10, denn es ist $2^n = 1 + \frac{5115}{5} = 1024$, also $n = \log_2 1024 = 10$.

Lösung zur Aufgabe 7.
(a) $\lim_{n\to\infty} a_n = \lim_{n\to\infty} \frac{(-1)}{2^n} = (-1) \cdot \lim_{n\to\infty} (\frac{1}{2})^n = (-1) \cdot 0 = 0$
(b) $\lim_{n\to\infty} b_n = \lim_{n\to\infty} \frac{1}{(n^2+3n+2)} = 0$
(c) $\lim_{n\to\infty} c_n = \lim_{n\to\infty} \frac{1}{(\frac{1}{n}+\frac{1}{n^2})} = \infty$
(d) $\lim_{n\to\infty} d_n = \lim_{n\to\infty} \frac{\frac{1}{n}-1}{1} = -1$
(e) $\lim_{n\to\infty} e_n = 1$
(f) $\lim_{n\to\infty} f_n = \lim_{n\to\infty} \frac{1-\frac{1}{n^2}}{3+\frac{2}{n}} = \frac{1}{3}$
(g) $\lim_{n\to\infty} g_n = \lim_{n\to\infty} \frac{3}{\frac{1}{n}\cdot\sqrt{2n^2-1}} = \lim_{n\to\infty} \frac{3}{\sqrt{\frac{1}{n^2}\cdot(2n^2-1)}} = \lim_{n\to\infty} \frac{3}{\sqrt{2-\frac{1}{n^2}}} = \frac{3}{\sqrt{2}}$
(h) $\lim_{n\to\infty} h_n = \lim_{n\to\infty} (\frac{1}{2})^n \cdot (\frac{1}{2})^{-1} = 2 \cdot \lim_{n\to\infty} (\frac{1}{2})^n = 2 \cdot 0 = 0$

Lösung zur Aufgabe 8. Die Folge der Geschwindigkeitszuwächse ist $80, 40, 20, 10, 5, \ldots$. Dividiert man ein Folgeglied durch sein vorangegangenes Folgeglied, also $\frac{40}{80}, \frac{20}{40}, \frac{10}{20}$ usw., dann erkennt man, dass der Quotient immer genau $\frac{1}{2}$ ist. Damit handelt es sich bei den Geschwindigkeitszuwächsen um eine geometrische Folge mit $a_1 = 80$ und $q = \frac{1}{2}$.

Die geometrische Reihe als Summe der Geschwindigkeitszuwächse konvergiert, da $q = \frac{1}{2} < 1$. Demzufolge ist der Grenzwert

$$\lim_{n\to\infty} s_n = \lim_{n\to\infty} a_1 \cdot \frac{1-q^n}{1-q} = \frac{a_1}{1-q} = \frac{80}{1-\frac{1}{2}} = 160.$$

Also konvergiert der Beschleunigungsprozess gegen die Geschwindigkeit 160 km/h.

Lösung zur Aufgabe 9. Mithilfe der Gleichungen für eine arithmetische Folge und Reihe lässt sich die Lösung bestimmen. Das erste Folgenglied a_1 entspricht der Zahl an gefertigten Produkten, also 225 Dialysatoren pro Woche. Das Auftragsvolumen von 14000 Dialysatoren wird im Laufe von n Wochen erfüllt und entspricht somit der arithmetische Reihe s_n. Demzufolge gilt $s_n = \frac{n}{2} \cdot (2a_1 + (n-1) \cdot d)$, und mit den entsprechenden Werten lässt sich n wie folgt berechnen:

$$14000 = \frac{n}{2} \cdot (2 \cdot 225 + (n-1) \cdot 50) \implies 28000 = 450n + 50n^2 - 50n.$$

Die daraus folgende quadratische Gleichung $n^2 + 8n - 560 = 0$ lässt sich mit der p, q-Formel lösen, und es ergeben sich die beiden Nullstellen $n_{1,2} = -4 \pm \sqrt{16 + 560}$, (also 20 und -28). Eine Zahl von -28 Wochen ergibt aber keinen Sinn, und so ist die Lösung hier $n = 20$ Wochen.

Demnach werden in den 20 Wochen insgesamt 14000 High-Flux-Dialysatoren gefertigt, wobei in der 20. Woche alleine $a_{20} = 225 + (20 - 1) \cdot 50 = 1175$ Dialysatoren hergestellt werden.

Lösung zur Aufgabe 10.
(a) Es handelt sich bei den Temperaturanstiegen (je Meter) um eine arithmetische Folge mit $d = 0{,}03 \frac{°C}{m}$, und da in 25 m die Temperatur bei 10 °C liegt, ist $a_{25} = 10$. Mit dem Bildungsgesetz $10 = a_1 + (25 - 1) \cdot 0{,}03$ folgt für $a_1 = 10 - 24 \cdot 0{,}03 = 9{,}28$.
(b) Mit den entsprechenden Werten ergibt sich $a_{575} = 9{,}28 + (575 - 1) \cdot 0{,}03 = 26{,}5$. Somit liegt die Temperatur in 575 m Tiefe bei 26,5 °C.
(c) Aus der Gleichung $70 = 9{,}28 + (n-1) \cdot 0{,}03$ folgt, dass $n = \frac{70 - 9{,}28}{0{,}03} + 1 = 2025$. Daher beträgt in 2025 m Tiefe die Temperatur 70 °C.

Lösung zur Aufgabe 11. Die zu einer arithmetischen Folge und Reihe gehörenden Formeln lauten $a_n = a_1 + (n-1) \cdot d$ respektive $s_n = \frac{n}{2} \cdot (2a_1 + (n-1) \cdot d)$. Damit lassen sich die vier Aufgaben wie folgt lösen:
(a)
$$a_6 = 7 + (6-1) \cdot 7 = 42 \quad \text{und} \quad s_6 = \frac{6}{2} \cdot (2 \cdot 7 + (6-1) \cdot 7) = 147$$

(b)
$$258 = \frac{12}{2} \cdot (2a_1 + (12-1) \cdot 3) \implies a_1 = 5 \quad \text{und} \quad a_{12} = 5 + (12-1) \cdot 3 = 38$$

(c)
$$5050 = \frac{n}{2} \cdot (2 \cdot 1 + (n-1) \cdot 1) \implies n = 100 \quad \text{und} \quad a_{100} = 1 + (100-1) \cdot 1 = 100$$

(d)
$$156125 = \frac{250}{2} \cdot (2 \cdot 2 + (250-1) \cdot d) \implies d = 5 \quad \text{und} \quad a_{250} = 2 + (250-1) \cdot 5 = 1247$$

Lösung zur Aufgabe 12.
(a) Der Bestand ändert sich gemäß einer geometrischen Folge (prozentuale Bestandsänderung) mit $q = (1 + 0{,}5) \cdot (1 - 0{,}35) = 1{,}5 \cdot 0{,}65 = 0{,}975$.
(b) Die Folgenglieder lassen sich mit der Formel $a_n = a_1 \cdot q^{n-1}$ bestimmen. Da am Anfang des ersten Jahres 5000 Forellen im Teich sind, also $a_1 = 5000$ ist, ergeben sich für die Bestände an Forellen nach 2 (also am Anfang des dritten Jahres), 5 (also am Anfang des sechsten Jahres) und nach 10 Jahren (also am Anfang des elften Jahres) die Werte $a_3 = 5000 \cdot 0{,}975^2 \approx 4753$, $a_6 = 5000 \cdot 0{,}975^5 \approx 4406$ und $a_{11} = 5000 \cdot 0{,}975^{10} \approx 3882$.
(c) Die geometrische Folge $a_n = a_1 \cdot q^{n-1}$ hat mit $q = 0{,}975 < 1$ den Grenzwert 0, denn

$$\lim_{n\to\infty} a_n = \lim_{n\to\infty} a_1 \cdot q^{n-1} = \frac{a_1}{q} \cdot \lim_{n\to\infty} q^n = \begin{cases} \frac{a_1}{q} \cdot 0 = 0 & \text{falls } q < 1 \\ \frac{a_1}{q} \cdot 1 = \frac{a_1}{q} & \text{falls } q = 1 \\ \frac{a_1}{q} \cdot \infty = \infty & \text{falls } q > 1 \end{cases}$$

Lösung zur Aufgabe 13. Eine geometrischen Folge wird durch die Gleichung $a_n = a_1 \cdot q^{n-1}$ beschrieben, womit sich die vier Aufgaben wie folgt lösen lassen:
(a) $a_4 = 3 \cdot 2^{4-1} = 3 \cdot 2^3 = 3 \cdot 8 = 24$
(b) $567 = a_1 \cdot 3^{5-1} \implies a_1 = \frac{567}{3^4} = \frac{567}{81} = 7$
(c) $245 = 5 \cdot 7^{n-1} \implies 7^{n-1} = \frac{245}{5} = 49 \implies n = 1 + \frac{\ln(49)}{\ln 7} = 1 + 2 = 3$
(d) $3{,}125 = 100 \cdot q^{6-1} = 100 \cdot q^5 \implies q = \sqrt[5]{\frac{3{,}125}{100}} = \frac{1}{2}$

Lösung zur Aufgabe 14. Die gesamte Erbschaft setzt sich aus den jeweiligen Erbanteilen a_n der fünf Söhne (also $n = 1, 2, 3, 4, 5$) zusammen und kann daher als arithmetische Reihe interpretiert werden. Die Zusatzinformation, dass der jüngste Sohn 13 Jahre alt ist, spielt für die Aufteilung der Erbschaft keine Rolle. Mit der arithmetischen Reihe $s_n = \frac{n}{2} \cdot (2a_1 + (n-1) \cdot d)$ und den entsprechenden Werten $a_1 = 12000$ (Erbanteil des jüngsten Sohnes), $d = 5300$ (ein älterer Bruder erhält 5.300 € mehr als sein nächst jüngerer Bruder) und $n = 5$ (Anzahl der Brüder) folgt:

$$s_n = \frac{5}{2} \cdot (2 \cdot 12000 + (5-1) \cdot 5300) = 113000.$$

Demzufolge betrug das vom Vater hinterlassene Erbe 113.000 €.

Lösung zur Aufgabe 15. Streng monoton fallend bedeutet, dass die Folgenglieder a_{n+1} immer kleiner sind als a_n und damit gilt auch $a_{n+1} - a_n < 0$. Setzt man in diese Beziehung die entsprechenden Folgenglieder ein, so muss gelten:

$$\frac{2}{2+n+1} - \frac{2}{2+n} < 0 \implies \frac{2}{3+n} - \frac{2}{2+n} = \frac{2(2+n) - 2(3+n)}{(3+n)(2+n)} < 0$$

$$\implies \frac{4+2n-6-2n}{(3+n)(2+n)} = \frac{-2}{(3+n)(2+n)} < 0$$

Die Beziehung ist also erfüllt, und die Differenz $a_{n+1} - a_n$ ist immer kleiner null für $n \in \mathbb{N}$. Die angegebene Folge ist infolgedessen streng monoton fallend.

Wenn die Folge nach unten durch die Null beschränkt ist, bedeutet dies, dass $a_n > 0$ für alle $n \in \mathbb{N}$ sein muss. Um dies zu zeigen, kann das Verfahren der vollständigen Induktion angewendet werden. Da die Aussage $a_n > 0$ für den kleinsten Wert $n = 1$ zutrifft, ist der Induktionsanfang bestätigt, denn $a_1 = \frac{2}{2+1} = \frac{1}{3}$, also größer 0. Da für $n = 1$ die Aussage $a_n > 0$ gültig war, wird nun im nächsten Induktionsschritt gezeigt, dass auch für $n + 1$ die Aussage $a_n > 0$ zutrifft. Dies ist der Fall, denn $a_{n+1} = \frac{2}{2+n+1} = \frac{2}{3+n}$ ist für jedes $n \in \mathbb{N}$ auch größer 0. Damit wäre bewiesen, dass die Folge nach unten durch die 0 beschränkt ist.

4.2.4 Lösungen zum Abschnitt 2.4 – Finanzmathematik zur Bewertung positiver und negativer Zahlungsströme

Lösung zur Aufgabe 1. Bei der Abschreibung der IT-Ausstattung handelt es sich um eine geometrisch degressive Abschreibung mit einem Buchwert am Ende des k-ten Jahres von $K_k = K_0 \cdot (1-i)^k$. Die Abschreibungsrate bestimmt sich durch die Gleichung $r_k = K_0 \cdot (1-i)^{k-1} \cdot i$. Mit den Werten $K_0 = 40000$, $k = 4$ und $i = 0{,}13$ folgt für $K_4 = 40000 \cdot (1-0{,}13)^4 \approx 22915{,}90$ und für $r_4 = 40000 \cdot (1-0{,}13)^3 \cdot 0{,}13 \approx 3424{,}22$.

Also liegt die Abschreibungsrate bei 3.424,22 € und der Buchwert bei 22.915,90 €.

Lösung zur Aufgabe 2. Das Bremer Unternehmen schreibt seine IT-Ausstattung arithmetisch degressiv ab, d. h. es gilt für den Buchwert $K_k = K_0 - \frac{k}{2} \cdot (2r_1 - (k-1) \cdot d)$. Mit den Werten $K_0 = 40000$, $r_1 = 12000$, $d = 2000$ und $k = 4$ folgt für $K_4 = 40000 - \frac{4}{2} \cdot (2 \cdot 12000 - (4-1) \cdot 2000) = 4000$.

Demnach hat die IT-Ausstattung nach vier Jahren einen Buchwert von 4.000 €.

Lösung zur Aufgabe 3. Der Zeitraum vom 01. Januar 2007 bis zum 31. Dezember 2018 umfasst genau 12 Jahre. Damit sind die Variablen mit $n = 12$, $i = 0{,}05$ und $K_{12} = 10000$ bekannt, und es kann mit der Gleichung für die einfache Verzinsung $K_n = K_0 \cdot (1 + n \cdot i)$ das Anfangskapital K_0 berechnet werden:

$$K_0 = \frac{K_n}{(1+ni)} = \frac{10000}{(1+12 \cdot 0{,}05)} = \frac{10000}{(1+0{,}6)} = \frac{10000}{1{,}6} = 6250.$$

Das Anfangskapital K_0 betrug demnach 6.250 €.

Lösung zur Aufgabe 4. Die Gleichung für die einfache Verzinsung $K_n = K_0 \cdot (1+n \cdot i)$ muss nach der gesuchten Variablen i aufgelöst werden. Einsetzen der Werte für $K_0 = 4.000$, $n = 4$ und $K_4 = 4.600$ ergibt dann:

$$K_n = K_0 \cdot (1 + n \cdot i) \implies i = \frac{1}{n} \cdot \left(\frac{K_n}{K_0} - 1\right) = \frac{1}{4} \cdot \left(\frac{4600}{4000} - 1\right) = 0{,}0375.$$

Aus $i = 0{,}0375$ folgt für den Zins $p = 3{,}75\,\%$.

Lösung zur Aufgabe 5. Bundesobligationen sind Schuldverschreibungen und damit verzinsliche Wertpapiere. Der Nominalzins von 6 % bezieht sich auf den Nominalwert der Bundesobligationen in Höhe von 10.000 €, und damit liegen die jährlich über 10 Jahre auszuzahlenden Zinsen bei 600 €. Bei einem Ausgabekurs von 98 % und einer anfallenden Provision von 1,1 % bezogen auf den Ausgabekurs sind für dieses Wertpapier (9.800 + 107,80) € = 9.907,80 € zu entrichten. Dieses Kapital K_0 wird somit am Anfang investiert und man erhält jährlich 600 € Zinsen (einfache Verzinsung) und nach 10 Jahren dann auch den Nominalwert von 10.000 € ausgezahlt. Diese Zusammenhänge lassen sich mit einem Zeitstrahl wie folgt darstellen:

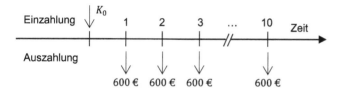

Aus der Gleichung für die einfache Verzinsung $K_n = K_0 \cdot (1 + n \cdot i)$ bestimmt sich der Zinssatz zu $i = \frac{1}{n}(\frac{K_n}{K_0} - 1)$. Setzt man die Werte für den Barwert $K_0 = 9.907{,}80$, für die Laufzeit $n = 10$ und für das Endkapital $K_{10} = 10000 + 6000 = 16000$ ein, berechnet sich i zu $0{,}0615$. D. h. der Effektivzins des eingesetzten Kapitals beträgt bei einfacher Verzinsung demnach 6,15 %.

Lösung zur Aufgabe 6. Für das Auto müssen 6.000 € angezahlt werden ($\hat{=}$ 25 % von 24.000 €) und so bleibt noch eine Restkaufsumme über 18.000 € zu finanzieren. Die Tilgung soll durch 36 monatliche Raten in Höhe von 500 € erfolgen. Zusätzlich fallen monatlich 0,5 % Zinsen bezogen auf die Restkaufsumme an ($\hat{=}$ 90 € monatlich).

Das Auto wird also durch 36 Monatsraten von jeweils 590 € finanziert. Über die gesamte Laufzeit sind daher Zinsen in Höhe von $36 \cdot 90\,€ = 3.240\,€$ und Tilgungen in Höhe von $36 \cdot 500\,€ = 18.000\,€$ zu zahlen. Dabei fallen im ersten Monat Zinsen in Höhe von $\frac{90}{18000} \hat{=} 0{,}5\,\%$ an, im zweiten Monat von $\frac{90}{17500} \hat{=} 0{,}514\,\%$, im dritten Monat von $\frac{90}{17000} \hat{=} 0{,}529\,\%$ usw. Im letzten Monat sind dann $\frac{90}{500} \hat{=} 18\,\%$ Zinsen für die Autofinanzierung fällig.

Die monatlichen Restschulden entsprechen also einer arithmetischen Folge mit den Folgengliedern von $a_1 = 18000$ bis $a_{36} = 500$. Für die arithmetische Reihe folgt $s_n = \frac{36}{2} \cdot (18000 + 500) = 333000$, und relativ zu dieser Summe berechnet sich der Effektivzinssatz bei einfacher Verzinsung zu 0,973 % ($\hat{=} \frac{36 \cdot 90}{333000}$). Bezogen auf ein Jahr ($\hat{=}$ 12 Monate) liegt der Effektivzins somit bei 11,68 %. Der Effektivzins ist hier deshalb so hoch, weil die Zinsen auf die Restkaufsumme und nicht auf die Restschuld bezogen werden.

Lösung zur Aufgabe 7. Mit der Gleichungen für den Zinseszins $K_n = K_0 \cdot (1 + i)^n$, für die einfache Verzinsung $K_n = K_0 \cdot (1 + n \cdot i)$ sowie den Werten $K_0 = 5000$, $i = 0{,}03$ und $n = 10$ lassen sich die entsprechenden Endkapitalwerte sowie die Differenz der beiden Endkapitalwerte wie folgt bestimmen:

$$K_{10} = 5000 \cdot (1 + 0{,}03)^{10} \approx 6719{,}58 \quad \text{bzw.} \quad K_{10} = 5000 \cdot (1 + 10 \cdot 0{,}03) = 6500.$$

Damit ist erwartungsgemäß das Endkapital bei einfacher Verzinsung um 219,58 € niedriger als bei einer Kapitalisierung der Zinsen, die dem Kapital zugeschlagen werden.

Lösung zur Aufgabe 8. Zur Bestimmung des Zinssatzes ist die Zinseszinsgleichung nach der Variablen i aufzulösen. Mit den gegebenen Werten für $n = 7$, für $K_0 = 5500$ und für $K_7 = 7325{,}24$ kann der Wert für i berechnet werden:

$$K_n = K_0 \cdot (1 + i)^n \quad \Longrightarrow \quad i = \sqrt[n]{\frac{K_n}{K_0}} - 1 \quad \text{also} \quad i = \sqrt[7]{\frac{7325{,}24}{5500}} - 1 \approx 0{,}0418.$$

Das Anfangskapital von 5.500 € wurde demnach über den Zeitraum von 7 Jahren zu 4,18 % verzinst.

Lösung zur Aufgabe 9. Ausgangspunkt zur Bestimmung der Jahre ist die Zinseszinsgleichung, die jetzt nach der Variablen n aufgelöst werden muss. Mit dem angegebenen Zins von 6 % folgt für $i = 0{,}06$ (also ist der Zinsfaktor $q = 1{,}06$), und mit der Tatsache, dass jetzt $K_n = 2 \cdot K_0$ ist, folgt:

$$K_n = K_0 \cdot (1 + i)^n \quad \Longrightarrow \quad \ln\left(\frac{K_n}{K_0}\right) = n \cdot \ln(1 + i) \quad \Longrightarrow \quad n = \frac{\ln K_n - \ln K_0}{\ln q}.$$

Demzufolge ist $n = \frac{\ln 2}{\ln 1{,}06} \approx 11{,}9$, und somit verdoppelt sich das Kapital K_0 nach ca. 11,9 Jahren.

Lösung zur Aufgabe 10. Mit der Zinseszinsgleichung $K_n = K_0 \cdot (1 + i)^n$ und den Werten für $K_0 = 5000$, für $i = 0{,}0075$ sowie den nun $n = 40$ Zeitperioden, was den 10 Jahren Laufzeit entspricht ((10 Jahre)/((1/4) Jahr) $= 10 \cdot 4 = 40$), ergibt sich das Endkapital zu $K_{40} = 5000 \cdot (1+0{,}0075)^{40} \approx 6741{,}74$. Somit wird ein bei einer vierteljährlichen Verzinsung von 0,75 % nach 10 Jahren ein Endkapital von 6.741,74 € erzielt.

Zur Berechnung des effektiven Jahreszinses wird jetzt mit $n = 10$ Jahren gerechnet. Mit dem Zusammenhang $5000 \cdot (1 + i)^{10} = 6741{,}74$ bestimmt sich der Zinssatz zu $i = \sqrt[10]{6741{,}74/5000} - 1 \approx 1{,}03034$. Dies entspricht demzufolge einem effektiven Zins von 3,034 % bei einer jährlichen Verzinsung des Kapitals.

Lösung zur Aufgabe 11. Mit der Gleichung für die Ratenzahlung bei nachschüssiger Verzinsung $K_n = r \cdot q \cdot (1-q^n)/(1-q)$ und den Werten $r = 2000$, $n = 7$ und $i = 0,025$ (also $q = 1,025$) folgt für $K_7 = 2000 \cdot 1,025 \cdot (1 - 1,025^7)/(1 - 1,025) \approx 15472,23$.

Auf dem Bausparvertrag wurde demnach ein Kapital von 15.472,23 € angespart.

Lösung zur Aufgabe 12. Die Gleichung für die Ratenzahlung bei nachschüssiger Verzinsung muss jetzt nach der Variablen n aufgelöst werden. Mit den Werten für $r = 2000$, $i = 0,02$ und $K_n = 0,4 \cdot 30000 = 12000$ berechnet sich die Laufzeit n wie folgt:

$$K_n = r \cdot q \cdot \frac{1-q^n}{1-q} \implies \frac{K_n}{r \cdot q} \cdot (1-q) = 1 - q^n$$

$$\implies q^n = 1 - \frac{K_n}{r \cdot q} \cdot (1-q) \implies n \cdot \ln q = \ln\left(1 - \frac{K_n}{r \cdot q} \cdot (1-q)\right)$$

$$\implies n = \frac{\ln(1 - \frac{K_n}{r \cdot q} \cdot (1-q))}{\ln q} \implies n = \frac{\ln(1 - \frac{12000}{2000 \cdot 1,02} \cdot (1 - 1,02))}{\ln 1,02} \approx 5,62.$$

Der Bausparvertrag ist somit nach 5,62 Jahren zu 40 % der Bausparsumme angespart.

Lösung zur Aufgabe 13. Der Rentenbarwert R_0' für die vorschüssige Rente wird durch die Gleichung $R_0' = r' \cdot (1-v^n)/(1-v)$ bestimmt. Mit dem Diskontierungsfaktor $v = \frac{1}{q} = \frac{1}{1+i}$ und den Werten für $r' = 12000$, $n = 15$ und $i = 0,05$ bestimmt sich der Rentenbarwert zu

$$R_0' = 12000 \cdot \frac{1 - (\frac{1}{1,05})^{15}}{1 - (\frac{1}{1,05})} \approx 130783,69.$$

Demzufolge kostet diese vorschüssige Rente 130.783,69 €.

Lösung zur Aufgabe 14. Um aus der nachschüssigen Rente $R_0 = r \cdot v \cdot \frac{1-v^n}{1-v}$ die Laufzeit der Rente zu bestimmen, muss die Gleichung nach der Variablen n umgestellt werden. Durch Einsetzen der Werte für $R_0 = 100000$, $r = 12000$ und für $v = \frac{1}{1+i} = \frac{1}{1,06}$ bestimmt sich n wie folgt:

$$R_0 = r \cdot v \cdot \frac{1-v^n}{1-v} \implies \frac{R_0}{r \cdot v} \cdot (1-v) = 1 - v^n$$

$$\implies v^n = 1 - \frac{R_0}{r \cdot v} \cdot (1-v) \implies n \cdot \ln v = \ln\left(1 - \frac{R_0}{r \cdot v} \cdot (1-v)\right)$$

$$\implies n = \frac{\ln(1 - \frac{R_0}{r \cdot v} \cdot (1-v))}{\ln v} \implies n = \frac{\ln(1 - \frac{100000}{12000 \cdot \frac{1}{1,06}} \cdot (1 - \frac{1}{1,06}))}{\ln(\frac{1}{1,06})} \approx 11,9.$$

Die nachschüssige Rente kann 11,9 Jahre lang gezahlt werden.

Lösung zur Aufgabe 15. Das am 01.01.2004 eingezahlte Kapital K_0 wird bis zum 01.01.2016 – also für 12 Jahre – zu 7 % angelegt. Nach 12 Jahren weist ihr Konto daher ein Kapital von $K_{12} = K_0 \cdot 1,07^{12}$ auf. Da dieses Kapital K_{12} nun in Form einer vorschüssigen Rente

r' ausgezahlt werden soll, entspricht K_{12} dem vorschüssigen Rentenbarwert R'_0. Diese vorschüssige Rente r' wird dann über eine Laufzeit von 10 Jahren bis zum 01.01.2016 ausgezahlt. Nachfolgender Zeitstrahl stellt diese Ein- und Auszahlungsaktivitäten graphisch dar.

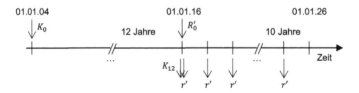

Es lässt sich also mit den Werten $q = 1{,}07$, $v = \frac{1}{1{,}07}$ und $r' = 2000$ sowie den entsprechenden Laufzeiten für die Ansparung und für die Rente von 12 respektive 10 Jahren das gesuchte Kapital K_0 wie folgt berechnen:

$$K_0 \cdot q^{12} = r' \cdot \frac{1 - v^{10}}{1 - v} \implies K_0 = \frac{1}{q^{12}} \cdot r' \cdot \frac{1 - v^{10}}{1 - v}$$

also

$$K_0 = \frac{1}{1{,}07^{12}} \cdot 2000 \cdot \frac{1 - (\frac{1}{1{,}07})^{10}}{1 - \frac{1}{1{,}07}} \approx 6673{,}71.$$

Sie mussten somit am 01.01.2004 ein Kapital in Höhe von 6.673,71 € auf ihr Konto einzahlen.

Lösung zur Aufgabe 16. Der Arbeiter soll eine vorschüssige Rente in Höhe von $r' = 2.400$ € seitens seines Arbeitgebers erhalten. Mit der Gleichung für die vorschüssige Rente $R'_0 = r' \cdot \frac{1 - v^n}{1 - v}$ und den Werten für die Laufzeit $n = 20$ ($\hat{=}$ der Anzahl der auszuzahlenden Renten) sowie für den Zins von 5,5 % (also ist $v = \frac{1}{1{,}055}$) kann der Rentenbarwert berechnet werden. Es folgt:

$$R'_0 = r' \cdot \frac{1 - v^n}{1 - v} \implies R'_0 = 2400 \cdot \frac{1 - (\frac{1}{1{,}055})^{20}}{1 - \frac{1}{1{,}055}} \approx 30258{,}37.$$

Der Arbeitgeber hat also eine Abfindung in Höhe von 30.258,37 € zu leisten.

Lösung zur Aufgabe 17. Mit der Gleichung für die Annuität $a = S_0 \cdot q^n \cdot \frac{1-q}{1-q^n}$ und den Werten $S_0 = 200000$, $n = 30$ und $q = 1{,}06$ kann die gesuchte Annuität a bestimmt werden:

$$a = S_0 \cdot q^n \cdot \frac{1 - q}{1 - q^n} \implies a = 200000 \cdot 1{,}06^{30} \cdot \frac{1 - 1{,}06}{1 - 1{,}06^{30}} \approx 14529{,}78.$$

Die Annuität für die Hypothek beträgt demnach 14.529,78 €.

Lösung zur Aufgabe 18. Der Kapitalwert C_0 bestimmt sich durch die Barwerte der Einnahmeüberschüsse ($E_0 - K_0$) in Bezug auf die Anschaffungskosten A. Mit den angegebenen Einnahmen- und Kosten, dem Anschaffungswert $A = 8000\,€$ sowie dem Zinsfaktor $q = 1{,}09$ folgt:

$$C_0 = E_0 - K_0 - A - K_0 = -A + \sum_{t=1}^{T} \frac{(e_t - k_t)}{q^t}$$

$$C_0 = -8000 + \frac{(7000 - 5000)}{1{,}09^1} + \frac{(6000 - 4000)}{1{,}09^2} + \frac{(7000 - 4000)}{1{,}09^3} + \frac{(7000 - 4000)}{1{,}09^4}$$

$$\approx -39{,}95.$$

Infolgedessen lohnt sich die Investition nicht, denn der Kapitalwert ist mit $-39{,}95\,€$ negativ.

Lösung zur Aufgabe 19. Mit den Werten $q = 1{,}05$, $A = 23000$ und $(E_0 - K_0) = 4000$ lässt sich der Kapitalwert C_0 nach sechs Jahren unter Berücksichtigung des noch zu diskontierenden Restwertes von 5000 € wie folgt berechnen:

$$C_0 = -23000 + \frac{4000}{1{,}05^1} + \frac{4000}{1{,}05^2} + \ldots + \frac{4000}{1{,}05^6} + 5000 \cdot \frac{1}{1{,}05^6} \approx 1034{,}37.$$

Die Investition lohnt sich, da der Kapitalwert mit 1.034,37 € größer als 0 ist.

Lösung zur Aufgabe 20. Es gilt $K_n = K_0 \cdot (1+i)^n = K_0 \cdot q^n$. Mit den Werten für $K_0 = 2500$ und $i = 0{,}075$ (also $q = 1{,}075$) bestimmt sich die Laufzeit n zu

$$3 \cdot 2500 = 2500 \cdot 1{,}075^n \quad \Longrightarrow \quad n = \frac{\ln 3}{\ln 1{,}075} \approx 15{,}2$$

Demnach hat sich ein Kapital K_0, welches zu 7,5 % p. a. verzinst wird, nach rund 15,2 Jahren verdreifacht.

Lösung zur Aufgabe 21.
(a) Bei der Abschreibung handelt es sich um eine arithmetisch degressive Abschreibung, da der Abschreibungsbetrag je Nutzungsjahr um den gleichen Betrag fällt.
(b) Mit der Gleichung $K_k = K_0 - \frac{k}{2} \cdot (2r_1 - (k-1) \cdot d)$ für die arithmetisch degressive Abschreibung und den gegebenen Werten für $K_0 = 3000$, $r_1 = 800$ und $d = 150$ bestimmen sich die gesuchten Buchwerte zu

$$K_1 = 3000 - \frac{1}{2} \cdot (2 \cdot 800 - (1-1) \cdot 150) = 2200 \quad \text{und}$$

$$K_5 = 3000 - \frac{5}{2} \cdot (2 \cdot 800 - (5-1) \cdot 150) = 500.$$

Ergo beträgt der Buchwert nach einem Jahr der Nutzung 2.200 €, und nach fünf Jahren liegt der Buchwert bei 500 €.

Lösung zur Aufgabe 22. Um den effektiven Jahreszins für das Bankangebot zu bestimmen, werden nachfolgend drei Lösungsmöglichkeiten aufgezeigt:

Erste Möglichkeit
Es gilt, dass „früh gezahlte" Raten für den Empfänger der Raten besser sind als „spät gezahlte" Raten. Unter Hinzuziehung der Zinseszinsgleichung lassen sich die Raten also kapitalisieren (aufzinsen). Ebenso macht es einen Unterschied, ob ein Kredit heute oder in einem Jahr aufgenommen wird, d. h. auch die Kreditwerte können kapitalisiert werden:

	heute	nach dem ersten Jahr	nach dem zweiten Jahr
Kreditwert	5.000	$5.000 \cdot q$	$5.000 \cdot q^2$
Ratenwert		2.800	$2.800 \cdot q$

Nach Ablauf der zwei Jahre muss also die Summe der aufgezinsten Raten dem aufgezinsten Kreditwert entsprechen, also $2.800 + 2.800 \cdot q = 5.000 \cdot q^2$. Aus dieser quadratischen Gleichung kann mithilfe der p, q-Formel der Zinsfaktor q bestimmt werden. Er berechnet sich zu $q \approx 1{,}079$. Also liegt dem Angebot ein effektiver Jahreszins von 7,9 % zu Grunde.

Zweite Möglichkeit
Der Zins kann auch über den Barwert einer nachschüssigen Rente (erste Rate wird am Ende des ersten Jahres gezahlt, die Rate des Kunden entspricht der Rente der Bank) $R_0 = r \cdot v \cdot \frac{1-v^n}{1-v}$ berechnet werden. Mit den entsprechenden Werten für $R_0 = 5.000, n = 2$ und $r = 2.800$ ergibt sich $5.000 = 2.800 \cdot v \cdot \frac{1-v^2}{1-v}$. Diese Gleichung lässt sich wie folgt umformen:

$$5.000 = 2.800 \cdot v \cdot \frac{1-v^2}{1-v} \implies 5.000 = 2.800 \cdot v \cdot \frac{(1-v) \cdot (1+v)}{1-v}$$
$$\implies 5.000 = 2.800 \cdot v \cdot (1+v)$$
$$\implies 5.000 = 2.800 \cdot \frac{1}{q} \cdot \left(1 + \frac{1}{q}\right)$$
$$\implies 5.000 \cdot q = 2.800 \cdot \left(1 + \frac{1}{q}\right)$$
$$\implies 5.000 \cdot q^2 = 2.800 \cdot q + 2.800.$$

Damit erhält man dieselbe quadratische Gleichung, wie sie bei der Lösungsmöglichkeit (i) auftrat. Also ist auch hier der Zinsfaktor q gleich groß, und der effektive Jahreszins liegt ebenso bei 7,9 %.

Dritte Möglichkeit
Eine weitere Lösungsmöglichkeit bietet die Tilgungsrechnung. Nach zwei Jahren soll die Schuld S_2 getilgt sein, und mit der Gleichung $S_0 \cdot q^n = a \cdot (1-q^n)/(1-q)$ und den Werten für $S_0 = 5.000$ als Kreditwert und $a = 2.800$ für die Rate folgt mit $(1-q^2)/(1-q) = 1+q$ wieder eine Beziehung, die zur selben quadratischen Gleichung, wie bei den beiden anderen Lösungsmöglichkeiten, führt. Also ergibt sich auch hier als Lösung, dass der effektive Jahreszins bei 7,9 % liegt.

Lösung zur Aufgabe 23. Die Abschreibung der Möbel und Beamer erfolgt hier geometrisch degressiv, d. h. es gilt für den Restwert $K_k = K_0 \cdot (1 - i)^k$. Mit den angegebenen Werten für $i = 0{,}15$, $k = 3$ und $K_3 = 42988{,}75$ lässt sich K_0 berechnen, und es ergibt sich $42988{,}75 = K_0 \cdot (1 - 0{,}15)^3 = 70000$.

Die Ausstattungskosten der Seminarräume lagen somit bei 70.000 €.

Lösung zur Aufgabe 24.
(a) Mit dem Zinssatz von 10 % und einer Kreditaufnahme von 100.000 € sieht der Tilgungsplan über 6 Jahre wie folgt aus:

	Restschuld Jahresbeginn	Zinsen Jahresende	Restschuld plus Zinsen	Tilgung	Annuität	Restschuld Jahresende
Jahr 1	100.000 €	10.000 €	110.000 €	0 €	10.000 €	100.000 €
Jahr 2	100.000 €	10.000 €	110.000 €	0 €	10.000 €	100.000 €
Jahr 3	100.000 €	10.000 €	110.000 €	20.000 €	30.000 €	80.000 €
Jahr 4	80.000 €	8.000 €	88.000 €	30.000 €	38.000 €	50.000 €
Jahr 5	50.000 €	5.000 €	55.000 €	0 €	5.000 €	50.000 €
Jahr 6	50.000 €	5.000 €	55.000 €	50.000 €	55.000 €	0 €

(b) Die Barwertsumme der Annuitäten beträgt natürlich 100.000 €, da sie sich durch Diskontierung aller Annuitäten, also jeglicher Zahlungen, ergibt. Diese muss nach dem Äquivalenzprinzip der anfänglichen Kreditsumme entsprechen.

Lösung zur Aufgabe 25. Die Gleichung für den Barwert der Erträge lautet

$$E_0 = \frac{e_1}{q} + \frac{e_2}{q^2} + \frac{e_3}{q^3} + \ldots + \frac{e_T}{q^T} = \sum_{t=1}^{T} \frac{e_t}{q^t}$$

und so lässt sich ein Investitionsplan für die beiden Alternativen wie folgt erstellen (Zinssatz 10 %):

Erste Alternative

	Investitionsauszahlung/€	Einzahlungsüberschüsse in den Jahren 1 bis 5 in €				
nominell	80.000	23.000	30.000	39.000	37.000	48.000
real	80.000	20.909,09	24.793,39	29.301,28	25.271,50	29.804,22

Kapitalwert $E_0 - A = 130.079{,}48 - 80.000{,}00 = 50.079{,}48$

Zweite Alternative

	Investitionsauszahlung/€	Einzahlungsüberschüsse in den Jahren 1 bis 5 in €				
nominell	124.400	50.000	52.000	30.000	33.000	34.000
real	124.400	45.454,55	42.975,21	22.539,44	22.539,44	21.111,33

Kapitalwert $E_0 - A = 154.619{,}97 - 124.400{,}00 = 30.219{,}97$

(a) Die erste Alternative ist zu bevorzugen, da sich dort ein um 19.859,51 € höherer Kapitalwert ergibt.
Hinweis: Der Kapitalwert C_0 kann natürlich auch zu jedem anderen Zeitpunkt berechnet werden, z. B. wäre der Kapitalwert nach drei Jahren 50.079,48 € $\cdot$ 1,1³ = 66.655,79 €. Wichtig ist, dass der Kapitalwert positiv ist, damit sich die Investition lohnt. Es ist klar, dass unter der Annahme, dass ein Kapitalwert zu einem bestimmten Zeitpunkt positiv ist, auch alle anderen Kapitalwerte zu anderen Zeitpunkten positiv sind, da nur (dis)kontiert wird.
(b) Die Investitionsauszahlung muss um die eben genannten 19.859,51 € sinken, dann wären die beiden Kapitalwerte identisch. Dies gilt natürlich nur, wenn die Investitionsauszahlung in dem Zeitpunkt fällig wird, in dem auch der Kapitalwert berechnet wird. Wäre dies nicht der Fall, muss die Auszahlung oder der Kapitalwert entsprechend des zeitlichen Unterschiedes der Berechnung in Jahren diskontiert werden.
(c) Der Einzahlungsüberschuss im dritten Jahr muss geringer ausfallen, denn:
Ausführlich: Sei $u_t = e_t - k_t$ der Einzahlungsüberschuss im Jahr t. Gesucht ist also ein u_3, so dass $C_0 = 30.219{,}97$ € gilt. Umstellen der Formel nach u_3 und Einsetzen der bereits diskontierten (realen) Werte ergibt:

$$u_3 = \left(C_0 + A - \sum_{t=1;2;3;4;5} \frac{u_t}{q^t}\right) \cdot q^3$$

$$= (30.219{,}97 + 80.000{,}00 - 20.909{,}09 - 24.793{,}39$$

$$- 25.271{,}50 - 29.804{,}22) \cdot 1{,}1^3$$

$$\approx 12.566{,}99$$

Kurz: Dreimaliges Kontieren der Differenz zwischen den beiden Kapitalwerten 50.079,48 € ergibt die bereits genannten 19.859,51 €:

$$19.859{,}51\ \text{€} \cdot 1{,}1^3 = 26.433{,}01\ \text{€}$$

Abziehen von dem wahren $u_3 = 39.000{,}00$ € ergibt 12.566,99 €.

Lösung zur Aufgabe 26. Da der Diskontierungsfaktor der reziproke Wert des Zinsfaktors ist gilt $v = \frac{1}{q}$. Setzt man diese Beziehung in die Formel $R_0 = r \cdot v \cdot \frac{1-v^n}{1-v}$ ein, so folgt für die nachschüssige Rente R_0 in Abhängigkeit von q:

$$R_0 = r \cdot \frac{1}{q} \cdot \frac{1-(\frac{1}{q})^n}{1-\frac{1}{q}} = \frac{r \cdot \frac{q^n-1}{q^n}}{q-1} = r \cdot \frac{q^n-1}{q^n \cdot (q-1)}$$

Lösung zur Aufgabe 27. Mit der Gleichung für die stetige Verzinsung $K_n = K_0 \cdot e^{i \cdot n}$ ergibt sich nach Einsetzen der entsprechenden Werte ein Endkapital nach acht Jahren von $K_8 = 5.000 \cdot e^{0{,}09 \cdot 8} \approx 10.272{,}17$. Bei Anwendung der Zinseszinsrechnung ergibt sich dagegen ein Endkapital von $K_8 = 5.000 \cdot 1{,}09^8 \approx 9.962{,}81$. Somit liegt der Wert für das Endkapital bei stetiger Verzinsung um 309,36 € höher als bei einer jährlichen Verzinsung.

Lösung zur Aufgabe 28. Entsprechend der Zinseszinsgleichung lässt sich der Zinsfaktor q durch $q = 1 + i = \sqrt[n]{K_n/K_0}$ bestimmen. Mit den entsprechenden Werten berechnet sich i zu $\sqrt[6]{3000/2000} \approx 1{,}0699$. Damit lag der Zins bei 7 %.

Lösung zur Aufgabe 29. Die Annuität berechnet sich durch die Summe von Zins und Tilgung. Da die jährliche Tilgung bei 8.000 € ($\widehat{=}$ 40.000 €/5) liegt, ergibt sich folgender Tilgungsplan:

	Restschuld/€	Tilgung/€	Zinsen/€	Annuität/€
Jahr 1	40.000	8.000	2.800	10.800
Jahr 2	32.000	8.000	2.240	10.240
Jahr 3	24.000	8.000	1.680	9.680
Jahr 4	16.000	8.000	1.120	9.120
Jahr 5	8.000	8.000	560	8.560

Lösung zur Aufgabe 30. Mit der Relation $q = \frac{1}{v}$ bestimmt sich die vorschüssige Rente R'_0 zu

$$R'_0 = r' \cdot \frac{1}{v} \cdot \frac{(\frac{1}{v})^n - 1}{(\frac{1}{v})^n \cdot (\frac{1}{v} - 1)} = r' \cdot \frac{1-(\frac{1}{v})^{-n}}{1-v} = r' \cdot \frac{1-v^n}{1-v}$$

4.2.5 Lösungen zum Abschnitt 2.5 – Vektoren und Matrizen zur Strukturierung großer Datenmengen

Lösung zur Aufgabe 1.
(a) $a_{15} = -6, a_{34} = 7, a_{43} = 2, a_{52} = -4, a_{41} = 2$
(b) $\sum_{i=1}^{5} a_{i2} = 4 + 5 - 3 + 5 - 4 = 7, \quad \sum_{j=1}^{5} a_{2j} = -2 + 5 + 2 - 8 + 5 = 2$

Lösung zur Aufgabe 2.

$$A^{\mathrm{T}} = \begin{pmatrix} -3 & 4 \\ 2 & 1 \\ 8 & -7 \end{pmatrix}, \quad B^{\mathrm{T}} = \begin{pmatrix} 5 & 6 & 2 \\ 17 & 12 & -9 \\ -2 & 3 & 14 \\ 29 & 18 & -32 \end{pmatrix}, \quad C^{\mathrm{T}} = \begin{pmatrix} 12 & -7 & 34 \\ 8 & 9 & 2 \\ 16 & -7 & -3 \end{pmatrix}$$

Lösung zur Aufgabe 3.

$$A = \begin{pmatrix} 1 & 5 & -1 & 4 & 9 \\ 5 & 2 & 2 & 0 & 8 \\ -1 & 2 & 6 & 1 & 7 \\ 4 & 0 & 1 & 0 & 7 \\ 9 & 8 & 7 & 7 & 3 \end{pmatrix}, \quad B = \begin{pmatrix} 5 & 1 & 3 & 2 \\ 1 & 2 & 0 & a \\ 3 & 0 & d & b \\ 2 & a & b & c \end{pmatrix} \quad \text{mit} \quad a, b, c, d \in \mathbb{R}$$

Lösung zur Aufgabe 4. Die Determinante der Matrix A ergibt sich zu $\det A = 0 + 42 + 30 - 48 - 0 - 3a = 24 - 3a$. Wenn nun $\det A = 0$ sein soll, muss demnach $24 - 3a = 0$ sein. Demzufolge berechnet sich der Parameter zu $a = 8$.

Lösung zur Aufgabe 5. Die Determinante der Matrix A bestimmt sich zu $\det A = (a - 2)(a - 1) \cdot 1 + 0 + 0 - 0 - 0 - 0 = a^2 - 3a + 2$. Wenn diese Determinante 0 sein soll, dann muss entsprechend die quadratische Gleichung $a^2 - 3a + 2$ gleich 0 sein. Demzufolge gibt es für den Wert von a zwei Lösungen, nämlich $a = 2$ oder $a = 1$.

Lösung zur Aufgabe 6. Die Summe $A + B$ berechnet sich zu

$$\begin{pmatrix} 4 & 7 & 10 & 10 \\ 14 & 4 & 2 & 9 \\ 10 & 10 & 12 & 11 \end{pmatrix},$$

die Differenz $A - B$ ergibt

$$\begin{pmatrix} 2 & 1 & 0 & 2 \\ 0 & 0 & -2 & -7 \\ -2 & 8 & -6 & 5 \end{pmatrix}$$

und

$$B - A = \begin{pmatrix} -2 & -1 & 0 & -2 \\ 0 & 0 & 2 & 7 \\ 2 & -8 & 6 & -5 \end{pmatrix}.$$

Die Summe $A + C$ ist nicht definiert, da die Matrizen A und C unterschiedlicher Ordnung sind.

Lösung zur Aufgabe 7. Die Matrix C lautet

$$\begin{pmatrix} -2 & 0 \\ 4 & -1 \\ 9 & 9 \end{pmatrix},$$

denn aus $A + B - C = 0$ folgt

$$C = A + B = \begin{pmatrix} 1 & 2 \\ 3 & 4 \\ 5 & 6 \end{pmatrix} + \begin{pmatrix} -3 & -2 \\ 1 & -5 \\ 4 & 3 \end{pmatrix}.$$

Lösung zur Aufgabe 8. Aus den beiden Tabellen lassen sich die verbrauchten Mengen ablesen und als Matrizen

$$\begin{pmatrix} 3 & 5 & 4 \\ 2 & 6 & 1 \\ 0 & 3 & 5 \end{pmatrix} \quad \text{respektive} \quad \begin{pmatrix} 2 & 1 & 0 \\ 3 & 2 & 2 \\ 2 & 1 & 4 \end{pmatrix}$$

schreiben. Aus der Addition dieser Matrizen ergibt sich dann der Gesamtverbrauch in den beiden Monaten je Artikel und je Teilelager zu

$$\begin{pmatrix} 5 & 6 & 4 \\ 5 & 8 & 3 \\ 2 & 4 & 9 \end{pmatrix}.$$

Lösung zur Aufgabe 9.

$$5A = 5 \cdot \begin{pmatrix} 4 & 2 \\ 1 & 0 \end{pmatrix} = \begin{pmatrix} 20 & 10 \\ 5 & 0 \end{pmatrix},$$

$$3A - 2B + C = 3 \cdot \begin{pmatrix} 4 & 2 \\ 1 & 0 \end{pmatrix} - 2 \cdot \begin{pmatrix} 1 & 1 \\ 1 & 1 \end{pmatrix} + \begin{pmatrix} -2 & -1 \\ -3 & -2 \end{pmatrix} = \begin{pmatrix} 8 & 3 \\ -2 & -4 \end{pmatrix}$$

$$-2B = -2 \cdot \begin{pmatrix} 1 & 1 \\ 1 & 1 \end{pmatrix} = \begin{pmatrix} -2 & -2 \\ -2 & -2 \end{pmatrix} \quad \text{und}$$

$$A - 10B - 3C = \begin{pmatrix} 4 & 2 \\ 1 & 0 \end{pmatrix} - 10 \cdot \begin{pmatrix} 1 & 1 \\ 1 & 1 \end{pmatrix} - 3 \begin{pmatrix} -2 & -1 \\ -3 & -2 \end{pmatrix} = \begin{pmatrix} 0 & -5 \\ 0 & -4 \end{pmatrix}.$$

Lösung zur Aufgabe 10. Mit den drei Vektoren $\vec{a}, \vec{b}, \vec{c}$ und der Gleichung $\vec{a}+\lambda\cdot\vec{b}+\nu\cdot\vec{c} = \vec{0}$ resultiert das folgende lineare Gleichungssystem:

$$5 + 1\cdot\lambda + 1\cdot\nu = 0 \quad [1]$$
$$4 + 1\cdot\lambda + 0\cdot\nu = 0 \quad [2]$$
$$-3 + 0\cdot\lambda - 3\cdot\nu = 0 \quad [3]$$

Aus der Gleichung [3] folgt nun, dass $\nu = -1$ ist; und aus der Gleichung [2] ergibt sich λ zu -4. Setzt man diese Werte in Gleichung [1] ein, zeigt sich, dass $5 + (-1) + (-4)$ den geforderten Wert 0 ergibt. Also sind gesuchten Werte $\nu = -1$ und $\lambda = -4$.

Lösung zur Aufgabe 11.

(a)

$$|\vec{a}| = \sqrt{1^2 + 0^2 + 2^2} = \sqrt{5}, \quad |\vec{b}| = \sqrt{1^2 + 0^2 + 3^2} = \sqrt{10}, \quad |\vec{c}| = \sqrt{0^2 + 1^2 + 0^2} = \sqrt{1}$$

(b) In der Gleichung

$$\lambda_1 \cdot \begin{pmatrix} 1 \\ 0 \\ 2 \end{pmatrix} + \lambda_2 \cdot \begin{pmatrix} 1 \\ 0 \\ 3 \end{pmatrix} + \lambda_3 \cdot \begin{pmatrix} 0 \\ 1 \\ 0 \end{pmatrix} = \begin{pmatrix} 0 \\ 0 \\ 0 \end{pmatrix}$$

müssen für die lineare Unabhängigkeit der drei Vektoren alle Faktoren λ_1, λ_2 und λ_3 genau 0 sein. Daraus resultiert das folgende lineare Gleichungssystem

$$\begin{vmatrix} \lambda_1 + & \lambda_2 & & = 0 \\ & & + \lambda_3 & = 0 \\ 2\cdot\lambda_1 + & 3\cdot\lambda_2 & & = 0 \end{vmatrix}$$

welches nur mit den Werten $\lambda_1 = \lambda_2 = \lambda_3 = 0$ zu lösen ist. Demzufolge sind die drei Vektoren $\vec{a}, \vec{b}$ und $\vec{c}$ linear unabhängig.

(c) $\vec{a}^T \cdot \vec{b} = 7$, $\quad \vec{a}^T \cdot \vec{c} = 0$, $\quad \vec{b}^T \cdot \vec{c} = 0$, $\quad \vec{b}^T \cdot \vec{a} = 7$, $\quad \vec{c}^T \cdot \vec{a} = 0$, $\quad \vec{c}^T \cdot \vec{b} = 0$

(d)

$$(\vec{a}^T \cdot \vec{b}) \cdot \vec{c} = \begin{pmatrix} 0 \\ 7 \\ 0 \end{pmatrix}$$

(e)

$$\vec{a}_0 = \begin{pmatrix} \frac{1}{\sqrt{5}} \\ 0 \\ \frac{2}{\sqrt{5}} \end{pmatrix}, \quad \vec{b}_0 = \begin{pmatrix} \frac{1}{\sqrt{10}} \\ 0 \\ \frac{3}{\sqrt{10}} \end{pmatrix} \quad \text{und} \quad \vec{c}_0 = \begin{pmatrix} 0 \\ 1 \\ 0 \end{pmatrix}$$

(f) $\cos\gamma = \frac{7}{\sqrt{5}\cdot\sqrt{10}} = \frac{7}{\sqrt{50}} \approx 0{,}98995 \implies \gamma \approx 8{,}13°$

Lösung zur Aufgabe 12. Der Erlös (Umsatz) bestimmt sich durch das Produkt von Preis und Menge. Im besagten Unternehmen werden vier Produkte mit einem entsprechenden Preis verkauft, so dass sich der Preis- und der Mengenvektor durch

$$\vec{p} = \begin{pmatrix} p_1 \\ p_2 \\ p_3 \\ p_4 \end{pmatrix} \quad \text{und} \quad \vec{x} = \begin{pmatrix} x_1 \\ x_2 \\ x_3 \\ x_4 \end{pmatrix}$$

darstellen lässt. Für die Bestimmung des Erlöses mittels dieser Vektoren ist daher das Skalarprodukt der Vektoren heranzuziehen. Es folgt:

(a) $E = \vec{p}^\mathrm{T} \cdot \vec{x} > E^*$ also

$$(p_1, p_2, p_3, p_4) \cdot \begin{pmatrix} x_1 \\ x_2 \\ x_3 \\ x_4 \end{pmatrix} = p_1 x_1 + p_2 x_2 + p_3 x_3 + p_4 x_4 > E^*$$

(b) $(1,1,1,1) \cdot \vec{x} \geq 1.000$ also

$$(1,1,1,1) \cdot \begin{pmatrix} x_1 \\ x_2 \\ x_3 \\ x_4 \end{pmatrix} = x_1 + x_2 + x_3 + x_4 \geq 1.000$$

Lösung zur Aufgabe 13. Die Transponierte lautet

$$A^T = \begin{pmatrix} 1 & 4 & 1 \\ -1 & 0 & -2 \\ 3 & 2 & 5 \end{pmatrix},$$

und demzufolge ist die Summe

$$A^\mathrm{T} + A = \begin{pmatrix} 2 & 3 & 4 \\ 3 & 0 & 0 \\ 4 & 0 & 10 \end{pmatrix},$$

und das Produkt $A^\mathrm{T} \cdot A$ ist

$$\begin{pmatrix} 18 & -3 & 16 \\ -3 & 5 & -13 \\ 16 & -13 & 38 \end{pmatrix}.$$

Lösung zur Aufgabe 14. Das Produkt $A \cdot B$ bestimmt sich zu

$$\begin{pmatrix} 7x + 3 & 2x^2 + 9x - 5 \\ 2x + 3 & 7x - 4 \end{pmatrix},$$

und das Produkt $B \cdot A$ berechnet sich zu

$$\begin{pmatrix} 9x - 1 & 2x^2 + 7x - 1 \\ 2x + 3 & 5x \end{pmatrix}.$$

Für die Erfüllung der Kommutativität der Matrizenmultiplikation müssen die beiden Produkte identisch sein und daher alle Elemente der Matrizen an den gleichen Stellen auch übereinstimmen. So muss zum einen $7x + 3$ genau so groß sein wie $9x - 1$; dies ist nur für $x = 2$ gegeben. Aus der Gleichsetzung von $2x^2 + 9x - 5$ und $2x^2 + 7x - 1$ folgt ebenso, dass $x = 2$ sein muss. Da die Elemente in der zweiten Zeile und ersten Spalte jeweils $2x + 3$ sind, kann x alle Werte aus $\mathbb{R}$ annehmen. Wenn $7x - 4$ nun noch genau so groß sein muss wie $5x$, folgt daraus, dass auch hier $x = 2$ sein muss.

Infolgedessen ist nur für den Wert $x = 2$ die Kommutativität der beiden Matrizen A und B bzgl. der Multiplikation erfüllt, und die Matrizen lauten konkret

$$A = \begin{pmatrix} 2 & 3 \\ 1 & 1 \end{pmatrix} \quad \text{und} \quad B = \begin{pmatrix} 4 & 9 \\ 3 & 1 \end{pmatrix}.$$

Lösung zur Aufgabe 15. Mit

$$A \cdot B = \begin{pmatrix} 1 & 2 & 3 \\ 1 & 0 & 3 \\ 0 & 3 & 2 \end{pmatrix} \cdot \begin{pmatrix} 2 & 1 & 0 \\ 0 & 2 & 2 \\ 1 & 4 & 4 \end{pmatrix} = \begin{pmatrix} 5 & 17 & 16 \\ 5 & 13 & 12 \\ 2 & 14 & 14 \end{pmatrix}$$

bestimmt sich $\det(A \cdot B)$ zu dem Wert -8, und da $\det A = -4$ folgt für das gesuchte Produkt $5 \cdot \det A \cdot B \cdot \det A = 160$.

4.2.6 Lösungen zum Abschnitt 2.6 – Matrizen und lineare Gleichungssysteme in der Ökonomie

Lösung zur Aufgabe 1. Um die Matrizen- und Vektorrechnung zur Beantwortung der Fragen anwenden zu können, müssen die Tabellen in Matrizen übertragen werden. Hierbei ist unbedingt darauf zu achten, welche ökonomischen Informationen mit den Zeilen und Spalten der Tabellen – und der daraus abgeleiteten Matrizen – verbunden sind. Mit der Matrix A soll eine Beziehung zwischen den fünf Einzelteilen und den vier Baugruppen, und mit der Matrix B eine Beziehung zwischen den vier Baugruppen und den drei Enderzeugnissen hergestellt werden. Demzufolge muss A eine (5×4)-Matrix und B eine (4×3)-Matrix sein. Sie lauten daher

$$A = \begin{pmatrix} 2 & 1 & 3 & 4 \\ 2 & 0 & 5 & 3 \\ 6 & 3 & 4 & 2 \\ 3 & 4 & 0 & 1 \\ 1 & 1 & 1 & 9 \end{pmatrix} \quad \text{und} \quad B = \begin{pmatrix} 3 & 6 & 2 \\ 4 & 1 & 6 \\ 0 & 4 & 5 \\ 8 & 0 & 0 \end{pmatrix}.$$

(a) Werden die Endprodukte in einem Produktionsvektor $\vec{p}^T = (400, 500, 300)$ zusammengefasst, dann bestimmt sich der Gesamtbedarf einzelner Baugruppen durch den Bedarfsvektor $\vec{b}$ wie folgt:

$$\vec{b} = B \cdot \vec{p} = \begin{pmatrix} 3 & 6 & 2 \\ 4 & 1 & 6 \\ 0 & 4 & 5 \\ 8 & 0 & 0 \end{pmatrix} \cdot \begin{pmatrix} 400 \\ 500 \\ 300 \end{pmatrix} = \begin{pmatrix} 4800 \\ 3900 \\ 3500 \\ 3200 \end{pmatrix}$$

Demzufolge werden beispielsweise 4800 Einheiten von der Baugruppe B_1 benötigt, um 400 Erzeugnisse E_1, 500 Erzeugnisse E_2 und 300 Erzeugnisse E_3 herzustellen.

(b) Der Bedarf an Einzelteilen wird durch den Vektor $\vec{x}$ repräsentiert. Er ergibt sich wie folgt:

$$\vec{x} = A \cdot \vec{b} = \begin{pmatrix} 2 & 1 & 3 & 4 \\ 2 & 0 & 5 & 3 \\ 6 & 3 & 4 & 2 \\ 3 & 4 & 0 & 1 \\ 1 & 1 & 1 & 9 \end{pmatrix} \cdot \begin{pmatrix} 4800 \\ 3900 \\ 3500 \\ 3200 \end{pmatrix} = \begin{pmatrix} 36800 \\ 36700 \\ 60900 \\ 33200 \\ 41000 \end{pmatrix}$$

Dieser Bedarf kann auch direkt mit dem Produktionsvektor bestimmt werden, indem man vorab die Produktionsmatrix $C = A \cdot B$ ermittelt und mit dem Produktionsvektor multipliziert. Es folgt:

$$\vec{x} = A \cdot B \cdot \vec{p} = C \cdot \vec{p} = \begin{pmatrix} 42 & 25 & 25 \\ 30 & 32 & 29 \\ 46 & 55 & 50 \\ 33 & 22 & 30 \\ 79 & 11 & 13 \end{pmatrix} \cdot \begin{pmatrix} 400 \\ 500 \\ 300 \end{pmatrix} = \begin{pmatrix} 36800 \\ 36700 \\ 60900 \\ 33200 \\ 41000 \end{pmatrix}$$

Es werden somit 36800 Einzelteile von T_1, 36700 Einzelteile von T_2 usw. benötigt, um 400 Erzeugnisse E_1, 500 Erzeugnisse E_2 und 300 Erzeugnisse E_3 herzustellen.

Lösung zur Aufgabe 2. Die Gleichungen in (a), (b), (c) und (d) sind linear, da die Variablen x_1 bis x_4 jeweils nur in der ersten Potenz und auch keine Produkte dieser Variablen vorkommen. Die Gleichung in (e) ist dagegen nichtlinear, da sie das Produkt $x_1 \cdot x_2$, die Wurzel $\sqrt{x_3}$ und die Potenz x_4^3 beinhaltet.

Lösung zur Aufgabe 3. Zu der gegebenen Matrizengleichung lassen sich zwei lineare Gleichungen formulieren, nämlich die Gleichung $x_1 - 2x_2 + 2x_3 = 12$ und die Gleichung $-x_1 + x_3 = 4$.

Lösung zur Aufgabe 4. Die Matrizengleichung

$$\begin{pmatrix} 1 & -1 & 2 \\ 1 & -1 & -1 \\ -4 & 6 & 2 \end{pmatrix} \cdot \begin{pmatrix} x_1 \\ x_2 \\ x_3 \end{pmatrix} = \begin{pmatrix} 5 \\ -40 \\ 1 \end{pmatrix}$$

spiegelt das lineare Gleichungssystem wider.

Lösung zur Aufgabe 5. Mit den Mengenangaben an den Knoten des Gozintographen ergeben sich die Matrizen

$$\boldsymbol{A} = \begin{pmatrix} 6 & 0 & 0 \\ 8 & 10 & 0 \\ 3 & 7 & 5 \\ 0 & 4 & 9 \\ 0 & 0 & 8 \end{pmatrix} \quad \text{und} \quad \boldsymbol{B} = \begin{pmatrix} 6 & 0 \\ 3 & 4 \\ 0 & 5 \end{pmatrix}.$$

Mit dem Endproduktvektor $\vec{e} = \begin{pmatrix} 50 \\ 60 \end{pmatrix}$ bestimmt sich dann der Baugruppenvektor $\vec{b}$ zu

$$\boldsymbol{B} \cdot \vec{e} = \begin{pmatrix} 300 \\ 390 \\ 300 \end{pmatrix}$$

und der Teilevektor $\vec{t}$ zu

$$\boldsymbol{A} \cdot \vec{b} = \begin{pmatrix} 1800 \\ 6300 \\ 5130 \\ 4260 \\ 2400 \end{pmatrix}.$$

Lösung zur Aufgabe 6. Wählt man für die Anzahl Erwachsener die Variable x, dann besuchten $(3200 - x)$ Schüler, Auszubildende und Studierende das Festival. Des Weiteren ergibt sich der Umsatz des Veranstalters aus der Anzahl der Besucher multipliziert mit dem entsprechenden Eintrittspreis. Demzufolge lautet die zugehörige lineare Gleichung $8 \cdot x + 6 \cdot (3200 - x) = 24100$, deren Lösung $x = 2450$ ist. Es haben also 2450 Erwachsene das Festival besucht.

Lösung zur Aufgabe 7. Beide Gleichungen sind linear, denn sie lassen sich ausmultiplizieren und lauten entsprechend zusammengefasst $18x_1 + 6x_2 = 4$ sowie $2x_1 - x_2 = 1$. Demzufolge kann das lineare Gleichungssystem in Normalform als

$$\begin{pmatrix} 18 & 6 \\ 2 & -1 \end{pmatrix} \cdot \begin{pmatrix} x_1 \\ x_2 \end{pmatrix} = \begin{pmatrix} 4 \\ 1 \end{pmatrix}$$

geschrieben werden.

Lösung zur Aufgabe 8.
(a) Die Gesamtverbrauch in Abhängigkeit der Menge ist $\vec{r} = A \cdot \vec{x}$. (Falsch ist $\vec{r} = \vec{x} \cdot A$).
(b) Die Nutzungsdauer bestimmt sich durch $\vec{n} = D \cdot \vec{x}$. (Falsch ist $\vec{n} = \vec{x} \cdot D$).
(c) Für den Verbrauch gilt $\vec{v} = P \cdot \vec{n} = P \cdot D \cdot \vec{x}$. (Falsch ist $\vec{v} = D \cdot P \cdot \vec{x}$ oder $\vec{v} = P \cdot \vec{x} \cdot D$).
(d) Die Deckungsbeiträge sind $\vec{e}^T = \vec{q} - \vec{u}^T \cdot A - \vec{t}^T \cdot P \cdot D$.
    (Falsch sind „Dreher" wie $A \cdot \vec{u}^T$ oder $P \cdot D \cdot \vec{t}^T$ etc. Dagegen ist die Reihenfolge der Summanden $\vec{q}^T, \vec{u}^T \cdot A$ und $\vec{u}^T \cdot P \cdot D$ beliebig).
    Der Gewinn G ist demzufolge $\vec{e}^T \cdot \vec{x} - K_f = \vec{q}^T \cdot \vec{x} - \vec{u}^T \cdot A \cdot \vec{x} - \vec{t}^T \cdot P \cdot D \cdot \vec{x} - K_f$.
(e) Gesamtverbrauchsfunktion der Rohstoffe:

$$\vec{r} = A \cdot \vec{x} = \begin{pmatrix} 4 & 5 & 1 \\ 2 & 2 & 0 \\ 3 & 0 & 0 \\ 6 & 1 & 7 \end{pmatrix} \cdot \begin{pmatrix} 600 \\ 200 \\ 500 \end{pmatrix} = \begin{pmatrix} 3.900 \\ 1.600 \\ 1.800 \\ 7.300 \end{pmatrix}.$$

Nutzungsfunktion der Maschinen:

$$\vec{n} = D \cdot \vec{x} = \begin{pmatrix} 0{,}7 & 0{,}5 & 0{,}3 \\ 0{,}4 & 0{,}6 & 0{,}8 \end{pmatrix} \cdot \begin{pmatrix} 600 \\ 200 \\ 500 \end{pmatrix} = \begin{pmatrix} 670 \\ 760 \end{pmatrix}.$$

Verbrauchsfunktion der Rohstoffe:

$$\vec{v} = P \cdot D \cdot \vec{x} = \begin{pmatrix} 1.000 & 2.000 \\ 0{,}6 & 0{,}3 \\ 50 & 60 \end{pmatrix} \cdot \begin{pmatrix} 0{,}7 & 0{,}5 & 0{,}3 \\ 0{,}4 & 0{,}6 & 0{,}8 \end{pmatrix} \cdot \begin{pmatrix} 600 \\ 200 \\ 500 \end{pmatrix}$$

$$P \cdot \vec{n} = \begin{pmatrix} 1.000 & 2.000 \\ 0{,}6 & 0{,}3 \\ 50 & 60 \end{pmatrix} \cdot \begin{pmatrix} 670 \\ 760 \end{pmatrix} = \begin{pmatrix} 2.190.000 \\ 630 \\ 79.100 \end{pmatrix}$$

Deckungsbeiträge:

$$\vec{u}^T \cdot A = \begin{pmatrix} 2 & 1 & 3 & 1 \end{pmatrix} \cdot \begin{pmatrix} 4 & 5 & 1 \\ 2 & 2 & 0 \\ 3 & 0 & 0 \\ 6 & 1 & 7 \end{pmatrix} = \begin{pmatrix} 25 & 13 & 9 \end{pmatrix}$$

$$\vec{t}^T \cdot P \cdot D = \begin{pmatrix} 0{,}002 & 4 & 0{,}05 \end{pmatrix} \cdot \begin{pmatrix} 1.000 & 2.000 \\ 0{,}6 & 0{,}3 \\ 50 & 60 \end{pmatrix} \cdot \begin{pmatrix} 0{,}7 & 0{,}5 & 0{,}3 \\ 0{,}4 & 0{,}6 & 0{,}8 \end{pmatrix}$$

$$= (\vec{t}^{\mathrm{T}} \cdot \boldsymbol{P}) \cdot \boldsymbol{D}$$
$$= \begin{pmatrix} 6 & 9 & 8 & 2 \end{pmatrix} \cdot \begin{pmatrix} 0{,}7 & 0{,}5 & 0{,}3 \\ 0{,}4 & 0{,}6 & 0{,}8 \end{pmatrix} = \begin{pmatrix} 8{,}11 & 8{,}37 & 8{,}63 \end{pmatrix}$$
$$\vec{e}^{\mathrm{T}} = \vec{q}^{\mathrm{T}} - \vec{u}^{\mathrm{T}} \cdot \boldsymbol{A} \cdot \vec{x} - \vec{t}^{\mathrm{T}} \cdot \boldsymbol{P} \cdot \boldsymbol{D}$$
$$= \begin{pmatrix} 20 & 40 & 50 \end{pmatrix} - \begin{pmatrix} 25 & 13 & 9 \end{pmatrix} - \begin{pmatrix} 8{,}11 & 8{,}37 & 8{,}63 \end{pmatrix}$$
$$= \begin{pmatrix} -13{,}11 & 18{,}63 & 32{,}37 \end{pmatrix}$$

Gewinn:
$$G = \begin{pmatrix} -13{,}11 & 18{,}63 & 32{,}37 \end{pmatrix} \cdot \begin{pmatrix} 600 \\ 200 \\ 500 \end{pmatrix} - 8.000 = 4095, \quad \text{also} \quad 4.095\,€$$

Lösung zur Aufgabe 9. Bezeichnet man mit x_1, x_2 und x_3 die Anteile an Aktienfonds, Rentenfonds und Geldmarktfonds, so lässt sich das angegebene Verhältnis von Renten- zu Geldmarktfonds mit der Gleichung $10 \cdot x_2 = x_3$ ausdrücken. Mit Berücksichtigung der zwei Transaktionen der Großmutter und des Vaters resultieren insgesamt drei lineare Gleichungen. Mit den Zahlenangaben ergibt sich das lineare Gleichungssystem entsprechend zu

$$\begin{vmatrix} 20 \cdot x_1 + 100 \cdot x_2 + 3 \cdot x_3 = 360 \\ 10 \cdot x_2 - x_3 = 0 \\ 40 \cdot x_1 + 40 \cdot x_2 + 20 \cdot x_3 = 680 \end{vmatrix}.$$

Lösung zur Aufgabe 10. Mit äquivalenten Umformungen lassen sich die linearen Gleichungssysteme wie folgt lösen:

(a) Umformung der linearen Gleichungen durch „Einsetzen"

$$x_1 = 1 + 4 \cdot x_2 \quad \text{also} \quad 3 \cdot (1 + 4 \cdot x_2) - x_2 = 14$$
$$\implies 3 + 12 \cdot x_2 - x_2 = 14$$
$$\implies 11 \cdot x_2 = 11 \implies x_2 = 1$$

Da $x_2 = 1$ folgt für $x_1 = 1 + 4 \cdot 1 = 5$.

(b) Umformung der linearen Gleichungen durch „Gleichsetzen"

$$10{:}4 \cdot x_1 - x_2 = 6 \cdot x_1 + x_2 \quad \text{also} \quad 4 \cdot x_1 - 6 \cdot x_1 = x_2 + x_2$$
$$\implies -2 \cdot x_1 = 2 \cdot x_2$$
$$\implies x_1 = -x_2$$
$$x_2{:}4 \cdot x_1 - 10 = 10 - 6 \cdot x_1 \quad \text{also} \quad 4 \cdot x_1 + 6 \cdot x_1 = 10 + 10$$
$$\implies 10 \cdot x_1 = 20$$
$$\implies x_1 = 2$$

Da $x_1 = 2$ und $x_1 = -x_2$ folgt, dass $x_2 = -2$ ist.
(c) Umformung der linearen Gleichungen durch „Addition"
Multiplikation der ersten Gleichung mit (-4) ergibt $-8 \cdot x_1 - 8 \cdot x_2 = -24$. Die Addition dieser ersten Gleichung mit der zweiten Gleichung ergibt sodann $-14 \cdot x_2 = -28$, d. h. das $x_2 = 2$ ist. Mit diesem Lösungswert für x_2 lautet die erste Gleichung $2 \cdot x_1 + 2 \cdot 2 = 6$. Damit folgt für $x_1 = 1$.

Lösung zur Aufgabe 11. Die gesuchte Matrix stellt den Zusammenhang zwischen den vier Bäckereien und ihren gelieferten Mengen an drei Sorten Mehl dar. Es ergibt sich somit die (4×3)-Matrix

$$\begin{pmatrix} 5 & 3 & 10 \\ 10 & 5 & 0 \\ 15 & 0 & 10 \\ 10 & 4 & 6 \end{pmatrix}.$$

An dieser Matrix ist beispielsweise abzulesen, dass die dritte Bäckerei (Zeile 3) mit 15 Säcken Mehl der Sorte A (Spalte 1) beliefert wird.

Für ihre Mehllieferungen müssen die Bäckereien den für die jeweilige Sorte festgesetzten Preis zahlen. Um die Beträge zu bestimmen, die jede Bäckerei zu zahlen hat, muss die Matrix mit dem Preisvektor multipliziert werden. Demzufolge gilt:

$$\begin{pmatrix} 5 & 3 & 10 \\ 10 & 5 & 0 \\ 15 & 0 & 10 \\ 10 & 4 & 6 \end{pmatrix} \cdot \begin{pmatrix} 30 \\ 25 \\ 35 \end{pmatrix} = \begin{pmatrix} 575 \\ 425 \\ 800 \\ 610 \end{pmatrix}.$$

Somit zahlt die erste Bäckerei 575 €, die zweite Bäckerei zahlt 425 €, die dritte Bäckerei zahlt 800 € und die vierte Bäckerei zahlt insgesamt 610 € für ihre jeweiligen Mehllieferungen.

Lösung zur Aufgabe 12. Zur Bestimmung des Rangs wird die Maximalzahl der unabhängigen Zeilen der Matrix A bestimmt. Durch die Anwendung von Äquivalenzumformungen lässt sich die Matrix A wie folgt umformen:

$$\begin{pmatrix} 4 & 2 & -4 & 4 \\ 1 & -1 & 2 & 4 \\ -1 & -2 & 4 & 2 \end{pmatrix} \begin{array}{l} 0{,}5 \cdot I \\ 4 \cdot II - I \\ 4 \cdot III + I \end{array}$$

$$\Longrightarrow \begin{pmatrix} 2 & 1 & -2 & 2 \\ 0 & -6 & 12 & 12 \\ 0 & -6 & 12 & 12 \end{pmatrix} \begin{array}{l} II/6 \\ II - III \end{array} \Longrightarrow \begin{pmatrix} 2 & 1 & -2 & 2 \\ 0 & -1 & 2 & 2 \\ 0 & 0 & 0 & 0 \end{pmatrix}.$$

In der dritten Zeile der Matrix sind nun alle Elemente null. Damit besitzt die Matrix nur zwei unabhängige Zeilen, d. h. in anderen Worten, dass die Anzahl der Nicht-Nullzeilen 2 ist und damit ist auch der rg(A) = 2.

Lösung zur Aufgabe 13. Da es sich bei der Diagonalmatrix A um das Zweifache der Einheitsmatrix handelt und diese aus drei unabhängigen Zeilen (und auch Spalten) besteht, ist der Rang dieser Diagonalmatrix 3.

Lösung zur Aufgabe 14. Der Rang einer quadratischen Matrix A stimmt mit der Anzahl linear unabhängiger Zeilen oder Spalten der Matrix A überein. Interpretiert man (beispielsweise) die Spalten der (3×3)-Matrix als Vektoren $\vec{a}$, $\vec{b}$ und $\vec{c}$, dann lässt sich die Frage nach dem Rang der Matrix A auch mit der Lösung der Vektorgleichung $\vec{a}+\lambda\cdot\vec{b}+\nu\cdot\vec{c} = \vec{0}$ beantworten. Existiert nämlich keine Lösung für λ und ν, dann hat die Matrix A den Rang 3. Sind in der Vektorgleichung dagegen λ und ν eindeutig bestimmbar, so ist der Rang 2. Sollte eine nicht-eindeutige Lösung existieren, ist der Rang der Matrix 1.

In Bezug auf die Frage nach dem Rang der gegebenen Matrix A kann die Vektorgleichung auch als lineares Gleichungssystem geschrieben werden. Dieses Gleichungssystem gilt es hinsichtlich λ und ν zu lösen:

$$\begin{vmatrix} -1 + 5 \cdot \nu = 0 \\ 2 + 1 \cdot \lambda - 3 \cdot \nu = 0 \\ 3 + 2 \cdot \lambda - 1 \cdot \nu = 0 \end{vmatrix} \quad \begin{matrix}[1]\\ [2]\\ [3]\end{matrix}$$

Aus der Gleichung [1] folgt direkt, dass $\nu = \frac{1}{5}$ ist, und mit Gleichung [2] bestimmt sich λ dann zu dem Wert $(-\frac{7}{5})$. Diese beiden Werte für λ und ν erfüllen auch die Gleichung [3], denn $3 - 2 \cdot \frac{7}{5} - \frac{1}{5} = 0$. Damit sind λ und ν eindeutig bestimmt, und demzufolge ist der rg(A) = 2.

Lösung zur Aufgabe 15. Für die drei Produkte Dialysatoren, Blutschlauchsysteme und Kochsalzlösungen werden die drei Variablen x_1, x_2 und x_3 gewählt. Für die Preise sind die Variablen p_1, p_2 sowie p_3 vorgegeben, und so lässt sich allgemein für den Gesamtumsatz $x_1 \cdot p_1 + x_2 \cdot p_2 + x_3 \cdot p_3$ schreiben. Somit ergibt sich mit den angegebenen Mengeneinheiten und Umsätzen in den Monaten Januar, Februar und März das lineare Gleichungssystem

$$\begin{vmatrix} 2 \cdot p_1 + 1 \cdot p_2 + 3 \cdot p_3 = 23 \\ 1 \cdot p_1 + 3 \cdot p_2 + 2 \cdot p_3 = 19 \\ 2 \cdot p_1 + 4 \cdot p_2 + 1 \cdot p_3 = 19 \end{vmatrix}.$$

Mit dem Preisvektor

$$\vec{p} = \begin{pmatrix} p_1 \\ p_2 \\ p_3 \end{pmatrix}$$

lassen sich diese Zusammenhänge auch mit der Matrizengleichung

$$\begin{pmatrix} 2 & 1 & 3 \\ 1 & 3 & 2 \\ 2 & 4 & 1 \end{pmatrix} \cdot \begin{pmatrix} p_1 \\ p_2 \\ p_3 \end{pmatrix} = \begin{pmatrix} 23 \\ 19 \\ 19 \end{pmatrix}$$

ausdrücken.

4.2.7 Lösungen zum Abschnitt 2.7 – Lösungsverfahren für lineare Gleichungssysteme

Lösung zur Aufgabe 1. Die Anwendung der Äquivalenzumformungen auf die erweiterte Matrix ergibt:

	I	20	100	3	3.600
	II	0	10	−1	0
	III	20	20	1	1.600
$I = I'$		20	100	3	3.600
$II = II'$		0	10	−1	0
$I - III = III'$		0	80	2	2.000
$I' = I''$		20	100	3	3.600
$II' = II''$		0	10	−1	0
$0{,}5 \cdot III' - 4II' = III''$		0	0	5	1.000

Aus Gleichung III'' folgt $x_3 = 200$. Mit diesem Wert für x_3 und aus Gleichung II'' folgt dann, dass $x_2 = 20$ ist. Da nun für x_1 auch die Gleichung $20x_1 + 100 \cdot 20 + 3 \cdot 200 = 3.600$ erfüllt sein muss, ergibt sich dieser Variablenwert zu $x_1 = 50$.

Lösung zur Aufgabe 2. Die Anwendung des Gauß-Algorithmus ergibt:

	I	7	3	−5	−12
	II	−1	−2	4	5
	III	−4	1	−3	1
$4I = I'$		28	12	−20	−48
$28II = II'$		−28	−56	112	140
$7III = III'$		−28	7	−21	7
$I' = I''$		28	12	−20	−48
$II' + I' = II''$		0	−44	92	92
$III' + I' = III''$		0	19	−41	−41
$0{,}25I'' = I'''$		7	3	−5	−12
$0{,}25II'' = II'''$		0	−11	23	23
$44III'' + 19II'' = III'''$		0	0	−56	−56

Daraus berechnen sich die Variablen x_1, x_2 und x_3 durch sukzessives Einsetzen zu $x_3 = 1$, $x_2 = 0$ und $x_1 = -1$.

Lösung zur Aufgabe 3. Für das gegebene Gleichungssystem wird die erweiterte Matrix erstellt und wie folgt umgeformt:

I	1	3	−2	1	−7
II	−2	1	−4	−5	−6
III	1	−3	1	0	6
IV	−3	4	−6	2	−21
$I = I'$	1	3	−2	1	−7
$2I + II = II'$	0	7	−8	−3	−20
$I - III = III'$	0	6	−3	1	−13
$3I + IV = IV'$	0	13	−12	5	−42
$I' = I''$	1	3	−2	1	−7
$II' = II''$	0	7	−8	−3	−20
$6II' - 7III' = III''$	0	0	−27	−25	−29
$13II' - 7IV' = IV''$	0	0	−20	−74	34
$I'' = I'''$	1	3	−2	1	−7
$II'' = II'''$	0	7	−8	−3	−20
$0{,}5IV'' = III'''$	0	0	−10	−37	17
$20II''' - 27IV'' = IV'''$	0	0	0	1489	−1489

Aus den letzten vier Gleichungen bestimmen sich die Lösungen sukzessive zu $x_4 = -1$, $x_3 = 2$, $x_2 = -1$ und $x_1 = 1$

Lösung zur Aufgabe 4. Zur Bestimmung der in 120 Stunden zu produzierenden Mengeneinheiten an Erzeugnissen E_1, E_2 und E_3 wird vorab die Stundentabelle interpretiert.

Betrachtet man beispielsweise den Zahlenwert 3 in der Stundentabelle links oben, so besagt dieser Wert, dass für die Produktion des Erzeugnisses E_1 die Maschine M_1 genau 3 Stunden arbeiten muss. Für dieses Erzeugnis muss aber auch Maschine M_2 und M_3 arbeiten. Deren Maschinenlaufzeiten liegen hierfür bei zwei, respektive einer Stunde. Diese Informationen sind also in den Spalten der Stundentabelle ablesbar.

Interessiert man sich nun aber für die in den Zeilen der Stundentabelle aufgeführten Zahlenwerte, dann zeigen diese Werte beispielsweise, dass die Maschine M_1 zur Herstellung je einer Mengeneinheit E_1 exakt 3 Stunden, zur Herstellung je einer Mengeneinheit E_2 2 Stunden und zur Herstellung einer Mengeneinheit E_3 3 Stunden laufen muss.

Diese Informationen können jetzt auch in Gleichungen formuliert werden. Unter Beachtung der Einheiten lässt sich beispielsweise für die gesamte Laufzeit der Maschine M_1 auch schreiben (Info: Stunde $\cong h$):

$$\frac{3h}{E_1} \cdot E_1 + \frac{2h}{E_2} \cdot E_2 + \frac{3h}{E_3} \cdot E_3 = M_1 \quad \text{in Stunden}$$

Entsprechend lassen sich die weiteren Gleichungen für die Laufzeiten der Maschinen M_2 und M_3 aufstellen. Es ergibt sich ein lineares Gleichungssystem, welches als Matrizengleichung wie folgt geschrieben werden kann:

$$\begin{pmatrix} 3 & 2 & 3 \\ 2 & 0 & 5 \\ 1 & 2 & 4 \end{pmatrix} \cdot \begin{pmatrix} E_1 \\ E_2 \\ E_3 \end{pmatrix} = \begin{pmatrix} M_1 \\ M_2 \\ M_3 \end{pmatrix}$$

Da die Maschinen nun jeweils 120 Stunden laufen sollen, lautet die Matrizengleichung wie folgt:

$$\begin{pmatrix} 3 & 2 & 3 \\ 2 & 0 & 5 \\ 1 & 2 & 4 \end{pmatrix} \cdot \begin{pmatrix} E_1 \\ E_2 \\ E_3 \end{pmatrix} = \begin{pmatrix} 120 \\ 120 \\ 120 \end{pmatrix}$$

Der gesuchte Lösungsvektor $\vec{E}$ kann durch Anwendung des Gauß-Algorithmus bestimmt werden:

I	3	2	3	120
II	2	0	5	120
III	1	2	4	120
$I = I'$	3	2	3	120
$2I - 3II = II'$	0	4	-9	-120
$I - 3III = III'$	0	-4	-9	-240
$I' = I''$	3	2	3	120
$II' = II''$	0	4	-9	-120
$-II' - III' = III''$	0	0	18	360

Hieraus berechnen sich die Lösungen zu $E_3 = 20$, $E_2 = 15$ und $E_1 = 10$. Damit lautet der Lösungsvektor $\vec{E}^T = (10 \quad 15 \quad 20)$. D. h., wenn alle drei Maschinen genau 120 Stunden arbeiten werden 10 Mengeneinheiten des Erzeugnisses E_1, 15 Mengeneinheiten des Erzeugnisses E_2 und 20 Mengeneinheiten des Erzeugnisses E_3 produziert.

Lösung zur Aufgabe 5. Zur Bestimmung der Inversen A^{-1} wird die erweiterte Matrix $(A|E)$ wie folgt umgeformt:

I	0	-1	1	0
II	1	0	0	1
$II = I'$	1	0	0	1
$-I = II'$	0	1	-1	0

Damit lautet die Inverse

$$A^{-1} = \begin{pmatrix} 0 & 1 \\ -1 & 0 \end{pmatrix}.$$

Zur Bestimmung der Inversen B^{-1} wird analog vorgegangen:

I	1	2	3	1	0	0
II	1	2	1	0	1	0
III	1	3	4	0	0	1
$I = I'$	1	2	3	1	,0	0
$I - II = II'$	0	0	2	1	-1	0
$III - I = III'$	0	1	1	-1	0	1
$I' = I''$	1	2	3	1	0	0
$2III' - II' = II''$	0	2	0	-3	1	2
$0{,}5II' = III''$	0	0	1	0,5	-0,5	0
$I'' - II'' = I'''$	1	0	3	4	-1	-2
$0{,}5II'' = II'''$	0	1	0	-1,5	0,5	1
$III'' = III'''$	0	0	1	0,5	-0,5	0
$I''' - 3III''' = I''''$	1	0	0	2,5	0,5	-2
$II''' = II''''$	0	1	0	-1,5	0,5	1
$III''' = III''''$	0	0	1	0,5	-0,5	0

Damit lautet die Inverse

$$B^{-1} = \begin{pmatrix} 2{,}5 & 0{,}5 & -2 \\ -1{,}5 & 0{,}5 & 1 \\ 0{,}5 & -0{,}5 & 0 \end{pmatrix}.$$

Lösung zur Aufgabe 6. Zur Bestimmung der inversen Koeffizientenmatrix A^{-1} wird die erweiterte Matrix $(A|E)$ wie folgt umgeformt:

I	1	3	3	1	0	0
II	1	3	4	0	1	0
III	1	4	3	0	0	1
$I = I'$	1	3	3	1	0	0
$II - I = II'$	0	0	1	-1	1	0
$III - I = III'$	0	1	0	-1	0	1
$I' - 3III' = I''$	1	0	3	4	0	-3
$II' = II''$	0	1	1	-1	1	0
$III' = III''$	0	0	0	-1	0	1
$I'' - 3II'' = I'''$	1	0	0	7	-3	-3
$III'' = II'''$	0	1	0	-1	0	1
$II'' = III'''$	0	0	1	-1	1	0

Somit lautet

$$\mathbf{A}^{-1} = \begin{pmatrix} 7 & -3 & -3 \\ -1 & 0 & 1 \\ -1 & 1 & 0 \end{pmatrix}.$$

Mit dem Vektor der rechten Seite

$$\vec{b} = \begin{pmatrix} 12 \\ 13 \\ 14 \end{pmatrix}$$

und der Beziehung $\mathbf{A}^{-1} \cdot \vec{b} = \vec{x}$ lässt sich Lösungsvektor $\vec{x}$ wie folgt berechnen:

$$\vec{x} = \begin{pmatrix} 7 & -3 & -3 \\ -1 & 0 & 1 \\ -1 & 1 & 0 \end{pmatrix} \cdot \begin{pmatrix} 12 \\ 13 \\ 14 \end{pmatrix} = \begin{pmatrix} 84 - 39 - 42 \\ -12 + 0 + 14 \\ -12 + 13 + 0 \end{pmatrix} = \begin{pmatrix} 3 \\ 2 \\ 1 \end{pmatrix}.$$

Lösung zur Aufgabe 7. In Normalform kann das Gleichungssystem als

$$\begin{pmatrix} 2 & 1 & 3 \\ 1 & 3 & 2 \\ 2 & 4 & 1 \end{pmatrix} \cdot \begin{pmatrix} p_1 \\ p_2 \\ p_3 \end{pmatrix} = \begin{pmatrix} 23 \\ 19 \\ 19 \end{pmatrix}$$

geschrieben werden, welches nun mit dem Gauß-Algorithmus wie folgt gelöst wird:

I	2	1	3	23
II	1	3	2	19
III	2	4	1	19
$I = I'$	2	1	3	23
$2II - I = II'$	0	5	1	15
$I - III = III'$	0	-3	2	4
$I' = I''$	2	1	3	23
$II' = II''$	0	5	1	15
$3II' + 5III' = III''$	0	0	13	65

Aus Gleichung III'' ergibt sich p_3 zu 5. Den Wert in die Gleichung II'' eingesetzt zeigt, dass $p_2 = 2$ ist, und infolgedessen ergibt sich aus Gleichung I' dann p_1 zu 3. Damit lautet der Vektor

$$\vec{p} = \begin{pmatrix} 3 \\ 2 \\ 5 \end{pmatrix}.$$

Lösung zur Aufgabe 8. Die Anwendung des Gauß-Algorithmus auf die Koeffizientenmatrix

$$A = \begin{pmatrix} 1 & 1 & -2 \\ 5 & 9 & -13 \\ -5 & -6 & a \end{pmatrix}$$

und den Vektor

$$\vec{b} = \begin{pmatrix} 1 \\ 1 \\ b \end{pmatrix} \quad .$$

ergibt:

I	1	1	-2	1
II	5	9	-13	1
III	-5	-6	a	b
$I = I'$	1	1	-2	1
$II + III = II'$	0	3	$a - 13$	$b + 1$
$5I + III = III'$	0	-1	$a - 10$	$b + 5$
$I' = I''$	1	1	-2	1
$II' = II''$	0	3	$a - 13$	$b + 1$
$II' + 3III' = III''$	0	0	$4a - 43$	$4b + 16$

Die Lösbarkeit des Gleichungssystems lässt sich mit III'' herausarbeiten:
1. Ist mit $a = 10{,}75$ die Gleichung $4a - 43 = 0$ und gleichzeitig $4b + 16$ ungleich null (also wenn $b \neq -4$), dann hat das Gleichungssystem keine Lösung.
2. Ist III'' eine Nullzeile, also $4a - 43 = 0$ und $4b + 16 = 0$, so ist sie von den beiden anderen Zeilen linear abhängig. Demzufolge hat das Gleichungssystem unendlich viele Lösungen, wenn $a = 10{,}75$ und $b = -4$ ist.
3. Ist $4a - 43 \neq 0$, dann hat das Gleichungssystem genau eine Lösung. Somit muss $a \neq 10{,}75$ sein, und aus $4a - 43 = 4b + 16$ folgt, dass dann $b = a - 14{,}75 (a \in \mathbb{R} \setminus \{10{,}75\})$ ist.

Lösung zur Aufgabe 9. Für die Anwendung der Cramerschen Regel sind mehrere Determinanten zu bestimmen. Dies sind neben $\det A$ die Determinanten $\det A_i$ der Matrizen A_i mit $i = 1, 2, 3$, die aus der Matrix A dadurch entstehen, indem man die i-te Spalte durch die Elemente des Vektors $\vec{b}$ ersetzt. Die Determinanten berechnen sich demzufolge wie folgt:

$$\det A = \begin{vmatrix} 1 & 3 & 3 \\ 1 & 3 & 4 \\ 1 & 4 & 3 \end{vmatrix}$$
$$= 1 \cdot 3 \cdot 3 + 3 \cdot 4 \cdot 1 + 3 \cdot 1 \cdot 4 - 1 \cdot 3 \cdot 3 - 4 \cdot 4 \cdot 1 - 3 \cdot 1 \cdot 3 = -1$$

$$\det A_1 = \begin{vmatrix} 12 & 3 & 3 \\ 13 & 3 & 4 \\ 14 & 4 & 3 \end{vmatrix}$$
$$= 12 \cdot 3 \cdot 3 + 3 \cdot 4 \cdot 14 + 3 \cdot 13 \cdot 4 - 14 \cdot 3 \cdot 3 - 4 \cdot 4 \cdot 12 - 3 \cdot 13 \cdot 3 = -3$$

$$\det A_2 = \begin{vmatrix} 1 & 12 & 3 \\ 1 & 13 & 4 \\ 1 & 14 & 3 \end{vmatrix}$$
$$= 1 \cdot 13 \cdot 3 + 12 \cdot 4 \cdot 1 + 3 \cdot 1 \cdot 14 - 1 \cdot 13 \cdot 3 - 14 \cdot 4 \cdot 1 - 3 \cdot 1 \cdot 12 = -2$$
$$\det A_3 = \begin{vmatrix} 1 & 3 & 12 \\ 1 & 3 & 13 \\ 1 & 4 & 14 \end{vmatrix}$$
$$= 1 \cdot 3 \cdot 14 + 3 \cdot 13 \cdot 1 + 12 \cdot 1 \cdot 4 - 1 \cdot 3 \cdot 12 - 4 \cdot 13 \cdot 1 - 14 \cdot 1 \cdot 3 = -1$$

Infolgedessen lassen sich die Elemente x_1, x_2 und x_3 des Lösungsvektors $\vec{x}$ unter Hinzuziehung der Cramerschen Regel wie folgt berechnen:

$$x_1 = \frac{\det A_1}{\det A} = \frac{-3}{-1} = 3, \quad x_2 = \frac{\det A_2}{\det A} = \frac{-2}{-1} = 2 \quad \text{und} \quad x_3 = \frac{\det A_3}{\det A} = \frac{-1}{-1} = 1.$$

Lösung zur Aufgabe 10.
(a) Anwendung des Gauß-Algorithmus:

I	4	6	5	290
II	3	4	2	180
III	1	1	1	62
$0{,}25 I = I'$	1	1,5	1,25	72,5
$0{,}5(3I - 4II) = II'$	0	1	3,5	75
$0{,}5(I - 4III) = III'$	0	1	0,5	21
$I' = I''$	1	1,5	1,25	72,5
$II' = II''$	0	1	3,5	75
$(II' - III')/3 = III''$	0	0	1	18

Somit bestimmen sich aus den Gleichungen III'', II'' und I'' die Mengen an benötigten Futtermitteln zu 18 kg des Mittels F_3, 12 kg des Mittels F_2, und 32 kg des Mittels F_1.

(b) Anwendung des Gauß-Algorithmus:

I	4	6	5	250
II	3	4	2	150
III	1	1	1	40
$0{,}25 I = I'$	1	1,5	1,25	62,5
$0{,}5(3I - 4II) = II'$	0	1	3,5	75
$0{,}5(I - 4III) = III'$	0	1	0,5	45
$I' = I'$	1	1,5	1,25	62,5
$II' = II''$	0	1	3,5	75
$(II' - III')/3 = III''$	0	0	1	10

Das umgeformte Gleichungssystem lässt sich lösen, und es ergibt sich für die erste Unbekannte ein Wert von −10 (die zweite Unbekannte ist 40 und die dritte 10). Da es sich aber bei den Lösungen um Mengeneinheiten an Futtermitteln handelt, macht dieser negative Lösungswert der ersten Unbekannten, welche für die Menge des

Futtermittels F_1 steht, keinen Sinn. Infolgedessen lässt sich mit den angegebenen Mengen an Kohlenhydrat, Eiweiß und Fett kein Mischfutter herstellen.

Lösung zur Aufgabe 11. Mit den Zahlenangaben aus den beiden Betriebsteilen A und B und den Variablen e_1, e_2, e_3 und e_4 für die Produktionszahlen der Erzeugnisse E_1, E_2, E_3 und E_4 lassen sich die Zusammenhänge als Gleichungen formulieren. Die möglichen Maschinenlaufzeiten in den Betriebsteilen A und B zeigen, dass die Gleichungen $5e_1 + 5e_2 = 1400$ respektive $2e_3 + 3e_4 = 900$ gelten müssen. Des Weiteren resultiert aus den benötigten Rohstoffen die Gleichung $5e_1 + 10e_2 + 8e_3 + 4e_4 = 6000$.

Es ergibt sich somit ein Gleichungssystem mit nur drei Gleichungen und vier Variablen, welches infolgedessen nicht eindeutig lösbar ist:

I	5	5	0	0	1400
II	0	0	2	3	900
III	5	10	8	4	6000
$0{,}2I = I'$	1	1	0	0	280
$0{,}2(III - I) = II'$	0	1	1,6	0,8	920
$0{,}5II = III'$	0	0	1	1,5	450

Aus dem umgeformten Gleichungssystem ergibt sich, dass die Produktionszahlen e_1, e_2 und e_3 jeweils von e_4 abhängig sind. Aus Gleichung III' folgt, dass $e_3 = 450 - 1{,}5e_4$, aus Gleichung II', dass $e_2 = 200 + 1{,}6e_4$ und aus I', dass $e_1 = 80 - 1{,}6e_4$ ist.

Lösung zur Aufgabe 12.

(a) Die Inverse der Matrix A wird durch elementare Umformungen der erweiterten Matrix $(A|E)$ wie folgt bestimmt:

I	1	1	1	1	0	0
II	1	$1+m$	1	0	1	0
III	$1+m$	1	1	0	0	1
$I = I'$	1	1	1	1	0	0
$I - II = II'$	0	$-m$	0	1	-1	0
$I - III = III'$	$-m$	0	0	1	0	-1
$I' = I''$	1	1	1	1	0	0
$II' = II''$	0	$-m$	0	1	-1	0
$III' + mI' = III''$	0	m	m	$1+m$	0	-1
$I'' = I'''$	1	1	1	1	0	0
$II'' = II'''$	0	$-m$	0	1	-1	0
$II'' + III'' = III'''$	0	0	m	$2+m$	-1	-1
$III' - mI''' = I''''$	$-m$	$-m$	0	2	-1	-1
$II''' = II''''$	0	$-m$	0	1	-1	0
$III''' = III''''$	0	0	m	$2+m$	-1	-1
$m^{-1}(II'''' - I'''') = I'''''$	1	0	0	$-m^{-1}$	0	m^{-1}
$-m^{-1}II'''' = II'''''$	0	1	0	$-m^{-1}$	m^{-1}	0
$m^{-1}III'''' = III'''''$	0	0	1	$(2+m)m^{-1}$	$-m^{-1}$	$-m^{-1}$

(b) Damit ist für alle $m \in \mathbb{R} \setminus \{0\}$ die Matrix A invertierbar und die Inverse lautet:

$$A^{-1} = \begin{pmatrix} -m^{-1} & 0 & m^{-1} \\ -m^{-1} & m^{-1} & 0 \\ (2+m)m^{-1} & -m^{-1} & -m^{-1} \end{pmatrix}.$$

(c) Mit dem gegebenen Vektor $\vec{b}$ der rechten Seite kann der Lösungsvektor $\vec{x}$ wie folgt bestimmt werden:

$$\vec{x} = A^{-1} \cdot \vec{b} = \begin{pmatrix} -m^{-1} & 0 & m^{-1} \\ -m^{-1} & m^{-1} & 0 \\ (2+m)m^{-1} & -m^{-1} & -m^{-1} \end{pmatrix} \cdot \begin{pmatrix} m^2 \\ m \\ 0 \end{pmatrix} = \begin{pmatrix} -m \\ 1-m \\ m^2+2m-1 \end{pmatrix}$$

Lösung zur Aufgabe 13. Die Determinanten von den Matrizen A sowie A_1, A_2 und A_3 bestimmen sich zu

$$\det A = \begin{vmatrix} 3 & -3 & 1 \\ 0 & 4 & -1 \\ 2 & -2 & 1 \end{vmatrix} = 12 + 6 + 0 - 8 - 6 - 0 = 4,$$

$$\det A_1 = \begin{vmatrix} 0 & -3 & 1 \\ 5 & 4 & -1 \\ 1 & -2 & 1 \end{vmatrix} = 0 + 3 - 10 - 4 - 0 + 15 = 4,$$

$$\det A_2 = \begin{vmatrix} 3 & 0 & 1 \\ 0 & 5 & -1 \\ 2 & 1 & 1 \end{vmatrix} = 15 + 0 + 0 - 10 + 3 - 0 = 8 \quad \text{und}$$

$$\det A_3 = \begin{vmatrix} 3 & -3 & 0 \\ 0 & 4 & 5 \\ 2 & -2 & 1 \end{vmatrix} = 12 - 30 + 0 - 0 + 30 - 0 = 12.$$

Mit diesen Determinanten lassen sich nun die Lösungen berechnen, und es ergibt sich entsprechend für $x_1 = \frac{\det A_1}{\det A} = \frac{4}{4} = 1$, für $x_2 = \frac{\det A_2}{\det A} = \frac{8}{4} = 2$ und für $x_3 = \frac{\det A_3}{\det A} = \frac{12}{4} = 3$.

Lösung zur Aufgabe 14. Die Anwendung des Rechenschemas für den Gauß-Algorithmus ergibt:

I	2	−2	−3	−4
II	−3	2	2	−2
III	0	1	−1	1
$I = I'$	2	−2	−3	−4
$3I + 2II = II'$	0	−2	−5	−16
$III = III'$	0	1	−1	1
$I' = I''$	2	−2	−3	−4
$-II' = II''$	0	−2	5	16
$II' + 2III' = III''$	0	0	−7	−14

Aus den einzelnen Gleichungen (III'', II'' und I'') des neuen, umgeformten Gleichungssystems lassen sich die gesuchten Variablen x_1, x_2 und x_3 wie folgt bestimmen:

$$-7x_3 = -14 \implies x_3 = 2$$
$$2x_2 + 5 \cdot 2 = 16 \implies 2x_2 = 6 \implies x_2 = 3$$
$$2x_1 + (-2) \cdot 3 - 3 \cdot 2 = -4 \implies 2x_1 - 12 = -4 \implies 2x_1 = 8 \implies x_1 = 4$$

Lösung zur Aufgabe 15. Die Anwendung von Äquivalenzumformungen auf die erweiterte Matrix $(A|E)$ ergibt:

I	1	0	1	0	1	0	0	0
II	0	1	0	1	0	1	0	0
III	1	0	1	−1	0	0	1	0
IV	0	1	−1	0	0	0	0	1
$I = I'$	1	0	1	0	1	0	0	0
$III = II'$	1	0	1	−1	0	0	1	0
$II = III'$	0	1	0	1	0	1	0	0
$IV = IV'$	0	1	−1	0	0	0	0	1
$I' = I''$	1	0	1	0	1	0	0	0
$I' - II' = II''$	0	0	0	1	1	0	−1	0
$III' = III''$	0	1	0	1	0	1	0	0
$III' - IV' = IV''$	0	0	1	1	0	1	0	−1
$I'' = I'''$	1	0	1	0	1	0	0	0
$III'' = II'''$	0	1	0	1	0	1	0	0
$IV'' = III'''$	0	0	1	1	0	1	0	−1
$II'' = IV'''$	0	0	0	1	1	0	−1	0
$I''' = I''''$	1	0	1	0	1	0	0	0
$II''' = II''''$	0	1	0	1	0	1	0	0
$III''' - IV''' = III''''$	0	0	1	0	−1	1	1	−1
$IV''' = IV''''$	0	0	0	1	1	0	−1	0
$I'''' - III'''' = I'''''$	1	0	0	0	2	−1	−1	1
$II'''' - IV'''' = II'''''$	0	1	0	0	−1	1	1	0
$III'''' = III'''''$	0	0	1	0	−1	1	1	−1
$IV'''' = IV'''''$	0	0	0	1	1	0	−1	0

Die Inverse lautet demnach

$$A^{-1} = \begin{pmatrix} 2 & -1 & -1 & 1 \\ -1 & 1 & 1 & 0 \\ -1 & 1 & 1 & -1 \\ 1 & 0 & -1 & 0 \end{pmatrix},$$

und es gilt $A^{-1} \cdot A = A \cdot A^{-1} = E$, mit der Einheitsmatrix

$$E = \begin{pmatrix} 1 & 0 & 0 & 0 \\ 0 & 1 & 0 & 0 \\ 0 & 0 & 1 & 0 \\ 0 & 0 & 0 & 1 \end{pmatrix},$$

wie leicht überprüft werden kann.

4.2.8 Lösungen zum Abschnitt 2.8 – Input-Output-Analyse und innerbetriebliche Leistungsverrechnung

Lösung zur Aufgabe 1. Entsprechend der angegebenen Teilebedarfe lässt sich eine Bauteilematrix B erstellen, die mit dem Bedarfsvektor $\vec{b}$ multipliziert, den gesuchten Vektor $\vec{x}$ der benötigten Bauteile ergibt. Es folgt daher

$$B \cdot \vec{b} = \begin{pmatrix} 1 & 1 \\ 1 & 2 \\ 3 & 1 \\ 2 & 5 \end{pmatrix} \cdot \begin{pmatrix} 50 \\ 30 \end{pmatrix} = \begin{pmatrix} 80 \\ 110 \\ 180 \\ 250 \end{pmatrix},$$

d. h. es werden 80 Bauteile B_1, 110 Bauteile B_2, 180 Bauteile B_3 und 250 Bauteile B_4 zur Herstellung von 50 Double-Needle- und 30 Single-Needle-Systemen benötigt.

Lösung zur Aufgabe 2.

(a) Um bei den durchzuführenden Matrizenmultiplikationen nicht die Zeilen mit den Spalten zu verwechseln, werden die beiden Produktionsmatrizen P_1 und P_2 vorab etwas genauer interpretiert.
Die Produktionsmatrix P_1 gibt an, wie viel Rohstoffe r_1 und r_2 zur Produktion der drei Zwischenprodukte $z_1, z_2,$ und z_3 benötigt werden. Damit sind die Zeilen mit den Rohstoffen und die Spalten mit den Zwischenprodukten in Verbindung zu setzen. So werden beispielsweise zur Produktion einer Mengeneinheit des Zwischenproduktes z_1 genau 3 Mengeneinheiten des Rohstoffes r_1 und 2 Mengeneinheiten des Rohstoffes r_2 benötigt. Der Vektor $\vec{r}$, der die Menge an Rohstoffen widerspiegelt, lässt sich also schreiben als:

$$\vec{r} = P_1 \cdot \vec{z} = \begin{pmatrix} 3 & 1 & 2 \\ 2 & 3 & 4 \end{pmatrix} \cdot \begin{pmatrix} z_1 \\ z_2 \\ z_3 \end{pmatrix} = \begin{pmatrix} 3 \cdot z_1 + 1 \cdot z_2 + 2 \cdot z_3 \\ 2 \cdot z_1 + 3 \cdot z_2 + 4 \cdot z_3 \end{pmatrix} = \begin{pmatrix} r_1 \\ r_2 \end{pmatrix}.$$

Die Produktionsmatrix P_2 verknüpft dagegen die Zwischenprodukte $z_1, z_2,$ und z_3 mit den Endprodukten e_1 und e_2 und gibt an, wie viel Zwischenprodukte zur Produktion der beiden Endprodukte benötigt werden. Beispielsweise sind für die Produktion einer Mengeneinheit des Endproduktes e_1 genau 3 Mengeneinheiten des Zwischenproduktes z_1 und eine Mengeneinheit des Zwischenproduktes z_3 vonnöten. Für den Vektor $\vec{z}$, der die Menge an Zwischenprodukten repräsentiert, gilt daher:

$$\vec{z} = \boldsymbol{P}_2 \cdot \vec{e} = \begin{pmatrix} 3 & 1 \\ 0 & 3 \\ 1 & 2 \end{pmatrix} \cdot \begin{pmatrix} e_1 \\ e_2 \end{pmatrix} = \begin{pmatrix} 3 \cdot e_1 + 1 \cdot e_2 \\ 3 \cdot e_2 \\ 1 \cdot e_1 + 2 \cdot e_2 \end{pmatrix} = \begin{pmatrix} z_1 \\ z_2 \\ z_3 \end{pmatrix}.$$

Damit lassen sich die Mengen an benötigten Rohstoffen r_1 und r_2 in Abhängigkeit der zu produzierenden Endprodukte e_1 und e_2 berechnen. Es folgt:

$$r_1 = 3 \cdot (3e_1 + 1e_2) + 1 \cdot (3e_2) + 2 \cdot (1e_1 + 2e_2) = 11e_1 + 10e_2 \quad \text{und}$$
$$r_2 = 2 \cdot (3e_1 + 1e_2) + 3 \cdot (3e_2) + 4 \cdot (1e_1 + 2e_2) = 10e_1 + 19e_2.$$

Dieses Ergebnis lässt sich auch als Matrix $\boldsymbol{C}$ der Gesamtverarbeitung darstellen, welche auch durch das Produkt der beiden Produktionsmatrizen $\boldsymbol{P}_1$ und $\boldsymbol{P}_2$ gegeben ist:

$$\boldsymbol{C} = \begin{pmatrix} 11 & 10 \\ 10 & 19 \end{pmatrix} = \boldsymbol{P}_1 \cdot \boldsymbol{P}_2 = \begin{pmatrix} 3 & 1 & 2 \\ 2 & 3 & 4 \end{pmatrix} \cdot \begin{pmatrix} 3 & 1 \\ 0 & 3 \\ 1 & 2 \end{pmatrix}.$$

Die Matrix der Gesamtverarbeitung $\boldsymbol{C}$ verknüpft damit direkt die benötigten Rohstoffmengen mit den Mengen der zu produzierenden Endprodukte, und es gilt:

$$\boldsymbol{C} \cdot \begin{pmatrix} e_1 \\ e_2 \end{pmatrix} = \begin{pmatrix} r_1 \\ r_2 \end{pmatrix}.$$

(b) Für die gesuchten Rohstoffkosten je produziertes Endprodukt ist der Preisvektor $\vec{q}$ der Rohstoffe mit der Matrix der Gesamtverarbeitung $\boldsymbol{C}$ zu multiplizieren. Damit folgt:

$$(q_1 \quad q_2) \cdot \boldsymbol{C} = (2 \quad 4) \cdot \begin{pmatrix} 11 & 10 \\ 10 & 19 \end{pmatrix} = (62 \quad 96).$$

Also entstehen für jedes Endprodukt e_1 und e_2 Rohstoffkosten in Höhe von 62 respektive 96 Geldeinheiten.

(c) Mit den vorgegebenen zu produzierenden Endproduktmengen von $e_1 = 10$ und $e_2 = 5$ Einheiten lassen sich durch Multiplikation mit der Matrix der Gesamtverarbeitung $\boldsymbol{C}$ der Rohstoffbedarf – und damit die Menge an Rohstoffen r_1 und r_2 – wie folgt berechnen:

$$\vec{r} = C \cdot \vec{e} = \begin{pmatrix} 11 & 10 \\ 10 & 19 \end{pmatrix} \cdot \begin{pmatrix} 10 \\ 5 \end{pmatrix} = \begin{pmatrix} 160 \\ 195 \end{pmatrix}.$$

Infolgedessen werden zur Produktion der genannten Endproduktmengen insgesamt 160 Mengeneinheiten des Rohstoffes r_1 und 195 Mengeneinheiten des Rohstoffes r_2 benötigt.

(d) Der Erlös E kann durch das Produkt aus Preis und Menge bestimmt werden. Die angegebenen zwei Endproduktpreise lassen sich in einem Preisvektor $\vec{p}$ und die Endproduktmengen durch den Vektor $\vec{e}$ ausdrücken. Dann bestimmt sich der Erlös aus dem Skalarprodukt dieser beiden Vektoren, und es folgt:

$$E = \vec{p}^{\mathrm{T}} \cdot \vec{e} = \begin{pmatrix} 70 & 95 \end{pmatrix} \cdot \begin{pmatrix} 10 \\ 5 \end{pmatrix} = 1175.$$

Durch den Verkauf der genannten zwei Endproduktmengen wird in diesem Fall ein Erlös E in Höhe von 1.175 Geldeinheiten erzielt.

Lösung zur Aufgabe 3. Um die benötigten Einheiten an Rohstoffen zu bestimmen, sind in diesem Fall zwei Rechenschritte durchzuführen. Im ersten Schritt wird bestimmt, aus wie viel Rohstoffeinheiten die beiden Zwischenprodukte bestehen und wie diese in die Endprodukte eingehen. Es sind also die beiden Produktionsmatrizen – die sich aus den entsprechenden Tabellenteilen ableiten – zu multiplizieren. Das Ergebnis ist die Zwischenproduktionsmatrix C_1. Sie lautet:

$$C_1 = \begin{pmatrix} 2 & 1 \\ 1 & 3 \\ 2 & 1 \end{pmatrix} \cdot \begin{pmatrix} 4 & 1 \\ 3 & 5 \end{pmatrix} = \begin{pmatrix} 11 & 7 \\ 13 & 16 \\ 11 & 7 \end{pmatrix}.$$

Da für die zu produzierenden Endprodukte auch noch die beiden Rohstoffe R_1 und R_2 benötigt werden, ist im zweiten Schritt die Zwischenproduktionsmatrix C_1 zu der Matrix, die den Zusammenhang zwischen den in die Endprodukte direkt eingehenden Rohstoffeinheiten repräsentiert, zu addieren, um die Endproduktionsmatrix C zu erhalten. Demzufolge gilt:

$$C = C_1 + \begin{pmatrix} 1 & 3 \\ 2 & 1 \\ 0 & 0 \end{pmatrix} = \begin{pmatrix} 11 & 7 \\ 13 & 16 \\ 11 & 7 \end{pmatrix} + \begin{pmatrix} 1 & 3 \\ 2 & 1 \\ 0 & 0 \end{pmatrix} = \begin{pmatrix} 12 & 10 \\ 15 & 17 \\ 11 & 7 \end{pmatrix}.$$

Die Endproduktionsmatrix C gibt nun genau an, wie viel Rohstoffeinheiten R_1 und R_2 zur Produktion je einer Einheit der Endprodukte E_1 und E_2 benötigt werden. So werden z. B. für die Produktion einer Einheit des Endproduktes E_1 und einer Einheit E_2 genau $12 + 10 = 22$ Einheiten des Rohstoffes R_1 und $15 + 17 = 32$ Einheiten des Rohstoffes R_2 und noch $11 + 7 = 18$ Einheiten des Rohstoffes R_3 benötigt.

Der Rohstoffvektor $\vec{r}$, der die Mengeneinheiten r_1, r_2 und r_3 der Rohstoffe R_1, R_2 und R_3 umfasst, lässt sich nun auch direkt als Produkt der Produktionsmatrix C mit den Endproduktvektor $\vec{e}$ (mit den Mengeneinheiten e_1 und e_2 der Endprodukte E_1 und E_2) darstellen, also

$$\vec{r} = \begin{pmatrix} 12 & 10 \\ 15 & 17 \\ 11 & 7 \end{pmatrix} \cdot \vec{e}.$$

Lösung zur Aufgabe 4.

(a) Unter Berücksichtigung der in Tabelle angegebenen Werten wird zunächst der zugehörige Produktionsvektor $\vec{p}$ und sodann die Inputmatrix A aufgestellt. Es ergibt sich demzufolge:

$$\vec{p} = \begin{pmatrix} 20 + 3 + 2 + 15 \\ 8 + 9 + 6 + 7 \\ 4 + 3 + 0 + 3 \end{pmatrix} = \begin{pmatrix} 40 \\ 30 \\ 10 \end{pmatrix}$$

und

$$A = \begin{pmatrix} 20/40 & 3/30 & 2/10 \\ 8/40 & 9/30 & 6/10 \\ 4/40 & 3/30 & 0/10 \end{pmatrix} = \begin{pmatrix} 0{,}5 & 0{,}1 & 0{,}2 \\ 0{,}2 & 0{,}3 & 0{,}6 \\ 0{,}1 & 0{,}1 & 0 \end{pmatrix}.$$

(b) Da sich der Marktvektor $\vec{y}$ durch das Produkt $(E - A) \cdot \vec{p}$ ergibt, empfiehlt sich zur Bestimmung des Produktionsvektors $\vec{p}$ die Matrizengleichung $(E - A) \cdot \vec{p} = \vec{y}$, also

$$\begin{pmatrix} 0{,}5 & -0{,}1 & -0{,}2 \\ -0{,}2 & 0{,}7 & -0{,}6 \\ -0{,}1 & -0{,}1 & 1 \end{pmatrix} \cdot \begin{pmatrix} p_1 \\ p_2 \\ p_3 \end{pmatrix} = \begin{pmatrix} 20 \\ 5 \\ 2 \end{pmatrix},$$

mithilfe des Gauß-Algorithmus zu lösen. So folgt:

	I	$0{,}5$	$-0{,}1$	$-0{,}2$	20
	II	$-0{,}2$	$0{,}7$	$-0{,}6$	5
	III	$-0{,}1$	$-0{,}1$	1	2
$10I = I'$		5	-1	-2	200
$20I + 50II = II'$		0	33	-34	650
$5I + 25III = III'$		0	-3	24	150
$I' = I''$		5	-1	-2	200
$II' = II''$		0	33	-34	650
$II' + 11III' = III''$		0	0	230	2300

Aus Gleichung III'' ergibt sich p_3 zu 10. Mit diesem Wert für p_3 folgt aus Gleichung II'', dass $p_2 = 30$ ist. Damit ergibt sich aus Gleichung I' dann der Wert für p_1 zu 50. Somit lautet der erforderliche (neue) Produktionsvektor

$$\vec{p} = \begin{pmatrix} 50 \\ 30 \\ 10 \end{pmatrix}.$$

Lösung zur Aufgabe 5. Da sich der Output durch den Vektor $\vec{x} = (E - A)^{-1} \cdot \vec{b}$ bestimmt, wird zunächst die Inverse zur Matrix $(E - A) = \begin{pmatrix} 0{,}8 & -0{,}6 \\ -0{,}8 & 0{,}9 \end{pmatrix}$ berechnet. Es folgt:

I	0,8	−0,6		1	0
II	−0,8	0,9		0	1
$I = I'$	0,8	−0,6		1	0
$I + II = II'$	0	0,3		1	1
$I + 2II = I''$	0,8	0		3	2
$II' = II''$	0	0,3		1	1
$(5/4)I''$	1	0		15/4	10/4
$(10/3)II''$	0	1		10/3	10/3

Die Leontief-Inverse lautet also $(E-A)^{-1} = \begin{pmatrix} 15/4 & 10/4 \\ 10/3 & 10/3 \end{pmatrix}$. Damit kann nun der Outputvektor $\vec{x}$ berechnet werden, und er lautet

$$\vec{x} = \begin{pmatrix} 15/4 & 10/4 \\ 10/3 & 10/3 \end{pmatrix} \cdot \begin{pmatrix} 20 \\ 10 \end{pmatrix} = \begin{pmatrix} 100 \\ 100 \end{pmatrix}.$$

Lösung zur Aufgabe 6. Zur Beantwortung der Frage muss als erstes die Inputmatrix A und als zweites die Leontief-Inverse $(E - A)^{-1}$ bestimmt werden. Sodann kann mithilfe der Matrizengleichung $\vec{x} = (E - A)^{-1} \cdot \vec{b}$ der gesuchte Gesamtproduktionsvektor $\vec{x}$ für das Jahr 2020 berechnet werden.

Da die Gesamtproduktion im Jahr 2019 der Produktionsstätte W_1 bei $(4+10+10+16) = 40$ Mengeneinheiten, der Produktionsstätte W_2 bei $(12 + 20 + 5 + 63) = 100$ Mengeneinheiten und der Produktionsstätte W_3 bei $(16 + 10 + 15 + 9) = 50$ Mengeneinheiten lag, ergibt sich die gesuchte Inputmatrix A zu

$$\begin{pmatrix} 4/40 & 10/100 & 10/50 \\ 12/40 & 20/100 & 5/50 \\ 16/40 & 10/100 & 15/50 \end{pmatrix} = \begin{pmatrix} 0{,}1 & 0{,}1 & 0{,}2 \\ 0{,}3 & 0{,}2 & 0{,}1 \\ 0{,}4 & 0{,}1 & 0{,}3 \end{pmatrix}.$$

Nun kann die Leontief-Inverse

$$\left(\begin{pmatrix} 1 & 0 & 0 \\ 0 & 1 & 0 \\ 0 & 0 & 1 \end{pmatrix} - \begin{pmatrix} 0{,}1 & 0{,}1 & 0{,}2 \\ 0{,}3 & 0{,}2 & 0{,}1 \\ 0{,}4 & 0{,}1 & 0{,}3 \end{pmatrix}\right)^{-1} = \begin{pmatrix} 0{,}9 & -0{,}1 & -0{,}2 \\ -0{,}3 & 0{,}8 & -0{,}1 \\ -0{,}4 & -0{,}1 & 0{,}7 \end{pmatrix}^{-1}$$

wie folgt bestimmt werden:

I	0,9	−0,1	−0,2	1	0	0
II	−0,3	0,8	−0,1	0	1	0
III	−0,4	−0,1	0,7	0	0	1
$10I = I'$	9	−1	−2	10	0	0
$10II = II'$	−3	8	−1	0	10	0
$10III = III'$	−4	−1	7	0	0	10
$I' = I''$	9	−1	−2	10	0	0
$3I' + 9II' = II''$	0	69	−15	30	90	0
$4I' + 9III' = III''$	0	−13	55	40	0	90
$I'' = I'''$	9	−1	−2	10	0	0
$II'' = II'''$	0	69	−15	30	90	0
$1{,}3II'' + 6{,}9III'' = III'''$	0	0	360	315	117	621
$180I''' + III''' = I''''$	1620	−180	0	2115	117	621
$24II''' + III''' = II''''$	0	1656	0	1035	2277	621
$III''' = III''''$	0	0	360	315	117	621
$414I'''' + 45II'''' = I'''''$	670680	0	0	922185	150903	285039
$II'''' = II'''''$	0	1656	0	1035	2277	621
$III'''' = III'''''$	0	0	360	315	117	621
$(1/670680)I'''''$	1	0	0	1,375	0,225	0,425
$(1/1656)II'''''$	0	1	0	0,625	1,375	0,375
$(1/360)III'''''$	0	0	1	0,875	0,325	1,725

Mit der nun bestimmten Leontief-Inverse $(E-A)^{-1}$ berechnet sich der gesuchte Gesamtproduktionsvektor $\tilde{x}$ für das Jahr 2020 zu

$$\begin{pmatrix} 1{,}375 & 0{,}225 & 0{,}425 \\ 0{,}625 & 1{,}375 & 0{,}375 \\ 0{,}875 & 0{,}325 & 1{,}725 \end{pmatrix} \cdot \begin{pmatrix} 8 \\ 20 \\ 20 \end{pmatrix} = \begin{pmatrix} 24 \\ 40 \\ 48 \end{pmatrix}.$$

Lösung zur Aufgabe 7. Die Koeffizientenmatrix A ist eine (12×3)-Matrix, denn die Zahl der Gleichungen entspricht der Zahl der vorkommenden Hilfskostenstellen, so dass sich stets eine eindeutige Lösung ergibt.

Lösung zur Aufgabe 8. Wenn ein Kostengleichgewicht in dem betrachteten Medizintechnikunternehmen besteht, decken die Primärkosten einer Kostenstelle gerade die Differenz zwischen den empfangenen und den abgegebenen Leistungen. Also gilt:

$$(70 + 10 + 20)p_1 - 15p_2 - 30p_3 = 35$$
$$(50 + 15 + 35)p_2 - 10p_1 - 45p_3 = 100$$
$$(25 + 30 + 45)p_3 - 20p_1 - 35p_2 = 255$$

Dementsprechend lautet das gesuchte lineare Gleichungssystem zur Bestimmung der Verrechnungspreise wie folgt:

$$\begin{vmatrix} 100p_1 - 15p_2 - 30p_3 = 35 \\ -10p_1 + 100p_2 - 45p_3 = 100 \\ -20p_1 - 35p_2 + 100p_3 = 255 \end{vmatrix}.$$

Lösung zur Aufgabe 9. Die in der Aufgabenstellung dargelegten Zusammenhänge lassen sich auch mit einem Gozintograph wie folgt verdeutlichen:

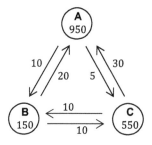

Für die Hilfsbetriebe A, B und C seien p_1, p_2 und p_3 die zugehörigen Verrechnungspreise. Damit folgt beispielsweise für den Hilfsbetrieb A, dass dieser Leistungen in einer Kostenhöhe von $80p_1$ erstellt. Dafür fallen Primärkosten in Höhe von 950 GE an, sowie Sekundärkosten durch die Leistungslieferung von Hilfsbetrieb B und C. Also lässt sich das lineare Gleichungssystem

$$\begin{vmatrix} 80p_1 = 950 & & + 20p_2 + 30p_3 \\ 50p_2 = 150 & + 10p_1 & + 10p_3 \\ 50p_3 = 550 & + 5p_1 + 10p_2 & \end{vmatrix}$$

aufstellen, welches auch (nach Sortierung der Variablen) als

$$\begin{vmatrix} 80p_1 - 20p_2 - 30p_3 = 950 \\ -10p_1 + 50p_2 - 10p_3 = 150 \\ -5p_1 - 10p_2 + 50p_3 = 550 \end{vmatrix}$$

geschrieben werden kann. Dieses Gleichungssystem kann nun mit dem Gauß-Algorithmus gelöst werden:

$$\begin{array}{r|rrr|r}
I & 80 & -20 & -30 & 950 \\
II & -10 & 50 & -10 & 150 \\
III & -5 & -10 & 50 & 550 \\
\hline
0{,}1 I = I' & 8 & -2 & -3 & 95 \\
0{,}1(I + 8II) = II' & 0 & 38 & -11 & 215 \\
0{,}1(II - 2III) = III' & 0 & 7 & -11 & -95 \\
\hline
I' = I'' & 8 & -2 & -3 & 95 \\
II' = II'' & 0 & 38 & -11 & 215 \\
7II' - 38II' = III'' & 0 & 0 & 341 & 5115
\end{array}$$

Aus der Gleichung III'' folgt für den Verrechnungspreis $p_3 = 15\,\frac{\text{GE}}{\text{ME}}$, aus Gleichung II'' dann $p_2 = 10\,\frac{\text{GE}}{\text{ME}}$ und aus Gleichung I'' ergibt sich p_1 zu $20\,\frac{\text{GE}}{\text{ME}}$; und in den Hilfsbetrieben entstehen primäre Gesamtkosten in Höhe von 1650 GE, also die Summe aus 950 GE, 150 GE und 550 GE.

Lösung zur Aufgabe 10. Aus der angegebenen Tabelle lassen sich für die vier Kostenstellen nachfolgende Gleichungen in Abhängigkeit der Verrechnungspreise p_1, p_2, p_3 und p_4 herausarbeiten:

$$2020 + 10p_1 + 40p_2 + 100p_3 + 80p_4 = (10 + 30 + 40 + 50 + 80 + 90 + 100)p_1$$
$$= 400p_1$$
$$3700 + 30p_1 + 10p_2 + 80p_3 + 20p_4 = (40 + 10 + 50 + 100 + 100 + 150 + 150)p_2$$
$$= 600p_2$$
$$1960 + 40p_1 + 50p_2 + 0p_3 + 20p_4 = (100 + 80 + 0 + 40 + 180 + 70 + 30)p_2$$
$$= 500p_2$$
$$7700 + 50p_1 + 100p_2 + 40p_3 + 30p_4 = (80 + 20 + 20 + 30 + 250 + 200 + 200)p_2$$
$$= 800p_2.$$

Diese vier Gleichungen lassen sich in einem linearen Gleichungssystem zusammenfassen:

$$\begin{vmatrix}
-390p_1 & + & 40p_2 & + & 100p_3 & + & 80p_4 & = & -2020 \\
30p_1 & - & 590p_2 & + & 80p_3 & + & 20p_4 & = & -3700 \\
40p_1 & + & 50p_2 & - & 500p_3 & + & 20p_4 & = & -1960 \\
50p_1 & + & 100p_2 & + & 40p_3 & - & 770p_4 & = & -7700
\end{vmatrix}$$

Das lineare Gleichungssystem kann mithilfe des Gauß-Algorithmus gelöst und in Folge der Lösungsvektor $\vec{p}$ berechnet werden:

	I	−390	40	100	80	−2020
	II	30	−590	80	20	−3700
	III	40	50	−500	20	−1960
	IV	50	100	40	−770	−7700
$-0{,}1 I = I'$		39	−4	−10	−8	202
$0{,}1 II = II'$		3	−59	8	2	−370
$0{,}1 III = III'$		4	5	−50	2	−196
$0{,}1 IV = IV'$		5	10	4	−77	−770
$I' = I''$		39	−4	−10	−8	202
$I' - 13 II' = II''$		0	763	−114	−34	5012
$3 III' - 4 II' = III''$		0	251	−182	−2	892
$3 IV' - 5 II' = IV''$		0	325	−28	−241	−460
$I'' = I'''$		39	−4	−10	−8	202
$II'' = II'''$		0	763	−114	−34	5012
$0{,}25(251 II'' - 763 III'') = III'''$		0	0	27563	−1752	144354
$(251 IV'' - 325 III'')/3 = IV'''$		0	0	17374	−19947	−135120
$I''' = I''''$		39	−4	−10	−8	202
$II''' = II''''$		0	763	−114	−34	5021
$III''' = III''''$		0	0	17563	−1752	144354
$17374 III''' - 27563 IV''' = IV''''$		0	0	0	519359913	6232318956

Aus den letzten vier Gleichungen IV'''', III'''', II'''' und I'''' können sukzessive die gesuchten Verrechnungspreise berechnet werden. Sie berechnen sich zu $p_4 = 12$, $p_3 = 6$, $p_2 = 8$ und $p_1 = 10$, wobei die ermittelten Preise in $\frac{GE}{ME}$ gegeben sind.

Zur Berechnung der an den drei Hauptkostenstellen anfallenden Kosten H_1, H_2 und H_3 kann dann die Matrizengleichung

$$(p_1 \; p_2 \; p_3 \; p_4) \cdot \begin{pmatrix} 80 & 90 & 100 \\ 100 & 150 & 150 \\ 180 & 70 & 30 \\ 250 & 200 & 200 \end{pmatrix} = (H_1 \; H_2 \; H_3)$$

herangezogen werden. Damit bestimmen sich die anfallenden Kosten an den drei Hauptkostenstellen zu $H_1 = 5680$ GE, $H_2 = 4920$ GE sowie $H_3 = 4780$ GE.

4.2.9 Lösungen zum Abschnitt 2.9 – Funktionen zur Beschreibung quantitativer Zusammenhänge

Lösung zur Aufgabe 1. Zur Bestimmung der gesuchten Nullstellen müssen die Funktionen y_1 bis y_4 jeweils 0 gesetzt und dann nach der Variablen x aufgelöst werden. Gelingt diese Umformung, dann ist die Lösung die Nullstelle x_0 der jeweiligen Funktion.
(a) $y_1 = 4x - 8 = 0 \implies 4x = 8 \implies$ Nullstelle $x_0 = 2$

(b) $y_2 = x^2 - 4x - 5 = 0 \implies x_{1,2} = 2 \pm \sqrt{2^2 + 5} = 2 \pm 3$
$\implies$ Nullstellen $x_{01} = -1$ und $x_{02} = 5$
(c) $y_3 = 3 \cdot 2^x - 24 = 0 \implies 2^x = \frac{24}{3} = 8 \implies$ Nullstelle $x_0 = \log_2 8 = 3$
(d) $y_4 = 10^x + 3 = 0 \implies 10^x = -3 \implies$ nicht lösbar, also hat y_4 keine Nullstelle

Lösung zur Aufgabe 2.
(a) Da $\sin(-x) = -\sin x$ ist, ergibt sich für $f(-x) = 6(-x) + \sin(-x) = -6x - \sin x = -f(x)$. Die Funktion $f(x)$ ist somit symmetrisch zum Ursprung und damit eine ungerade Funktion.
(b) Mit $g(-x) = 2(-x)\sqrt{(-x)^2 - 5} = -2x\sqrt{x^2 - 5} = -g(x)$ ist gezeigt, dass g(x) eine ungerade Funktion und demnach symmetrisch zum Ursprung ist.
(c) Da $h(-x) = (-x)^2 - (-x) = x^2 + x$ weder $h(x)$ noch $-h(x)$ ist, ist die Funktion weder gerade noch ungerade.

Lösung zur Aufgabe 3. Bei dieser Aufgabe genügt es zu erkennen, welche der aufgezählten Eigenschaften die entsprechenden Funktionen haben und welche Eigenschaften sie eben nicht haben.
(a) Für die Betrachtung der Monotonie der Funktion $f(x) = \sin(2^x)$ werden zu drei willkürlichen Werten von x die Funktionswerte $f(x)$ berechnet. So ist beispielsweise $f(5) = \sin(2^5) \approx 0{,}53$, $f(6) \approx 0{,}90$ und $f(7) \approx 0{,}79$. Infolgedessen liegt bei der Funktion keine Monotonie vor, denn mit zunehmenden Argument x werden die Funktionswerte erst größer, dann aber wieder kleiner.
Da die Sinusfunktion $y = \sin x$ nach oben durch $c = 1$ (und nach unten durch $c = -1$) beschränkt ist, gilt dies auch für die Funktion $f(x) = \sin(2^x)$. Alle ihre Funktionswerte liegen zwischen -1 und 1.
Bei der Funktion $f(x) = \sin(2^x)$ liegt keine Symmetrie vor, da $f(-x) = \sin(2^{-x}) = \sin(\frac{1}{2^x})$ ungleich $f(x)$ und auch ungleich $-f(x)$ ist.
(b) Bei der Funktion $f(x) = 2x^4 - 2x^2 + 2x$ liegt keine Monotonie vor, denn die Funktionswerte sind mit zunehmenden Argument mal größer und mal kleiner, z. B. sind $f(-2) = 2 \cdot (-2)^4 - 2 \cdot (-2)^2 + 2 \cdot (-2) = 20$, $f(0) = 0$ oder $f(2) = 28$.
Die Funktion $f(x) = 2x^4 - 2x^2 + 2x$ ist nach unten beschränkt, denn beispielsweise ist $c = -12$ eine untere Grenze, und alle Funktionswerte liegen oberhalb dieses Wertes. Um dies konkret nachzuweisen, wird folgende Fallunterscheidung vorgenommen:
 (i) Für $x > 2$ gilt $f(x) = 2x^4 - 2x^2 + 2x = 2x^2(x^2 - 1) + 2x \geq 0 > -12$.
 (ii) Für $|x| \leq 2$ gilt $f(x) = 2x^2(x^2 - 1) + 2x \geq 2x^2(0 - 1) + 2x \geq -2 \cdot 4 + 2 \cdot (-2) = -12$.
 (iii) Für $x < -2$ gilt $f(x) = 2x^2(x^2 - 1) + 2x \geq 2x^2(4 - 1) + 2x = 6x^2 + 2x \geq 6 \cdot (-2) \cdot x + 2x = -10x \geq 20 > -12$.
Die Funktion $f(x) = 2x^4 - 2x^2 + 2x$ ist nicht symmetrisch, denn $f(-x)$ ist weder $f(x)$ noch $-f(x)$.
(c) Für die Monotoniebetrachtung wird die Funktion $f(x) = \frac{2e^x}{1+e^x} - 1$ zu $f(x) = \frac{2}{e^{-x}+1} - 1$ umgeformt. Hier zeigt sich jetzt, dass $f(x)$ eine streng monoton steigende Funktion ist. Da nämlich die Funktion $y = e^x$ eine streng monoton steigende Funktion ist folgt,

dass $y = e^{-x}$ streng monoton fallend ist. Somit ist auch der Term $e^{-x} + 1$ monoton fallend. Demzufolge ist der Term $\frac{1}{e^{-x}+1}$ streng monoton steigend und daher auch die Funktion $f(x)$.

Die Funktion $f(x)$ ist durch $c = 1$ nach oben beschränkt, denn es gelten mit $e^x \geq 0$ folgende Abschätzungen:

$$\frac{2e^x}{1+e^x} - 1 \leq \frac{2e^x}{e^x} - 1 = 2 - 1 = 1 \quad \text{und}$$

$$\frac{2e^x}{1+e^x} - 1 \geq \frac{2 \cdot 0}{1+0} - 1 = 0 - 1 = -1$$

Die Funktion $f(x) = \frac{2e^x}{1+e^x} - 1$ ist punktsymmetrisch, da $f(-x) = -f(x)$ wie nachfolgend gezeigt:

$$f(-x) = \frac{2e^{-x}}{1+e^{-x}} - 1 = \frac{2}{e^x + 1} - 1 = \frac{2}{e^x + 1} - 2 + 1 = \frac{2}{e^x + 1} - \frac{2(e^x + 1)}{e^x + 1} + 1$$

$$= \frac{2 - 2e^x - 2}{1 + e^x} + 1 = \frac{-2e^x}{1 + e^x} + 1 = -\left(\frac{2e^x}{1 + e^x} - 1\right) = -f(x)$$

(d) Die Funktion $f(x) = \ln(2x^2)$ ist nicht monoton fallend und auch nicht monoton steigend, wie eine Überprüfung anhand dreier Funktionswerte leicht zeigt. Beispielsweise sind $f(-2) = \ln(2 \cdot (-2)^2) = \ln 8 \approx 2{,}08$, $f(-1) \approx 0{,}69$ und $f(2) \approx 2{,}08$.

Da die Funktionen $y = \ln x$ (die Definitionslücke bei $x = 0$ spielt für die Beschränktheit der Funktion keine Rolle) und $y = 2x^2$ für positive x-Werte jeweils nicht beschränkt sind, ist auch die Funktion $f(x) = \ln(2x^2)$ nicht beschränkt.

Außerdem ist $f(x)$ achsensymmetrisch (also eine gerade Funktion), denn $f(-x) = \ln(2 \cdot (-x)^2) = \ln(2x^2) = f(x)$.

Lösung zur Aufgabe 4. Für die Bestimmung der Nullstellen der Funktionen $f(x)$ und $g(x)$ werden diese jeweils gleich 0 gesetzt und nach der Variablen x aufgelöst. Für die Bestimmung der Umkehrfunktionen werden $f(x)$ und $g(x)$ direkt nach x aufgelöst.

$$f(x) = \ln\sqrt{x^2 + 1} = 0 \implies \sqrt{x^2 + 1} = e^0 = 1 \implies x^2 + 1 = 1$$
$$\implies x^2 = 0 \implies x = 0 \quad \text{(Nullstelle)}$$

$$\ln\sqrt{x^2 + 1} = f \implies \sqrt{x^2 + 1} = e^f \implies x^2 + 1 = e^{2f}$$
$$\implies x(f) = \pm\sqrt{e^{2f} - 1} \quad \text{(Umkehrfunktion)}$$

$$g(x) = \ln\left(\frac{x}{2}\right) = 0 \implies \frac{x}{2} = e^0 = 1 \implies x = 2 \quad \text{(Nullstelle)}$$

$$\ln\left(\frac{x}{2}\right) = g \implies \frac{x}{2} = e^g \implies x(g) = 2e^g \quad \text{(Umkehrfunktion)}$$

Lösung zur Aufgabe 5. Nachfolgend wird erst die Funktion $f(x)$ und dann die Funktion $g(x)$ hinsichtlich ihres Kurvenverlaufs diskutiert.

Diskussion des Kurvenverlaufs der Funktion $f(x)$
Für die Bestimmung der Nullstellen wie auch der Polstellen der gebrochen rationalen Funktion $f(x)$ wird das Zählerpolynom und das Nennerpolynom hinsichtlich ihrer Nullstellen untersucht.

Der Zähler wird an der Stelle $x_0 = 1$ und $x_0 = -2$ gleich null, wobei der Nenner an diesen Stellen nicht gleichzeitig null wird. Da im Zähler der Faktor $(x + 2)$ zum Quadrat vorkommt, liegt demzufolge bei $x_0 = -2$ eine doppelte Nullstelle der Funktion $f(x)$ vor. Eine weitere Nullstelle liegt, entsprechend des Faktors $(x - 1)$, bei $x_0 = 1$.

Das Polynom im Nenner der Funktion $f(x)$ wird dagegen bei $x_p = 4$ und $x_p = -4$ genau null, wobei das Zählerpolynom an diesen Stellen nicht null wird. Unter der Beachtung, dass x im Nenner als Faktor quadratisch vorkommt folgt, dass an der Stelle $x_p = 0$ eine doppelte Polstelle vorliegt, und zwei weitere Polstellen liegen bei $x_p = 4$ und $x_p = -4$.

Das Verhalten der Funktion $f(x)$ für sehr große und sehr kleine Werte von x lässt auf die Asymptoten schließen. Wird die unabhängige Variable x sehr groß und geht gegen Unendlich, so nähern sich die Funktionswerte $f(x)$ asymptotisch den Werten $\frac{1}{x}$ und gehen gegen 0. Gehen die x-Werte dagegen gegen minus Unendlich, dann nähert sich $f(x)$ der Funktion $-\frac{1}{x}$, und die Funktionswerte gehen von großen negativen Funktionswerten kommend gegen 0.

Um den Funktionsverlauf abschließend skizzieren zu können, stellt sich noch die Frage nach dem Vorzeichen der Funktionswerte $f(x)$ zwischen den Polstellen. Zwischen $x_p = -4$ und $x_p = 0$ sind die Funktionswerte immer positiv, beispielsweise ist $f(-1) = \frac{-2 \cdot 1^2}{1 \cdot (-15)} = \frac{2}{15}$. Zwischen $x_p = 0$ und $x_p = 4$ tritt dagegen ein Vorzeichenwechsel der Funktionswerte auf. Zwischen $x = 0$ und $x = 1$ sind die Funktionswerte $f(x)$ positiv und zwischen $x = 1$ und $x = 4$ sind die Funktionswerte dann negativ.

Diskussion des Kurvenverlaufs der Funktion $g(x)$
Für die Bestimmung der Nullstellen, der Polstellen wie für die Diskussion des asymptotischen Verhaltens der Funktion $g(x)$ geht man analog – wie bei der Diskussion des Verlaufes von $f(x)$ – vor. Die Betrachtung des Zählers von $g(x)$ offenbart, dass die Funktion $g(x)$ sechs Nullstellen besitzt, nämlich die einfache Nullstelle $x_0 = 4$, die doppelte Nullstelle $x_0 = 2$ sowie die dreifache Nullstelle $x_0 = 1$. Des Weiteren hat die Funktion $g(x)$ drei Polstellen, entsprechen der drei Nullstellen des Polynoms im Nenner der Funktion $g(x)$. Sie liegen bei $x_p = 1$ und $x_p = 3$ (doppelt). Des Weiteren gehen für sehr große x-Werte die Funktionswerte $g(x)$ gegen Unendlich; gehen die x-Werte dagegen gegen minus Unendlich, dann gehen die Funktionswerte $g(x)$ gegen minus Unendlich. Berücksichtigt man noch einzelne Funktionswerte von $g(x)$ und insbesondere deren Vorzeichen zeigt sich, dass $g(x)$ zwischen den Polstellen $x_p = 1$ und $x_p = 3$ negative Werte annimmt.

Mit all diesen Informationen lässt sich der Funktionsverlauf von $f(x)$ und $g(x)$ wie folgt skizzieren:

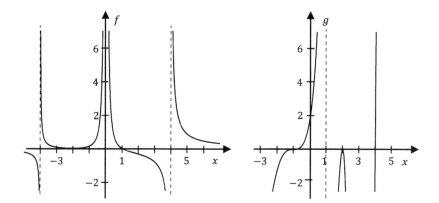

Lösung zur Aufgabe 6. Setzt man für die Funktionswerte $f(x)$ die Variable y ein, dann lauten die Umkehrfunktionen $x(y) = f^{-1}(y)$. Für die gesuchten Umkehrfunktionen $x(y)$ folgt:

(a) $y = 3x - 2 \implies y + 2 = 3x \implies x(y) = \frac{1}{3} \cdot y + \frac{2}{3}$

(b)
$$y = \frac{3x - 1}{x + 2} \implies y \cdot (x + 2) = 3x - 1 \implies y \cdot x + 2y = 3x - 1$$
$$\implies 3x - y \cdot x = 2y + 1 \implies x \cdot (3 - y) = 2y + 1$$
$$\implies x(y) = \frac{2y + 1}{3 - y}$$

(c)
$$y = -\frac{1}{3}(x + 5)^2 + 7 \implies (x + 5)^2 = 3 \cdot (7 - y) \implies x + 5 = \sqrt{3 \cdot (7 - y)}$$
$$\implies x(y) = -5 + \sqrt{3 \cdot (7 - y)}$$

(d) $y = 3 \cdot 2^x \implies 2^x = \frac{y}{3} \implies x(y) = \log_2(\frac{y}{3})$

Lösung zur Aufgabe 7. Mit den drei angegebenen Werten für die Kostenfunktion folgt:

$$K(0) = a \cdot 0 + b \cdot 0 + c = 2 \implies c = 2$$
$$K(6) = a \cdot 36 + b \cdot 6 + 2 = 26 \implies 36a + 6b = 24 \implies 6a + b = 4$$
$$\implies b = 4 - 6a$$
$$K(2) = a \cdot 4 + (4 - 6a) \cdot 2 + 2 = 6 \implies 4a + 8 - 12a + 2 = 6$$
$$\implies 10 - 8a = 6$$
$$\implies 8a = 4$$
$$\implies a = \frac{1}{2}$$

Mit $a = \frac{1}{2}$ ergibt sich für $b = 4 - 6 \cdot \frac{1}{2} = 1$. Mit den berechneten Werten von $a = \frac{1}{2}$, $b = 1$ und $c = 2$ lautet dann die konkrete Kostenfunktion $K(x) = \frac{1}{2}x^2 + x + 2$.

Lösung zur Aufgabe 8. Setzt man nacheinander die Wertepaare in die Wachstumsfunktion $W(x)$ ein, dann ergeben sich die drei Gleichungen $a + bc = 1$ [1], $a + bc^2 = 13$ [2] und $a + bc^3 = 49$ [3] mit den unbekannten Koeffizienten a, b und c. Diese Koeffizienten gilt es nun zu bestimmen. Aus Gleichung [1] folgt, dass $bc = 1 - a$ gilt. Diese Beziehung in Gleichung [2] eingesetzt ergibt $a + (1-a)c = 13$, und damit ist $c = \frac{13-a}{1-a}$. Mit diesem Ergebnis lässt sich Gleichung [3] nur in Abhängigkeit des Koeffizienten a darstellen, nämlich $a + (1-a)\frac{(13-a)^2}{(1-a)^2} = 49$.

Daraus folgt $a(1-a) + (13-a)^2 = 49(1-a)$ oder auch $a - a^2 + 169 - 26a + a^2 = 49 - 49a$. Zusammengefasst bedeutet dies, dass $24a = -120$ ist, d. h. $a = -5$. Diesen Wert für a in die Beziehungen für c eingesetzt ergibt $c = \frac{13+5}{1+5} = 3$, und damit folgt für $b = \frac{1}{3}(1+5) = 2$.

Die gesuchte Wachstumsfunktion lautet demzufolge $W(x) = -5 + 2 \cdot 3^x$.

Lösung zur Aufgabe 9.

$$\lim_{x \to \infty} \frac{x^2(1 - \frac{3}{x} + \frac{5}{x^2})}{x^2(4 - \frac{7}{x})} = \lim_{x \to \infty} \frac{1 - \frac{3}{x} + \frac{5}{x^2}}{4 - \frac{7}{x}} = \frac{\lim_{x \to \infty} 1 - \lim_{x \to \infty} \frac{3}{x} + \lim_{x \to \infty} \frac{5}{x^2}}{\lim_{x \to \infty} 4 - \lim_{x \to \infty} \frac{7}{x^2}}$$
$$= \frac{1 - 0 + 0}{4 - 0} = \frac{1}{4}$$

Lösung zur Aufgabe 10. Da die Funktion $f(x)$ zu $\frac{2^x}{2^x \cdot 4 + 2} = \frac{1}{4 + \frac{2}{2^x}}$ umgeformt werden kann, folgt für die beiden Grenzwerte:

$$\lim_{x \to +\infty} f(x) = \lim_{x \to +\infty} \frac{1}{4 + \frac{2}{2^x}} = \frac{\lim_{x \to +\infty} 1}{\lim_{x \to +\infty} 4 + \lim_{x \to +\infty} \frac{2}{2^x}} = \frac{\lim_{x \to +\infty} 1}{\lim_{x \to +\infty} 4 + \lim_{x \to +\infty} 2 \cdot 2^{-x}}$$
$$= \frac{1}{4 + 0} = \frac{1}{4}$$
$$\lim_{x \to -\infty} f(x) = \lim_{x \to -\infty} \frac{1}{4 + \frac{2}{2^x}} = \frac{\lim_{x \to -\infty} 1}{\lim_{x \to -\infty} 4 + \lim_{x \to -\infty} \frac{2}{2^x}} = \frac{\lim_{x \to -\infty} 1}{\lim_{x \to -\infty} 4 + \lim_{x \to -\infty} 2 \cdot 2^{-x}}$$
$$= \frac{1}{4 + \infty} = 0$$

Lösung zur Aufgabe 11.
(a) Die Funktion $f_1(x)$ hat die beiden Nullstellen $x_0 = -5$ und $x_0 = 4$, die sich als Lösungen der quadratischen Gleichung $2x^2 + 2x - 40 = 0$ mithilfe der p,q-Formel ergeben.
(b) Die Funktion $f_2(x)$ hat keine Nullstellen, da $\log_5(-1)$ nicht existiert.
(c) Die Funktion $f_3(x)$ hat genau eine Nullstelle bei $x_0 = \log_5 2$, denn $\ln(5^x - 1) = 0$ genau dann, wenn $5^x - 1 = e^0 = 1$ und damit $5^x = 2$ ist.
(d) Die Funktion $f_4(x)$ hat keine reellen Nullstellen, denn die Lösungen der quadratischen Gleichung $x^2 + 2x + 3 = 0$ sind mit $x_{01,02} = -1 \pm \sqrt{-2}$ komplexe Zahlen.

Lösung zur Aufgabe 12. $p_3(-2) = (-2)^3 - 2 \cdot (-2)^2 - 2 \cdot (-2) + 4 = -8 - 8 + 4 + 4 = -8$, d. h. -2 ist keine Nullstelle von $p_3(x)$.

$p_3(2) = 2^3 - 2 \cdot 2^2 - 2 \cdot 2 + 4 = 8 - 8 - 4 + 4 = 0$, d. h. 2 ist eine Nullstelle von $p_3(x)$.

$p_3(10) = 10^3 - 2 \cdot 10^2 - 2 \cdot 10 + 4 = 1000 - 200 - 20 + 4 = 784$, d. h. 10 ist keine Nullstelle von $p_3(x)$.

$q_3(-2) = 4 \cdot (-2)^3 + 2 \cdot (-2)^2 + 5 \cdot (-2) - 42 = -32 + 8 - 10 - 4250 = -4284$, d. h. -2 ist keine Nullstelle von $q_3(x)$.

$q_3(2) = 4 \cdot 2^3 + 2 \cdot 2^2 + 5 \cdot 2 - 42 = 32 + 8 + 10 - 4250 = -4200$, d. h. 2 ist keine Nullstelle von $q_3(x)$.

$q_3(10) = 4 \cdot 10^3 + 2 \cdot 10^2 + 5 \cdot 10 - 42 = 4000 + 200 + 50 - 4250 = 0$, d. h. 10 ist eine Nullstelle von $q_3(x)$.

$p_4(-2) = (-2)^4 - 6 \cdot (-2)^3 + 2 \cdot (-2)^2 - 3 \cdot (-2) - 78 = 16 + 48 + 8 + 6 - 78 = 0$, d. h. -2 ist eine Nullstelle von $p_4(x)$.

$p_4(2) = 2^4 - 6 \cdot 2^3 + 2 \cdot 2^2 - 3 \cdot 2 - 78 = 16 - 48 + 8 - 6 - 78 = -108$, d. h. 2 ist keine Nullstelle von $p_4(x)$.

$p_4(10) = 10^4 - 6 \cdot 10^3 + 2 \cdot 10^2 - 3 \cdot 10 - 78 = 10000 - 6000 + 200 - 30 - 78 = -108$, d. h. 10 ist keine Nullstelle von $p_4(x)$.

Lösung zur Aufgabe 13. $f(1,2) = 2 \cdot 1^2 - 1 \cdot 2 + 2^2 = 2 - 2 + 4 = 4$ und $g(1,2) = e^{1^2 \cdot 2} - 2 = e^2 - 1 \approx 6{,}39$

Lösung zur Aufgabe 14.

(a) $y(x) = \frac{x-1}{3} \implies 3y = x - 1 \implies 3y - x + 1 = 0$

(b)
$$y(x) = \frac{\log x - \log 7}{\log 5 - \log 7} \implies y = \frac{\log(\frac{x}{7})}{\log(\frac{5}{7})} \implies y \cdot \log\left(\frac{5}{7}\right) = \log\left(\frac{x}{7}\right)$$
$$\implies \log\left(\frac{5}{7}\right)^y = \log\left(\frac{x}{7}\right) \implies \left(\frac{5}{7}\right)^y = \frac{x}{7}$$
$$\implies 7 \cdot 5^y \cdot 7^{-y} = x \implies 5^y \cdot 7^{1-y} - x = 0$$

Lösung zur Aufgabe 15.

(a)
$$4x = 6 - 5y \implies x(y) = \frac{6 - 5y}{4}$$
$$5y = 6 - 4x \implies y(x) = \frac{6 - 4x}{5}$$

(b)
$$2\sqrt{p} = x^2 - 36 \implies 4p = (x^2 - 36)^2 \implies p(x) = \frac{1}{4}(x^2 - 36)$$
$$x^2 = 2\sqrt{p} + 36 \implies x(p) = \pm\sqrt{2\sqrt{p} + 36}, \, p \geq 0$$

4.2.10 Lösungen zum Abschnitt 2.10 – Ökonomische Funktionen und ihre wesentlichen Eigenschaften

Lösung zur Aufgabe 1. Das Polynom dritter Ordnung $p_3(x)$ hat – entsprechend des Fundamentalsatzes der Algebra – genau drei Nullstellen. Einsetzen kleiner natürlicher Zahlen in $p_3(x)$ zeigt, dass $x = -1$ eine Nullstelle des Polynoms ist, denn $(-1)^3 - 3 \cdot (-1) - 2 = 0$. Zur Bestimmung der beiden anderen Nullstellen wird $p_3(x)$ durch $(x + 1)$ dividiert:

$$\begin{aligned}
(x^3 - 3x - 2) \div (x + 1) &= x^2 - x - 2 \\
\underline{-(x^3 + x^2)} & \\
-x^2 - 3x & \\
\underline{-(-x^2 - x)} & \\
-2x - 2 & \\
\underline{-(-2x - 2)} & \\
0 &
\end{aligned}$$

Die Nullstellen der ermittelten quadratischen Gleichung können mit der p, q-Formel bestimmt werden; gleichwohl kann aber auch eine weitere Polynomdivision durchgeführt werden. Da die quadratische Gleichung $x^2 - x - 2$ offensichtlich eine Nullstelle bei $x = 2$ hat ($2^2 - 2 - 2 = 0$) kann diese Gleichung durch $(x - 2)$ wie folgt dividiert werden:

$$\begin{aligned}
(x^2 - x - 2) \div (x - 2) &= x + 1 \\
\underline{-(x^2 - 2x)} & \\
x - 2 & \\
\underline{-(x - 2)} & \\
0 &
\end{aligned}$$

Damit liegt eine weitere Nullstelle bei $x = -1$. Alles in allem hat das Polynom $p_3(x)$ eine doppelte Nullstelle bei $x = -1$ und eine dritte Nullstelle bei $x = 2$. Infolgedessen kann das Polynom auch als $p_3(x) = x^3 - 3x - 2 = (x + 1) \cdot (x + 1) \cdot (x - 2) = (x + 1)^2 \cdot (x - 2)$ geschrieben werden.

Lösung zur Aufgabe 2. In einem ersten Schritt wird das Polynom $p_4(x)$ durch x minus der ersten Nullstelle x_{01} dividiert, und es folgt:

$$
\begin{array}{l}
(x^4 - x^3 - 7x^2 + x + 6) \div (x + 2) = x^3 - 3x^2 - x + 3 = p_3(x) \\
\underline{-(x^4 + 2x^3)} \\
\qquad -3x^3 - 7x^2 \\
\qquad \underline{-(-3x^3 - 6x^2)} \\
\qquad\qquad -x^2 + x \\
\qquad\qquad \underline{-(-x^2 - 2x)} \\
\qquad\qquad\qquad 3x + 6 \\
\qquad\qquad\qquad \underline{-(3x + 6)} \\
\qquad\qquad\qquad\qquad 0
\end{array}
$$

Das jetzt vorliegende Restpolynom $p_3(x)$ wird nun in einem zweiten Schritt durch x minus der zweiten Nullstelle x_{02} dividiert. Es folgt

$$
\begin{array}{l}
(x^3 - 3x^2 - x + 3) \div (x - 1) = x^2 - 2x - 3 = p_2(x) \\
\underline{-(x^3 - x^2)} \\
\qquad -2x^2 - x \\
\qquad \underline{-(-2x^2 + 2x)} \\
\qquad\qquad -3x + 3 \\
\qquad\qquad \underline{-(-3x + 3)} \\
\qquad\qquad\qquad 0
\end{array}
$$

Damit liegt das Restpolynom $p_2(x)$ als quadratische Gleichung vor. Deren Nullstellen lassen sich mit der p, q-Formel berechnen, und es ergeben sich die beiden Nullstellen $x_{03} = 3$ und $x_{04} = -1$.

Alternativ können die gesuchten Nullstellen auch auf einem direkteren Weg bestimmt werden. Da nämlich schon zwei Nullstellen des Polynoms $p_4(x)$ bekannt sind und das Produkt aus $(x+2)$ und $(x-1)$ gleich x^2+x-2 ist, lässt sich $p_4(x)$ auch schreiben als

$$p_4(x) = x^4 - x^3 - 7x^2 + x + 6 = p_2(x) \cdot (x + 2) \cdot (x - 1) = p_2(x) \cdot (x^2 + x - 2).$$

Infolgedessen kann die Polynomdivision wie folgt durchgeführt werden:

$$
\begin{array}{l}
(x^4 - x^3 - 7x^2 + x + 6) \div (x^2 + x - 2) = x^2 - 2x - 3 = p_2(x) \\
\underline{-(x^4 + x^3 - 2x^2)} \\
\qquad -2x^3 - 5x^2 + x \\
\qquad \underline{-(-2x^3 - 2x^2 + 4x)} \\
\qquad\qquad -3x^2 - 3x + 6 \\
\qquad\qquad \underline{-(-3x^2 - 3x + 6)} \\
\qquad\qquad\qquad 0
\end{array}
$$

Somit erhält man auf diesem Weg direkt das Restpolynom $p_2(x)$, dessen Nullstellen wieder bei $x_{03} = 3$ und $x_{04} = -1$ liegen.

Lösung zur Aufgabe 3. Das Polynom $p_4(x)$ hat offensichtlich eine Nullstelle bei $x_{01} = 0$. Demzufolge lässt sich x ausklammern und man erhält ein Polynom dritten Grades, nämlich $p_3(x) = x^3 - 3x^2 - 4x + 12$. Dieses Polynom hat eine Nullstelle bei $x_{02} = 2$, denn $p_3(2) = 2^3 - 3 \cdot 2^2 - 4 \cdot 2 + 12 = 0$. Die Polynomdivision von $p_3(x)$ durch $(x - 2)$ ergibt:

$$
\begin{array}{l}
(x^3 - 3x^2 - 4x + 12) \div (x - 2) = x^2 - x - 6 \\
\underline{-(x^3 - 2x^2)} \\
 -x^2 - 4x \\
 \underline{-(-x^2 + 2x)} \\
 -6x + 12 \\
 \underline{-(-6x + 12)} \\
 0
\end{array}
$$

Nun ist die quadratische Gleichung mithilfe der p, q-Formel zu lösen, und man erhält die zwei Nullstellen $x_{03} = 3$ und $x_{04} = -2$. Damit sind alle vier Nullstellen des Polynoms $p_4(x)$ bestimmt. Demzufolge lässt sich das Polynom auch durch $p_4(x) = x \cdot (x-2) \cdot (x-3) \cdot (x+2)$ ausdrücken.

Lösung zur Aufgabe 4. Mit den gegebenen fünf Nullstellen kann das gesuchte Polynom $p_5(x)$ auch durch das Produkt $(x-1) \cdot (x+2) \cdot (x-3) \cdot (x+4) \cdot (x-5)$ geschrieben werden. Nach Ausmultiplizieren und Zusammenfassen der entsprechenden Terme bestimmt sich das Polynom $p_5(x)$ dann zu:

$$
\begin{aligned}
p_5(x) &= \bigl((x-1)(x+2)\bigr) \cdot \bigl((x-3)(x+4)\bigr) \cdot (x-5) = (x^2 + x - 2) \cdot (x^2 + x - 12) \cdot (x-5) \\
&= (x^4 + x^3 - 12x^2 + x^3 + x^2 - 12x - 2x^2 - 2x + 24) \cdot (x-5) \\
&= (x^4 + 2x^3 - 13x^2 - 14x + 24) \cdot (x-5) \\
&= x^5 - 5x^4 + 2x^4 - 10x^3 - 13x^3 + 65x^2 - 14x^2 + 70x + 24x - 120 \\
&= x^5 - 3x^4 - 23x^3 + 51x^2 + 94x - 120
\end{aligned}
$$

Lösung zur Aufgabe 5.
(a) Der Angebotsüberschuss berechnet sich aus der Differenz zwischen angebotener und nachgefragter Menge für $p_1 = 8$, also $x_A(8) - x_N(8) = (5 + \frac{1}{2} \cdot 8) - (20 - 2 \cdot 8) = 5$. Für einen Preis von $p_1 = 8$ bieten die Verkäufer demzufolge 5 Mengeneinheiten mehr an als die Nachfrager zu kaufen bereit sind.
(b) Der Nachfrageüberschuss berechnet sich für $p_2 = 2$ aus $x_N(2) - x_A(2) = 16 - 6 = 10$. Demzufolge werden für $p_2 = 2$ genau 10 Mengeneinheiten mehr nachgefragt als die Verkäufer anbieten.
(c) Für den Schnittpunkt der Nachfrage- und Angebotsfunktion werden die beiden Funktionen gleichgesetzt und nach dem Preis p – also in diesem Fall dem Markt-

preis p_M – aufgelöst. Aus $5 + \frac{1}{2}p = 20 - 2p$ folgt $\frac{5}{2}p = 15$, und damit ist das Angebot und die Nachfrage für den Preis $p_M = 6$ identisch und liegt bei $x_A = x_N = 8$ Mengeneinheiten.

(d) Die Nachfragefunktion und Angebotsfunktion lassen sich in ein Koordinatensystem wie folgt einzeichnen:

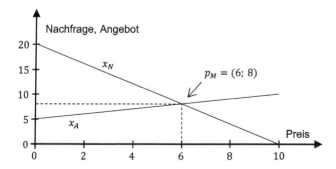

Lösung zur Aufgabe 6.

(a) Die gegebene Funktion $U(x)$ ist eine Umsatzfunktion, denn sie lässt sich umformen zu $U(x) = (-0{,}2x + 6) \cdot x$. Damit spiegelt $U(x)$ das Produkt aus Preis mal Menge x wider, wobei der Faktor $(-0{,}2x + 6)$ eine Preis-Absatz-Funktion eines Monopolisten darstellt.

(b) Bei $U(x) = 6 \cdot x$ handelt es sich um eine Umsatzfunktion (Preis mal Menge) eines Polypolisten. Der Marktpreis liegt bei $p_M = 6$.

(c) Da für $x = 0$ der Funktionswert $U(0) = 10$ ist, kann $U(x)$ keine Umsatzfunktion sein. Ein Umsatz ist nämlich immer null, wenn $x = 0$ ist.

(d) Auch wenn für $x = 0$ der Funktionswert $U(0) = 0$ ist, handelt es sich bei $U(x)$ um keine Umsatzfunktion. Denn $U(x)$ kann auch als $U(x) = x^2 + 4x = (x + 4) \cdot x$ geschrieben werden, und infolgedessen kann der Faktor $(x + 4)$ aufgrund des positiven Anstieges des zugehörigen Graphen keine Preis-Absatz-Funktion sein.

Lösung zur Aufgabe 7.

(a) Die Funktion $K(x)$ ist eine Kostenfunktion mit fixen Kosten in Höhe von $K_f = 500$ und variablen Kosten von $K_v(x) = 0{,}02x$.

(b) $K(x)$ ist eine Kostenfunktion, denn es handelt sich hierbei um eine nach oben geöffnete Parabel mit einem Minimum bei $(x/K(x)) = (-2{,}5/0{,}75)$. Für $x \geq 0$ entsprechen die Funktionswerte von $K(x)$ den Kosten, die in diesem Fall mit größer werdendem x immer weiter ansteigen.

(c) Die Funktion $K(x)$ lässt sich zu $K(x) = 2x - 10$ umformen. Es kann sich also bei dieser Funktion nicht um eine Kostenfunktion handeln, da $K(0) = -10$ nicht die Fixkosten sein können.

(d) $K(x)$ ist nur dann eine Kostenfunktion, wenn beide Parameter a und b größer sind als null, also $a, b \in \mathbb{R}^+$.

Lösung zur Aufgabe 8.

(a) Die Gesamtkosten K berechnen sich aus der Summe von Fixkosten und variablen Kosten. Die variablen Kosten bestimmen sich aus dem Umsatz U mal der Umsatzprovision, sodass sich die Gesamtkosten der Firma A auf $K_A(U) = 100 + 0{,}04 \cdot U$ und der Firma B auf $K_B(U) = 2.000 + 0{,}02 \cdot U$ belaufen.

Im ersten Fall werden 10.000 Stück zu 10 € verkauft. Infolgedessen hat die Firma B die kostengünstigere Absatzmittlerentscheidung getroffen, denn $K_A = 4.100$ € und $K_B = 4.000$ €.

Im zweiten Fall liegt der Umsatz jeweils bei 10.000 €. Demzufolge hat die Firma A mit $K_A = 500$ € gegenüber der Firma B mit $K_B = 2.200$ € die kostengünstigere Absatzmittlerentscheidung getroffen.

(b) Die Firmen A und B haben die gleich hohen Kosten, wenn

$$K_A = K_B \implies 100 + 0{,}04 \cdot U = 2.000 + 0{,}02 \cdot U$$
$$\implies 0{,}02 \cdot U = 1.900$$
$$\implies U = 95.000$$

Da der Verkaufspreis bei 10 € liegt, wird der kritische Umsatz von 95.000 € mit der abgesetzten Stückzahl von $x_{krit.} = 9.500$ erzielt. An dieser Stelle schneiden sich die Kostenfunktionen beider Firmen; die jeweligen Gesamtkosten liegen hier bei 3.900 €.

(c) In nachfolgendem Diagramm sind die Gesamtkostenfunktionen K_A und K_B abgebildet. Es ist zu erkennen, dass die Firma A mit ihrem Handelsvertreter kostengünstiger arbeitet, sofern weniger als 9.500 Stück zu 10 € verkauft werden. Werden dagegen mehr als 9.500 Stück zu dem besagten Preis abgesetzt, arbeitet die Firma B mit ihrem fest angestellten Reisenden kostengünstiger.

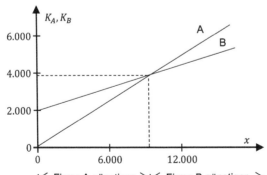

Lösung zur Aufgabe 9. Die Erlöse minus die Kosten bestimmen den Gewinn, also $E(x) - K(x) = G(x)$. Zur Ermittlung der Gewinnschwelle muss die „kleinste positive" Nullstelle der Gewinnfunktion berechnet werden. Dies kann mit der p,q-Formel erfolgen, da es sich bei den Gewinnfunktionen jeweils um quadratische Gleichungen handelt.

(a)

$$G(x) = 4x - (2x^2 - 8x + 10) = -2x^2 + 12x - 10$$
$$G(x) = 0 \implies -2x^2 + 12x - 10 = 0 \implies x^2 - 6x + 5 = 0$$
$$x_{1,2} = +3 \pm \sqrt{9 - 5} \implies x_1 = 1 \text{ und } x_2 = 5$$

Die Gewinnschwelle liegt bei $x = 1$.

(b)

$$G(x) = 100x - (x^2 - 2x + 920) = -x^2 + 102x - 920$$
$$G(x) = 0 \implies -x^2 + 102x - 920 = 0 \implies x^2 - 102x + 920 = 0$$
$$x_{1,2} = +51 \pm \sqrt{2601 - 920} \implies x_1 = 10 \text{ und } x_2 = 92$$

Die Gewinnschwelle liegt bei $x = 10$.

(c)

$$G(x) = 4x - (2x^2 + 2) = -2x^2 + 4x - 2$$
$$G(x) = 0 \implies -2x^2 + 4x - 2 = 0 \implies x^2 - 2x + 1 = 0$$
$$x_{1,2} = +1 \pm \sqrt{1 - 1} \implies x_1 = 1 \text{ und } x_2 = 1$$

Die Gewinnschwelle liegt rein rechnerisch bei $x = 1$. Da an dieser Stelle aber eine doppelte Nullstelle vorliegt, kann der Gewinn ab dieser Stelle (also für größere Mengen x) nie positiv werden. Der Gewinn ist demzufolge immer negativ, nur bei $x = 1$ wird eben kein Verlust erzielt, aber auch kein Gewinn.

Lösung zur Aufgabe 10.

(a)

$$G(x) = (13 - x)x - (x^2 + 2x + 5) = -2x^2 + 11x - 5$$
$$G(x) = 0 \implies -2x^2 + 11x - 5 = 0 \implies x^2 - \frac{11}{2}x + \frac{5}{2} = 0$$
$$x_{1,2} = +\frac{11}{4} \pm \sqrt{\frac{121}{16} - \frac{40}{16}} = \frac{11}{4} \pm \frac{9}{4} \implies x_1 = \frac{1}{2} \text{ und } x_2 = 5$$

Demzufolge liegt die Gewinnschwelle bei $x = \frac{1}{2}$.

(b)
$$G(x) = (100 - 5x)x - (x^2 + 224) = -6x^2 + 100x - 224$$
$$G(x) = 0 \implies -6x^2 + 100x - 224 = 0 \implies x^2 - \frac{50}{3}x + \frac{112}{3} = 0$$
$$x_{1,2} = +\frac{25}{3} \pm \sqrt{\frac{625}{9} - \frac{336}{9}} = \frac{25}{3} \pm \frac{17}{3} \implies x_1 = \frac{8}{3} = 2\frac{2}{3} \text{ und } x_2 = \frac{42}{3} = 14$$

Demzufolge liegt die Gewinnschwelle bei $x = 2\frac{2}{3}$.

(c)
$$G(x) = (100 - 2x)x - (x^2 + 300) = -3x^2 + 100x - 300$$
$$G(x) = 0 \implies -3x^2 + 100x - 300 = 0 \implies x^2 - \frac{100}{3}x + \frac{300}{3} = 0$$
$$x_{1,2} = +\frac{50}{3} \pm \sqrt{\frac{2500}{9} - \frac{900}{9}} = \frac{50}{3} \pm \frac{40}{3} \implies x_1 = \frac{10}{3} = 3\frac{1}{3} \text{ und } x_2 = \frac{90}{3} = 30$$

Demzufolge liegt die Gewinnschwelle bei $x = 3\frac{1}{3}$.

Lösung zur Aufgabe 11. Aus $x(p) = 125 - 1{,}25p$ folgt für $p(x) = \frac{1}{1{,}25}(125 - p) = \frac{4}{5}(125 - p) = 100 - \frac{4}{5}x$, und damit bestimmt sich der Umsatz $U(x)$ zu $(100 - \frac{4}{5}x)x = 100x - \frac{4}{5}x^2$. Mit der angegebenen Kostenfunktion lässt sich nun die Gewinnfunktion wie folgt angegeben:

$$G(x) = 100x - \frac{4}{5}x^2 - (0{,}2x^2 + 4x + 704) = -x^2 + 96x - 704$$

Zur Ermittlung der Gewinnschwellen werden die Nullstellen der Gewinnfunktion berechnet:

$$G(x) = 0 \implies -x^2 + 96x - 704 = 0 \implies x^2 - 96x + 704 = 0$$
$$x_{1,2} = +48 \pm \sqrt{2304 - 704} = 48 \pm 40 \implies x_1 = 8 \text{ und } x_2 = 88$$

Demzufolge erzielt die Unternehmung dann einen Gewinn, wenn sie Mengen zwischen $x_1 = 8$ und $x_2 = 88$ produziert. Ansonsten erwirtschaftet die Unternehmung einen Verlust.

Lösung zur Aufgabe 12.
(a) Mit der gegebenen Kosten- und Preis-Absatz-Funktion können die Umsatzfunktion $U(x)$ und die Gewinnfunktion $G(x)$ wie folgt berechnet werden:

$$U(x) = p(x) \cdot x = 590x - 14{,}75x^2$$
$$G(x) = U(x) - K(x) = 590x - 14{,}75x^2 - (0{,}25x^2 + 20x + 3.255)$$
$$= -15x^2 + 570x - 3.255$$

Die drei ökonomischen Funktionen $K(x)$, $U(x)$ und $G(x)$ sind nur für abgesetzte Menge $x \geq 0$ sinnvoll zu interpretieren, und so werden sie auch nur für $x \geq 0$ in ein Koordinatensystem eingezeichnet.

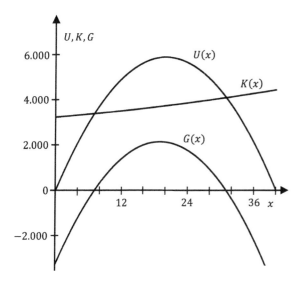

(b) Die Gewinnschwelle wird erreicht, wenn $G(x) = 0$ ist. Daher müssen die Nullstellen der quadratischen Gleichung $G(x) = -15x^2 + 570x - 3.255$ bestimmt werden, und es folgt $-15x^2 + 570x - 3.255 = 0$ und damit muss auch $x^2 - 38x + 217 = 0$ sein. Mithilfe der p,q-Formel bestimmen sich die Nullstellen zu $x_1 = 7$ und $x_2 = 31$.
Die Gewinnschwelle wird nun bei dem kleineren x-Wert, also 7 Einheiten, erreicht; der dazugehörige Preis liegt bei $p(7) = 486{,}75$ €.

(c) Die Gewinnfunktion $G(x)$ ist eine nach unten geöffnete Parabel. Wegen der Symmetrie liegt das Maximum genau in der Mitte zwischen den Nullstellen $x_1 = 7$ und $x_2 = 31$ der Gewinnfunktion, also bei einer Absatzmenge von 19 Stück. Der dazugehörige Gewinn liegt bei $G(19) = 2.160$ €.

Lösung zur Aufgabe 13. Die Multiplikation der Preis-Absatz-Funktion $p(x)$ mit der Menge x ergibt die Umsatzfunktion $U(x)$. Zieht man von dieser Funktion die Kostenfunktion $K(x)$ ab, so erhält man die Gewinnfunktion $G(x)$. Demzufolge sind $U(x) = p(x) \cdot x = -0{,}1x^2 + 1.600x$ und $G(x) = U(x) - K(x) = -0{,}1x^2 + 1.000x - 800.000$.

Die nachfolgende graphische Darstellung der Funktionen zeigt den linearen Anstieg der Kostenfunktion $K(x)$ und die jeweils parabelförmigen Verläufe der Umsatz- $U(x)$ und Gewinnfunktion $G(x)$ mit ihren Maxima.

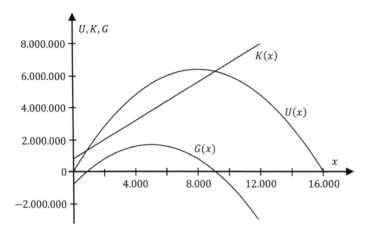

Lösung zur Aufgabe 14. Da ein linearer Kostenverlauf vorliegt, müssen die beiden Punkte $P_1 = (5/6)$ und $P_1 = (25/25)$ auf der Geraden mit der Gleichung $K(x) = m \cdot x + b$ mit den Konstanten m (Steigung) und b (Achsenabschnitt) liegen. Demzufolge sind die beiden Zusammenhänge $K(5) = m \cdot 5 + b = 6$ und $K(25) = m \cdot 25 + b = 25$ zu erfüllen. Aus dem ersten Zusammenhang folgt, dass $b = 6 - m \cdot 5$ ist. Mit diesem Wert für b und dem zweiten Zusammenhang folgt, dass $m \cdot 25 + 6 - m \cdot 5 = 25$ sein muss, und daher ist $m = \frac{19}{20}$ und daraus folgend $b = \frac{5}{4}$. Die gesuchte Kostenfunktion lautet also $K(x) = \frac{19}{20} \cdot x + \frac{5}{4}$.

Lösung zur Aufgabe 15. Bei der Funktion $P(r_1, r_2) = 2 \cdot \sqrt{r_1 \cdot r_2}$ handelt es sich um eine Funktion vom Cobb-Douglas-Typ, denn sie lässt sich auch als $P(r_1, r_2) = 2 \cdot r_1^{0,5} \cdot r_2^{0,5}$ schreiben und hat somit die Form $f(x, y) = C \cdot x^a \cdot y^b$.

4.2.11 Lösungen zum Abschnitt 2.11 – Differenzenquotienten bei der Ermittlung von Grenzfunktionen

Lösung zur Aufgabe 1.
(a) $f'(x) = 3x^2 + 4x + 4 \quad f''(x) = 6x + 4$
(b) $g'(x) = 4e^{4x} \quad g''(x) = 4 \cdot 4e^{4x} = 16e^{4x}$
(c) $h'(x) = \frac{1}{x} \quad h''(x) = -\frac{1}{x^2}$
(d) $k'(x) = 3^x \cdot \ln 3 \quad k''(x) = 3^x \cdot \ln 3 \cdot \ln 3 = 3^x \cdot (\ln 3)^2$

Lösung zur Aufgabe 2.
(a) $f'(x) = -4x + 16 \quad f''(x) = -4$
Aus $f'(x) = -4x + 16 = 0$ folgt, dass bei $x = 4$ ein Extremwert von $f(x)$ vorliegt. Da die zweite Ableitung an dieser Extremwertstelle mit -4 negativ ist, hat die Funktion $f(x)$ an der Stelle $x = 4$ ein Maximum.

(b) $f'(x) = 6x^2 - 24x + 18$ $f''(x) = 12x - 24$
Die erste Ableitung von $f(x)$ ist genau dann null, wenn $x^2 - 4x + 3 = 0$ ist. Dies ist bei $x_{1,2} = 2 \pm \sqrt{4-3}$, also bei $x_1 = 1$ und $x_2 = 3$ der Fall. Da $f''(1) = -12$ und $f''(3) = 12$ sind folgt daraus, dass die Funktion $f(x)$ bei $x_1 = 1$ ein Maximum und bei $x_2 = 3$ ein Minimum hat.

(c) $f'(x) = \frac{1}{x} - 1$ $f''(x) = -\frac{1}{x^2}$
Da $f'(x)$ bei $x = 1$ eine Nullstelle besitzt und an dieser Stelle zudem $f''(1) = -1$ ist folgt, dass an dieser Stelle $x = 1$ ein Maximum der Funktion $f(x)$ vorliegt.

(d) $f'(x) = e^{-x} - xe^{-x}$ $f''(x) = -e^{-x} - e^{-x} + xe^{-x} = -2e^{-x} + xe^{-x}$
Die erste Ableitung $f'(x)$ hat bei $x = 1$ eine Nullstelle. Da an dieser Stelle die zweite Ableitung kleiner ist als null ($f''(1) = -e^{-1}$) bedeutet dies, dass bei $x = 1$ die Funktion $f(x)$ einen Maximalwert hat.

Lösung zur Aufgabe 3.

(a) Da es sich bei der Funktion $f(x)$ um eine zusammengesetzte Funktion handelt, kann zur Bestimmung des Differentialquotienten $\frac{df}{dx}$ die Kettenregel herangezogen werden. Mit der inneren Funktion $z(x) = x^2 + 5x$ und deren Ableitung $z'(x) = 2x + 5$ kann die Funktion $f(x)$ als $f(z) = \sqrt{z}$ geschrieben werden. Die zugehörige Ableitung lautet $f'(z) = \frac{1}{2\sqrt{z}}$, und damit lässt sich nun der gesuchte Differentialquotient zu $\frac{df}{dx} = \frac{1}{2\sqrt{x^2+5x}} \cdot (2x + 5)$ bestimmen. An der Stelle $x_1 = 4$ ist die Steigung daher $f'(4) = \frac{(2 \cdot 4 + 5)}{2\sqrt{4^2 + 5 \cdot 4}} = \frac{13}{12}$.

(b) Der Differentialquotient der Funktion $g(x)$ lässt sich unter Anwendung der Quotientenregel bestimmen. Die Funktion $(x - 3)$ im Zähler lässt sich differenzieren und ist genau 1. Auch die Funktion $\sqrt[3]{x+3}$ im Nenner kann differenziert werden, und deren Ableitung lautet $\frac{1}{3\sqrt[3]{x+3}^2}$. Mit diesen Nebenrechnungen lässt sich nun der Differentialquotient $g'(x)$ und die Ableitung an der Stelle $x_2 = 5$ wie folgt bestimmen:

$$g'(x) = \frac{1 \cdot \sqrt[3]{x+3} - \frac{(x-3)}{3\sqrt[3]{x+3}^2}}{\sqrt[3]{x+3}^2} = \frac{3\sqrt[3]{x+3}^3 - (x-3)}{3\sqrt[3]{x+3}^4} = \frac{3x+9-x+3}{3\sqrt[3]{x+3}^4} = \frac{2x+12}{3\sqrt[3]{x+3}^4}$$

Die erste Ableitung an der Stelle $x_2 = 5$ lautet daher $g'(5) = \frac{2 \cdot 5 + 12}{3\sqrt[3]{5+3}^4} = \frac{22}{3 \cdot 16} = \frac{11}{24}$.

(c) Die Produktregel kann auch zur Bestimmung des Differentialquotienten der Funktion $h(x)$ herangezogen werden (natürlich wäre das Lösen auch mithilfe der Quotientenregel möglich). Die Ableitung der Funktion $(2x + 3)$ (des ersten Faktors der Funktion $h(x)$) ist 2; und die Ableitung der Funktion $\frac{1}{\sqrt{4x^2+9}}$ (des zweiten Faktors der Funktion $h(x)$) ist $\frac{-4x}{\sqrt{4x^2+9}^3}$. Mit diesen Nebenrechnungen lässt sich nun der Differentialquotient $\frac{dh}{dx}$ und die Ableitung an der Stelle $x_3 = 2$ wie folgt bestimmen:

$$\frac{dh}{dx} = 2 \cdot \frac{1}{\sqrt{4x^2+9}} - \frac{4x}{\sqrt{4x^2+9}^3} \cdot (2x+3) = \frac{2\sqrt{4x^2+9}^2}{\sqrt{4x^2+9}^3} - \frac{8x^2+12x}{\sqrt{4x^2+9}^3}$$

$$= \frac{8x^2+18-8x^2-12x}{\sqrt{4x^2+9}^3} = \frac{18-12x}{\sqrt{4x^2+9}^3}$$

Damit lässt sich nun auch die Steigung der Funktion $h(x)$ an der Stelle $x_3 = 2$ zu $h'(2) = \frac{18-12 \cdot 2}{\sqrt{4 \cdot 2^2+9}^3} = -\frac{6}{125}$ bestimmen.

Lösung zur Aufgabe 4. Unter Hinzuziehung von bekannten Ableitungen elementarer Funktionen lassen sich die gesuchten ersten Ableitungen der Funktionen $f(x), g(x), h(x)$ und $k(x)$ bestimmen. Dabei sind insbesondere die ersten Ableitungen der Logarithmusfunktion ($y = \log_a x$) und der Exponentialfunktion ($y = a^x$), also $y' = \frac{1}{x \cdot \ln a}$ respektive $y' = a^x \cdot \ln a$, zu berücksichtigen. Somit lauten die gesuchten ersten Ableitungen:

$$f'(x) = \frac{3}{(3x+1) \cdot \ln 10} \qquad g'(x) = 7 \cdot 3^x \cdot \ln 3 + \frac{15(\ln x)^2}{x}$$

$$h'(x) = 2 \cdot \ln x + 2 \qquad k'(x) = 2 \cdot e^{x+x^2} \cdot (1+2x) + \frac{6}{x \cdot \ln 2}$$

Lösung zur Aufgabe 5. Die ersten Ableitungen der Funktionen $f(x), g(x), h(x), k(x)$ und $l(x)$ lassen sich alle durch Anwendung der Ableitungsregeln mit einer geschickten Verknüpfung von bekannten Ableitungen elementarer Funktionen bestimmen.

Für die Ableitung der Funktion $f(x)$ folgt $f'(x) = \frac{2}{3} x^{\frac{2}{3}-1} = \frac{2}{3} x^{-\frac{1}{3}} = \frac{2}{3\sqrt[3]{x}}$.

Die Ableitung von $g(x)$ ergibt sich zu $g'(x) = \cos x \cdot \cos x - \sin x \cdot \sin x = (\cos x)^2 - (\sin x)^2$.

Da $h(x)$ ausmultipliziert $h(x) = \frac{1}{3} x^{\frac{7}{6}} + x^{-\frac{1}{2}}$ ergibt, folgt für die Ableitung $h'(x) = \frac{7}{6} x^{\frac{5}{6}} - \frac{1}{2} x^{-\frac{3}{2}}$.

Auch die Funktion $k(x)$ kann umgeformt und vereinfacht als $k(x) = e^{\ln x} = x$ geschrieben werden, so dass für die erste Ableitung $k'(x) = 1$ gilt.

Für die Bestimmung der Ableitung $l'(x)$ müssen erst einige Nebenrechnungen durchgeführt werden. Als erstes werden die zusammengesetzten Funktionen $y_1 = \ln(x^2)$ und $y_2 = e^{x^2}$ nach der unbestimmten Variablen x unter Hinzuziehung der Substitutionsregel abgeleitet. So ist $y_1' = \frac{2}{x}$ und $y_2' = 2xe^{x^2}$. Als zweites sind die einzelnen Summanden der Funktion $l(x)$ mithilfe der Produktregel abzuleiten, und man erhält für den ersten Summanden $l_1(x)$ und für den zweiten Summanden $l_2(x)$ die folgenden beiden Ableitungen $l_1'(x) = \frac{d}{dx}(2x^2 \cdot \ln(x^2)) = 4x \cdot \ln(x^2) + 2x^2 \cdot \frac{2}{x} = 4x(\cdot \ln(x^2) + 1)$ sowie $l_2'(x) = \frac{d}{dx}(e^{x^2} \cdot \sin x) = 2xe^{x^2} \cdot \sin x + \cos x \cdot e^{x^2} = (2x \sin x + \cos x) \cdot e^{x^2}$.

Mit diesen Nebenrechnungen ergibt sich nun die Lösung für die Ableitung von $l(x)$ zu $l'(x) = 4x \cdot (\ln(x^2) + 1) + (2x \sin x + \cos x) \cdot e^{x^2}$.

Lösung zur Aufgabe 6. Da vollständige Konkurrenz herrscht, ist der Preis des Kaffees konstant (also 6 GE pro Mengeneinheit), und er entspricht dem Marktpreis. Die Umsatzfunktion lautet infolgedessen $U(x) = 6 \cdot x$, und die Gewinnfunktion $G(x)$ bestimmt sich aus der Differenz zwischen $U(x)$ und der Kostenfunktion $K(x)$. Maximaler Gewinn wird dann erzielt, wenn $G'(x) = 0$ und $G''(x)$ an der Extremwertstelle kleiner als 0 ist. Also folgt:

$$G(x) = 6x - \frac{1}{12}x^3 + \frac{7}{8}x^2 - \frac{3}{2}x - 10 = -\frac{1}{12}x^3 + \frac{7}{8}x^2 + \frac{9}{2}x - 10$$

$$G'(x) = -\frac{1}{4}x^2 + \frac{7}{4}x + \frac{9}{2} \quad \text{und} \quad G''(x) = -\frac{1}{2}x + \frac{7}{4}$$

Wenn $G'(x) = 0$ und $G''(x) < 0$ sein sollen folgt, dass $x = 9$ sein muss, denn die quadratische Gleichung $-\frac{1}{4}x^2 + \frac{7}{4}x + \frac{9}{2}$, bzw. $x^2 - 7x - 18$, hat die beiden Nullstellen $x_{01,02} = \frac{7}{2} \pm \sqrt{\frac{49}{4} + 18} = 3{,}5 \pm 5{,}5$, von denen nur bei $3{,}5 + 5{,}5 = 9$ die zweite Ableitung der Gewinnfunktion $G''(9) = -\frac{11}{4} < 0$ ist.

Demzufolge liegt bei $x = 9$ ein maximaler Gewinn von aufgerundet *40,63 GE* vor, denn $G(9) = -\frac{1}{12} \cdot 729 + \frac{7}{8} \cdot 81 + \frac{9}{2} \cdot 9 - 10 = \frac{325}{8} \approx 40{,}63$.

Lösung zur Aufgabe 7. Der Gewinn G berechnet sich aus dem Umsatz U und den Kosten K. Die Kosten sind als Funktion der Menge x gegeben, so dass auch der Umsatz als Funktion von x angegeben werden muss, um die beiden Funktionen zu subtrahieren und den Gewinn als Funktion von x zu bestimmen. Da der Umsatz U das Produkt aus Menge x und dem Preis p ist, muss auch der Preis als Funktion der Menge x ausgedrückt werden. Aus der gegebenen Absatz-Preis-Funktion $x(p)$ erhält man durch die Umkehrung die Preis-Absatz-Funktion $p(x) = \frac{10}{3} \cdot (75 - x)$ mit der sich dann die Gewinnfunktion $G(x)$ wie folgt bestimmt:

$$G(x) = x \cdot p(x) - K(x) = x \cdot \frac{10}{3} \cdot (75 - x) - \left(\frac{2}{5}x^2 + 26x + 1.000\right)$$

$$= 250x - \frac{10}{3}x^2 - \frac{2}{5}x^2 - 26x - 1.000$$

$$= -\frac{56}{15}x^2 + 224x - 1.000$$

Der maximale Gewinn wird durch die Nullstelle der ersten Ableitung der Gewinnfunktion wie folgt ermittelt:

$$G'(x_0) = -\frac{112}{15}x + 224 = 0 \quad \Longrightarrow \quad x_0 = \frac{15 \cdot 224}{112} = 30$$

Da nun an der Stelle $x_0 = 30$ die zweite Ableitung $G''(30) = -\frac{112}{15}$ kleiner null ist, liegt bei x_0 ein Maximum der Gewinnfunktion vor, d. h. bei 30 verkauften DVD-Playern wird ein maximaler Gewinn von $G(30) = 2.360$ Euro erzielt, wobei der Preis eines DVD-Players bei $p(30) = \frac{10}{3} \cdot (75 - 30) = 150$ Euro liegt.

Lösung zur Aufgabe 8. Der Gewinn $G(x)$ bestimmt sich aus dem Umsatz $U(x)$ minus den Kosten $K(x)$, wobei der Umsatz sich aus dem Produkt von Preis $p(x)$ und der Menge x ergibt. So folgt $U(x) = p(x) \cdot x = -0{,}1x^2 + 100x$ und $G(x) = -0{,}1x^2 + 100x - 0{,}1x^2 - 8.000 = -0{,}2x^2 + 100x - 8.000$.

Für die Bestimmung des maximalen Gewinns ist die Gewinnfunktion zu differenzieren und hinsichtlich der Extremwerte näher zu analysieren, also $G'(x) = -0{,}4x + 100 = 0$ heißt, dass die Menge $x = 250$ ein Kandidat für einen Extremwert ist.

Da die zweite Ableitung $G''(x)$ immer $-0{,}4$ ist, also auch an der Stelle $x = 250$, liegt an dieser Stelle ein Maximum der Gewinnfunktion vor. Der Gewinn liegt bei 4.500 Geldeinheiten.

Lösung zur Aufgabe 9.
(a) Zunächst sei die Nachfragefunktion $f(p) = x$ betrachtet, wobei die Preisdifferenz durch $\delta p = 24 - p$ gegeben ist und x für die Besucherzahl steht. Die Nachfragefunktion lässt sich demzufolge als $f(p) = f(24 - \delta p) = 600 + 50 \cdot \delta p = 600 + 50 \cdot 24 - 50 \cdot p = 1800 - 50 \cdot p$ schreiben.

Diese Gleichung $f(p)$ kann nach p aufgelöst werden, und man erhält die Preis-Absatz-Funktion $p(x) = \frac{1800-x}{50} = 36 - 0{,}02 \cdot x$. Für die Umsatzfunktion folgt entsprechend $U(x) = x \cdot p(x) = x \cdot (36 - 0{,}02 \cdot x) = 36 \cdot x - 0{,}02 \cdot x^2$.

Für den maximalen Umsatz muss $U'(x) = 0$ und $U''(x) < 0$ gelten. Mit $U'(x) = 36 - 0{,}04 \cdot x = 0$ liegt bei $x = 900$ ein Extremwert vor, und da $U''(900) = -0{,}04 < 0$ ist, wird bei dieser Besucherzahl $x = 900$ der maximale Umsatz realisiert.

Infolgedessen hat der Park beim optimalen Preis genau 900 Besucher, und dieser Preis liegt bei 18 €, denn $p(900) = 36 - 0{,}02 \cdot 900 = 18$.

(b) Liegt die Preissensibilität bei 30 folgt:

$$f(p) = 600 + 30 \cdot \delta p = 600 + 30 \cdot 24 - 30 \cdot p = 1320 - 30 \cdot p$$
$$p(x) = \frac{1320 - x}{30} = 44 - \frac{1}{30} \cdot x$$
$$U(x) = x \cdot \left(44 - \frac{1}{30} \cdot x\right) = 44 \cdot x - \frac{1}{30} \cdot x^2$$

Mit $U'(x) = 44 - \frac{1}{15} \cdot x$ und $U''(x) = -\frac{1}{15} < 0$ lässt sich die Besucherzahl bestimmen, bei der nun ein maximaler Umsatz erzielt wird. Sie liegt demzufolge bei $x = 44 \cdot 15 = 660$ Besuchern, und der optimale Preis liegt bei 22 €, denn $p(660) = 44 - \frac{1}{30} \cdot 660 = 22$. Und bei einer Preissensibilität von 100 ergibt sich:

$$f(p) = 600 + 100 \cdot \delta p = 600 + 100 \cdot 24 - 100 \cdot p = 3000 - 100 \cdot p$$
$$p(x) = \frac{3000 - x}{100} = 30 - 0{,}01 \cdot x$$
$$U(x) = x \cdot (30 - 0{,}01 \cdot x) = 30 \cdot x - 0{,}01 \cdot x^2$$

Mit $U'(x) = 30 - 0{,}02 \cdot x$ und $U''(x) = -0{,}02 < 0$ lässt sich die Besucherzahl bestimmen, bei der in diesem Fall ein maximaler Umsatz erzielt wird. Sie liegt hier bei $x = 30 \cdot 50 = 1500$ Besuchern. Demnach liegt der optimale Preis bei 15 €, denn $p(1500) = 30 - 0{,}01 \cdot 1500 = 15$.

(c) Für eine beliebige Besuchersensibilität s folgt:

$$f(p) = 600 + s \cdot (24 - p) = 600 + 24s - s \cdot p$$
$$p(x) = \frac{600}{s} + 24 - \frac{x}{s}$$
$$U(x) = \frac{600 \cdot x}{s} + 24x - \frac{x^2}{s} \quad \text{und} \quad U'(x) = \frac{600}{s} + 24 - \frac{2x}{s}$$

Bei einem Eintrittspreis von 24 € besuchen den Freizeitpark 600 Besucher pro Tag. Nun soll bei diesem Preis der maximale Umsatz erzielt werden, d. h. es muss $U'(600) = 0$ gelten. Demzufolge ergibt sich aus der Gleichung $U'(600) = \frac{600}{s} + 24 - \frac{2 \cdot 600}{s} = 0$ eine Besuchersensibilität von $s = 25$, bei der der Eintrittspreis von 24 € optimal ist.

Lösung zur Aufgabe 10. Die erste Ableitung der Funktion $f(x)$ bestimmt sich zu $f'(x) = -x$, und der Funktionswert an der Stelle $x = 3$ ist $f(3) = -2{,}5$.

Für die Tangentengleichung $t(x)$ muss die Geradengleichung $t(x) = mx + b$ gelten, und diese Gerade muss durch den Punkt $P(3; -2{,}5)$ gehen. Damit ist $t(3) = m \cdot 3 + b = -2{,}5$. Da die Steigung m der Tangente auch der Steigung der Funktion $f(x)$ an der Stelle $x = 3$ (also $f'(3) = -3$) entspricht folgt, dass $(-3) \cdot 3 + b = -2{,}5$, also $b = 6{,}5$ ist.

Damit lautet die Tangentengleichung $t(x) = -3x + 6{,}5$.

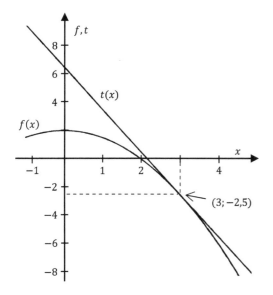

Lösung zur Aufgabe 11. Um die Frage hinsichtlich des minimalsten Abstandes zu beantworten, wird die Fragestellung mit untenstehendem Diagramm verdeutlicht.

Wird die Distanz zu der Geraden $g(x)$ mit $d(x)$ gekennzeichnet, dann kann d als Hypotenuse des grau markierten Dreiecks – deren eine Kathete genau x ist – angesehen werden. Wegen des Satzes von Pythagoras, der besagt, dass in allen Ebenen bei rechtwinkligen Dreiecken die Summe der Flächeninhalte der Kathetenquadrate gleich dem Flächeninhalt des Hypotenusenquadrates ist, folgt hier konkret:

$$(d(x))^2 = x^2 + (g(x))^2 = x^2 + (-1{,}5x + 4)^2 = x^2 + 2{,}25x^2 - 12x + 16 = 3{,}25x^2 - 12x + 16$$

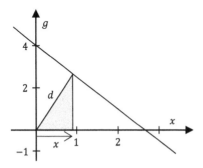

Da nun die minimalste Distanz gesucht wird, ist die erste Ableitung von $d(x)$ (oder auch von $(d(x))^2$) zu bilden und diese dann gleich 0 zu setzen. Es folgt:

$$\frac{d}{dx}(d(x))^2 = 6{,}5x - 12 \implies 6{,}5x - 12 = 0 \implies x = \frac{24}{13} \approx 1{,}846.$$

Mit diesem x-Wert von $\frac{24}{13}$ kann der minimalste Abstand zu $d \approx 2{,}22$ berechnet werden, denn $d^2(\frac{24}{13}) = 3{,}25 \cdot (\frac{24}{13})^2 - 12 \cdot \frac{24}{13} + 16 \approx 4{,}923$. Da des Weiteren $g(\frac{24}{13}) = -1{,}5 \cdot \frac{24}{13} + 4 \approx 1{,}231$ ist, liegt der gesuchte Punkt mit dem minimalsten Abstand von $d \approx 2{,}22$ auf der Geraden $g(x)$ bei $(1{,}846; 1{,}231)$.

Lösung zur Aufgabe 12.
(a) $f'(x) = 2x \cdot e^{x^2+1}$ $\quad$ $f''(x) = 2e^{x^2+1} + 2x \cdot e^{x^2+1} \cdot 2x = (4x^2+2) \cdot e^{x^2+1}$
(b) $g'(x) = 3x^2 - \frac{1}{x^2}$ $\quad$ $g''(x) = 6x + \frac{2}{x^3}$
(c) $h'(x) = \frac{1}{x^3} \cdot 3x^2 = \frac{3}{x}$ $\quad$ $h''(x) = -\frac{3}{x^2}$
(d) $k'(x) = \frac{2x \cdot (1+x) - 1 \cdot x^2}{(1+x)^2} = \frac{2x+x^2}{(1+x)^2}$ $\quad$ $k''(x) = \frac{(2+2x)(1+x)^2 - 2(1+x)(2x+x^2)}{(1+x)^4} = \frac{2}{(1+x)^3}$

Lösung zur Aufgabe 13. Wählt man für die Quadratseite die Variable x, dann bestimmt sich das Volumen der Blechschachtel durch das Produkt aus Länge $(b-2x)$, Breite $(a-2x)$ und Höhe x (vgl. hierzu auch Aufgabe 1 in Abschnitt 2.1). Damit ist das Volumen eine Funktion von x, und die Funktion lautet $V(x) = (b-2x)(a-2x)x = 4x^3 - (2a+2b)x^2 + abx$.

(a) Mit $a = b$ folgt $V(x) = 4x^3 - 4ax^2 + a^2x$ und für die erste und zweite Ableitung entsprechend $V'(x) = 12x^2 - 8ax + a^2$ respektive $V''(x) = 24x - 8a$. Die Nullstellen der ersten Ableitung sind Kandidaten für einen Extremwert der Volumenfunktion $V(x)$:

$$V'(x) = 12x^2 - 8ax + a^2 = 0 \implies x^2 - \frac{2}{3}ax + \frac{1}{12}a^2 = 0$$

$$x_{1,2} = +\frac{1}{3}a \pm \sqrt{\frac{1}{9}a^2 - \frac{1}{12}a^2} = +\frac{1}{3}a \pm \sqrt{\frac{1}{36}a^2} = \frac{2}{6}a \pm \frac{1}{6}a$$

$$\implies x_1 = \frac{a}{2} \text{ und } x_2 = \frac{a}{6}$$

Da nun die zweite Ableitung an der Stelle x_1 mit $V''(\frac{a}{2}) = 12a - 8a = 4a$ positiv und an der Stelle x_2 mit $V''(\frac{a}{6}) = 4a - 8a = -4a$ negativ ist, liegt bei $x_1 = \frac{a}{2}$ ein Minimum und bei $x_2 = \frac{a}{6}$ ein Maximum des Volumens der Blechschachtel vor.

Da aber die Volumenfunktion $V(x)$ nur sinnvoll ist, wenn die Quadratseite x-Werte zwischen 0 und $\frac{a}{2}$ (also $0 < x < \frac{a}{2}$) annimmt, damit überhaupt eine Schachtel gefaltet werden kann folgt, dass $x_2 = \frac{a}{6}$ zu einem Extremwert, also einem Maximum des Volumens führt. Es liegt demzufolge bei $V(\frac{a}{6}) = \frac{a^3}{54} - \frac{a^3}{9} + \frac{a^3}{6} = \frac{2}{27}a^3$.

(b) Mit den gegebenen Werten von $a = 8$ cm und $b = 5$ cm folgt für die Volumenfunktion $V(x) = 4x^3 - 26x^2 + 40x$. Die zugehörige erste und zweite Ableitung bestimmen sich dann zu $V'(x) = 12x^2 - 52x + 40$ und $V''(x) = 24x - 52$.

Aus $V'(x) = 0$ ergibt sich die quadratische Gleichung $x^2 - \frac{13}{3}x + \frac{10}{3} = 0$, deren Lösungen $x_{1,2} = \frac{13}{6} \pm \sqrt{\frac{169}{36} - \frac{10}{3}} = \frac{13}{6} \pm \frac{7}{6}$ (also $x_1 = 1$ und $x_2 = \frac{10}{3}$) Kandidaten für eine Extremwertstelle sind. Da $V''(1) = 24 - 52 = -28$ und $V''(\frac{10}{3}) = 80 - 52 = 28$ sind, liegt bei $x_1 = 1$ ein Maximum und bei $x_2 = \frac{10}{3}$ ein Minimum der Volumenfunktion vor.

Sinnvoll ist die Volumenfunktion nur für x-Werte zwischen 0 cm und 2,5 cm, da sich ansonsten keine Schachtel falten lässt. Demzufolge liegt das maximale Volumen dann vor, wenn an den Ecken des Bleches Quadrate mit der Seitenlänge $x = 1$ cm ausgeschnitten werden. Das maximale Volumen ist demzufolge $V(1) = (4 - 26 + 40)$ cm^3 = 18 cm^3.

Lösung zur Aufgabe 14.
(a) Die ersten partiellen Ableitungen der Funktion $f(x,y)$ nach x und nach y lauten $\frac{\partial f}{\partial x} = 6xy + \frac{1}{y}$ respektive $\frac{\partial f}{\partial y} = 3x^2 - \frac{x}{y^2}$.
(b) Die ersten partiellen Ableitungen der Funktion $g(x,y)$ nach x und nach y lauten $\frac{\partial g}{\partial x} = \cos x \cdot \cos y - \sin y \cdot \sin x$ respektive $\frac{\partial g}{\partial y} = -\sin x \cdot \sin y + \cos y \cdot \cos x$.
(c) Die ersten partiellen Ableitungen der Funktion $h(x,y)$ nach x und nach y lauten $\frac{\partial h}{\partial x} = \frac{3}{y} \cdot (3x)^{\frac{1}{y}-1} + y \cdot e^{xy}$ respektive $\frac{\partial h}{\partial y} = (3x)^{\frac{1}{y}} \cdot \ln(3x) \cdot (-\frac{1}{y^2}) + x \cdot e^{xy}$.

(d) Die ersten partiellen Ableitungen der Funktion $k(x,y)$ nach x und nach y lauten $\frac{\partial k}{\partial x} = y \cdot e^{x+y^2} + x \cdot y \cdot e^{x+y^2} = (1+x) \cdot y \cdot e^{x+y^2}$ respektive $\frac{\partial k}{\partial y} = x \cdot e^{x+y^2} + x \cdot y \cdot e^{x+y^2} \cdot 2y = (1+2y^2) \cdot x \cdot e^{x+y^2}$.

(e) Die ersten partiellen Ableitungen der Funktion $l(x,y)$ nach x und nach y lauten $\frac{\partial l}{\partial x} = \frac{2xy\sqrt{x}}{2y^2 x \sqrt{x^2-y^2}} - \frac{y\sqrt{x^2-y^2}}{2xy\sqrt{x}} = \frac{x^2+y^2}{2y\sqrt{x}^3\sqrt{x^2-y^2}}$ und $\frac{\partial l}{\partial y} = \frac{-2y^2\sqrt{x}}{2y^2 x \sqrt{x^2-y^2}} - \frac{\sqrt{x}\sqrt{x^2-y^2}}{y^2 x} = -\frac{x^2}{y^2\sqrt{x}\sqrt{x^2-y^2}}$.

Lösung zur Aufgabe 15.

(a) Es sind als erstes die partiellen Ableitungen von $f(x_1, x_2)$ nach x_1 und nach x_2 zu bilden, und sodann sind die Werte der jeweiligen Steigungen an der Stelle $x_1 = 10$ und $x_2 = 20$ zu berechnen:

$$\frac{\partial f}{\partial x_1} = 4 - 2x_1 + 3x_2 \qquad \frac{\partial f}{\partial x_1}\bigg|_{(10,20)} = 4 - 20 + 60 = 44$$

$$\frac{\partial f}{\partial x_2} = 10 - 6x_2 + 3x_1 \qquad \frac{\partial f}{\partial x_2}\bigg|_{(10,20)} = 10 - 120 + 30 = -80$$

Mit diesem Zwischenergebnis lässt sich das totale Differential bestimmen. Bei einer prozentualen Steigerung des Naturdüngers von 20 % bei $x_1 = 10$ und bei einer Minimierung des Kunstdüngers um 5 % bei $x_2 = 20$ lauten die Differentiale $dx_1 = 2$ respektive $dx_2 = -1$ und es gilt $df = \frac{\partial f}{\partial x_1} \cdot dx_1 + \frac{\partial f}{\partial x_2} \cdot dx_2$. Also ist $df = 44 \cdot 2 - 80 \cdot (-1) = +168$, d. h. der Weizenertrag erhöht sich um 168 Mengeneinheiten.

(b) Für die Bestimmung des maximalen Weizenertrags müssen die ersten partiellen Ableitungen gleich 0 gesetzt werden (Extrembedingung), also $\frac{\partial f}{\partial x_1} = 4 - 2x_1 + 3x_2 = 0$ und $\frac{\partial f}{\partial x_2} = 10 - 6x_2 + 3x_1 = 0$. Aus diesen beiden Gleichungen lassen sich die Werte für x_1 und x_2 berechnen. Durch das Auflösen der ersten Gleichung nach x_1 und darauffolgendem Einsetzen in die zweite Gleichung lassen sich die Werte x_2 und x_1 bestimmen, nämlich $x_2 = \frac{32}{3}$ und $x_1 = 18$. Damit ist der Extremwert bestimmt, und somit ist an der Stelle $(x_1, x_2) = (18, \frac{32}{3})$ der Weizenertrag mit $f_{(x_1, x_2)} = f_{(18, \frac{32}{3})} = 929\frac{1}{3}$ Mengeneinheiten maximal.

Lösung zur Aufgabe 16.

$$\frac{\partial f(x,y)}{\partial x} = 3 \cdot y^{2a} + y \cdot x^{y-1} + y^x \cdot \ln y$$

$$\frac{\partial f(x,y)}{\partial y} = 6 \cdot a \cdot x \cdot y^{2a-1} + x^y \cdot \ln x + x \cdot y^{x-1}$$

$$\frac{\partial g(x,y)}{\partial x} = 2 \cdot e \cdot x \cdot \sqrt{x \cdot y} + (e \cdot x^2 - y) \cdot \left(\frac{1}{2 \cdot \sqrt{x \cdot y}} \cdot y\right) + b \cdot y$$

$$= \frac{4 \cdot e \cdot x^2 \cdot y + e \cdot x^2 \cdot y - y^2}{2 \cdot \sqrt{x \cdot y}} + b \cdot y$$

$$= \frac{5 \cdot e \cdot x^2 \cdot y - y^2}{2 \cdot \sqrt{x \cdot y}} + b \cdot y$$

$$\frac{\partial g(x,y)}{\partial y} = -1 \cdot \sqrt{x \cdot y} + (e \cdot x^2 - y) \cdot \left(\frac{1}{2 \cdot \sqrt{x \cdot y}} \cdot x\right) + b \cdot x$$

$$= \frac{-2 \cdot x \cdot y + e \cdot x^3 - y \cdot x}{2 \cdot \sqrt{x \cdot y}} + b \cdot x$$

$$= \frac{e \cdot x^3 - 3 \cdot x \cdot y}{2 \cdot \sqrt{x \cdot y}} + b \cdot x$$

Lösung zur Aufgabe 17. Zu der Funktion $f(x, y)$ lassen sich die zwei partiellen Ableitungen $\frac{\partial f}{\partial x} = f'_x$ und $\frac{\partial f}{\partial y} = f'_y$ erster Ordnung sowie die drei partiellen Ableitungen $\frac{\partial^2 f}{\partial x^2} = f''_{xx}$, $\frac{\partial^2 f}{\partial y^2} = f''_{yy}$ und $\frac{\partial^2 f}{\partial x \partial y} = \frac{\partial^2 f}{\partial y \partial x} = f''_{xy} = f''_{yx}$ zweiter Ordnung bestimmen. Es folgt:

$$f'_x = 15y^2 e^{xy^2} \quad f'_y = 30xy e^{xy^2}$$
$$f''_{xx} = 15y^4 e^{xy^2} \quad f''_{yy} = (30x + 60x^2 y^2) e^{xy^2} \quad f''_{xy} = f''_{yx} = (30y + 30xy^3) e^{xy^2}$$

Zu der Funktion $g(x, y, z)$ lassen sich die drei partiellen Ableitungen $\frac{\partial g}{\partial x} = g'_x$, $\frac{\partial g}{\partial y} = g'_y$ und $\frac{\partial g}{\partial z} = g'_z$ erster Ordnung sowie die sechs partiellen Ableitungen $\frac{\partial^2 g}{\partial x^2} = g''_{xx}$, $\frac{\partial^2 g}{\partial y^2} = g''_{yy}$, $\frac{\partial^2 g}{\partial z^2} = g''_{zz}$ und $\frac{\partial^2 g}{\partial x \partial y} = \frac{\partial^2 g}{\partial y \partial x} = g''_{xy} = g''_{yx}$, $\frac{\partial^2 g}{\partial x \partial z} = \frac{\partial^2 g}{\partial z \partial x} = g''_{xz} = g''_{zx}$ sowie $\frac{\partial^2 g}{\partial y \partial z} = \frac{\partial^2 g}{\partial z \partial y} = g''_{yz} = g''_{zy}$ zweiter Ordnung bestimmen. Sie lauten im Einzelnen:

$$g'_x = 2xyz + \frac{1}{y} + \frac{1}{x} \quad g'_y = x^2 z - \frac{x+z}{y^2} + \frac{1}{y} \quad g'_z = x^2 y + \frac{1}{y} + \frac{1}{z}$$

$$g''_{xx} = 2yz - \frac{1}{x^2} \quad g''_{yy} = \frac{2(x+z)}{y^3} - \frac{1}{y^2} \quad g''_{zz} = -\frac{1}{z^2}$$

$$g''_{xy} = g''_{yx} = 2xz - \frac{1}{y^2} \quad g''_{xz} = g''_{zx} = 2xy \quad g''_{yz} = g''_{zy} = x^2 - \frac{1}{y^2}$$

Lösung zur Aufgabe 18. Die partiellen Ableitungen sind jeweils nach den Variablen x und y zu bilden:

(a) $\frac{\partial f}{\partial x} = 2x \qquad \frac{\partial f}{\partial y} = 3y^2$

(b) $\frac{\partial f}{\partial x} = y \qquad \frac{\partial f}{\partial y} = x$

(c) $\frac{\partial f}{\partial x} = \frac{1}{y} + y \qquad \frac{\partial f}{\partial y} = -\frac{x}{y^2} + x$

(d) $\frac{\partial f}{\partial x} = 12x^2 \qquad \frac{\partial f}{\partial y} = 8y^3$

(e) $\frac{\partial f}{\partial x} = 4x \qquad \frac{\partial f}{\partial y} = 6$

(f) $\frac{\partial f}{\partial x} = -3x^{-2} y^2 \qquad \frac{\partial f}{\partial y} = 6x^{-1} y$

(g) $\frac{\partial f}{\partial x} = 2xy e^{x^2 y} \qquad \frac{\partial f}{\partial y} = x^2 e^{x^2 y}$

(h) $\frac{\partial f}{\partial x} = y = e^{\ln y} \qquad \frac{\partial f}{\partial y} = x = e^{\ln x}$

(i) $\frac{\partial f}{\partial x} = yx^{y-1} \qquad \frac{\partial f}{\partial y} = x^y \ln x$

Lösung zur Aufgabe 19. Die ersten partiellen Ableitungen bestimmen sich zu $\frac{\partial f}{\partial x_1} = 2x_1 x_2^3$ und zu $\frac{\partial f}{\partial x_2} = 3x_1^2 x_2^2$. Die zweiten partiellen Ableitungen nach x_1 und x_2 lauten $\frac{\partial^2 f}{\partial x_1 \partial x_1} = 2x_2^3$ und $\frac{\partial^2 f}{\partial x_2 \partial x_2} = 6x_1^2 x_2$, und die zweiten gemischten Ableitungen $\frac{\partial^2 f}{\partial x_1 \partial x_2}$ und $\frac{\partial^2 f}{\partial x_2 \partial x_1}$ sind jeweils durch $6x_1 x_2^2$ gegeben.

Lösung zur Aufgabe 20. Für die Bestimmung des totalen Differentials $dz = \frac{\partial z}{\partial x} dx + \frac{\partial z}{\partial y} dy$ werden die ersten partiellen Ableitungen nach den Variablen x und y benötigt. Sie bestimmen sich zu $\frac{\partial z}{\partial x} = 15x^2 y^7 - 3$ und $\frac{\partial z}{\partial y} = 35x^3 y^6 + 3$. Demzufolge lautet das totale Differential $dz = (15x^2 y^7 - 3)dx + (35x^3 y^6 + 3)dy$.

4.2.12 Lösungen zum Abschnitt 2.12 – Relative Änderungen ökonomischer Größen und Elastizitätsfunktionen

Lösung zur Aufgabe 1. Für die Bestimmung der Elastizitäten ε_f und ε_g zu den Funktionen $f(x)$ und $g(x)$ sind als erstes die Ableitungen der beiden Funktionen zu bestimmen. Unter Anwendung der Kettenregel bzw. der Quotientenregel erhält man $f'(x) = (-3x^2 + 3) \cdot e^{-(x^3 - 3x + 5)}$ und $g'(x) = \frac{2x \cdot (x^2 - 9) - 2x \cdot x^2}{(x^2 - 9)^2}$. Damit lassen sich die gesuchten Elastizitäten $\varepsilon_{f(x)}$ und $\varepsilon_{g(x)}$ bestimmen, und sie lauten zum einen $\varepsilon_{f(x)} = (-3x^2 + 3) \cdot e^{-(x^3 - 3x + 5)} \cdot \frac{x}{e^{-(x^3 - 3x + 5)}} = -3x(x^2 - 1)$ und zum anderen $\varepsilon_{g(x)} = \frac{(2x \cdot (x^2 - 9) - 2x \cdot x^2)}{(x^2 - 9)^2} \cdot \frac{x \cdot (x^2 - 9)}{x^2} = -\frac{18}{x^2 - 9}$.

Lösung zur Aufgabe 2. Bei der gegebenen Absatz-Preis-Funktion $x(p)$ ist x (Absatzmenge) die abhängige Variable und p (Preis) die unabhängige Variable, und so muss die Funktion $x(p)$ nach p abgeleitet werden. Die Ableitung ist also $\frac{dx(p)}{dp} = 4p - 100$.

Damit lässt sich nun die Elastizitätsfunktion $\varepsilon_{x(p)}$ wie auch die Punktelastizität an der Stelle $p_0 = 10$ bestimmen. Es ergibt sich für die Elastizitätsfunktion $\varepsilon_{x(p)} = \frac{(4p - 100) \cdot p}{2p^2 - 100p + 1200} = \frac{2p^2 - 50p}{p^2 - 50p + 600}$, und die Punktelastizität ist $\varepsilon_{(p_0 = 10)} = \frac{2 \cdot 10^2 - 50 \cdot 10}{10^2 - 50 \cdot 10 + 600} = -\frac{300}{200} = -\frac{3}{2}$.

Da die Punktelastizität mit $-\frac{3}{2}$ an der Stelle $p_0 = 10$ negativ und betragsmäßig größer 1 ist, bedeutet dies, dass die Funktion an dieser Stelle ein (negativ) elastisches Verhalten zeigt. D. h. bei einer 1 %-igen Erhöhung des Preises p geht der Absatz x um 1,5 % zurück.

Lösung zur Aufgabe 3. Die Grenzkostenfunktion ist durch die erste Ableitung der Kostenfunktion gegeben, und sie lautet für die gegebene Kostenfunktion $K'(x) = 0,06x^2 - 5x + 50$. Infolgedessen liegen die Grenzkosten für die Produktion von $x = 10$ Mengeneinheiten bei genau 6 Geldeinheiten, d. h. wenn die Produktion von 10 Mengeneinheiten um eine Mengeneinheit erhöht (oder verringert) wird, dass dadurch erhöhte (oder verringerte) Kosten in Höhe von 6 Geldeinheiten entstehen.

Bei $x = 5$ bzw. bei $x = 1$ produzierten Mengeneinheiten liegen die Grenzkosten dagegen bei $K'(5) = 26,5$ respektive $K'(1) = 45,06$ Geldeinheiten.

Zur Bestimmung der Punktelastizität an der Stelle $x = 10$ wird die Gleichung $\varepsilon_{K(x)} = \frac{dK(x)}{dx} \cdot \frac{x}{K(x)}$ herangezogen, und es folgt $\varepsilon_{K(x)} = \frac{(0{,}06x^2 - 5x + 50) \cdot x}{0{,}02x^3 - 2{,}5x^2 + 50x + 250}$, d. h. also $\varepsilon_{K(10)} = \frac{(6 - 50 + 50) \cdot 10}{20 - 250 + 500 + 250} = \frac{3}{26} \approx 0{,}115$. Demzufolge führt eine relative Änderung bei $x = 10$ um 1 % (Produktionserhöhung) zu einer relativen Änderung der Kosten $K(10) = 520$ um rund 0,115 % (also handelt es sich hier um ein unelastisches Verhalten).

Lösung zur Aufgabe 4. Die Elastizität berechnet sich mit $\varepsilon_f = \frac{df(x)}{dx} \cdot \frac{x}{f(x)}$ und der Ableitung $f'(x) = 2 \cdot 2(x-2)e^{2(x-2)^2} = 4(x-2)e^{2(x-2)^2}$ zu $\varepsilon_{f(x)} = 4(x-2)e^{2(x-2)^2} \cdot \frac{x}{e^{2(x-2)^2}} = 4x(x-2)$. Demzufolge ist die Punktelastizität $\varepsilon_{f(x=3)} = 4 \cdot 3 \cdot (3-2) = 12$, d. h. es liegt ein elastisches Verhalten vor. Wenn also die unabhängige Variable x an der Stelle $x = 3$ um 1 % erhöht wird, so erhöht sich die abhängige Variable $f(x)$ um 12 %.

Lösung zur Aufgabe 5. Mithilfe der Differentiationsregeln und dem Zusammenhang $\varepsilon_{y(x)} = \frac{y'(x)}{y(x)} \cdot x$ für die Elastizität der Funktion $y(x)$ lassen sich die Elastizitätsregeln herleiten.

(a) Da $y(x) = C$ folgt für $y'(x) = 0$. Damit bestimmt sich die Elastizität zu $\varepsilon_{y(x)} = \frac{0}{C} \cdot x = 0$.

(b) Da $y(x) = f(x) \cdot g(x)$ folgt für $y'(x) = f'(x) \cdot g(x) + g'(x) \cdot f(x)$. So ergibt sich für die Elastizität die Beziehung $\varepsilon_{y(x)} = \frac{f'(x) \cdot g(x) + g'(x) \cdot f(x)}{f(x) \cdot g(x)} \cdot x = \frac{f'(x)}{f(x)} \cdot x + \frac{g'(x)}{g(x)} \cdot x = \varepsilon_{f(x)} + \varepsilon_{g(x)}$.

(c) Da $y(x) = \frac{f(x)}{g(x)}$ folgt für $y'(x) = \frac{f'(x) \cdot g(x) - g'(x) \cdot f(x)}{g(x)^2}$. Für die Elastizität $\varepsilon_{y(x)}$ ergibt sich demnach $\varepsilon_{y(x)} = \frac{f'(x) \cdot g(x) - g'(x) \cdot f(x)}{g(x)^2} \cdot \frac{g(x)}{f(x)} \cdot x = \frac{f'(x) \cdot g(x) - g'(x) \cdot f(x)}{f(x) \cdot g(x)} \cdot x = \frac{f'(x)}{f(x)} \cdot x - \frac{g'(x)}{g(x)} \cdot x = \varepsilon_{f(x)} - \varepsilon_{g(x)}$.

(d) Mit $y(x) = f(x) + g(x)$ ergibt sich die Ableitung $y'(x)$ zu $y'(x) = f'(x) + g'(x)$. Damit bestimmt sich die Elastizität zu $\varepsilon_{y(x)} = \frac{f'(x) + g'(x)}{f(x) + g(x)} \cdot x = \frac{f'(x)}{f(x) + g(x)} \cdot x + \frac{g'(x)}{f(x) + g(x)} \cdot x$. Eine geschickte Erweiterung der Summanden zeigt, dass sich die Elastizität nun ausdrücken lässt als $\varepsilon_{y(x)} = \frac{f'(x)}{f(x) + g(x)} \cdot \frac{f(x)}{f(x)} \cdot x + \frac{g'(x)}{f(x) + g(x)} \cdot \frac{g(x)}{g(x)} \cdot x = \frac{f(x) \cdot \varepsilon_{f(x)} + g(x) \cdot \varepsilon_{g(x)}}{f(x) + g(x)}$.

(e) Für $y(x) = f(x) - g(x)$ ist $y'(x) = f'(x) - g'(x)$. Damit bestimmt sich die Elastizität zu $\varepsilon_{y(x)} = \frac{f'(x) - g'(x)}{f(x) - g(x)} \cdot x = \frac{f'(x)}{f(x) - g(x)} \cdot x - \frac{g'(x)}{f(x) - g(x)} \cdot x$. Erweitert man geschickt die jeweiligen Summanden, dann folgt $\varepsilon_{y(x)} = \frac{f'(x)}{f(x) - g(x)} \cdot \frac{f(x)}{f(x)} \cdot x - \frac{g'(x)}{f(x) - g(x)} \cdot \frac{g(x)}{g(x)} \cdot x = \frac{f(x) \cdot \varepsilon_{f(x)} - g(x) \cdot \varepsilon_{g(x)}}{f(x) - g(x)}$.

Lösung zur Aufgabe 6. Für die Kostenfunktion $K(x)$ ist die Elastizitätsfunktion $\varepsilon_{K(x)}$ gegeben durch $\varepsilon_{K(x)} = K'(x) \cdot \frac{x}{K(x)}$. Mit der angegeben Kostenfunktion ergibt sich daher $\varepsilon_{K(x)} = \frac{(5x+50) \cdot x}{2{,}5x^2 + 50x + 250} = \frac{5x^2 + 50x}{2{,}5x^2 + 50x + 250}$.

(a) Die Punktelastizität an der Stelle $x = 5$ ist demzufolge $\varepsilon_{K(5)} = \frac{375}{562{,}5} \approx 0{,}67$, d. h. dann beispielsweise, dass bei einer Produktionserhöhung um 1 % die Kosten um rund 0,67 % an dieser Stelle steigen (unelastisches Verhalten).
Bei $x = 100$ liegt die Punktelastizität dagegen bei $\varepsilon_{K(100)} = \frac{55000}{30250} \approx 1{,}82$, d. h. wenn sich x um beispielsweise 5 % erhöht, dass dann die Produktionskosten um knapp $1{,}82 \cdot 5\,\% = 9{,}1\,\%$ ansteigen (elastisches Verhalten).

(b) Um die gesuchte Stückzahl x zu bestimmen, muss $\varepsilon_{K(x)}$ gleich 1 gesetzt und die Gleichung nach x aufgelöst werden:

$$\varepsilon_{K(x)} = \frac{5x^2+50x}{2{,}5x^2+50x+250} = 1 \implies 5x^2 + 50x = 2{,}5x^2 + 50x + 250$$
$$\implies 2{,}5x^2 = 250 \implies x = 10$$

An der Stelle $x = 10$ liegt somit die Grenze zwischen unelastischem und elastischem Verhalten vor. Dies bedeutet, dass bei einer prozentualen Änderung der Produktionsmenge sich an dieser Stelle die Kosten im gleichen Maße ändern.

Lösung zur Aufgabe 7. Die Umkehrung der Nachfrage-Preis-Funktion $x(p)$ ergibt die Preis-Nachfrage-Funktion $p(x)$. Da die Preise zwischen 0 und 14 Geldeinheiten liegen, werden infolgedessen zwischen 546 und 0 Mengen an Produkten nachgefragt. Dieses Mengenintervall berücksichtigend ergibt sich für $p(x) = 20 - \sqrt{\frac{2}{3} \cdot (x + 54)}$ oder $p(x) = 20 - \sqrt{\frac{2}{3}x + 36}$ mit $x \in (0; 546)$.

Damit lässt sich nun die Nachfrageelastizität des Preises wie folgt bestimmen:

$$\varepsilon_{p(x)} = p'(x) \cdot \frac{x}{p(x)} = \left(-\frac{1}{2 \cdot \sqrt{\frac{2}{3}x + 36}} \cdot \frac{2}{3}\right) \cdot \frac{x}{(20 - \sqrt{\frac{2}{3}x + 36})}$$

$$= \frac{(-1)}{3 \cdot \sqrt{\frac{2}{3}x + 36}} \cdot \frac{x}{(20 - \sqrt{\frac{2}{3}x + 36})}$$

$$= \frac{x}{108 + 2x - 60 \cdot \sqrt{\frac{2}{3}x + 36}}$$

Lösung zur Aufgabe 8. Allgemein kann eine lineare Nachfragefunktion durch $x(p) = b - m \cdot p$, mit $b, m > 0$, ausgedrückt werden. Wegen der ersten Ableitung $x'(p) = -m$ ergibt sich die Preiselastizität der Nachfrage zu $\varepsilon_{x(p)} = \frac{-m}{b-m \cdot p} \cdot p = \frac{m \cdot p}{m \cdot p - b} = \frac{1}{1 - \frac{b}{m \cdot p}}$.

Lösung zur Aufgabe 9. Mit der relativen Preisänderung von 25 % ($\frac{25-20}{20} = 0{,}25$) und der relativen Nachfrageänderung von $-40\,\%$ ($\frac{6.000-10.000}{10.000} = -0{,}4$) berechnet sich die Preiselastizität der Nachfrage $\varepsilon_{x(p)}$ durch den Quotienten $\frac{-40\,\%}{25\,\%}$ zu $-1{,}6$. Die Nachfrage verhält sich somit elastisch, wobei zu beachten ist, dass bei diesem Ergebnis von $-1{,}6$ vernachlässigt wird, dass die Änderungen im Preis und in der Nachfrage hier nicht infinitesimal klein sind.

Lösung zur Aufgabe 10. Die Preiselastizität der Nachfrage ist durch $\varepsilon(p) = x'(p) \cdot \frac{p}{x(p)}$ gegeben. Mit der ersten Ableitung $x'(p) = -\frac{1}{2\sqrt{p}}$ bestimmt sich die Preiselastizität zu $\varepsilon(p) = -\frac{1}{2\sqrt{p}} \cdot \frac{p}{5-\sqrt{p}} = \frac{\sqrt{p}}{2\sqrt{p}-10}$.

Die Preiselastizität der Nachfrage ist somit vollkommen unelastisch in $p = 0$, denn $\varepsilon(0) = 0$. Da bei $\varepsilon(p) = \frac{\sqrt{p}}{2\sqrt{p}-10} = -1$ die Grenze zwischen unelastischen und elastischen Verhalten liegt folgt, dass diese Grenze bei einem Preis von $p = \frac{100}{9}$ gegeben ist. Demzufolge liegt zwischen $0 < p < \frac{100}{9}$ ein unelastisches und zwischen $\frac{100}{9} < p < 25$ ein elastisches Verhalten der Preiselastizität der Nachfrage vor.

Lösung zur Aufgabe 11. Die relative Preisänderung $\frac{\Delta p}{p}$ liegt bei einer Preisreduktion von 20 € auf 18 € bei $\frac{18-20}{20} = -0{,}1$. Da die Preiselastizität von $-0{,}6$ durch das Verhältnis der relativen Mengenänderung bezogen auf die relative Preisänderung gegeben ist folgt, dass $-0{,}6 \cdot \frac{\Delta p}{p} = \frac{\Delta x}{x}$ sein muss. Damit ergibt sich für die relative Mengenänderung $\frac{\Delta x}{x} = (-0{,}6) \cdot (-0{,}1)$ ein Wert von 0,6. Da sich die relative Mengenänderung durch die Differenz aus dem neuem Absatz x_N und dem ursprünglichen Absatz von 4.000 Stück bezogen auf diesen Absatz ergibt (also gilt $\frac{x_N - 4.000}{4.000} = \frac{x_N}{4.000} - 1$) folgt, dass der Absatz sich nach der Preisreduktion um 2.400 Stück auf $x_N = 6.400$ Stück erhöht, denn $\frac{x_N}{4.000} - 1 = 0{,}6$.

Lösung zur Aufgabe 12. Die von den Preisen p_A und p_B abhängige Nachfragefunktion x_A kann nach dem Preis p_B abgeleitet werden, und es ergibt sich $\frac{dx_A}{dp_B} = -0{,}8 \cdot p_A^{-2} \cdot e^{-2p_B}$. Mit der Beziehung $\varepsilon_{x_A, p_B} = \frac{dx_A}{dp_B} \cdot \frac{p_B}{x_A}$ für die Kreuzpreiselastizität nach Gut A lässt sich ε_{x_A, p_B} zu $-0{,}8 \cdot p_A^{-2} \cdot e^{-2p_B} \cdot \frac{p_B}{0{,}4 \cdot p_A^{-2} \cdot e^{-2p_B}} = -2p_B$ bestimmen.

Es ergibt sich also eine negative Kreuzpreiselastizität (da der Preis positiv ist), d. h. die Nachfrage nach Gut A nimmt bei einer Erhöhung des Preises von Gut B ab. Damit handelt es sich bei A und B um Komplementärgüter.

Lösung zur Aufgabe 13. Mit der Ableitung $\frac{dx_A}{dp_B} = 0{,}8 \cdot p_A^{-2} \cdot e^{2p_B}$ und der Beziehung $\varepsilon_{x_A, p_B} = \frac{dx_A}{dp_B} \cdot \frac{p_B}{x_A}$ für die Kreuzpreiselastizität nach Gut A bestimmt sich ε_{x_A, p_B} zu $0{,}8 \cdot p_A^{-2} \cdot e^{2p_B} \cdot \frac{p_B}{0{,}4 \cdot p_A^{-2} \cdot e^{2p_B}} = 2p_B$. Demzufolge ist die Kreuzpreiselastizität positiv, d. h. es handelt sich bei A und B um Substitutionsgüter. Steigt also der Preis des Gutes B, dann steigt die Nachfrage nach Gut A.

Lösung zur Aufgabe 14.
(a) Mit der partiellen Ableitung $\frac{\partial f}{\partial x_1} = \frac{x_2}{x_1 + x_2} - \frac{x_1 \cdot x_2}{(x_1 + x_2)^2} = \frac{x_2 \cdot (x_1 + x_2) - x_1 \cdot x_2}{(x_1 + x_2)^2} = \frac{x_2^2}{(x_1 + x_2)^2}$ von $f(x_1, x_2)$ nach x_1 folgt für die partielle Elastizität $\varepsilon_{f(x_1)} = \frac{x_2^2}{(x_1 + x_2)^2} \cdot \frac{x_1 \cdot (x_1 + x_2)}{x_1 \cdot x_2} = \frac{x_2}{x_1 + x_2}$.

Mit der partiellen Ableitung $\frac{\partial f}{\partial x_2} = \frac{x_1}{x_1 + x_2} - \frac{x_1 \cdot x_2}{(x_1 + x_2)^2} = \frac{x_1 \cdot (x_1 + x_2) - x_1 \cdot x_2}{(x_1 + x_2)^2} = \frac{x_1^2}{(x_1 + x_2)^2}$ von $f(x_1, x_2)$ nach x_2 folgt für die partielle Elastizität $\varepsilon_{f(x_2)} = \frac{x_1^2}{(x_1 + x_2)^2} \cdot \frac{x_2 \cdot (x_1 + x_2)}{x_1 \cdot x_2} = \frac{x_1}{x_1 + x_2}$.

(b) Die drei partiellen Ableitung von $g(x_1, x_2, x_3)$ sind zum einen $\frac{\partial g}{\partial x_1} = 2 \cdot x_1 \cdot x_2^2 \cdot x_3^{-2}$ sowie $\frac{\partial g}{\partial x_2} = 2 \cdot x_2 \cdot x_1^2 \cdot x_3^{-2}$ und $\frac{\partial g}{\partial x_3} = \frac{-2 \cdot x_1^2 \cdot x_2^2}{x_3^3}$. Damit bestimmen sich die drei partiellen Elastizitäten wie folgt:

$$\varepsilon_{g(x_1)} = \frac{2 \cdot x_1 \cdot x_2^2 \cdot x_1 \cdot x_3^2}{x_3^2 \cdot x_1^2 \cdot x_2^2} = 2$$

$$\varepsilon_{g(x_2)} = \frac{2 \cdot x_2 \cdot x_1^2 \cdot x_2 \cdot x_3^2}{x_3^2 \cdot x_1^2 \cdot x_2^2} = 2$$

$$\varepsilon_{g(x_3)} = \frac{-2 \cdot x_1^2 \cdot x_2^2 \cdot x_3 \cdot x_3^2}{x_3^3 \cdot x_1^2 \cdot x_2^2} = -2;$$

(c) Die Ableitung $\frac{\partial h}{\partial x_1} = x_2 \cdot x_3 \cdot e^{x_1+x_2+x_3} + x_1 \cdot x_2 \cdot x_3 \cdot e^{x_1+x_2+x_3}$ ist die partielle Ableitung der Funktion $h(x_1, x_2, x_3)$ nach x_1. Demzufolge bestimmt sich die partielle Elastizität $\varepsilon_{h(x_1)}$ zu

$$\varepsilon_{h(x_1)} = \frac{(x_2 \cdot x_3 \cdot e^{x_1+x_2+x_3} + x_1 \cdot x_2 \cdot x_3 \cdot e^{x_1+x_2+x_3}) \cdot x_1}{x_1 \cdot x_2 \cdot x_3 \cdot e^{x_1+x_2+x_3}} = 1 + x_1.$$

Analog bestimmen sich die beiden anderen partiellen Elastizitäten $\varepsilon_{h(x_2)}$ und $\varepsilon_{h(x_3)}$. Sie lauten $\varepsilon_{h(x_2)} = 1 + x_2$ und $\varepsilon_{h(x_3)} = 1 + x_3$.

Lösung zur Aufgabe 15. Die zu bestimmenden partiellen Elastizitäten geben Auskunft darüber, um wie viel Prozent sich der Output $f(x, y)$ ändert, wenn der Arbeitseinsatz bzw. der Kapitaleinsatz um 1 % verändert wird. Für die Bestimmung dieser Elastizitäten $\varepsilon_{f(x)} = \frac{\partial f(x,y)}{\partial x} \cdot \frac{x}{f(x,y)}$ und $\varepsilon_{f(y)} = \frac{\partial f(x,y)}{\partial y} \cdot \frac{y}{f(x,y)}$ müssen vorab die partiellen Ableitungen bestimmt werden. Die Ableitungen lauten zum einen $\frac{\partial f(x,y)}{\partial x} = a \cdot C \cdot x^{a-1} \cdot y^b$ und zum anderen $\frac{\partial f(x,y)}{\partial y} = b \cdot C \cdot x^a \cdot y^{b-1}$, und damit ergeben sich die beiden Elastizitäten zu $\varepsilon_{f(x)} = \frac{a \cdot C \cdot x^{a-1} \cdot y^b \cdot x}{C \cdot x^a \cdot y^b} = a$ sowie $\varepsilon_{f(y)} = \frac{b \cdot C \cdot x^a \cdot y^{b-1} \cdot y}{C \cdot x^a \cdot y^b} = b$.

4.2.13 Lösungen zum Abschnitt 2.13 – Lagrange-Funktionen bei Optimierungsproblemen

Lösung zur Aufgabe 1. Der Gradient $\nabla f(x, y)$ enthält als Elemente die beiden partiellen Ableitungen erster Ordnung $\frac{\partial f}{\partial x}$ und $\frac{\partial f}{\partial y}$. Diese bestimmen sich zu $\frac{\partial f}{\partial x} = \frac{y \ln x^2 - 2y}{(\ln x^2)^2}$ und zu $\frac{\partial f}{\partial y} = \frac{x}{\ln x^2}$. Damit lautet der Gradient

$$\nabla f(x, y) = \begin{pmatrix} \frac{y \ln x^2 - 2y}{(\ln x^2)^2} \\ \frac{x}{\ln x^2} \end{pmatrix}.$$

Lösung zur Aufgabe 2. Da die Funktion $f(x_1, x_2, x_3)$ von drei Variablen abhängig ist, lassen sich drei partielle Ableitungen erster Ordnung sowie neun partielle Ableitungen zweiter Ordnung bilden. Diese neun partiellen Ableitungen sind dann die Elemente der Hesse-Matrix $H_{f(x_i)}$.

Die drei partiellen Ableitungen erster Ordnung lauten $\frac{\partial f}{\partial x_1} = 10x_1 + x_2^3$, $\frac{\partial f}{\partial x_2} = 3x_1 x_2^2 - 2x_2 x_3^2$ und $\frac{\partial f}{\partial x_3} = -2x_2^2 x_3 + 2x_3$. Damit können nun neun partielle Ableitungen zweiter Ordnung bestimmt werden; sie lauten $\frac{\partial^2 f}{\partial x_1 \partial x_1} = 10$, $\frac{\partial^2 f}{\partial x_1 \partial x_2} = 3x_2^2$ und $\frac{\partial^2 f}{\partial x_1 \partial x_3} = 0$ sowie $\frac{\partial^2 f}{\partial x_2 \partial x_1} = 3x_2^2$, $\frac{\partial^2 f}{\partial x_2 \partial x_2} = 6x_1 x_2 - 2x_3^2$ und $\frac{\partial^2 f}{\partial x_2 \partial x_3} = -4x_2 x_3$ und last but not least $\frac{\partial^2 f}{\partial x_3 \partial x_1} = 0$, $\frac{\partial^2 f}{\partial x_3 \partial x_2} = -4x_2 x_3$ und $\frac{\partial^2 f}{\partial x_3 \partial x_3} = -2x_2^2 + 2$.

Demzufolge lautet die Hesse-Matrix

$$H_{f(x_i)} = \begin{pmatrix} 10 & 3x_2^2 & 0 \\ 3x_2^2 & 6x_1x_2 - 2x_3^2 & -4x_2x_3 \\ 0 & -4x_2x_3 & -2x_2^2 + 2 \end{pmatrix}.$$

Lösung zur Aufgabe 3. Für den Gradienten sind die die partiellen Ableitungen $\frac{\partial P(r_1,r_2)}{\partial r_1}$ und $\frac{\partial P(r_1,r_2)}{\partial r_2}$ zu berechnen, und für die Hesse-Matrix die entsprechenden zweiten partiellen Ableitungen $\frac{\partial^2 P(r_1,r_2)}{\partial r_1 \partial r_1}$, $\frac{\partial^2 P(r_1,r_2)}{\partial r_2 \partial r_2}$ und $\frac{\partial^2 P(r_1,r_2)}{\partial r_1 \partial r_2} = \frac{\partial^2 P(r_1,r_2)}{\partial r_2 \partial r_1}$. Mit der Ausgangsfunktion $P(r_1, r_2)$ ergibt sich demnach für den Gradienten

$$\nabla P(r_1, r_2) = \begin{pmatrix} \sqrt{\frac{r_2}{r_1}} \\ \sqrt{\frac{r_1}{r_2}} \end{pmatrix}$$

und für die Hesse-Matrix

$$H_{P(r_1,r_2)} = \begin{pmatrix} -\frac{1}{2}\sqrt{\frac{r_2}{r_1^3}} & \frac{1}{2}\sqrt{\frac{1}{r_1 r_2}} \\ \frac{1}{2}\sqrt{\frac{1}{r_1 r_2}} & -\frac{1}{2}\sqrt{\frac{r_1}{r_2^3}} \end{pmatrix}.$$

Lösung zur Aufgabe 4. Aus den ersten partiellen Ableitungen $\frac{\partial f}{\partial x_1} = \frac{x_2-1}{x_1+1}$ und $\frac{\partial f}{\partial x_2} = \ln(x_1+1)$ lassen sich die zweiten partiellen Ableitungen $\frac{\partial^2 f(x_1,x_2)}{\partial x_1 \partial x_1}$, $\frac{\partial^2 f(x_1,x_2)}{\partial x_2 \partial x_2}$ sowie $\frac{\partial^2 f(x_1,x_2)}{\partial x_1 \partial x_2} = \frac{\partial^2 f(x_1,x_2)}{\partial x_2 \partial x_1}$, die die Elemente der Hesse-Matrix bestimmen, bilden. Sie lautet dann

$$H_{f(x_1,x_2)} = \begin{pmatrix} \frac{1-x_2}{(x_1+1)^2} & \frac{1}{x_1+1} \\ \frac{1}{x_1+1} & 0 \end{pmatrix}.$$

Lösung zur Aufgabe 5. Für die Funktion $f(x, y)$ bestimmt sich unter Hinzuziehung der partiellen Ableitungen erster Ordnung der Gradient $\nabla f(x, y)$ zu

$$\begin{pmatrix} 3x^2 - 12x + 5y \\ -12y + 5x + 10 \end{pmatrix},$$

und unter Hinzuziehung der partiellen Ableitungen zweiter Ordnung lautet die Hesse-Matrix

$$H_{f(x,y)} = \begin{pmatrix} 6x - 12 & 5 \\ 5 & -12 \end{pmatrix}.$$

Lösung zur Aufgabe 6. Die Gewinnfunktion ist durch $G(x_1, x_2) = x_1 \cdot p_1(x_1) + x_2 \cdot p_2(x_2) - K(x_1 + x_2)$ und damit konkret durch $G(x_1, x_2) = 100x_1 - 3x_1^2 + 60x_2 - 2x_1x_2 - 2x_2^2$ gegeben. Für den entsprechenden Gradienten folgt

$$\nabla G(x_1, x_2) = \begin{pmatrix} 100 - 6x_1 - 2x_2 \\ 60 - 2x_1 - 4x_2 \end{pmatrix}.$$

Aus der notwendigen Bedingung, dass

$$\begin{pmatrix} 100 - 6x_1 - 2x_2 \\ 60 - 2x_1 - 4x_2 \end{pmatrix} = \vec{0}$$

ist, lassen sich die gesuchten Stückzahlen x_1 und x_2 aus den beiden Gleichungen $100 - 6x_1 - 2x_2 = 0$ und $60 - 2x_1 - 4x_2 = 0$ bestimmen. Multipliziert man die erste Gleichung mit zwei und subtrahiert von dieser Gleichung dann die zweite Gleichung, dann wird x_2 eliminiert und es ergibt sich x_1 zu 14. Setzt man $x_1 = 14$ nun in die zweite Gleichung ein, kann aus $60 - 2 \cdot 14 - 4x_2 = 0$ der kritische Wert für x_2 zu 8 berechnet werden.

Ergo wird der Gewinn an der Stelle $(x_1, x_2) = (14, 8)$ maximal, und er liegt bei $G(14, 8) = 940$ Geldeinheiten.

Lösung zur Aufgabe 7. Die Tatsache, dass der Student sich für 18,00 € täglich die Menge x_1 an Cola zu 1,00 € pro Flasche und die Menge x_2 an Pommes zu 1,50 € pro Tüte leistet, kann durch die Gleichung $1 \cdot x_1 + 1{,}5 \cdot x_2 = 18$ ausgedrückt werden. Diese Gleichung führt zu der Nebenbedingung $g(x_1, x_2) = 1 \cdot x_1 + 1{,}5 \cdot x_2 - 18 = 0$. Die Zielfunktion, die unter dieser Nebenbedingung $g(x_1, x_2)$ maximiert werden soll, ist die Nutzenfunktion $N(x_1, x_2) = x_1 \cdot x_2$. Damit lässt sich die Lagrange-Funktion $L(x_1, x_2, \lambda)$ aufstellen; sie lautet $L(x_1, x_2, \lambda) = x_1 \cdot x_2 + \lambda \cdot (1 \cdot x_1 + 1{,}5 \cdot x_2 - 18) = 0$.

Aus dem Gradient

$$\nabla L(x_1, x_2, \lambda) = \begin{pmatrix} x_2 + \lambda \\ x_1 + 1{,}5\lambda \\ x_1 + 1{,}5x_2 - 18 \end{pmatrix} = \vec{0}$$

folgt, dass neben $x_2 = -\lambda$ auch $x_1 = -1{,}5\lambda$ sein muss und damit $x_1 = 1{,}5x_2$ ist. Im Optimum gilt also, dass das Mengenverhältnis von Cola zu Pommes genau $\frac{x_1}{x_2} = 1{,}5$ ist und er somit 1,5 mal so viel Flaschen Cola wie Tüten Pommes konsumiert. Konkret ergibt sich aus $x_1 + 1{,}5x_2 - 18 = 0$ und $x_1 = 1{,}5x_2$, dass die Mengen $x_2 = 6$ und $x_1 = 9$ sind.

Der Student optimiert demnach seinen Nutzen, wenn er täglich 9 Flaschen Cola und 6 Tüten Pommes konsumiert. Ob diese tägliche Nahrungsaufnahme aber gesund ist, lässt sich mit den angegebenen Informationen nicht beantworten.

Lösung zur Aufgabe 8. Die von der Arbeit und dem Kapital abhängige Zielfunktion $f(k, l)$ ist durch $1k + 20l$ gegeben. Sie gilt es unter der Nebenbedingung $g(k, l) = \sqrt{k} +$

$l - 30 = 0$ zu optimieren. Aus diesen beiden Funktionen ergibt sich dann die Lagrange-Funktion $L(k, l, \lambda) = k + 20l + \lambda(\sqrt{k} + l - 30)$. Entspricht deren Gradient

$$\nabla L(k, l, \lambda) = \begin{pmatrix} 1 + \frac{\lambda}{2\sqrt{k}} \\ 20 + \lambda \\ \sqrt{k} + l - 30 \end{pmatrix}$$

dem Nullvektor, dann lassen sich die Größen λ, k und l bestimmen.

Aus der Gleichung $20 + \lambda = 0$ folgt, dass $\lambda = -20$ ist. Mit diesem λ-Wert kann k aus der Gleichung $1 + \frac{(-20)}{2\sqrt{k}} = 0$ bestimmt werden, und es ist $k = 100$. Mit $k = 100$ und $\lambda = -20$ kann sodann aus der Gleichung $\sqrt{100} + l - 30 = 0$ der Wert von l zu 20 berechnet werden.

Das Ergebnis bedeutet, dass das Ein-Produkt-Unternehmen 30 Einheiten seines Produktes am billigsten produziert, wenn es 100 Einheiten Kapital und 20 Einheiten Arbeit einsetzt. Die damit verbundenen Kosten liegen dann bei optimalen 500 Geldeinheiten ($100 + 20 \cdot 20 = 500$).

Lösung zur Aufgabe 9. Mit der gegebenen Funktion $f(x_1, x_2, x_3)$ und den beiden Nebenbedingungen $g_1(x_1, x_2, x_3,) = x_1 - x_3 - 2 = 0$ sowie $g_2(x_1, x_2, x_3,) = x_1 + x_2 + x_3 - 1 = 0$ lässt sich die Lagrange-Funktion $L(x_1, x_2, x_3, \lambda_1, \lambda_2) = x_1^2 + x_2^2 + x_3^2 + \lambda_1(x_1 - x_3 - 2) + \lambda_2(x_1 + x_2 + x_3 - 1)$ aufstellen. Damit lassen sich die – den Gradienten der Lagrange-Funktion bestimmenden – partiellen Ableitungen wie folgt bestimmen:

$$\frac{\partial L(x_1, x_2, x_3, \lambda_1, \lambda_2)}{\partial x_1} = 2x_1 + \lambda_1 + \lambda_2, \quad \frac{\partial L(x_1, x_2, x_3, \lambda_1, \lambda_2)}{\partial x_2} = 2x_2 + \lambda_2,$$

$$\frac{\partial L(x_1, x_2, x_3, \lambda_1, \lambda_2)}{\partial x_3} = 2x_3 - \lambda_1 + \lambda_2,$$

$$\frac{\partial L(x_1, x_2, x_3, \lambda_1, \lambda_2)}{\partial \lambda_1} = x_1 - x_3 - 2, \quad \frac{\partial L(x_1, x_2, x_3, \lambda_1, \lambda_2)}{\partial \lambda_2} = x_1 + x_2 + x_3 - 1.$$

Mit diesen partiellen Ableitungen, die jeweils 0 zu setzen sind, können die Variablen x_1, x_2, x_3 sowie λ_1 und λ_2 bestimmt werden. Hierzu empfiehlt sich das Aufstellen eines Gleichungssystems, welches dann – beispielsweise mit dem Gauß-Algorithmus – gelöst werden kann.

Das entsprechende Gleichungssystem

$$\begin{vmatrix} 2x_1 & + & 0 & + & 0 & + & \lambda_1 & + & \lambda_2 & = & 0 \\ 0 & + & 2x_2 & + & 0 & + & 0 & + & \lambda_2 & = & 0 \\ 0 & + & 0 & + & 2x_3 & - & \lambda_1 & + & \lambda_2 & = & 0 \\ x_1 & + & 0 & - & x_3 & + & 0 & + & 0 & = & 2 \\ x_1 & + & x_2 & + & x_3 & + & 0 & + & 0 & = & 1 \end{vmatrix}$$

wird nun mithilfe des Gauß-Algorithmus wie folgt gelöst:

	I	2	0	0	1	1	0
	II	0	2	0	0	1	0
	III	0	0	2	−1	1	0
	IV	1	0	−1	0	0	2
	V	1	1	1	0	0	1
$I = I'$		2	0	0	1	1	0
$II = II'$		0	2	0	0	1	0
$I - 2IV = III'$		0	0	2	1	1	−4
$I - 2V = IV'$		0	−2	−2	1	1	−2
$III = V'$		0	0	2	−1	1	0
$I' = I''$		2	0	0	1	1	0
$II' = II''$		0	2	0	0	1	0
$II' + IV' = III''$		0	0	−2	1	2	−2
$III' = IV''$		0	0	2	1	1	−4
$III' - V' = V''$		0	0	0	2	0	−4
$I'' = I'''$		2	0	0	1	1	0
$II'' = II'''$		0	2	0	0	1	0
$IV'' = III'''$		0	0	2	1	1	−4
$III'' + IV'' = IV'''$		0	0	0	2	3	−6
$V'' = V'''$		0	0	0	2	0	−4
$I''' = I''''$		2	0	0	1	1	0
$II''' = II''''$		0	2	0	0	1	0
$III' = III''''$		0	0	2	1	1	−4
$IV' = IV''''$		0	0	0	2	3	−6
$IV'''' - V''' = V''''$		0	0	0	0	3	−2

Aus der Gleichung $3\lambda_2 = -2$ (Zeile V'''') folgt $\lambda_2 = -\frac{2}{3}$. Entsprechend lassen sich aus den anderen Gleichungen (Zeile IV'''', III'''', II'''' und I'''') durch sukzessives Einsetzen die weiteren Variablen bestimmen. Sie ergeben sich zu $\lambda_1 = -2$, $x_3 = -\frac{2}{3}$, $x_2 = \frac{1}{3}$ sowie $x_1 = \frac{4}{3}$. Damit hat die Funktion $f(x_1, x_2, x_3)$ einen Extremwert an der Stelle $(x_1, x_2, x_3) = (\frac{4}{3}, \frac{1}{3}, -\frac{2}{3})$.

Lösung zur Aufgabe 10. Mit den partiellen Ableitungen erster Ordnung $\frac{\partial f(x_1,x_2)}{\partial x_1} = 3x_1^2 + 3ax_2$ und $\frac{\partial f(x_1,x_2)}{\partial x_2} = -3x_2^2 + 3ax_1$ sowie den partiellen Ableitungen zweiter Ordnung $\frac{\partial^2 f(x_1,x_2)}{\partial x_1 \partial x_1} = 6x_1$, $\frac{\partial^2 f(x_1,x_2)}{\partial x_2 \partial x_2} = -6x_2$ sowie $\frac{\partial^2 f(x_1,x_2)}{\partial x_1 \partial x_2} = \frac{\partial^2 f(x_1,x_2)}{\partial x_2 \partial x_1} = 3a$ bestimmen sich der Gradient und die Hesse-Matrix zu

$$\nabla f(x_1, x_2) = \begin{pmatrix} 3x_1^2 + 3ax_2 \\ -3x_2^2 + 3ax_1 \end{pmatrix}$$

und

$$\boldsymbol{H}_{f(x_1,x_2)} = \begin{pmatrix} 6x_1 & 3a \\ 3a & -6x_2 \end{pmatrix}.$$

Notwendig für das Vorliegen eines Extremums der Funktion $f(x_1, x_2)$ ist das Verschwinden der partiellen Ableitungen erster Ordnung im kritischen Punkt, d. h. $\nabla f(x_1, x_2) = \vec{0}$. Demnach ist das nichtlineare Gleichungssystem

$$\begin{vmatrix} 3x_1^2 & + & 3ax_2 & = & 0 \\ -3x_2^2 & + & 3ax_1 & = & 0 \end{vmatrix}$$

in Abhängigkeit des Parameters a zu erfüllen. Es lassen sich zwei Fälle unterscheiden:

Fall 1: $a = 0$

Unter dieser Bedingung reduziert sich das Gleichungssystem auf die beiden Gleichungen $3x_1^2 = 0$ und $-3x_2^2 = 0$, welche nur für $x_1, x_2 = 0$ erfüllt werden. Für diesen kritischen Punkt – und da ja $a = 0$ ist – wird die Hesse-Matrix $\boldsymbol{H}_{f(0,0)}$ die Nullmatrix $\boldsymbol{0}$, so dass die Hesse-Matrix keine Aussage hinsichtlich eines Extremwertes erlaubt.

Demzufolge werden die Funktionswerte in der Umgebung dieses kritischen Punktes $(0, 0)$ untersucht. Da $f(0, 0) = 0$ und $f(x_1, 0) = x_1^2 > 0$ für $x_1 > 0$ und $f(0, x_2) = -x_2^2 < 0$ für $x_2 > 0$ ist, kann bei $(0, 0)$ keine lokale Extremwertstelle vorliegen. In jeder noch so kleinen Umgebung des Punktes lassen sich größere und kleinere Funktionswerte finden.

Fall 2: $a \neq 0$

In diesem Fall lässt sich beispielsweise die Gleichung $3x_1^2 + 3ax_2 = 0$ nach x_2 auflösen, und es folgt $x_2 = -\frac{x_1^2}{a}$. Setzt man dieses x_2 in die Gleichung $-3x_2^2 + 3ax_1 = 0$ ein, ergibt sich $-3(-\frac{x_1^2}{a})^2 + 3ax_1 = 0$, woraus $3ax_1(1 - \frac{x_1^3}{a^3}) = 0$ folgt. Da $a \neq 0$ lässt sich aus dieser Gleichung nun x_1 bestimmen, d. h. entweder muss $3ax_1 = 0$ sein oder es ist $(1 - \frac{x_1^3}{a^3}) = 0$. Daraus folgt, dass $x_1 = 0$ (und damit wird $x_2 = 0$) oder $x_1 = a$ (und infolgedessen wird $x_2 = -a$) sind, und somit liegen die kritischen Punkte für einen Extremwert der Funktion bei $(0, 0)$ bzw. $(a, -a)$, die bzgl. eines Maximums oder Minimums noch hinsichtlich der hinreichenden Bedingung untersucht werden müssen.

Die Determinante der Hesse-Matrix ist durch $\det \boldsymbol{H}_{f(x_1, x_2)} = -36x_1 x_2 - 9a^2$ gegeben. Damit ist an der kritischen Stelle $(0, 0)$ die Determinante $\det \boldsymbol{H}_{f(0,0)} = -9a^2$ mit $a \neq 0$ immer kleiner als 0, so dass an dieser kritischen Stelle kein Extremwert vorliegt.

An der kritischen Stelle $(a, -a)$ ist dagegen $\det \boldsymbol{H}_{f(x_1, x_2)} = 36a^2 - 9a^2 = 27a^2$ mit $a \neq 0$ immer größer als 0, und zudem sind die partiellen Ableitungen $\frac{\partial^2 f(x_1, x_2)}{\partial x_1 \partial x_1} = 6x_1$ und $\frac{\partial^2 f(x_1, x_2)}{\partial x_2 \partial x_2} = -6x_2$ jeweils kleiner 0, wenn $a < 0$ ist und sie sind jeweils größer 0, wenn $a > 0$ ist. Demzufolge liegt an der Stelle $(a, -a)$ ein Maximum vor, wenn $a < 0$ ist, und es liegt ein Minimum vor, wenn $a > 0$ ist.

Lösung zur Aufgabe 11. Der Gewinn bestimmt sich durch $G(x, y) = U(x, y) - K(x, y)$, wobei $U(x, y) = 15x + 9y$ der Umsatz und $K(x, y)$ die angegebenen (täglichen) Kosten sind. Zusammengefasst ist der Gewinn dann durch $G(x, y) = -0{,}04x^2 - 0{,}01xy - 0{,}01y^2 + 11x + 7y - 500$ gegeben.

Wenn (ökonomisch sinnvoll) die Produktionsmengen x und y jeweils größer als 0 den Gewinn maximieren, dann müssen an einer Stelle (x_0, y_0) die beiden Gleichungen

$\frac{\partial G(x,y)}{\partial x} = -0{,}08x - 0{,}01y + 11 = 0$ und $\frac{\partial G(x,y)}{\partial y} = -0{,}01x - 0{,}02y + 7 = 0$ erfüllt sein, die aus der Bedingung $\nabla G(x,y) = \vec{0}$ resultieren.

Aus der ersten Gleichung $\frac{\partial G(x,y)}{\partial x} = 0$ folgt, dass $y = 1100 - 8x$ ist. Diese Beziehung für y in die zweite Gleichung $\frac{\partial G(x,y)}{\partial y} = 0$ eingesetzt zeigt, dass $x = 100$ ist; und damit ist $y = 300$. Demnach haben die beiden linearen Gleichungen $\frac{\partial G(x,y)}{\partial x} = 0$ und $\frac{\partial G(x,y)}{\partial y} = 0$ mit $(x_0, y_0) = (100, 300)$ eine eindeutige Lösung, die den kritischen Punkt für einen Extremwert darstellt.

Um zu entscheiden, ob an dieser Stelle $(100, 300)$ ein Maximum oder ein Minimum der Gewinnfunktion $G(x,y)$ vorliegt, müssen die zweiten partiellen Ableitungen dieser Funktion herangezogen und hinsichtlich ihrer Größe an der besagten Stelle untersucht werden, und des Weiteren muss die Bedingung, dass die Determinante der Hesse-Matrix $\det \boldsymbol{H}_{G(x,y)}$ größer als 0 ist, erfüllt sein.

Da die zweiten partiellen Ableitungen $\frac{\partial^2 G(x,y)}{\partial x^2} = -0{,}08$, $\frac{\partial^2 G(x,y)}{\partial y^2} = -0{,}02$, $\frac{\partial^2 G(x,y)}{\partial x \partial y} = \frac{\partial^2 G(x,y)}{\partial y \partial x} = -0{,}01$ alle – auch an der Stelle $(100, 300)$ – jeweils negativ sind und zudem die Determinante $\det \boldsymbol{H}_{G(x,y)} = \frac{\partial^2 G(x,y)}{\partial x^2} \cdot \frac{\partial^2 G(x,y)}{\partial y^2} - (\frac{\partial^2 G(x,y)}{\partial x \partial y})^2 = (-0{,}08) \cdot (-0{,}02) - (-0{,}01)^2 = 0{,}0015 > 0$ ist, liegt bei $(x_0, y_0) = (100, 300)$ ein Gewinnmaximum vor.

In anderen Worten bedeutet dies, dass die Fischfabrik 100 Einheiten Fischstäbchen und 300 Einheiten Seelachsfilets produzieren muss, um bei völligem Abverkauf einen Tagesgewinn von $G(100, 300) = 1.100$ € zu erzielen.

Lösung zur Aufgabe 12. Die Zielfunktion $X(r_1, r_2) = 2r_1 r_2$ gilt es unter der Nebenbedingung $10r_1 + 20r_2 = 400$ zu optimieren. Hierfür wird eine Lagrange-Funktion $L(r_1, r_2, \lambda)$ aufgestellt, deren Gradient gleich dem Nullvektor gesetzt und aus dem daraus resultierenden Gleichungssystem die gesuchten Variablen λ, r_1 und r_2 bestimmt.

Die Lagrange-Funktion ist $L(r_1, r_2, \lambda) = 2r_1 r_2 + \lambda(10r_1 + 20r_2 - 400)$, und der zugehörige 0 zu setzende Gradient lautet

$$\nabla L(r_1, r_2, \lambda) = \begin{pmatrix} 2r_2 + 10\lambda \\ 2r_1 + 20\lambda \\ 10r_1 + 20r_2 - 400 \end{pmatrix}.$$

Demnach muss $2r_2 + 10\lambda = 0$ und und $2r_1 + 20\lambda = 0$ sein, und damit ergibt sich für $r_2 = -5\lambda$ respektive $r_1 = -10\lambda$. Mit diesem Ergebnis und der Beziehung $10r_1 + 20r_2 - 400$ folgt, dass $\lambda = -2$ ist. Demzufolge ist $r_1 = 20$ und $r_2 = 10$, und daher liegt an der Stelle $(r_1, r_2) = (20, 10)$ mit $X(20, 10) = 400$ ein Maximum vor, denn alle anderen $X(r_1, r_2)$ mit $\{r_1, r_2\} \in \mathbb{R}^+ \setminus \{20, 10\}$, die die Nebenbedingung $10r_1 + 20r_2 = 400$ erfüllen, sind kleiner als 400.

Lösung zur Aufgabe 13. Aus den gegebenen Nachfragefunktionen können durch Umkehrung die zur Bestimmung des Umsatzes benötigten Preis-Absatz-Funktionen bestimmt werden. Es ergeben sich demzufolge die Funktionen $p_1(x_1) = 10 - \frac{1}{4}x_1$ sowie

$p_2(x_2) = 15 - \frac{1}{2}x_2$, und somit kann der Umsatz mit $U(x_1, x_2) = x_1 \cdot (10 - \frac{1}{4}x_1) + x_2 \cdot (15 - \frac{1}{2}x_2) = 10x_1 - \frac{1}{4}x_1^2 + 15x_2 - \frac{1}{2}x_2^2$ angegeben werden. Mit den angegebenen Gesamtkosten ergibt sich die Gewinnfunktion zu $G(x_1, x_2) = -\frac{1}{2}x_1^2 - \frac{1}{2}x_2^2 - \frac{1}{3}x_1x_2 + 10x_1 + 6x_2 - 35$.

Mit $\frac{\partial G(x_1, x_2)}{\partial x_1} = -x_1 - \frac{1}{3}x_2 + 10 = 0$ (also $x_2 = 30 - 3x_1$) und $\frac{\partial G(x_1, x_2)}{\partial x_2} = -x_2 - \frac{1}{3}x_1 + 6 = 0$ (also $x_1 = 18 - 3x_2$) folgt, dass $x_1 = 9$ und $x_2 = 3$ sind. Da die zweiten partiellen Ableitungen $\frac{\partial^2 G(x_1, x_2)}{\partial x_1^2} = -1$, $\frac{\partial^2 G(x_1, x_2)}{\partial x_2^2} = -1$ und $\frac{\partial^2 G(x_1, x_2)}{\partial x_1 \partial x_2} = -\frac{1}{3}$ jeweils immer kleiner als 0 sind, handelt es sich bei der kritischen Stelle $(9, 3)$ um ein Maximum.

Der Medizintechnikhersteller erzielt demzufolge einen maximalen Gewinn von $G(9, 3) = 19$ Geldeinheiten, wenn er 9 Einheiten Blutschlauchsysteme und 3 Einheiten Dialysatoren täglich zu einem Preis von $p_1 = 7{,}75$ respektive $p_2 = 13{,}5$ Geldeinheiten verkauft.

Lösung zur Aufgabe 14. Da sich die Erlöse durch $p_1(x) \cdot x + p_2(y) \cdot y$ bestimmen und der Gewinn durch die Differenz aus Erlösen minus Kosten gegeben ist, kann die Gewinnfunktion für den Medizintechnikhersteller durch $G(x, y) = -12{,}5x^2 - 10y^2 + 850x + 950y - 15xy - 2500$ ausgedrückt werden.

Zur Ermittlung des Gewinnmaximums müssen die partiellen Ableitungen der Gewinnfunktion näher betrachtet werden. Diese Ableitungen lauten $\frac{\partial G(x,y)}{\partial x} = -25x + 850 - 15y$, $\frac{\partial G(x,y)}{\partial y} = -20y + 950 - 15x$ sowie $\frac{\partial^2 G(x,y)}{\partial x^2} = -25$, $\frac{\partial^2 G(x,y)}{\partial y^2} = -20$ und $\frac{\partial^2 G(x,y)}{\partial x \partial y} = \frac{\partial^2 G(x,y)}{\partial y \partial x} = -15$.

Die kritischen Punkte für einen Extremwert sind durch die Nullstellen der ersten partiellen Ableitungen gegeben. Demzufolge müssen die beiden Gleichungen $-25x + 850 - 15y$ und $-20y + 950 - 15x$ jeweils 0 sein. Aus der ersten Gleichung folgt $y = \frac{5}{3}(34 - x)$ und damit folgt für die zweite Gleichung $-20 \cdot \frac{5}{3}(34 - x) + 950 - 15x = 0$, woraus sich $x = 10$ und dann $y = 40$ als kritische Punkte ergeben.

Ein Extremwert liegt dann vor, wenn $\frac{\partial^2 G(x,y)}{\partial x^2} \cdot \frac{\partial^2 G(x,y)}{\partial y^2} - (\frac{\partial^2 G(x,y)}{\partial x \partial y})^2$ am kritischen Punkt größer als 0 ist. Dies ist an der Stelle $(10, 40)$ gegeben, denn $((-25) \cdot (-20) - (-15)^2)|_{(10,40)} = 275$, also größer 0. Weil $\frac{\partial^2 G(x,y)}{\partial x^2}$ und $\frac{\partial^2 G(x,y)}{\partial y^2}$ immer kleiner als 0 sind bedeutet dies, dass an der Stelle $(10, 40)$ ein Gewinnmaximum vorliegt und der Hersteller seine Oxygenatoren zu einem Preis von $p_1(10) = 1675$ respektive $p_2(40) = 1600$ Geldeinheiten verkauft.

Lösung zur Aufgabe 15. Die Überprüfung der kritischen Stelle hinsichtlich eines Maximums oder Minimums erfolgt mittels der partiellen Ableitungen zweiter Ordnung der Funktion $f(x, y)$, die die hinreichenden Bedingungen erfüllen müssen. Die notwendige Bedingung $\nabla f(x, y) = \vec{0}$ wird nicht überprüft, da ja der kritische Punkt schon vorgegeben ist.

Da $\frac{\partial f(x,y)}{\partial x} = -4x - 2y + 36$ und $\frac{\partial f(x,y)}{\partial y} = -2x - 4y + 42$ sind, bestimmen sich die partiellen Ableitungen zweiter Ordnung zu $\frac{\partial^2 f(x,y)}{\partial x^2} = -4$, $\frac{\partial^2 f(x,y)}{\partial y^2} = -4$ und $\frac{\partial^2 f(x,y)}{\partial x \partial y} = \frac{\partial^2 f(x,y)}{\partial y \partial x} = -2$.

Da nun $\frac{\partial^2 f(x,y)}{\partial x^2} \cdot \frac{\partial^2 f(x,y)}{\partial y^2} - (\frac{\partial^2 f(x,y)}{\partial x \partial y})^2 = (-4) \cdot (-4) - (-2)^2 = 12 > 0$ und an der kritischen Stelle die partiellen Ableitungen $\frac{\partial^2 f(x,y)}{\partial x^2}|_{(5,8)}$ und $\frac{\partial^2 f(x,y)}{\partial y^2}|_{(5,8)}$ mit -4 jeweils kleiner 0 sind bedeutet dies, dass an der Stelle $(x, y) = (5, 8)$ ein Maximum der Funktion $f(x, y)$ vorliegt. Der maximale Funktionswert ist $f(5, 8) = -2 \cdot 5^2 - 2 \cdot 5 \cdot 8 - 2 \cdot 8^2 + 36 \cdot 5 + 42 \cdot 8 = 258$.

4.2.14 Lösungen zum Abschnitt 2.14 – Integrale als Mittler zwischen Grenz- und Ausgangsfunktionen

Lösung zur Aufgabe 1. Die Gesamtkostenfunktion $K(x)$ lässt sich durch die Integration der Grenzkostenfunktion $K'(x)$ über die Variable x bestimmen. Da die Gesamtkosten sich aus den variablen Kosten $K_v(x)$ und den fixen Kosten K_f zusammensetzen gilt bekanntlich $\int K'(x)dx = K_v(x) + K_f$.

Durch Einsetzen der gegebenen Grenzkostenfunktion und den fixen Kosten von 45 Geldeinheiten berechnen sich die Gesamtkosten zu $K(x) = \int (7x+5)dx = \frac{7}{2}x^2 + 5x + 45$.

Lösung zur Aufgabe 2. Die Anwendung der partiellen Integrationsregel setzt voraus, dass sich die zu integrierende Funktion als ein Produkt zweier Funktionen $f(x)$ und $g'(x)$ darstellen lässt, wobei dann $\int (f(x) \cdot g'(x))dx = f(x) \cdot g(x) - \int f'(x) \cdot g(x)dx$ gilt. Die beiden Funktionen $f(x)$ und $g'(x)$ des Integranden sind dabei so „geschickt" auszuwählen, dass sich das Integral aus dem Produkt von $f'(x)$ und $g(x)$ leicht lösen lässt.

(a) Wird der Faktor $\ln x$ des Integranden als $f(x)$ und der Faktor $4x^3$ als $g'(x)$ interpretiert, dann folgt für die Ableitung $f'(x) = \frac{1}{x}$ und für die Stammfunktion $g(x) = x^4$. Mit diesen Zuordnungen kann das Integral $\int 4x^3 \cdot \ln x\, dx$ gelöst werden, und es ergibt sich $\int 4x^3 \cdot \ln x\, dx = \ln x \cdot x^4 - \int x^4 \cdot \frac{1}{x} dx = x^4 \cdot \ln x - \frac{x^4}{4} + C$.

(b) Setzt man $f(x) = x^2$ folgt für die Ableitung $f'(x) = 2x$. Aus $g'(x) = e^x$ folgt, dass die zugehörige Stammfunktion $g(x) = e^x$ ist. Mit diesen Zuordnungen lässt sich die partielle Integrationsregel anwenden, und das Integral $\int x^2 \cdot e^x dx$ lässt sich zunächst einmal umformen zu $\int x^2 \cdot e^x dx = x^2 \cdot e^x - 2 \int x \cdot e^x dx$.

Da in dieser erhaltenen Lösung immer noch ein Integral steht, dessen Integrand wiederum aus einem Produkt zweier Funktionen besteht, lässt sich dieses Integral $\int x \cdot e^x dx$ wiederum mittels partieller Integration lösen. Mit den Zuordnungen von $f(x) = x$ und $g'(x) = e^x$ folgt für $f'(x) = 1$ und $g(x) = e^x$. Damit kann das Integral $\int x \cdot e^x dx$ entsprechend umgeformt werden und die Lösung für das Ausgangsintegral lautet nun $\int x^2 \cdot e^x dx = x^2 \cdot e^x - 2(x \cdot e^x - \int e^x dx) = x^2 \cdot e^x - 2x \cdot e^x + 2e^x + C$.

(c) Wählt man für $f(x) = \sin x$ und für $g'(x) = \cos x$ folgt daraus, dass $f'(x) = \cos x$ und $g(x) = \sin x$ ist. Demzufolge ist $\int \sin x \cdot \cos x\, dx = \sin^2 x - \int \sin x \cdot \cos x\, dx$.

Es ist hier sofort zu erkennen, dass die beiden Integrale auf der linken und auf der rechten Seite identisch sind, und so ergibt sich als Lösung für das Ausgangsintegral $\int \sin x \cdot \cos x\, dx = \frac{1}{2} \cdot \sin^2 x + C$.

Lösung zur Aufgabe 3. Durch die Anwendung der Substitutionsregel kann ein gegebenes Integral, dessen Integrand eine zusammengesetzte Funktion enthält, auf ein einfach zu lösendes Integral zurückgeführt werden. Die Herausforderung liegt dabei in der „geschickten" Substitution.

(a) Die Substitution des Exponenten $(-x^2)$ durch z führt dazu, dass das Differential dx als Funktion von dz ausgedrückt werden kann. Da $\frac{dz}{dx} = -2x$ ist, folgt $dx = -\frac{1}{2x}dz$. Durch diese geschickte Substitution kann das Integral gelöst werden, und es ergibt sich $\int x \cdot e^{-x^2} dx = \int x \cdot e^z (-\frac{1}{2x}) dz = -\frac{1}{2} \int e^z dz = -\frac{1}{2} e^z + C = -\frac{1}{2} e^{-x^2} + C$.

(b) Eine geschickte Substitution ist hier $z = (2x+3)$. Aus $\frac{dz}{dx} = 2$ folgt $dx = \frac{1}{2} dz$. Mit dieser Substitution und Nebenrechnung kann das Integral $\int \frac{1}{2x+3} dx$ gelöst werden, denn $\int \frac{1}{2x+3} dx = \int \frac{1}{z} \cdot \frac{1}{2} dz = \frac{1}{2} \int \frac{1}{z} dz = \frac{1}{2} \ln|z| + C = \frac{1}{2} \ln|2x+3| + C$ für alle $x \neq -\frac{3}{2}$.

(c) Mit der Substitution von $z = (1+\sin^2 x)$ lassen sich $\frac{dz}{dx}$ sowie dx wie folgt bestimmen: $\frac{dz}{dx} = 2 \cdot \sin x \cdot \cos x$ und damit ist $dx = \frac{1}{2 \cdot \sin x \cdot \cos x} dz$. Mit diesen Zusammenhängen lässt sich das Integral nun lösen. Es folgt $\int \frac{\sin x \cdot \cos x}{1+\sin^2 x} dx = \frac{1}{2} \int \frac{2 \cdot \sin x \cdot \cos x}{1+\sin^2 x} dx = \frac{1}{2} \int \frac{1}{z} dz = \frac{1}{2} \ln|z| + C = \frac{1}{2} \ln(1 + \sin^2 x) + C$.

Lösung zur Aufgabe 4. Zur Berechnung der drei unbestimmten Integrale kann die Substitutionsregel angewendet werden.

(a) Man substituiert $(x+4)$ durch z, und es folgt für $dz = dx$. Damit berechnet sich das Integral zu $\int (x+4)^3 dx = \int z^3 dz = \frac{1}{4} z^4 + C = \frac{1}{4}(x+4)^4 + C$.

(b) Hier empfiehlt sich die Substitution $z = (x^2+3)$, und es folgt für $dz = 2x dx$. Damit berechnet sich das Integral zu $\int x(x^2+3)^3 dx = \int x \cdot z^3 \cdot \frac{1}{2x} dz = \frac{1}{2} \int z^3 dz = \frac{1}{2} \cdot \frac{1}{4} \cdot z^4 + C = \frac{1}{8}(x^2+3)^4 + C$.

(c) Man substituiert $(4x^4+1)$ durch z, und es folgt für $dz = 16x^3 dx$. Damit berechnet sich das Integral zu $\int \frac{x^3}{4x^4+1} dx = \int \frac{x^3}{z} \cdot \frac{1}{16x^3} dz = \frac{1}{16} \int \frac{1}{z} dz = \frac{1}{16} \ln|z| + C = \frac{1}{16} \ln(4x^4+1) + C$.

Lösung zur Aufgabe 5.

(a) Zur Lösung des Integrals wird die partielle Integrationsregel angewendet. Man wählt in geschickter Weise für $f(x) = x$ und für $g(x) = e^x$. Damit ergeben sich die ersten Ableitungen zu $f'(x) = 1$ und $g'(x) = e^x$. Als Nebenrechnung wird vorab das unbestimmte Integral gelöst, und es berechnet sich zu $\int x \cdot e^x dx = x \cdot e^x - \int e^x dx = x \cdot e^x - e^x + C = (x-1) \cdot e^x + C$.

Mit dieser Nebenrechnung lässt sich das bestimmte Integral wie folgt lösen:

$$\int_2^\infty x \cdot e^x dx = (x-1) \cdot e^x \Big|_2^\infty = \lim_{x \to \infty} ((x-1) \cdot e^x) - e^2 = +\infty$$

(b) Die Berechnung dieses Integrals erfolgt unter Anwendung der Substitutionsregel. Ersetzt man (x^2+1) durch z folgt für $dz = 2x dx$. Damit lässt sich als erstes das unbestimmte Integral $\int x \cdot e^{x^2+1} dx$ wie folgt lösen:

$$\int x \cdot e^{x^2+1} dx = \int x \cdot e^z \cdot \frac{1}{2x} dz = \frac{1}{2} \int e^z dz = \frac{1}{2} \cdot e^{x^2+1} + C.$$

Als zweites folgt die Berechnung des bestimmten Integrals $\int_{-\infty}^{1} x \cdot e^{x^2+1} dx$, und es folgt

$$\int_{-\infty}^{1} x \cdot e^{x^2+1} dx = \frac{1}{2} \cdot e^{x^2+1}\Big|_{-\infty}^{1} = \lim_{x \to -\infty} \left(\frac{1}{2}e^2 - e^{x^2+1}\right) = -\infty.$$

(c) Auch zur Lösung dieses Integrals wird die Substitutionsregel angewendet. Man ersetzt jetzt $(x - 3)$ durch z und somit ist $dz = dx$. Damit lässt sich dann als erstes das unbestimmte Integral bestimmen, und es folgt

$$\int \frac{1}{\sqrt{x-3}} dx = \int \frac{1}{\sqrt{z}} dz = 2\sqrt{z} + C = 2\sqrt{x-3} + C.$$

Mit diesem Ergebnis kann dann die Berechnung des bestimmten Integrals wie folgt vorgenommen werden:

$$\int_{3}^{7} \frac{1}{\sqrt{x-3}} dx = 2\sqrt{x-3}\Big|_{3}^{7} = 2\sqrt{4} - 2\sqrt{0} = 4$$

Lösung zur Aufgabe 6. Zur Bestimmung der variablen Kostenfunktion $K_v(x)$ ist die Grenzkostenfunktion $K'(x)$ zu integrieren. Es folgt:

$$K_v(x) = \int_{0}^{x} K'(t) dt = \int_{0}^{x} (3t^2 - 7t + 11) dt = x^3 - \frac{7}{2}x^2 + 11x.$$

Eine exakte Bestimmung der Gesamtkosten als Funktion von x ist nicht möglich, da keine Angaben zu den fixen Kosten K_f vorliegen. Mit den variablen Kosten lautet demnach die Gesamtkostenfunktion $K(x) = K_v(x) + K_f = x^3 - \frac{7}{2}x^2 + 11x + K_f$.

Lösung zur Aufgabe 7. Für die Gesamtkostenfunktion $K(x)$ und die Gesamterlösfunktion $E(x)$ sind die entsprechenden Grenzfunktionen $K'(x)$ und $E'(x)$ zu integrieren. Die Preis-Absatz-Funktion $p(x)$ berechnet sich aus dem Quotienten von $E(x)$ dividiert durch die Menge x. Die Gewinnfunktion $G(x)$ wird durch die Differenz zwischen Erlös- und Kostenfunktion bestimmt. Demnach folgt:

$$K(x) = \int_{0}^{x} (3t^2 - 8t + 8) dt + K_f = x^3 - 4x^2 + 8x + 4$$

$$E(x) = \int_{0}^{x} (12 - 4t) dt = 12x - 2x^2$$

$$p(x) = \frac{E(x)}{x} = \frac{12x - 2x^2}{x} = 12 - 2x$$

$$G(x) = E(x) - K(x) = 12x - 2x^2 - (x^3 - 4x^2 + 8x + 4) = -x^3 + 2x^2 + 4x - 4.$$

Lösung zur Aufgabe 8.

(a) Zur Bestimmung der Koordinaten der Minima und Maxima sind die ersten beiden Ableitungen von $f_k(x)$ zu bestimmen. Diese lauten $f'_k(x) = -\frac{6}{k}x^2 + 4x$ und $f''_k(x) = -\frac{12}{k}x + 4$, mit $k > 0$. Kandidaten für die Extremwerte sind die Nullstellen der ersten Ableitung. Demnach gilt es die Gleichung $-\frac{6}{k}x^2 + 4x = 0$ zu lösen. Bei dieser quadratischen Gleichung kann die Variable x ausgeklammert werden, und dann zeigt sich, dass die Gleichung $x \cdot (-\frac{6}{k}x + 4) = 0$ durch die Werte $x = 0$ und $x = \frac{2}{3}k$ gelöst wird. Da $f''_k(0) = 4 > 0$ ist, liegt bei $x = 0$ ein Minimum vor; und da $f''_k(\frac{2}{3}k) = -\frac{12}{k} \cdot \frac{2}{3}k + 4 = -4 < 0$ ist, liegt bei $x = \frac{2}{3}k$ ein Maximum von $f_k(x)$ vor. Die entsprechenden x-Werte in $f_k(x)$ eingesetzt liefert die gesuchten Koordinaten für die Extremwerte:
Minimum $(0; f_k(0)) = (0; 0)$, mit $k > 0$,
Maximum $(\frac{2}{3}k; f_k(\frac{2}{3}k)) = (\frac{2}{3}k; \frac{8}{27}k^2)$, mit $k > 0$.

(b) Die drei Funktionen $f_1(x), f_2(x)$ und $f_3(x)$ sind drei Funktionen aus der Funktionenschar $f_k(x)$, bei denen der Parameter k die Werte 1, 2 und 3 hat. So lauten die drei Funktionen genau $f_1(x) = -2x^3 + 2x^2, f_2(x) = -x^3 + 2x^2$ und $f_3(x) = -\frac{2}{3}x^3 + 2x^2$, die sich wie folgt skizzieren lassen:

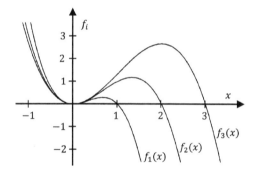

(c) Die von der x-Achse und $f_k(x)$ eingeschlossene Fläche wird durch die Nullstellen von $f_k(x)$ begrenzt. Aus $f_k(x) = 0$ folgt, dass $-\frac{2}{k}x^3 + 2x^2 = 0$ sein muss; also auch $x^2 \cdot (-\frac{2}{k}x + 2) = 0$. Daraus folgt, dass $x = 0$ eine doppelte und $x = k$ eine weitere Nullstelle der Funktion $f_k(x)$ sind.

Mit den nun bekannten Nullstellen kann mittels Integralrechnung die Fläche bestimmt und – nach Gleichsetzen mit 5 Flächeneinheiten – der Parameter k wie folgt berechnet werden:

$$\int_0^k \left(-\frac{2}{k}x^3 + 2x^2\right) dx = 5 \implies \left(-\frac{2}{k} \cdot \frac{1}{4}x^4 + 2 \cdot \frac{1}{3}x^3\right)\bigg|_0^k = 5$$

$$\implies -\frac{1}{2}k^3 + \frac{2}{3}k^3 = 5$$

$$\implies \frac{1}{6}k^3 = 5 \implies k^3 = 30 \implies k = \sqrt[3]{30} \approx 3{,}107$$

(d) Zur Beantwortung der Frage sind der Ursprung bei $x = 0$ und die Stelle des Maximums bei $x = \frac{2}{3}k$ der Funktion $f_k(x) = -\frac{2}{k}x^3 + 2x^2$ (wie sie im Aufgabenteil (a) berechnet wurde) als Integrationsgrenzen heranzuziehen. Dementsprechend lässt sich der Parameter k so berechnen, dass unter den genannten Bedingungen die eingegrenzte Fläche genau 5 Flächeneinheiten misst:

$$\int_0^{\frac{2}{3}k}\left(-\frac{2}{k}x^3 + 2x^2\right)dx = 5 \implies \left(-\frac{2}{k}\cdot\frac{1}{4}x^4 + 2\cdot\frac{1}{3}x^3\right)\Big|_0^{\frac{2}{3}k} = 5$$

$$\implies -\frac{8}{81}k^3 + \frac{16}{81}k^3 = 5$$

$$\implies \frac{8}{81}k^3 = 5 \implies k^3 = \frac{405}{8}$$

$$\implies k = \sqrt[3]{\frac{405}{8}} \approx 3{,}699$$

Lösung zur Aufgabe 9. Die nähere Betrachtung der beiden Integranden zeigt, dass zur Berechnung der Integrale jeweils die Substitutionsregel angewendet werden kann.

(a) Mit der Substitution $z = g(x) = x^3 + 1$ und $g'(x) = 3x^2$ sowie $f(g(x)) = e^z$ ergibt sich:

$$\int_{-\infty}^2 x^2 \cdot e^{x^3+1}dx = \frac{1}{3}\int_{-\infty}^2 3x^2 \cdot e^{x^3+1}dx \implies \frac{1}{3}\int_{-\infty}^2 g'(x)\cdot f(g(x))dx \implies$$

$$\frac{1}{3}\int_{g(-\infty)}^{g(2)} e^z dz = \frac{1}{3}e^z\Big|_{-\infty}^9 = \frac{1}{3}e^9 - \frac{1}{3}\lim_{z\to-\infty}e^z = \frac{1}{3}e^9 - \frac{1}{3}\cdot 0 = \frac{e^9}{3} \approx 2701{,}03$$

(b) Mit der Substitution $z = g(x) = x - 3$ und $g'(x) = 1$ sowie $f(g(x)) = z^{\frac{3}{2}} = \sqrt[2]{z^3}$ folgt:

$$\int_3^5 \frac{5\cdot(x-3)^2}{\sqrt{x-3}}dx = 5\cdot\int_3^5 \frac{(x-3)^2}{(x-3)^{\frac{1}{2}}}dx = 5\cdot\int_3^5 (x-3)^{\frac{3}{2}}dx \implies$$

$$5\cdot\int_{g(3)}^{g(5)} z^{\frac{3}{2}}dz = 5\cdot\frac{2}{5}z^{\frac{5}{2}}\Big|_0^2 = 2\cdot 2^{\frac{5}{2}} - 2\cdot 0^{\frac{5}{2}} = 2\cdot\sqrt[2]{2^5} = 2\sqrt{32} \approx 11{,}31$$

Lösung zur Aufgabe 10. Zur Bestimmung des Maximums und des Wendepunktes werden die ersten drei Ableitungen der Funktion $f(x)$ benötigt. Sie lauten $f'(x) = 3x^2 - 12x + 9$ und $f''(x) = 6x - 12$ und $f'''(x) = 6$.

Für das Maximum muss $f'(x_m) = 0$ und $f''(x_m) < 0$ gelten. Demnach muss $3x^2 - 12x + 9 = 0$ sein. Diese quadratische Gleichung lässt sich zu $x^2 - 4x + 3 = 0$ umformen, und mit der p,q-Formel ergeben sich die zwei potenziellen Lösungen, nämlich 1 oder 3, für eine Maximumstelle x_m. Da $f''(1) = 6\cdot 1 - 12 = -6$ und $f''(3) = 6\cdot 3 - 12 = 6$ ist folgt, dass bei $x_m = 1$ ein relatives Maximum der Funktion $f(x)$ vorliegt.

Der Wendepunkt zeichnet sich dadurch aus, dass $f''(x_w) = 0$ und $f'''(x_w) \neq 0$ sein muss. Da bei $x = 2$ die zweite Ableitung $f''(x_w) = 6x - 12 = 0$ ist und $f'''(2)$ immer ungleich null ist folgt, dass bei $x_w = 2$ ein Wendepunkt vorliegt.

Zur Ermittlung der Geradengleichung $y = mx + b$ werden die Funktionswerte $f(x)$ bei $x_m = 1$ und $x_w = 2$ berechnet. So ist $f(x_m = 1) = 1 - 6 \cdot 1 + 9 \cdot 1 - 2 = 2$ und entspricht dem Wert y_1 auf der Geraden, und $f(x_w = 2) = 8 - 6 \cdot 4 + 9 \cdot 2 - 2 = 0$ entspricht dann dem Wert y_2 auf der Geraden. Die Steigung m der Geraden ergibt sich bekanntermaßen aus $\frac{y_2 - y_1}{x_w - x_m} = \frac{0-2}{2-1} = -2$, und damit folgt für den Achsenabschnitt $b = 4$, denn $y_1 = -2 \cdot 1 + b = 2$. Die Gerade lässt sich also mit der Gleichung $y = -2x + 4$ beschreiben.

Mit diesen erarbeiteten Informationen lässt sich der gesuchte Inhalt A des Flächenstücks wie folgt berechnen:

$$A|_1^2 = \int_1^2 (x^3 - 6x^2 + 9x - 2)dx - \int_1^2 (-2x + 4)dx = \int_1^2 (x^3 - 6x^2 + 11x - 6)dx$$

$$= \left(\frac{1}{4}x^4 - \frac{6}{3}x^3 + \frac{11}{2}x^2 - 6x\right)\bigg|_1^2 = \left(\frac{16}{4} - \frac{48}{3} + \frac{44}{2} - \frac{12}{1}\right) - \left(\frac{1}{4} - \frac{6}{3} + \frac{11}{2} - \frac{6}{1}\right)$$

$$= \left(\frac{16}{4} - \frac{64}{4} + \frac{88}{4} - \frac{48}{4}\right) - \left(\frac{1}{4} - \frac{8}{4} + \frac{22}{4} - \frac{24}{4}\right) = -\frac{8}{4} + \frac{9}{4} = \frac{1}{4}.$$

Lösung zur Aufgabe 11.

(a) Da es sich bei dem Integranden um ein Produkt zweier Funktionen handelt, wird die partielle Integrationsregel angewendet. Mit der Interpretation von $f(x) = x$ und $g'(x) = \cos x$ ergibt sich für $f'(x) = 1$ und $g(x) = \sin x$. Damit kann die Größe des Integrals bestimmt werden:

$$\int_0^{\frac{\pi}{2}} x \cdot \cos x \, dx = (x \cdot \sin x)\big|_0^{\frac{\pi}{2}} - \int_0^{\frac{\pi}{2}} 1 \cdot \sin x \, dx = (x \cdot \sin x)\big|_0^{\frac{\pi}{2}} - (-\cos x)\big|_0^{\frac{\pi}{2}}$$

$$= (x \cdot \sin x + \cos x)\big|_0^{\frac{\pi}{2}} = \frac{\pi}{2} - 1.$$

(b) Der Integrand ist als Produkt zu interpretieren, denn $\sin^2 x = \sin x \cdot \sin x$. Somit kann zur Größenbestimmung des Integrals auch hier die partielle Integrationsregel angewendet werden. Mit $f(x) = \sin x$ und $g'(x) = \sin x$ ergibt sich demzufolge für $f'(x) = \cos x$ und für $g(x) = -\cos x$, und unter Berücksichtigung der Tatsache, dass $\sin^2 x + \cos^2 x = 1$ ist, bestimmt sich die Größe des Integrals wie folgt:

$$\int_0^{\pi} \sin^2 x \, dx = (\sin x \cdot (-\cos x))\big|_0^{\pi} - \int_0^{\pi} \cos x \cdot (-\cos x) dx$$

$$= (-\sin x \cdot \cos x)\big|_0^{\pi} + \int_0^{\pi} \cos^2 x \, dx$$

$$= 0 + \int_0^\pi \cos^2 x\, dx = \int_0^\pi (1 - \sin^2 x) = \int_0^\pi dx - \int_0^\pi \sin^2 x\, dx$$

$$= x\big|_0^\pi - \int_0^\pi \sin^2 x\, dx = \pi - \int_0^\pi \sin^2 x\, dx$$

$$\implies 2\int_0^\pi \sin^2 x\, dx = \pi \implies \int_0^\pi \sin^2 x\, dx = \frac{\pi}{2}$$

(c) Zur Lösung dieses Integrals empfiehlt sich die Anwendung der Substitutionsregel, wobei der Nenner des Integranden durch $z = 3 + 5x$ substituiert wird. Dementsprechend folgt für das Differential $\frac{dz}{dx} = 5$. Damit kann die Lösung des bestimmten Integrals wie folgt bestimmt werden:

$$\int \frac{1}{3+5x}dx = \frac{1}{5}\int \frac{1}{z}dz = \frac{1}{5}\ln z = \frac{1}{5}\ln(3+5x) + C \quad \text{also}$$

$$\int_1^2 \frac{1}{3+5x}dx = \frac{1}{5}\ln(3+5x)\big|_1^2 = \frac{1}{5}(\ln 13 - \ln 8) = \frac{1}{5}\ln\left(\frac{13}{8}\right) \approx 0{,}0971.$$

(d) Auch für das Lösen dieses Integrals wird die Substitutionsregel angewendet. Mit $z = 2x - 3$ gilt auch $x = \frac{1}{2}z + \frac{3}{2} = \frac{1}{2}(z + 3)$ und mit $\frac{dz}{dx} = 2$ folgt:

$$\int \frac{x}{\sqrt{2x-3}}dx = \int \frac{1}{2}(z+3)\frac{1}{\sqrt{z}}\frac{1}{2}dz = \frac{1}{4}\int \frac{z+3}{\sqrt{z}}dz = \frac{1}{4}\int \frac{z}{\sqrt{z}}dz + \frac{1}{4}\int \frac{3}{\sqrt{z}}dz$$

$$= \frac{1}{4}\int \sqrt{z}\,dz + \frac{3}{4}\int \frac{1}{\sqrt{z}}dz = \frac{1}{4}\cdot\frac{2}{3}\sqrt{z}^3 + \frac{3}{4}\cdot 2\sqrt{z}$$

$$= \frac{1}{6}\cdot\sqrt{2x-3}^3 + \frac{3}{2}\cdot\sqrt{2x-3} + C \quad \text{also}$$

$$\int_2^6 \frac{x}{\sqrt{2x-3}}dx = \left(\frac{1}{6}\cdot\sqrt{2x-3}^3\right)\bigg|_2^6 + \left(\frac{3}{2}\cdot\sqrt{2x-3}\right)\bigg|_2^6$$

$$= \frac{1}{6}\cdot\sqrt{9}^3 - \frac{1}{6}\cdot\sqrt{1}^3 + \frac{3}{2}\cdot\sqrt{9} - \frac{3}{2}\cdot\sqrt{1}$$

$$= \frac{9}{2} - \frac{1}{6} + \frac{9}{2} - \frac{3}{2} = \frac{27}{6} - \frac{1}{6} + \frac{27}{6} - \frac{9}{6} = \frac{44}{6} = \frac{22}{3} = 7\frac{1}{3}$$

Lösung zur Aufgabe 12. Für den Grenzgewinn gilt $G'(x) = E'(x) - K'(x)$. Damit bestimmt sich der Grenzgewinn für das monopolistische Unternehmen durch $G'(x) = (10 - 0{,}2x) - (2 + 0{,}05x) = -0{,}25x + 8$. Die notwendige Bedingung für das Gewinnmaximum ist $G'(x) = 0$, und somit liegt im besagten Fall das Maximum bei $x = 32$ produzierten Mengeneinheiten, denn $G''(x = 32) = -0{,}25 < 0$.

Die Preis-Absatz-Funktion $p(x)$ kann aus dem Quotienten Erlös $E(x)$ durch die Menge x berechnet werden. Den Erlös $E(x)$ erhält man durch $\int E'(x)dx = \int(10 - 0{,}2x)dx$. In diesem Fall ergibt sich also für $E(x) = 10x - 0{,}1x^2$, und so folgt für $p(x) = \frac{E(x)}{x} = 10 - 0{,}1x$. An der Stelle $x = 32$ liegt demzufolge ein Preis von $p(32) = 10 - 0{,}1 \cdot 32 = 6{,}80$ Geldeinheiten vor.

Für den Gewinn und für die Kosten an der Stelle $x = 32$ – der Stelle des Gewinnmaximums – folgt daher:

$$G(x) = \int G'(x)dx = \int (-0{,}25x + 8)dx = -0{,}125x^2 + 8x + C, \quad \text{mit } C = 0$$
$$\implies G(32) = 128$$
$$K(x) = \int K'(x)dx = \int (2 + 0{,}05x)dx = 2x + 0{,}025x^2 + C, \quad \text{mit } C = 0$$
$$\implies K(32) = 89{,}60$$

Im Gewinnmaximum liegt der Gewinn demnach bei 128 und die Kosten bei 89,60 Geldeinheiten.

Lösung zur Aufgabe 13. Im ersten Fall ergibt das Integral über die Grenzerlösfunktion, also $\int (8 - 2{,}5x)dx$, die Erlösfunktion $E(x) = 8x - 1{,}25x^2 + E(0)$, wobei bei einem Absatz von $x = 0$ auch der Erlös $E(0)$ gleich null ist. Die Preis-Absatz-Funktion ist durch den Quotienten $\frac{E(x)}{x}$ gegeben, und sie lautet $p(x) = \frac{8x - 1{,}25x^2}{x} = 8 - 1{,}25x$.

Analog folgt für den zweiten Fall, dass als erstes die Grenzerlösfunktion integriert werden muss und zweitens das Ergebnis – die Erlösfunktion – durch den Absatz x dividiert die Preis-Absatz-Funktion $p(x)$ ergibt.

Da die Grenzerlösfunktion eine zusammengesetzte Funktion ist, wird zur Integration die Substitutionsregel angewendet. Mit der Substitution $z = 2x + 6$ und $\frac{dz}{dx} = 2$ ergibt sich die Erlösfunktion zu $E(x) = \int \frac{400}{(2x+6)^2}dx = \int \frac{400}{z^2} \cdot \frac{1}{2}dz = 200 \int \frac{1}{z^2}dz = -\frac{200}{z} = -\frac{200}{2x+6}$, und für die Preis-Absatz-Funktion folgt $p(x) = \frac{E(x)}{x} = -\frac{200}{2x^2+6x}$.

Lösung zur Aufgabe 14. Zur Berechnung der Konsumentenrente wird der Preis p als Funktion von x benötigt, da über $p(x)$ integriert werden muss. Daher sind zu den gegebenen Nachfragefunktionen $x(p)$ die entsprechenden Umkehrfunktionen zu bestimmen.

(a) Bei einem Marktpreis von $p = 8$ GE werden $x(8) = \sqrt{2000 - 200 \cdot 8} = 20$ Produkte nachgefragt. Die Umkehrfunktion zur Nachfragefunktion $x(p)$ lautet $p(x) = 10 - \frac{1}{200}x^2$, und somit lässt sich die Konsumentenrente bestimmen.

$$KR(20) = \int_0^{20} \left(10 - \frac{1}{200}x^2\right)dx - 20 \cdot 8 = \left(10x - \frac{1}{600}x^3\right)\Big|_0^{20} - 160$$
$$= 200 - \frac{40}{3} - 160 = 26\frac{1}{3}$$

Die Konsumentenrente beträgt demzufolge $26\frac{1}{3}$ GE.

(b) Bei einem Marktpreis von $p = 6$ GE werden $x(6) = \sqrt{160 - 10 \cdot 6} = 10$ Produkte nachgefragt. Die Umkehrfunktion zur Nachfragefunktion $x(p)$ lautet $p(x) = 16 - \frac{1}{10}x^2$, und so folgt für die Konsumentenrente

$$KR(10) = \int_0^{10}\left(16 - \frac{1}{10}x^2\right)dx - 10 \cdot 6 = \left(16x - \frac{1}{30}x^3\right)\Big|_0^{10} - 60$$

$$= 160 - \frac{100}{3} - 60 = 66\frac{2}{3}.$$

Die Konsumentenrente beträgt in diesem Fall $66\frac{2}{3}$ GE.

Lösung zur Aufgabe 15. Da die Ableitung $y'(t)$ zum Bruttonationaleinkommen $y(t)$ proportional ist, gilt mit dem angegebenen Proportionalitätsfaktor $k = -0{,}01$ die Beziehung $y'(t) = -0{,}01 \cdot y(t)$. Diese Gleichung kann auch als $dy = -0{,}01 \cdot y(t)dt$ geschrieben werden. Nach Trennung der Variablen und entsprechender Integration folgt:

$$\int \frac{1}{y}dy = -0{,}01\int dt \implies \ln y = -0{,}01t + c, \text{ mit } c = \text{const.} \implies$$

$$y(t) = e^{-0{,}01t} \cdot e^c = e^c \cdot e^{-0{,}01t}, \text{ mit } e^c = A = \text{const.} \implies y(t) = A \cdot e^{-0{,}01t}$$

Mit $y(t = 0) = 500$ folgt, dass der Vorfaktor $A = 500$ ist. Somit lautet die Lösung für das Bruttonationaleinkommen als Funktion der Zeit $y(t) = 500 \cdot e^{-0{,}01t}$, und für $t = 15$ ist folglich $y(15) = 500 \cdot e^{-0{,}01 \cdot 15} \approx 430{,}35$ GE.

4.3 Lösungen zu den Aufgaben aus Kapitel 3

4.3.1 Lösungen zum Abschnitt 3.1 – Schriftliche Mathematikklausur

Lösung zur Aufgabe 1.
(a)

$$\frac{x+3}{x-5} + \frac{2-x}{x-6} = 0 \implies \frac{x+3}{x-5} = \frac{x-2}{x-6}$$

$$\implies (x+3) \cdot (x-6) = (x-2) \cdot (x-5)$$

$$\implies x^2 - 3x - 18 = x^2 - 7x + 10$$

$$\implies 7x - 3x = 10 + 18$$

$$\implies 4x = 28$$

$$\implies x = 7$$

(b)
$$3^{-(-x-1)} \cdot 5^{x+1} = 225 \implies 3^{x+1} \cdot 5^{x+1} = 225$$
$$\implies (3 \cdot 5)^{x+1} = 225$$
$$\implies 15^{x+1} = 225$$
$$\implies 15^x \cdot 15 = 225$$
$$\implies 15^x = \frac{225}{15} = 15 = 15^1$$
$$\implies x = 1$$

Lösung zur Aufgabe 2.

$$\sum_{k=4}^{8}(k \cdot \ln e^2 + 2^{k-3}) = \sum_{k=4}^{8} k \cdot \ln e^2 + \sum_{k=4}^{8} 2^{k-3}$$
$$= (4+5+6+7+8) \cdot \ln e^2 + (2^1 + 2^2 + 2^3 + 2^4 + 2^5)$$
$$= 30 \cdot 2 \cdot \ln e + (2+4+8+16+32)$$
$$= 30 \cdot 2 \cdot 1 + 62 = 122$$

Lösung zur Aufgabe 3. Mit $a_1 = 10$ und $a_2 = 12$ folgt $d = 2$. Es handelt sich also um eine arithmetische Folge.
(a) Gesucht ist s_{15}. Falls 15 Sitzreihen aufgebaut sind, besitzt das Theater 360 Sitzplätze, denn $s_{15} = \frac{15}{2}(2 \cdot 10 + (15-1) \cdot 2) = 360$.
(b) Gesucht ist n. Aus der Beziehung $250 = \frac{n}{2}(2 \cdot 10 + (n-1) \cdot 2)$ ergibt sich die quadratische Gleichung $n^2 + 9n - 250 = 0$. Diese lässt sich mithilfe der p,q-Formel lösen, und es ergeben sich die beiden Lösungen $n_{1,2} = -\frac{9}{2} \pm \sqrt{\frac{1081}{4}}$. Für die gestellte Aufgabe ist nur ein positiver Wert der Lösung sinnvoll; demzufolge kann das Theater mit 12 Sitzreihen ($n \approx 11{,}94$) mindestens 250 Besuchern Platz bieten.

Lösung zur Aufgabe 4. Gesucht ist R'_0. Mit $r' = 12000$, $n = 15$ und $v = \frac{1}{1,05}$ und der Formel $R'_0 = r' \cdot \frac{1-v^n}{1-v}$ für den Rentenbarwert einer vorschüssigen Rente bestimmt sich dieser Barwert zu $R'_0 \approx 130.783{,}69$ €.

Lösung zur Aufgabe 5.
(a) Das Polynom dritten Grades wird durch $(x-1)$ dividiert, und man erhält

$$
\begin{array}{l}
(x^3 - 2x^2 - 5x + 6) \div (x-1) = x^2 - x - 6 \\
\underline{-(x^3 - x^2)} \\
\qquad -x^2 - 5x \\
\qquad \underline{-(-x^2 + x)} \\
\qquad\qquad -6x + 6 \\
\qquad\qquad \underline{-(-6x + 6)} \\
\qquad\qquad\qquad 0
\end{array}
$$

Aus der quadratischen Gleichung $x^2 - x - 6$ bestimmen sich mithilfe der p, q-Formel die beiden Nullstellen zu $x_{1,2} = +\frac{1}{2} \pm \sqrt{\frac{25}{4}}$. Demzufolge hat das Polynom neben der Nullstelle $x_0 = 1$ noch die zwei Nullstellen $x_1 = -2$ und $x_2 = 3$.

(b) Das Produkt der drei Nullstellen x_0, x_1 und x_2 ist $1 \cdot (-2) \cdot 3 = -6$.

Lösung zur Aufgabe 6. Mit dem angegebenen Preis ergibt sich die Umsatzfunktion $U(x) = 15x$. Damit und mit der gegebenen Kostenfunktion kann die Gewinnfunktion als $G(x) = -x^3 + 9x^2 - 9x - 18$ geschrieben werden.

(a) Aus $G'(x) = 0$ lassen sich x-Werte als Kandidaten für einen Extremwert ermitteln, und je nachdem, ob $G''(x)$ an den ermittelten x-Werten größer oder kleiner als null ist, handelt es sich um ein Minimum oder um ein Maximum.
Da $G'(x) = -3x^2 + 18x - 9$ ist, folgt für die Nullstellen der ersten Ableitung $x_1 = 3 + \sqrt{6}$ und $x_2 = 3 - \sqrt{6}$. Bei x_1 ist $G''(x_1) = -6x_1 + 18$ kleiner als null, und bei x_2 ist $G''(x_2)$ größer als null. Damit liegt bei x_1 ein Maximum und bei x_2 ein Minimum der Gewinnfunktion vor.

(b) Die Kosten $K(x) = x^3 - 9x^2 + 24x + 18$ setzen sich aus variablen (von x abhängigen) und fixen (von x unabhängigen) Kosten zusammen. Demzufolge liegen die fixen Kosten hier bei 18 Geldeinheiten.

Lösung zur Aufgabe 7. Aus der Nachfragefunktion $x(p)$ ergibt sich durch Umkehrung die Preis-Absatz-Funktion $p(x)$. Sie lautet $p(x) = (5 - \frac{x}{2})^3$, und die erste Ableitung von $p(x)$ ist $p'(x) = -\frac{3}{2}(5 - \frac{x}{2})^2$.

(a) Die Nachfrageelastizität des Preises bestimmt sich durch $\varepsilon_{p(x)} = p'(x) \cdot \frac{x}{p(x)}$. Sie lautet hier also $\varepsilon_{p(x)} = -\frac{3}{2}(5 - \frac{x}{2})^2 \cdot \frac{x}{(5-\frac{x}{2})^3} = \frac{3x}{x-10}$.

(b) An der Stelle $x = 2$ ist $\varepsilon_{p(2)} = \frac{3 \cdot 2}{2-10} = -\frac{3}{4} = -0{,}75$. Um also eine 1 %-ige Änderung des Absatzes zu erzielen, muss eine 0,75 %-ige Preisreduktion erfolgen (unelastisches Verhalten).

Lösung zur Aufgabe 8. Das bestimmte Integral berechnet sich aus der Stammfunktion. Es folgt $(-\frac{1}{x} - \frac{2}{x^2} + \ln x)|_2^4$, also ergibt sich eine Größe des bestimmten Integrals von $(-\frac{1}{4} - \frac{2}{16} + \ln 4) - (-\frac{1}{2} - \frac{1}{2} + \ln 2) = \frac{5}{8} + \ln 2$.

Lösung zur Aufgabe 9.

(a) Aus $\vec{a} + \lambda \vec{b} + \nu \vec{c} = \vec{0}$ ergibt sich mit den gegebenen Vektoren das Gleichungssystem

$$\begin{vmatrix} 5 + \lambda + \nu = 0 \\ 4 + \lambda = 0 \\ -3 - 3\nu = 0 \end{vmatrix}.$$

Hieraus bestimmen sich die gesuchten Werte zu $\lambda = -4$ und $\nu = -1$. Demzufolge sind die drei Vektoren $\vec{a}$, $\vec{b}$ und $\vec{c}$ linear abhängig.

(b) Das Skalarprodukt lautet $\vec{a}^T \cdot \vec{b} = 9$.

(c) Der Betrag des Vektors $\vec{a}$ ist $\sqrt{50}$.

Lösung zur Aufgabe 10. Unter Anwendung des Gaußschen Eliminationsverfahren kann das Gleichungssystem wie folgt umgeformt werden:

$$
\begin{array}{rrrr|r}
I & 7 & 3 & -5 & -12 \\
II & -1 & -2 & 4 & 5 \\
III & -4 & 1 & -3 & 1 \\
\hline
I = I' & 7 & 3 & -5 & -12 \\
7II + I = II' & 0 & -11 & 23 & 23 \\
7III + 4I = III' & 0 & 19 & -41 & -41 \\
\hline
I' = I'' & 7 & 3 & -5 & -12 \\
II' = II'' & 0 & -11 & 23 & 23 \\
19II' + 11III' = III'' & 0 & 0 & -14 & -14 \\
\end{array}
$$

Damit ergeben sich die Lösungen zu $x_3 = 1$, $x_2 = 0$ und $x_1 = -1$.

4.3.2 Lösungen zum Abschnitt 3.2 – Elektronische Mathematikklausur

Lösung zur Aufgabe 1. A $\boxed{X}$ D $\boxed{X}$

Lösung zur Aufgabe 2. Im Käfig sind $\boxed{23}$ Hühner und $\boxed{12}$ Kaninchen!

Lösung zur Aufgabe 3. $x = \dfrac{\boxed{6}}{\boxed{5}}$

Lösung zur Aufgabe 4. E $\boxed{X}$

Lösung zur Aufgabe 5.
(a) $\boxed{29539{,}00}$ €
(b) $\boxed{1218{,}73}$ €

Lösung zur Aufgabe 6.
(a) $\varepsilon_{(x_{min})} = \boxed{0}$
(b) $\boxed{X}$ Unelastisch

Lösung zur Aufgabe 7. $a = \boxed{24}$

Lösung zur Aufgabe 8.
$$f_{(x)} = \dfrac{\boxed{x^2} + \boxed{x^0}}{\boxed{1x^3} - \boxed{2x^2} - \boxed{x^1} + \boxed{2^1}}$$

Lösung zur Aufgabe 9. C $\boxed{X}$ D $\boxed{X}$ G $\boxed{X}$

Lösung zur Aufgabe 10. $A^{-1} = \begin{pmatrix} \boxed{60} & \boxed{-21} & \boxed{-17} \\ \boxed{-8} & \boxed{3} & \boxed{2} \\ \boxed{3} & \boxed{-1} & \boxed{-1} \end{pmatrix}$ $A^{-1} \cdot A = \begin{pmatrix} \boxed{1} & \boxed{0} & \boxed{0} \\ \boxed{0} & \boxed{1} & \boxed{0} \\ \boxed{0} & \boxed{0} & \boxed{1} \end{pmatrix}$

Lösung zur Aufgabe 11.
(a) $\boxed{X}$ falsch
(b) $\boxed{X}$ falsch
(c) $\boxed{X}$ wahr
(d) $\boxed{X}$ falsch
(e) $\boxed{X}$ falsch
(f) $\boxed{X}$ wahr

Lösung zur Aufgabe 12. Die Kosten berechnen sich durch $K(x) = \boxed{\vec{p}_r^{\mathrm{T}}} \cdot \boxed{A} \cdot \boxed{\vec{e}}$, und sie liegen bei $\boxed{1100}$ Geldeinheiten.

Mit den Angaben in dieser Aufgabe könnte auch nach der Höhe des Gewinns gefragt werden. Er lässt sich aus der Differenz von Umsatz minus Kosten bestimmen und berechnet sich zu 290 Geldeinheiten.

A Formelsammlung

Nachfolgend sind wichtige Zusammenhänge und Gleichungen, die in den vorangegangenen Kapiteln im Mittelpunkt standen, in einer Formelsammlung thematisch zusammengestellt. Eine solche Formelsammlung ist als Lernmittel während der Vorlesungen, Übungen und Tutorien zu empfehlen, und sie ist – in dieser oder ähnlicher Form – ein an vielen Universitäten, Hochschulen und Berufsakademien zugelassenes Hilfsmittel in Mathematikprüfungen.

Potenzen und Wurzeln

$$a^0 = 1 \qquad a^n \cdot b^n = (a \cdot b)^n \qquad (a^m)^n = a^{m \cdot n} = a^{n \cdot m} = (a^n)^m$$

$$a^m \cdot a^n = a^{m+n} \qquad \sqrt[n]{a} \cdot \sqrt[n]{b} = \sqrt[n]{a \cdot b} \qquad a^{-n} = \frac{1}{a^n}$$

$$a^m / a^n = a^{m-n} \qquad \sqrt[n]{a} / \sqrt[n]{b} = \sqrt[n]{\frac{a}{b}} \qquad a^{\frac{1}{n}} = \sqrt[n]{a}$$

$$a^n \cdot b^n = (a \cdot b)^n \qquad \left(\sqrt[n]{a}\right)^m = \sqrt[n]{(a^m)} \qquad a^{\frac{m}{n}} = \sqrt[n]{a^m}$$

$$a^n / b^n = \left(\frac{a}{b}\right)^n \qquad \sqrt[m]{\sqrt[n]{a}} = \sqrt[n]{\sqrt[m]{a}} \qquad a^{-\frac{m}{n}} = \frac{1}{\sqrt[n]{a^m}}$$

Logarithmenregeln

$$\log_b(u \cdot v) = \log_b u + \log_b v \qquad \log_b u^n = n \cdot \log_b u$$

$$\log_b\left(\frac{u}{v}\right) = \log_b u - \log_b v \qquad \log_b u = \frac{\log_g u}{\log_g b}$$

Binomische Formeln

$$(a + b)^2 = a^2 + 2ab + b^2 \qquad (a - b)^2 = a^2 - 2ab + b^2$$

$$a^2 + b^2 \text{ ist nicht zerlegbar (im Reellen)} \qquad a^2 - b^2 = (a + b) \cdot (a - b)$$

Quadratische Gleichung

$$ax^2 + bx + c = 0 \ (a \neq 0) \qquad x_{1,2} = \frac{-b \pm \sqrt{b^2 - 4ac}}{2a}$$

$$x^2 + px + q = 0 \qquad x_{1,2} = -\left(\frac{p}{2}\right) \pm \sqrt{\left(\frac{p}{2}\right)^2 - q}$$

Folgen und Reihen

arithmetische Folge und Reihe (d = const., $n \in \mathbb{N}$)

$$a_{n+1} - a_n = d \qquad a_n = a_1 + (n-1) \cdot d \qquad s_n = \frac{n}{2} \cdot (2a_1 + (n-1) \cdot d)$$

geometrische Folge und Reihe (q = const., $n \in \mathbb{N}$)

$$\frac{a_{n+1}}{a_n} = q \qquad a_n = a_1 \cdot q^{n-1} \qquad s_n = a_1 \cdot \frac{1-q^n}{1-q} = a_1 \cdot \frac{q^n - 1}{q - 1}$$

Finanzmathematik

Lineare Abschreibung	$K_k = K_0 - k \cdot \frac{K_0 - K_n}{n} = K_0 \cdot (1 - \frac{k}{n}) + \frac{k}{n} \cdot K_n$
Geom. degressive Abschreibung	$K_k = K_{k-1} \cdot (1-i) = K_0 \cdot (1-i)^k$
	$r_k = K_{k-1} \cdot i = K_0 \cdot (1-i)^{k-1} \cdot i$
Arithm. degressive Abschreibung	$K_k = K_0 - \frac{k}{2}((2r_1 - (k-1) \cdot d))$
Einfache Verzinsung	$K_n = K_0 + n \cdot i \cdot K_o = K_0 \cdot (1 + n \cdot i)$
Zinseszins	$K_n = K_0 \cdot (1 + \frac{p}{100})^n = K_0 \cdot (1+i)^n$
	$= K_0 \cdot q^n$, mit $(1+i) = q$
Barwert eines abgezinsten Kapitals	$K_0 = K_n \cdot \frac{1}{(1+i)^n} = K_n \cdot v^n, \quad v = \frac{1}{1+i} = \frac{1}{q}$
Unterjährige Verzinsung	$K_{m \cdot n} = K_0 \cdot (1 + \frac{i}{m})^{m \cdot n}$
Stetige Verzinsung	$K_n = K_0 \cdot e^{l \cdot n}$
Ratensparen bei nachschüssiger Verzinsung	$K_n = r \cdot q \cdot \frac{1-q^n}{1-q}$ mit $q = (1+i) \neq 1$
Barwert einer nachschüssigen Rente	$R_0 = r \cdot v \cdot \frac{1-v^n}{1-v}$
Barwert einer vorschüssigen Rente	$R_0' = r' \cdot \frac{1-v^n}{1-v}$
Annuitätentilgung	$S_0 \cdot q^n = a \cdot \frac{1-q^n}{1-q}$
Kapitalwert	$C_0 = -A + \sum_{t=1}^{T} \frac{(e_t - k_t)}{q^t}$
Interner Zinsfuß	$C_0 = -A + \sum_{t=1}^{T} \frac{(e_t - k_t)}{(1 + \frac{p}{100})^t} = 0$

Skalarprodukt von Vektoren

$$\vec{a}^T \cdot \vec{b} = (a_1, a_2, \ldots, a_n) \cdot \begin{pmatrix} b_1 \\ \vdots \\ b_n \end{pmatrix} = a_1 \cdot b_1 + a_2 \cdot b_2 + \ldots + a_n \cdot b_n = \sum_{i=1}^{n} a_i \cdot b_i$$

Gesetze für Skalarprodukte

$$\vec{a}^{\mathrm{T}} \cdot \vec{b} = \vec{b}^{\mathrm{T}} \cdot \vec{a} \qquad (\vec{a}^{\mathrm{T}} + \vec{b}^{\mathrm{T}}) \cdot \vec{c} = \vec{a}^{\mathrm{T}} \cdot \vec{c} + \vec{b}^{\mathrm{T}} \cdot \vec{c}$$

Betrag eines Vektors

$$|\vec{a}| = \sqrt{\sum_{i=1}^{n} a_i^2} = \sqrt{\vec{a}^{\mathrm{T}} \cdot \vec{a}}$$

Matrizenmultiplikation

$$\boldsymbol{A} \cdot \boldsymbol{B} = \left(\sum_{j=1}^{n} a_{ij} \cdot b_{jk} \right) \qquad \boldsymbol{A} \cdot \boldsymbol{B} \neq \boldsymbol{B} \cdot \boldsymbol{A}$$

Lineares Gleichungssystem

$$\sum_{j=1}^{n} a_{ij} \cdot x_j = b_i \quad \text{mit } i = 1, 2, \ldots, m$$

$$\begin{pmatrix} a_{11} & a_{12} & \ldots & a_{1n} \\ a_{21} & a_{22} & \ldots & a_{2n} \\ \vdots & \vdots & \vdots & \vdots \\ a_{m1} & a_{m2} & \ldots & a_{mn} \end{pmatrix} \cdot \begin{pmatrix} x_1 \\ x_2 \\ \vdots \\ x_n \end{pmatrix} = \begin{pmatrix} b_1 \\ b_2 \\ \vdots \\ b_m \end{pmatrix}$$

Determinante zweiter und höherer Ordnung

$$\det \boldsymbol{A} = \begin{vmatrix} a_{11} & a_{12} \\ a_{21} & a_{22} \end{vmatrix} = a_{11} a_{22} - a_{21} a_{12}$$

$$\det \boldsymbol{A} = \sum_{j=1}^{n} (-1)^{i+j} \cdot a_{ij} \cdot \det \boldsymbol{D}_{ij} \quad \text{bzw.} \quad \det \boldsymbol{A} = \sum_{i=1}^{n} (-1)^{i+j} \cdot a_{ij} \cdot \det \boldsymbol{D}_{ij}.$$

Determinantenmethode

$$x_i = \frac{\det \boldsymbol{A}_i}{\det \boldsymbol{A}}$$

Leontief-Modell

$$\vec{b} = (E - A) \cdot \vec{x} \quad \text{bzw.} \quad \vec{x} = (E - A)^{-1} \cdot \vec{b}$$

Spezielle Funktionen und Grunddifferentiale

$$y = x^n \quad y' = n \cdot x^{n-1} \qquad y = \ln x \quad y' = \frac{1}{x}$$

$$y = \sqrt{x} \quad y' = \frac{1}{2\sqrt{x}} \qquad y = \log_a x \quad y' = \frac{1}{x \cdot \ln a}$$

$$y = e^x \quad y' = e^x \qquad y = a^x \quad y' = a^x \cdot \ln a$$

$$y = \sin x \quad y' = \cos x \qquad y = \cos x \quad y' = -\sin x$$

Polynomdivision

$$p_n(x) = \sum_{i=0}^{n} a_i \cdot x^i = a_n \cdot (x - x_1) \cdot (x - x_2) \cdot (x - x_3) \cdot (x - x_4) \cdot \ldots \cdot (x - x_n)$$

Differentiationsregeln

$$y = c \cdot f(x) \qquad\qquad y' = c \cdot f'(x)$$

$$y = f(x) \pm g(x) \qquad\qquad y' = f'(x) \pm g'(x)$$

$$y = f(x) \cdot g(x) \qquad\qquad y' = f'(x) \cdot g(x) + g'(x) \cdot f(x)$$

$$y = \frac{f(x)}{g(x)} \text{ mit } g(x) \neq 0 \qquad y' = \frac{f'(x) \cdot g(x) - g'(x) \cdot f(x)}{(g(x))^2}$$

$$y = f(g(x)) \text{ mit } z = g(x) \text{ und } y = f(z) \qquad y' = f'(z) \cdot g'(x)$$

Partielle Differentiale und totales Differential

$$\frac{\partial y}{\partial x_i} = f'(x_i) = \lim_{\Delta x_i \to 0} \frac{f(x_1, \ldots, x_i + \Delta x_i, \ldots, x_n) - f(x_1, \ldots, x_i, \ldots, x_n)}{\Delta x_i}$$

$$\frac{\partial^2 f}{\partial x^2} = f''_{xx} \quad \text{bzw.} \quad \frac{\partial^2 f}{\partial y^2} = f''_{yy} \quad \text{sowie} \quad \frac{\partial^2 f}{\partial x \partial y} = f''_{xy} \quad \text{bzw.} \quad \frac{\partial^2 f}{\partial y \partial x} = f''_{yx}$$

$$dy = \frac{\partial f}{\partial x_1} \cdot dx_1 + \frac{\partial f}{\partial x_2} \cdot dx_2 + \ldots + \frac{\partial f}{\partial x_n} \cdot dx_n = \sum_{i=1}^{n} \frac{\partial f}{\partial x_i} \cdot x_i$$

Punktelastizität einer Funktion und partielle Elastizität

$$\epsilon_{y(x)} = y' \cdot \frac{x}{y} \qquad \varepsilon_{f(x_i)} = \frac{\partial y}{\partial x_i} \cdot \frac{x_i}{y}$$

Gradient einer Funktion

$$\nabla f(x_1, x_2, \ldots, x_n) = \begin{pmatrix} \frac{\partial f}{\partial x_1} \\ \frac{\partial f}{\partial x_2} \\ \vdots \\ \frac{\partial f}{\partial x_n} \end{pmatrix}$$

$$= \left(\vec{e}_1 \cdot \frac{\partial}{\partial x_1} + \vec{e}_2 \cdot \frac{\partial}{\partial x_2} + \ldots + \vec{e}_n \cdot \frac{\partial}{\partial x_n} \right) \cdot f(x_1, x_2, \ldots, x_n)$$

Hesse-Matrix

$$\mathbf{H}_{f(x_i)} = \begin{pmatrix} \frac{\partial^2 f}{\partial x_1 \partial x_1} & \frac{\partial^2 f}{\partial x_1 \partial x_2} & \cdots & \frac{\partial^2 f}{\partial x_1 \partial x_n} \\ \frac{\partial^2 f}{\partial x_2 \partial x_1} & \frac{\partial^2 f}{\partial x_2 \partial x_2} & \cdots & \frac{\partial^2 f}{\partial x_2 \partial x_n} \\ \vdots & \vdots & \ddots & \vdots \\ \frac{\partial^2 f}{\partial x_n \partial x_1} & \frac{\partial^2 f}{\partial x_n \partial x_2} & \cdots & \frac{\partial^2 f}{\partial x_n \partial x_n} \end{pmatrix}$$

Lagrange-Methode

$$L(x_1, \ldots, x_n, \lambda_1, \ldots, \lambda_m) = f(x_1, \ldots, x_n) + \sum_{i=1}^{m} \lambda_i \cdot g_i(x_1, \ldots, x_n) \quad (m < n; \lambda_i \neq 0)$$

$$\nabla L(x_1, \ldots, x_n, \lambda_1, \ldots, \lambda_m) = \vec{0}$$

Unbestimmtes und bestimmtes Integral

$$\int f(x)\, dx = F(x) + c \qquad F_{ab} = \int_a^b f(x)\, dx = F(b) - F(a)$$

Grundintegrale

$$\int x^n \, dx = \frac{1}{n+1} \cdot x^{n+1} + c \quad \text{mit } n \neq -1 \qquad \int \frac{1}{x} \, dx = \ln|x| + c$$

$$\int e^x \, dx = e^x + c \qquad \int \sin x \, dx = -\cos x + c \qquad \int \cos x \, dx = \sin x + c$$

Integrationsregeln

$$\int a \cdot f(x) \, dx = a \cdot \int f(x) \, dx \quad \text{mit } a = \text{const.}$$

$$\int (f(x) + g(x)) \, dx = \int f(x) \, dx + \int g(x) \, dx$$

$$\int (f(x) \cdot g'(x)) \, dx = f(x) \cdot g(x) - \int f'(x) \cdot g(x) \, dx$$

$$\int f(g(x)) \cdot g'(x) \, dx \quad \text{mit } z = g(x) \quad \text{folgt} \quad \int f(z) \, dz$$

Literaturhinweise

Schon ein altes chinesisches Sprichwort besagt, dass eine Fülle von Büchern den Lehrer nicht ersetzt.[1] Insofern ist es nicht überraschend, dass auch heute noch viele Lehrende im Unterricht und in Vorlesungen präsent sind und zur Beantwortung von Fragen physisch zur Verfügung stehen. Gleichwohl sind Bücher in der Schule wie auch an den Hochschulen und Universitäten nicht wegzudenken, denn sie sind für die Schülerinnen und Schüler wie auch für die Studierenden – und gleichermaßen für die Lehrenden – wichtige Lehrmaterialien und Nachschlagewerke. Demzufolge sind auch für die Mathematik im Studium der Wirtschaftswissenschaften zahlreiche Lehr- und Fachbücher wie auch Skripten und Formelsammlungen in den Bibliotheken verfügbar.

Nachfolgend sind die Lehr- und Fachbücher sowie Formelsammlungen zum Thema Mathematik in den Wirtschaftswissenschaften aufgeführt, die vom Autor neben der wissenschaftlichen Lehre, der allgemeinen Lehrmeinung und allgemeingültiger Tatsachen bei der Erstellung des vorliegenden Buches herangezogen wurden. Dem interessierten Leser bieten diese Literaturhinweise eine Ergänzung zum vorliegenden Buch, und sie können vom Autor, insbesondere zur Weiterführung und Vertiefung des Stoffes, empfohlen werden.

Akkerboom, Hans und Peters, Hans (2008). *Wirtschaftsmathematik – Übungsbuch*. Verlag W. Kohlhammer, Stuttgart.

Arrenberg, Jutta (2018). *Wirtschaftsmathematik: 77 Aufgaben, die Bachelorstudierende beherrschen müssen*. UVK Verlag, München.

Arrenberg, Jutta, Kiy, Manfred, Knobloch, Ralf und Lange, Winfried (2013). *Vorkurs in Wirtschaftsmathematik*. Oldenbourg Verlag, München, 4. Aufl.

Auer, Benjamin und Seitz, Franz (2006). *Grundkurs Wirtschaftsmathematik – Prüfungsrelevantes Wissen, praxisnahe Aufgaben, komplette Lösungswege*. Gabler, Wiesbaden.

Benke-Bursian, Rosemarie, Guth, Kurt und Mery, Marcus (2017). *Testtrainer Mathematik – Sicher rechnen im Eignungstest und Einstellungstest*. Ausbildungspark Verlag, Offenbach, 2. Aufl.

Bosch, Karl (2003). *Mathematik für Wirtschaftswissenschaftler*. Oldenbourg Verlag, München, Wien, 14. Aufl.

Bronstein, Ilja N. and Semendjajew, Konstantin A. (1979). *Taschenbuch der Mathematik*. Verlag Harri Deutsch, Thun.

Bücking, Jens (2018). *Handbuch E-Klausur – Praxisleitfaden für Nutzerinnen und Nutzer des Testcenters der Universität Bremen*. Zentrum für Multimedia in der Lehre (ZMML). Universität Bremen. Vgl. https://www.uni-bremen.de/fileadmin/user_upload/sites/zmml/Arbeitsbereiche-und-Projekte/EAssessment/documents/ZMML_E-Assessment_Handbuch_E-Klausur_2018-09-15_webversion.pdf, Abruf 18.10.2019.

Cramer, Erhard and others (2015). *Mathematik für Ökonomen – Kompakter Einstieg für Bachelorstudierende*. Walter de Gruyter Verlag, Berlin, Boston.

Christiaans, Thomas und Ross, Matthias (2013). *Wirtschaftsmathematik für das Bachelor-Studium – Lehr- und Arbeitsbuch*. Springer Gabler, Wiesbaden. FOM-Edition.

Dennhard, Jens (2016). *Wirtschaftsmathematik im Mathematikunterricht der Sekundarstufen I und II – Eine Analyse mathematischer und ökonomischer Inhalte zur Konzeption von Unterrichtseinheiten mit wirtschaftsmathematischer Aufgabenstellung*. Dissertation, Europa-Universität Flensburg. Vgl. https://www.zhb-flensburg.de/fileadmin/content/spezial-einrichtungen/zhb/dokumente/dissertationen/dennhard/dissertation-jens-dennhard.pdf, Abruf 14.03.2019.

Dörsam, Peter (2003). *Mathematik anschaulich dargestellt für Studierende der Wirtschaftswissenschaften*. PD-Verlag, Heidenau, 11. überarbeitete und erweiterte Aufl.

Eichholz, Wolfgang und Vilkner, Eberhard (2002). *Taschenbuch der Wirtschaftsmathematik*. Fachbuchverlag, Leipzig, 3. verbesserte Aufl.

---

1 Vgl. https://www.aphorismen.de/zitat/13078, Abruf 15.02.2019.

Erven, Joachim, Erven, Matthias und Hörwick, Josef (2018). *Mathematik für angewandte Wissenschaften – Ein Vorkurs für Ingenieure, Natur- und Wirtschaftswissenschaftler*. Walter de Gruyter Verlag, Berlin, Boston, 6. Aufl.
Gellert, Walter, Küstner, Herbert, Hellwich, Manfred und Kästner, Herbert (1977). *Mathematik – Kleine Enzyklopädie*. VEB Bibliographisches Institut, Leipzig, 10. völlig überarbeitete Aufl.
Heinrich, Gert (2013). *Basiswissen Mathematik, Statistik und Operations Research für Wirtschaftswissenschaftler*. Oldenbourg Verlag, München, 5. korrigierte Aufl.
Holland, Heinrich und Holland, Doris (1999). *Wirtschaftsmathematik – Intensivtraining*. Repetitorium Wirtschaftswissenschaften. Gabler Verlag, Wiesbaden.
Holland, Heinrich und Holland, Doris (2004). *Mathematik im Betrieb. Praxisbezogene Einführung mit Beispielen*. Gabler Verlag, Wiesbaden, 7. überarb. Aufl.
Hoffmeister, Wolfgang (2011). *Wirtschaftsmathematik – Grundwissen mit vielen Beispielen und Übungen*. Berliner Wissenschafts-Verlag, Berlin, 3. überarbeitete Aufl.
Jensen, Uwe (2003a). *Mathematik für Wirtschaftswissenschaftler*. Oldenbourg Verlag, München, Wien, 3. Aufl.
Jensen, Uwe (2003b). *Klausursammlung zur Mathematik für Wirtschaftswissenschaftler*. Oldenbourg Verlag, München, Wien, 2. unwesentlich veränderte Aufl.
Knorrenschild Michael (2004). *Vorkurs Mathematik – Ein Übungsbuch für Fachhochschulen*. Fachbuchverlag Leipzig im Carl Hanser Verlag, München und Wien.
Kruschwitz, Lutz (2018). *Finanzmathematik – Lehrbuch der Zins-, Renten-, Tilgungs-, Kurs- und Renditerechnung*. De Gruyter Oldenbourg Verlag, Berlin, Boston, 6. überarbeitete Aufl.
Langenbahn, Claus-Michael (2018). *Quantitative Methoden der Wirtschaftswissenschaften – Verstehen durch Aufgaben und Lösungen*. De Gruyter Verlag, Berlin, Boston, 4. Aufl.
Luderer, Bernd und Würker, Uwe (2009). *Einstieg in die Wirtschaftsmathematik*. Vieweg + Teubner, Wiesbaden, 7., aktualisierte Aufl.
Luderer, Bernd, Paape, Conny und Würker, Uwe (2002). *Arbeits- und Übungsbuch Wirtschaftsmathematik. Beispiele – Aufgaben – Formeln*. Teubner Verlag, Stuttgart et al., 3. durchgesehene Aufl.
Mayer, Christoph und Weber, Carsten (2004). *Lineare Algebra für Wirtschaftswissenschaftler*. Gabler Verlag, Wiesbaden.
Merz, Michael und Wüthrich, Mario V. (2013). *Mathematik für Wirtschaftswissenschaftler – Eine Einführung mit vielen ökonomischen Beispielen*. Verlag Vahlen, München.
Müller-Merbach, Heiner (1973). *Operations Research – Methoden und Modelle der Optimalplanung*. Verlag Vahlen, München.
Ohse, Dietrich (1998a). *Mathematik für Wirtschaftswissenschaftler I – Analysis*. Verlag Vahlen, München, 4. Aufl.
Ohse, Dietrich (1998b). *Mathematik für Wirtschaftswissenschaftler II – Lineare Wirtschaftsalgebra*. Verlag Vahlen, München, 4. Aufl.
Peters, Horst (2012). *Wirtschaftsmathematik*. Kohlhammer Verlag, Stuttgart, 4., aktualisierte Aufl.
Puhlham, Susan (2008). *Wirtschaftsmathematik – Mit 50 Aufgaben und Lösungen*. Gabler Verlag, Wiesbaden.
Renger, Klaus (2006). *Finanzmathematik mit Excel. Grundlagen – Beispiele – Lösungen*. Gabler Verlag, Wiesbaden, 2. überarbeitete Aufl. Mit interaktiver Übungs-CD-ROM.
Rommelfanger, Heinrich (2001). *Mathematik für Wirtschaftswissenschaftler I*. Spektrum, Akad. Verl., Heidelberg, New York, 5. Aufl.
Rommelfanger, Heinrich (2002). *Mathematik für Wirtschaftswissenschaftler II*. Spektrum, Akad. Verl., Heidelberg, New York, 5. Aufl.
Ruhrländer, Michael (2016). *Brückenkurs Mathematik – Lehr- und Übungsbuch mit MyMathLab | Brückenkurs*. Pearson Deutschland GmbH, Hallbergmoos.
Salomon, Ehrenfried und Poguntke, Werner (2003). *Wirtschaftsmathematik – Finanzmathematik, Analysis, Lineare Algebra*. Fortis Verlag, Troisdorf, 2. überarbeitete und aktualisierte Aufl.
Schmidt, Klaus D., Macht, Wolfgang und Hess, Klaus Th. (2005). *Arbeitsbuch Mathematik – Multiple- Choice-Aufgaben*. Springer Verlag, Berlin, Heidelberg.

Schwarze, Jochen (2005a). *Mathematik für Wirtschaftswissenschaftler. Band 1: Grundlagen*. Verlag Neue Wirtschafts-Briefe, Herne, Berlin, 12. Aufl.

Schwarze, Jochen (2005b). *Mathematik für Wirtschaftswissenschaftler. Band 2: Differential- und Integralrechnung*. Verlag Neue Wirtschafts-Briefe, Herne, Berlin, 12. Aufl.

Schwarze, Jochen (2005c). *Mathematik für Wirtschaftswissenschaftler. Band 3: Lineare Algebra, Lineare Optimierung und Graphentheorie*. Verlag Neue Wirtschafts-Briefe, Herne, Berlin, 12. Aufl.

Stiefl, Jürgen (2016). *Wirtschaftsmathematik – Verstehen und anwenden*. Wiley-VCH Verlag, Weinheim.

Sydsaeter, Knut and Hammond, Peter mit Strøm, Arne (2015). *Mathematik für Wirtschaftswissenschaftler – Basiswissen mit Praxisbezug*. Pearson Studium, München, 4., aktualisierte Aufl.

Tallig, Heiko (2006). *Anwendungsmathematik für Wirtschaftswissenschaftler*. Oldenbourg Verlag, München, Wien.

Terveer, Ingolf (2005). *Mathematik*. UVK Verlagsgesellschaft, Konstanz.

Thomas, George B., Weir, Maurice D. und Hass, Joel (2013). *Basisbuch Analysis*. Pearson Deutschland, München et al., 12., aktualisierte Aufl.

Tietze, Jürgen (2004). *Einführung in die Finanzmathematik*. Vieweg Verlag, Wiesbaden, 7. Aufl.

Tietze, Jürgen (2005a). *Einführung in die angewandte Wirtschaftsmathematik*. Vieweg Verlag, Wiesbaden, 12. Aufl.

Tietze, Jürgen (2005b). *Übungsbuch zur angewandten Wirtschaftsmathematik*. Vieweg Verlag, Wiesbaden, 5. Aufl.

Tietze, Jürgen (2005c). *Übungsbuch zur Finanzmathematik*. Vieweg Verlag, Wiesbaden, 4. Aufl.

Von Blanckenburg, Korbinian (2017). *Mathematik in der BWL – Anwendungsorientiert und verständlich*. Verlag Franz Vahlen, München.

Walter, Lothar (2012). *Mathematik in der Betriebswirtschaft – Aufgabensammlung mit Lösungen*. Oldenbourg Verlag, München.

Walter, Lothar (2013). *Mathematik in der Betriebswirtschaft*. Oldenbourg Verlag, München, 4. überarb. Aufl.

Wüst, Kirsten (2006). *Finanzmathematik. Vom klassischen Sparbuch zum modernen Zinsderivat*. Gabler Verlag, Wiesbaden.

Autor

Dr. Lothar Walter studierte von 1979 bis 1985 an der Technischen Hochschule Darmstadt Physik mit den Nebenfächern Mathematik und Biochemie. Nach seinem Diplom in Physik war er als wissenschaftlicher Mitarbeiter am Lehrstuhl für Biotechnologie der Julius-Maximilians-Universität in Würzburg angestellt. Im Rahmen des Sonderforschungsbereiches SFB 176 „Molekulare Grundlagen der Signalübertragung und des Stofftransportes in Membranen" untersuchte er druckgesteuerte Prozesse in pflanzlichen Membranen. Im Jahre 1990 wechselte er an den Fachbereich Physik und Elektrotechnik der Universität Bremen und promovierte 1992 mit seiner Dissertation „*In vivo* ^{14}N- und ^{15}N-kernspinresonanzspektroskopische Untersuchungen – Zur Aufnahme und Assimilation von Stickstoffverbindungen in der einzelligen Grünalge *Chlorella fusca*" zum *Doctor rerum naturalium*.

Von 1993 bis 2001 war Dr. Walter für neugegründete Unternehmen aus der Medizintechnikbranche im Großraum Dresden aktiv. Sein Tätigkeitsfeld lag im Vertrieb von Medizinprodukten in Deutschland sowie im Aufbau eines Qualitätsmanagementsystems nach DIN EN ISO 9001:2000 unter Beachtung der Forderungen an die Entwicklung und Herstellung von Medizinprodukten gemäß DIN EN 46001 und Richtlinie 93/42/EWG.

Seit 2001 ist Dr. Walter Akademischer Oberrat am Institut für Projektmanagement und Innovation (IPMI) im Fachbereich Wirtschaftswissenschaft der Universität Bremen. Als Senior Researcher der Universität forscht er auf dem Gebiet des Innovations- und Patentmanagements; insbesondere stehen hier Fragen zur Cross-Industry Innovation, zum methodischen Erfinden, zur Organisation der Patentarbeit und zur Wissenserschließung aus Patenten mittels computergestützter Analysen im Vordergrund. Zu diesen Fragen hat er zahlreiche wissenschaftliche Artikel in nationalen und internationalen Fachzeitschriften publiziert. Zudem ist er Autor des Lehrbuches „Patentmanagement – Recherche, Analyse, Strategie" sowie der beiden Fachbücher „Patentierung von Geschäftsprozessen – Monitoring, Strategien, Schutz" und „Patente managen mit dem 7D-Reifegradmodell – Erfassung, Bewertung, Verbesserung".

Seit 2010 ist Dr. Walter als Dozent für das Fach Mathematik an der Hochschule für Ökonomie und Management (FOM) in Bremen tätig. An der Universität Bremen lehrt er seit 2006 das Fach Mathematik im Bachelorstudiengang Betriebswirtschaftslehre und Wirtschaftswissenschaft. In diesen Bachelorstudiengängen ist Mathematik neben Projektmanagement und Statistik im Methodenbereich eingeordnet und umfasst in einem Semester neben Vorlesungen auch Übungen und Tutorien.

CPSIA information can be obtained
at www.ICGtesting.com
Printed in the USA
LVHW020015300523
748331LV00033B/389